U0936476

珍藏本
纪念版

汉译世界学术名著丛书

宗教生活的基本形式

〔法〕涂尔干 著

渠敬东 汲喆 译

2017年·北京

Emile Durkheim
LES FORMES ELÉMENTAIRES DE LA VIE RELIGIEUSE
Le Système Totémique en Australia
Alcan, Paris, 1912
中译本参照 *The Elementary Forms of the Religious Life*,
(trans. Joseph Ward Swain, The Free Press, New York, 1965)译出

汉译世界学术名著丛书
（120年纪念版·珍藏本）
出 版 说 明

2017年2月11日，商务印书馆迎来120岁的生日。120年前，商务印书馆前贤怀揣文化救国的理想，抱持“昌明教育，开启民智”的使命，立足本土，放眼寰宇，以出版为津梁，沟通中西，为中国、为世界提供最富智慧的思想文化成果。无论世事白云苍狗，潮流左右激荡，甚至战火硝烟弥漫，始终践行学术报国之志，无改初心。

迻译世界各国学术名著，即其一端。早在20世纪初年便出版《原富》《天演论》等影响至今的代表性著作，1950年代后更致力于外国哲学和社会科学经典的译介，及至1980年代，辑为“汉译世界学术名著丛书”，汇涓为流，蔚为大观。丛书自1981年开始出版，历时三十余年，迄今已推出七百种，是我国现代出版史上规模最大、最为重要的学术翻译工程。

从书所选之书，立场观点不囿于一派，学科领域不限于一门，皆为文明开启以来，各时代、各国家、各民族的思想与文化精粹，代表着人类已经到达过的精神境界。丛书系统译介世界学术经典，引领时代思想，为本土原创学术的发展提供丰富的文化滋养，为推动中国现代学术和现代化进程做出了突出的贡献。

为纪念商务印书馆成立120周年，我们整体推出“汉译世界学术名著丛书”120年纪念版的珍藏本，寄望既利于文化积累，又便于研读查考，同时向长期支持丛书出版的译者、编者和读者致以敬意。

两甲子后的今天，商务印书馆又站在了一个新的历史时间节点上。我们不仅要铭记先辈的身影和足迹，更须让我们的步伐充满新的时代精神。这是商务人代代相传的事业，更是与国家和民族的命运始终紧密相连的事业。我们责无旁贷，必须做好我们这代人的传承与创造，让我们的努力和成果不仅凝聚成民族文化的记忆，还能成为后来人可以接续的事业。唯此，才能不负前贤，无愧来者。

商务印书馆编辑部

2017年10月

目　　录

第二卷　基本信仰

第三卷　主要仪式态度

导　言

研究主题：宗教社会学与知识理论

1

本书的宗旨，就是要研究实际上已经为人所知的最原始和最简单的宗教，分析这种宗教，并尝试作出解释。一个宗教体系倘若能够满足以下两个条件，我们就可以说这即是我们所能见到的最原始的宗教：首先，应该能在组织得最简单的社会中找到它[1]；其次，不必借用先前宗教的任何要素便有可能对它作出解释。

我们将以民族志学者和历史学者所能达到的精确和诚实为准绳，着力对宗教体系的组织状况作出描述。然而，我们的任务还不啻于此：与民族志和历史学相比，社会学将提出更多的问题。社会学的主旨，并不仅仅在于了解和重建业已消逝的各种文明形式。相反，同所有实证科学一样，它所要解释的是与我们近在咫尺，从而能够对我们的观念和行为产生影响的现实的实在：这个实在就是人。更确切地说，就是今天的人，因为这才是我们最想了解的东西。我们研究非常古老的宗教，不仅仅是为了对它的奇罕独特之处夸夸其谈，聊以自慰。我们之所以把它作为研究的主题，是因为它似乎比别的宗教更适合使我们理解人的宗教本性，也就是说，它似乎更便于我们展示出人性的本质的、永恒的方面。

不过,这个说法在被接受之前,肯定会招致强烈的反对。说人们要想理解现在的人性,就必须回溯到历史的最初起点去,这似乎显得非常怪异。对我们所关注的问题而言,这种做法也似乎显得有些不符合常规。人们往往认为,不同宗教的价值和地位相差甚远,它们所包含的真理并不都是一样多的。所以,倘若我们不能把最高级的宗教思想形式降低到最低级的水平上去,好像就无法将两者相互进行比较。如果我们承认澳洲部落粗陋的膜拜可以帮助我们了解诸如基督教这样的宗教,那么这不就是说前者和后者都源自同样的心态了吗?这不就是说两种宗教是由同样的迷信和谬误所构成的吗?因此,即便人们有时候承认原始宗教在理论上是很重要的,但却又倾向于认为它与所有宗教在体系上具有相互龃龉的迹象。于是,由于对研究结果预先有了成见,从而也就损害了这方面研究的进展。

这里,我们既没有必要去追问是否为此要责备某些学者,也没有必要去追问究竟是谁把宗教历史学和民族学当成了对抗宗教的武器。但无论如何,社会学家都不能持有这样的观点。事实上,社会学的基本前提就是:人类制度是绝不能建立在谬误和谎言的基础之上的;否则,社会学就不可能存在下去。如果社会学不以事物的本性为本,那么它就会在各种事实面前遇到无法克服的阻碍。因此,我们在着手研究原始宗教的时候,便已经确认了它们与实在有关,并且表达了实在。在下文的分析和讨论中,以及在对某些学派的批判中,这个原则会一再体现出来;正因为那些学派对上述原则视而不见,我们不仅要对之加以批评,而且也要与其划清界限。如果我们仅仅从字面出发来考察宗教的程式,那么毫无疑问,这些宗教信仰和仪轨往往会显得一团糟,使人们很容易把它们归结为根深蒂固的谬识。所以说,人们还必须透过符号,找到它所表现的并赋予其意义的那个实在。最野蛮和最古怪的仪式,以及最奇异的神话,都传载着人类的某些需要以及个体生活或社会生活的某个方面。信仰者用以证明这些仪式和神话的理由也许(或通常)是错误的;但真正的理由并非不存在,去发现这些理由正是科学的职责。

实际上,任何宗教都不是虚假的。就其自身存在的方式而言,任何宗教都是真实的;任何宗教都是对既存的人类生存条件作出的反应,尽管形式有所不同。当然,无疑是可以把这些宗教排列出高低等级的。可以说某种宗教高于其他宗教,因为它发挥了更高层次上的心理功能,激发了更加丰富的思想和感情,包含着更多的概念,这些概念中感觉和意象的成分很少,而且安排得更加合理。但是,尽管这种程度更高的复杂性和理想性确实是存在的,这也不足以因此就把相应的宗教分列在不同的等级之中。它们同样都是宗教,就像所有生物,不论是最简单的生物基质还是人类都是生命一样。所以说,我们返回到原始宗教,并不是要贬低一般意义上的宗教,而是因为这些宗教与其他宗教都同样是值得重视的。它们满足了同样的需要,扮演着同样的角色,取决于同样的原因;它们也能够很好地将宗教生活的本性展现出来,因而也可以解决我们所要研究的问题。

不过,我们为何要赋予原始宗教以特殊的地位呢?我们为何要选择它们,而不是任何其他宗教作为我们的研究主题呢?——这仅仅是出于方法上的考虑。

首先,对那些最近出现的宗教来说,除非我们去追踪它们在历史中逐步形成的方式,否则我们就很难了解它们。实际上,历史分析是可能适用于此的唯一的解释方法。只有这种方法,才能使我们把某项制度分解成它的各个组成要素,因为它向我们展示了这些要素在时间中是怎样相继而生的。此外,历史分析还可以把其中的每个要素置于它得以产生的条件之中,藉此我们才获得了确定这些要素之形成原因的唯一手段。每当我们从某个特定的历史时期中选取与人类有关的某些事物,如宗教信仰、道德戒律、法律准则、美学风格或经济体系并着手解释的时候,必须追溯其最原始和最简单的形式,尽力说明在那个时代标志它的各种特征,再进一步展示它是如何发展起来,如何逐步变得复杂起来,如何变成我们所要讨论的那个样子的。很容易理解,确定我们的研究起点对这种循序渐进的系列解释至关重要,因为所有其他解释都是据此为出发点的。笛卡儿就有一条原理:在科学真理的链条中,最初的环节始终居于支配地位。但是,在我们这里绝不是说,宗教科学的根据就是依照笛卡儿的方式所构想的某种观念,即仅仅依靠思想之力而构成的某种逻辑概念,某种纯粹的可能性。我们必须找到一个具体的实在,只有历史学和民族学的考察才能向我们揭示出这种实在。尽管笛卡儿的方法仍旧注定会对科学所确立的系列命题产生相当大的影响,但我们这样一种基本的概念是通过与笛卡儿有所不同的方法获得的。自从人们知道单细胞生物的存在以后,人们对生物演化的看法就迥然相异了。同样,人们对宗教事实之分布状况也作了截然不同的解释,分别把自然崇拜、泛神论或者其他宗教形式当成了宗教演化的起点。即使最专业化的学者不想把自己限定成为纯粹的博学家，只想去解释他们所分析的各种事实，他们也不得不针对上述假设作出选择，并以此作为出发点。不管他们是否愿意，都必须提出这样的问题：无论何处，自然崇拜或泛神论为什么都会采用这种特定的形式？或者说，它们是怎样扩充抑或是衰落为这种形式的？既然这个基本问题是逃避不了的，既然我们解决问题的办法必定会影响到整个科学，那么我们必须在起步阶段就要解决这个问题：这正是我们打算做的事情。

此外，原始宗教研究除了会产生这些间接的反作用以外，其本身还具有极其重要的直接意义。

如果说，我们知道了某种特定宗教的构成因素是很有用处的，那么，了解一般的宗教是什么则是更重要的事情。自古以来，这便是能够引起哲学家兴趣的问题，这并没有什么道理可言，因为这个问题正是整个人类所关注的主题。但不幸的是，他们通常使用的方法都纯粹是思辨的：他们只限于去分析那些他们本人所赋予宗教的观念，最多也只能通过几个从宗教中截取出来的随其所愿的实例，来说明这种思辨分析所带来的各种结果。不过，即便这种方法应该予以摒弃，但问题却原封不动地保留下来了，哲学的伟大功绩就是没有让这个问题由于学者们的不屑而被取消。目前，我们则很有可能通过完全不同的方式来解决它。既然所有宗教都是可以相互比较的，既然所有宗教都是属于同一门类的不同种类，那么它们必然有许多共同的因素。我们并没有简单地说，所有宗教外部的、可见的特征都是相同的，这些特征可以使我们在研究伊始就给宗教下一个临时的定义。发现这些明显的标志是比较容易的事情，因为它并不需要由表及里进行深入的观察。不过，外表上的相

似却也意味着深层的相似。在所有信仰体系和膜拜体系的基础中,必然存在着某些基本的表现或概念,以及仪式态度,尽管它们形式多样,却不论何时何地,都具有着同样的客观指涉以及同样的功能。正是这些恒久的要素,构成了宗教中恒久的、具有人性色彩的部分,形成了人们在谈论一般宗教的时候所表达的观念的所有客观内容。那么,我们怎样做才有可能把这些客观内容抽取出来呢?

的确,我们不能通过历史过程中所出现的各种复杂的宗教来实现这个目的。每种复杂宗教的构成因素都是五花八门的,我们很难从中区别出哪种是主要的,哪种是次要的;哪种是根本的,哪种是附带的。假如我们所要考察的宗教是像埃及、印度或古典时代那样的宗教,那么它们都是许多膜拜形式的大杂烩,由于地点、庙堂、时代、王朝、侵并等因素而发生变化,其中,大众的迷信与最纯正的教义还相互混淆着。在信仰者中间,无论宗教思想还是宗教活动都不是平均分布着的。随着人、环境和条件的不同,人们看待信仰和仪式的方式也有所不同。他们在这里是祭司,在那里便是修士,而在别的地方则又成了凡人;此外,还有各种神秘主义者、理性主义者、神学家和先知,如此等等。在这些情况下,我们很难看出他们的共通之处是什么。在这些体系当中,我们很有可能借助这个或那个体系发现已经有所发展的特定事实,以便我们去研究它们:诸如牺牲或预言,修行制度或神秘仪式等;不过,在这些光怪陆离的形态的掩盖下,我们又如何可能去发现宗教生活的共同基础呢?又如何能够透过神学的争辩、繁杂的仪式、众多的群体和歧异的个体去发现一般宗教心理的基本状态和特征呢?

在低级社会中,情况则迥然不同。在那里,个性很少能够发展起来,群体的规模很小,外界环境也没有什么差别,所有这些都把差异和变化减小到了最低限度。然而,在比较先进的社会里,我们却是很难发展群体在智识和道德上的一致性的。在低级社会中,任何事物都是共同的。活动是定型的;每个人都在同样的环境进行着同样的活动,而这种行为的一致性也只不过是思想一致性的体现。每个心灵都被卷进了同样的旋涡,几乎所有的个体类型都是按照种族类型的模式得以确立的。当所有一切都统整起来的时候,一切也就都变得简单了。那里神话丝毫没有变形,都是由不断重复着的单一的和同一的主题构成的,而仪式也是由再三重复的少数姿势组成的。不管是公众的想象,还是祭司的想象,都既无时间也无手段去提炼和转化宗教观念和宗教仪轨的原初实体;它们总是赤裸裸地表现出来,供人们检验,人们不费吹灰之力就会把它们的谜底揭开。那些附带或次要的因素,那些奢华的东西还没有发展起来,还没有把宗教的主要因素遮掩起来。[2]如果所有这些因素都简化到必不可少的地步,简化到若没有了它们就没有了宗教的地步,那么它们就是最为本质的要素,换言之,就是我们必须首先了解的东西。

原始文明所提供的各种事例是极其重要的,因为它们非常简单。因此,在人类活动的所有领域内,民族学者的考察往往会给人们带来货真价实的启发,使有关人类制度的研究得到更新。比方说,在19世纪中叶之前,每个人都确信父亲是家庭中的本质要素,没有人曾臆想父系权威在家庭组织中竟然不据有支配地位。但是,巴霍芬*的发现却推翻了这个陈旧的观念。又如直到最近,人们还坚持认为亲属的道德关系和法律关系不过是源自共同血缘的心理关系的体现而已;巴霍芬及其后继者麦克伦南、摩尔根等人还在依据这个误解而努力工作。然而,由于我们已经了解到原始氏族的性质,我们才知道,恰恰相反,亲属关系是不能通过血亲关系来解释的。再拿宗教来说,由于人们只研究那些他们最熟知的宗教,所以长期以来始终认为神的观念是所有宗教事物的特征所在。而本书将要研究的宗教,在很大程度上与任何神性观念都毫不相干;受到仪式供奉的力量与现代宗教中占据着主导地位的那些力量也是不可同日而语的,虽然前者仍旧有助于我们解释后者。所以说,再没有比轻视民族学者的工作更不公正的事情了,尽管许多历史学家至今还瞧不起他们。实际上,正是民族学才经常会导致社会学各个分支中最富有成效的革命。正因如此,我们刚才谈到了单细胞生物的发现改变了生命的通行观念的例子。在这些非常简单的生物中,生命只剩下了它的基本特征,这是不难理解的。

原始宗教不仅可以帮助我们分解宗教的组成要素,而且还具有方便解释的巨大优点。既然各种事实显得更简单了,它们之间的关系也就会更明显些。人们据以说明自身行为的理由还没有因为研究和反思被加以阐发,还没有变质;它们和真正决定其行为的动机还具有更接近、更密切的关系。一位医生要想完全了解患者的幻觉,并进行最恰当的治疗,就必须知道病症的最初起因是什么。如果他观察的是发病不久后的情况,那么他就更容易相应地

---

* 巴霍芬:1815—1887年,瑞士人类学家,文化史学家。——译注

发现它。病情发展的时间越长，就越难以观察；因为随着病情的不断发展，形形色色的解释都可以介入，从而使最初的状态隐藏起来，人们必须艰难地透过这些解释才能逐步找到最初的病因。在已经被系统化的幻觉与产生它的最初印象之间，往往存在着相当大的差距。对宗教思想来说，情况也没什么区别。宗教形成的原因与历史的进程是并行的，尽管它还仍然是活生生的，却很难觉察得到了，除非我们借助大量的解释图式使其面目皆非。这正是大众神话和玄妙神学所做的事情：它们在原始感情上添加了许多与之迥异的东西，尽管它们并没有否认前者，却作为阐发构筑起来的形式，使前者的真实特征无法完整地显露出来。原因与结果之间、表面原因与实际原因之间所存在的心理隔膜越大，心灵就越难以逾越过去。本书的其他部分，将对上述针对方法的评论提供实例和证明。我们将会看到，在原始宗教中，宗教事实仍然显而易见地带有宗教起源的标志；如果仅仅通过研究较为发达的宗教，我们几乎不可能推测出宗教的起源。

接下来，我们要重新拾起宗教起源这个老问题来着手研究，不过，这项研究是在新的条件下进行的。的确，如果我们所要了解的起源是最初的确切起点，那么这个问题就毫无科学性而言了，应该坚决地予以拒斥。因为宗教的最初形成并没有确定的时刻，所以我们也没有必要借助玄思，找到通往那个时刻的途径。像所有人类制度一样，宗教并不起始于某个地方。因此，所有这类想法都是极不可信的；它们只是些主观的和武断的构想，没有任何约束。然而，我们所提出的则是全然不同的问题。我们所要做的就是要找到某种方法，将宗教思想和宗教仪轨的最基本形式所赖以为基础的并始终存在着的原因辨别出来。如上所述,我们所考察的社会越不复杂,这些原因就越容易被察觉。这就是我们为什么要竭力接近宗教起源的道理。[3]我们并没有认为,低等宗教具有独特的品性。相反,这些宗教恰恰是粗简和粗陋的;我们也没有认为,低等宗教只是后来的各种宗教不得不复制它们的一种模型。不过,即便它们是粗陋的,却仍具有启发意义,因为只有这样,它们才会为各种检验提供便利条件,我们才会更容易地发现其中的各种事实和其间的各种关系。物理学家为了发展他所研究的现象的规律,总是试图去简化这些现象,略掉次要的特征。对于与制度有关的现象来说,其本性在历史之初就自发地进行了这样的简化。我们只不过是想利用一下这种简化。无疑,倘若我们采用了这种方法,就只能去涉及某些很基本的事实。当我们尽可能地说明它们时,还得去解释那些在历史演化过程中产生的、尚未得到解释的种种新问题。不过,我们并不想否认就此产生的各种问题的重大意义,我们认为这些问题是可以依次解决的;关键在于,只有在我们解决了将要着手研究的问题之后,才能再来探讨这些问题。

2

然而,我们研究的意义还不仅仅在于宗教科学。实际上,任何宗教都有某个方面与纯粹的宗教观念的范围相互重叠,而恰恰在这些重叠之处,对宗教现象的研究能够为我们提供重新审视问题的方法,迄今为止,只有哲学家们讨论过这些问题。

长期以来,人们始终认为,人类据以描画世界及其自身的最初的表现体系起源于宗教。任何宗教都不仅是宇宙论,同时也是对神圣事物的思索。如果说哲学和科学产生于宗教，那是因为宗教起初替代了哲学和科学。然而，人们始终没有注意到，宗教并没有限于用某些概念使早已形成了的智识变得更加丰富；它也促进了智识本身的形成。人类有赖于宗教的不仅是大量的知识的内容，还有这些知识得以阐发的形式。

在我们得以作出任何判断的基础中，都有若干基本观念支配着我们的整个智识生活；这就是亚里士多德以来的哲学家们称之为知性范畴的东西：诸如时间、空间[4]、类别、数量、原因、实体、人格等观念。它们与事物最普遍的属性是相应的。它们就像是将所有思想都涵括在内的坚固的框架：要想让思想从这个框架中解脱出来而不殃及思想本身，简直是不可能的事情，因为我们不可能去思考那些既没有时间和空间，也没有数量的事物。此外，还有某些观念是偶然的和变动不居的。我们可以想象得到，对于某个人、某个社会或某个时代来说，这些观念是不为所知的；不过，它们与正常智识的运作几乎密不可分。它们与智识框架具有相似之处。当人们系统地分析原始的宗教信仰时，会很自然地发现某些主要范畴。它们既产生于宗教，又从属于宗教；它们是宗教思想的产物。这便是我们在本书中将要多次提到的论述。

这个提法本身已经有点意思了；不过，在这里还是要说说其真正的重要意义。

本书呈现给读者的总的结论是：宗教明显是社会性的。宗教表现是表达集体实在的集体表现；仪式是在集合群体之中产生的行为方式，它们必定要激发、维持或重塑群体中的某些心理状态。所以说，如果范畴起源于宗教，那么它就应该分有一切宗教事实所

共有的本性;此外,它们还应该是社会事务,以及集体思想的产物。至少——正因为我们了解到了关于这些事情的实际情况,所以我们才应该谨慎行事,避免一切过激和专断的论述——我们可以推测出它们包含着丰富的社会因素。

即使在现在,我们在宗教事实中也发现了某些社会要素,尽管这些要素还有待补充。例如,我们可以试着设想一下,倘若我们不借助客观记号来划分、测算或表达时间,换言之,假如没有年份、月份、星期、日期、小时等时间序列,那么时间概念将会是什么样子的呢? 这几乎是无法想象的。除非我们把不同的时刻区分开来,否则我们就无法去构想时间。那么,这种区分的起源又是什么呢? 毫无疑问,我们已经体验过的意识状态可以按照其最初经历过的次序在我们的心中再生出来;这样,我们的一部分过去现在又再次出现了,不过在过去与现在之间存在着明显的区别。但是,无论这种区别对于我们的私下体验来说是多么重要,它也不足以构成时间的概念或范畴。时间的概念或范畴不仅仅是对我们过去生活部分或全部的纪念,还是抽象的和非个人的框架,它不仅包含着我们的个体实存,也包含着整个人类的实存。它就像一张无边无际的图表,所有绵延都在心灵之前展开,所有可能发生的事件都可以按照固定的、确定的标线来定位。据此安排的时间并不是我的时间,而是普遍的时间,是同一个文明中的每个人从客观出发构想出来的时间。这足以暗示我们:这种时间安排应该是集体的。事实上,观察已经证明,这些必不可少的标线,这些所有事物据此被作出时间定位的标线,都来源于社会生活。日期、星期、月份和年份等等的区别,与仪式、节日以及公共仪典的周期性重现都是相互对应的。[5]日历表达了集体活动的节奏，同时又具有保证这些活动的规则性的功能。[6]

空间也是如此。如哈梅林所说[7]，空间并非如康德所想象的那样是不清楚、不确定的介质；如果空间纯粹和绝对是同质的话，那么它就不会有什么用处了，也不可能被心灵所掌握。本质而言，空间的表现是感官经验材料最初达成的协调。然而，如果各部分空间的品质是相同的，并且实际上可以相互转换的话，那么这种协调就不可能产生。要想在空间上安排各种事物，就应该尽可能地把它们有所区别地安置下来，诸如左或右、上或下、南或北、东或西等等，就像在时间上来安排各种意识状态一样，必须尽可能地把它们定位于某个确定的日期。也就是说，假如我们不像对待时间那样去划分和区分空间，那么空间也就不能成其为空间了。不过，这种具有根本意义的区分又是从何而来的呢？空间本没有左右、上下、南北之分。很显然，所有这些区别都来源于这个事实：即各个地区具有不同的情感价值。既然单一文明中的所有人都以同样的方式来表现空间，那么显而易见的是，这种划分形式及其所依据的情感价值也必然是同样普遍的，这在很大程度上意味着，它们起源于社会。[8]

除此之外，还有某些实例可以明显地体现出这种社会性。在澳洲和北美的某些社会中，人们往往把空间当成一个巨大的圆，因为他们的营地就是圆形的[9]；这种空间上的圆圈也像部落圈那样按其意象被划分开来。有多少地区被区分出来，部落就包含有多少氏族，而且，这些地区的方位是由氏族在部落营地中的位置决定的。每个地区都通过它所属的氏族图腾来确定位置。譬如，在祖尼人那里,普韦布洛*就包括七个营区;每个营区都是自成一体的氏族群体,但它们起初完全有可能是单一的氏族,只是后来被划分开了。而普韦布洛人的空间也包括七个区域,而且,这个世界中的每个区域都是与普韦布洛的某个营区密切相关的,也就是说,是与某个氏族群体密切相关的。[10]"于是",库欣说,"一个分区就被认为与北方有关,另一个代表西方,下一个则代表南方",如此等等。[11]普韦布洛的每个营区都有象征它的特殊颜色;而每个空间区域的颜色也就是与其相应的营区的颜色。在历史演进的过程中,基本氏族的数量是变化的;而基本空间区域的数量也随之发生变化。这样,社会组织就变成了空间组织的模型和翻版。甚至对于左右之间的区别来说,也绝非继承了人类的共有本性,相反,它很有可能是宗教表现的产物,因而也就是集体表现的产物。[12]

在有关类别、力、个性、效用等方面的观念中,我们也可以找到类似的证据。我们甚至还可以去讨论矛盾的观念是否也取决于社会条件的问题。人们之所以倾向于这样来看问题,是因为支配人类思想的观念是随着时代和社会的不同而发生变化的。今天,同一律主宰了科学思想;然而,庞大的表现系统不仅始终在观念史中发挥着重大作用,同时也常常将同一律抛在了一边:这些表现系统本身就是神话,不管是最粗浅的神话,还是最有理性的神话。[13]在这些神话中,我们会不断遇到最具矛盾特征的存在:它们既是"一",同时也是"多",既是物质的,同时也是精神的,它们能够无穷

---

* 普韦布洛(pueblo):指普韦布洛印第安人居住的村落,由梯形多层平顶的城堡式结构组成。——译注

无尽地把自己分割开来,却不失其基本构成;"部分与整体具有同样的价值",这便是神话的通则。目前指导我们的逻辑准则所经历的各种变化,已经证明这些准则并不能永远铭刻在人们的心理构造之中,在它们中间,至少有某些部分是受历史因素所决定的,是受社会因素所决定的。尽管我们还不能确切知道这些因素是什么,但是我们可以首先假定它们的存在。[14]

一旦这个假设得到认可,知识问题便有了新的提法。

迄今为止,在这个领域里只有两种学说。有些人认为,范畴并非源出于经验,范畴在逻辑上先于经验并决定着经验。它们被当成许多简单的、不可还原的材料,天生就是人类心灵的构成要素。因此,范畴被说成是先验的。不过,也有些人主张,范畴是由七零八落的东西组成的,个体是构筑范畴的工匠。[15]

然而,这两种解决办法都带来了相当大的难题。

不是有人已经采纳了经验论的论点了吗?那么,这种做法肯定会把范畴所有独特的属性剥夺掉。实际上,正因为有了普遍性和必然性,范畴才能与其他所有知识有所区别。范畴是最普遍的观念存在,因为它们对所有实际存在的事物都是适用的,而且,既然它们不依赖于任何特定的客体,那么它们也独立于所有特定的主体;它们构成了所有心灵都能够相遇的共同领域。再者说,它们也必然在此相遇,因为理性本身也不过是所有基本范畴的聚集,拥有着即使我们想摆脱也摆脱不掉的权威。当我们试图去反抗它并使我们自身脱离这些基本观念的时候,会遇到很大的阻力。它们不仅依赖我们,同时也把它们本身强加给我们。然而,经验材料所呈现的特征却恰恰相反。感觉或意象总是依赖于某个确定的客体,表达某个特定意识的瞬间状况;本质而言,它是个体的和主观的。所以,我们有相当大的自由来处理由此产生的各种表现。的确,当我们的感觉很真实的时候,它们就会按照实际情况对我们产生影响。不过照理说,我们可以随意地去想它们,不管它们实际上是什么样子的,而且我们也可以把它们发生的次序看成是与实际不同的次序。除非有其他某种想法介入进来,否则任何事情都不会对我们产生影响。由此,我们便发现了两类知识,就像理智的对立两极一样。在这种情况下,强迫理性返诸经验,就会导致理性自身的消失,因为这样做,会将普遍性和必然性这些理性的特征贬低为徒有其表的东西,贬低为尽管很实用却毫无真实可言的幻象;这样,就否认了逻辑生活的所有客观现实,而调节和组织逻辑生活正是范畴的功能。古典经验论最终导致了反理性主义。也许,我们用反理性主义来指称古典经验论,倒显得更加合适些。

与人们通常对"先验论"这个名称的感觉不同,先验论者反而更加尊重事实。既然他们不承认以下说法是证据确凿的真理,即不承认范畴的构成因素与我们感觉表现的构成因素是相同的,那么他们就不必采用系统方法把范畴掏空,从中抽掉所有实际内容,使之成为语词的杜撰。恰恰相反,他们保留了范畴所有的专门特性。先验论者就是理性主义者;他们确信这个世界是有逻辑面向的,理性能够把这个面向准确地表达出来。但是,为此他们就必须赋予心灵某种超越经验的力量,以及对直接经受的体验有所添加的力量。然而,对于这种独特的力量,他们既没有作出解释,也没有给出证明。他们说这种力量是人类与生俱来的,是人类知识的本性,但这并不是解释。我们必须说明我们究竟是从哪里获得了这种令人惊诧的特权的,必须说明对于那些任何验证都无法透露给我们的事物,我们是怎样看出其中的某些关系的。经验唯有在那样的条件下才可能是其本身的说法,或许转换了问题,但却没有回答问题。因为真正的问题乃是:经验本身为何不足以产生知识?如果说知识产生的前提是存在于经验之外或经验之前的某些条件,那么这些条件为何会在恰当的时间、以恰当的方式得到实现?为了回答这些问题,人们有时候会假设在个体理性之上还存在着某种至高的、完美的理性,通过对这种理性的一种神秘的分享,其他理性才能从中产生,并获得了它们的不可思议的力量:这种理性就是神的理性。但是,这种假设至少有一个严重的缺点,即它祛除了所有经验的约束,所以它无法满足科学假设所需要的条件。除此之外,人类思想的范畴也从来没有过明确的形式;它们被不断创造、破坏、再创造;并随着时间和地点的变化而变化。相反,神的理性却是不变的。那么,这种固定不变的性质又怎么会导致持续不断的变化呢?

这两个概念已经相互争执千百年了,如果这种争论看上去是永无休止的,那是因为双方的论证确实差不多是旗鼓相当。如果理性只是个体经验的形式,那么它就不可能始终存在。另一方面,如果理性的力量已经被认识到,却没有得到证明,那么它似乎就应该被置于自然和科学的范围之外。面临这两种截然对立的态度,心灵依然无所适从。然而,如果我们承认了范畴的社会起源,那么新的态度就有可能产生,我们相信,这种新的态度将会使我们避免这两种概念所产生的难题。

先验论的基本命题是:知识是由两类要素构成的,它们不仅不能相互还原,而且分别处在相互叠置的不同层次。[16]我们的假设将不做任何修正,坚决贯彻这一原则。实际上,所谓经验知识,只是经验论者用来建构理性的知识,是通过客体的直接作用引入我们内心的知识。它是由个体状态构成的,而且这种状态完全是用个体的心理性质来解释的。[17]另一方面,如果真像我们所认为的那样,范畴基本上是集体表现,那么它们最先展现的就是群体的心理状态;范畴应该取决于创建群体和组织群体的方式,取决于群体的形态,取决于它的宗教、道德和经济制度。于是,在这两类表现之间,便产生了个体表现与社会表现之间的所有差异,既然我们不能从前者推演出后者,也就不能从个体推演出社会,从部分推演出整体,从简单推演出复杂。[18]社会是自成一体的实在;具有自己的独特性质,我们在其他地方不会发现这种性质,它也不会以同样的形式出现在宇宙中的其他地方。而且,表达这种性质的表现也与纯粹的个体表现具有完全不同的内容。我们还可以预先肯定,社会表现将某些东西加在了个体表现之上。

甚至说,两者形成的方式也导致了它们之间的分别。集体表现是广泛合作的结果,它不仅延展到了空间,也延展到了时间;各种各样的心灵联合、结合和组合起来,构成了它们的观念和感情,构成了这些表现;对这些表现来说,它们是由世世代代的经验和知识长期积累而成的。这样,有一种特殊的智识活动便聚集在了集体表现中,使之与个体表现相比,具有无限的丰富性和复杂性。于是,我们就会明白为什么理性能够越出经验知识的界限之外了。之所以如此,并不是因为它们具有模糊的、神秘的品性,而只是因为它们所依据的是一个众所周知的程式,即人是双重的。人具有两种存在:一是个体存在,它的基础是有机体,因此其活动范围是受到严格限制的;二是社会存在,它代表着我们通过观察可以了解到的智力和道德秩序中的最高实在,即我所说的社会。在实践过程中,我们的这种双重本性所产生的结果是:道德观念不能还原为功用的动机;理性在思维过程中不能还原为个体经验。只要个体从属于社会,他的思考和行动也就超越了自身。

而这种社会性也使我们理解了范畴的必然性的起源。有人说,只有当观念不需要任何证据,只借助它的某种品性将自己强加给心灵时,这种观念才能是必要的。观念内部含有某种因素,它可以对智力产生制约作用,使之不经过预先的检验就能接受观念。先验论者的前提就是这种独特的性质,但它并未证明这种性质。如果说范畴是必要的,是因为它们在智力发挥作用的过程中是必不可少的,那么这就等于是简单重复了范畴之必要的说法。但是,如果范畴确实如我们所说的那样是起源于社会的,那么它们所拥有的优先地位就不会令人惊讶了。范畴表现了事物之间所存在的最普遍的关系;它们在广度上超过了所有其他观念,支配着我们智识生活中的所有细节。如果人们没有时刻与这些根本观念达成一致,如果人们没有同样的时间、空间、原因和数量等观念,那么在他们的心灵之间就不可能产生联系,他们也不可能共同生活在一起。因此,假如社会把范畴抛给个体去自由地选择,那么也就等于是抛弃了自己。社会要想生存下去,不仅需要一种能够令人心满意足的道德一致性,还需要最低限度的逻辑一致性,倘若超出了这个限度,社会也就岌岌可危了。正因如此,社会才会对其成员施以权

威,以杜绝不和谐局面的发生。我们的心灵难道还能自欺欺人地逃避这些思想形式吗?对于人的心灵,已经不能再按照这个词原本的意义来考虑和对待了。正是出于这个原因,即便我们在自己的意识中试图去摆脱这些基本概念时,我们也会发觉自己已经完全丧失了自由,受到了来自内外两方面的困扰。在我们外部,是评价我们的舆论;而且,由于社会亦可在我们的内部表现出来,所以它也会在内部与我们革命的幻想相对抗。如果我们的整个思想还没有丧失人类的特性,那么我们就会发觉,我们是不可能抛弃这些概念的。这或许就是理性所固有和独有的权威的起源,它使我们死心塌地地接受它的教诲。这即是社会的无上权威,[19]它把自己转变成了某种思想方式,转变成了所有共同行动必不可少的条件。这种范畴强加给我们的必然性,并不是我们不费吹灰之力就可以摆脱掉的简单的习惯性结果,也不是物理学或形而上学意义上的必然性,因为范畴是根据不同的时间和地点而变化的。这是一种特殊的道德必然性,它对智识生活的影响就像道德强制对意志产生的作用一样。[20]

但是,如果说范畴仅仅是对社会状态的转述,那么不就等于说,范畴只有作为隐喻才能用于说明自然界的其他事物了吗?如果范畴是为了表达社会状况才形成的,那么这似乎意味着,它们除此之外根本不可能扩展到其他领域中去。这样,它们在帮助我们思考物理世界或生物世界的时候,就只能具有人工符号的价值了,这在操作上也许还会有些用,但与实在却好像没有多大关系。这样,又会沿着另一条道路回到唯名论和经验论。

然而,当我们依照这种方式来诠释知识社会学的理论时,我们忘记了即使社会是某种特殊的实在，它也不是绝对权威中的绝对权威；它只是自然的一部分，其实就是自然的最高表现。社会王国也是自然王国，只是因为它显得更加复杂，所以才能够与其他领域区分开来。对自然最本质的部分来说，即使在不同的情况下也不会有根本上的差异。社会中的基本关系——这正是范畴功能所表达的那种关系——在不同的领域也不会具有本质的区别。倘若它们能够在社会界中被更加清晰地分解出来（其原因我们稍后再作讨论[21]），那么它们一定也会出现在其他地方，尽管在形式上不很明显。社会只是让这些关系变得更加清晰可见，而不会对它们形成垄断。所以说，我们以社会事物为模型构想出来的观念，是可以帮助我们去思考另一部分自然的。我们至少可以确信，即便这些观念偏离出了它们最初的指涉而去扮演了符号的角色，那么它们也是完全有根据的符号。即便它们作为被构建起来的概念而会夹杂些人为的因素，这些人为因素也非常接近自然，而且总会越来越接近自然。[22]尽管时间、空间、类别、原因或人格等观念均是由社会因素构成的，但我们未必会由此得出结论，说观念缺乏任何客观价值。相反，它们的社会起源反而可以使人们相信，它们在自然之中绝不是没有基础可言的。[23]

经过这样的修正，知识论似乎注定要把两种对立理论各自的优点包纳起来，从而祛除两者的不当之处。它保留了先验论的所有基本原则，同时又受到了经验论力图满足实证的精神的鼓舞。它留下了理性的特定权力，但也对这种权力作出了说明，而且是在不回避可见的现象世界的情况下作出说明的。它确定了知识生活的双重性，并通过自然原因对其作出了解释。它不再把范畴看成是最基本的、不可分析的事实,但却保留了复杂性,这些复杂性使经验论者自得其满的分析变得站不住脚了。范畴不再是显得很简单的概念:最先到场的人可以凭借自己的观察就可以安排它们,进而大众的想象力又不幸地使它们变得更加复杂了;相反,它们现在倒更像是无价的思想工具,是人类群体多少世纪以来历尽千辛万苦锻造出来的,其中累积了人们最好的知识资本。[24]范畴涵括了完整的人类历史。换言之,为了妥善地理解和判断这些范畴,我们必须在我们迄今为止始终在使用的方法之外另辟蹊径。这些概念并非是通过我们亲手造就的,要想了解它们,我们不能只满足于去诘问我们自己的意识;必须看到在我们之外,还有我们必须加以考察的历史,以及肯定已经基本成形了的整个科学,这门复杂的科学是经过集体劳动逐渐发展起来的科学,而本书正是要在这样的探索中,对这门科学作出点滴的贡献。我们并不想把这些问题作为本项研究的直接主题,但是我们想利用它们浮现在我们面前的一切机会,至少能把握住其中某些概念的产生,这些概念不但有着宗教的起源,而且仍然留存在人类智识的基础之中。

注　释

[1]　同样,我们也把这些社会说成是原始社会,把这些社会里的人叫做原始人。无疑,这种表述不太确切,但这是很难避免的;此外,在我们下大力气确定了它的含义之后,这种说法也并无不便之处。

[2]　这并不等于说,原始膜拜中根本没有奢侈存在。相反,我们将会看到,在每一种宗教中都有某些不那么严格地以功用为目的的信仰和仪轨(参见本书,第三卷,第四章,第2节)。对宗教生活来说,这种享受是必不可少的,它是宗教生活的核心内容。不过,相比于其他宗教而言,低级宗教的奢侈还显得比较粗简些,所以我们更容易确定其存在的原因。

[3]　人们会看到,我们为"起源"一词赋予了完全相对的意义,"原始的"这个词也是如此。在我们的应用中,它指的不是绝对意义上的开端,而是我们实际上已经知道而且是我们现在所能知道的那种最简单的社会条件。当我们讨论宗教历史或宗教思想的起源或开端时,应该在这个意义上来理解我们的论述。

[4]　我们把时间和空间称为范畴,是因为这些观念在智识生活中所产生的作用与类别或原因等观念的作用没有什么不同(有关于此,参见哈梅林:《论表现的基本要素》,第63页,第76页)。

[5]　参见胡伯特和莫斯对这种说法的确证:《宗教史合论》(载于《社会学年鉴》),"宗教中的时间表现"一章。

[6]　这样,我们就会看到把我们定位在时间中的感觉和意象群与时间范畴之间的所有区别了。前者是个体经验的总括,只对经验到它们的个人才有价值;然而,时间范畴所表达的则是群体共同的时间,即我们所说的社会时间。根本上说,时间范畴是一种名副其实的社会制度。此外,它也是人类所特有的,动物并没有这类表现。

时间范畴和与之相应的感觉之间的区别也同样适用于空间范畴或原因范畴。对于以此类问题为主题的争辩,上述说法也许会澄清其中的某些混乱之处。我们在本书的结论部分中还将回过头来讨论这个问题。

[7]　哈梅林:《论表现的基本要素》,第75页及以下诸页。

[8]　否则,我们必须承认,所有个体都能够通过其有机物质的构成,以同样的方式自发地受到各部分空间的作用,但这是不可能的;而要不同地区的人产生相同的感受,则更是不可能的事情了。而且,在不同的社会里,空间的划分也有所不同。由此我们可以证明,空间的划分并不是以人类本性为基础的。

[9]　参见涂尔干和莫斯:《分类的几种原始形式》,载于《社会学年鉴》,第6卷,第47页及以下诸页。

[10]　参见涂尔干和莫斯:《分类的几种原始形式》,载于《社会学年鉴》,第6卷,第34页。

[11]　库欣:《祖尼创世神话》,载于《美国人种局第十三次年度报告》,第367

页及以下诸页。

[12] 参见赫兹：《右手的优势：宗教极性研究》，载于《哲学评论》，1909 年 12 月号。有关空间表现与群体形式之间的关系问题，亦可参见拉策尔：《政治地理学》，“民族精神的空间”一章。

[13] 我们并不是说，神话思想忽略了同一律，而是说神话思想比科学思想更容易经常地、公开地与同一律发生冲突。反过来说，我们会证明，科学本身也将无法避免地形成与其相互对抗的局面，尽管与宗教相比，科学更加严守同一律。其实，像其他许多问题一样，科学与宗教之间只有程度上的差别；不过，即使这些差别不宜过分夸大，但还是应该多加注意，它们是很有意义的。

[14] 这个假设是由大众心理学（völkerpsychologie）的创建者最先提出来的。文德布兰德在下面这篇短文里特别提到了这个假设。参见《从大众心理学角度看认识论》，载于《大众心理学杂志》，第 8 卷，第 166 页及以下诸页。亦可参见施泰因沙尔对此问题的评注，同上书，第 178 页及以下诸页。

[15] 甚至在斯宾塞的理论中，范畴也是由个体经验构成的。在这个问题上，一般的经验论与进化的经验论的唯一区别就是：后者认为，个体经验的结果是由遗传作用积累而成的。不过，这种积累并没有给范畴注入实质性的东西；它的所有构成要素仍全部来自于个体的经验。此外，按照这种理论，范畴实际上必然是强加于我们的，而且肯定是由于机体根深蒂固的幻觉和迷信偏见造成的；然而，在有机体的本质中却没有这种必然性的基础。

[16] 也许，有人会对我们不用有关天性的假设来定义先验论而感到惊异。但是，这个概念在先验论中确实只有次要的作用，它只是用以说明理性认识不能还原为经验材料的最简单的方式。倘若说理性是天生的，那也只是一种正面的说法，即理性并不像人们通常所想的那样是经验的产物。

[17] 如果所有表现都是个体的因而完全是经验的，那么至少会产生这种情况。但实际上，这两种因素在任何表现中都是密切关联着的。

[18] 这种不可还原性并不是绝对意义上的。我们并不想说在经验表现中

无法找到理性表现，也不想说在个体中不存在社会生活的记号。如果经验与所有理性完全分离开来，那么理性也不可能对其产生作用；同样，如果个体的心理性质与社会生活截然对立，那么社会也就不会存在了。要对范畴进行全面的分析，就应该在个体意识中去寻找理性的萌芽。在本书的结论中，我们将适时地谈到这个问题。我们只想在此确认一下：在难以辨别的理性萌芽与名副其实的理性之间存在着差别，这种差别相当于构造生物的无机元素的属性与该生物生成之后的生命特性之间的差别。

[19]　人们常常会注意到，社会混乱会导致各种各样的心理混乱。这种情况进一步证明了逻辑纪律乃是社会纪律的特殊方面。前者会随着后者的衰落而彻底崩溃。

[20]　逻辑必然性比较类似于道德强制力，但两者并不能真正等同起来。今天，社会处置罪犯的态度与处置智力反常的主体的态度是有差别的；这证明逻辑规则的权威与道德规范的天然权威尽管具有某种相似性，但就其性质来说还是不同的。它们只不过是同一个纲中的两个种罢了。研究这些差别和性质的起源，是件很有意思的事情，它很有可能把错乱和越轨这两种情形区分开来。我们仅限于指出这个问题。通过这个例子，我们可以看到，对这些概念的分析会产生许多问题，这些概念通常被看成是简单的和基本的概念，但实际上却是极其复杂的概念。

[21]　在本书的结论中，我们会再次谈到这个问题。

[22]　在知识社会学理论中出现的唯理论就是这样介于古典的经验论和先验论之间的。对前者来说，范畴是纯粹的人工构想；对后者来说，范畴是自然规定的；而对我们来说，范畴在某种意义上则是一件艺术作品，一件可以日趋完善地模仿自然的艺术作品。

[23]　举例来说，时间范畴的基础就是社会生活的节奏；但如果说集体生活是有节奏的，那么就可以确信个体生活也有节奏，而且在更普遍的意义上，宇宙生活也有节奏。在这里，只不过第一种节奏比其他节奏更明显、更突出些罢了。同样，我们将会看到类别观念也是以人类群体的类别为基础的，如果人们形成了自然群体，那么我们就可以假定，事

物中也存在着既有相似之处又有相异之点的群体。纲和种就是事物的自然群体。

也许很多人会认为，如果把范畴的起源归结为社会，就会剥夺范畴的整个思辨价值。这是因为，人们始终把社会看成是非自然的事物；继而认定表达社会的表现并没有表达自然。这个结论和它的假设一样，都没有多少价值可言。

[24] 因此，我们可以合理地把范畴比作工具；就其本身而言，工具就是累积而成的物质资本。在工具、范畴和制度三个观念之间，存在着紧密的联系。

第 一 卷

先 导 问 题

第一章　宗教现象和宗教的定义[1]

要想去寻找我们所能观察得到的最原始、最简单的宗教，就必须首先确定宗教意味着什么；否则，我们就有可能冒险把和宗教毫无关联的观念和仪轨体系说成是宗教，或者也有可能会忽视许多宗教事实，体会不到它们的真正性质。这并不是想象出来的危险，我们也不想为了迎合方法上的形式主义而做出牺牲，以下事实就充分表明了这一点：尽管弗雷泽教授在比较宗教学方面是位卓有建树的学者，但由于他没有审慎地注意到我们的上述问题，所以也没有认识到我们下面将要研究的某些信仰与仪式所具有的深刻的宗教性质，根据我们的观点，在这些信仰与仪式中，我们可以发现人类宗教生活的最初萌芽。因此，这是个偏见的问题，我们必须在所有其他问题之前来研究这个问题。我们并没有幻想去即刻获得那些能够真正解释宗教性质的深刻特征，只有在研究结尾，我们才能确定这些特征。不过，指出宗教的某些外在的和易于识别的标志，倒是可能的和必要的，这样做，将会使我们在遇到宗教现象的时候就能够把它们识别出来，不至于把宗教现象和其他现象混为一谈。下面，我们就立刻着手进行这项准备工作。

不过，要想得到这个预期的结果，我们必须首先摆脱所有先入之见。早在宗教科学开始采用比较方法之前，人类就不得不解决

“宗教是什么”的问题了。生存需要迫使所有人，无论是信仰者还是非信仰者，都要通过某种方式把我们生活周围的宗教事物表现出来，对它们不断做出判断，并且在我们的一举一动中必须考虑到它们。但是，因为这些先入之见都是杂乱无章的，都是根据生活的环境和机遇而形成的，所以它们很难令人信服，在下面将要进行的研究中，我们一定要坚决地把这些成见撇在一边。我们绝不能从我们的偏见、情绪或积习出发去寻求我们必须掌握的宗教定义的要素，相反，我们应该从实在本身出发来定义宗教。

我们应该让自己坦然面对这种实在。还是让我们把所有有关宗教的普通说法搁在一边，在具体实在中考察各种各样的宗教，而从所谓宗教的共性中抽身出来吧；只有我们发现了宗教本身，才能用它们的特征来给宗教下定义。在这种比较研究中，我们将利用一切我们能够了解到的宗教体系，无论是现在的还是过去的体系，无论是最原始、最简单的还是最现代、最精致的体系；这是因为，我们没有权利也没有合乎逻辑的方法把一些宗教体系排除在外，而把另一些宗教体系保留下来。对于那些将宗教完全看作是人类活动的自然体现的人来说，所有宗教无一例外，都是具有启迪意义的；因为所有宗教都以其特有的方式表达了人性，能够帮助我们更好地理解人性的一个方面。而且，我们也已经看到，偏爱从最文明的民族出发来研究它们所呈现出来的宗教形式，绝对不是研究宗教的最佳途径。[2]

由于常见的概念颇具权威性，可能会对辨别真相产生妨碍作用，为了使我们的心灵从这些概念中摆脱出来，在我们根据自己的理解探讨这些问题之前，最好先检验一下某些最通行的宗教定义，这些定义往往带有很多偏见。

1

有种很普遍的看法，认为一切宗教都具有超自然的特征。这意味着，各类宗教事物都超出了我们知识的范围，超自然世界是一个神秘的、不可知的、无法理解的世界。这样宗教就成了一种冥想，它排斥所有的科学，或者说排斥所有的真知灼见。斯宾塞就曾说过，“各种宗教都与其公开的教义截然相反，它们是一种彻头彻尾的、缄默的信念：即坚信这个世界的存在，以及这个世界所涵盖的所有事物及其周遭环境，都是需要解释的神秘现象”；因此，本质而言，他认为宗教就是“信仰某些不可思议的事物具有无所不在的性质”[3]。同样，马克斯·缪勒也把宗教当成了“一种奋斗，就是要去想象那些无法想象的东西，去说那些无法言说的东西，去追求无限”[4]。

确切地说，在某些宗教中，特别是在基督教中，神秘情感并没有发生过值得一提的重要作用。同时，我们也必须指出，在基督教历史中的不同时期，这些神秘情感的重要性曾发生过很大的变化。在有些时代里，这种观念被降到了次要地位，甚至被人摒弃了。例如，对 17 世纪的基督教徒来说，教义并没有干扰理性；信仰很容易就把自身同科学与哲学融合起来，像帕斯卡这样的思想家们，由于真切地感受到事物之中确实有种极其模糊难辨的东西，以至于和他们的时代很不协调，始终受到了同时代人的误解[5]。所以说，如果我们把某种隐晦的东西当成了构成基督教的基本要素，那就显得有些草率了。

无论如何，我们都可以肯定，这种看法是到了宗教史的晚期才出现的；它不仅对那些所谓的原始民族来说是完全陌生的，而且对已经掌握有相当程度的知识文化的所有其他民族来说，也是很陌生的。当我们看到原始人将某些非同寻常的品性委诸卑微的事物，让宇宙充满了奇异的法则，这种宇宙是由某些最丰富多彩的要素组成的，具有难以表现的又无所不在的性质，那么亲临其中，我们无疑很容易会在这些概念里发现非常神秘的气氛。在我们看来，这些人之所以愿意服从这些观念，这些照现代理性来看有些混乱不堪的观念，仅仅是因为他们还无力发现其他更合理的观念而已。但事实上，不管这些解释会使我们产生怎样的惊诧之情，对原始人来说，它们却是世界上最简单明了的解释。原始人并没有把这些解释当作是我们在绝望之余理智所诉诸的最终根据（*ultima ratio*），相反，原始人倒愿意把它们当作最显而易见的方式，去表现和理解他所能看到的周围世界。倘若真的有人仅凭一句话或一个手势，就能够调兵遣将、转斗移星、呼风唤雨，对原始人来说这也是不足为奇的。在原始人看来，借助仪式使土地肥沃、猪羊满圈，使自己繁盛兴旺起来，这完全是合情合理的事情，就像在我们的眼里，利用农学技术手段可以获得同样的结果一样。原始人通过多种手段施展出来的力量，在他们看来并无任何神秘之处。当然，这些力量与现代科学家们所设想的和传授给我们的力量是不同的；换言之，这些力量不仅采用了不同的作用方式，而且也不允许自己遵循同样的方式；不过，所有这些，对相信它们的人来说是不难理解的，就像今天的物理学家很容易就能理解引力与电流一样。除此之外，我们在本书中也将会看到，物理力的观念也很有可能产生于宗教力的观念；两者之间并不存在理性与非理性的鸿沟。而且，宗教力往往被构想为精神存在或自觉意志的形式这一事实，并不能证明它们就是非理性的。同样，理性也不反对从先验上承认所谓无生命体是受心智引导的，就像人的身体一样，尽管当代科学还很难证明这个假设。莱布尼茨曾经提出，我们可以把外部世界构想成一个永恒的心灵社会，在它“所是”与“能是”之间，仅仅存在着精神上的联系。莱布尼茨始终觉得自己是位理性主义者，他看不出泛灵论中有什么东西是与理智相悖的。

不仅如此，我们所理解的那种超自然观念，是从今天才开始形成的；事实上，它是以其相反观念或否定形式为前提的；它绝非是原始的观念。要想说某些事物是超自然的，就必须有这样一种感觉：即存在事物的自然秩序，也就是说，所有宇宙现象都是与被称之为规律的必然联系相结合的。一旦人们承认了这个原则，那么所有与这些规律相背离的事物就必然会被看作是自然之外的事物，因此，它们也就超出了理性的范围；因为就“自然的”这个词的词义而言，自然的也就是理性的，这些必然联系所表达的仅仅是事物逻辑地联系起来的方式。然而，这种普遍决定论的观念只是近来产生的；在古典时代，即使最伟大的思想家也从来没有充分意识到这种决定论的存在。普遍决定论是实证科学的胜利；它是实证科学赖以存在的前提，而实证科学又以其自身的进步证明了它的存在。而只要普遍决定论还没有充分完美地确立起来，那么即使是最不可思议的事物，也都不是无法想象的。只要人类还不知道事物的秩序是不可改变和不可松动的，只要他们把它看作是反复无常的意志作用，那么他们很自然就会认为这些或那些意志可以随心所欲地改变事物。因此，古代人赋予诸神的那些神奇的干预力量，在他们眼里并不是现代人用同一个词所表运的那种奇迹。对古人来说，这些力量展现出来的是一种美丽的、罕见的或恐怖的

景象，也可以说是产生惊奇和惊异（θαύματα，mirabilia，miracula）的原因；然而，他们却从来没有把这些力量看成是理性无法洞察到的神秘世界所闪现出来的光亮。

我们可以更深切地体会一下这种心态，因为它还没有完全从我们的内心中消失。如果说决定论原则在今天的物理科学和自然科学中已经牢固地确立起来了，那么它也仅仅是在一个世纪以前才开始被引入到社会科学中的，而且其权威性尚存争议。只有为数很少的人才彻底认为：社会不仅遵循着自然规律，同时也构成了一个自然界。这样，人们便相信真正的奇迹还是很有可能发生的。譬如说，他们相信，立法者从自己的意志出发，仅靠一纸之文就能够凭空创建出一种制度，或将一种社会体制改变为另一种社会体制；这就像在许多宗教中，信徒们认为这个世界是神的意志从虚无中创造出来的，或者神可以随心所欲地使各种事物相互变换一样。从这些社会事实可以看出，我们还存有很多原始心态。不过，如果说如此多的我们的同代人仍旧对各种社会学事实留有这种陈旧观念，这并非因为社会生活对他们显得模糊不明和神秘莫测；相反，他们之所以很容易满足于这些解释，之所以依然固守那些经验不断造成的种种错觉，完全是因为在他们看来，各种社会事件是世界上最明摆着的事情了，他们还没有认清社会事实影影绰绰的真实面目，他们还没有认识到，只有借助自然科学深入细致的研究方法才能逐步驱散这种黑暗。如果我们深挖许多宗教信仰的根源，就会发现与之相同的心态，这些信仰所包含的虚假简单性，不禁使我们惊诧不已。正是科学，而不是宗教，才使人们把事物看得既相当复杂，又难以理解。

不过，杰文斯却认为[6]，人类心灵无需一种严格意义上的科学文化，就能注意到事实之间的固定次序，或者说注意到事实前后相继的连续秩序或这些秩序的不断颠覆。太阳在某些时候会突然发生日食，天空在人们所预料到的时刻会下雨，月亮在固定期间内消失以后又会逐渐复现，等等。正因为这些现象与事物的正常过程相脱节，所以被人们看作是由非常特殊的原因造成的，换言之，最终是由超自然的原因造成的。正是通过这种形式，超自然观念在历史形成伊始就产生了，在这位作者看来，恰恰从这个时刻起，宗教思想才发现它获得了它的特有主题。

但是首先，我们不能把超自然存在还原为无法预料的东西。不仅古老事物是自然的一部分，新生事物也是自然的一部分。如果我们在一般意义上说，各种现象是按照固定秩序依次发生的，那么我们同样也可以看到，这种秩序只能是近似的，不可能总是确定不变的，会有各种各样的例外情况发生。只要有稍许经验，我们就会对我们的预言落空感到很习惯，而且这种情况出现得十分频繁，我们也不觉得它有什么反常之处。经验既揭示了某种一致性，也揭示了某种偶然性；所以，我们也就没有理由认为导致某种现象的原因与力量与导致另一种现象的原因与力量截然不同。因此，要想获得超自然的观念，仅仅看到意外事件是不够的，还必须把这些事件看作是根本不可能发生的事件，也就是说，不管是对是错，事件与秩序之间的不可调和已经潜含在了事物的本性之中才行。而必然秩序的观念已经逐步被实证科学确立起来了，在实证科学面前，相反的观念不可能有立足之地。

而且，不管人类以何种方式去表现经验所揭示的新奇性与偶然

性，在这些表现中，都没有可以用来作为宗教特征的成分。各种宗教概念首先需要表达和解释的对象，并不是事物中例外和反常的要素，恰恰相反，它们应该是事物中连续和规则的要素。我们经常可以见到，众神对各种怪异的、幻想的或失范的现象很少提供解释，对宇宙有规则的运行、星辰的运动、物种的繁衍等现象倒提供了很多的解释，所以说，那些有关宗教观念与各种非同寻常或无法预料的现象具有谋和关系的看法，完全是无稽之谈。杰文斯回答说，这种有关宗教力的概念并不是原始的概念。人类起先只是通过想象出宗教力来解释各种混乱现象与偶然事件的，到了后来，人类才开始利用它们来解释自然的统一性。[7]然而，这并没弄清究竟是什么原因，使人类把两种截然相反的功能共同归之于宗教力。此外，那些认为神圣存在最初作为滋扰者仅仅具有消极功能的假设，也是相当武断的。事实上，我们将会看到，即使在我们有所了解的最简单的宗教中，神的根本任务也是以一种积极的方式去维持生命的正常过程。[8]

因此，神秘观念并不具有原始的起源，也不是人类天生就有的；正是人类本身，亲手塑造了神秘的观念以及与此相反的观念。这就是为什么神秘观念仅仅在极少数高级宗教里才占有一席之地的原因。正是因为人们把大多数能够确定性质的事实从宗教定义中排除出去了，才将神秘观念作为宗教现象的显著特征。

2

在定义宗教的尝试中，人们常用的另一个概念是神性的概念。雷维尔说：“宗教，就是通过人类心灵与神秘心灵相联结的情感而带来的人类生活的决定作用，人类心灵既能够认识到神秘心灵对世界及其自身的支配，也能够在自身与神秘心灵息息相通时感到无比的快乐。”[9]可以肯定，倘若我们从精确而又狭窄的意义上来理解神性这个概念，那么上述定义就忽视了大量明显存在的宗教事实。在许多不同的民族中，都流行着对于死者的灵魂与各个级别和类别的精灵的宗教想象，这些灵魂和精灵通常是仪式的对象，有时甚至还是定期膜拜的对象；尽管它们毕竟还不是严格意义上的神。为了在定义宗教的过程中把这些因素包括进去，我们只要将“神”这个词换成范围更广的“精神存在”就可以了。泰勒就是这样做的。泰勒认为：“在对低等种族的宗教进行系统研究中，其首要前提就是要确定宗教的初步定义。如果这个定义要求，宗教就是对一位至高无上的神的信仰……，那么无疑许多部落都会被排除在宗教范畴之外。而这种狭隘的定义的缺点，就是只把已有特殊发展的宗教形态认同为宗教。……看来，我们最好……直截了当地宣称，对精神存在的信仰就是宗教最低限度的定义。”[10]我们必须把精神存在理解成有意识的主体，它们先天具有高于普通人的力量；在死者的灵魂、神仙或魔鬼以及严格意义上的神明那里，我们都可以发现这种特征。因此，最重要的是，我们应该即刻对这个定义所包含的特殊宗教观念投入关注。我们与这种精神存在的关系，是由人类本性决定的。精神存在是有意识的存在；我们只能通过影响一般意识的方式来影响精神存在，换言之，只有借助语词（招魂、祷告），或通过供奉和献祭，通过心理过程，来竭力说服或感动精神存在。而且，既然宗教的目的就是要对我们与这些特殊存在之间的关系加以规定，因此倘若没有祈祷、祭祀以及赎罪仪式等，也就不会有宗教。这样，我们就得到了能够将宗教从非宗教中

区别出来的非常简单的标准。弗雷泽[11]及许多民族志研究者[12]都系统地参照过这条标准。

不过，即使这个定义显得很明确，我们在接受宗教教育的过程中所养成的思维习惯却告诉我们，还有许多事实并不适用于这个定义，而这些事实恰恰正是宗教领域内的事实。

首先，有些伟大的宗教并没有神和精灵的观念，或者至少可以说，在这些宗教里，这种观念仅仅能够扮演一种次要的、不起眼的角色。佛教即是如此。伯恩诺夫就曾说，佛教"是与婆罗门教相互对立的，它是一种没有神的道德体系和一种没有自性的无神论"。[13]巴特认为："正因为佛教认为不存在人所依赖的神，所以佛教教义完全是无神论的。"[14]同样，奥登伯格也把佛教称为"没有神的信仰"[15]。事实上，佛教的所有精髓都可以在其四个前提，即佛教徒所谓的"四圣谛"*中找到。[16]第一个前提主张，在一切事物永恒的迁流变动中总是伴随着苦的存在；第二个前提主张，贪爱是苦的原因；第三个前提主张，灭除贪爱是灭断烦恼的唯一方式；第四个前提则列举了证灭所必经的三个阶段**：正道、静虑和智慧，这亦即佛教的全部教义所在。人生一旦通过这三个阶段，就达到了至道的境界，即获得解脱，修成涅槃(Nirvâna)。

在这里，没有一个原则是与神性问题有关的。佛教徒并没有兴趣去了解他所生活和受苦的这个世界究竟来自何处；他仅仅把

* "四圣谛"(Caturaryasatya)，是佛教的基本教义之一，又称"四真谛"、"四谛"，"谛"即是真理。这里，与四个前提对应的"四谛"分别是指"苦谛"(Duhkhasatya)、"集谛"(Samudayasatya)、"灭谛"(Nirodhasatya)和"道谛"(Margasatya)。——译注

** 这里，三个阶段似乎指的是佛教徒所修持的戒(戒律)、定(禅定)、慧(智慧)"三学"(Triratna)。——译注

它当成了既成的事实[17]，他全心关注的是如何逃离这个世界。另一方面，在这个救度过程中，他只能依靠他自己；“佛教徒从来不需要感谢神，因为在他的修行过程中，他从来不企求神的恩惠”[18]。就“祈祷”这个词通常的意义而言，佛教徒从来不祈祷，也不求助至高无上的神，不企求神的恩惠；他只依靠自己和自己的冥想。这并不是说，“他断然否认因陀罗（Indra）、阿耆尼（Agni）和伐楼拿（Varuna）等神的存在；[19]不过，他并不认为他从神那里获得了什么，也不认为自己与神有什么关系”，因为这些神的力量所统辖的仅仅是这个世界上的无常之物，对佛教徒而言毫无价值。所以，从这个意义来说，佛教徒作为无神论者，根本不用考虑神是否存在的问题。此外，即使神是存在的，但不管它们可能会拥有怎样的力量，圣人，或者是已经得到解脱的人，都会认为自己是高于神的；因为某些存在之所以获得崇敬，并不取决于它们对事物的作用程度，而是它们在通往救度之路上的进展程度[20]。

确实，至少在某些佛教宗派中，佛陀有时候被当成了神。佛陀既有自己的寺庙，也是膜拜的对象。顺便提一句，这种膜拜是非常简单的，甚至简单到了只有献奉鲜花和敬奉圣迹或佛像的地步。这种膜拜充其量不过是一种纪念性的膜拜而已。不仅如此，如果说佛陀神性化这个说法是很确切的，那么它也只是特别对北传佛教而言的。克恩认为：“根据现有材料，我们可以说，在南传佛教以及距离尚不太远的北传佛教那里，当佛教徒提起佛教创始者的时候，似乎是把他当成一个人来看的。”[21]当然，佛教徒也赋予了佛陀非同寻常的、超凡脱俗的力量；然而，这不过是印度非常古老的信仰，在众多不同宗教中，这种信仰也是非常普遍的，伟大的圣徒往往具有超乎寻常的德性[22]。不过，圣人和祭司或巫师一样都不是神，尽管人们经常认为他们拥有超人的本领。另一方面，根据大多数权威学者的说法，一般说来，所有伴随佛教而来的这种自然神论以及非常复杂的神话，都只是佛教的派生和衍生的形式。佛陀首先仅仅被看作是“大智大慧的人”[23]。伯恩诺夫说，“认为佛陀比达到圣贤之最高境界的人还要高的观念，已经越出了构成纯粹佛经(Sûtras)*的思想基础”[24]；而伯恩诺夫在别的地方又说，“佛陀具有人性特征，是所有神话创造者都予以承认的无可辩驳的事实，对这些人来说，创造出一些奇迹算不了什么，但是自佛陀去世以来，他们却从来都没有想过要把佛陀塑造成一个神”[25]。倘若如此，我们大可怀疑，佛陀是否曾经使自身完全舍弃了所有人类特性，我们是否有权利使佛陀完全成为一个神。[26]无论如何，佛陀只能算作是一种非常特殊的神，他的作用与其他人格神的作用毫无相似之处。神之所以为神，首先是因为它是一种活生生的存在，人不仅要敬奉神，还必须仰仗神；但是佛陀已经死了，他已入涅槃，不再能够影响人类事务的进程了。[27]

最后，无论人们怎样去构想佛陀的神性，事实上，这个概念也完全是处在佛教的基本组成部分之外的。佛教主要是由救度观念构成的，其前提条件仅仅是知晓善的教义并付诸实践。的确，如果佛陀未曾揭示这种观念的话，人们便无法了解它；但这种观念一经揭示，佛陀的任务也就完成了。从此以后，佛陀就不再是宗教生活中的必要因素。即使揭明四圣谛的佛陀在人们的记忆中完全消失

* Sûtras，原指修多罗(或契经)，十二部经之一，这里似泛指佛经。——译注

了，人们仍然有可能实践四圣谛。[28]基督教则截然相反，如果没有基督永存的观念，如果没有持之以恒的膜拜实践，基督教是无法想象的，因为正是通过永生的基督，通过每天的祭献，基督徒共同体才能不断与精神生活的至高源泉相互沟通。[29]

佛教的上述特点，也同样适用于印度的另一种影响很大的宗教，即耆那教。这两大宗教教义几乎有着相同的世界观与人生观。巴特说："同佛教徒一样，耆那教徒也是无神论者，他们不承认任何造物主的存在；认为世界是永恒的；并断然拒绝了'人生而完满'的可能性。耆那日趋完满；但他并非本来如此。"

同北传佛教徒一样，耆那教徒，或至少是部分耆那教徒，回到了自然神论的立场；德坎（Dekhan）碑文中就曾提到过耆那帕蒂（Jinapati），这是位至高无上的耆那，曾被称为原初的造物主；不过，巴特却又说，这种说法"与耆那教最具权威的著作中的最精确的叙述是相互矛盾的"[30]。

不仅如此，佛教和耆那教这种漠视神灵的做法之所以会发展到如此程度，是因为这两种宗教都起源于婆罗门教，而在婆罗门教中已经出现漠视神灵的萌芽了。至少在其某些形态中，婆罗门教的思索是以"通过唯物论与无神论来公开解释宇宙"而告终的[31]。一段时期过后，印度民族原来信奉的为数众多的神，渐渐融合成了一个非人格的、抽象的、占有主导地位的神祇，成为一切存在的本质。这个至高无上的实在，不再具有任何人格神的要素，它内在于人，或者更确切地说，与人合为一体，因为倘若没有了它，任何事物都不可能存在。人们要想找到它，与之合为一体，根本没有必要在自身以外去寻找外在的根据；人只要专注于自身而凝神冥想就足够了。奥登伯格说："如果说佛教进行了伟大的尝试，构想了人源出自身而又超脱自身的解脱之道，创造了没有神的信仰，那是因为婆罗门教的沉思为这种思想开辟了道路。这种思想步步为营，使神的观念步步退却；诸神的以往形象逐渐消失了，梵摩(Brahma)*则因其永久清净的教义而受到人们的尊崇，高居于人类世界的命运之上，剩下的只有在超脱这项伟业中锲而不舍的人自身了。"[32]在这里，我们发现宗教演进中非常值得注意的方面：精神存在的观念从神祇观念中逐步缩退回来了。在某些伟大的宗教中，请神、赎罪、祭祀以及严格意义上的祈祷并没有占据重要的地位。有些人宣称只要看清楚这些表现，就可以分辨出严格意义上的宗教现象，但上述宗教却没有这种明显的标志。

不过，即使在有神宗教里，很多仪式也完全独立于神的观念或精神存在的观念。首先，这些宗教存在着大量的禁忌。例如，《圣经》规定妇女必须在每个月的确定时间内单身居住[33]，妇女在生育过程中也必须单身居住[34]；不可并用驴马耕地，不可穿毛麻掺织的衣服[35]；不过，我们根本看不出对于耶和华的信仰对这些禁忌有什么作用，因为耶和华与这些禁忌毫无牵连，他不可能对这些禁忌感兴趣。在绝大多数的饮食规定中，我们也可以看到同样的情况。这些禁忌并不是希伯来人所独有的，在无数的宗教里，我们都可以发现形式虽有不同、性质却完全相同的禁忌。

* 即"梵"，意为清净、寂静。婆罗门教中指不生不灭的、常住的、无差别相的、无所不在的最高境界或天神，也用来称呼与该教有关的事物。——译注

确实，虽说这些仪式纯粹是消极的，但它们并不会因此而不成其为宗教。此外，还有其他某些宗教需要信徒进行主动和积极的奉献，它们的性质也一样。这些仪式完全依凭着自身，产生的效力也不是神的力量所使然的；它们能够机械地产生效应，而这正是它们得以存在的原因。这些仪式并非由祈祷或供奉构成，人们预期的结果也并非出于神的善意；仪式的自动运作就可以获得这样的结果。很明显，吠陀教的祭祀就属于这种情况。贝盖耶就曾说："祭祀可以对天象直接产生影响"[36]；祭祀本身就是全能的，无需任何神的作用。譬如说，祭祀可以使囚禁阳光的洞门打开，可以使白天的亮光透射进来。[37]同样，有好些特别的圣歌凭借其直接作用，就能使天堂里的圣水洒落大地，*甚至无需诸神*[38]。此外，某些苦行者的修行实际也具有同样的力量。"祭祀完全是所有卓越事物的起源，以致人们认为它不仅是人类的起源，甚至还是诸神的起源。……这个概念未免显得太离奇了。然而，它毕竟可以被说成是'祭祀万能'的观念所产生的最终结果之一。"[39]所以，贝盖耶开门见山就一个劲儿地谈论祭祀，神性根本不起什么作用。

这种情况并非是吠陀教所独有的，相反，它是很普通的现象。在每个仪式中，各种仪轨都是凭借自身起作用的，它们所采用的也都是自己的方式，在举行仪式的个体同其追求的结果之间，任何神都无法进行干预。在人们所说的住棚节*中，当犹太人以某种节奏挥动柳树枝，使空气流动的时候，其目的是要使风势增强，甘霖普降；教徒们相信，只要正确奉行仪式，仪式就可以自动地产生人

* 住棚节，即犹太教的收割节。——译注

们所期望的现象[40]。这就可以用来解释几乎所有膜拜都极其重视仪典的有形内容的原因。这种宗教的形式主义——极有可能是法律形式主义的最初形式——有着这样的来源：既然人们所说的固定用语，以及所做的动作本身就包涵着其得以产生功效的根源，那么它们假如不完全符合因为成功而被神圣化的典型，就会失去这些功效。

所以说，无神的仪式是存在的，甚至神反而有可能会从仪式中派生出来。并非所有的宗教力量都是从神性人格中产生的，很多膜拜关系的目的也不是将人与神祇联系起来。宗教远远超出了神或者精灵的观念，我们不能仅凭这些因素就断然定义宗教。

3

姑且先把这些定义搁置起来，还是让我们来直接面对问题吧！

首先，值得我们注意的是，所有这些程式，都试图要表达整个宗教的实质。它们似乎把宗教当成了不可分割的全体。但是就事实而言，宗教却是由若干部分组成的；也就是说，宗教是神话、教义、仪式和仪典所组成的或多或少有些复杂的体系。倘若我们不考虑这些组成部分，就很难对整个宗教加以定义。在我们考察由这些部分所构成的宗教体系之前，首先应该努力对构成所有宗教的各种基本现象进行描述，这样做，在方法上才更说得过去。而且，有些宗教现象并不属于任何已经得到确定的宗教，这些现象使这种方法显得更为迫切。比如说，那些构成民间信仰之基本素材的现象，就属于这种情况。一般而言，这些现象是某些业已消亡的宗教的残留部分，是些杂乱无章的遗存；但也有些现象是在地方因素的影响下自发形成的。在欧洲许多国家，基督教就曾迫使自身吸收与消化这些现象；使它们带上了基督教的色彩。即便到了晚近时期，仍留存着好些这类现象，还有一些以相对自主的形式保存至今。五朔节、夏至节或狂欢节等庆祝活动，以及有关神魔和地方上的鬼怪的信仰等等，都是很恰当的例子。即使说这些现象的宗教特性正在日趋消失，但它们在宗教方面仍有十分重要的意义，甚至直接导致了曼哈特及其学派对宗教科学的恢复。任何定义倘若不考虑到这些现象，就根本涵盖不了宗教的全部。

宗教现象可以自然而然地分为两个基本范畴：信仰和仪式。信仰是舆论的状态，是由各种表现构成的；仪式则是某些明确的行为方式。这两类事实之间的差别，就是思想和行为之间的差别。

仅凭仪式对象所具有的特殊性质，就可以把仪式和其他人类仪轨相区别开来，并使其得到确定。例如，用这个办法就可以把它与道德仪轨区分开来。道德准则如同仪式一样，为我们规定了某些行为方式，不过，这些行为方式所针对的对象却不属于同一类型。因此，如果我们想要描述仪式本身的特性，就必须首先描述仪式对象的特性。而且，也只有在信仰中，仪式对象的上述性质才能彰显出来。因此，我们只有在定义了信仰之后，才有可能给仪式作定义。

所有已知的宗教信仰，不管是简单的还是复杂的，都表现出了一个共同特征：它们对所有事物都预设了分类，把人类所能想到的所有事物，不管是真实的还是理想的，都划分成两类，或两个对立的门类，并在一般意义上用两个截然不同的术语来称呼它们，其中的含义可以十分恰当地用凡俗的与神圣的这两个词转达出来。正因如此，整个世界被划分为两大领域，一个领域包括所有神圣的事物，另一个领域包括所有凡俗的事物，宗教思想的显著特征便是这种划分。信仰、神话、教义和传说，或者作为各种表现，或者作为各种表现体系，不仅表达了神圣事物的性质，也表达了赋予神圣事物的品性和力量，表达了神圣事物之间或神圣事物与凡俗事物之间的关系。然而，我们绝对不能将神圣事物简单地理解成那些被称为神或精灵的人格存在；一块岩石、一棵树、一泓泉水、一枚卵石、一段木头、一座房子，简言之，任何事物都可以成为神圣的事物。所有仪式也都具有这种性质；事实上，如果仪式不具有一定程度的神圣性，它就不可能存在。某些语词、表达和惯用语只能出自圣人之口；某些姿势和动作是任何人都不可做的。吠陀教的祭祀就具有这样的功效，根据神话中的说法，祭祀创造了诸神，而不仅仅是用来博取诸神欢心的手段，所有这些，都是因为祭祀所具有的效力足可以与最神圣的存在所具有的效力相媲美。神圣对象的领域也没有一劳永逸地被划定出来。其范围可以根据各种不同的宗教而无限地发生变化。所以，佛教应该是一种宗教：它虽然不敬神，却承认神圣事物的存在，也就是说，承认四圣谛以及据此而来的各种仪轨的存在。[41]

到目前为止，我们的研究还仅仅局限于列举某些神圣事物，现在，我们应该说明能够将神圣事物与凡俗事物区别开来的一般特征了。

首先，有人试图根据神圣事物通常在事物等级体系中所占据的位置，来给神圣事物下定义。人们会很自然地认为，神圣事物在尊严与力量等方面要高出凡俗事物一筹，尤其要高出仅仅作为自身而毫无神圣之处的人类一筹。与神圣事物相比，人类始终认为自己处于卑微的或从属的地位。当然，这种说法并不是没有道理；不过，它没有完全说出神圣事物的真正特点。仅凭某个事物从属于另一个事物，就认为比之于前者后者是神圣的，这是不够的。例如，奴隶屈从于主人，臣民俯首于国王，士兵听命于将帅，吝啬鬼迷恋于金钱，野心家受制于掌权者，都属于这种情况；然而，如果我们有时候说，有人将他所承认的高于自己并具有重要价值的存在或事物当成一种宗教，那么很显然，在任何情况下，这都不过是一种比喻的说法，在这些关系中，并没有什么确实可以归结为宗教的东西。[42]

另一方面，我们也应该看到神圣事物也有程度上的不同。在与某些神圣事物发生关系的过程中，人类会相对感到比较随便一些。护身符就有神圣的性质，然而它并不能引起特别的敬意。甚至在诸神面前，人类也并非始终明显处于卑微的地位；人类经常可以对诸神产生真正的物质强制作用，以图获得他们想要的东西。倘若人们对偶像产生了不满，就会痛打偶像，如果偶像最终能够显灵，能够比较驯服地满足它的崇拜者的愿望，人们就会与偶像重新和睦相处。[43]同样，人们为了求雨，会将石头抛入雨神所栖身的泉水或圣湖中；他们相信依靠这种手段，就能迫使雨神出现和显灵。[44]不仅如此，如果说人类确实依赖着神的话，那么这种依赖关系也是相互的。神也需要人，倘若没有供奉和祭祀，神就会死去。我们甚至有理由说，即使是最具唯心论色彩的宗教，也同样保留了神对其崇拜者的这种依赖。

但是，如果我们把纯粹的等级差异当作衡量标准，那么它显得太笼统、太含糊了；除了神圣事物与凡俗事物之间的异质性以外，恐怕不再会有其他标准可以用来区分这两类事物了。不过，这种异质性已足以描述出这种分类的特点，足以将这种分类与其他分类区别开来，因为这种异质性极其特殊：它是绝对的。在人类思想的所有历史中，事物的两种范畴还从来没有出现过如此截然不同、如此势不两立的局面。相比而言，传统意义上的善恶对立是微不足道的；因为善与恶只是同一类别，即道德领域中的两个彼此对立的类型而已，就像疾病与健康是同一类别，即生命的两个不同方面一样。相反，无论何时何地，神圣事物与凡俗事物都被人们看作是互不相同的两大类别，就好比迥然不同的两个世界。在两个不同世界里发挥作用的力量绝对不能简单地等同起来，也不能说谁比谁强；它们是两种不同的力量。在不同的宗教里，人们可以通过不同的方式来构想这种对立。有时候，要想把这两种事物区别开来，我们只要把它们分别放在构成物质世界的不同部分之中，似乎就足够了；有时候，我们则要把第一种事物放在理想的和超验的世界里，让另一种事物完全占据整个物质世界。不过，不论这些对立的形式如何变化多端[45]，它们相互对立的事实总归是普遍的。

当然，这并不等于说，一种存在永远无法在不同的世界之间相互转换。当实现这种转换的方式一经产生，就会从本质上将两个领域的两重特性显露出来。事实上，这是一种真正的变态过程。很多民族所举行的成年礼仪式，就明确证实了这种情况的存在。这种成年礼是一连串的仪典活动，其目的就是要把年轻人引入到宗教生活中来：人最初在纯粹的凡俗世界里度过了自己的孩童时代以后，开始脱离这个世界，迈入神圣事物的世界。在人们看来，这种状态的转变并没有一种先前已经存在的萌芽，不是这个萌芽简单的、规则的发育，而是整个存在的脱胎换骨。据说，就在此刻，这个年轻人死去了，原来的他不复存在了，另一个人代替了他。他以一种新的形式再生了。在人们的感觉里，这种恰得其时的仪典所带来的死亡与再生，并不意味着人们仅仅从象征意义上来理解死亡与再生，相反，它被视为名副其实的死亡与再生。[46]这种情况，不恰恰证明了曾经作为凡人的人和现在变成了宗教的人，两者之间发生了连续性的断裂吗？

这种异质性极其彻底，继而往往会形成一种名副其实的对立。这两个世界不仅仅被人们看成是相互分离的，而且也被看成是相互敌视和嫉恨的对手。既然只有彻底离开这个世界，才能完全属于另一个世界，所以宗教才规劝人们要使自己彻底摆脱凡俗世界，过一种封闭的宗教生活。这样，便出现了隐修生活，这种生活既是人自己组织起来的，同时却又逃脱和摆脱了普通人的自然环境。与此相反，普通人则生活在一个不同的世界里，他们不仅与隐修生活界限明确，还几乎与之截然对立。于是，就又出现了神秘的苦行主义，其目的就是要彻底铲除那些还残留在人们身上的与凡俗世界有关的所有东西。由此，也形成了各种各样的宗教性自杀形式，这恰恰是苦行主义合乎逻辑的产物；归根结底，彻底脱离尘世的唯一方法就是舍弃整个生命。

神圣与凡俗这两个类别之间的对立，总是能够通过某种可见的记号把自身明白无误地显露出来，无论何时何地，我们只要依据这个标记，就可以轻而易举地辨认出这种极其特殊的分类。既然在人们的思想里，神圣观念随时随地都是与凡俗观念相分离的，人

们已经在两者之间划出了一条逻辑界限，所以心灵会断然拒绝将这两种相互对立的事物混为一谈，甚至不允许在两者之间建立联系；这是因为，两者之间的相互混同或直接接触，与人们内心中这两种概念的分离状况是格格不入的。神圣事物总是某种超凡脱俗的东西，凡俗事物不应该也不能够与之接触，否则自己就不可能安然无恙。当然，这种隔绝状态也不等于说两个世界根本不可能得到沟通；倘若凡俗世界与神圣世界全无联系，那么神圣世界也就毫无裨益了。然而，如果我们要想在两者之间建立这种微妙的运作关系，还必须审慎行事，必须求助于某种或多或少有些复杂的初入仪式[47]，除非凡俗事物肯于抛弃自己的特征，借助某种方式或在某种程度上成为神圣的东西，否则，这种联系就不可能建立起来。总之，这两大类别不可能既相互接触，又独善其身。

这样，我们就得到了判断宗教信仰的首要标准。无疑，在这两种基本类别之内，还存在许多次级的亚种，它们之间也或多或少有些水火不容。[48]不过，宗教现象的真实特征仍然是：它们经常将已知的和可知的整个宇宙一分为二，分为无所不包、相互排斥的两大类别。神圣事物不仅受到了禁忌的保护，同时也被禁忌隔离开来；凡俗事物则是实施这些禁忌的对象，它们必须对神圣事物敬而远之。宗教信仰就是各种表现，它们不仅表达了神圣事物的性质，也表达了神圣事物之间的关系以及神圣事物与凡俗事物之间的关系。最后，仪式是各种行为准则，它们规定了人们在神圣对象面前应该具有怎样的行为举止。

当一定数量的神圣事物确定了它们相互之间的并列关系或从属关系，并以此形成了某种统一体，形成了某个不被其他任何同类体系所包含的体系的时候，这些信仰的总体及其相应的仪式便构成了一种宗教。根据这个定义，我们可以看到，宗教并没有被一个独一无二的观念所必然包含，也不是源出于一种随着不同环境而变化、却常常具有相同本质的独特原则的；更确切地说，宗教是由各个既界限分明、又相对独立的部分所组成的整体。每一类性质相同的神圣事物，甚至每个同等重要的神圣事物，都构成一个组织核心，在每个核心周围都聚集着一组信仰、仪式或特定的膜拜。对任何宗教来说，不管它如何等齐划一，都必须承认神圣事物的多样性。甚至对基督教，至少是天主教而言，它除了有时候要根据神圣人格承认三位一体之外，还要承认圣母、天使、圣徒、死者魂灵等各种神圣事物。所以说，宗教不能被统而化之地还原为单一的膜拜形式，恰恰相反，宗教是由各种膜拜所组成的体系构成的，其中，每一种膜拜都在某种程度上被赋予了自主性。不仅如此，这种自主性也变化无常。有时候，它们被安排在某种等级序列内，从属于占有支配地位的膜拜，直到最后被后者完全吸收；有时候，它们只能被简简单单地重新安排和合并起来。我们接下来所要研究的宗教，将会为我们分析后一种组织形式提供例证。

与此同时，我们还找到了解释有些宗教现象为什么不属于任何特定的宗教的办法。推其根由，是因为这些宗教现象已经不是，或不再是任何宗教体系的一部分了。如果由于某种特殊原因，我们刚才所说的某种膜拜恰巧被保留了下来，但它所从属的那个宗教体系却荡然无存了，那么这种膜拜就陷入了无法整合的局面。许多以民间传说的形式保存下来的农事膜拜就属于此类情况。在某些情况下，它简直不能算作膜拜，而只能说是以这种形式存留下来的简单的仪典或特别的仪式。[49]

尽管这个定义只是初步的定义，不过，它确实使我们认识到，我们究竟应该通过什么方式来说明这个在宗教科学研究中必然占有支配地位的问题。假如我们认为，只要赋予神圣事物以更为强大的力量，我们就可以借此将神圣事物与其他事物区分开来，那么，人们如何想象这些力量的问题就变得非常简单了：我们只需要解答，究竟是些什么样的力，可以借助其超乎寻常的能量，将人类的想象力强劲地激发出来，使人足以产生宗教情感就足够了。但是，正如我们试图证明的那样，如果神圣事物在性质上不同于凡俗事物，如果两者具有截然不同的本质，那么问题就要复杂得多。我们必须首先试问，究竟是什么东西能够使人们把这个世界看成是两个迥然有别、水火不容的世界，在感性经验中，似乎根本不存在任何可以使人们产生如此激烈的二元观念的东西。

4

不过，这个定义还很不完全，因为它同样适用于两类事实，而当这两类事实相互发生联系的时候，我们就必须把它们区别开来：这就是巫术与宗教。

巫术同样也是由信仰和仪式构成的。和宗教一样，巫术也有其神话和教义；这些神话和教义只不过有些初级罢了。毫无疑问，正因为巫术所追求的是法术和功利等方面的目的，所以它并不把时间浪费在纯粹的思辨方面。巫术也有自己的仪典、祭祀、祭礼、祷告、吟唱和舞蹈。巫师所乞求的存在及其所调动的力量，与宗教所专注的力量和存在不仅性质相同，而且往往是一码事儿。所以，甚至在最低级的社会，死者的灵魂基本上是神圣事物和宗教仪式的对象；而与此同时，它们在巫术中也发挥着相当大的作用。在澳洲[50]和美拉尼西亚[51]，在希腊和基督教诸民族中[52]，死者的灵魂、死者的骨骸和毛发都是巫师最常使用的法物。巫术活动中也常常要用到魔鬼。即使在现在，这些魔鬼也仍然是围绕各种禁忌而产生的存在；它们也同样自成一类，栖身他界，所以我们经常很难将它们与严格意义上的神区别开来[53]。不仅如此，就拿基督教来说，魔鬼不也是堕落的神吗？即使我们撇开它的出身不谈，恶魔所掌管的地狱对基督教来说也是不可或缺的，仅就这个事实而言，恶魔不是也具有宗教性质吗？更有甚者，即便是某些正规的有公务的神祇，同样也是巫师所祈求的神祇。有时候，它们还是异域民族所敬奉的神；比方说，希腊巫师就曾祈求过埃及的、亚述的或犹太民族的神。有时候，它们甚至是民族神：赫卡忒和狄安娜*就曾是巫术膜拜的对象；圣母、基督和圣徒也同样被基督教的巫师们利用过[54]。

那么，我们是否可以肯定我们很难将巫术与宗教区别开来呢？是否可以肯定巫术完全是宗教，宗教也完全是巫术，我们既不可能将它们分开，也不可能给它们分别下定义呢？这个论点是很难站住脚的。显然，不仅宗教对巫术深恶痛绝，反过来说，巫术也对宗教抱着敌意。巫术以亵渎神圣事物作为自己职业上的乐趣[55]，巫术仪式也常常与宗教仪典有着明显相反的举动[56]。对宗教来说，

* 赫卡忒(Hecate)：希腊神话中的月亮、大地和冥界女神，后来被当作是魔法和巫术女神；狄安娜(Diana)：罗马神话中的月亮和狩猎女神。——译注

即使它没有责备和禁止巫术仪式，也经常不以为然地蔑视这些仪式。恰如胡伯特和莫斯所说：在巫师的某些举动中，始终存在着反宗教的因素[57]。不论这两种制度之间有着怎样的关系，我们都很难想象两者之间没有龃龉；正因为我们打算把我们的研究范围限定于宗教领域，而不涉及巫术领域，所以我们更需要去找出宗教与巫术之间的不同之处。

这里，我们所要解决的问题是我们如何能够在这两大领域之间划出一条分界线。

真正的宗教信仰总是某个特定集体的共同信仰，这个集体不仅宣称效忠于这些信仰，而且还要奉行与这些信仰有关的各种仪式。这些仪式不仅为所有集体成员逐一接受；而且完全属于该群体本身，从而使这个集体成为一个统一体。每个集体成员都能够感到，他们有着共同的信念，他们可以借助这个信念团结起来。集体成员不仅以同样的方式来思考有关神圣世界及其与凡俗世界的关系问题，而且还把这些共同观念转变成为共同的实践，从而构成了社会，即人们所谓的教会。在所有历史中，我们还没有发现过一个没有教会的宗教。有时候，教会被严格限定在国内，有时候，教会却跨出了国界；有时候，教会包括了整个民族（如罗马人、雅典人、希伯来人），有时候，它仅仅包括了某个民族的一部分（如新教出现以后的基督教各派）；有时候，它能够接受教士群体的指导，有时候，它几乎不需要任何正式的指导群体[58]。不过，不管我们在什么地方观察宗教生活，都会发现有一个确定的群体作为宗教的基础。甚至某些所谓的私人膜拜，例如家族膜拜或行会膜拜，也都可以满足这个条件；宗教膜拜总是通过某个群体、家庭或行会来施

行的。而且，甚至这些特殊的宗教也通常只是一种更普遍的、无所不包的宗教的特殊形式[59]；实际上，这些规模有限的教会只不过是某个规模较大的教会在分支，正因为后者规模较大，所以才更应该被称为教会[60]。

巫术就全然不同了。确实，巫术信仰也经常或多或少地带有些普遍性；这种信仰也往往会在广大民众中传播开来，甚至对某些民族来说，巫术的追随者同宗教的追随者在数量上也差不了多少。然而，这并没有使所有巫术的追随者结合起来，也没有使他们联合成群体，过一种共同的生活。*不存在巫术教会*。巫师与请教他的个体之间，就像这些个体之间一样，并不存在一条持续的纽带，可以使这些个体成为同一道德共同体的成员，可以使之与那些信奉同一个神、遵行同一种膜拜的道德共同体相媲美。巫师有自己的门徒，但没有教会，这些门徒之间很有可能没有什么联系，甚或彼此素不相识；甚至说，他们与巫师之间的关系也只是萍水相逢、事过境迁的关系；如同患者与医生之间的关系一样。有时候，巫师也会带有正式的和公共的性质，然而这并没有改变原来的情况；巫师的公开活动，也没有在他与有求于他的人之间建立起更正式、更持久的联系。

的确，在某些情况下，巫师也会在自己人中间组织某些会社：他们每隔或长或短的一段时间会相集一次，共同举行某些仪式；众所周知，有好些欧洲民间传说都讲到过巫师集会的地点。不过，需要说明的是，这些集会对巫术活动来说并不是不可或缺的；甚至可以说，这些集会只是罕见的、例外的情况。巫师并不需要与同行联合起来施展其法术。相反，他们常常会隐居起来；一般来说，巫师并不是入世的，而是出世的。“即使面对他的同行，巫师也始终保持着个人独立的姿态。”[61]但是，宗教与教会的观念却是无法分离的。从这一点，我们就可以看出巫术与宗教之间的根本差异。然而，最最重要的是，即使形成了这种巫术会社，其中也不包括任何巫术的追随者，而只有巫师。所谓常人，就是那些想通过举行仪式获得利益的人，只有在正式膜拜中才表现为崇拜者，而往往是被排除在巫术会社之外的。巫师在巫术中的地位相当于教士在宗教中的地位，然而，教士组成的教团并不等于教会本身，它充其量不过是一种在修道院的荫翳中敬奉某位特殊圣徒的宗教修会而已，这不过是一种特别的膜拜。教会并不是教士们的兄弟会，那是在同一信仰下所有信徒共同组成的道德共同体，对常人与教士一视同仁。而巫术所缺少的正是这样的共同体。[62]

不过，如果我们把教会的观念纳入宗教定义中，不就将个体为自己确立的，由自己举行仪式的私人宗教排除在外了吗？任何社会里，我们都可以发现这样的宗教。稍后，我们将会看到，每个奥杰布韦人都有他个人的“玛尼托”(manitou)，这不仅是由他自己选择的，而且也得到了他特别的宗教侍奉；班克斯群岛的美拉尼西亚人有自己的“塔玛纽”(tamaniu)；[63]罗马人有自己的守护神(genius)；[64]基督教徒也有自己的守护神和守护天使，等等。从定义来看，所有这些膜拜都好像是独立于一切群体观念的。在历史进程中，不仅这些个体宗教频繁出现，而且就目前而言，许多人也心存疑问：这些个体宗教会不会注定成为宗教生活的最主要的形式呢？每个人都可以在自己的内心中自由地进行膜拜，除此之外，就不再有其他的膜拜形式了——这样的日子难道不会到来吗？[65]

然而，如果我们暂时把这些对未来的考虑搁在一边，把我们的研究仅仅限定在现有的或曾有的宗教范围以内，那么个体膜拜显然不是个体特有的、自主的宗教体系，而仅仅是这些个体所属的整个教会的共同宗教的某些方面。基督教徒的保护神是从天主教会认可的、正式的圣徒名录中遴选出来的；甚至有些教规还明文规定，每个天主教徒应该如何进行此类私人膜拜。同样，每个人必须要有保护神的观念，虽然各自具有不同的形式，却往往可以在为数众多的美洲宗教的基础中找到，就和罗马宗教的情况一样（这里，我们仅仅举了两个例子）。在下文中我们将会看到，这种观念与灵魂观念之间的联系非常紧密，而灵魂观念却不是完全可以留给个体去选择的。总而言之，只有个体所属的教会才能告诉个体：这些个人的神是些什么样子的，它们起着哪些作用，应该怎样同它们建立关系，应该怎样敬奉它们，等等。我们只有在对所有教会的教义进行条理分明的分析以后，才会或早或晚地触及那些与私人膜拜有关的问题。因此，个体膜拜与教会膜拜并不是两类各有殊异、背道而驰的宗教；相反，两者是由同一观念、同一原则构成的，教会膜拜适用于与整个群体有关的环境，私人膜拜则适用于个体的生活。在某些民族中[66]，这两种膜拜结合得非常牢固，甚至那些使信徒得以同其守护神进行初次沟通的仪典，与成年礼这种绝对具有公共性质的仪式都混在了一起。[67]

目前，仍然有一批当代人渴望这样一种宗教；它完全是由内在的、主观的状态构成的，可以由我们每个人随意构建。然而，不管这些渴望有多么真切，也不可能影响到我们对宗教的定义，因为我们的定义只想适用于既定事实，不想适用于尚未确知的可能性。

人们可以根据宗教目前或已有的状况来给宗教下定义，却不能根据宗教多少有些模糊的未来变化来给宗教下定义。也许，这种宗教个体主义必定会在将来实现；不过，在我们说明这种未来会在多大的程度上出现以前，必须首先搞清楚，宗教是什么，宗教是由什么要素构成的，宗教产生的根源是什么，它所具有的功能是什么……在我们开始进行研究之前，所有这些问题都是无法预见的。只有在研究结束之后，我们才能尝试着去预测未来。

由此，我们便得到了如下定义：宗教是一种与既与众不同，又不可冒犯的神圣事物有关的信仰与仪轨所组成的统一体系，这些信仰与仪轨将所有信奉它们的人结合在一个被称之为"教会"的道德共同体之内。教会作为构成宗教的第二个要素，不仅在宗教定义中找到了一席之地，而且同第一个要素一样不可或缺；这充分说明，宗教观念与教会观念是不可分离的，宗教明显应该是集体的事物。[68]

注　释

[1]　在《社会学年鉴》(第 2 卷，第 1 页及以下诸页)中所发表的一篇论文中，我们已经努力对宗教现象下了定义。不过读者将会发现，那时所下的定义与今天我们所下的定义有所不同。在本章末尾(第 63 页，注释[68])我们将会解释一下，是什么原因使我们做了这些修改，但是这些修改并不意味着有关这个事实的概念有什么本质的变化。

[2]　参见本书第 3 页。关于这些前期定义的必要性，以及获得这些定义所要遵循的方法，我就不加赘述了。对此问题的详尽讨论，请参见拙著《社会学方法的准则》第 43 页及以下诸页，以及《自杀论》的开篇(巴黎，阿尔肯)。

[3]　斯宾塞：《第一原理》，第 37 页。

[4]　马克斯·缪勒：《宗教科学导论》，第 18 页；参见《宗教的起源与发展》，

第 23 页。

[5] 在经院时期，我们也可以发现同样的心灵构造，当时，哲学被规定为“信仰即探求理性”(*Fides quærens intellectum*)，这个程式正说明了这种情况。

[6] 杰文斯:《宗教史导论》，第 15 页及以下诸页。

[7] 杰文斯:《宗教史导论》，第 23 页。

[8] 参见本书，第三卷，第二章。

[9] 雷维尔:《宗教史导论》(斯奎尔译)，第 25 页。

[10] 泰勒:《原始文化》(第 4 版，1903 年)第 1 卷，第 424 页。

[11] 弗雷泽:《金枝》，第 1 版开篇，第 1 卷，第 30—32 页。

[12] 值得注意的是，斯宾塞和吉兰，甚至还有普罗伊斯，都将所有非个体化的宗教力称之为巫术。

[13] 伯恩诺夫:《印度佛教史导论》(第 2 版)，第 464 页。在这部著作的结尾，作者甚至认为佛教根本不承认永恒自性的存在。

[14] 巴特:《印度宗教》(伍德译)，第 110 页。

[15] 奥登伯格:《佛陀》(霍伊译)，第 53 页。

[16] 奥登伯格:《佛陀》，第 313 页及以下诸页。参见克恩:《印度佛教史》，第 1 卷，第 389 页及以下诸页。

[17] 奥登伯格:《佛陀》，第 250 页；巴特:《印度宗教》，第 110 页。

[18] 奥登伯格:《佛陀》，第 314 页。

[19] 巴特:《印度宗教》，第 109 页。同样，伯恩诺夫也曾说:“我坚信，假如释迦(çâkya)没有发现他周围的万神殿已经聚集了有姓有名的众神，那么他自己也不会感到有必要去创造这些神。”(伯恩诺夫:《印度佛教史导论》，第 119 页)

[20] 伯恩诺夫:《印度佛教史导论》(第 2 版)，第 117 页。

[21] 克恩:《印度佛教史》，第 1 卷，第 289 页。

[22] “在印度，普遍存在着一种信仰，伟大的圣贤必定拥有超自然的本领，这是释迦在精神上能够找到的唯一支持。”(伯恩诺夫:《印度佛教史导论》，第 119 页)

[23] 伯恩诺夫:《印度佛教史导论》，第 120 页。

[24]　伯恩诺夫:《印度佛教史导论》,第 107 页。

[25]　伯恩诺夫:《印度佛教史导论》,第 302 页。

[26]　在以下说法中,克恩就表达了这种观点:“就某些方面而言,佛陀是人;就其他方面而言,佛陀却又不是人;但就另一些方面而言,他既是人又不是人。”(克恩:《印度佛教史》,第 1 卷,第 290 页)

[27]　“有这样一种观念”“对佛教来说是陌生的”:“共同体的神圣领袖是不会离开他的人民的,作为君王,他永远生气勃勃地生活在人民中间,所以说,所有膜拜都表达了这种连续不断的活生生的联系。佛陀进入了涅槃境界;如果他的信徒想向他祈求什么,他也不可能听到信徒们的呼声了。”(奥登伯格:《佛陀》,第 369 页)

[28]　“即使佛教教义中根本没有佛陀的观念,它也可以如实地保留其所有基本性质。”(奥登伯格:《佛陀》,第 322 页)而且,我们用来说明历史上的佛陀的任何说法都同样适用于神话中的佛陀。

[29]　有关同样的看法,可参见马克斯·缪勒:《自然宗教》,第 103 页及以下诸页,第 109 页。

[30]　巴特:《印度宗教》,第 146 页。

[31]　巴特:参见《宗教科学百科全书》,第 4 卷,第 548 页。

[32]　奥登伯格:《佛陀》,第 53 页。

[33]　《撒母耳记上》,第 21 章,第 6 节。

[34]　《利未记》,第 7 章。

[35]　《申命记》,第 22 章,第 10 节和第 11 节。

[36]　贝盖耶:《吠陀宗教》,第 1 卷,第 122 页。

[37]　贝盖耶:《吠陀宗教》,第 1 卷,第 133 页。

[38]　贝盖耶说:“再没有其他文献像诗节 10.32.7 那样能够更好地证明,印度人相信人能够对天堂里的圣水施以魔法。这段诗节用洗练的文字表明,这种信仰不仅适用于实实在在的人,也同样适用于他们真实或虚构的祖先:‘愚人向智者请教;他按照智者的指点去做了,智者指点的好处就是,愚人求得了倾盆大雨。’”(《吠陀宗教》,第 1 卷,第 137 页)

[39]　贝盖耶:《吠陀宗教》,第 1 卷,第 139 页。

[40]　在胡伯特为《古物辞典》所撰写的辞条“巫术”里(参见第 6 卷,第 1509

页)，我们可以发现同样的例子。

[41]　我们更不必提那些因为修行这些真谛而成圣成贤的人了。

[42]　这并不是说上述关系就不可能具有宗教特性。我们只是说，它们并不必然具有这种性质。

[43]　舒尔策：《物神崇拜》，第129页。

[44]　有关这些习俗，我们在弗雷泽的《金枝》(第2版)第1卷第81页及以下诸页里可以发现某些实例。

[45]　这种凡俗与神圣之间的对立观念，就如同荒谬与真理之间的对立，或者明白易懂与神秘莫测之间的对立一样，都是这种对立的表达形式之一。科学一经形成，就会带上凡俗的性质，尤其在基督教各个派别的眼里是这样的；所以，科学看来似乎很难适用于神圣事物。

[46]　参见弗雷泽：《论澳洲中部部落的某些仪式》，载于《澳大利亚科学进步联合会会刊》，1901年，第313页及以下诸页。这个概念是极其普遍的。在印度，仅仅对祭祀活动的参加，也会产生同样的功效；献祭者只要进入了神圣事物的范围，就会改变自己的人格(参见胡伯特和莫斯：《论牺牲》，载于《社会学年鉴》，第2卷，第101页)。

[47]　参见本书第45页有关成年礼的讨论。

[48]　例如，下文我将指出，也存在着某些神圣事物的亚种，它们之间就像神圣事物与凡俗事物一样也完全是相互排斥的(参见本书第三卷，第五章，第6节)。

[49]　例如，某些婚姻仪式和丧葬仪式就属于这种情况。

[50]　参见斯宾塞和吉兰：《澳洲中部的土著部落》，第534页及以下诸页；《澳洲中部的北部部落》，第463页；霍维特：《澳洲东南部的土著部落》，第359—361页。

[51]　参见考德林顿：《美拉尼西亚人》，第12章。

[52]　参见胡伯特：《古物词典》中的词条“巫术”。

[53]　比如在美拉尼西亚，“tindalo”有时候是宗教的精灵，有时候是巫术的精灵(考德林顿：《美拉尼西亚人》，第125页及以下诸页，第194页及以下诸页)。

[54]　参见胡伯特和莫斯：《巫术的一般理论》，载于《社会学年鉴》，第7卷，

第 83—84 页。

[55] 例如，在安魂弥撒中亵渎圣饼。

[56] 例如总是转过身来背对着祭坛，或者从左边而不是从右边绕着祭坛走。

[57] 参见胡伯特和莫斯：《巫术的一般理论》，载于《社会学年鉴》，第 7 卷，第 19 页。

[58] 毫无疑问，每次举行仪典的时候，都不能没有某种指导者；即便是在组织得最粗疏的社会里，通常也会有些占据着社会重要地位的人被推举出来，从而对宗教生活产生一种指导作用（例如，在澳洲某些社会里，有好些地方群体的首领就属于这种情况）。不过，这些职能的分配是很不确定的。

[59] 在雅典，家庭膜拜所敬奉的神只是城邦神，即 Ζεύς κτήσιος、Ζεύς ἑρκεῖος 的特殊形式。同样，在中世纪，行会的庇护人也就是手册中列举出来的那些圣徒。

[60] 因为教会这个名称通常只是指对一些更为特殊的事务有共同信念的团体。

[61] 胡伯特和莫斯：《巫术的一般理论》，载于《社会学年鉴》，第 7 卷，第 18 页。

[62] 罗伯逊·史密斯曾经指出，巫术与宗教是相互对立的，如同个体与社会之间的对立一样（《闪族宗教》第 2 版，第 264—265 页）。我们这样将巫术与宗教区分开来，并不意味着在它们之间设定了一条不可逾越的鸿沟。两个领域之间的界线往往是很不确定的。

[63] 考德林顿：《维多利亚皇家协会会刊》，第 16 卷，第 136 页。

[64] 纳格瑞奥利：《罗马人的守护神》。

[65] 这是斯宾塞的《教会制度》（第 16 章）、萨巴蒂埃的《宗教哲学提纲：以心理学和历史学为基础》（席德译）及其所属整个学派的结论。

[66] 很明显，在北美许多印第安部落中，就常有此类情况。

[67] 这里阐述的事实并没有触及以下问题：外在的、公共的宗教是否只是内在的、个体的、作为原始事实的宗教的发展，或者相反，后者是不是前者对个体意识的投射。稍后，我们将径直切入这个问题（见本书第

二卷，第五章，第2节，参见第二卷，第六章，第1节）。目前，我们只限于说明，考察者认为，个体膜拜只是集体膜拜的要素，个体膜拜是以集体膜拜为基础的。

[68] 据此，我们现在的这个定义就和我们在《社会学年鉴》中曾经提到过的定义联系起来了。在那部著作里，我们只是用宗教信仰的强制性特征来定义宗教的；不过，下文将要指出，这种强制作用明显产生于如下事实：这些信仰是群体共有的信仰，是群体把这些信仰强加在其成员身上的。因此，这两个定义基本上是相同的。如果我们认为最好还应该提出一个新的定义，那么这是因为第一个定义过于注重形式了，而忽视了宗教表现的内容。在下面的讨论中，我们还将看到，尽快揭示出宗教表现的内容是至关重要的。不仅如此，如果强制性确实是宗教信仰与众不同的特征，那么它在程度上也是变化莫测的，因此，在好些情况中都不易觉察。而用我们现在这个标准，就可以避免由此带来的各种疑难和尴尬。

第二章　基本宗教的主导概念

Ⅰ　泛灵论

有了这个定义，我们就可以着手考察我们所要研究的这种基本宗教了。

正是历史学和民族学使我们了解到，即使是最粗陋的宗教也已经很复杂了，这与人们有时候对原始心态的看法是很不协调的。人们发现，信仰和仪式体系不仅十分混乱，而且其原则变化多样，其基本观念丰富多彩，似乎除了能够看到宗教历经漫长的演化过程所产生的最终产物之外，再也看不到别的什么东西了。由此，便得出了这样的结论：要想发现宗教生活真正的原初形式，就必须超越这些可观察的宗教进行分析，把这些宗教分解成各种共同的和基本的要素，然后从中寻找出可以派生出其他要素的要素。

对上述这个问题，有两种截然相反的解决办法。

无论是古代还是近代，在任何宗教体系中，我们都会遇到两种并行存在却具有不同形式的宗教，尽管它们相互渗透并且紧密结合，但还是互有殊异的。其中，一种宗教所崇拜的是自然现象：或者是宏大的宇宙力量，如风、河流、星辰或天空等，或者是遍布大地的各类事物，如植物、动物、岩石等；因此，它被称之为*自然崇拜*。另一种宗教的崇拜对象是精神存在，如精灵、灵魂、守护神、魔鬼以及严格意义上的神等，一方面，它们像人类一样，是具有生命、有意识的能动者，另一方面，它们也有别于人类，正因为它们具有不同性质的力量，尤其是拥有非同寻常的特质，所以它们作用于感觉的方式也不同，人的眼睛通常看不到它们。因此，我们把这种与精灵有关的宗教称之为*泛灵论*。目前，针对这种两类膜拜普遍共存的现象，人们也提出了两种完全矛盾的理论解释。有人认为，泛灵论就是原始宗教，自然崇拜仅仅是泛灵论的附属和派生形式。有人则相反，认为自然膜拜才是宗教演进的起点，对精灵的膜拜只是自然膜拜的特殊情况。

迄今为止，试图对宗教思想起源作出合理解释的理论仅仅局限于上述两种理论。[1]于是乎，宗教史所引发的关键问题，就变成了在这两种解决办法中究竟选择哪一个的问题，或者是将这两种解决办法结合起来是否会更加妥当一些的问题，甚至说，如果这两种要素真的结合了起来，那么问题的关键就变成了两者分别占有什么样的地位的问题。[2]甚至对那些不承认这两个假设，不认可其系统形式的学者而言，他们也并不拒绝以此为基础的某些前提。[3]所以，在我们从自己的角度出发来对事实进行研究以前，必须对既有的某些理论加以批判。当我们发觉这些传统概念的不足之处时，我们就很容易理解，尝试去提出一种新的理论，确实是件必不可少的事情了。

1

泛灵论的基本轮廓是泰勒勾画的。[4]继泰勒之后，斯宾塞未作丝毫改动，完全照搬了这一理论。[5]大致说来，他们两个人都以同样的方式提出了这些问题，其结论除个别之处略有不同以外也是一模一样的。因此，在下文中，我们将把这两种学说结合起来考察，在适当的时候，我们也会指出两者的分歧所在。

要想在这些泛灵论的信仰和仪轨中找到宗教生活的基本形式，我们就必须做好三件事。首先，既然依据这个假设，灵魂观念是至关重要的宗教观念，那么我们就必须说明它为何不需要汲取先前宗教的任何要素就可以形成；其次，我们必须搞清楚灵魂是怎样成为膜拜对象并转变成为各种精灵的；最后，既然这些精灵膜拜并不是宗教的全部，那么我们还需要解释自然膜拜是怎样从精灵膜拜中派生出来的。

根据这种理论，灵魂观念之所以首先被人们所接受，是因为人们并没有很好地理解他们平常所面临的时梦时醒的双重生活情境。事实上，在野蛮人[6]看来，他们清醒时的心理表现与睡梦中的心理表现具有同样的价值，他们把后者像前者一样客观化了。换言之，野蛮人把梦境看成了外在客体的意象，对此他们或多或少可以精确地予以再现。所以，当他梦到自己游历了一个偏远的乡村时，就相信自己已经确实在那儿了。然而，除非他是由两个存在构成的，否则他就不可能去那儿：其中，一个是他的身体，他始终躺在地上，醒来时还会发现自己在地上；另一个则是在这段时间里遨游空间的那个存在。同样，如果他梦见自己在与他的一个同伴说话，同时他又知道这个同伴实际上还远在他乡，那么他就会断定对方也是由两个存在构成的：一个存在还睡在他乡，另一个存在却来到了此地，并通过梦使自己现身出来。根据这些不断重复的经验，他渐渐形成了这样的观念：我们每个人都有一个“互体”(double)，即另一个自我，在特定条件下，他能够游离自己所栖居的有机体，漫步他乡。

当然，这个互体再现了作为他的外壳的可感存在的所有本质特征，但与此同时，它还具有许多不同于可感存在的特征。互体更加活跃，因为它可以在瞬间之内跨过很大的距离。此外，互体还具有更大的弹性和可塑性；这是因为，它可以穿透身体的孔窍，特别是穿过口和鼻而脱离身体。毫无疑问，互体肯定被认为是由某种质料构成的，但这种质料要比我们所能经验到的质料更稀薄、更缥缈。互体即是灵魂。事实上，无疑在许多社会中灵魂都被用身体的形象加以构想；人们甚至相信，互体也可以复现出由损伤或残废所偶然造成的畸形。在澳洲中部，人们在杀死敌人以后，立刻会砍掉敌人的右拇指，这样做，是为了使敌人的灵魂也被砍掉拇指，使他们不能再投掷标枪为自己复仇。但是，灵魂不仅同身体相似，同时也具有半精神的性质。据说，“它是身体更精巧、更缥缈的组成部分”，“既没有血肉，也没有筋骨”；当人想抓住它的时候，却丝毫感觉不到它；它“俨然是个精炼而成的身体”[7]。

除此之外，围绕从梦得出的基本事实，各种作用于心灵的其他经验事实，诸如眩晕、中风、癫痫、狂迷等所有瞬间的无知无觉的状态等等，也会自然而然集结起来。实际上，人们完全可以用“生命和感觉的本原能够暂时离开躯体”这样的假设来解释这些现象。而且，这种本原与互体混融也是很自然的事情，因为只要人们每天一入睡，互体的缺席就会产生思想和生命已然暂停的效果。于是，各种观察似乎都趋于一致，都肯定了这种观念：人类在构造上具有双重性。[8]

然而，灵魂并不是精灵。灵魂所依附的是身体，只有发生了例外情况的时候，它才能离开身体。既然灵魂不过如此而已，那么它就无法成为任何膜拜的对象。相反，对于精灵来说，尽管它常常寄居在某个特定的事物身上，却可以随时离开它，人们只要小心谨慎地遵奉各种仪式，就能够与精灵建立起联系。而灵魂要变成精灵，就只有转换自身：只要把刚刚提到的这些观念简单地应用于死亡，自然就会产生这种变形。实际上，对低下的智力而言，死亡与长时间的昏厥或昏睡并没有什么区别；从各个方面来看，两者都是一样的。所以说，死亡似乎也是由于灵魂与身体之间的分离而造成的，它非常类似于每天晚上所发生的情况。不过，正因为在这些情况下，身体已经不能再恢复活力了，所以也就形成了灵魂无限分离的观念。一旦身体遭到破坏——葬礼的目的就是加速这种破坏——灵魂分离也就最终完成。这样，各种精灵就可以从整个机体中分离出来，在空间里任意遨游了。随着时间的推移，它们的数量也日益增多，在活着的人口周围，也形成了灵魂人口。这些人的灵魂，有着与人相同的需要和感情；它们非常关心昔日同伴的生活，并依据以往对他们所倾注的不同感情，或者帮助他们，或者伤害他们。环境不同，它们的本性也不同，它们要么是满怀爱心的盟友，要么是凶猛可怕的对手。正因为灵魂流动不定，所以它们有时候竟然会进入到身体中来，或者使身体产生种种紊乱，或者使身体活力大增。因此，人们就养成了这样的习惯：把生活中稍有异常的所有事

件都归结为灵魂带来的结果，几乎所有事情都可以用灵魂来说明。这样，灵魂便成了人们随时随地都可以利用的原因，它从来不会使人们因为找不到解释而感到窘迫不堪。为什么会有人看上去兴奋异常，讲起话来铿锵有力，似乎已经出离了自身而超过了普通人的水平？这是因为，他身体中有个善的精灵，给了他无穷的活力。为什么会有人被打得落花流水，或变得疯疯癫癫呢？那是因为，恶的精灵已经进入了他的体内，造成了所有这些麻烦。任何疾病都可以归咎于这种精灵的影响。于是，正因为人们把一切都归结为灵魂，所以灵魂的力量大大增强了，最后人们发现自己成了这个想象世界的囚徒，而这个世界的创造者和原型却是人类自身。人们陷入了对这些精神力量的依从之中，而这些力量恰恰是依靠他们的双手，根据他们的想象创造出来的。如果就此而言，灵魂是健康与疾病、善与恶的施与者，那么人们博取灵魂的欢心或者安抚灵魂的愠怒就是聪明之举了；于是，便出现了供奉、祷告、祭祀等所有宗教尊奉的机制。[9]

这就是灵魂转换的过程。原来，它仅仅是能够为人的身体提供活力的简单的生命本原，现在，它却根据自身所能产生的作用的重要程度，转变成为精灵、善或恶的鬼神，甚至是神祇。既然是死亡带来了这种神圣化过程，那么，人类已知的最初膜拜就应该是对死者和祖先灵魂的膜拜。因此，最早的仪式就应该是葬礼；最早的祭品就应该是为满足死者需要而供奉的食品；最早的祭坛就应该是坟墓。[10]

不过，既然这些精灵皆起源于人类，它们就该只对人类的生活感兴趣，并被认为只能对人类的各种事件产生作用。所以，有些问题还有待人们作出解释：譬如，人们究竟是如何想象出其他精灵来说明其他宇宙现象的；后来，自然膜拜又是怎样在祖先崇拜之外形成的，等等。

泰勒认为，泛灵论之所以能够这样扩展开来，是因为原始人有一种很特别的心态，他们像婴儿一样，不能区别有生命和没有生命的东西。既然孩子们最初形成的观念与人类有关，也就是说，是与自己以及周围的人们有关的，所以他就很愿意依照这种人类本性的模式去思考一切事物。他所使用的玩具，或者能够对他的感觉产生影响的所有对象，都像他本人一样，被当成了活生生的东西。原始人总是像个孩子一样思考问题。因此，他也很愿意把与自己非常相似的性质赋予所有事物，甚至是那些没有生命的事物。基于上述原因，如果他形成了"人即是依靠灵魂而产生活力的躯体"的观念以后，就必然会把这样的两重性，以及与他自己完全相同的灵魂赋予那些甚至毫无生命气息的物体。不过，这两种灵魂的作用范围还是不太一样。人的灵魂仅仅能够直接对人的世界产生作用：即使死亡可以给它们带来自由，它们也非常明显地偏向于人类有机体。另一方面，事物的灵魂则专门寄居在各种事物之中，人们经常认为，那里所发生的所有情况都是由这种灵魂导致的。人的灵魂说明了健康与疾病、灵巧与笨拙等情况；而事物的灵魂则专门解释了自然界的现象：如行云流水、斗转星移、植物萌发、动物繁衍，等等。这样，以祖先膜拜为基础的最早的人的哲学，就被世界的哲学补充完整了。

对于这些宇宙精灵，人们发现自己陷入了依附的状态，而且对

它们的依附明显甚于对祖先们四处游荡的互体的依附。人们与祖先之间仅仅存在着观念和想象的关系，然而，他们对各种事物的依赖却是货真价实的。由于生活所迫，人们确实需要这些事物的协同；随后，人们便开始相信自己也同样需要各种精灵，因为只有这些精灵才能为事物赋予活力，并决定它们千姿百态的表现。人们恳求这些精灵的帮助，用供品和祈祷巴结它们，就这样，人的宗教又被自然的宗教补充完整了。

赫伯特·斯宾塞反驳了这种解释，并指出以此为基础的假设是不符合事实的。他认为，这种解释主张，曾经有那么一段时期，人类并不知道有生命的东西与无生命的东西之间的差别。然而，即便在动物那里，能够区别这两种事物的能力也已经相当发达了。高等动物就不会将能够运动的并在运动中具有特定目标的东西，同只能毫无目的地做机械运动的东西混淆起来。“猫可以拿它逮住的老鼠取乐，如果老鼠老是待着不动的话，猫就会用爪子拨弄它，让老鼠跑起来。很显然，猫的想法是：受到骚扰的动物肯定会企图逃跑。”[11]即使原始人，他的智能也不可能比进化在前的动物更加低下；所以说，原始人并不是因为缺乏辨别能力，才从对祖先的膜拜过渡到对事物的膜拜的。

在这个问题上，并且仅仅在这个问题上，斯宾塞是不同于泰勒的。斯宾塞认为，这个阶段之所以会出现，确实是因为产生了某种混乱，但却是另一种混淆。至少在很大程度上，这些大量的讹误都可以被认为是语言造成的。在许多低级社会里，人们养成了这样的共同习惯：所有个体在出生之时或之后，都按照某个动物、植物、星辰或自然对象的名字来取名。然而，由于原始人的语言极不准确，所以他们很难将隐喻和实在区别开来。这样一来，他们很快就会忽视这样的事实：这些名字只不过是些修辞手段而已，他们原本只不过是在字面上使用他们。最后，他们竟然相信那些称做“老虎”或“狮子”的祖先真的变成了老虎或狮子了。于是，以祖先为对象的膜拜从此就变成了对动物的膜拜，而祖先和动物却混淆起来了。同样，植物、星辰以及所有自然现象也取代了祖先，古老的死者宗教被自然宗教替代了。除了这种基本的混淆以外，斯宾塞还特别指出了其他某些混淆的情况，这些混淆还会不断协助前者产生作用。举例来说，经常出没于人类墓地和住所周围的动物就被当成了他们转世的灵魂，并以此种名义受到了崇拜[12]；抑或是，在传说中曾经作为种族之源的山脉也最终被当成了种族的祖先，这是因为他们认为他们的祖先是从这条山脉中走来的，他们自己也是它的后代，所以这座山脉也就被当成了祖先[13]。不过，根据斯宾塞的说法，这些附带的原因只能产生次要的作用；能够对自然崇拜制度产生最终决定作用的，还是“对隐喻名字的字面诠释”[14]。

为了使我们对泛灵论的阐释更加全面，我们不得不提到上述理论；然而，由于它太缺少事实根据了，以致在今天人们已经普遍放弃了这种说法，所以我们也不必滞留在这个问题上。要想用幻觉来解释像自然宗教这样非常普遍的事实，那么激发这种幻觉的原因也必须同样具有普遍性。即便我们依据斯宾塞只言片语的说明，认为各种误解可以用来解释祖先崇拜向自然崇拜的转变过程，它们也没有说清楚这种情况为什么会具有普遍性的特征。事实上，根本不存在能够使这些现象必然产生的心理机制。诚然，语词的模棱两可有可能造成一词多义的现象；然而，祖先留在人们记忆中的所有个人回忆却会澄清这种词义混淆的局面。有好些传说都把祖先表现为有血有肉的人，也就是说，表现为过着人类生活的人，那么为什么这样的传说无论何时何地都要顺从于语词的特权呢？况且，如果非得要人们承认，他们是从一座山脉、一颗星星、一个动物或一株植物中诞生出来的，也是颇有些勉为其难；这类不同于普通生育概念的观念，不可能不引起强烈的反抗。所以说，讹误绝对没有可能会找到一帆风顺的出路，相反，它们只有可能会遭到所有理性的坚决抵制。假如某种讹误在所有这些阻碍面前，仍然一如既往地赢得了胜利，那倒是件令人大惑不解的事情了。

2

泰勒的理论往往具有很大的权威性，所以总是岿然不动。他有关梦的假设，以及有关灵魂和精灵观念之起源的假设依旧是很典型的；因此，我们有必要检验一下这种理论所具有的价值。

首先，我们应当认识到，这些主张泛灵论的理论家们正是由于对灵魂观念进行了历史分析，所以才会对宗教科学，乃至整个观念史的研究作出了重要贡献。他们并没有跟在很多哲学家的后面亦步亦趋，把灵魂说成是简单而又直接的意识对象，而是把灵魂看作是一个复杂的整体，是历史和神话的产物，这种观点当然要精辟得多。毋庸置疑，就本质而言，灵魂的性质、起源和功能都是宗教的。同样，哲学家也是从宗教的角度来接受它的；如果有的人没有考虑到构成灵魂的各种神话要素，那么他就不可能理解古代的思想者们用以表现灵魂的形式。

不过，尽管泰勒的功劳在于提出了这个问题，但他所提供的解决办法却还是留下了重重疑团。

首先，我们对作为这种理论之基础的根本原则，就有好些保留意见。人们总是理所当然地认为，灵魂完全不能等同于身体，灵魂只是身体的互体，不管是身体之内，还是身体之外，灵魂都正常地过着比较自主的生活。然而，我们将要看到[15]，这种概念并不是原始人的概念，或者至少可以说，这种概念仅仅表达了原始人灵魂观念的某个方面。对原始人来说，尽管灵魂在特定情况下是独立于它所赋予生命的有机体的，然而在很大程度上，灵魂与有机体却往往会混同起来，甚至根本无法从有机体中分离出去：有些器官不仅是灵魂被指定的栖居之所，而且还是灵魂的外部形式和物质体现。所以说，灵魂观念要比各种学理上的假设复杂得多。我们就此可以提出疑问，这里所说的各种经验是否能够为我们理解灵魂观念提供足够的证据；即使这些经验能够使我们理解人们为什么会相信自己是两重的，它们也无法解释这种两重性为什么不是相互排斥的，这两种截然不同的存在为什么会在深层上是相互统一、相互渗透的。

不过，还是让我们首先承认灵魂观念是可以还原为互体观念的这个假设吧，然后再来看一看后者究竟是怎样形成的。这个假设认为，除非有梦的经验，否则灵魂观念就不可能被人们体会到。在梦里，尽管人们的身体仍然躺在地上，但他却或多或少地看到了遥远的地方，于是乎，人们便似乎觉得自身是由两个存在构成的；一个是身体，一个是第二自我，后者能够离开它在其中生活的有机体而四处游荡。如果这种互体假设能够以一种必然性使人必须接受，那么它就应该是唯一可能的假设，或者至少说是最经济的假设。然而事实上，还有许多更加简单的假设，似乎或应该自然而然地浮现在人们的心中。比方说，为什么人就不能想象他在睡着时就可以看见远方的事物呢？想象上述力量，要比想象构建这种复杂的互体观念要省事得多；这是因为，互体是由某种虚幻缥缈的、扑朔迷离的基质构成的，根本没有与其有关的直接经验材料进行例证。此外，即便我们假定某些梦可以自然而然地启发泛灵论的解释，但也肯定会有许多其他的梦与这种解释完全相悖。我们的梦往往涉及过去的事件；在梦里，我们会再次见到我们曾经见到过的事情，再次见到在昨天或前天，甚至是青年时代我们所见所闻、所作所为的事情；这样的梦不仅会频繁出现，而且还会在我们的夜间生活中占有相当重要的地位。然而，互体观念却无法说明这些现象。即使互体可以在空间的各点之间不断移动，但却很难搞清楚它如何能够及时地来去往返。尽管原始人的智能可能是很低下的，但清醒的人怎么会相信他确实出席了或参与了他的很久以前经历过的事情？他怎么会设想他在睡梦中又确实经历了他那段早已逝去的生活？更自然的说法是，他应该把这些重新产生的意象仅仅看成是真实的意象，或者说，看成是他白天所经历过的各种回忆，只不过这些回忆显得更强烈些而已。

此外，当我们酣然入睡的时候，在我们作为行动者和见证人的场景中，我们的同时代人也在始终扮演着与我们同样的角色：我们发觉，在看见我们自己的地方，我们也看见和听见了我们的同时代人。依照泛灵论者的说法，原始人会通过这样的想象来解释这种现象：他的互体受到了某些同时代人的互体的造访，或者是与之邂逅。不过，他只要醒过来以后去问一问那些同时代人，就足以弄清自己与这些人的经验是不是发生了冲突。在这段时间里，他们也同样做了梦，然而梦的内容却全然不同。他们没有看到自己置身于同样的场景之中；他们相信自己游历了完全不同的地方。既然诸如此类的矛盾情况经常出现，为什么不会使人们感到其中可能会有差误存在呢？不会使人们感到这仅仅出于某种想象呢？不会使人们感到自己受到了幻觉的蒙骗呢？如果把这种盲听偏信都归之于原始人，那么这确实显得过于草率了。如果说原始人肯定能够将其所有知觉都进行客观化，那么这种说法也是大谬至极的。在长期生活中，原始人不可能不觉察到：即使在他醒着的时候，他的感觉也会欺骗他。那么，他们为什么还会相信这些感觉在夜里比白天要真实可靠得多呢？因此，我们发现有好些理由可以反对这样的理论：原始人用梦代替了现实，通过自己的互体来解释梦。

不仅如此，即便每个梦都可以用互体假设，或者说只能用互体假设进行完满的解释，那也还会留下一个问题无法解决：人们为什么要试图对其作出解释呢？无疑，梦构成了问题的可能素材。不过，我们每天都会遇到各种问题，只不过从来没有提出来罢了，除非某种环境使我们感到必须把它们提出来，否则我们是不会对其产生疑问的。即使我们唤起了对纯粹思辨的兴趣，反思也无法将最终需要自己的所有问题都提出来；吸引它的只不过是那些目前具有特别意味的问题。尤其值得注意的是，当各种事实所带来的问题经常以同样的方式出现时，习惯很容易使人们麻痹大意，我们根本想不到要把这些问题提出来。要想摆脱这种迟钝的状态，就必须要有实际的紧要情况出现，或者至少有非常强烈的理论兴趣来刺激我们的注意力，使我们的目光转向这个方面。正因为如此，历史中的每个时期，都有很多事物是我们不想了解的，我们甚至没有意识到自己已经放弃了了解这些事物的权利。直到最近一段时期，人们还相信太阳的直径不过几英尺宽。如此之小的光盘能够照亮世界，这种说法显然是不可理解的；然而，千百年来，人们却从来没有想到过要去解决这个矛盾。长期以来，人们都知道遗传事实是存在的，不过直到最近才有人尝试去构建这方面的理论。即使有些信仰使遗传事实变成了完全不可知的东西，但它们还是被人接受下来了：我们有机会会谈到，在澳洲的许多社会里，孩子并不是其父母生理意义上的子女[16]。很显然，这种智力方面的迟钝肯定在原始人那里达到了无以复加的地步。这些柔弱的生灵如若要维持生存，就必须对抗侵犯他们的所有力量，定会遭遇到无数的困境，任何思辨对他们来说，都是奢侈的东西。除非他们不得不如此，否则他们是不会对此作出反应的。所以说，这种情形很难让人们理解，他们为什么会把梦当做沉思冥想的主题呢？梦在我们的生活中究竟占有什么样的地位呢？其实，梦是微不足道的东西，特别是因为在人们的记忆中，梦所留下的印象始终是极其含混的，而且很快会从记忆中消退，所以说，智能如此粗陋的原始人竟然会投入如此大的精力去寻找梦的解释，实在是件令人吃惊的事情！原始人过的是循环交替的两种生活，一种是白天的生活，一种是夜间的生活，其中，白天的生活应该是最能引起他的兴趣的。相反，如果他全神贯注于夜间的生活，甚至把这种生活作为整个复杂观念体系的基础，而这样的体系又肯定会对他的思想和行为产生深刻影响，所有这些，难道不会令人大为惊诧吗？

因此，所有这些倾向都表明，尽管有关灵魂的泛灵论理论仍享

有声望，但必须予以修正。诚然，尽管在今天，原始人，或者至少是部分原始人还把他的梦归因于其互体的位移。然而这并不等于说，梦确实可以为互体或灵魂观念的最初构建提供材料。此类观念虽然可以在事后应用于梦、迷狂和灵魂附身等各种现象，但并非是从这些现象中产生的。某种观念在形成之后，往往被用来协调或澄清事实——而且往往显得比它的实际作用更富有洞察力——但最初这种观念却与这些事实无关，而这些事实本身对这种观念也从来没有什么启发。今天，对上帝和灵魂的不朽的证明，经常是通过展现在基本道德原则中所包含的这种信仰来完成的；而事实上，它们的起源却截然不同。宗教思想史就可以提供无数这种回溯论证的事例，它们根本无法告诉我们观念形成的方式，也无法告诉我们这些观念究竟是由何种要素构成的。

也许，原始人可能会对他们的各种梦进行区分，并且用有所不同的方式加以解释。在我们欧洲的各个社会里，还有许多人认为睡眠是一种巫术—宗教状态，在这种状态里，心灵部分地脱离了身体，具有清醒的时候所享受不到的非常敏锐的视觉。但这些人并没有极端到把他们所有的梦都看成是许多神秘的直觉：相反，他们像其他人一样，在绝大多数的梦中只能看到世俗的境况、空洞的图像或者是简单的幻觉。我们可以设想，原始人也会对他们的梦作出类似的区分。考德林顿明确指出，美拉尼西亚人并没有通盘把所有的梦都归结为灵魂的游荡，而仅仅把能够猛烈冲击其想象的梦归结为灵魂的游荡[17]；无疑，我们应该把这些梦理解成入睡者想象自己与各种宗教存在、善或恶的鬼神、死者的灵魂等等发生了关系。同样，澳洲的迪埃里人也把普通的梦与见到好些已故亲友的夜间视像明确地区分开来。前一种梦里，他们所看到的仅仅是他们想象的简单幻觉；然而，对后一种梦来说，他们则把它归结为邪恶精灵的作用[18]。霍维特引以为例的所有事实，都说明了澳洲人是如何认为灵魂具有脱离身体的力量的，而且这些事实也都具有同样的神秘特征。入睡者相信自己被送到了冥界，或者与已故的同伴攀谈[19]。在原始人那里，这些梦是经常出现的。[20]与此有关的理论很有可能是以上述事实为基础的。要想证明这些事实，就应该承认死者的灵魂能够在其酣然入睡的时候，重新回到人间。这种理论之所以得到了比较广泛的接受，是因为人们并没有掌握足以否证它的经验事实。不过，只有在精灵、灵魂和冥界的观念业已存在的情况下，换言之，只有在宗教演化到相对来说比较进步的情况下，这些梦才有可能产生。因此，它们并没有提供可以作为宗教基础的基本概念，而是假定了有一个它们赖以存在的先前的宗教体系。[21]

3

现在，我们开始接触到构成这种学说的核心了。

泛灵论自己也承认，无论互体的观念起源于何处，都不足以解释祖先膜拜这种被泛灵论当成是所有宗教之最初形式的形成过程。倘若这种互体要成为膜拜的对象，它就绝不能是个体的简单复现，它必须具备能使之必然划入圣物之列的特征。有人认为，是死亡完成了这个转变的过程。然而，他们所归诸死亡的那种品性又是从何而来的呢？即使睡眠与死亡之间的相互类比足以使人们相信灵魂在身体消亡之后还能继续存在（其实就此而言，也还是有保留的），那么为何这个灵魂仅仅因为当前脱离了有机体，就彻底改变了自己的性质呢？如果说人活着的时候，灵魂只是一个凡俗的事物，一个游荡的生命本原，那么灵魂为何在顷刻之间就变成了圣物，变成了宗教情感的对象了呢？死亡除了能够使灵魂获得更大程度的活动自由以外，并没有为其添加什么至关重要的东西。从此以后，由于灵魂不再被限定在专门的居所，它可以随时随地从事原来只能在夜间从事的活动了；不过，它能够从事的活动也往往只是同一类型的活动。既然如此，为何活着的人会把他已故同伴的漂移无根的互体看得比原来还重要呢？它是个同类，即使不便于接近，它也不是一个神明。[22]

而且，死亡的结果似乎应该是使生命力减弱了，而不是加强了。实际上，低等社会中有一种非常普遍的信仰：即灵魂积极地参与了身体的生活。如果身体受伤了，那么灵魂也会在相应的部位受到伤害。事实上，许多民族都没有为年迈体衰的死者举行葬礼，不给他这种荣誉；因为在他们看来，这些人的灵魂也已经衰老了[23]。更有甚者，人们还在这些人步入老年之前，定期处死他们，对诸如国王或祭司这样的特权人物来说，人们常常认为他们拥有着强有力的灵魂，共同体希望这种灵魂的庇护作用应该长久地保持下去。于是，他们就想方设法使这种灵魂不受其临时持有者体质衰弱的影响；并依此出发，在灵魂持有者的年纪大到会对灵魂产生削弱作用之前，就把灵魂取走，趁它还没有失去原有的活力，把它转移到一个更年轻的身体中去，使这种活力可以原封不动地继续保持下去。[24]所以，每当疾病或衰老最终导致死亡的时候，灵魂也似乎只能苟延残喘，它的力量也渐渐衰微了；如果说灵魂仅仅是身体的互体，那么我们就很难搞清楚，它为什么在身体完全分解以后还能够继续存在下去呢？就此而言，灵魂永存的观念是极其让人难以理解的观念。因此，在自由自在的互体观念与受到膜拜的精灵观念之间，还存在着逻辑的和心理的鸿沟。

当我们意识到神圣世界和凡俗世界之间还存在着一条深壑时，两者之间的差距就变得更大了；当然，程度上的简单变化并不足以使事物发生范畴上的转变。神圣事物与凡俗事物之间的差别，不仅在于神圣事物具有令人瞠目结舌或仓皇失措的形式，或者在于它们具有更大的威力；相反，这种差别在于两者之间根本不存在共同的衡量标准。互体概念对两者之间如此重要的异质性根本无法作出说明。有人说，一旦灵魂从身体中脱离出来，就会依据自己对活人的不同看法，做出各种各样的善行和恶行。然而，能够把邻居搅得不得安生的存在与那些自身安宁受其威胁的人之间，似乎没有本质的区别。诚然，信徒在感受他所景仰的事物的时候，总会觉得自己的感情始终含有某些拘束和恐惧的成分；不过，这是种别具一格的恐惧，与其说它来自于惊怕，还不如说它来源于崇敬，其中，占有主导地位的情绪是庄严（lamajesté）在人们内心之中激发出来的。本质而言，庄严的观念是宗教性的。因此，倘若我们搞不清楚庄严的观念由何而来、相当于什么、在人们内心中会唤起什么样的感情等问题，就无法对宗教作出解释。而人类的简单灵魂不可能只因为它不再化身就被赋予了庄严性。

美拉尼西亚的例子就能明确说明这种情况。美拉尼西亚人相信，人不仅有灵魂，而且灵魂在人死的时候会离开身体；随后，灵魂改变了自己的称呼，变成了他们所谓的“廷达鲁”（tindalo）、“纳特

玛特"(natmat),等等。除此之外,他们还对死者的灵魂进行膜拜:他们向死者祝祷、祈求,并供奉牺牲。然而,并非每个廷达鲁都是这些仪式仪轨的对象;只有那些在整个生命过程中被舆论认定拥有特殊品性的廷达鲁才具有这样的荣誉,而这种极其特殊的品性能被美拉尼西亚人称为"曼纳"(mana)。在下文里,我们将不失时机地确定这个说法所要表达的确切含义;现在,我们只要知道它是所有圣物所具有的特殊性质就可以了。正如考德林顿所说:"它能够使任何事物超越人类普通的力量,出离共同的自然过程。"[25]一位祭司、巫师或者一套仪式规程所拥有的曼纳,与一块圣石或一个精灵所具有的曼纳是一样的。所以,各种宗教部门所侍奉的廷达鲁,在其宿主还活着的时候就已经具有了神圣性。相反,对那些来自于普通人和凡俗群众的其他灵魂来说,考德林顿则把它们说成是"生前死后都同样无足轻重的东西"[26]。就其本身而言,死亡并不具有神圣化的作用。正因为死亡在一定程度上导致了灵魂与凡俗事物完全的和最终的分离,所以说如果灵魂已经具有神圣性质的话,那么死亡可以强化这些性质,但却不能创造这种性质。

此外,如果按照泛灵论者所提出的假设,最早的圣物就是死者的灵魂,最早的膜拜就是对祖先的膜拜,那么我们就应该发现,所考察的社会越低级,这种膜拜在宗教生活中的地位就越重要。然而,事实却恰恰相反。除了诸如中国、埃及或希腊和拉丁城邦等这些比较先进的社会以外,其他社会的祖先崇拜都很不发达,也没有表现出独具特色的形式;另一方面,我们将会看到,在澳洲社会,在这个代表着我们已知的最低级、最简单的社会组织形式里,也完全没有祖先崇拜。尽管澳洲社会确实存在着丧葬仪式和悼念仪式,但这些仪轨并没有构成膜拜，尽管人们有时候将其误称为膜拜。实际上，膜拜并不是某个人在某些特定的环境里所举行的一组简单的仪式；而是各种各样的仪式、节日和仪典所组成的一个体系，它们全都具有周期性重复出现的特征。每隔一段时间，信徒们就会感觉到有必要加强和重新确认自己与自己所依赖的圣物之间的联系，而这个体系则可以满足这种需要。因此，尽管人们说的是婚姻仪式，但实际上并不是婚姻膜拜的仪式，尽管人们说的是出生仪式，但也不是对新生儿的膜拜仪式；这是因为，在举行这些仪式的时候，各种事件并不是周期发生的。同样道理，除非人们连续不断地向坟墓献祭，在或多或少比较固定的日子里举行奠酒仪式，或者通过定期庆祝节日来纪念死者，否则它们就不能算做是祖先膜拜。然而在澳洲，却不存在这种与死者之间的关系。确实，他们必须遵照某种仪式去埋葬死者的遗骨，必须在规定的时间内以规定的方式悼念死者，必须在必要的情况下为死者复仇。[27]不过，一旦他们完成了这些虔敬的任务，一旦遗骨开始干枯，悼念的日期完全结束，所有该说的和该做的都已完成了以后，活着的人对那些不再活着的亲人就没有什么责任需要履行了。当然，即使悼念结束以后，死者还仍然会以某种方式继续在亲人的生活中留有一席之地。有时候，人们会将死者的毛发或者是某些骨骸保存起来，因为这些东西具有特殊的功效。[28]不过，从那时候起，它们就不再像人那样活着了，从而具有了匿名的和非人格的魔力。在这种情况下，它们并不是膜拜的对象，而是仅仅服务于巫术的目的。

不过，有好些澳洲部落都定期举行仪式，纪念那些具有传奇色彩的祖先，传说认为他们在时间之始就已经存在了。这些仪典通

常是由某种颇具戏剧性的表演组成的，反复叙述的是归功于这些传说英雄的各种神话。[29]然而，这些角色并没有被表现为人，因为在经历了整个人间生活以后，他们已经经由死亡而转变成了某种神。人们认为他们在活着的时候就已经施展了超人的力量。在部落史，甚至是整个世界史中，所有丰功伟绩都被认为是由他们实现的。在很大程度上，正是因为有了他们，大地才变成这副模样，人类才成为这样的人类。直到今天，他们之所以还罩有璀璨的光环，并不仅仅因为他们是祖先，或者更确切地说不是因为他们是死者，而是因为人们始终把某种神圣性赋予了他们；用美拉尼西亚人的话来说，是因为他们原本就赋有曼纳。因而，在这些仪式中，没有任何东西能够表明死亡拥有哪怕是最小程度上的神圣化力量。甚至说，有关某些仪式可以形成祖先膜拜的说法也是不正确的，因为那些仪式所针对的并不是他们所说的那种祖先。要有真正的死者膜拜，首先就必须要有真实的祖先，必须是这些每时每刻都会离我们而去的亲人死后又成为了人们膜拜的对象。还是让我们再次重申一遍吧：在澳洲，根本就没有此类膜拜的任何痕迹。

因此，依据上述假设，应该说在低等社会里占据主导地位的祖先膜拜其实是不存在的。事实上，澳洲人除了在死亡的那一刻以及紧随其后的那段时期之外，从来都不关心死者。不过，我们也将会看到，对这些民族来说，仍然存在着对某些具有截然不同性质的神圣事物极其复杂的膜拜，这些膜拜是由许许多多的仪典组成的，而且经常会历时几个星期甚至几个月之久。我们全然不能接受这样的说法：在澳洲人偶然间丧失了一个亲人之后，会举行少量的仪式，而这些仪式，正是每年如期举行并在人们生活中占有很大比重的那些永久性膜拜的起源。这两者之间的差别是相当大的，我们甚至可以怀疑，前者倒更像是导源于后者的，而且人的灵魂可能根本不是人们最初想象诸神时所依据的模型，倒更像是它从一开始就被构想成为了从神性中流溢出来的东西。

4

从我们证明了死者膜拜并不是最原始的那一刻起，泛灵论就丧失了它的基础。因此，我们所要讨论的这个体系中的第三个论题，即有关死者膜拜转化为自然膜拜的问题，就显得没有什么用处了。不过，既然这种说法得以确立的前提，也散见在某些并不承认严格意义上的泛灵论的宗教史学家的著述之中，如布林顿[30]、兰[31]、雷维尔[32]，甚至是罗伯逊·史密斯本人[33]，那么，我们仍然有必要对此进行一番检验。

死亡崇拜之所以能够扩展到整个自然界的范围，据说是因为这样的事实：人类总是本能地倾向于用自己的形象，也就是说，用活生生的和有思想的存在来表现所有事物。我们已经看到，斯宾塞已经对这种所谓本能的真实性提出了质疑。既然动物完全可以清楚地分辨出活着的和死了的躯体，那么对人类这种动物的产物而言，他从诞生之日起，似乎就不可能不具备同样的识别能力。然而，尽管斯宾塞所援引的例证可能是比较确切的，但这些例子并不具有他所以为的那种说明价值。斯宾塞通过推理指出，动物的所有本领、本能和本性都已经完整地传交给了人类；不过，现在的许多纰漏恰恰就是从这条被误认为已经得到证明的真理中产生出来的。比方说，由于高等动物的性妒忌通常表现得非常强烈，所以就有人断定在历史形成之初人类也有着同样强烈的性妒忌。[34]但是，今天所有人都知道，人类可以进行集体性生活，而如果这种性妒忌不能及时减弱甚至消失的话，那么这种集体性生活就不可能产生了。[35]事实上，人类并非仅仅是带有某些附加品质的动物，他是另外的某种东西。人类本性是在不断改造动物本性的过程中所产生的结果，也就是说，在为进行这种改造而实施的各种各样的复杂手术中，人类有得也有失。我们究竟还有多少本能没有失掉呢？之所以会这样，是因为人类不仅与物质环境有关系，同时也与社会环境有关系，而比起物质环境，这种社会环境是无边广阔、无限稳固和无比主动的。为了生存，人类必须适应这种环境。而社会为了维持自身，也常常会发现必须要让我们从某个特别的角度来看待事物，用某种特别的方式来感受事物；因此，社会修正了我们平常看待事物的想法，修正了我们单纯听凭动物本性所产生出来的感情；社会转变了这种感情，甚至发展到了用相反的感情来取代这种感情的地步。不仅如此，社会不也甚至使我们发展到了竟然把我们的个人生命都看得无足轻重的地步了吗？而生命对于动物来说却是最最重要的。[36]所以，用高等动物的心理构造来推断原始人的心理构造，实在是件徒劳无功的事情。

然而，即使斯宾塞的反对意见并不具有他所说的那种决定性价值，泛灵论也同样不能从儿戏般的混淆中获取自己的权威性根据。假如我们听到有个小孩子一边用脚踢着什么东西，一边愤怒地冲着这个东西大呼小叫，就断定他已经把这个东西看成是像自己一样的有意识的存在，那么，这是对其言行的严重曲解。事实上，在孩子看来，这个强加在他头上的复杂推论倒是很奇怪的东西。假如他痛骂了把他碰得很痛的桌子,那也不是因为他认为桌子是既有生命又有智能的东西,而仅仅是因为桌子碰痛了他。一旦他的愤怒被疼痛引发出来,就必须要发泄出来;于是,他就要寻找发泄的对象,即使这种发泄并不会带来什么效果,惹他生气的东西也会自然而然地成为了他转而攻击的对象。在同样的情况下,成年人的行为通常稍微显得合理一些。当我们被粗暴地激怒时,就会感到自己需要去痛骂一阵子、破坏些东西,尽管我们对自己发泄愤怒的对象并没有什么有意识的恶意。当小孩子的情绪平静下来以后,他可以很好地把椅子和人区别开来,不会产生丝毫的混淆:他根本不会以同样的方式来看待两者。基于同样道理,我们也可以解释他为什么喜欢把玩具当做活生生的东西来看待了。正是通过这种方式,他表达了自己想要玩耍的强烈需要,就像在前一种情况下,他无缘无故就把疼痛所引发的粗暴情感发泄在某个物体身上一样。如果他想有意识地同他的"蹦蹦跳"一起玩,就会索性把这个娃娃想象成活人。对孩子来说,这样的幻想很容易就能产生,因为想象是孩子们至高无上的女皇;孩子们几乎完全借用意象来思考,我们也知道,意象总是柔韧多变的,它可以在意愿的每个紧要情境面前服服帖帖地弯曲自己。不过,假如玩具突然间变成了真的人,而且动手打了他,那么他首先就会大吃一惊,这说明他几乎不可能被自己的幻想所蒙骗![37]

所以,还是让我们把这些令人起疑的类比撇在一边吧。要想搞清楚在原始状态下,人类是否很容易会发生这种混淆,我们就不应该研究今天的动物或孩童,而应该研究原始人本身的信仰。如果精灵和自然的诸神确实是按照人类灵魂的形象塑造而成的,那么它们就应该带有其起源的痕迹,使人想起其模型的本质特征。而灵魂首屈一指的特点,是被想象成为一种能够赋予有机体以活力的内在本原:它可以使有机体运作起来,可以使有机体存活下来,从某种程度上说,假如它抽身出来,生命就会戛然而止或消失殆尽。身体是灵魂的天然居所,或者至少可以说,在身体还在的时候是这样的。但是,精灵却不是这样,它从未依附过自然界中的各种事物。太阳神就不一定要存在于太阳之中,对某种岩石的精灵来说,岩石也不一定就是它所栖居的主要场所。当然,精灵与其所依附的躯体之间存在着密切的关系,然而如果有人说精灵就是躯体的灵魂,那么这种说法是极不准确的。如考德林顿所说[38]:“在美拉尼西亚的各个地区,都不存在这样的信仰:精灵使像树木、瀑布、风暴或岩石这样的所有自然对象都充满了活力,以致认为精灵之于这些事物,就如同灵魂之于人的身体。当然,很多欧洲人都说到过海洋的精灵、风暴的精灵或者是森林的精灵;不过,它们所呈现的本土观念是:魔鬼可以经常出没于海洋和森林,它们掌握着掀起暴风骤雨、使旅行家病魔缠身的威力。”本质而言,灵魂存在于身体之中,而精灵却可以在其赖以存在的物体之外消磨绝大部分时间。这个区别似乎并未表明,后一种观念是从前一种观念中导源而出的。

从另一个角度来看,我们必须对此作出补充说明:如果说人类确实被迫在各种事情中投射了自己的形象,那么最早的神圣事物就应该是他们按照自己的形象构想出来的。然而,拟人说并不是原始的说法,而是相对比较先进的文明的标志。开始的时候,神圣存在是被以动物或植物的形式构想的,而人类的形式只不过是逐渐从中分化出来的而已。在下文里，我们将会看到，在澳洲，只有动物和植物才是最早的神圣存在。甚至在北美印第安人那里，最早作为膜拜对象的宇宙巨神，也往往是用动物的形式表现出来的。[39]对此，雷维尔不无惊讶地说："这种心灵状态并没有感觉到动物、人类与神圣存在之间的差别，我们通常或许可以这样说：基本的形式就是动物的形式。"[40]为了找到完全用人的要素构成的神，我们必须切入到基督教之中，来考察这个问题。在基督教那里，上帝是一个人，这不仅是针对上帝瞬间现身的体貌来说的，而且也是从它所表达出来的观念和感情来说的。然而，即使在希腊和罗马时期，即使众神通常都被借用人类的外貌加以刻画，但许多神话人物都还留有动物起源的痕迹：譬如说，狄俄倪索斯就经常以牛的形象出现，至少他总是长着一副牛角；得墨忒耳也往往被表现为长着马鬃的怪物；除此之外，还有潘和塞利纳斯以及福纳斯*，等等。[41]所以说，人类倾向于把自己的形象强加给各种事物的说法是完全不符合事实的。不仅如此，人类甚至一开始就设想自己可以密切地分有动物的本性。事实上，澳洲还有一种普遍存在的信仰，而且这种信仰在北美印第安人那里传播得也很广泛：即人类的祖先就是动物或植物，或者至少可以说，最早的人无论就其整体而言，还是就其部分而言，都具有某类动物或植物的显著特征。因此，人类最先并没有把各种存在看成是如同自己的样子，他们起初反而相信自己具有某些与人迥然相异的生物的形象。

* 潘(Pan)：希腊神话中人身羊足、头上有角的畜牧神，爱好音乐；塞利纳斯(Silenus)：酒神狄俄倪索斯的养父和师傅，是长着马尾、马耳及马腿，留着长须的森林之神；福纳斯(Faunus)：罗马神话中的畜牧农林神。——译注

5

最后，泛灵论的理论还潜含着一个逻辑结果，而这也许是对泛灵论的最好反驳。

如果主张泛灵论的理论是正确的，那么我们就必须承认各种宗教信仰是许许多多的虚幻表现，它们从来就没有任何客观基础。有人曾经指出，所有信仰都来源于灵魂观念，因为在精灵和诸神之中，人们看到的仅仅是一个放大了的灵魂。而依据泰勒及其追随者的说法，灵魂观念本身，完全是由人们在睡梦之中所关注的那些既模糊不清又前后不一的意象构成的：因为灵魂就是互体，而互体则不过是一个人自己在睡梦中的现身罢了。由此看来，神圣存在也仅仅是一种想象的概念，是人们每天有规律地陷入一种谵妄的状态时所创造出来的概念，尽管我们看不出这个概念有什么有用的目的，也看不出它们究竟回答了什么样的现实问题。一个人之所以要做祈祷，要献奉牺牲和供品，甘心承受仪式规定的许多苦难，那是因为其体质上的偏离状态使他把梦当成了知觉，把死亡当成了长时间的睡眠，把已死的身体当成了有生命、有思想的存在。这样一来，正像许多人所说的那样，不但用来把宗教力量表现给人类心灵的各种形式没有把这些力量确切地表达出来，而且用来帮助人们构想宗教力量的各种符号也部分地掩盖了这些力量的真实本性，更有甚者，在这些意象和形象的背后，除了原始心灵里的梦魇之外，便所剩无几了。更准确地说，宗教除了变成系统化和活生生的梦以外，毫无现实基础可言。[42]这样，主张泛灵论的理论家们在探索宗教思想的起源时，仅仅付出了微薄之力就能使自己感到

心满意足。当他们以为他们已经解释了人类如何会像自己在梦里所见到的那样，想象出各种千奇百怪和虚无缥缈的东西以后，就认为自己大功告成了。

事实上，他们甚至连问题都还没有触及。他们认为，像宗教这样的在历史中占有极其重要的地位的观念体系、自古以来人们从中获得他们生活所必需的能量的观念体系，应该是由幻觉罗织而成的。而今天，我们开始认识到，法律、道德甚至科学思想本身都是从宗教中产生的，长期以来，它们始终与宗教混同在一起，始终渗透着宗教的精神。那么空泛的幻想如何能够形成如此强烈而又持久的人类意识呢？毫无疑问，宗教所表达的并不是自然中不存在的东西，这应该成为宗教科学的原则，因为科学只能是有关自然现象的科学。这样，唯一的要弄清的问题便是：这些实在究竟来自于自然的哪个部分呢？究竟是什么使人类用宗教思想这种独有的方式来表现这些实在的呢？倘若要提出这个问题，我们必须在开始就认定如此表现出来的事物都应该是真实的事物。当18世纪的哲学家们把宗教说成是由教士想象出来的弥天谬论的时候，他们至少还可以用“僧侣阶层意欲欺骗人民”的说法来解释宗教的这种持久性特征。然而，如果人民既是铸造这些错误的观念体系的工匠，同时又是这个体系的受骗者的话，那么这个非同寻常的骗局怎么能够贯穿于历史进程的始终呢？

在这种情况下，我们甚至可以提出使用那些宗教科学的术语是否很妥当的问题。科学是一种规章，不管人们以什么样的方式来构想它，它都应该始终适用于真实的资料。物理学和化学之所以是科学，是因为物理—化学现象是真实的，这些实在并不依赖于这些科学所展现的各种真理。心理学之所以也是科学，是因为各种真实的意识并不需要从心理学家那里获得自身存在的权利。然而恰恰相反，如果有一天，泛灵论的真理被人们认识以后，宗教也就不可能再继续存在下去了，因为人们不可能不摒弃那些连其性质和起源都已经暴露无遗的谬见。如果它的主要发现，它所讨论的主题根本就不存在，那么这种学问还算是什么科学呢？

注　释

[1]　在这里，我们没有讨论那些全部或部分地使用了超经验论据的理论。这主要是指安德鲁·兰在其著作《宗教的构成》中所提出的看法；以及施密特教父在《上帝观念的起源》(载于《人类学》，1908 年，1909 年)等一系列文章中对此的重申，他们只是在细节上略有差异而已。兰并没有明确地撇开泛灵论，但在最后的分析中，他却直接认可了对神灵的感觉或直觉。即使我们觉得没有必要在本章中对这种观念加以阐发和评论，我们也不打算漠然置之；稍后，我们将再次提到这种观念，并对其所依据的各种事实做出我们自己的解释(参见本书第二卷，第九章，第 9 节)。

[2]　比方说，古朗治就一并采纳了这两种观念(参见《古代城邦》，第 1 卷；第 3 卷，第 2 章)。

[3]　杰文斯就是这样做的：尽管他批判了泰勒所提出的泛灵论，却接受了泛灵论有关灵魂观念起源和人类拟人天性的说法。尤瑟纳尔则相反，他虽然在《神名》中反驳了马克斯·缪勒的某些假设(我们在下文将会讨论到这个问题)，却接受了自然崇拜说的主要见解。

[4]　泰勒：《原始文化》，第 11—18 章。

[5]　斯宾塞：《社会学原理》，第 1 部分和第 6 部分。

[6]　这是泰勒所用的字眼。这种说法的缺陷在于，它似乎意味着在文明出现之前，严格意义上的人就已经产生了。不过，也很难找到恰当的字眼来表达这个观念；我们更愿意采用“原始人”一词，但这个词也不见

得更好，正像我们刚才所说的那样，它也远不能令人满意。

[7] 泰勒：《原始文化》，第1卷，第455页及以下诸页。

[8] 参见斯宾塞：《社会学原理》，第1卷，第143页及以下诸页；以及泰勒，《原始文化》，第1卷，第434页及以下诸页，第445页及以下诸页。

[9] 泰勒，《原始文化》，第2卷，第113页及以下诸页。

[10] 泰勒，《原始文化》，第1卷，第481页及以下诸页。

[11] 斯宾塞：《社会学原理》，第1卷，第126页。

[12] 《社会学原理》，第1卷，第322页及以下诸页。

[13] 《社会学原理》，第1卷，第366—367页。

[14] 《社会学原理》，第1卷，第346页，参看第384页。

[15] 参见本书，第二卷，第八章。

[16] 斯宾塞和吉兰：《澳洲中部的土著部落》，第123—127页；斯特莱罗：《澳洲中部的阿兰达和洛里查部落》，第2卷，第52页及以下诸页。

[17] 考德林顿：《美拉尼西亚人》，第249—250页。

[18] 霍维特：《澳洲东南部的土著部落》，第358页。

[19] 霍维特：《澳洲东南部的土著部落》，第434—442页。

[20] 对南几内亚的黑人来说，泰勒认为“他们睡眠的特点是睡眠期间同死人的交流几乎与清醒时同活人的交流一样多”（《原始文化》，第1卷，第443页）。有关这些民族，这位作者转引了一个考察者的如下评论：“他们所有的梦都被构想成为已故朋友的精灵的造访。”（同上书，第443页）这段叙述肯定会有些夸张；不过，它进一步证明了原始人的神秘之梦是频繁出现的。斯特莱罗认为阿兰达语中“altjirerama”就是“做梦”的意思；从词源学的角度来说，它也证实了上述理论。这个词是由altjira（斯特莱罗译成“神”）和rama（“看见”的意思）组成的。于是，梦就变成了人与神圣存在产生联系的环节（《澳洲中部的阿兰达和洛里查部落》，第1卷，第2页）。

[21] 安德鲁·兰亦拒绝承认灵魂观念是由人的梦的经验引发出来的，但他认为自己可以从其他经验材料，即唯灵论的材料（如通灵术、遥视术等等）推导出灵魂的观念。我们并不认为我们非得要讨论他在《宗教的形成》这部著作中所阐发的理论。这种理论是建立在这样的假设之上

的:唯灵论是人们不断观察到的事实,而遥视术则是人类,至少是某些人实实在在的本领,不过,众所周知,这个理论在科学上是有争议的。不仅如此,更有争议的是,唯灵论的各种事实是不是显而易见的、频繁发生的,是不是足以成为涉及灵魂和精灵的所有宗教信仰和仪轨的基础。对这些问题的检讨,会使我们与我们的研究对象离得越来越远。我们没有必要纠缠于此类检验,我们将在下一节里对泰勒的理论提出异议,而其中很多意见对于兰的理论也完全适用。

[22] 杰文斯也有相似的意见。杰文斯和泰勒都承认灵魂观念来源于梦,自从这种观念产生之后,就被人们投射到各种事物上去了。不过,杰文斯也补充说,在人们看来,自然也像人一样是有生命的,但这并不能解释自然为何会变成膜拜的对象。"即使人们相信会弯腰的树和会跳动的火焰都像自己一样是活生生的事物,但我们不能就此得出结论,说人们相信这种事物就是超自然的存在——恰恰相反,正因为它像自己,所以它,也像自己一样,并不是超自然的。"(《宗教史导论》,第55页)

[23] 见斯宾塞和吉兰:《澳洲中部的北部部落》,第506页;以及《澳洲中部的土著部落》,第512页。

[24] 这就是弗雷泽在《金枝》中所研究的仪式和神话主题。

[25] 考德林顿:《美拉尼西亚人》,第119页。

[26] 考德林顿:《美拉尼西亚人》,第125页。

[27] 有时候,丧葬供奉似乎也是存在的(参见罗斯:《迷信、巫术与巫医》,载于《北昆士兰民族学会第5号公报》,第69节;以及《丧葬习俗与死者的处理》,载于《北昆士兰民族学会第10号公报》,见于《澳大利亚博物馆记录》第6卷,第5期,第395页)。不过,这些供奉也不是周期性的。

[28] 斯宾塞和吉兰:《澳洲中部的土著部落》,第538页,第553页;《澳洲中部的北部部落》,第463页,第543页,第547页。

[29] 特别参见斯宾塞和吉兰:《澳洲中部的北部部落》,第6、7、9章。

[30] 布林顿:《原始人的宗教》,第47页及以下诸页。

[31] 兰:《神话,仪式与宗教》,第123页。

[32] 雷维尔:《野蛮人的宗教》,第 2 卷,“结论”。

[33] 罗伯逊·史密斯:《闪族宗教》(第 2 版),第 126 页,第 132 页。

[34] 这就是韦斯特马克的推理(参见《人类婚姻的起源》,第 6 页)。

[35] 在我们看来,集体性生活并不是人类由于不了解婚姻规则而产生的杂交状态,我们认为所谓杂交状态从来就没有存在过。不过,由男人组成的群体有规律地同一个或几个妇女结合的情况是时有发生的。

[36] 见拙著《自杀论》,第 233 页及以下诸页。

[37] 斯宾塞:《社会学原理》,第 1 卷,第 129 页及以下诸页。

[38] 考德林顿:《美拉尼西亚人》,第 123 页。

[39] 多尔西:《苏人崇拜研究》,载于《美国民族学会第 11 次年度报告》,第 431 页及以下诸页,以及各处。

[40] 雷维尔:《野蛮人的宗教》,第 1 卷,第 248 页。

[41] 德·维塞:《论无人类特征的希腊诸神》;参见佩德里亚特:《古希腊书简》,第 1 卷,第 635 页。

[42] 不过,根据斯宾塞的说法,在精灵信仰之中已经具有真理的萌芽了,这个作为真理萌芽的观念就是:“体现在意识内部的力量与体现在意识外部的力量是不同形式的力量。”(参见《教会制度》,第 659 节)斯宾塞据此认为,一般力的概念是我们对力的感想扩展到整个宇宙之中的结果;当泛灵论把类似于我们自身的精灵扩展到整个自然的时候,它实际上含蓄地承认了这种观点。然而,即使这种关于力的观念之形成的假设是正确的——我们将会看到(参见本书,第三卷,第三章,第 3 节),我们对此有很重大的保留——那么它也不具有任何宗教性质;不属于任何膜拜。因为即便如此,宗教符号体系和仪式体系,各种事物圣俗之间的分类,以及宗教中所有确实具有宗教属性的事物,还是无法与现实相对应。此外,斯宾塞所说的这种真理的萌芽,在我们看来毋宁说是一种谬误的萌芽,因为即使自然力和心灵力确实是相关的,两者之间也有着重大的差别,如果有人把它们等同起来,那么就会使自己产生严重的错觉。

第三章　基本宗教的主导概念(续)

Ⅱ　自然崇拜

自然崇拜学派所贯彻的精神则大不相同。

首先,自然崇拜学派是在不同的环境中成长起来的。绝大多数泛灵论学者都是民族学家或人类学家,他们所研究的宗教是人文科学所熟知的最粗陋的宗教。因而,他们就把非同寻常的重要性赋予了死者的灵魂、精灵和魔鬼,实际上,也就是赋予了次级秩序中的一切精神存在。[1]与之相反,我们下面将要描述的各种理论,都是特别关注伟大的欧亚文明的那些学者的工作。

自从格林兄弟的著作问世以来,由于他们指明了比较印欧各民族不同神话的意义所在,诸多学者开始为这些神话表现出来的令人称奇的相似性所打动。他们认为,各种神话角色具有同一性,尽管它们的称呼各异,但它们却象征着同样的观念,发挥着同样的功能,甚至可以说,它们的名字往往也是彼此相关的;而且这些学者相信,他们完全可以确认它们之间的这层关系。上述相似性似乎只能用共同的起源来解释,于是,人们就推断这些概念尽管外表各异,其实却有着共同的来源,它们仅仅在形式上有所变化,而完全有可能发现它们共同的起源。借助比较的方法，学者们坚信，他们可以越过这些伟大的宗教，追溯到更为古老的观念体系，追溯到所有其他观念都从中导源而出的真正的原始宗教。

吠陀*的发现在很大程度上激发了这种雄心。在吠陀中，学者们找到了一份手书的经文，无疑，在发现这份经文的时候，人们把它的古老性质夸大了，不过，它肯定是他们所掌握的印欧语言中最为古老的作品之一。这样，这些学者就可以用普通的哲学方法来研究与荷马同样古老，甚至比荷马还要古老的文献了，他们相信，这种宗教要比古代日耳曼人的宗教还要原始。正因为这种文献具有如此的价值，所以很显然，它必将对人类的宗教起源提供新的证明，而宗教科学也不可能不借此而焕然一新。

科学的状态和观念的普遍进步，迫切要求此类概念的产生，于是，新的概念几乎同时在两块不同的地方登场了。1856 年，马克斯·缪勒在他的《牛津随笔》中阐发了这个原则。[2]三年后，又出现了阿达尔伯特·库恩的著作《火之源与神之饮》[3]，这显然也是被同样的精神激发出来的作品。这种观点一经形成，立即以极其迅捷的速度在科学领域里传播开来。与库恩这个名字有着密切关系的库恩的内弟施瓦茨，紧随库恩之后发表了《神话学的起源》。[4]施泰因沙尔以及德国的整个大众心理学学派也都投入到了这场运动之中。1863 年，布列尔将这个理论介绍到法国。[5]布列尔的引介

---

* 印度最古老的宗教文献和文学作品的总称，梵文 Veda 的音译，其义为知识，主要指宗教知识。最古老的《吠陀本集》共四部：《梨俱吠陀》(颂诗)、《娑摩吠陀》(歌曲)、《耶柔吠陀》(祭祀仪式)、《阿闼吠陀》(巫术咒语)，编订成集约在公元前十几世纪到公元前 6 世纪。——译注

工作并没有遇到什么阻力，按照格鲁普的说法[6]："一个时代到来了，姑且不论某些古典语言学家……对他们来说，吠陀研究终究是未知的领域……所有神话学者都应该接受马克斯·缪勒或库恩的原则，并把它们作为自己的出发点。"[7]所以，弄清这些原则究竟是什么，了解它们究竟具有什么价值，是件十分重要的工作。

既然目前还没有人采用比马克斯·缪勒更加系统的方式来表述问题，那么我们下面就以缪勒的著作为基础进行论述。[8]

1

我们已经看到，泛灵论的基础前提就是：宗教，至少是原初的宗教，所表达的并不是有形的实在。然而，马克斯·缪勒却是从完全相反的原理出发的。缪勒认为，宗教建立在经验基础之上，从经验中获取自己的所有权威，这是不言自明的公理。他说："如果宗教要作为我们意识中的合法因素而维持其特定的地位，它就必须要像所有其他知识一样，从感官经验起步。"[9]缪勒引用了一句流传很久的经验之谈："未有感觉，便无领会"(Nihil est in intellectu quod non ante fuerit in sensu)。他把这句话用在了宗教上，声称如果我们最先没有感觉到信仰，信仰就不存在。所以，这个学说似乎可以避免我们对泛灵论提出的那种强烈的反对意见。就此看来，宗教似乎不应该是模糊不清与混乱不明的梦，而应该是具有牢固的现实基础的观念和仪轨的体系。

然而，能够产生宗教思想的究竟又是些什么感觉呢？人们认为，吠陀研究有助于解决这个问题。

一般而言，众神的名字要么是我们还在使用的普通词语，要么是我们早先使用过，而且很有可能发现其原初意义的普通词语。两者所指的都是基本的自然现象。例如，印度的主要神祇之一阿耆尼(Agni)，最初指的就是“火”这种物质，这就是通常可以借助感官觉察到的东西，没有任何附加的神话因素。甚至在吠陀中，人们也是在这个意义上来使用它的。无论如何，下列事实完全可以证明这种意指是原始的：拉丁语中的 ignis，立陶宛语中的 ugnis，古斯拉夫语中的 ogny，都显然与 Agni 有着紧密的联系。同样，梵语中的 Dyaus，希腊语中的 Zeus，拉丁语中的 Jovis，以及高地德语中的 Zio，它们之间的关系即使在今天看来也是无可争议的。这证明，这些不同的语词所指称的都是同一个神性，早在印欧各民族分离之前，它们就都承认这个神了。而梵语 Dyaus 所指的就是明朗的天空。所有这些事实，以及其他与此类似的事实都旨在表明，在这些民族中，自然的形式和力量乃是宗教情感所依附的最初对象：它们是最早被神圣化了的事物。在这个概括中，马克斯·缪勒进一步指出，他打算得出这样的结论：就一般意义上的人类的宗教而言，其演化进程具有相同的出发点。

从心理学的角度来看，他的这些推论几乎完全得到了证实。他认为，自然为人类提供的各种不同的视角，似乎可以满足在人们内心中直接引发宗教观念所必需的所有条件。缪勒说：“乍看起来，再没有比自然更显得不自然的东西了。自然是最令人惊叹的事物，它是一种恐怖，一种非凡，一个不朽的奇迹。只不过因为它的永恒性与连续性，因为它能够有规律地反复重现，这个不朽奇迹的某些特征才可以被称之为‘自然的’，换言之，只是在可预见性、共同性和可理解性的意义上，它才能说是自然的……而正是这些异常、恐怖、非凡、奇迹的那个浩浩主宰，那个从已知中分辨出来的未知，或者用我所喜欢的说法，也就是从有限之中区分出来的无限，最早为宗教思想和宗教语言的产生提供了动力。”[10] 为了举例说明这种观念，缪勒把它应用到了在吠陀的宗教中占有重要地位的自然力，即“火”的分析之中。他说：“我们不仅要把自然宗教的起源归结为人类生活的早期阶段，而且同样也要把有形宗教最早发展时期归结为这个阶段，倘若你能投入地体会一下，只消片刻，你就很容易了解‘火’的最早出现究竟会在人们的心中留下怎样的印象了。‘火’并不像天、地或水那样，是长久或永恒存在的东西。不管它最早是以什么样的方式呈现出来的，不管它是来自闪电，来自钻木，还是来自燧石激出的火花，它一经点燃，人们就不得不守护着它，虽然它会带来破坏，但与此同时，它却使人类有可能度过寒冬，它在夜间可以提供保护，同样，它也是人类进行防御和进攻的武器，最后，也是相当重要的一点，火使人类完成了从茹毛饮血向烹熟生肉的转变。后来，火又成了冶炼金属、制造工具和武器的手段，成了所有机械和工艺的改进过程中不可缺少的因素，从那时起，火一直被保存了下来。即使在今天，我们能够离开火吗？”[11] 此外，缪勒又在另一部著作中说，假如人类没有考虑到自然界的广博与无限，就不可能与自然建立联系。在所有方面，自然都超过了人类。在人类能够觉察到的距离之外，还有着无限延伸的更遥远的广袤；在每一个刹那的前后，都存在着人们无法确定其界限的时间；汹涌奔腾的河流体现着无穷的力量，任何东西都不可能使它干涸。[12] 自然的各个方面，都足以使我们的内心强烈地感受到，有一种无限始终包围着我们，支配着我们。[13] 宗教正是从这种感觉中引发出来的。[14]

不过,宗教在那时候还仅仅处于萌芽状态。[15]只有到了人类心理不再通过抽象形式来表现这些自然力量的时候,宗教才真正开始出现了。这些力量必定会转变成具有人格特征的能动者、有生命和有思想的存在、精神力量或者是诸神,因为膜拜通常都是针对此类存在而形成的。我们不仅看到了泛灵论本身是如何被迫提出这个问题的,我们也看到了泛灵论是如何解答这个问题的:人类不仅天然就不具备把有生命和无生命的东西区别开来的能力,而且也具有用生命的形状来构想无生命存在的无法抵制的倾向。马克斯·缪勒断然拒绝任何这样的解决办法。[16]按照他的观点,正是由于语言对思想的作用,才最终导致了这种变形。

人类经常会觉察到自己受到了他所依赖的那种不可思议的力量的困扰,那么人类是如何对这些力量进行反思的,如何询问自己这些力量究竟是什么,是怎样试图用更清晰的观念和更明确的概念来取代他们最原始的模糊感觉的?有关这些问题,我们很容易就能给出解释。然而,缪勒却言之凿凿地说[17]:如果没有语词,这种观念和概念是不可能产生的。语言不仅是思想的外套,也是思想的内部框架。语言不仅可以在思想形成之后来表达思想,还可以促发思想的形成。不过,语言也有一种非常不同的性质,因此语言的规则绝对不能等同于思想的规则。既然语言有助于构建思想,那么它就不可能不在某种程度上对思想施以暴力,使之变形。据说正是这种变形才最终创造了宗教思想的独特性质。

思维就是对我们的观念的安排,所以说思维也就是将这些观念分类。譬如，我们想到了“火”，就把“火”放在事物的某类范畴之中，通过这种方式，我们就可以说“火”是这种东西或是那种东西，是这种东西而不是那种东西，等等。而分类同样就是命名，因为普通的概念如果不通过语词，不在语词中被表达出来，不借助这种唯一的手段塑造自己的个体性，就不可能存在，不可能具有现实性。所以，对人们刚刚了解的新事物来说，一个民族的语言不仅会对人们如何将这些事物加以分类产生影响，随后也会对如何思考这些事物产生影响；这样，这些新事物就被迫采纳了预先已经存在的形式。正因为如此，当人们开始精心构筑对宇宙的表现的时候，他们所说的语言就为观念体系加上了标记，使之先天就具有了某种不可磨灭的痕迹。

我们并不是没有掌握有关此类语言的某些知识，至少对印欧民族来说，我们是可以做到这一点的。不管这种语言距离我们有多么遥远，它的某种纪念物仍然存留在我们正在使用的语言当中，它可以使我们想象出当时的语言会是个什么样子的：这就是词根。我们今天使用的所有语词都来源于这些词根，我们在所有印欧语系的基础中都可以发现它们。正是这些词根，被马克斯·缪勒看作是相应民族在彼此分化之前所使用的语言的回声，也就是说，恰恰就在这个时候，我们所要解释的自然宗教正处在形成过程之中。这些词根具有两个显著的特征，当然，这种特征如今只能在上述特定的语系中看到，然而马克斯·缪勒却坚信，它们也同样存在于其他语族之中[18]。

首先，词根总是具有一般性的，换言之，词根从来不表达特定的事物和个体，它表达的仅仅是类型，甚至是极具一般性的类型。

词根所表现的是最一般的思想主题，在此，人们发现了似乎已经得到固定和凝聚的基本知识范畴，在历史进程之中，这些范畴每时每刻都在支配着人类的整个心理生活，哲学家们就曾多次试图对这些范畴进行重新组织和重新建构。[19]

其次，与这些词根相应的类型是各种行动的类型，而不是对象的类型。它们所转达的是我们在各种生命存在，尤其是人类存在中所发现的最普遍的行为方式，如敲打、推拉、摩擦、躺下、起身、挤压、上升、下降、行走，等等。换句话说，人类在归纳和命名自然现象之前，就已经归纳和命名了他们的主要行为方式。[20]

正因为这些语词极具一般性，所以它们能够很轻易地扩展到它们起先并未涵括在内的各种对象。甚至可以说，正是这种极度的灵活性，由它们才能够派生出大量的同源语词来。那么，当人们把目光转向事物，并开始对其加以命名的时候，人们就可以思考这些事物了。人们把这些语词用在各种事物上，尽管它们并不是专门为事物设计的。而正因为有了这种起源，这些词语才能够完全通过最近乎人类行动的体现方式来指称各种自然力量："雷电"被称之为能够撕碎泥土或者是传播火种的某种事物；"风"是能够发出悲鸣或呼啸的某种事物；"太阳"是能够发射金箭划空而过的某种事物；"河流"则是能够绵延流动的某种事物，等等。既然自然现象是这样与人类行为进行类比的，那么它们所依附的诸如此类的某种事物，就必然被想象成为具有人格特征的能动者的形象，多少与人类有些相似。尽管这只是一种比喻，然而它却在字面上被采用了；这样一来，由于当时唯一能够祛除幻想的科学还没有出现，错误就不可避免地产生了。总而言之，既然语言是通过人类要素

构成的，语言转述了人类的状态，所以当语言用在自然上的时候，就不可能不有所转变。[21]米歇尔·布列尔指出：语言至今仍然在一定程度上迫使我们从这个角度来表现事物，“我们在表达某种观念，甚至在指称某种简单的属性的时候，不能不赋予它一个性，或者说，赋予它一种性别；我们在说到某个对象，甚至用最一般的方式去思考这个对象的时候，也不得不用一个冠词来确定它；句子中的每个主语都呈现为一种主动的存在，每个观念都作为一种行动，每个行动，不管它是暂时的还是持久的，都被限定在我们用来处理动词的时态范围内”[22]。我们的科学训练可以使我们能够纠正语言如此暗示给我们的错误；然而，语词在未经受到任何核查的时候，它的影响力却无处不在。就这样，在我们的感官所能揭示的物质世界之上，语言又添加了一个完全由精神存在构成的新世界，尽管这些精神存在是无中生有的结果，但它们从来都被看作是决定物质现象的原因。

然而，语言的作用还不啻于此。因为在公众的想象之中，语词始终是被置于事物之后的，所以一旦语词被用来表现这些人格，就会产生一种反作用，对这些语词本身产生影响；于是这就带来了各种各样的问题，对此人们必须通过创造神话才能解决。有时候，某个客体会得到许许多多的名字，这些名字与客体经验所体现出来的各个方面是相应的；在吠陀中，“天”就可以通过二十多个语词来表达。既然这些语词互不相同，那么人们就相信它们与许多各不相同的人格是相对应的。不过与此同时，人们又强烈地感觉到这些人格之间还存在着亲属般的联系。为了说明这种联系，人们就假想它们组成了一个家庭；这样，诸如谱系、公民身份、历史等观念就因为它们而发明出来了。在另外某些情况下,人们用同一个术语来指称不同的事物,为了解释这种同名异义的现象,人们就相信这些相应的事物是可以相互转化的,而且,他们还编造出新的假想,使这些变形可以理解。换言之,人们搞不懂的语词变成了神话传说的来源,而这些神话传说为语词提供了意义。语言的创造工作就这样不断地继续着,使其构造变得越来越复杂。然后,神话再为每个神编造一篇传记,传记的内容也变得日趋扩展和完善,所有这一切的结果就是:起初与各种事物相互混淆的神圣人格最终被区分和确立下来了。

据说神灵的观念就是这样形成的。有关祖先的宗教只是这种情况的另一种反映。[23]除马克斯·缪勒认为灵魂观念是设计出来说明死亡的而不是说明梦的以外[24],灵魂观念最初形成的原因也被认为与泰勒所说的原因大致相同。于是,在各种各样的、有时候纯粹是偶然的环境的影响下[25],从身体脱离出来的人的灵魂渐渐地被提升到了神圣存在的范围之内,并最终使自身神圣化了。不过,这种新的膜拜仅仅是一种次级形态的产物。以下事实便可证明这种情况:被神圣化的人通常是不完全的神或半神,人们总能将它们与真正的神区别开来[26]。

2

上述学说部分是建立在若干语言学前提之上的,然而这些前提却始终存在很多问题。尽管马克斯·缪勒声称他在各种欧洲语言中发现诸神的名字之间有许多相似之处,但有人却对这种说法的真实性提出了质疑。其中,缪勒对这个问题的诠释尤其让人怀疑：这些名字会不会根本不是非常原始的宗教的标志，而是语言之间直接借鉴或自然交流而逐渐产生的呢？[27]而且，人们也不再认为这些词根曾经作为自主的实在存在于一种隔离状态之中，不再认为这些词根可以使我们重新构建印欧人的原始语言，即使这仅仅是一种假设。[28]另外，最近的研究表明，并不是所有的吠陀神明都具有马克斯·缪勒及其学派所赋予它们的那些特定的自然崇拜特征的。[29]不过，我们撇开这些问题不谈，因为要想讨论这些问题，就必须具备语言学家的专门技能，我们只想直接切入对这个体系的一般原则的探讨。在这里，非常重要的是我们不要将自然崇拜理论与这些已经受到质疑的假设混淆起来；因为很多持有自然崇拜观点的学者都不像马克斯·缪勒那样，认为语言在自然崇拜中扮演着首屈一指的角色。

人类对了解其周围世界总是很感兴趣的，因此人类自诞生之日起就对这个世界进行了反思，这是每个人都乐于接受的说法。对人类来说，他们必须同这些与自己联系非常密切的事物进行合作，因此他们不可能不去设法获取有关这些事物性质的知识。然而，如果真的像自然崇拜说所说的那样，宗教思想产生于这些反思，那么我们就不可能解释，为什么宗教思想在人们藉此作出了解事物性质的最初努力之后还能够继续存在下去；它得以维持自身的这种持久性简直是不可思议的。我们之所以有了解事物性质的需要，是因为想要使这些事物能够以适当的方式发挥作用。然而，对宗教，尤其是早期形式的宗教而言，它们只能为人类提供残缺不全的宇宙概念，很难即刻形成比较实用的仪轨。各种事物变成了有生命有思想的存在和心灵，或者是如同宗教想象所设想出的宇宙现象的代理者那样的人格。按照这种形式来构想事物,根据这种概念来看待事物,是无法让它们为人的目的服务的。人们向这些事物祈祷,用宴饮和祭祀的方式进行庆贺,或者强迫自己禁食和禁欲,也不可能阻止它们作恶,或让它们为自己效劳。如果人们靠实施这类手段而获得成功,那也仅仅是一种例外的情况,换言之,是一种奇迹。因此,即使宗教得以存在的原因为我们提供的世界概念,可以引导我们与这个世界建立联系,它也没有条件发挥其功能。人们很快就会发觉这一点,因为远远多于成功的失败表明,他们所遵循的是一条完全错误的路线;而这些不断产生的矛盾,每时每刻都在动摇着宗教,使其无法继续存在下去。

毋庸置疑,谬误在历史进程之中总归会永远存在下去的;但是,除去极端例外的环境的综合作用以外,谬误要永远这样存在下去,就必须在实践上是真实的,也就是说,即使它们无法在理论上向我们提供有关事物的确切观念,也必须能够充分地表达出事物影响我们的方式,而不管这种影响是好的还是坏的。在这些情况下,根据谬误所决定的行动总有可能,或者至少一般说来有可能成为恰当的行动,这样,我们就很容易解释出这些谬误能够经过经验证据的检验而幸存下来的原因了。[30]但是,导致,或者只能导致错误而无效的仪轨的谬误,特别是这种谬误的体系,却是根本没有机会存在下去的。而信徒们试图影响自然的仪式与科学教导我们利用自然的方法的共同之处又是什么呢?——我们现在知道,后者才是唯一有效的办法。如果这种无用的仪式就是人类在宗教中所要获得的东西,那么我们就不可能理解宗教是如何维持下去的,除非宗教有巧妙的花招避人耳目,使人们看不到它无法向他们提供他们所期望的东西。然而,这又必然会使我们再次回到18世纪的那种过于简单的解释。[31]

所以说,自然崇拜仅仅在表面上逃避了我们刚才针对泛灵论所提出的反驳意见。正因为自然崇拜把宗教还原为一个毫无客观价值的没有遮拦的比喻,所以它也将宗教变成了一个幻觉体系。诚然,它为宗教提供了一个现实的起点,从而证实了自然现象在我们内心之中激发出来的各种感觉;然而,通过语言的蛊惑作用,这种感觉很快就转变成了极其夸张的各种概念。除非我们立即用由神话带来的各种寓言般的信仰所编织而成的厚厚的帏帐,将宗教思想掩盖起来,将宗教思想的原貌隐藏起来,否则宗教思想就无法与实在建立相互联系。于是,信仰者便俨然如同谵妄的人一样,生活在仅仅作为言语的各种存在与事物所堆砌而成的世界之中,其实,马克斯·缪勒自己也认识到了这个问题,他曾经把神话看成是智识疾病的产物。起先,缪勒把神话说成是语言的疾病,不过在他看来,既然语言和智识是不可分的,那么两者实际面临的处境也就没有什么不同了。他说:"当我试图解释神话学最内在的本质时,我把它说成是语言疾病而不是思想疾病……当我在我的'思想科学'(la Science de la Pensée)中充分解释了语言和思想密不可分,以及语言疾病即是思想疾病的观点之后,我的意思无疑还是始终如一的。如果我们想到,至高无上的神犯下了各种罪行,受到了人类的蒙骗,对他的妻子气势汹汹,肆意虐待他的孩子,等等,那么这肯定是病态的或思想反常状态的证据,或者更确切地说,是真正陷入了疯狂状态的证据。"[32]上述论说,不仅有效地批驳了马克斯·缪勒及其学派的理论,而且也批驳了以任何形式出现的自然崇拜

学说的原则。无论我们怎样去做,如果宗教把表达自然力作为自己的主要目的,那么我们从中看到的就只能是一个虚构体系,倘若这个体系能够继续存在下去,那简直是不可思议的。

正因为马克斯·缪勒感觉到了问题的严重性,所以他便通过将神话和宗教彻底区分开来,将神话置于宗教之外等手段,以图逃避这种反驳意见。他声称,只有那些符合圣明的道德体系和理性的神学所设立的各种规定的信仰,才拥有保留宗教之名的权利。神话只是寄生物,它们在语言的影响下附着于这些基本概念,并使其改变了性质。例如,只有在希腊人把宙斯看成是至高无上的神、人类之父、各种法律的保护者、各种罪行的报复者等等的情况下,对宙斯的信仰才是宗教意义上的;而所有有关宙斯的传记、婚姻及其冒险经历的说法都不过是神话而已。[33]

这样的区分是很武断的。诚然,神话与宗教史都具有美学的意义,但无论如何神话也是宗教生活的基本要素之一。假如我们把神话从宗教中排除出去,那么我们也必然应该把仪式排除出去;因为仪式通常是针对确定的人格而言的,这些人格有名字、有性格、有确定的德性,也有历史,并随着人们构想这些人格的方式而不断发生变化。对神的膜拜取决于我们赋予神的性格,而神话恰恰确定了这种性格。通常说来,仪式只是将神话付诸行动的形式。基督教的圣餐仪式与有关最后晚餐的神话就是密不可分的,圣餐仪式的全部意义恰恰是从这个神话中派生出来的。然而,如果说所有神话都是一种言语谵妄所带来的结果的话,那么我们就很难触及我们所提出的问题了,膜拜的存在,特别是膜拜的持续存在就变得不可解释了。这样,我们便很难理解千百年来人类为什么始终会毫无目的地去做某些事情。此外，神话不仅确定了神圣人格的独特品格，而且有一些神或者精神存在管辖着自然界的各个部分的观念在本质上也是神话的，尽管人们用以表现它们的方式多种多样。[34] 倘若我们把所有有关神作为宇宙代理人的观念都从以往的宗教中一笔勾销，那么还会留下什么东西呢？是神性本身的观念吗？是人类所依赖、所仰仗的超验力量的观念吗？然而，这些观念只不过是人类有史以来的任何宗教中都没有充分实现的抽象概念和哲学概念罢了；对宗教科学来说，它们毫无意义。[35] 因此，我们必须避免对各种宗教信仰妄加分别，我们绝不能因为有些信仰看起来是真实的或合理的，就把它们保留下来，有些信仰使我们惊栗和迷惑，就把它们弃之一边。所有神话，甚至是我们以为最不合理的神话都是有人相信的。[36] 有些人对这些神话的信仰要比对自身感觉的信任还要坚定；他们的行为就是以这些神话为基础的。所以，不管神话具有什么样的表象，它们都不可能没有客观基础。

不过，我们可以这样说，无论采取什么方式对宗教作出解释，宗教对事物的真实本性的看法肯定是错误的，对此科学已经作了证明。因此，宗教建议或指定给人们的行动方式很少能够带来有用的效果，净化仪式并不能治疗疾病，祭祀和讽颂也不可能使庄稼生长旺盛。所以，我们针对自然崇拜学说所提出的反驳意见，看来是适用于任何可能存在的解释体系的。

尽管如此，还是有一种解释从上述反驳之中逃脱掉了。我们可以设想一下，倘若宗教所满足的是另一种截然不同的需要，而不是我们适应于可感对象的需要，那么宗教就不会因为不能满足这种需要,或不能很好地满足这种需要而有受到削弱的风险了。如果宗教信仰产生的目的并不是为了使人类与物质世界相互协调起来,那么它在人与世界的斗争中所能给人造成的伤害,就不会危及它的起源了,因为它另有来由。

倘若人类的信仰并非出于上述原因,那么当这些原因与各种事实之间发生龃龉的时候,人类还会继续坚持这种信仰。我们甚至可以想象,这种信仰应该是非常强烈的,它不仅维护了这些矛盾,而且也可以对它们产生否定作用,使信仰者看不到这些矛盾的重要性所在;这样,这些矛盾就被转化成为丝毫无损于宗教的东西。当宗教情感非常活跃的时候,人们就不会承认宗教是错误的,他们随时随地提出各种解释,使宗教表现出一副清白无辜的样子。如果仪式并没有产生人们预期的效果,那么这种失败就会被归咎为在执行仪式的过程中所出现的各种失误,或者是另一位与之对立的神祇的介入。为此,这些宗教观念必然是从其他某种情感中产生出来的,而不是因为人们受到了各种经验骗局的蒙蔽,否则,其抵抗力又是从何而来的呢?

3

然而,问题还不仅限于此。即使人们确有理由顽固地坚持以宗教的方式来表达宇宙现象,而不顾其中的所有错误,那么其理由必然具有可以提供解释的性质。而它们又是在什么时候获得了这种属性的呢?这里,我们再次发现,在我们的面前,又出现了一个仅仅因为没有受到批判,就被想当然地接受下来的假设。有人声称,在物质力量的天然作用之中,就包含着能够在我们的内心中引发出神圣观念所需要的任何要素，这是不言而喻的真理；然而，当我们仔细检验这种论断的依据时——顺便提一下，这些依据是极其简约的——就会发现它们不过是一种偏见而已。

这些人经常谈论人类发现世界时所感受到的惊异之情。然而，在现实中，自然生活所表现出来的特点却往往是近乎单调的规律性。每天早晨，太阳从地平线上升起，每天晚上，太阳再落下去；每个月，月亮都会运转一个周期；在河床中，河流始终在奔流不息；同样的季节周而复始，经常给人们带来同样的感觉。当然，有时候，不管是在什么地方，都会有意想不到的事件发生，比如日蚀、云遮月、河水泛滥等等。但是，这些暂时的变化只能产生同样暂时的印象，有关这些现象的记忆即刻就会消失；它们不可能成为构成宗教的那些稳定而又持久的观念体系和仪轨体系的基础。通常，自然的过程是始终如一的，而一致性从来不会带来强烈的情绪。我们说野蛮人对这些非凡的事物充满了惊异之情，这只不过是由于我们把近来产生的某种感情放到了历史之初罢了。原始人对自然是非常习惯的，他们不可能对自然感到惊讶。要想摆脱习惯的束缚，发现这种规律性本身的神奇之处，人类就必须要有文化和反思。此外，正像我们曾经指出过的那样[37]，对某个对象的惊异并不足以使它显得神圣，换言之，惊异之情并不足以表明：任何与这种事物的直接接触都带有亵渎和玷污的性质。如果我们把所有惊异和惊奇的印象都与宗教感情混为一谈，那么我们就误解了宗教情感的真实性质。

不过，这些人也认为，即使人类在自然面前没有产生惊异之情，也会情不自禁地感受到一些此类印象。在人接触自然的过程

中,他每时每刻都会感受到自然要比自己伟大得多。无边无际的自然征服了人类。人类对于其周围无限延伸的空间,无限亘绵的时间,以及无比优越的力量的感觉,似乎不可能不在其心中唤起这样的观念:在他以外,存在着他所赖以存在的无限力量。恰恰是这种观念,构成了神性概念的基本要素。

不过,我们应该牢牢记住,我们所要探究的问题究竟是什么。我们应该努力去发现,人类为什么会想到现实中存在着两种性质迥异而且不可比拟的事物范畴。而自然的图景何以会使人产生这种两重性的观念呢?自然始终是等齐划一的。自然无限扩张的问题并不重要,因为在我们目力所及的极限之外的自然,与我们此时此地所感受到的自然并无二致。在我们的想象中,超出视界之外的空间依然还是空间,那与我们见到的空间并没有什么区别。无始无终不断流逝的时间是由许多瞬间构成的,而这些瞬间与我们所经历的各种瞬间也并无不同之处。广袤与绵延一样,都在无限地重复自己;如果我们所触及的部分并不具有神圣性质,那么其他部分的神圣性质又是从何而来的呢?诚然,我们没有亲眼看见它们,但这并不足以使它们发生转变。[38]凡俗事物所组成的世界也可能是无限的,但它仍然是凡俗的。这些人不也说过,与我们有关的物质力量远远超出了我们自身的力量了吗?实际上,神圣力量与凡俗力量之间的区别并不仅仅是因为它拥有着更强大的力量,神圣力量也是各不相同的,它们各自具有其他力量所不具备的特质。然而,恰恰相反,体现宇宙的所有力量却都具有同样的性质,不管这些力量是在我们内部的还是在我们外部的。尤其是,这里没有任何理由可以使我们赋予一种事物相对于其他事物的显赫

地位。如果宗教确实是我们在寻找自然现象之根源的过程中产生的，那么借此构想出来的力也不应该比今天科学家为了说明同样的事实而构想出来的力更加神圣。[39]这等于是说，神圣事物根本就不存在，因而宗教也不存在。

即使我们假设这种被“倾倒”的感觉确实能够引发各种宗教观念，它也不可能对原始人产生效果，因为原始人并没有这种感觉。原始人绝对不会意识到宇宙的力量会远远超出自己的力量。既然科学还没有教给他谦恭地行事，他就会认为自己拥有主宰各种事物的权威；尽管他实际上并没有这种权威，但是他对此抱有的幻想已经足以使自己摆脱被支配的感觉了。如上所述，原始人认为自己通过某个手势，就可以操控万物，呼风唤雨，改天换日，诸如此类。[40]宗教本身会给他带来安全感，因为他相信宗教以其统辖自然的力量武装了自己。同样，宗教仪式也是帮助他把自己的意志强加给世界的手段。因此，宗教的形成绝对不能归结为由于人类在宇宙面前感到非常渺小而产生的情感，恰恰相反，宗教完全是由一种截然相反的情感激发出来的。甚至可以说，正是那种最高尚、最理想的情感才具有确保人类与各种事物相抗争的作用：宗教告诉人们，信仰本身就能够“移山填海”，能够支配自然力量。如果这种信念源自软弱无能的感觉，那么它如何得以产生呢？

最后，如果各种自然对象确实是因为它们体现出了各种气势非凡的形式或力量而变得神圣，那么首先被赋予这种尊贵地位的，应该是太阳、月亮、天空、山脉、海洋、风，概言之，应该是巨大无比的宇宙力量；因为没有什么东西能比这些更加吸引感觉和想象的注意力了。然而事实上，它们的神圣化过程却是缓慢形成的。我们在以下几章里将会发现，膜拜最初所针对的事物恰恰是一些非常卑贱的、或者至少是与人平等的植物和动物：如鸭子、兔子、袋鼠、蜥蜴、蠕虫、青蛙等等。它们的客观属性肯定不是激发出宗教情感的原因。

注　释

[1] 无疑，这就说明了诸如曼哈特之类的民俗学家为什么对泛灵论的观念抱有好感。泛灵论认为，不管是在通行的宗教中，还是在低级的宗教中，这些次级秩序里的精神存在始终占据着首要位置。

[2] 这个原则是在题为《比较神话学》(参见第 47 页及以下诸页)的文章中得以阐发的。

[3] 阿达尔伯特・库恩：《火之源与神之饮》，柏林，1859 年(新版由恩斯特・库恩编写，1886 年)。参见《蛮人猎手射杀太阳鹿》，载于《德国哲学杂志》，第 1 卷，1869 年，第 89—169 页；《神话的发展阶段》，德国柏林大学论文，1873 年。

[4] 施瓦茨：《神话学的起源》，柏林，1860 年。

[5] 米歇尔・布列尔在其《Hercule 与 Cacus：比较神话学研究》一书中将马克斯・缪勒的《比较神话学》赞颂为“标志着神话学历史上的一个新时代”(第 12 页)。

[6] 格鲁普：《希腊的膜拜与神话》，第 1 卷，第 78 页。

[7] 在采用这些原则的其他学者中，勒南曾经引用过这个概念，参见其《宗教史的最新研究》，1884 年，第 31 页。

[8] 除了《比较神话学》外，马克斯・缪勒阐述其有关宗教一般理论的著作还有：《希尔伯特演讲集》(1878 年)，标题为《宗教的起源和发展》；《自然宗教》(1889 年)；《有形的宗教》(1890 年)；《人类学宗教》(1892 年)；《神秘宗教或心理宗教》(1893 年)；《神话科学文稿》(1897 年)。既然缪勒的神话学理论与语言哲学密切相关，所以我们应该结合专门论述语言和逻辑的著作来参考上述著述，尤其参见《语言科学演讲集》。

[9]　缪勒:《自然宗教》,第 114 页。

[10]　缪勒:《有形的宗教》,第 119—120 页。

[11]　缪勒:《有形的宗教》,第 121 页;参见第 304 页。

[12]　缪勒:《自然宗教》,第 121 页及以下诸页,第 149—155 页。

[13]　“无限所具有的势不可挡的压力。”(缪勒:《自然宗教》,第 138 页)

[14]　缪勒:《自然宗教》,第 195—196 页。

[15]　缪勒甚至这样说过:只有思想经历过这个最初阶段以后,它才具有了少量我们现在可以归结为宗教的特征(《有形的宗教》,第 120 页)。

[16]　缪勒:《有形的宗教》,第 128 页。

[17]　缪勒:《思维的科学》,第 30 页。

[18]　缪勒:《自然宗教》,第 393 页及以下诸页。

[19]　缪勒:《有形的宗教》,第 133 页;《思维的科学》,第 219 页;《语言科学演讲集》,第 2 卷,开篇。

[20]　缪勒:《语言科学演讲集》,第 2 卷,第 272 页。

[21]　缪勒:《语言科学演讲集》,第 1 卷,第 327 页;《有形的宗教》,第 125 页及以下诸页。

[22]　布列尔:《神话学与语言学文集》,第 8 页。

[23]　缪勒:《人类学宗教》,第 128—130 页。

[24]　这个解释并不像泰勒那样出色。按照马克斯·缪勒的观点,人们并不认为生命随着死亡而终止;因此,他们认定人身上有两种存在,其中,有一种存在要比身体活得时间更长。这个解释并没有弄清究竟是什么因素使人们认为,生命在身体分解以后还会继续存在下去。

[25]　详见缪勒:《人类学宗教》,第 351 页及以下诸页。

[26]　缪勒:《人类学宗教》,第 130 页。这便是缪勒拒绝承认基督教是上述所有发展过程之最高阶段的原因。因此,他认为,祖先宗教必须假定在人内部存在着某种神圣的东西。然而,这不正是基督教教义的基础所在吗(《人类学宗教》,第 378 页及以下诸页)?因此,坚持基督教是死亡膜拜之最晚近形式这种奇思异想是没有什么意义的。

[27]　参见格鲁普对上述假设的讨论:《希腊的膜拜与神话》,第 79—184 页。

[28]　参见梅耶:《印欧语系语言比较研究导论》,第 119 页。

[29] 奥登伯格:《吠陀宗教》,第 59 页及以下诸页;梅耶:《两种伊朗神话》,载于《亚洲杂志》,第 10 卷,第 1 期,1907 年 7—8 月,第 143 页及以下诸页。

[30] 就这个问题而言,存在着大量的充满群众智慧的格言。

[31] 我们的讨论并没有牵涉到这样一些人,他们把宗教看成是一部法规(特别是有关卫生的法规),这些法规中的条款被置于一些想象中的存在的监控之下,但是它们却有很充分的根据。不过,我们也应该不失时机地探讨这样一个并没有什么根据的概念,实际上,那些掌握有某些宗教史知识的人,从未系统地研究过这个概念。我们很难理解,成年礼这种可怕的仪轨在损害健康的过程中,究竟会给健康带来什么样的好处;那些通常与非常干净的动物有关的各种饮食限制究竟在卫生方面会带来什么样的好处;在远离住所之外所举行的各种祭祀活动,怎么就能使人们变得更加强壮,等等。毫无疑问,有些宗教戒规同时也是非常实用的,然而对其他绝大部分戒规来说,却没有这种实用性;而且,即使是有用的规定也往往存在着一定的弊端。如果存在着一种强制人们保持清洁的宗教戒规,那么也会有一种导源于相同本原的宗教性的污秽。有种规则规定尸体必须移出帐篷,因为这个帐篷就是死亡的精灵所栖居的地方,这无疑是很有用处的。然而,同样的信仰又要求亲属们用已经腐烂的尸体中流出的液体涂抹自己,以取得意想不到的功效。——从这种观点来看,巫术要比宗教有用得多了。

[32] 缪勒:《神话科学文稿》,第 1 卷,第 68 页及以下诸页。

[33] 缪勒:《语言科学演讲集》,第 2 卷,第 456 页及以下诸页;《有形的宗教》,第 276 页及以下诸页。亦可参见布列尔:《神话学与语言学文集》,第 6 页。"为了彻底搞清楚这个关于神话起源的问题,就必须将作为人类心智的直接产物的神与作为人类心智的间接和无意识的产物的传说细致地区分开来。"

[34] 缪勒认识到了这个问题。参见《有形的宗教》,第 132 页,以及《比较神话学》,第 58 页。"神是无物之名(nomina),而不是无名之物(numina)。"

[35] 的确,缪勒也认为,在希腊人那里,"宙斯不仅曾经是,现在也依然是最高神祇的名字,尽管这在神话的意义上总是模糊不清的"(《语言科学演讲集》,第 2 卷,第 478 页)。我们并不想去讨论这一评判,尽管就历

史本身而言它是颇有争议的；不过，无论如何，有关宙斯的概念在希腊所有其他的宗教信仰之中从来都不过是一个比较含糊的概念。

除此之外，马克斯·缪勒在其后期著作中竟然在一般意义上把神的观念说成是整个言语过程的产物，说成是神话精心策划的产物（参见《有形的宗教》，第 138 页）。

[36] 无疑，在真正的神话之外，总会存在一些不被人相信的传说故事，或者至少可以说，人们即便相信它，也有方式和程度上的不同，所以它没有任何宗教属性。神话和传说之间的界限总是游移不定和难以确定的。然而，这并不是把所有神话都当成传说故事的理由，同样，我们也不能异想天开，把所有故事当成神话。在许多情况下，我们至少可以通过一种属性将宗教神话辨别出来：这就是它与膜拜的关系。

[37] 参见本书，第 32 页。

[38] 除此以外，在马克斯·缪勒所使用的语言中，也确实有误用语词的情况发生。缪勒说，至少在某些情况下，感觉经验意味着"在已知事物之外存在着的某种未知事物，即我可以冒昧地称之为无限的某种事物"（《自然宗教》，第 195 页，参见第 218 页）。其实，这个未知事物未必就是无限，同样，无限也未必就是未知事物，如果它在每个方面都是相同的，那么它就近于我们已知的那个部分。因此，上述说法有待于证明，我们已感知的部分的性质与我们未感知的部分的性质是不同的。

[39] 无意间，马克斯·缪勒在某些段落中也认可了这种说法。他承认，他看不出阿耆尼与现代物理学家用以解释光和热的以太观念有多少区别（《有形的宗教》，第 126 页及以下诸页）。不仅如此，缪勒还把神性的观念与能动作用的观念（第 138 页）或因果性的观念联系了起来，这种观念既不是自然的，也不是凡俗的。事实上，尽管宗教将这些原因表现了出来，而且这些原因也是通过具有人格的能动者的形式构想出来的，但这还不足以解释它们如何获得神性的问题。具有人格的能动者也可以是凡俗的，况且，许多宗教力在本质上是非人格的。

[40] 我们稍后将会看到，在说到仪式和信仰的效力的时候，我们是如何解释这种幻觉的（参见本书，第三卷，第二章）。

第四章　作为基本宗教的图腾制度

问题史——处理它的方法

尽管我们刚刚研究的两个体系在结论上似乎有些对立，然而就其本质而言，它们还是一致的，因为两者都用同样的说法来陈述问题。两者都从像物理现象或生物现象这样的自然现象在我们内心所唤起的感觉入手，来建构神性的观念。对泛灵论来说，神性观念是由梦构成的；对自然崇拜来说，神性观念是由某些宇宙现象构成的，这些现象乃是宗教演进的起点。但是，就上述两种说法而言，我们都必须在自然，不论是人类自然还是宇宙自然中找出凡俗事物与神圣事物之间的巨大对立的萌芽。

然而，这项事业是不可能实现的：这是名副其实的无中生有(ex nihilo)的创造。普通经验不可能向我们提供某种具有超出普通经验世界之特征的事物的观念。当一个人出现在自己的梦中时，他只不过是一个人而已。就像我们的感官感觉到的那样，尽管自然力量非常之强，但它也只不过是自然力量。因此，便产生了我们对这两种学说的共同批判。为了说明这些宗教思想的虚假材料是怎样获得毫无客观基础的神圣性的，我们必须承认一个完全由虚幻表现构成的世界叠加在了另一个世界之上，前者使后者的性质发生了变化，发展到了无法辨认的地步，并用纯粹的幻觉取代了实在。在泛灵论，是梦的幻觉带来了这种变形；在自然崇拜，则是通过语词引发出来的一群辉煌而又空洞的意象带来了这种变形。不过，在这两种情况里，宗教都必然被当成是谵妄的想象的产物。

这样，作为上述批判性检验所带来的结果，我们便得到了一个肯定的结论。既然人类和自然本身都不具有神圣性，那么它们肯定另有来源。除了人类个体和物质世界以外，还应该存在着另一种实在，从某种意义来说，任何宗教都不过是各种各样的谵妄，然而，在与上述实在的关系中，这种谵妄还是有意义和客观价值的。换言之，在我们称之为泛灵论和自然崇拜的膜拜之外，还应该存在着另一种更基本、更原始的膜拜，而前面的两种膜拜只不过是它的派生形式或特殊方面而已。

实际上，这种膜拜确实是存在的：这就是民族志学者称之为图腾制度的膜拜。

1

只有到了18世纪末期，民族志文献中才首次出现了图腾这种说法。图腾一词最先见于印第安语翻译者J.朗的著作中，该书于1791年在伦敦出版[1]。此后近半个世纪的时间里，图腾制度还仅仅被认为是美洲所独有的事物。[2]到了1841年，格雷才在至今还享有盛誉的一段文字中指出，澳洲也存在着完全类似的仪轨。[3]从此以后，学者们才开始意识到，他们所面对的这种体系具有某种普遍意义。

不过在根本上，学者们仍然把这种体系当成一种古代的制度，一件民族志的古董，历史学家对此丝毫不感兴趣。麦克伦南是企图将图腾制度诉诸人类普遍历史的第一人。在《双周评论》上的一系列文章里，[4]他竭尽全力试图证明：图腾制度不仅仅是一种宗教，同时也是许多比较先进的宗教体系所具有的大量的信仰和仪轨的起源。更有甚者，麦克伦南还把图腾制度说成是古代各个民族中所有动物崇拜和植物崇拜的起源。当然，将图腾制度如此扩大的做法，确实有言过其实之嫌。动植物膜拜是由许多原因造成的，倘若把所有这些原因都还原成一个原因，我们就会犯下过于简单化的错误。不过，这种夸大其词的说法所造成的谬误至少还有一个优点，那就是它突显了图腾制度的重要历史意义。

研究美洲图腾制度的学者们已经认识到，长期以来，这种宗教形式与某种既定的社会组织具有最为密切的联系，而这种社会组织的基础就是将社会群体以氏族为单位进行划分。[5]1877 年，摩尔根在《古代社会》[6]中开始着手研究这种社会组织，以确定它与众不同的各种特征，指出它在北美洲和中美洲印第安部落中的普遍性。几乎与此同时，菲松和霍维特[7]直接根据摩尔根的启发，指出了澳洲也存在着同样的社会体系，并指出了这种体系与图腾制度之间的联系。

在这些颇具指导性的观念的影响下，人们观察的方法也更加合理了。在此项工作的发展过程中，美国民族学会进行的各项研究起到了至关重要的作用。[8]自 1887 年起，正因为这方面的文献已经有了足够的数量和价值，所以弗雷泽认识到，现在已经是把这些文献汇集起来，用系统的形式将其公之于世的时候了。这便是

《图腾制度》这本小册子[9]的宗旨，在这本书里，弗雷泽不仅把这种体系当作宗教来研究，同时也把它当作法律制度来研究。不过，这种研究还纯粹是描述性的；弗雷泽并没有花费很大精力去解释图腾制度[10]，或理解它的基本概念。

罗伯逊·史密斯是最先着手细致阐述图腾制度的人。与他的前辈相比，他更清楚地认识到，这种粗陋混乱的宗教形式其实是很丰富的，它可以说是面向未来的一个萌芽。当然，麦克伦南早已把图腾制度与古代时期的各大宗教联系起来了；然而，这只不过是因为他以为自己在很多地方发现了动物膜拜或植物膜拜而已。倘若我们仅仅把图腾制度还原为一种动物崇拜或植物崇拜，那么我们所看到的不过是它的皮毛，甚至会误解它的真实性质。相比较而言，史密斯则跳出了图腾信仰的字面含义，他力图发现这些信仰赖以为基础的基本原则。史密斯在《古阿拉伯半岛上的亲属制度和婚姻制度》[11]中已经指出，图腾制度意味着人与动物（或植物）在先天本性或后天本性上的相似性。在《闪族宗教》[12]中，史密斯把这种观念说成是整个祭祀体系的最早起源：正是在图腾制度中，人类获得了圣餐仪式的原则。尽管现在看来，史密斯的理论显得有些片面，很难适用于目前已知的各种事实；然而从根本上说，这个理论依然颇具创见，给宗教科学的发展施加了极富潜力的影响。弗雷泽的《金枝》[13]即是在这些观点的启发下写成的，他把麦克伦南归结为古典宗教的图腾制度，以及史密斯归结为闪族宗教的图腾制度与欧洲的民间传说联系了起来。这样一来，麦克伦南和摩尔根学派就与曼哈特学派统一起来了。[14]

在这段时期里，美洲的传统继续发展着，直到最近一段时期，

它还始终保留着自己的独立性。图腾制度研究的特定对象包括三个社会群体：首先，是美洲西北部的某些部落，如特林基特人、海达人、夸扣特尔人、萨利什人和钦西安人；其次，是苏人组成的大民族；最后，是美国西南部的普韦布洛印第安人。研究第一个社会群体的主要是达尔、克劳斯、博厄斯、斯万顿和希尔·托特等人；研究第二个社会群体的主要是多尔西；研究第三个社会群体的主要是明德莱夫、斯蒂文森夫人和库欣等人[15]。不过，尽管他们在各个地区尽可能地收集到了很丰富的事实，但我们所能利用的文献仍然是残缺不全的。一方面，虽然美洲宗教留有图腾制度的大量痕迹，但它们已经经过了真正意义上的图腾制度阶段；另一方面，澳洲考察所获得的材料也不过是些散乱的信仰、孤立的仪式、各种成年礼以及与图腾制度有关的禁忌。尽管如此，弗雷泽仍然试图利用从所有这些来源中获得的事实，完整地勾勒出图腾制度的画面。在这种情况下，虽然弗雷泽所开展的重建工作具有无可辩驳的价值，但仍然难免留有遗漏和臆断等缺陷。到那时为止还尚未发现一个在全面活动着的图腾宗教。

只到最近一段时期，这种严重的缺陷才得以弥补。鲍德温·斯宾塞和F.J吉兰是两位才华横溢的考察者，他们在澳洲内陆发现了相当数量的以图腾信仰为基础和纽带的部落。[16]他们的考察成果结成两部著作出版，为图腾制度研究带来了新鲜的活力。其中，第一部著作是《澳洲中部的土著部落》[17]，讨论的是阿兰达和洛里查这些更加接近澳洲中部地带的部落，以及稍往南一点，坐落在埃尔湖畔的乌拉本纳部落。第二部著作《澳洲中部的北部部落》[18]，讨论的是乌拉本纳以北的各个社会，这些社会坐落在麦克唐纳山脉和卡彭特湾之间的地区中。其中，主要有翁马杰拉、凯蒂什、瓦拉蒙加、沃尔加亚、津吉利、宾宾加、瓦尔帕里和格南吉等部落，此外，还有海湾沿岸的马拉和阿努拉部落[19]。

再后来，曾经长期居住在澳洲中部的各个部落里的德国传教士卡尔·斯特莱罗[20]发表了对其中两个部落，即阿兰达和洛里查（斯宾塞和吉兰分别写作“Arunta”和“Luritcha”）的考察成果[21]。斯特莱罗非常精通这些民族的语言[22]，他为我们提供了大量的图腾神话和宗教歌曲，其中，绝大多数神话和歌曲都是原初的文本。尽管斯特莱罗对一些细节上的差异作出了草率的解释，并在很大程度上夸大了这些细节的重要意义[23]，我们还是可以看出，斯特莱罗的考察虽然是对斯宾塞和吉兰的补充和修订，有时甚至是纠正，但是，他在一切根本问题上都肯定了斯宾塞和吉兰的研究。

所有这些发现，都引发了丰富的著述，稍后，我们还会不失时机地回到这个问题上来。特别值得一提的是，斯宾塞和吉兰的著作产生了巨大的影响，这不仅是因为他们最早开展了研究，还因为他们以系统的形式提供了各种事实，从而为以后的研究指明了方向[24]，并激发了人们的思考。人们通过所有可能的方式来评价、讨论和诠释他们的研究成果。与此同时，霍维特也像斯宾塞和吉兰所进行的中部部落研究一样，开始着手研究澳洲南部部落，他许多零碎的研究都散见于他的很多不同的出版物之中[25]。霍维特在《澳洲东南部的土著部落》[26]一书中，向我们展现了居住在澳洲南部、新南威尔士以及昆士兰大部分地区的各个种族的社会组织。所有这些进展，使弗雷泽产生了写作一部概要性质的著作的想法，这就是《图腾制度》[27]。这部著作汇集了所有重要的文献，不仅涉及了图腾宗教，还涉及了家庭和婚姻组织；无论是对是错，它们都被认为是与宗教有关的。这部著作的宗旨并不是为了让我们概括地和系统地了解图腾制度，而是为了向学者们提供进行这种构建工作所必需的材料。[28]在《图腾制度》中，各种事实都严格按照民族志和地理学的次序排列起来，并对每个大陆、大陆内部、每个部落或种群都进行了分门别类的研究。这项研究的范围很广，对不同种族都逐一进行了评述，但是仍然难以做到面面俱到，即便如此，这部著作仍然算得上是一部有用的、值得借鉴的手册，对推进我们的研究还是大有帮助的。

2

从其历史概貌来看，澳洲显然是最适合研究图腾制度的地区，所以我们把它作为我们进行考察的主要区域。

在《图腾制度》中，弗雷泽特别关心去收集历史学或民族志中存留下来的图腾制度的痕迹。因此，他的研究包纳了各种社会，它们在文化的性质和程度等方面都相距甚远，如古埃及[29]、古阿拉伯和古希腊[30]，以及南斯拉夫人[31]，都与澳洲和美洲的部落并列排放在一起。对人类学学派的追随者来说，这样的排列方式一点儿不奇怪。因为这个学派并不想把各种宗教作为社会环境的一部分，置放在社会环境之中[32]，也不想根据与各种宗教有关的不同社会环境来区分这些宗教。人类学学派之所以这样称呼自己，恰恰说明它的宗旨就是要超越民族和历史的差异，进入到宗教生活之普遍的、真正具有人性特征的基础中去。人类学家认为，人类本身就具有宗教本性，它来自于人的构造，独立于一切社会条件之外，而人类学家所要探讨的正是这种本性。[33]就此类研究而言，所有民族都可谓是一律平等的。诚然，他们之所以喜欢研究更原始的民族，是因为在这些民族中，人类的基本性质更有可能未曾变化；不过，既然同样的性质也可以在最文明的民族中找到，那么这种民族也可以自然而然地作为证明。这样，所有距其起源并不很遥远的民族，以及那些被混乱笼统地冠之以“野蛮人”这种语义模糊的称谓的民族，不仅被置于同一水平之上，而且还被不假思索地进行相互参照。从这种观点出发，事实所蕴含的意义只能与它们的普遍性成正比，所以他们认为必须收集到尽可能多的事实，比较的范围也是越大越好。

但我们却不采用这样的方法，其理由如下：

首先，对社会学家和历史学家来说，社会事实始终是随着它们所参与构成的社会系统的变化而变化的；一旦这些事实脱离了社会系统，就无法理解了。因此，源自两个不同社会的两类事实，并不能仅仅因为它们彼此相似就进行对比；只有在这些社会本身彼此相似的情况下，换言之，只有在它们作为同一物种的不同亚种的情况下，我们才可以比较这些事实。倘若不存在什么社会类型，那么比较方法也就不可能存在，只有在单一类型之内，比较方法才是行之有效的。由于我们忽视了这条颠扑不破的道理，曾经犯下了多少错误啊！就这样，各种事实被莫名其妙地联系了起来，尽管它们外表很相似，其实它们既没有同样的含义，也没有同样的重要性：原始的民主与今天的民主、低级社会的集体主义与实实在在的社会主义取向、澳洲部落很常见的一夫一妻制与我们法律所规定的一夫一妻制，诸如此类，都毫无共性而言。然而，就在弗雷泽的著作中，我们竟然也会发现这样的混淆。他经常把野兽崇拜的简单仪式等同于真正意义上的图腾仪轨，尽管两种社会系统之间始终存在着差距，有时候差距非常之大，丝毫不包括任何类同的观念。所以说，倘若我们不希望陷入同样的谬误之中，就不要把我们的研究分散到一切可能存在的社会中去，相反，我们必须把所有研究都集中于某种清晰的、明确的社会类型。

甚至可以说，这种集中还必须尽可能地紧凑。一个人不可能对自己很不熟悉的事实进行有效的比较。当他企图将各种各样的社会和文明包纳起来的时候，他根本不可能透彻地了解这些事实；当他为了比较而从各个国家中收集各种事实的时候，他根本不可能有细致评判这些事实的时间和方法，不得不仓促地采用这些事实。于是，便产生了各种凌乱而又粗略的比较，对许多很聪明的人来说，这种方法是不可信的。这种方法只有被用于数量有限的社会，使每个社会都可以得到非常确切的研究，才会取得严格意义上的成果。重要的是，我们必须选择那些最有可能获得丰富的调查成果的社会。

其次，事实的价值要比它们的数量重要得多。在我们看来，图腾制度是否具有普遍性，仅仅是个次要的问题。[34]图腾制度之所以令我们感兴趣，首先是因为我们希望在研究过程中发现某些关系，其性质可以使我们更好地了解什么是宗教。然而，即使我们累积起一大堆经验，对确立这种关系也提供不了什么必要的条件和有用的手段。更重要的是，我们应该选取少量经过透彻研究、具有实在意义的事实。一个单独的事实就可能体现出某种规律，而大量粗略模糊的观察只会产生混乱。在每门科学中，学者如果不作出选择，他就会淹没在他面前的各种事实之中。他必须将那些最具有启发性的事实区分出来，全神贯注于它们，暂时把其他事实抛在一边。

出于这种原因，我们打算把我们的研究仅限于澳洲的各个社会，当然，我们对此还是有所保留的，稍后我将指出其中的原因。这样做，是符合我们刚才所列举的所有条件的。这些社会完全是同质的，尽管我们也有可能从中区别出不同的变种，但它们都属于共同的类型。其同质性的程度非常之高，不仅使各个社会组织获得了同样的形式，而且使大量的部落，有时候是相隔很远的部落，都采用了相同或相等的名字来指称这些社会组织[35]。同时，我们目前也已经掌握了有关澳洲图腾制度的最完备的资料。此外，在这项工作中，我们想要研究的是至今还有可能见到的最原始、最简单的宗教。因此，为了有所发现，我们便很自然地去关注那些进化程度尽可能较低的社会，显然，只有这样，我们才能抓住最合适的机会对其宗教进行揭示和研究。如今，除了澳洲社会以外，再也没有其他社会更加具备这种特征了。我们已经确切地了解到，不仅澳洲的文明是最落后的——人们不但不知道房屋是什么样子，就连茅屋的样子也没见到过——而且澳洲的社会组织也是最原始、最简单的；在其他书中，我们也称之为“建立在氏族基础上的社会组织”[36]。下一章，我们还会谈到这种社会的基本特点。

然而，尽管我们把澳洲作为主要研究领域，但我们还是认为，最好不要把我们最先发现图腾制度的社会，即北美的印第安部落完全撇开。

我们这种比较研究领域的扩展，与前述比较研究的非法性没有任何关系。无疑,美洲人要比澳洲人先进得多。他们的文明也先进得多:人们居住在房屋或帐篷里,甚至有些村庄还设有防御措施。这个社会具有更大的规模,中央集权也开始出现,而在澳洲,根本就没有这种东西。我们发现,这个社会还有中央权威支配下的规模庞大的联盟,如易洛魁联盟。有时候,我们还可以发现根据等级秩序排列的由不同阶层组成的复杂体系。不过,美洲社会结构的基本轮廓与澳洲并没有什么差别;它也始终是以氏族为基础的组织。因此,我们所面对的并不是两种不同的类型,而是单一类型的两个变种,它们彼此之间的联系还是非常紧密的。这两个社会所代表的是同一进化过程中的前后相继的两个时期,它们的同质性非常之强,我们完全可以进行比较。

除此之外,这些比较还是很实用的。正因为美洲的文明比澳洲的文明更先进,所以,倘若我们想对两种社会所共有的某些社会组织阶段进行研究,在美洲就会更容易些。只要人们还停留在思想表达艺术的最初阶段,观察者就不容易觉察到究竟是什么因素推动着他们;因为没有任何东西可以清楚地转达出这些含混的心灵究竟在想些什么,在那里,只有对自身混乱不堪、稍纵即逝的认识。譬如说,我们稍后就会看到,那时的宗教符号仅仅是由杂乱无章的线条和色彩组成的,它们的含义也难以推测。人们只能借助许多姿势和动作来表达自己的内在状态,但从根本上说,这些表达都是稍纵即逝的,极易逃脱观察者的眼睛。这就是图腾制度为何首先在美洲而不是在澳洲被发现的原因,尽管在美洲的整个宗教生活中,它所占的分量相对来说不是很重,但还是比较容易看得见的。此外,如果信仰和制度不具备确定的物质形式,那么哪怕是最为轻微的环境影响，也会很容易使它发生变化，或从人们的记忆中彻底消失。所以说，澳洲氏族经常带有些飘忽不定、变动不居的因素，而在美洲，相应的社会组织则显得结构更稳定，轮廓更清晰。因此，虽然美洲的图腾制度要比澳洲的图腾制度距离自己的源头更远些，但还是有许多重要的特征反而更加完整地留存在了人们的记忆之中。

再说，要了解某种制度，往往要随之切入到其演化过程中的发达阶段[37]；这是因为，有时候，只有到了充分发达的阶段，这种制度的真实意涵才能够最清晰地展现出来。美洲的图腾制度就是如此，正因为它具有很长的历史，所以它可以帮助我们搞清楚澳洲图腾制度的某些方面。[38]与此同时，它也可以为我们提供更好的条件，去了解图腾制度是如何与它所采用的形式结合起来的，并指出它在宗教的一般历史发展过程中的地位。

所以，在以下讨论中，我们将毫不避讳地利用从北美印第安社会中获得的各种事实。不过，我们并不打算在此研究美洲的图腾制度[39]；这种研究必须直接针对其本身展开，而不能与我们正在进行的工作混为一谈；这是因为，这种研究所提出的是另外一些问题，意味着必须进行一系列完全不同的专项调查。我们仅仅在补充的意义上来使用美洲的某些事实，而且，只有在这些事实看起来可以为我们理解澳洲的事实提供帮助的时候，我们才能够采用它们。唯有后者，才是我们真正的、直接的研究对象。[40]

注　释

[1]　朗:《一个印第安语翻译的游历》。

[2] 这种看法流传甚广，以致雷维尔仍然把美洲说成是图腾制度的典型地区（参见雷维尔：《野蛮人的宗教》，第 1 卷，第 242 页）。

[3] 格雷：《澳洲西部和西北部的两次探险记》，第 2 卷，第 228 页。

[4] 麦克伦南：《动物与植物崇拜》，《图腾与图腾制度》（1869 年，1870 年）。

[5] 加勒廷在其题为《印第安部落概况》（载于《美洲考古》，第 2 卷，第 109 页及以下诸页）的文章中，就已经明确表述了这种观点，摩尔根在一则短评（载于《威尔士评论》，1860 年，第 149 页）中也对此作过呼应。

[6] 摩尔根的其他两部著作，即《易洛魁人的联盟》（1851 年）和《人类家庭的血缘和姻亲体系》（1871 年）为《古代社会》起到了铺垫和引导的作用。

[7] 菲松和霍维特：《卡米拉罗伊与库尔奈》，1880 年。

[8] 在《美国民族学会年度报告》的最初几卷里，包括有鲍威尔：《怀因多特人的政府》（第 1 卷，第 59 页），库欣：《祖尼物神》（第 2 卷，第 9 页），史密斯：《易洛魁人的神话》（第 2 卷，第 77 页），以及多尔西的重要著作《奥马哈社会学》（第 3 卷，第 211 页），所有这些，都是对图腾制度研究所做的贡献。

[9] 此书最初是以缩略的形式收录在《不列颠百科全书》（第 9 版）中的。

[10] 在《原始文化》中，泰勒已经开始尝试为图腾制度提供一种解释，稍后，我们还会回过头来讨论这个问题，这里我们就不再赘述了；泰勒仅仅把图腾制度当成是祖先崇拜的一个特例，所以他完全误解了图腾制度的重要意义所在。在本章中，我只想说说那些对图腾制度研究的进展卓有贡献的理论。

[11] 剑桥版，1895 年。

[12] 第 1 版，1889 年。这是 1888 年在阿伯丁大学所授课程的讲义。参见《不列颠百科全书》（第 9 版）中的词条“祭祀”

[13] 伦敦版，1890 年。3 卷本的第 2 版于 1900 年问世，5 卷本的第 3 版已在发行之中。

[14] 有关这种联系，必须要提及西德尼·哈特兰妙趣横生的著作《珀尔修斯传奇》，3 卷本，1894—1896 年。

[15] 我在这里所提到的只是作者的名字；在下文中，我们在引证时会提到这些作者的各种著作。

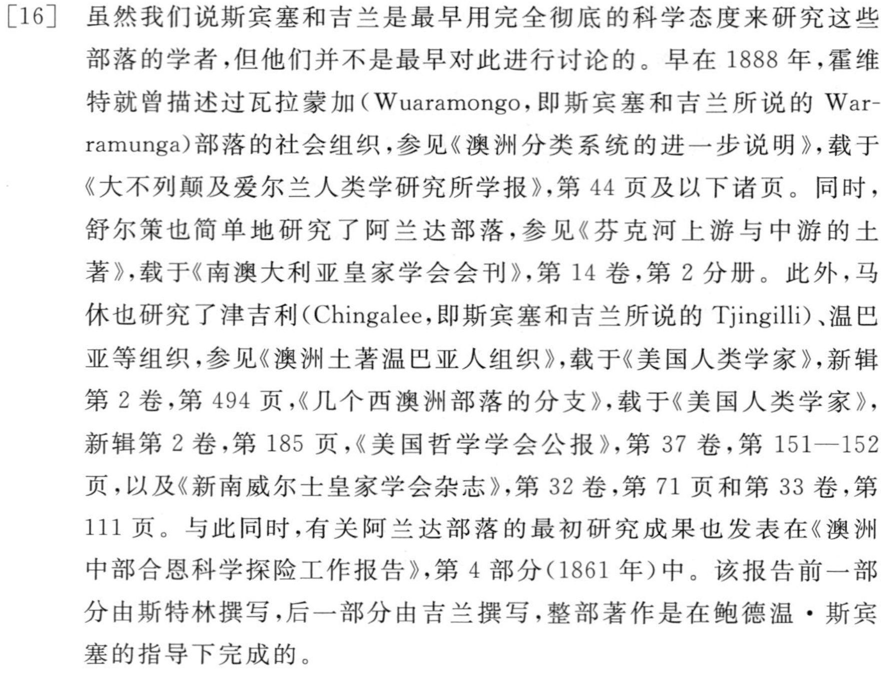

[16]　虽然我们说斯宾塞和吉兰是最早用完全彻底的科学态度来研究这些部落的学者，但他们并不是最早对此进行讨论的。早在1888年，霍维特就曾描述过瓦拉蒙加（Wuaramongo，即斯宾塞和吉兰所说的Warramunga）部落的社会组织，参见《澳洲分类系统的进一步说明》，载于《大不列颠及爱尔兰人类学研究所学报》，第44页及以下诸页。同时，舒尔策也简单地研究了阿兰达部落，参见《芬克河上游与中游的土著》，载于《南澳大利亚皇家学会会刊》，第14卷，第2分册。此外，马休也研究了津吉利（Chingalee，即斯宾塞和吉兰所说的Tjingilli）、温巴亚等组织，参见《澳洲土著温巴亚人组织》，载于《美国人类学家》，新辑第2卷，第494页，《几个西澳洲部落的分支》，载于《美国人类学家》，新辑第2卷，第185页，《美国哲学学会公报》，第37卷，第151—152页，以及《新南威尔士皇家学会杂志》，第32卷，第71页和第33卷，第111页。与此同时，有关阿兰达部落的最初研究成果也发表在《澳洲中部合恩科学探险工作报告》，第4部分（1861年）中。该报告前一部分由斯特林撰写，后一部分由吉兰撰写，整部著作是在鲍德温·斯宾塞的指导下完成的。

[17]　伦敦版，1899年。

[18]　伦敦版，1904年。

[19]　在这里，Arunda（阿兰达）、Anula（阿努拉）、Tjingilli（津吉利）等名称是没有复数形式的。倘若给这些名词加上复数形式，便会显得有些不太合乎逻辑，因为它们并不是法语，法语的语法标记只对我们的语言才有意义。只有在部落名称明显带有欧化特征的情况下，如Huron（休伦），我们才可以给它加上复数形式（Hurons）。

[20]　斯特莱罗从1892年起就来到了澳洲，它起初居住在迪埃里部落中，然后到了阿兰达部落。

[21]　斯特莱罗：《澳洲中部的阿兰达和洛里查部落》。迄今为止，此书已经出版了四个分册。当我们这本书刚好完成的时候，正值斯特莱罗的最后一个分册发表，所以我们无法利用这个分册的材料了。在此书中，前两个分册讨论的是神话与传说，第三个分册讨论的是膜拜。当然，对于此书，我们在斯特莱罗的名字之外还应该加上冯·莱奥哈蒂的名

字，因为莱奥哈蒂为这部著作的出版花费了很多心血。他不仅负责编辑了斯特莱罗的手稿，而且还通过某些颇有见地的问题，在许多方面将斯特莱罗的观点阐述得更加明确。所以，参考一下莱奥哈蒂为《环球》撰写的一篇文章，也应该是有所裨益的。在这本杂志里，有许多莱奥哈蒂与斯特莱罗的通信摘录（参见《澳洲中部阿兰运人和洛里查人的宗教和图腾观念》，载于《环球》，第 91 卷，第 285 页）。有关同样的主题，亦可参见托马斯的一篇文章，载于《民俗》，第 16 卷，第 428 页及以下诸页。

[22] 斯宾塞和吉兰对这种语言也并非是一窍不通，但他们确实不如斯特莱罗那样精通。

[23] 最明显的就是克拉奇的文章：《我的澳洲之行之尾篇》，载于《民族学杂志》，1907 年，第 635 页及以下诸页。

[24] 帕克夫人的著作《埃瓦拉伊部落》，埃尔曼的著作《澳洲南部殖民地的土著》，马休的著作《昆士兰的两个典型部落》，以及马休的某些近期文章都体现出了斯宾塞和吉兰的影响。

[25] 我们在霍维特《澳洲东南部的土著部落》的“前言”（第 8—9 页）里可以查看到这些作品的一览表。

[26] 伦敦版，1904 年。

[27] 弗雷泽：《图腾制度与外婚制》，4 卷本，伦敦，1910 年。此书开篇就是《图腾制度》的再版，并没有作什么重大的改动。

[28] 当然，在《图腾制度》的头尾都提到了某些有关图腾制度的一般理论，对此，我们将在下文中予以评述。不过，对于该书所汇集的那些事实来说，这些理论总是显得有些孤立，因为它们远在该书问世以前，就已经通过各种文章发表在杂志上了。这些文章重印以后，收录在第 1 卷里。

[29] 弗雷泽：《图腾制度与外婚制》，第 12 页。

[30] 弗雷泽：《图腾制度与外婚制》，第 15 页。

[31] 弗雷泽：《图腾制度与外婚制》，第 32 页。

[32] 值得注意的是，在这个问题上，弗雷泽最近出版的《图腾制度与外婚制》，表现出了弗雷泽在思想和方法上的重大进步。任何时候，只要他

对某个部落的宗教制度或家庭制度进行描述，他就想方设法要确定该部落所处的地理条件和社会条件。尽管这些分析可能是比较粗略的，但它恰恰证明了弗雷泽与人类学学派的陈旧方法的彻底决裂。

[33] 毫无疑问，我们也同样认为，宗教科学的主要目的就是去发现人类的宗教本性究竟是由什么构成的。然而，正因为我们并不把这种本性看成是人类构造的一部分，而把它看成是社会原因的产物，所以我们认为，如果离开了人类的社会环境，就不可能发现这种本性。

[34] 我们没有必要不厌其烦地说明，图腾制度的重要性，根本不取决于它是不是具有普遍性的问题。

[35] 胞族和姻族就属于这种情况；关于这个问题，可参见斯宾塞和吉兰：《澳洲中部的北部部落》，第 3 章；霍维特：《澳洲东南部的土著部落》，第 109 页，以及第 137—142 页；托马斯：《澳洲的亲属制度和婚姻制度》，第 6、7 章。

[36] 参见拙著：《社会分工论》，第 3 版，第 150 页。

[37] 我们应该清楚，情况并非始终如此。如上所述，比较简单的形式往往有助于更好地了解比较复杂的形式。就此而言，并不存在可以适用于所有可能情况的规则。

[38] 这样，美洲的个体图腾制度也将有助于我们理解澳洲个体图腾制度的功能和重要性。因为后者往往是很粗陋的，人们可能由于观察不到它而忽略过去。

[39] 而且，美洲的图腾制度也并非只有一种独一无二的类型，其实，它有好些不同的种类，对此必须要区分清楚。

[40] 只有在极其特殊的情况下，当某种特别具有启发性的比较呼之欲出的时候，我们才会暂时离开这个研究领域。

第二卷

基本信仰

第一章　图腾信仰

作为名字和标记的图腾

鉴于宗教的特点，我们的研究将包括两个部分。既然每一种宗教都是由智识概念和仪式实践所组成的，那么对亍构成图腾宗教的信仰和仪式来说，我们也必须依次加以论述。但是宗教生活的这两个要素又息息相关，以至于无法作出彻底的区分。从原则上讲，膜拜既发源于信仰，又反作用于信仰；仪式往往须通过以之为原型的神话得到说明，尤其是在仪式的意义已经不再清楚的时候。另一方面，信仰也只有通过表达它的仪式，才能够清楚地表露出来。因此，我们所分析的两个部分就不能不有所重叠。然而，这两类事实又迥然相异，以至于必须分别进行研究。假如不了解作为宗教基础的那些观念，就不可能理解与宗教有关的任何事物，那么首先，我们就必须设法掌握这些观念。

但是，我们无意去追溯宗教思想所沉湎其中的所有冥思遐想，哪怕仅仅是针对澳洲人的宗教思想。我们想要把握的是作为宗教基础的基本观念，而没有必要再去追究这些观念的一切发展变化——有时候，这些民族的神话想象已经把它们弄得混乱不明。

如果神话有助于我们更好地理解这些基本观念，我们也会利用神话，但神话本身并不是我们研究的主题。神话是一种艺术作品，单纯的宗教科学并不能统辖它。而且，形成神话的智力进化过程又太过复杂，以至于无法用局外人的视角进行间接的研究。神话所构成的问题极为艰深，对此，我们只有针对神话本身，并且采取适合于神话的特殊方式才能处理神话问题。

图腾制度建立在一系列信仰之上，其中，那些关于图腾的信仰自然是最重要的；我们必须以此出发，展开我们的研究。

1

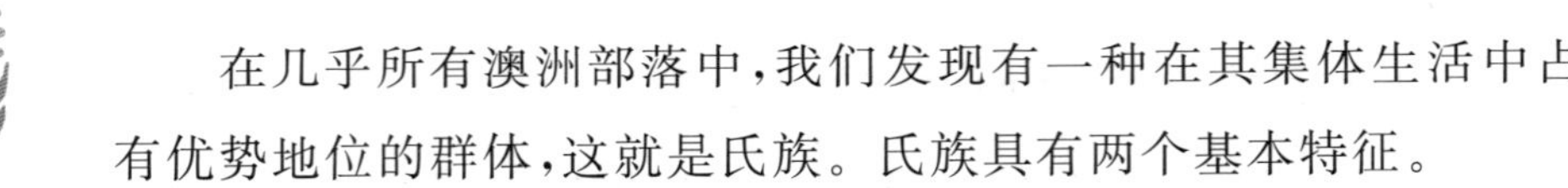

在几乎所有澳洲部落中，我们发现有一种在其集体生活中占有优势地位的群体，这就是氏族。氏族具有两个基本特征。

首先，组成氏族的个体自认为他们是通过亲属关系的纽带联合在一起的，但是这一纽带的性质却非常特殊。因为这种关系并不出自于他们彼此之间确定的血缘，而仅仅是由于他们拥有相同的名字。他们不是我们现在意义上的父母、子女或叔侄；尽管他们自以为组成了一个单独的家族（其大小取决于氏族的规模），那也只是因为他们集体地由同一个名称来命名而已。我们之所以说他们把自己看成是一个单独的家族，是因为他们彼此之间所承担的义务，与宗教之内那些通常必须履行的义务完全一样：诸如援助、复仇、居丧、内部不得通婚等等。

就这第一个特征而言，氏族还不足以和古罗马的氏族（gens）或古希腊的氏族（γένος）相区分；因为古罗马氏族关系的形成，也仅仅是由于氏族成员具有同一个名字，即族名（nomen gentilicium)[1]。从某种意义上说，罗马的氏族也是氏族的一种，不过不能把它和澳洲的氏族相混淆，[2]因为后者的名字同时也是一个特定的实实在在的物种名字。澳洲氏族相信自己与该物种具有极其特殊的关系，这种关系的性质是一种非同寻常的亲属关系，稍后我们将对此进行详细描述。用来命名氏族集体的物种被称为图腾。氏族的图腾也即是每一个氏族成员的图腾。

每个氏族都有图腾，而且这一图腾是该氏族所独有的；同一部落内的两个不同氏族不能共用一个图腾。其实，一个人之所以成为某个氏族的成员，就是因为他有一个特定的名字。正因为这样，所有共用同一个名字的人也就都是该氏族的成员；他们无论以何种方式分散在部落的领土上，他们都同样具有亲属关系。[3]因此，具有同一图腾的两个群体只能是同一氏族的两个分支。毋庸置疑，一个氏族往往可能不都在同一个地方聚居，而是在好几个地点出没。然而，缺乏地理基础并没有削弱氏族根深蒂固的统一性基础。

图腾一词，本为阿尔冈昆部落的奥杰布韦人所使用，来指称该氏族用来作为名字的那种事物。[4]尽管这种表达只出现在美洲的一个社会，在澳洲情况也完全不同，[5]但是，民族志学者已经明确地在一般意义上使用了该词，来泛指我们将要描述的这个体系。斯库克拉夫特最早引申了该词的含义，并提出了“图腾体系”[6]的概念。这种引申，在民族志研究的很多情况下都不太合适。对这种重要的制度而言，直接照搬土语，没有反映事物的各种特点，就顺手拈来作为概念是不大合乎常规的。不过，对该词的使用在今天已被广为接受，再反对这种用法就有些过分苛求了。[7]

在绝大多数情况下，作为图腾的对象要么属于动物界，要么属于植物界，而且尤以前者为多；非生命体则十分罕见。霍维特在东南澳洲的部落中收集了500多种图腾的名字，其中植物和动物以外的名字不到40个，它们是云、雨、雹、霜、月、日、风、秋、夏、冬、某些星辰、雷、火、烟、水或者海洋。值得注意的是，在此只有极少的位置留给了天体，而且通常只是那些比较壮观的天象，然而，在后来的宗教发展中，这些天象必然会大有可为。在霍维特谈到的所有氏族之中，只有两个氏族以月亮为图腾，[8]两个以太阳为图腾，[9]三个以一颗星为图腾，[10]三个以雷为图腾，[11]两个以闪电为图腾[12]。与之相反，唯一的例外是雨，雨作为图腾是非常普遍的现象。[13]

这些图腾可以说是正常的，但是图腾制度也有其反常的情况。有时候图腾不是一个完整的事物，而是事物的一个部分。这种情况在澳洲极少发生，[14]霍维特只引证了一例[15]。但是，在图腾群体发生了过多分化的部落中，这种情况就可能相当多地出现了。或许可以说，这是图腾迫不得已而进行的自我解体，以便给数量众多的部落分支提供名字。阿兰达人和洛里查人好像就是这样。斯特莱罗在这两个社会收集了442种图腾，其中好多都不是动物，而是动物某种特定的器官，诸如负鼠的尾巴和肚子，袋鼠的脂肪等等。[16]

我们知道，图腾通常都不是一个个体，而是一个物种或变种；它不是这只袋鼠或这只乌鸦，而是所有的袋鼠或所有的乌鸦。不过，图腾有时是一个独特的对象。首先，如果作为图腾的事物在它所属的分类中独一无二，如太阳、月亮或某一个星座之类，那就必然是这样的了。此外，氏族的名字还可能取自不规则的地形、低地，取自一个特定的蚁冢等等。诚然我们只有少数澳洲的例证，但斯特莱罗毕竟提到了几个。[17]不过，导致这些异常图腾的特殊原因却表明，它们的起源相对来说距今较近。事实上，特定的地理特征之所以被当作图腾，是因为神话中的祖先被认为曾经在此停留过，或者在他的传奇生涯中某些活动曾在此地发生。[13]但同时，在这些神话祖先本身所属的氏族中，图腾又都十分规则，都把动物或植物当成了图腾。因此，这种纪念英雄伟业的图腾不可能是原始的，它们从属于一种业已形成而又有所变异的图腾制度。甚至可以怀疑气象图腾是不是与之有共同的渊源，因为神话时代的祖先往往是与日月星辰合为一体的。[19]

有时候（当然也不乏例外），也有一个祖先或一群祚先直接作为图腾的情况。在这种情况下，氏族的名字就不再是一个事物或一个真实的物种，而是取自纯粹的神话存在。斯宾塞和吉兰已经提到过两三个这类图腾。在瓦拉蒙加部落和津吉利部落中，都有氏族用叫作"塔巴拉"（Thaballa）的祖先来命名，这个祖先好像是欢乐的化身。[20]另一个瓦拉蒙加氏族以传说中的巨蛇"沃龙迦"（Wollunqua）为名，并且自以为是它的后裔。[21]斯特莱罗也为我们提供了同样的事实。[22]无论是哪一种情况，其原委都是显而易见的。在多种原因的影响下，随着神话思想的发展，集体的和非人格的图腾日渐隐退，随后特定的神话人物进拔头筹，本身变成了图腾。

不管这些形形色色不合常规的图腾多么吸引人，我们都丝毫不必为此修改图腾的定义。它们并不像有人认为的那样[23]，是不同种类的图腾，几乎无法相互化约，也不能还原为我们所定义的正常的图腾。它们只是一个更具普遍性的单一观念的次级形式，有时甚至是发生偏离的形式，而我们完全有根据相信这个单一观念才是更原始的观念。

获得名字的方式在氏族组织和召集活动等方面，比宗教更重要；它属于家族社会学，而非宗教社会学。[24]因此，我们将集中概括一下决定命名方式的最基本原则。

在不同部落中，使用了三种不同体系。

在大多数社会中，甚至可以说，在绝大多数社会中，子女生来就采用母亲的图腾。南澳洲中部的迪埃里部落和乌拉本纳部落即是如此。仅举几个最重要的部落的名字，就还有维多利亚的沃乔巴卢克部落和贡迪奇—马拉部落，新南威尔士的卡米拉—罗伊部落、维拉朱里部落、温吉邦部落和埃瓦拉伊部落，昆士兰的瓦克尔布拉部落、皮塔—皮塔部落和库尔南达布里部落。在这种情况下，由于外婚制的规定，女方的图腾必然与其夫家的图腾不同；另一方面，由于女方要住在男方的共同体中，所以同一图腾的成员就必然要因为其婚姻的偶然性而分散在各处。结果，图腾群体就丧失了它的地域性基础。

在另外一些地方，图腾则传自父系。在这种情况下，如果子女一直和父亲住在一起，那么当地的群体基本上就由属于同一图腾的成员所构成，那里只有已婚妇女才体现了外来的图腾。换句话说，每一个地方就都有其独特的图腾。这种组织体系直到最近才在澳洲发现，并且仅见于图腾制度已经衰落的部落，例如纳里涅里部落，在那里图腾已经几乎不再具有任何宗教色彩。[25]由此可以认为，图腾体系与同母异父家系的衰落有着密切关联。不过，斯宾塞和吉兰已经观察到，在中澳洲北部有一大批部落，仍然在实行图腾宗教，但图腾却是传自父系的，其中包括瓦拉蒙加部落、关吉部落、翁比亚部落、宾宾加部落、马拉部落和阿努拉部落。[26]

最后，第三种组织方式见于阿兰达部落和洛里查部落。在此，子女的图腾并不一定是母亲或父亲的图腾，而是一个神话祖先的图腾。是这位祖先在母亲怀胎的一刹那临现并神奇地使她受孕。考察者曾以不同方式描述过这种祖先临现的过程。[27]通过一种特殊的程序，可以知道这是哪一位祖先，以及孩子应该属于哪一个图腾群体。[28]但是，既然只是出于偶然，这位祖先才恰巧接近这个母亲而不是别人，那么可见，子女的图腾最终还是取决于偶然的条件。[29]

在氏族图腾以外又高于氏族图腾的是胞族的图腾。虽然二者的性质并没有什么不同，但是还是有必要作出区分。

胞族是借助特殊的兄弟关系的纽带联合起来的一个氏族群。通常说来，澳洲的部落都可分为两个胞族，各自分有不同的氏族。当然，在有些部落中这种组织已经消失了，不过，一切证据都使我们确信它曾一度普遍存在过。在任何情况下，每个澳洲部落的胞族数量都不会超过两个。

几乎所有的胞族，只要它有一个含义确定的名字，就会是一种动物的名字，因此也可以把它看作是一种图腾。这在兰的近期著作中得到了充分证明。[30]例如，在贡迪奇部落（在维多利亚），两个胞族分别称为“Krokitch”和“Kaputch”；前者意为白色凤头鹦鹉，后者意为黑色凤头鹦鹉。[31]在班迪克和沃乔巴卢克两部落也可以发现同样的称呼。[32]在伍龙杰里部落，两个胞族分别名为“Bunjil”和“Waang”，其意为雕鹰与乌鸦。[33]在新南威尔士，许多部落都用“Mukwara”和“Kilpara”这两个词作胞族之名，[34]而且它们指的都是同一种鸟[35]。纳里格部落和沃尔加尔部落也使用雕鹰与乌鸦作为他们的两支胞族的名字。[36]在库因穆尔布拉部落，用的则是白色凤头鹦鹉和乌鸦。[37]此外还可以举出很多其他的例子。这就会使我们认为，胞族是一个已经解体的远古氏族，现实的氏族是这种解体的产物，而相互联合的团结性只是他们原始联盟的遗风。[38]确有一些部落，其胞族已不再具有专名；另外一些部落虽然有名字，但含义已不清楚，甚至连其成员也无人知晓了。但这并不足为奇。因为胞族在所有地方都处于衰退状态，所以胞族肯定是一种原始制度，氏族作为它的继承者已经后来居上了。故而，当这些胞族的名字不再被理解的时候，它们就会很自然地从记忆中日渐消退，因为它们肯定属于一种已经被人弃用的古老语言。以下事实便可以证明这一点：有很多被用作胞族名字的动物是我们所知道的，但这些名字已经与目前通行语言用来指称它们的词汇相去甚远了。[39]

在胞族图腾和氏族图腾之间，存在着一种从属关系。实际上，每个氏族基本上都属于一个而且仅仅属于一个胞族，其中还有成员属于另一个胞族的情况是极其例外的。这种例外仅见于某些中部部落，特别是阿兰达；[40]但即使在那儿，尽管由于混乱而发生了这种重叠，每个氏族中的大部分成员还是完全归属于部落两个分支中的一个，属于另一个胞族的微乎其微[41]。那么，两个胞族不能相互重叠就是一条原则，于是，个体图腾的范围就取决于他所归属的胞族了。换言之，胞族犹如一个物种，而氏族就是它的不同变种。我们就会看到，这种比较并非是纯粹的比喻。

除去胞族和氏族之外，在澳洲社会还有一种较为常见的次级群体，而且还颇有特点，这就是姻族。

这一称谓所指的是胞族的特定分支，其数量因部落而异，每个胞族有时包含两个姻族，有时包含四个。[42]他们的组织与活动依据以下两个原则。首先，胞族中的每一代与他们的上一代都属于不同的姻族。这样，如果每个胞族只有两个姻族，那么他们必然每一代都要相互轮换。父母不是子女所在的姻族的成员，但孙辈和祖辈却同属于一个姻族。例如，在卡米拉罗伊部落中，Kupathin 胞族有 Ippai 和 Kumbo 两个姻族，Dilby 胞族有另外两个称为 Murri 和 Kubbi 的姻族。由于按同母异父家系继承，子女都属于母亲的姻族。假如母亲是 Kupathin 胞族的成员，那她的孩子也算一个。但如果她属于 Ippai 姻族，她的子女将属于 Kumbo 姻族；如果她的孩子是个女孩，那么这个女孩的子女就又属于 Ippai 姻族。同样，Murri 姻族妇女的子女将属于 Kubbi 姻族；而 Kubbi 姻族妇女的子女也将属于 Murri 姻族。如果每个胞族有四个姻族而不是两个，这个体系自然就更为复杂了，但是其原则并无二致。四个姻族形成了两对姻族，每对中的两个姻族的每一代依据上述原则相互轮换。其次，一个姻族的成员原则上[43]只与另一个胞族的姻族的成员通婚。Ippai 姻族必须与 Kubbi 姻族联姻，而 Murri 姻族必须与 Kumbo 姻族结亲。正是因为这种组织深刻地影响着婚姻关系，我们才把该群体名之为姻族。

现在，该问一问姻族是不是有时候也像胞族和氏族那样有图腾了。

这个问题是由昆士兰某些部落的现象所引发的。在那里，每个姻族都有其独特的饮食禁忌，某个姻族中的每个人都必须禁食某种动物的肉,而其他姻族则可以随意享用这种肉。[44]这些动物不也是图腾么?

然而饮食禁忌并不是图腾制度的特点。图腾首先是一个名字,然后,就像我们将要看到的那样,它是一种标记。而在我们刚才讨论的诸社会中,姻族都没有动物或植物的名字,也没有标记。[45]当然,这些禁忌也可能间接地出自图腾制度。可以设想饮食禁忌所保护的动物曾经是氏族的图腾,但这些氏族已经消失了,而姻族却还存在着,那么姻族肯定具有氏族所不具备的持久力量。这些禁忌从它原来的领域传承下来,既然没有其他群体可以依附,便会普及到整个姻族。但是,即使这种规定诞生于图腾制度,显然它也只是代表了图腾制度的一种衰微与衰落的形式。[46]

有关澳洲社会的图腾的所有论述都同样适用于北美的印第安部落。唯一的区别在于,后者所具有的稳定性和其概貌的严格性在澳洲是看不到的。澳洲的氏族不仅为数众多,而且在一个部落中氏族的数量也基本上不受限制。考察者可以举出一些氏族作为例证,但从未能够给我们提供出一份完整的清单。这是因为,人们从来也无法确定已经拟就了这份清单。同样的解体过程分裂了原有的胞族,产生了严格意义上的氏族,而同样的过程又继续在氏族内部发生;由于这种不断的瓦解,氏族的影响力通常也显得微乎其微。[47]在美洲,情况刚好相反,图腾体系具有更确定的形式。虽然部落的平均规模相当大,但氏族的数量却少得多。一个部落极少会超过 12 个氏族,[48]而且通常少于 12 个。因此,每个氏族都是更重要的群体。尤其是,氏族的人数是确定的,他们知道他们的确切数字,而且他们告诉给了我们。[49]

这种差别要归功于他们社会经济的优越性。自从这些部落被首次发现以来，这些社会群体就牢牢地依附于土地，因而能够较好地抵御分化力量对他们形成的冲击。同时，这个社会对统一体怀有极其强烈的感情，以至于无时无刻不在关注着自身和它的组成部分。美洲的例子有助于我们完善对氏族的基础组织的解释。如果我们只根据澳洲当前的状况作出评价，就会产生错误的看法。实际上，那里处于一种完全不正常的变动与解体状态之中。这毋宁说是一种退化的产物，我们知道，它既应归咎于由时间造成的自然衰退，也应归咎于白人的瓦解作用。毋庸置疑，澳洲的氏族不可能有美洲氏族的规模与坚实的结构；但是，肯定有一段时间两者的差距不至于像今天这样显著，因为假若氏族总是变动的和不连续的，那么美洲的社会也无法获得如此稳固的结构。

正是由于这种较强的稳定性，胞族这一古老的体系才得以在美洲延续，而且它清晰完整与截然分明的特征在澳洲已经不再存在了。我们刚才已经知道，胞族在澳洲大陆的所有地方都已日薄西山，在绝大多数情况下，它只是一种不明不白的群体；即使有名字，也是要么已经无法理解，要么在任何情况下对当地人来说都无关宏旨，因为这个名字不是从外来语那里借用来的，就是已经发不出声音的语言了。这样，我们只能借助少数尚存其义的名字来推断胞族图腾的存在，而它们大部分还因为不够鲜明而未能引起多数考察者的注意。在美洲的一些地方，情况则迥然不同，这一制度还保留着它最初的重要性。西北海岸的那些部落，尤其是特林基特部落和海达部落，虽然现在已经拥有了高度的文明，但仍然各自分为两个胞族，每个胞族又各自划分为一定数目的氏族：特林基特部落分为乌鸦和狼两个胞族，[50]海达部落分为鹰和乌鸦两个胞族[51]。这种划分并不仅仅是名义上的，它与终古不衰的部落习俗一样，带有部落生活的深刻烙印。比起使胞族相互区分的道德距离，氏族之间的道德距离就要小得多。[52]胞族的名字也不是一个意义被遗忘了的词或者只是略知其义的词，而是意义完整的图腾；就像下文将要阐述的那样，它们具有这一术语的所有本质属性。[53]因此，鉴于这一点，我们绝不能忽视美洲部落，因为我们可以由此直接研究胞族的图腾，而澳洲只提供了它们的模糊遗迹。

2

然而图腾并不仅仅是一个名字，它还是一种标记，一种名副其实的纹章。纹章这一比喻曾经被人频频采用。格雷在谈到澳洲土著时说："每一个家族都用一种动物或植物作为他们的徽号和标志。"[54]格雷所说的家族无疑就是氏族。菲松和霍维特也说："澳洲人之间的划分表明，图腾首先是一个群体的徽标。"[55]斯库克拉夫特在谈到北美的印第安人时也有相同的说法："图腾实际上是相当于文明人的纹章标记的一种图案，被授予的每一个人都以此来作为他所属家族的身份证明。该词的实际语源可以证明这一点，它源于'*dodaim*'，指的是村庄或家族群体的居住地。"[56]因此，当印第安人与欧洲人发生瓜葛以及要缔结契约时，每个氏族都把它的图腾钤在协定书上以示达成契约。[57]

封建时代的贵族以各种方式把纹章精雕细刻地装饰在他们城堡的墙上、他们的武器上以及属于他们的各种物件上，澳洲的黑人和北美的印第安人也同样对待他们的图腾。和赫恩在一起的印第安人,便在交战以前把他们的图腾画在盾牌上。[58]据夏洛瓦说,在战时,有些印第安部落拥有名副其实的旗帜,用几片树皮系在杆头,上绘图腾。[59]在特林基特部落中,一旦氏族之间爆发冲突,两个敌对群体的战士就戴着画有他们各自图腾的头盔作战。[60]易洛魁人则把图腾动物的皮铺在每一座棚屋上,作为氏族的标志。[61]又据另一位考察者,他们把图腾动物做成标本置于门前。[62]在怀恩多特部落中,每个氏族都有自己的装饰和各具特色的图案。[63]奥马哈人和苏人一般是把图腾画在帐篷上。[64]

无论在什么地方,只要社会定居下来,那里帐篷就会被房屋所代替,造型艺术就会更加充分地发展,图腾就会被镌刻在木制品上和墙上。例如海达、钦西安、萨利什、特林基特等部落就是这样。克劳斯说:“特林基特人的房屋有一个非常独特的装饰,这就是图腾纹章。”在入口处的门两边,立柱上雕刻着动物形象,有时结合着人形,高达 15 码,一般还涂上极为鲜艳的色彩。[65]不过,这类图腾饰物在特林基特村庄中并不很多,往往只见于首领和富人的房前。但在其毗邻的海达部落,则要常见得多,那里每座房屋都会有好几个。[66]图腾雕柱随处拔地而起,有时屹然耸立,海达村庄给人的印象,就如同一座到处林立着钟楼和尖塔的圣城。[67]而在萨利什部落,图腾通常装点在房屋的内墙上。[68]至于另外一些地方,图腾还见于独木舟上、各种日用品上以及火葬柴堆上。[69]

上述例子均来源于北美印第安人,这是因为要完成这些雕刻和永久性的装饰,造型技艺必须达到相当完善的程度,而这方面恰是澳洲的部落所不及的。故而比起美洲,我们刚才谈到的这类图腾表现在澳洲既很罕见又不明显。不过,我们还是可以举出一些例子来。在瓦拉蒙加部落，在葬礼结束，要埋葬已经风干并且化成粉末的死者遗骨的时候，便在下葬地点的旁边，画上代表图腾的形象。[70]在马拉和阿努拉部落，盛殓尸体的空心木上，就装饰着带有图腾色彩的图案。[71]在新南威尔士，奥克斯利在埋葬土著的坟墓附近的树上发现了雕刻，[72]史米斯认为它们具有图腾特征。在上达令（Upper Darling），土著把图腾形象刻在了盾牌上，[73]又据柯林斯说，几乎所有的日用品都覆有装饰，它们也可能具有同样的意义；而且在岩石上也发现了这一类形象。[74]这些图腾图案实际上可能更为普遍，正因为这些我们下面将要讨论的原因，所以要弄清它们的真实含义总是不太容易的。

综上所述，我们知道，图腾在原始人的社会生活中占有举足轻重的地位。不过，到此为止，图腾还只是表现为一种相对来说外在于人的事物，因为我们只见到它反映在外部事物上。但是，图腾并不只是出现在他们房屋的墙上、独木舟的两边、武器上、日用品上和坟墓上，而且还出现在人的身体上。他们不仅把纹章装饰在他们所拥有的物品上面，还装饰在他们的身体上面。图腾被他们印上自己的肉体，就变成了他们的一部分，而且，这是一个重要得多的表现领域。

其实，每个氏族成员都会设法使自己具有图腾的外貌，这是一条非常普遍的规律。在特林基特的某些宗教节日上，仪典主持者的外衣上绘有他用作名字的图腾动物，或者是绘有这种动物的一部分。[75]同样的习俗在西北美洲也随处可见。[76]明尼塔里人在投入战斗时也是这样，[77]此外还有普韦布洛印第安人[78]。在其他地方，如果图腾是一种飞禽，人们就把这种鸟的羽毛插在头上。[79]在衣阿华部落，每个氏族的剪发都有其独特样式。鹰氏族人的头部前面留有两大簇头发，脑后留有一簇；野牛氏族把头发扎成角形。[80]奥马哈部落也有类似的做法，每个氏族也都有自己的发式。例如海龟氏族的头发只留下六束，其余全部剃光，六束中头部两侧各有两束，前面一束，后面一束，他们就用这种方式来模仿图腾动物的四肢和头尾。[81]

但是，更为常见的还是把图腾标记印在身体上，即使是最不发达的社会，也可以采用这种表现方式。还有一种共同仪式，把到了青春期年龄的青年男子的两颗上齿敲掉，有时候，人们也怀疑这种仪式的目的就是要摹拟图腾的样子。虽说这一想法尚不能肯定为事实，但值得注意的是，有时候土著人自己就是这么来解释他们的习俗的。例如，在阿兰达人中，只有雨氏族或水氏族才拔牙；依据传统，这样做的目的就是为了让他们的脸看起来像带有亮边的乌云，因为这种乌云被认为是雨水骤至的征兆，故而被认作同一家族的事物。[82]这证明土著人自己意识到，至少按照习俗的说法，毁容会给他们带来图腾的外观。同样，在阿兰达部落的割阳仪式上，初成年者的姐妹和未婚妻也会被割上一些口子，其疤痕就和我们将要讲的所谓储灵珈上的刻痕一样，而我们将看到，储灵珈上的画线就是图腾的象征。[83]在凯蒂什部落，岩大袋鼠被认为和下雨密切相关，[84]于是雨氏族的人就戴上用岩大袋鼠的牙齿制成的小耳环[85]。在耶克尔拉部落，青年男子在初入仪式上要承受一定数量的刀割以留下疤痕，割口的数量和样式因图腾的不同而异。[86]菲松的一个情况提供者也说他在他考察的部落见过类似的情况。[87]

又据霍维特的说法，在迪埃里部落，特定的疤痕与水图腾之间也存在着类似的关系。[88]在西北部的印第安人中，以图腾为文身更是非常普遍的习俗。[89]

即使由伤残或疤痕造成的文身并不总是具有图腾意义，[90]但一般说来它们都是图腾的表现，而不能与画在身上的简单图案相提并论。土著人确实不是天天画有文身。当他忙于纯粹的经济事务时，或者以小家庭为单位分散渔猎时，他都不必再为这些十分烦琐的装饰而操心。但是，一旦氏族集合起来过共同的生活或者一道举行宗教仪典，他就必须得装扮自己了。我们将会看到，每一种仪典都针对一个特定的图腾，在理论上，与某一图腾有关的仪式只能由属于这一图腾的人来举行。而那些举行仪式的[91]、那些司仪身上都总是画有表现图腾的图案，有时候甚至作为观众来参加仪式的人也是这样[92]。青年男子要通过成年礼进入部落的宗教生活，而其中主要的一项就是在自己的身上画上图腾符号。[93]当然，在阿兰达部落，画出的图案并不总是必定要表现初成年者的图腾，[94]但这是个例外，毫无疑问，这是由于该部落的图腾组织处于分散状态的缘故[95]。而且，即便在阿兰达，当成年礼达到高潮，浴于神圣，进入了至为庄严的时刻，新人们被允许进入收藏着氏族所有圣物的圣所的时候，他们身上所画的图腾标记所表现的就是这些年轻人的图腾了。[96]在北美西北海岸的部落，个体与其图腾之间的纽带甚至会牢固到这种程度，以至于不仅活人而且死人也要画上氏族的标记：在尸骸下葬之前，还要画上图腾标志。[97]

3

这些图腾装饰使我们懂得，图腾不仅是一个名字，还是一种标记。图腾被用于宗教仪典的过程中，是礼拜仪式的一部分；因而图腾作为集体标签，也具有宗教性。事实上，图腾与事物的圣俗之分有关，它就是一种典型的圣物。

在中澳洲的部落中，特别是在阿兰达、洛里查、凯蒂什、翁马杰拉和伊尔皮拉等部落[98]，在仪式上始终使用一种特殊的法器，阿兰达人称之为“储灵珈”，斯宾塞和吉兰写作 *churinga*，斯特莱罗写作 *fjurunga*。[99]它们由小块木头或小块磨光的石头做成，形状各异，但一般呈椭圆形或长方形。[100]每个图腾群体都或多或少会有这一类珍藏。*在每个储灵珈上都刻有表现该群体图腾的图案。*[101]有些储灵珈一端有孔，其中穿有一根用头发或负鼠毛制成的绳子。这样，那些木制有孔的储灵珈就和英国民族志学者所说的“牛吼器”* 有一样的用途了。由于被发绳所悬，它们能在空中快速旋转，嗡嗡作响，其声音和我们的孩子还在玩的同名玩具如出一辙。这种震耳欲聋的噪音有仪式的意义，只要是稍具重要性的仪典，它就会出现。这类储灵珈是名副其实的牛吼器，而另外一些既非木制也未穿孔，所以不能用这种方式使用，但它们能够激起同样的宗教情感。

事实上，每一个储灵珈不论为何使用，都被列入到显要的圣物之中，它的宗教神圣地位无出其右，甚至用来指称它们的词也表明了这一点。这不仅是一个名词，还是一个具有神圣意义的形容词。

---

* 很多原始民族在仪式中使用的带有宗教意义的非正式乐器。它一般是由系着一根绳的薄而长的扁木片构成的，绳的另一端可再系上根棍子。牛吼器旋转时发出旋风似的声音，旋转速度不同，音高也不同。有时候也被称为蜂音嚣、嗡声器或旋转哨。——译注

另外，每个阿兰达人都有几个名字，其中，有一个名字极为神圣，绝不能向外人透露，这个名字极少使用，用时还要压低声音，用一种神秘的嘟囔声说出，它被称为“储灵珈之名”（aritna churinga，aritna 的意思就是名字）。[102]通常，churinga（储灵珈）一词用来指称所有的仪式活动，例如“ ilia churinga”的意思是鸸鹋膜拜[103]。所以当 churinga 作为名词来使用的时候，就是指以神圣性为本质特征的事物。凡俗之人，即女人和尚未进入宗教生活的少年，不能接触甚至也不能看到储灵珈，只允许他们在远处瞧瞧，就是这样，也只能偶一为之。[104]

储灵珈被虔敬地存放在一个特殊的地方，阿兰达人称之为“厄纳土伦珈”（ertnatulunga）。[105]这是一处岩穴，或是隐蔽在荒僻之处的一种山洞，入口处用石头仔细地封闭好，安排得十分巧妙，以至于路过的陌生人不可能怀疑到氏族的宗教宝库就近在咫尺。储灵珈的神性极强，可以和它们的收藏地点相沟通，使妇女和未成年者无法靠近。年轻人只有在完成成年礼之后才可以接近，而有些人还要再磨炼上几年方能获此恩荣。[106]储灵珈的宗教性辐照四外，感应周遭，使它附近的一切均沾神性，因而都能够避免凡俗的接触。一个人要是被人追赶怎么办？如果他能跑到厄纳土伦珈，那他就得救了，因为在那儿不允许抓人；[107]就连一个受伤的动物逃避到那里也必须予以尊重[108]。在那儿争吵也被禁止。正如日耳曼社会所云：此乃和平之地。它是图腾群体的圣所，它是寻求庇护的福地。

但是，储灵珈的功效并不仅仅体现在把凡俗者拒之于外。之所以要这样保持隔离，是因为它具有高度的宗教价值，一旦丧失就会给群体和个人带来严重损害。储灵珈还具有各种神奇的性能：伤口与之接触便能愈合，特别是由割礼造成的伤口；[109]对疾病它也有同样的疗效；[110]它可以用来使胡子生长；[111]它能赋予图腾物种以各种关键性能力，以确保其正常繁衍；[112]它赐予人们力量、勇气和毅力，而同时又能够压制和削弱他们的敌人。最后，这种信念尤其根深蒂固，当两个斗士拉开架式，如果一个看到另一个带来了与他敌对的储灵珈，他就会丧失信心而必败无疑。[113]因而在宗教仪典上，再也没有别的法器能有比之更加重要的地位了。[114]通过各种各样的涂油礼，储灵珈的效力就能分别传给司仪或他的助手，为了促成这一点，这些虔诚的信徒遍涂油脂，然后用储灵珈在肢体和肚子上摩擦。[115]有时储灵珈被放上一些羽绒，储灵珈一转它们就飞向四面八方，这样储灵珈内的效力就可以扩散开去。[116]

但是，储灵珈不仅有益于个人，而且整个氏族的命运也与之休戚相关。遗失储灵珈是一场灾难，是群体所能遭受的最大不幸。[117]有时储灵珈要从厄纳土伦珈中取走，比如要借给其他群体，[118]那么随即就会举行一场名副其实的公共哀悼仪式。这个图腾的人要垂泪举哀两个月之久，身上涂满白色黏土，就如同失去了亲人一样。[119]并不是每个人都可以随意处置储灵珈，用来存放储灵珈的厄纳土伦珈被置于群体首领的控制之下。每个人的确都对某些储灵珈拥有特殊的权力，[120]然而，尽管在某种意义上他是所有者，他也只有在首领同意后，并在首领的指导下才能使用。储灵珈是集体的珍宝，是氏族的方舟。[121]对储灵珈的虔诚表明了赋予它的价值之高，移动储灵珈时的庄重表明了对待它的敬畏之深。[122]储灵珈被小心照管,被涂油、擦拭、上光;如果要把它们从一个地方移到另一个地方,那就要在仪典的中间进行,这也证明这种转移被看成是至关重要的活动。[123]

就其本身而言,储灵珈和其他木制品或石制品是一样的东西。它之所以区别于同一类的凡俗事物,只是因为它上面画着或刻着图腾标志。因此,这一标志,而且唯有这一标志,才赋予了储灵珈的神圣性。诚然,斯宾塞和吉兰认为,储灵珈是祖先的栖魂之所,是这些灵魂的存在带来了这种性质。[124]而当斯特莱罗声称这种解释不准确时,他所提出的观点也没有什么实质的不同,他说储灵珈被视为祖先躯体的象征,或者就是躯体本身。[125]总之,不管怎么说,都是由于物体上附着了因祖先而激发的情感,它才成为一种物神。但是,首先,这两种概念(顺便说一下,它们除了神话字面上的区别以外没什么不同)显然是为了说明储灵珈的神圣性而在后来形成的。然而,无论在这些木块和石块的构造之中,还是就其外观而言,都没有什么会使它们必定被当作祖先灵魂的所在,或当作祖先躯体的象征。所以如果人们想出了这个神话,那是为了解释储灵珈所唤起的宗教尊崇,但是这种尊崇并不取决于神话。这种解释就像很多神话学的解释一样,只靠稍稍改换措辞重复问题来解决问题。说储灵珈是神圣的,和说储灵珈与神圣者有如此这般的关系,只不过是用两种方式重申了同一事实,并没有说明问题。其次,斯宾塞和吉兰公开承认,在阿兰达有一些储灵珈是由老人在人所共知而且是众目睽睽的情况下制作的。[126]它们显然并不来自伟大的祖先,但是它们却和别的储灵珈同样具有法力,只是在程度上有所不同而已,而且也用同样的方式加以保存。最后,在所有

部落中，储灵珈和精灵从无关联。[127]因此，其宗教性质就是另有来源了，如果这种性质不是来自于它所带有的图腾印记，那又是从何而来呢？所以，仪式表演所真正关注的对象是图腾形象，正是这物件上的雕刻才使它神圣化了。

在阿兰达及其相邻的部落，还有另外两种与图腾和储灵珈密切相关、而且通常与它们合用的礼拜法器：纳屯架（nurtunja）和旺宁架（waninga）。

纳屯架[128]见于北阿兰达部落和紧挨着它的部落。[129]纳屯架基本上是一种竖直的支撑物，可以是一支矛，或者是扎在一起的几支矛，或者就是一根棍子；[130]外面用带子或者头发编的细绳裹扎着一束束的草；草上遍覆羽绒，羽绒横成圆周，竖成直线；顶端饰有雕鹰的长羽。当然，这只是最一般的典型样式，在特定情况下，纳屯架有各种各样的变型。[131]

旺宁架仅见于南阿兰达部落、乌拉本纳部落和洛里查部落，没有单一的样式。简而言之，它最基本的组成也是一种竖直的支撑物，即一根长棍或一支几码长的矛，有时加上一根或两根横杆。[132]有一根横杆时，它看起来就像一个十字架，由人发、负鼠毛或袋狸毛编成的绳子，在两臂和中轴的空当处呈斜线来回缠绕，密密匝匝，形成了一个菱形的网。有两根横杆时，这些绳子就从一根横杆缠到另一根，再从支架的顶端缠到底部。有时候上面还覆上一层羽绒，厚得把底子全都盖住了。这样，旺宁架看起来非常像一面旗帜。[133]

纳屯架和旺宁架在大量重要的仪式上露面，对它们的宗教尊崇与储灵珈十分相似，其制作和竖立过程庄严至极。它们或固定在地上，或由司仪所持，这样就标明了仪典的中心，人们围其而舞，仪式绕其而行。在成年礼上，初成年者将被引领到专为这一刻而竖立的纳屯架脚下，有个人会对他说："这是你父亲的纳屯架，许多青年男子就是它造就出来的。"然后，年轻人必须亲吻纳屯架。[134]以此一吻，他就和寓于其中的宗教本原发生了关系。这是一种名副其实的沟通，它能赋予年轻人承受可怕的割阳手术所需要的力量。[135]在这些社会的神话之中，纳屯架也发挥了相当重要的作用。神话讲述了在伟大祖先的传说时代，在部落领地内，完全属同一图腾的伙伴们在四面八方纵横驰骋，[136]每一支队伍都拥有一个纳屯架。当他们停下宿营，或准备分散行猎时，就把纳屯架插在地上，并把他们的储灵珈悬挂在其顶端。[137]这等于是在说，他们把他们最珍爱的东西托付给了纳屯架。同时，纳屯架也是群体集合中心的一面旗帜。纳屯架与奥马哈的圣柱实为异曲同工，对此人们不免会留下深刻的印象。[138]

纳屯架的神圣性只有可能源于一种原因，那就是它具体表现了图腾。它的垂直相交的结构以及覆在上面的一圈圈的羽绒，甚至用来把旺宁架的两臂和中轴扎紧的不同颜色的绳子，都不是根据制作者的口味妄加安排的，那一定是严格遵照传统所规定的模式来制作的，这种模式在土著的心目中表现了图腾。[139]在此，我们不必像对待储灵珈那样，怀疑对这种膜拜工具的敬奉是否仅仅是祖先膜拜的反映，因为每个纳屯架和旺宁架都只是在用到它们的仪典期间才被保留起来，这是一条规则。每次需要它们的时候，全都要重新制作，而一旦仪式大功告成，它们就被剥去装饰，连制作部件也都散落掉了。[140]它们不过是图腾的象征，而且是临时的象征，但正是基于这一点，而且也完全是因为这个缘故，它们才能在宗教中发挥作用。

所以储灵珈、纳屯架和旺宁架的宗教性完全要归功于他们所带有的图腾标记。唯有标记才是神圣的，它无论在何处表现，都保持着这一特性。有时图腾标记被画在岩石上，这些画就被称为“储灵珈·奕基尼亚”(churinga ilkinia)，即神圣的图画。[141]宗教仪典的司仪和助手们用来打扮自己的装饰也与之同名，女人和孩子们不得看到它。[142]在某些仪式中，图腾被画在地上，这种做法也证明了图腾图案能够焕发激情，具有崇高价值。图案所绘之处，已被预先抛洒的人血所浸透，[143]我们将会看到，鲜血本身就是一种神圣的液体，只供敬神使用。在图案画好以后，这些忠实的信徒就以最纯洁的虔诚态度，始终坐在图案前面的地上。[144]如果我们要找出符合这些原始人心态的一句话来，我们可以说：他们崇拜它。这使我们理解了图腾装饰是怎样为北美印第安人保留了弥足珍贵的东西的，因而它总是被一种宗教的光环所围绕。

那么，如果我们要探究这些图腾表现为何如此神圣，搞清什么是表现图腾的首要因素，便是很有裨益的事情了。

在北美的印第安人中，被描画或雕刻出来的图腾形象会尽可能忠实地再现图腾动物的外观。他们的手法就像我们今天在同样条件下所采用的一样，只是通常较为粗陋而已。但是，澳洲的情况就不同了，我们只能找出这些表现的起源。虽然澳洲人表现出了很强的能力，可以用一种还很不成熟的方式来摹画事物的形态[145]；但是从那些神圣的符号中，一般却好像看不出他们在这方面有什么强烈追求，因为他们在储灵珈、纳屯架、岩石、地面或人体上画的基本上都是几何图案，是用各种办法画出来的直线或曲线，[146]整体上都只具有抽象的意味。图形和所表现的事物之间的联系不仅相去甚远，而且很间接，除非有人指明，否则就看不出来。只有氏族的成员才能说出这样的线条组合有什么意义。[147]男人和女人通常都用半圆来代表，动物用圆或螺线来代表，[148]人或动物的足迹用小点连成的虚线来代表，等等。因此，这些图形所具有的意义是非常随意的，对于两个不同图腾的人来说，单单一个图案可能就有两种不同的含义，一个代表这里的动物，一个代表那里的动物或植物。就纳屯架和旺宁架而言，这种情况更加明显。它们每一个都代表着不同的图腾，但是组成它们的部件既少又简单，无法形成变化多端的组合，于是两个看上去完全一致的纳屯架，表达的却可能是两个大相径庭的事物，例如橡胶树和鸸鹋。[149]纳屯架在制作时就被赋予了一定的意义，并在整个仪典期间得以保持，但说到底，其意义还是由习俗确定的。

以上事实证明，即使澳洲人如此热衷于表现他的图腾，他也不是为了在眼前有一个图腾的形象，以便让他不断焕发出对它的感情；而只是因为他觉得需要把他对图腾所形成的观念用有形的和外在的记号表现出来，而不管这些记号是什么样的。我们并不准备去探求原始人把他们的图腾观念写在身体上和各种东西上的原因，重要的是，我们要立即说明产生这些大量图腾表现的需要具有什么样的性质。[150]

注 释

[1] 这是西塞罗下的定义：属于同一氏族的人乃是具有同一名字的人

[Gentiles sunt qui inter se eodem nomine sunt（论题六）]。

[2]　一般来说，可以认为氏族是一种家族群体，其亲属关系来源于同一名字；也正是在这个意义上，罗马的氏族也是氏族。图腾氏族虽然也是这样建构起来的，但却是一种特殊类型。

[3]　在特定的意义上，这种团结纽带甚至超出了部落的边界。只要不同的部落具有相同的图腾，在这些部落的成员之间也就产生了特殊义务。北美的某些部落明显地存在这种情况（见弗雷泽：《图腾制度与外婚制》，第 3 卷，第 57 页，第 81 页，第 299 页，第 356—357 页）。有关澳洲的资料不够详尽。不过，同一图腾的成员之间的婚姻禁忌大概是普遍适用的。

[4]　摩尔根：《古代社会》，第 165 页。

[5]　在澳洲，不同的部落采用不同的词来表达。在格雷考察的地区称为 Kobong；迪埃里人称为 Murdu（霍维特：《澳洲东南部的土著部落》，第 91 页）；纳里涅里人称为 Ngaitye（泰普林：《纳里涅里部落》，载于科尔：《澳洲种族》，第 2 卷，第 244 页）；瓦拉蒙加人称为 Mungái 或 Mungáii（斯宾塞和吉兰：《澳洲中部的北部部落》，第 754 页），等等。

[6]　《美国的印第安部落》，第 4 卷，第 86 页。

[7]　由于我们甚至不知道这个词的准确写法，它也就更加不尽人意了。有人写作 totam，也有人写作 toodaim，或 dodaim，或 odcdam（见弗雷泽：《图腾制度与外婚制》，第 1 页）。而且这个词的含义也没有确定。根据奥杰布韦人的最早的考察者朗的报告，totam 一词用来指守护神，是个体的图腾（对此我们以后将要论述，参见本书第二卷，第四章），而非氏族的图腾。但其他考察者的说法则与之正好相反（关于这一点，见弗雷泽：《图腾制度与外婚制》，第 3 卷，第 49—52 页）。

[8]　沃乔巴卢克部落（第 121 页）和班迪克部落（第 123 页）。

[9]　同上。

[10]　沃尔加尔部落（第 102 页），沃乔巴卢克部落和班迪克部落。

[11]　穆鲁布拉部落（第 117 页），沃乔巴卢克部落和班迪克部落。

[12]　班迪克部落和卡亚巴拉部落（第 116 页）。应该指出，以上所有例子仅出自五个部落。

[13]　例如，在斯宾塞和吉兰从大量部落中收集到的 204 种图腾中，有 188 种是动物或者植物。非生命体有飞去来器、寒冷天气、黑暗、火、闪电、月亮、红赭石、树脂、盐水、昏星、石头、太阳、水、旋风、风和雹块(《澳洲中部的北部部落》，第 773 页。参见弗雷泽：《图腾制度与外婚制》，第 1 卷，第 253—254 页)。

[14]　弗雷泽(《图腾制度与外婚制》，第 10 页和第 13 页)倒是举出了相当多的例证并且把它们归入了被他称为“裂解图腾”的特殊群体，但是这些例子都取自图腾制度发生了重大变动的部落，如萨摩亚部落或本加尔部落。

[15]　霍维特：《澳洲东南部的土著部落》，第 107 页。

[16]　参见斯特莱罗整理的表格，《澳洲中部的阿兰达和洛里查部落》，第 61—72 页(参见第 3 卷，第 13—17 页)。值得注意的是，这些零碎的图腾一概取自动物图腾。

[17]　斯特莱罗：《澳洲中部的阿兰达和洛里查部落》，第 2 卷，第 52—72 页。

[18]　例如，有一个这样的图腾是山猫家族的祖先曾经栖身的洞穴，另一个是老鼠氏族的祖先所挖掘的地道，等等(斯特莱罗：《澳洲中部的阿兰达和洛里查部落》，第 2 卷，第 72 页)。

[19]　斯宾塞和吉兰：《澳洲中部的土著部落》，第 561 页及以下诸页。斯特莱罗：第 2 卷，第 71 页，注解 2。霍维特：《澳洲东南部的土著部落》，第 426 页及以下诸页；《关于澳洲巫医》，载于《大不列颠及爱尔兰人类学研究所学报》，第 16 卷，第 53 页；《澳洲分类系统的进一步说明》，载于《大不列颠及爱尔兰人类学研究所学报》，第 38 卷，第 63 页及以下诸页。

[20]　根据斯宾塞和吉兰的翻译，“塔巴拉”意为“大笑的男孩”。使用这一名字的氏族人认为，他们听得见他在他所居住的岩石间大笑(《澳洲中部的北部部落》，第 207 页，第 215 页，第 226 页注)。根据第 422 页所记载的神话，在塔巴拉神话中存在着一个最初群体(参见第 208 页)。如斯宾塞和吉兰所说，卡蒂氏族的图腾为“成熟的人”，似乎也属于同一类别(《澳洲中部的北部部落》，第 207 页)。

[21]　《澳洲中部的北部部落》，第 226 页及以下诸页。

[22]　斯特莱罗:《澳洲中部的阿兰达和洛里查部落》,第 2 卷,第 71 页及以下诸页。他提到洛里查人和阿兰达人有一种图腾与巨蛇沃龙迦十分相近,是一条神奇的水蛇。

[23]　克拉奇就这么认为,上文已有引证(参见《我的澳洲之行》,第 111 页,注解 23)。

[24]　正像我们在上一章所指出的,图腾制度在宗教问题和家族问题上都有意义,因为氏族就是一个家族。在低级社会中,这两个问题紧密相关。但是二者又如此复杂,必须分别进行研究。而且,不了解原始宗教,就不能理解原始家族,因为前者是后者的基础。这就是为什么在把图腾氏族作为家族群体来研究之前,必须要先把图腾制度作为宗教来研究的缘故。

[25]　见泰普林:《纳里涅里部落》,载于科尔,《澳洲种族》,第 2 卷,第 244 页及以下诸页;霍维特:《澳洲东南部的土著部落》,第 131 页。

[26]　《澳洲中部的北部部落》,第 163 页,第 169 页,第 170 页,第 172 页。需要注意的是,在所有这些部落中,除去马拉部落和阿努拉部落之外,图腾的父系传递都只是一般的规则,有时会有例外。

[27]　据斯宾塞和吉兰(《澳洲中部的土著部落》,第 123 页及以下诸页),祖先的灵魂在母亲的体内转世成为孩子的灵魂;据斯特莱罗(第 2 卷,第 55 页及以下诸页)的记载,怀孕虽然是祖先的成果,但并不意味着有任何转世发生;不过在这两种解释中,子女的图腾都不必依据父母的图腾。

[28]　《澳洲中部的土著部落》,第 133 页;斯特莱罗:《澳洲中部的阿兰达和洛里查部落》,第 2 卷,第 53 页。

[29]　在很大程度上是母亲所认为的怀孕地点决定了孩子的图腾。我们将会看到,每个图腾都有它的中心,而祖先所愿意去的地方就成为他们各自图腾的中心。因此子女的图腾就是母亲所认为的怀孕地点的图腾。由于这一般都在父方的图腾中心的附近,所以子女一般就随了父亲的图腾。无疑这就解释了为什么在一个特定地点,居民绝大多数会属于同一个图腾(《澳洲中部的土著部落》,第 9 页)。

[30]　《图腾的秘密》,第 159 页及以下诸页。参见菲松与霍维特:《卡米拉罗

伊与库尔奈》;约翰·马休:《雕鹰与乌鸦:澳洲土著研究》;托马斯:《澳洲的亲属制度与婚姻制度》。

[31] 霍维特:《澳洲东南部的土著部落》,第124页。

[32] 霍维特:《澳洲东南部的土著部落》,第121页,第123页,第124页;科尔:《澳洲种族》,第3卷,第461页。

[33] 霍维特:《澳洲东南部的土著部落》,第126页。

[34] 霍维特:《澳洲东南部的土著部落》,第98页及以下诸页。

[35] 科尔:《澳洲种族》,第2卷,第165页;史米斯:《维多利亚的土著》,第1卷,第423页;霍维特:《澳洲东南部的土著部落》,第429页。

[36] 霍维特:《澳洲东南部的土著部落》,第101页,第102页。

[37] 马休:《昆士兰的两个典型部落》,第139页。

[38] 还有一些理由可以支持这一假设,倘若如此,我们就必须考虑到家族组织,而我则希望把这两方面分开研究。再者说,这个问题对于我们的研究主题而言只有次要的意义。

[39] 例如,据史米斯所说,Mukwara是巴尔金吉、帕鲁因吉以及米尔普尔科三个部落中一支胞族的名字,其意为雕鹰,现在这个胞族中的一个氏族就以雕鹰为图腾。但是,那里却把这种动物叫作"Bliyara"。兰也引证了很多这一类的例子,参见《维多利亚的土著》,第162页。

[40] 斯宾塞和吉兰:《澳洲中部的土著部落》,第115页。据霍维特(《澳洲东南部的土著部落》,第121页和第454页),在沃乔巴卢克,鹈鹕氏族均分在两个胞族中。这种说法令人怀疑。很可能这是分别以两种鹈鹕为图腾的两个氏族。马休在谈到这一部落的情况时好像指出了这一点(《新南威尔士和维多利亚的土著部落的民族学笔记》载于《新南威尔士皇家协会公报期刊》,1904年,第287页及以下诸页)。

[41] 与此问题有关的内容,请看我们的论文《论图腾制度》,载于《社会学年鉴》,第5卷,第287页及以下诸页。

[42] 关于澳洲姻族的一般问题,请看我们的论文《乱伦禁忌及其起源》,载于《社会学年鉴》,第1卷,第9页及以下诸页,专门论述有八个姻族的部落的论文是《澳洲社会的姻族组织》,载于《社会学年鉴》,第8卷,第118—147页。

[43] 这一原则并非在任何地方都同样严格。尤其是在有八个姻族的中部部落，除去按规定允许通婚的姻族以外，还允许有一个从中纳妾的姻族(斯宾塞和吉兰:《澳洲中部的北部部落》,第126页)。有些含有四个姻族的部落也是如此，每个姻族还可以在另一个胞族的两个姻族中选择其一，卡比部落就是这样(见马休:《昆士兰的两个典型部落》,载于科尔《澳洲种族》,第3卷,第162页)。

[44] 见罗斯:《北—西—中昆士兰土著的民族学研究》,第56页及以下诸页；帕尔默:《几个澳洲部落笔记》,载于《大不列颠及爱尔兰人类学研究所学报》,第13卷,1884年,第302页及以下诸页。

[45] 不过，在有些被引证过的部落中，姻族是以动物或植物命名的，属于这种情况的有卡比部落(马休:《昆士兰的两个典型部落》,第150页),贝特斯夫人所考察的部落(《西澳洲土著的婚姻制度与习俗》,载于《维多利亚地理杂志》,第23—24卷,第47页),可能还有帕尔默所考察的两个部落。但是此类现象极为罕见，其意义也被不恰当地确定下来了。而且，如果姻族，还有性别群体有时候采用了动物名字，那也不足为奇。图腾命名的个别扩展丝毫未能动摇我们的图腾制度概念。

[46] 如果我们相信为霍维特提供情况的人，那么这一解释对于东南和东部的某些部落来说就有可能是同样适用的，那里，每个姻族都有一个专属于它的图腾。布卢(Bulloo)河畔的维拉朱里部落、瓦克尔布拉部落和班克—穆拉部落就存在这种情况(霍维特:《澳洲东南部的土著部落》,第210页,第221页,第226页)。但是，他自己也认为所收集到的这些证据令人怀疑。实际上，从他已经拟好的一览表中，就可以发现很多图腾同时属于一个胞族的两个姻族。

我们这个假设是继弗雷泽(《图腾制度与外婚制》,第531页及以下诸页)之后提出来的，它产生了一个难题。在原则上，每个氏族亦即每个图腾，都会在同一胞族的两个姻族中同时有所反映，因为两个姻族中一个是子女的姻族，另一个是父母的姻族，而前者的图腾出自后者。因此当氏族消失后，幸存下来的图腾禁忌应该在两个姻族中都得到保存。但在实际的案例中，每个姻族却有其自己的图腾。这一分化缘何而出呢？卡亚巴拉部落(南昆士兰的一个部落)的例子有助于我们弄清这是怎样产生的。在该部落中，子女采用母亲的图腾，但却加了一个区分的标记而使之带有了独特性；如果母亲把黑色雕鹰作为图腾，那子女就用白色雕鹰（霍维特：《澳洲东南部的土著部落》，第 229 页）。看来这就是图腾依据姻族发生分化的趋势的肇端。

[47]　一个仅有几百人的部落往往有 50、60 甚至更多的氏族。关于这一点，请看涂尔干和莫斯：《分类的几种原始形式》，载于《社会学年鉴》，第 6 卷，第 28 页，注解 1。

[48]　西南部的普韦布洛部落除外，该部落氏族数量较多。见霍奇：《普韦布洛印第安氏族》，载于《美国人类学家》，第 1 辑，第 9 卷，第 345 页及以下诸页。拥有这些图腾的群体究竟是氏族还是亚氏族尚存疑问。

[49]　见摩尔根所编制的表格，《古代社会》，第 153—185 页。

[50]　克劳斯：《特林基特印第安人》，第 112 页；斯万顿：《特林基特印第安人的社会条件、信仰和语言关系》，载于《美国民族学会的第三十六次年度报告》，第 308 页。

[51]　斯万顿：《海达人民族学》，第 62 页。

[52]　斯万顿说："两个氏族之间的差别十足地体现在一切方面"，参见《海达人民族学》，第 68 页；他的"氏族"就是我们所说的胞族。他在另外一处说，两个胞族的关系就如同两个异民族。

[53]　至少在海达部落，实际的氏族图腾比胞族图腾变化更多。事实上，习俗允许一个氏族卖出或送掉它的图腾所有权，其结果就是每个氏族都拥有一定数量的图腾，其中有一些还与其他氏族的相同（见斯万顿：《海达人民族学》，第 107 页和第 268 页）。因为斯万顿把胞族称为氏族，他只好给实际的氏族取名为"家"，而把规范的家族称之为"户"。但是他的术语的实际意义是无可怀疑的。

[54]　格雷：《澳洲西北和西部两次探险记》，第 2 卷，第 228 页。

[55]　《卡米拉罗伊与库尔奈》，第 165 页。

[56]　《美国的印第安部落》，第 1 卷，第 240 页；参见第 1 卷，第 52 页。这一词源说明颇为可疑。参见《北墨西哥美洲印第安人手册》（史密森学会民族学所，第 2 部分，"图腾"条，第 787 页）。

[57]　斯库克拉夫特：《美国的印第安部落》，第 3 卷，第 184 页；马尔蒂利：

《美洲印第安人的象形文字》，载于《美国民族学会的第十次年度报告》，1893 年，第 377 页。

[58]　赫恩：《北大洋之旅》，第 148 页（转引自弗雷泽：《图腾制度与外婚制》，第 30 页）。

[59]　夏洛瓦：《新法兰西的历史写照》，第 5 卷，第 329 页。

[60]　克劳斯：《特林基特印第安人》，第 248 页。

[61]　史密斯：《易落魁人的神话》，载于《美国民族学会的第二次年度报告》，第 78 页。

[62]　道奇：《我们的粗野的印第安人》，第 225 页。

[63]　鲍威尔：《怀恩多特人的治理方式》，载于《美国民族学会的第一次年度报告》，1881 年，第 64 页。

[64]　多尔西：《奥马哈社会学》，载于《美国民族学会的第三次年度报告》，第 229 页，第 240 页，第 248 页。

[65]　克劳斯：《特林基特印第安人》，第 130 页及以下诸页。

[66]　克劳斯：《特林基特印第安人》，第 308 页。

[67]　参见斯万顿著作中海达村庄的照片，《海达人民族学》，插图 9。参见泰勒：《海达人马塞特村的图腾柱》，载于《大不列颠及爱尔兰人类学研究所学报》，新辑，第 1 卷，第 133 页。

[68]　托特：《英属哥伦比亚民族学报告》，载于《大不列颠及爱尔兰人类学研究所学报》，第 35 卷，第 155 页。

[69]　克劳斯：《特林基特印第安人》，第 230 页；斯万顿：《海达人民族学》，第 129 页，第 135 页；斯库克拉夫特：《美国的印第安部落》，第 1 卷，第 52—53 页，第 337 页，第 356 页。在最后一例中，图腾被倒置以示哀悼。同样的风俗还见于克里克部落（斯旺，载于斯库克拉夫特：《美国的印第安部落》，第 5 卷，第 265 页）和德拉瓦尔部落（海克维尔德：《历史的记录：曾栖居在宾夕法尼亚的印第安民族的仪典与习俗》，第 246—247 页）。

[70]　斯宾塞和吉兰：《澳洲中部的北部部落》，第 168 页，第 537 页，第 540 页。

[71]　斯宾塞和吉兰：《澳洲中部的北部部落》，第 174 页。

[72]　史米斯:《维多利亚的土著》,第 1 卷,第 99 页注。

[73]　史米斯:《维多利亚的土著》,第 1 卷,第 281 页。斯特莱罗举出了在阿兰达部落中的类似现象(第 3 卷,第 68 页)。

[74]　《关于在新南威尔士的英国殖民地的报告》,第 2 卷,第 381 页。

[75]　克劳斯:《特林基特印第安人》,第 237 页。

[76]　斯万顿:《特林基特印第安人的社会条件、信仰和语言关系》,载于《美国民族学会的第三十六次年度报告》,第 435 页;博厄斯:《夸扣特尔印第安人的社会组织和秘密会社》,第 358 页。

[77]　弗雷泽:《图腾制度与外婚制》,第 26 页。

[78]　伯克:《亚利桑那莫基人的蛇舞》,第 229 页;福沃克斯:《被称为克钦那的图萨扬人仪式群体》,载于《美国民族学会的第十五次年度报告》,1897 年,第 151—263 页。

[79]　缪勒:《美洲原始宗教史》,第 327 页。

[80]　斯库克拉夫特:《美国的印第安部落》,第 3 卷,第 269 页。

[81]　多尔西:《奥马哈社会学》,载于《美国民族学会的第三次年度报告》,第 229 页,第 238 页,第 240 页,第 245 页。

[82]　斯宾塞和吉兰:《澳洲中部的土著部落》,第 451 页。

[83]　斯宾塞和吉兰:《澳洲中部的土著部落》,第 257 页。

[84]　这种关系的意义见于后文(第二卷,第四章)。

[85]　斯宾塞和吉兰:《澳洲中部的土著部落》,第 296 页。

[86]　霍维特:《澳洲东南部的土著部落》,第 744—746 页;参见第 129 页。

[87]　《卡米拉罗伊与库尔奈》,第 66 页注。当然,其他一些提供情况的人对此确有异议。

[88]　霍维特:《澳洲东南部的土著部落》,第 744 页。

[89]　斯万顿:《海达人民族学》,第 41 页及以下诸页,图 20 和图 21;博厄斯:《夸扣特尔印第安人的社会组织和秘密会社》,第 318 页;斯万顿:《特林基特印第安人的社会条件、信仰和语言关系》,图 16 及以下。在我们所专门研究的这两个民族志地区之外,这种文身用在了属于氏族的动物身上。这就是南部非洲的贝专纳部落,它分为鳄鱼、野牛、猴子等一些氏族,而鳄鱼氏族的人就在他们的牛耳朵上切出割口,状如鳄鱼

的两颚(卡萨利斯:《巴苏陀人》,第 221 页)。据罗伯逊·史密斯,在古代阿拉伯人中也存在同样的习俗(《古阿拉伯半岛的亲属制度与婚姻制度》,第 212—214 页)。

[90] 据斯宾塞和吉兰,一些文身没有宗教意义(《澳洲中部的土著部落》,第 41 页及以下诸页;《澳洲中部的北部部落》,第 45 页,第 54—56 页)。

[91] 这种规则在阿兰达人中有例外,对此下文将会解释。

[92] 斯宾塞和吉兰:《澳洲中部的土著部落》,第 162 页;《澳洲中部的北部部落》,第 179 页,第 259 页,第 292 页,第 295 页及下页;舒尔策:《芬克河上游和中游的土著》,第 221 页。这里所表现的事物并不总是图腾本身,而可以是与该图腾有关联的事物之一,这些事物被看作是一个家族。

[93] 例如,在瓦拉蒙加、瓦尔帕里、伍尔马拉、津吉利、翁巴亚、翁马杰拉等部落就是这样(《澳洲中部的北部部落》,第 339 页,第 348 页)。在瓦拉蒙加部落,当绘制图案的时候,司仪就会对初成年者这样说:“此标记属于你处,不要去别处找寻。”斯宾塞和吉兰认为:“这意味着,除了自己图腾的仪典,年轻人绝不能干预属于其他图腾的仪典。这还表明,可以认为一个人和他的图腾,以及和与该图腾有关的所有独特的方面,都有着极为密切的关联。”(《澳洲中部的北部部落》,第 584 页及注解)在瓦拉蒙加部落,图腾由父亲传给子女,所以每一个地方都有自己的图腾。

[94] 斯宾塞和吉兰:《澳洲中部的土著部落》,第 215 页,第 241 页,第 376 页。

[95] 应该记住(参见本书,第 143 页),在这一部落,子女的图腾与其父母和亲属的图腾不同。而父母双方的亲属是成年礼的指定主办者,于是,虽然原则上一个人只有资格作为自己图腾的仪式的主办者或司仪,但是年轻男子的成年礼必然会涉及不属于他的图腾。这就是初成年者身上的图案未必表现自己的图腾的原因。这类情况见于斯宾塞和吉兰:《澳洲中部的土著部落》,第 229 页。以下假设可以很好地说明这种不规则现象:如果图腾组织没有发生混乱,如果阿兰达部落与瓦拉蒙加部落的情况相同,那么割礼就会针对在当地初成年群体中占主要

地位的图腾,也就是说,会针对初成年者自己的图腾(见斯宾塞和吉兰:《澳洲中部的土著部落》,第 219 页)。

这种混乱还导致了另一个后果。因为在当地的所有氏族中,甚至在两个胞族中,每种图腾都可能有其成员,所以一般说来,其结果是使连接图腾和一个特定群体的纽带略微有所延伸。因此,一种图腾的仪典也可以由另一图腾的人来举办的想法,没有受到多少抵触就被接受了——这是与图腾制度的正常原则背道而驰的,稍后,我们会更加清楚地了解到这个问题。人们已经认可,一个受过精灵启示而知道仪典程式的人有权主持仪典,即使他自己不属于这个图腾(《澳洲中部的土著部落》,第 519 页)。但这只是一种例外,禀受程式者不能随意处置程式,如果他想传授(这种传授是经常发生的),也只能传授给仪式所针对的图腾的成员(《澳洲中部的土著部落》,第 519 页),这就证明了该例外是一种宽容的产物。

[96]　《澳洲中部的土著部落》,第 140 页。在这种情况下,新人们要保持在仪式上所打扮起来的这种装饰,直到它随着时间而自行消失。

[97]　博厄斯:《关于英属哥伦比亚的印第安人的总报告》,载于《不列颠科学进步委员会,加拿大自治领西北部落委员会的第五次报告》,第 41 页。

[98]　在瓦拉蒙加部落中也有一些法器,但比阿兰达部落的数量要少。这些法器虽然在神话中确有一席之地,但在图腾仪式上并不出现。

[99]　其他部落则使用另外一些名称。我们之所以赋予阿兰达人的称呼以普遍意义,是因为储灵珈在这个部落中占有最重要的地位,有关研究也最为精到。

[100]　斯特莱罗:《澳洲中部的阿兰达和洛里查部落》,第 2 卷,第 81 页。

[101]　有少数没有明显的图案(见斯宾塞和吉兰:《澳洲中部的土著部落》,第 144 页)。

[102]　《澳洲中部的土著部落》,第 139 页和第 648 页;斯特莱罗:《澳洲中部的阿兰达和洛里查部落》,第 2 卷,第 75 页。

[103]　斯特莱罗写作 tjurunga,他对该词的翻译略有不同。他说:“这个词的意思是秘密的和个人的(der eigene geheime)。tju 是一个古老的词,意思是隐藏的和秘密的,runga 的意思是我自己的。”但是,在这个问题

上，比斯特莱罗更具权威的肯佩把“tju”译为伟大的、有力的、神圣的（肯佩：《麦克唐奈山脉部落的词汇》，“Tju”条，载于《维多利亚皇家协会会刊》，第 13 卷）。说到底，斯特莱罗的译法也不像乍看上去那样与肯佩不同，因为“秘密的”就是隐藏在凡俗知识之外，也就是“神圣的”。至于 runga 的意义，我们很有些怀疑。鸸鹋仪典属于该氏族的全体成员，所有人都可以参加，因此，对任何人来说都不能算是个人的。

[104]《澳洲中部的土著部落》，第 130—132 页；斯特莱罗：《澳洲中部的阿兰达和洛里查部落》，第 2 卷，第 78 页。看到储灵珈的女人和给她看储灵珈的男人都要被处死。

[105] 斯特莱罗对这种地方的定义与斯宾塞和吉兰完全一致，但他称之为“阿克纳纳瓦”（arknanaua），而非“厄纳土伦珈”（ertnatulunga）（斯特莱罗：《澳洲中部的阿兰达和洛里查部落》，第 2 卷，第 78 页）。

[106]《澳洲中部的北部部落》，第 270 页；《澳洲中部的土著部落》，第 140 页。

[107]《澳洲中部的土著部落》，第 135 页。

[108] 斯特莱罗：《澳洲中部的阿兰达和洛里查部落》，第 2 卷，第 78 页。但据斯特莱罗说，如果一个杀人者逃避到厄纳土伦珈附近，人们也会毫无怜悯地把他处死。我们发现这一现象与动物所享有的特权难以协调，不禁怀疑他们是不是直到最近才如此严厉地惩处罪犯，这是不是原来保护厄纳土伦珈的塔布被削弱的结果。

[109]《澳洲中部的土著部落》，第 248 页。

[110]《澳洲中部的土著部落》，第 545 页及以下诸页。斯特莱罗：《澳洲中部的阿兰达和洛里查部落》，第 2 卷，第 79 页。例如，用石头从储灵珈上蹭下一点尘灰，再溶于水就成了能够令病人康复的一剂药。

[111]《澳洲中部的土著部落》，第 545 页及以下诸页；斯特莱罗（《澳洲中部的阿兰达和洛里查部落》，第 2 卷，第 79 页）对此有不同看法。

[112] 例如，把山药图腾的储灵珈埋在土里，就能让山药生长（《澳洲中部的土著部落》，第 275 页）。它对动物也有同样的效力（斯特莱罗：《澳洲中部的阿兰达和洛里查部落》，第 2 卷，第 76 页，第 78 页；第 3 卷，第 3 页，第 7 页）。

[113]《澳洲中部的土著部落》，第 135 页；斯特莱罗：《澳洲中部的阿兰达和洛里查部落》，第 2 卷，第 79 页。

[114]《澳洲中部的北部部落》，第 278 页。

[115]《澳洲中部的北部部落》，第 180 页。

[116]《澳洲中部的北部部落》，第 272 页及以下诸页。

[117]《澳洲中部的土著部落》，第 135 页。

[118] 一个群体之所以向另一个群体借储灵珈，是为了领受蕴含在其中的功力，同时也以为储灵珈的出现会激发个体和群体的生命力。

[119]《澳洲中部的土著部落》，第 136 页。

[120] 每个人都与一个确保他生命的储灵珈，以及作为父母遗产继承下来的储灵珈有着特殊的关系。

[121]《澳洲中部的土著部落》，第 154 页；《澳洲中部的北部部落》，第 193 页。储灵珈完全是集体的，以至于能够代替部落信使在召集其他部落参加仪典时所必须出示的信使棍（《澳洲中部的土著部落》，第 141 页及以下诸页）。

[122]《澳洲中部的土著部落》，第 326 页。应该注意牛吼器也是一样用法（马休：《新南威尔士和维多利亚的土著部落的民族学笔记》，载于《新南威尔士皇家协会公报期刊》，第 38 卷，第 307 页及以下诸页）。

[123]《澳洲中部的土著部落》，第 161 页，第 259 页及以下诸页。

[124]《澳洲中部的土著部落》，第 138 页。

[125] 斯特莱罗：《澳洲中部的阿兰达和洛里查部落》，第 1 卷；第 2 卷，第 76 页，第 77 页和第 82 页。在阿兰达，是祖先的躯体本身；在洛里查，仅仅是一个象征。

[126] 孩子一出生，其母就会向其父指明她所认为的祖先灵魂进入她身体的地点。孩子的父亲就和几个亲戚一起去那个地方寻找储灵珈，他们认为这是祖先在他转世的那一刻所留下的。如果找到了，那当然是群体中的长者放在那里的（这是斯宾塞和吉兰的假设）。如果没找到，就依特定的方式制作一个新的储灵珈（《澳洲中部的土著部落》，第 132 页；参见斯特莱罗：《澳洲中部的阿兰达和洛里查部落》，第 2 卷，第 80 页）。

[127] 是这种情况的部落有瓦拉蒙加、乌拉本纳、沃尔加亚、翕巴亚、津吉利和关吉(《澳洲中部的北部部落》,第 258 页,第 275 页及以下诸页)。于是,斯宾塞和吉兰说:"它们被认为具有特殊价值,因为它们与图腾相关联。"(同上书,第 276 页)在阿兰达部落中也有类似的例证(《澳洲中部的土著部落》,第 156 页)。

[128] 斯特莱罗写作 tnatanja(第 1 卷,第 4—5 页)。

[129] 凯蒂什部落、伊尔皮拉部落和翁马杰拉部落。但在翁马杰拉部落中很少见。

[130] 有时候用特别长的储灵珈首尾相接来代替棍子。

[131] 有时候纳屯架的顶端还挂有一个较小的纳屯架。在另外一些情况下,纳屯架被做成十字形或 T 字形。极个别的时候还没有中间的支撑物(《澳洲中部的土著部落》,第 298—300 页,第 360—364 页,第 627 页)。

[132] 有时甚至有三根横杆。

[133]《澳洲中部的土著部落》,第 231—234 页,第 306—310 页,第 627 页。除了纳屯架和旺宁架以外,斯宾塞和吉兰还区别出了第三种圣柱或圣旗,叫做"卡纳纳"(Kanana)(《澳洲中部的土著部落》,第 364 页,第 370 页,第 629 页),他们承认未能确定其功能。他们只注意到它"被视为各种图腾的成员的共同事物"。据斯特莱罗的说法(《澳洲中部的阿兰达和洛里查部落》,第 2 卷,第 23 页,注解 2),斯宾塞和吉兰所说的卡纳纳,不过是山猫图腾的纳屯架。由于这种动物是部落的膜拜对象,所以对它的敬奉自然在所有氏族中都很通行。

[134]《澳洲中部的北部部落》,第 342 页;《澳洲中部的土著部落》,第 309 页。

[135]《澳洲中部的土著部落》,第 225 页。

[136]《澳洲中部的土著部落》,第 10 章和第 11 章。

[137]《澳洲中部的土著部落》,第 138 页,第 144 页。

[138] 多尔西:《苏人崇拜研究》,载于《美国民族学会的第十一次年度报告》,第 413 页;《奥马哈社会学》,载于《美国民族学会的第三次年度报告》,第 234 页。当然,每个部落只有一个圣柱,而每个氏族却都有一个纳屯架,但它们在道理上都是一样的。

[139]《澳洲中部的土著部落》,第 232 页,第 308 页,第 313 页,第 334 页,等等;《澳洲中部的北部部落》,第 182 页,第 186 页,等等。

[140]《澳洲中部的土著部落》,第 346 页。是有人说纳屯架代表了祖先之矛,这些祖先是阿尔彻灵迦时代(即澳洲土著神话中的黄金时代,其土著语的字面意义是“梦的时代”。——译注)各个氏族的首领。但是纳屯架只是一种象征性的体现,而不是一种遗物,不像储灵珈那样被认为来自祖先本身。这里,值得注意的是,上述解释只是次级层面上的解释。

[141]《澳洲中部的土著部落》,第 614 页及以下诸页,特别是第 617 页;《澳洲中部的北部部落》,第 749 页。

[142]《澳洲中部的土著部落》,第 624 页。

[143]《澳洲中部的土著部落》,第 179 页。

[144]《澳洲中部的土著部落》,第 181 页。

[145] 见斯宾塞和吉兰所举出的例子,《澳洲中部的土著部落》,图 131。其中有很多图案尽管都很抽象,但明显是想要表现动物、植物、人头等等。

[146]《澳洲中部的土著部落》,第 617 页;《澳洲中部的北部部落》,第 716 页及以下诸页。

[147]《澳洲中部的土著部落》,第 145 页;斯特莱罗:《澳洲中部的阿兰达和洛里查部落》,第 2 卷,第 80 页。

[148]《澳洲中部的土著部落》,第 151 页。

[149]《澳洲中部的土著部落》,第 346 页。

[150] 毋庸置疑,这些图案与绘画还具有美学特征,是艺术的最初形式。因此它们也是,甚至首先是一种书写语言,所以图案和书写具有同一个起源。甚至显而易见的是,人们在开始画图时,并不是很在乎树木、岩石的某些很漂亮的形式,而是专注于把自己的思想转译成物质(参见斯库克拉夫特:《美国的印第安部落》,第 1 卷,第 405 页;多尔西:《苏人崇拜研究》,第 394 页及以下诸页)。

第二章　图腾信仰(续)

图腾动物与人

但是图腾形象并不是唯一的圣物。有一些真实的事物也是仪式的对象,因为它们与图腾有关。首当其冲者,便是图腾物种的生物和氏族的成员。

1

首先,既然表现图腾的图案能够激发宗教情感,那么很自然,这些图案所反映的事物至少在一定程度上,也应该具有同样的属性。

这些事物大部分是动物或植物。植物乃至动物的凡俗用途都是日常食品,而图腾动物或图腾植物的神圣性则表现为对它们的食用禁忌。当然,它们既然是圣物,就可以制成某种秘膳,我们将会看到,它们实际上有时候是名副其实的圣餐;不过,通常说来,它们还不能被用作日常食品。谁要是触犯了这一规定,谁就会大祸临头。这并不是说群体总是要人为地惩罚这种犯禁行为,而是人们相信亵渎会自动地招来死亡。在图腾植物或动物中,始终存在着一种令人敬畏的本原，这种本原一旦进入凡俗的有机体，就必然会被扰乱或者破坏。[1]至少在某些部落中，只有长者才可以不受这种禁忌的限制，[2]稍后我们就会搞清楚其中的原因。

然而，即使这一禁忌在大多数部落中是相当严格的[3]（下文将会讨论到某些例外情况），随着旧有的图腾组织发生混乱，它也会无法避免地趋于衰弱。可是，那些遗留下来的限制表明，禁忌的削弱并不是轻而易举就可以被接受的。例如，即使在允许吃图腾植物或动物的时候，也不可以随意造次，每次只能吃一小点儿；如果超过了这个限量，那就是具有严重后果的仪式过错。[4]另外，对于那些最被珍视的部分，也就是最为神圣的部分，如卵和脂肪[5]，其禁忌仍然一如既往。还有其他的一些部分，也是不允许食用的，除非这个动物还没有完全长成；[6]在这种情况下，无疑是因为人们认为它的神圣性还发育得很不完全。所以，对图腾生物进行隔离和保护的界限虽然在退让，但其速度却是很缓慢的，其抵抗力是很顽强的，这也可以表明禁忌最初曾经是一种什么样的状况。

诚然，依据斯宾塞和吉兰的说法，这些限制并不是业已失势的宗教禁忌的残余，而是一种刚开始建立的禁忌的开端。这两位作者认为[7]，起初，饮食是完全自由的，目前的限制直到相当晚近才出现。他们以为他们发现了能够证明这一理论的两点论据。首先，就像我们刚才所说的那样，在某些郑重的场合，氏族成员和他们的首领不仅可以，而且必须吃下图腾动物或植物。其次，有些神话讲到，作为氏族创建者的伟大祖先经常食用他们的图腾；于是他们主张，除非认为这些故事反映了一个不存在目前这些禁忌的时代，否则对它们就没法理解了。

但是,在某些庄重的仪典中食用图腾的现象以及相应的节制乃是仪式的需要,而绝不意味着那曾经是一道普通的菜肴。恰恰相反,在秘膳中所吃的食物本质上是神圣的,因而要禁绝凡俗。至于神话,如果这么容易就被赋予了历史文献的价值,那多少要在整体上予以批判才行。一般说来,神话的目的是诠释现存的仪式,而不是纪念过去的事件;它们是对当前的解释,而不是对历史的解释。就此而言,传说时代的祖先吃掉他们的图腾所依据的传统,与现在一直有效的信仰和仪式完全相符。老人和那些获得了较高宗教地位的人,都不受那些普通人才受其约束的限制。[8]他们之所以可以吃圣物,是因为他们本身就是神圣的。这条规则可以见于形形色色的宗教,绝非图腾制度所独有。如今祖先英雄们已经近乎神,因而他们去吃神圣的食物就再自然不过了,[9]但是,却没有理由把这一特权授予寻常的凡人。[10]

不过,禁忌并不一定总是绝对的,也不可能总是绝对的。在必要的情况下,它总会暂时解除,例如当一个快要饿死的人在除了图腾以外没有其他东西可以果腹的时候。[11]当图腾是人不可或缺的食物时,这样做的理由就更加充分了。例如有为数众多的部落以水为图腾,这时严格的禁忌显然是不可能存在的。然而,即便如此,被准予的特权也要服从某些限制,这些限制严加约束水的使用,这清楚地表明它们与公认的本能是背道而驰的。在凯蒂什和瓦拉蒙加,水图腾的人不允许随意饮水,也不可以自己取水,他只能从另一胞族成员的手中接受水。[12]这些限制所带来的复杂程序以及它们所引起的难堪局面,再一次证明了圣物是不可以随意接近的。一些中部部落出于必要,或是由于别的什么原因要食用图腾时，也实行了同样的规则。应该补充的是，当这种繁文缛节无法实施的时候，也就是说在独自一人或身边只有同胞族的成员的时候，他出于不得已，可以不通过中介来取用水。显然禁忌是容许各种修改的。

虽然如此，禁忌在人们的头脑里还是太根深蒂固了，即使它最初存在的原因已经不在了，它往往仍然能够继续流传。我们已经知道，一个胞族的不同氏族很有可能只是一个已经分化的原初氏族的分支，因此，有一个时期所有氏族都紧密结合在一起，都拥有同一个图腾。所以，无论在哪儿，只要对共同起源的记忆还没有完全淡漠，每个氏族就仍然会有彼此相连的感觉，仍会认为他们的图腾并非毫不相干。由于这个原因，一个个体不可以随意吃掉他所归属的胞族中的其他氏族的图腾，他只能接触另一胞族成员给予他的禁忌植物或禁忌动物。[13]

另一个遗留下来的同样类型是关于母系图腾的禁忌。我们有充分理由相信，图腾首先是传自同母异父家系的。因此，无论在什么地方出现了父系继承，此前都必然有一个相当长的时期，这一时期所采用的是与之相反的原则，即子女都有和母亲一样的图腾，以及这一图腾所附带的全部禁忌。而今，在一些按父系继承图腾的部落中，仍然遗留着原来保护母系图腾的某些禁忌，所以子女不能随意食用母系图腾。[14]然而，在目前情况中，已经不再有与这种禁忌相应的事物了。

对图腾的饮食禁忌往往附有宰杀禁忌，当图腾是植物的时候就附有采摘禁忌。[15]不过，也有例外或宽容的情况。特别是在必要的情况下，例如当图腾是一种危险动物的时候[16]，或者当人饥无所食的时候。甚至有些部落虽然禁止为自己猎取他们用以命名的动物,但却可以为了其他图腾的人去猎杀。[17]然而,通常用来完成这一行动的方式清楚地表明,这是某种违反禁忌的行为。他要像犯下过错一样请求谅解,要表白他所遭受的懊恼,他所体会的反感,[18]同时要采取措施以使图腾动物尽可能少受痛苦[19]。

除了这些基本的禁忌以外,还有一些禁止人和他的图腾相接触的例子。例如在奥马哈的驼鹿氏族里,任何人都不可以触及雄驼鹿身体的任何部分;在野牛亚氏族里,不允许触及野牛的头部。[20]在贝专纳人中,没有人敢穿用图腾动物的皮。[21]但是这些情况很少见。因为通常一个人必须通过穿着显出他的图腾形象,或者是某种可以使人联想到图腾的东西,所以上述情况自然应该是一种例外情况。如果所有接触都是被禁止的,那么就不可能有文身和图腾服饰。还应该强调的是,这种禁忌不见于澳洲,而只见于图腾制度已较其最初形式大为前进了的社会;因此,这种禁忌可能起源较晚,还可能实际上根本不是出于图腾观念的影响。[22]

如果我们把这些形形色色的禁忌与那些以图腾标记为对象的禁忌作一番比较,结果会完全出乎意料,因为后者似乎会比前者更多、更严密,实施得也更苛刻。各种表现图腾的形象都被包围在一片尊崇之中,明显超出了它们所反映的真实事物所能唤起的敬意。储灵珈、纳屯架和旺宁架从来不能被女人或未成年者所触及,即使在极其例外的情况下,允许他们瞥上一眼,也要恭敬地保持一段距离。至于氏族用以命名的植物或动物,则是每个人都可以看、可以摸的。储灵珈被保存在一种圣堂之中,门口要禁绝一切凡俗生活的响动,那里是神圣事物的领地。相反,图腾动物和植物则生长在凡俗世界中，并和普普通通的日常生活搅和在一起。既然把圣物单独隔离起来的禁忌的数量和重要性，与圣物的神圣程度是相对应的，那么我们就可以得出一个重要的结论：图腾生物的形象比图腾生物本身更加神圣。而且，在膜拜仪典中，占有最重要地位的是储灵珈和纳屯架，出现图腾动物的情况是非常罕见的。在特定的仪式上（我们会适时讲到这一点[23]），图腾被用作宗教食物，但它所扮演的并非是一个主导角色。阿兰达人围绕着纳屯架舞蹈，聚集在图腾形象前膜拜，但在图腾生物跟前，他们却从来不举行类似的活动。假如图腾生物是基本的圣物，那么年轻的未成年者在被引入宗教生活的时候，就应该和图腾生物相沟通。然而相反，我们已经看到，成年礼最为庄严的时刻乃是新人们进入储灵珈圣所的时刻；新人要与之沟通的是储灵珈和纳屯架。因此，图腾表现要比图腾本身更显得积极而且有力。

2

现在，我们得确定人在宗教图式中的位置了。

由于我们拥有一整套习惯和语言，所以这些习惯和语言所固有的力量很容易使我们认为，普通人，也就是平常的信徒，在本质上是凡俗的存在。这种观念对于任何宗教来讲，都很有可能不是非常正确的；[24]至少它完全不适用于图腾制度。在图腾制度中，每一个氏族成员都被赋予一种神圣性，而且在实质上比起我们在图腾动物身上所观察到的神圣性毫不逊色。之所以产生这种人格的神圣性，是因为人们认为自己不仅是通常意义上的人，而且也是属于一个图腾物种的动物或植物。

实际上,一个人采用了图腾的名字,这种名字的同一性也就假定了它们性质的同一性。前者不仅被看成是后者的外在记号,而且也从逻辑上假定了后者。这是因为,对于原始人来说,名字不仅是一个词或是一些声音的组合,而且是生物的一个部分,甚至对生物来说是某种更本质的东西。袋鼠氏族的成员把自己称为一只袋鼠,所以在某种意义上,他就是属于这一物种的动物。斯宾塞和吉兰说:“任何人的图腾,都被视为与他本人相同的事物。曾有一个土著,当我们和他讨论这件事情时,他指着我们为他拍摄的照片说:‘那个是和我一样的东西,袋鼠(他的图腾)也是。’”[25]所以,每个个体都具有双重本性,在他之中并存着两个存在者:一个是人,一个是动物。

为了使这种两重性在某种程度上是可以理解的,原始人发明了神话。这种做法对我们来说总有些不可思议,神话确实什么也没有解释,只是转移了问题;不过,正是这种转移,至少好像是减轻了逻辑上的龃龉。除了细节上略有不同以外,所有的神话梗概都很类似,其目的都是要在人和图腾动物之间建立谱系关系,使一方成为另一方的亲戚。他们相信,通过共同的起源(顺便说一下,这是可以用各种方式加以表现的),就可以说明他们的共同性质。例如,纳里涅里人想象某些最早的人具有把自己变成野兽的力量。[26]另一些澳洲社会则以为,在人类之初有某些奇异的动物,人类就是以某种不可知的方式从它们衍生而来的,[27]或者是半人半兽的混合物,[28]或者是某种尚未成形的生物,难以名状,没有任何确定的器官,甚至没有任何确定的肢体,其身体的不同部分几乎还没有轮廓[29]。然后,神奇的力量(有时候被想象成具有动物的形式）就从中发挥作用，使人从这些难以归类而又没法计数的生物中产生出来。斯宾塞和吉兰说这些生物代表着“动植物向人类转化的阶段”[30]。这种转化是通过暴力形式向我们表现出来的，就像做外科手术一样：从形状未定的一个大块之中，人类个体被斧头打凿出来，分出肢体，打开嘴巴，穿出鼻孔；如果手术者是鸟，就用它的喙敲啄出来。[31]类似的传说也见于美洲，但由于这些民族的智力更为发达，所以他们用来表现的方式就没有出现这种令人心烦的混乱局面。有时候，传说中的人物凭借他的神力，把用来命名氏族的动物变成了人形。[32]有时候，神话试图要说明，动物是怎样通过一系列几乎是自然的事件和自发的演化，一点儿一点儿地使自己变成人形的。[33]

的确有一些社会（如海达、特林基特、钦西安等），不再认为人诞生于动物或植物，但是，在图腾动物和氏族成员之间存在着亲缘关系的观念却仍然保留了下来，它在神话中的表达虽与上述社会不同，但本质内容却没有少。这些神话的一个基本主题是这样的：某个祖先用自己的名字为氏族命了名，现在他变成了人类的代表，在其各种各样的闯荡生活中，他曾作为氏族用以命名的那种神话动物，生活过一段时间。由于这一亲密持久的关系的结果，他变得酷似他的新伙伴，以至于回到人们中间的时候，人们再也认不出他来了。因此他就被冠以他所相像的那种动物的名字。正是从他所待过的神奇之地，他带回来了图腾标记，以及据信图腾所附有的力量和功效。[34]因此，在这个例子中，或者与它相同的其他某些例子中，人被认为分享了动物的性质，虽然体现这种分享的形式略有差异。[35]

因此人自身也具有某种神圣性。这种神圣性虽然分布在整个有机体中,但有些特殊的部位则格外明显。有的器官和组织特别突出,尤其是血和头发。

首先,人血在中澳洲的部落中是非常圣洁的,乃至通常用来供奉在膜拜中最受尊崇的法器。例如,在有些情况里,纳屯架往往从头到脚都被涂满人血。[36]在阿兰达,鸸鹋人在浸透了人血的土地上勾画出他们神圣的图像。[37]我们稍后还会看到,淋淋鲜血被浇灌在表现图腾动物和植物的岩石上。[38]凡是宗教仪典,都缺不了用鲜血来发挥某些作用。[39]在成年礼上,成人割开自己的血管,把血洒在新人身上,这鲜血是如此神圣,在它流淌的时候不许有女人在场,也禁止她们看到,就如同不许看到储灵珈一样。[40]年轻的初成年者在其必须承受的痛苦手术中所流出的血,具有特殊的功效,因而被用在各种仪典上。[41]阿兰达人把割阳时流出的血虔诚地保存起来,埋在一个地方,并放上一块木头警告路过者该地具有神圣性,所有女人都不得接近。[42]血天然具有的宗教性也解释了红赭石在宗教方面所具有的同等重要性。红赭石在仪典中被频繁使用,人们用它来涂擦储灵珈,也用它来作仪式的装饰。[43]这是因为它的颜色使它被看成是血的同类。在阿兰达发现的很多红赭石矿,甚至被说成是神话时代某些女英雄流在地上的血所凝结成的。[44]

头发也有同样的性质。澳洲中部的土著系着由人发制成的带子,也用这种带子来扎裹某些膜拜法器[45]——这种宗教功能我们已经指出过了。不是有人会把他的储灵珈借给别人吗?那么后者就要把一些头发奉送给前者以志答谢;可见,在人们看来,这两种东西不仅属于同一档次，而且也有相同的价值。[46]所以，剪发就是一种仪式行为，要遵循确定的仪典。被剪发的人必须蹲坐在地上，面向被认为是他母亲所在氏族的神话祖先曾经宿营的地方。[47]出于同样原因，一旦某个男人死去，他的头发立即就会被剪下来并被放在相当远的地方，女人和未成年者都无权看到这些头发。就在这远离凡俗目光的地方，它们被编成了发带。[48]

曾经提到过的另外一些机体组织也在不同程度上具有同样的性质，如胡须、包皮、肝脏、脂肪等等。[49]但是，无需赘言就足以证明，人的某些部分不仅排斥了凡俗事物，而且具有宗教力量。换言之，人的器官深藏着一种神圣本原，它在某些特定的情况下会显现出来。这一本原与导致图腾的宗教性的本原并没有实质区别。实际上，我们已经看到，它把自身体现为构成本原的物质，不管在专门用于构成膜拜对象（纳屯架、图腾图案）的仪式中，还是在用于增强储灵珈或圣岩功效的涂油礼中，它们都是属于同一物种的事物。

在这方面，氏族成员的宗教地位有时天生就是不平等的。男人拥有的宗教地位比女人要高，对于男人来说，女人就像凡俗生物一样。[50]例如，每一次集会，不论是图腾群体的集会还是部落的集会，男人都有区别于妇女营地的单独营地；女人由于不得进入男人的营地而被分离出去。[51]不过，男人也因宗教性的不同而有所区分。在这方面，尚未举行成年礼的年轻人一无所有，因为他们还不被允许参加仪典，但在老人那里，却达到了登峰造极的地步。老人是如此神圣，以至于对普通人来说是犯禁的事情却允许他们去做；他们可以更加随意地去吃图腾动物，正如我们所看到的，在有些部落，他们甚至不受任何饮食禁忌的限制。

所以我们必须小心,不要把图腾制度看作一种动物崇拜。一个人对他用来取名的动物或植物的态度,和一个信徒对他的神的态度完全不同,因为前者自己也属于那个神圣世界。他们的关系毋宁说是处在同一层次、具有相同价值的两个生物之间的关系。充其量可以说,图腾动物至少在某些情况下,在神圣事物的等级体系中所占据的地位好像略高一筹。正因如此,有时候氏族成员把图腾动物称为父亲或祖父,这似乎表明他们感到对图腾动物还处于一种心理上的依赖状态。[52]但另一方面,也可能是更普遍的情况,对图腾动物的称呼体现了相当平等的感情,它们被称为人类伙伴的朋友或大哥。[53]最后,他们之间的这种关系更像是联结同一家庭成员的纽带,就像班迪克人所说的,动物和人都是一样的骨肉。[54]由于这种亲属关系,人们把图腾动物视为可以依赖其帮助的亲密伙伴。他们向它们求援,[55]它们就会前来;它们会在狩猎中指导他们出击,在可能出现危险时发出警告。[56]作为回报,人们就尊敬地对待它们,从来不许虐待它们;[57]但是,这种关照绝不等同于膜拜。

有时候,人对于他们的图腾甚至好像还有一种神秘的所有权。当然,宰杀禁忌和食用禁忌只适用于本氏族的成员,如果延及他人,就必然会使人无法生存。例如在阿兰达这样的部落,有一大堆各种各样的图腾,如果不仅本氏族用以命名的动植物禁止食用,而且作为其他氏族图腾的所有动植物也都禁止食用,那么食物资源就会减少殆尽。但是,还是有些部落不允许无限制地食用图腾植物或动物,甚至对外人亦是如此。在瓦克尔布拉部落,绝不能当着该图腾成员的面吃他们的图腾。[58]在另外一些部落,要吃就必须得到他们的允许。例如在凯蒂什和翁马杰拉，一旦鸸鹋氏族的人恰巧在草籽氏族的领地采集了一些这种草籽，在吃以前他就必须到草籽氏族的首领那里，对他说："我在您的领土上采集了这些草籽。"首领就会答复道："好吧，你可以吃。"但是，假如鸸鹋人在请求允许以前就吃了草籽，据说他就会患上疾病，并有生命危险。[59]甚至会有这样的情况，该图腾群体的首领一定要取一点这种食物自己吃下去，作为对方必要的付偿。[60]由于同样的原因，储灵珈能够给予猎手战胜相应的图腾动物的力量。例如，一个人用岩大袋鼠的储灵珈摩擦过身体，他就有更大的把握捕获岩大袋鼠。[61]这证明，分享了图腾生物的本性，也就被赋予了高出图腾生物一筹的权利。最后，在北昆士兰有一个卡林巴尔部落，只有本图腾的人才有权杀死图腾动物；如果图腾是一种树，就只有他们才能剥去树皮。这样，其他任何有出于自己的目的而需要图腾动物的肉或图腾树的木材的人，都必不可少地需要他们的帮助。[62]因此，他们就仿佛是财产所有者，当然他们所拥有的显然是一种特殊的所有权，而且我们发现他们还基本上没有形成这种所有权的观念。

注　释

[1]　见泰普林书中的案例：《纳里涅里部落》，第 63 页；霍维特：《澳洲东南部的土著部落》，第 146 页，第 769 页；菲松与霍维特：《卡米拉罗伊与库尔奈》，第 169 页；罗斯：《迷信，巫术与巫医》，第 150 节；怀亚特：《阿德莱德和因考特湾部落》，载于伍兹：《澳洲南部的土著部落》，第 168 页；迈耶尔：《因康特湾土著部落的礼仪与习俗》，第 186 页。

[2]　瓦拉蒙加部落就是如此（《澳洲中部的北部部落》，第 168 页）。

[3]　例如在瓦拉蒙加、乌拉本纳、温吉邦、尤因、沃乔巴卢克、班迪克、恩格翁巴等部落中。

[4]　在凯蒂什部落,如果一个氏族的人吃了太多的图腾,另一胞族的成员就会借助巫术让他死掉(《澳洲中部的北部部落》,第284页;参见《澳洲中部的土著部落》,第204页;帕克夫人:《埃瓦拉伊部落》,第20页)。

[5]　《澳洲中部的土著部落》,第202页注;斯特莱罗:《澳洲中部的阿兰达和洛里查部落》,第2卷,第58页。

[6]　《澳洲中部的北部部落》,第173页。

[7]　《澳洲中部的土著部落》,第207页及以下诸页。

[8]　《澳洲中部的土著部落》,第151页。

[9]　还应该注意,这些神话从来没有把祖先描写成是惯常以图腾为食的。相反,此类饮食是一种例外。又据斯特莱罗说,祖先平常吃的食物与相应的图腾动物的食物是一样的(见斯特莱罗:《澳洲中部的阿兰达和洛里查部落》,第1卷,第4页)。

[10]　而且,斯宾塞和吉兰的整个理论都基于一个完全武断的假设:他们和弗雷泽一样,都认为中澳洲的部落,特别是阿兰达部落,代表了图腾制度最古老因而也最纯粹的形式。我们马上就会说到,为什么这种推测看起来基本上与我们正好相反。假如这些作者们并不拒绝把图腾视为一种宗教,因此也没有曲解图腾的神圣性的话,那么连他们自己甚至也不会轻易地接受自己的论点了。

[11]　泰普林:《纳里涅里部落》,第64页;霍维特:《澳洲东南部的土著部落》,第145页和第147页;斯宾塞和吉兰:《澳洲中部的土著部落》,第202页;格雷:《澳洲西北和西部两次历险记》;科尔:《澳洲种族》,第3卷,第462页。

[12]　《澳洲中部的北部部落》,第160页,第167页。仅是另一个图腾的成员还不足以担当中介人,我们将会看到,每个胞族的图腾都在一定程度上对不同图腾的胞族成员是一种禁忌。

[13]　《澳洲中部的北部部落》,第167页。我们现在就能更容易地解释为什么当一种禁忌未被遵守时,要靠另一胞族来洗雪这种亵渎(《澳洲中部的北部部落》,第151页,注解4)。这是因为确保这一规则得到遵守是另一胞族的利益所在。实际上,他们相信如果破坏了禁忌规定,图

腾物种就不会大量繁衍了。而该胞族的成员平素是以此物种为食的，因此受到影响的就是他们。这就是为什么会由他们来进行报复的原因。

[14]　洛里查(斯特莱罗:《澳洲中部的阿兰达和洛里查部落》,第 2 卷,第 60 页,第 61 页)、沃尔加亚、瓦拉蒙加、瓦尔帕里、马拉、阿努拉、宾宾加(《澳洲中部的北部部落》,第 166 页,第 167 页,第 171 页,第 173 页)等部落就是这种情况。瓦拉蒙加和瓦尔帕里部落的人可以食用,但只能取自另一胞族的成员。斯宾塞和吉兰评论说(第 173 页注),从中可以看出有关父系图腾和母系图腾的规则似乎不同。的确,父母双方的图腾都必须是另一胞族提供的,这样,如果是父系的图腾,也就是名正言顺的图腾,提供者是不属于本图腾的另一胞族;而如果是母系的图腾,却反而要由本胞族的成员来提供了。可能这一原则先是为父系图腾确立的,后来又习惯性地扩展到母系图腾,尽管母系图腾的情形不同。保护图腾的禁忌只有在其他胞族的请求下才能被免除,该项规则一旦确立起来也就适用于母系图腾了。

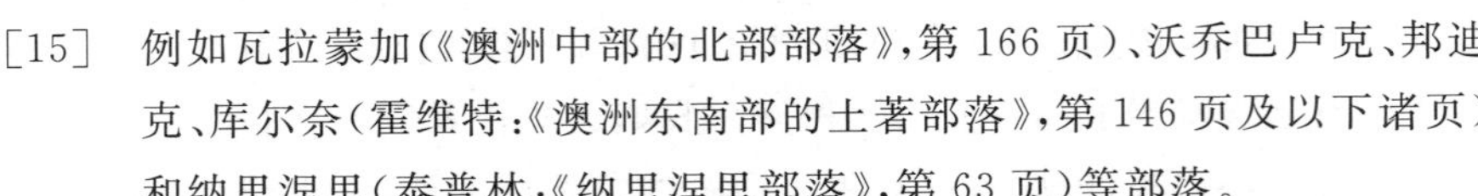

[15]　例如瓦拉蒙加(《澳洲中部的北部部落》,第 166 页)、沃乔巴卢克、邦迪克、库尔奈(霍维特:《澳洲东南部的土著部落》,第 146 页及以下诸页)和纳里涅里(泰普林:《纳里涅里部落》,第 63 页)等部落。

[16]　但即使在这种情况下也不总是这样。在阿兰达部落,蚊子图腾的成员绝不可以杀死这种昆虫,纵然蚊子总是骚扰个不停,也只能把它们赶走(斯特莱罗:《澳洲中部的阿兰达和洛里查部落》,第 2 卷,第 58 页;参见泰普林:《纳里涅里部落》,第 63 页)。

[17]　凯蒂什部落和翁马杰拉部落(《澳洲中部的北部部落》,第 160 页)。在某些情况下甚至会有老人把他自己的储灵珈送给一个拥有不同图腾的年轻人,以便让他更轻易地杀死他自己的图腾(《澳洲中部的北部部落》,第 272 页)。

[18]　霍维特:《澳洲东南部的土著部落》,第 146 页;格雷:《澳洲西北和西部两次历险记》,第 2 卷,第 228 页;卡萨利斯:《巴苏陀人》,第 221 页。后一本书中说:“亵渎事后必须涤罪。”

[19]　斯特莱罗:《澳洲中部的阿兰达和洛里查部落》,第 2 卷,第 58 页,第 59

页,第 61 页。

[20] 多尔西:《奥马哈社会学》,载于《美国民族学会的第三次年度报告》,第 225 页,第 231 页。

[21] 卡萨利斯:《巴苏陀人》。

[22] 即使在奥马哈部落,就我们刚才引用的例子而言,也不能肯定接触禁忌确有图腾性质,因为其中有很多都与氏族的图腾动物没有直接的关系。例如在鹰图腾的亚氏族,其特有的禁忌是不许触摸野牛的头(多尔西:《奥马哈社会学》,第 239 页);在另一个具有同样图腾的亚氏族,他们绝不能触摸铜绿、木炭等等(《奥马哈社会学》,第 245 页)。

对于弗雷泽提到的其他禁忌,例如不能说或不能看图腾动物或植物,我们并没有涉及。因为除了在贝专纳观察到的某些现象以外,我们不能确定这些禁忌是否具有图腾的渊源(《图腾制度与外婚制》,第 12—13 页)。弗雷泽在确认饮食禁忌或接触禁忌依赖于图腾信仰时,有些过于轻率了(在这方面,倒是有人在效仿他)。不过,在澳洲却好像有一个禁止观看图腾动物的例子。又据斯特莱罗(《澳洲中部的阿兰达和洛里查部落》,第 2 卷,第 59 页)的说法,在阿兰达和洛里查,以月亮为图腾的人不能长时间地看月亮,否则就很有可能死于敌人之手。但我们相信这是一个孤立的事实。而且我们不能忘记,在澳洲天象图腾可能不是原始的,所以这一禁忌应该是经过精心策划的产物。埃瓦拉伊部落就证明了这种情况,在那里所有的母亲和儿童都不许看月亮,而不管他们的图腾是什么(帕克夫人:《埃瓦拉伊部落》,第 53 页)。

[23] 参见本书第三卷,第二章,第 2 节。

[24] 也许,任何宗教都不会把人完全作为凡俗的存在。就基督徒而言,我们每个人都有灵魂,灵魂构成了我们存在的本质,它就具有某种神圣性。我们将会看到,灵魂观念和宗教思想本身一样古老。在神圣事物的等级体系中,人的地位多少还算比较高的。

[25] 《澳洲中部的土著部落》,第 202 页。

[26] 泰普林:《纳里涅里部落》,第 59—61 页。

[27] 例如瓦拉蒙加的某些氏族(《澳洲中部的北部部落》,第 162 页)。

［28］　在乌拉本纳人中(《澳洲中部的北部部落》,第 147 页)。即使当他们对我们说最早的生物是人,那实际上也只是半人,同时还具有动物性,某些翁马杰拉人就是这样(同上,第 153—154 页)。这里我们发现,这种混融的思想方式令我们颇感棘手,但我们必须照此接受。如果我们试图引入一种与之相异的明晰性,那就改变了它们的本来面目(参见《澳洲中部的土著部落》,第 119 页)。

［29］　在阿兰达人(《澳洲中部的土著部落》,第 388 页及以下诸页)及某些翁马杰拉人中(《澳洲中部的北部部落》,第 153 页)。

［30］　《澳洲中部的土著部落》,第 389 页;参见斯特莱罗:《澳洲中部的阿兰达和洛里查部落》,第 1 卷,第 2—7 页。

［31］　《澳洲中部的土著部落》,第 389 页;斯特莱罗:《澳洲中部的阿兰达和洛里查部落》,第 1 卷,第 2 页及以下诸页。毫无疑问,这是初入仪式在这一神话主题中的反映。成年礼一方面有令年轻人成为一个完整的人的目的,另一方面也包含着实实在在的外科手术(如割礼、割阳、拔牙等)。人最初形成的过程自然也是依据相同的模式构想出来的。

［32］　莫基部落的九个氏族(斯库克拉夫特:《美国的印第安部落》),奥杰布韦的克莱因氏族(摩尔根:《古代社会》,第 180 页),以及努特卡氏族(博厄斯:《加拿大自治领西北部落委员会的第六次报告。不列颠科学进步委员会》,第 43 页)等等都是如此。

［33］　易洛魁人的海龟氏族就采取了这种形式。一群海龟被迫离开它们栖息的湖泊去寻找另一个家园。其中一只最大的海龟,在跋涉中难以忍受炎热,它苦苦挣扎,终于挣脱出了龟壳。这种转化过程从此自动进行,一发不可收,最终海龟变成了人,成为该氏族的祖先(史密斯:《易落魁人的神话》,载于《美国民族学会的第二次年度报告》,第 77 页)。乔克托部落的螃蟹氏族也是以类似的方式形成的。有一些人对生活在附近的某些螃蟹颇感惊奇,就把它们带回家中,教它们讲话和走路,最终把它们收养入人的社会(卡特林:《北美印第安人》,第 2 卷,第 128 页)。

［34］　例如钦西安人有一个传说:在一次狩猎中,一个印第安人遇到一头黑熊。黑熊把他带回家中,教他捉鲑鱼和造独木舟。这人和熊一起待了

两年,然后回到了本村。但是人们都害怕他,因为他就像是一头熊了。他不会讲话,只吃生食。后经魔草摩擦后他才渐渐恢复了原状。此后,只要他一有麻烦,他就召唤他的熊朋友,熊就会来帮他。他造了一间房子,在地基上画了一头熊。他的妹妹织了一条跳舞用的毯子,上面也有熊的图案。这就是他妹妹的后裔以熊为标记的原因(博厄斯:《夸扣特尔印第安人的社会组织和秘密会社》,第 323 页。参见《不列颠科学进步委员会。加拿大自治领西北部落委员会的第五次报告》,第 23 页,第 29 页及以下诸页;托特:《英属哥伦比亚斯塔鲁姆民族学报告》,载于《大不列颠及爱尔兰人类学研究所学报》,1905 年,第 35 卷,第 150 页)。

这样,我们就会看到,如果像甘奈普所说的那样(《图腾制度与比较方法》,载于《宗教史评论》,第 53 卷,1908 年 7 月,第 55 页),把人和动物的这种神秘关系作为图腾制度的显著特点,就显得不太合适了。这种关系是其他根深蒂固的事实的神话体现,即使忽略它也不会失去图腾制度的基本特点。毋庸置疑,氏族成员和图腾动物之间总是存在着密切的关系,这虽然往往被表述为血缘关系,但并不一定就是这种关系。

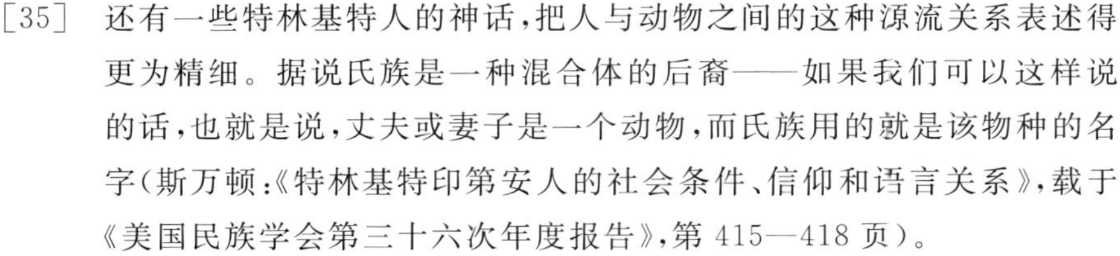

[35]　还有一些特林基特人的神话,把人与动物之间的这种源流关系表述得更为精细。据说氏族是一种混合体的后裔——如果我们可以这样说的话,也就是说,丈夫或妻子是一个动物,而氏族用的就是该物种的名字(斯万顿:《特林基特印第安人的社会条件、信仰和语言关系》,载于《美国民族学会第三十六次年度报告》,第 415—418 页)。

[36]　《澳洲中部的土著部落》,第 284 页。

[37]　《澳洲中部的土著部落》,第 179 页。

[38]　参见本书第三卷,第二章。参见《澳洲中部的土著部落》,第 184 页,第 201 页。

[39]　《澳洲中部的土著部落》,第 204 页,第 262 页,第 284 页。

[40]　在迪埃里和潘卡拉部落中。见霍维特:《澳洲东南部的土著部落》,第 658 页,第 661 页,第 668 页,第 669—671 页。

[41]　在瓦拉蒙加部落,割礼时所流出的血由其母饮下(《澳洲中部的北部部

落》，第 352 页)。在宾宾加，割阳时所用的刀上的血，必须由初成年者自己舔去(同上，第 368 页)。通常，生殖器流出的血被看作是格外神圣的(《澳洲中部的土著部落》，第 464 页；《澳洲中部的北部部落》，第 598 页)。

[42] 《澳洲中部的土著部落》，第 268 页。

[43] 《澳洲中部的土著部落》，第 144 页，第 568 页。

[44] 《澳洲中部的土著部落》，第 442 页，第 464 页。这一神话在澳洲十分普遍。

[45] 《澳洲中部的土著部落》，第 627 页。

[46] 《澳洲中部的土著部落》，第 466 页。

[47] 《澳洲中部的土著部落》。他们认为，如果这些礼节没有完全得到严格遵守，那个人就会大祸临头。

[48] 《澳洲中部的土著部落》，第 538 页；《澳洲中部的北部部落》，第 604 页。

[49] 包皮被环切下来以后，有时会像血一样也被保藏起来，并具有特殊的功效，例如可以确保某种动物或植物的丰产(《澳洲中部的北部部落》，第 353 页及以下诸页)。胡须和头发混在一起，也作同样处理(同上书，第 604 页，第 544 页)。这些东西在神话中也有所表现(同上，第 158 页)。至于脂肪，会在葬礼上使用，从而显示出了它的神圣性。

[50] 这并不是说女人就完全是凡俗的。至少在阿兰达的神话中，她们所起到的宗教作用比在现实中要远为重要(《澳洲中部的土著部落》，第 195 页及以下诸页)。直到现在，她们也参与一些成年仪典。再者，女人的血也有宗教功能(见《澳洲中部的土著部落》，第 464 页；参见《乱伦禁忌及其起源》，载于《社会学年鉴》，第 1 卷，第 41 页及以下诸页)。

外婚制的限制正有赖于妇女的这种复杂处境。这些我们没有讲，因为它们更直接地涉及家庭和婚姻组织的问题，而不是本文当下所要讨论的问题。

[51] 《澳洲中部的土著部落》，第 460 页。

[52] 有关瓦克尔布拉的情况，参见霍维特：《澳洲东南部的土著部落》，第 146 页；有关贝专纳的情况，参见卡萨利斯：《巴苏陀人》，第 221 页。

[53]　有关班迪克和库尔奈的情况,参见霍维特:《澳洲东南部的土著部落》,第146页;有关阿兰达的情况,参见斯特莱罗:《澳洲中部的阿兰达和洛里查部落》,第2卷,第58页。

[54]　霍维特:《澳洲东南部的土著部落》,第146页。

[55]　罗斯说(《迷信,巫术与巫医》,载于《北昆士兰民族学会第5号公报》,第74节),在塔利(Tully)河地区,一个人在睡觉时或在早上起身后,要以一种相当低的声音念出他所取名的那种动物的名字。这一程序的目的在于,能够使他在狩猎中变得更加机敏、更有运气,或者得到该动物的预先警告,知道可能遭遇的危险。例如以一种大蛇为图腾的人,如果能够按期做这种祝祷,就会免受蛇咬。

[56]　泰普林:《纳里涅里部落》,第64页;霍维特:《澳洲东南部的土著部落》,第147页;罗斯:《迷信,巫术与巫医》。

[57]　斯特莱罗:《澳洲中部的阿兰达和洛里查部落》,第2卷,第58页。

[58]　霍维特:《澳洲东南部的土著部落》,第148页。

[59]　《澳洲中部的北部部落》,第159—160页。

[60]　《澳洲中部的北部部落》。

[61]　《澳洲中部的北部部落》,第225页;《澳洲中部的土著部落》,第202页,第203页。

[62]　卡梅伦:《两个昆士兰部落》,载于《人的科学》,《澳大利亚人类学杂志》,1904年,第7卷,第28页,第1栏。

第三章 图腾信仰(续)

图腾的宇宙论体系与类的观念

我们开始知道,图腾制度作为一种宗教比初看上去要复杂得多。我们已经区别了三类在不同程度上被认为具有神圣性的事物:图腾标记,由这种标记再现其外观的动物或植物,氏族成员。不过,这份清单还很不完整。实际上,一种宗教并不仅仅是针对诸如我们刚才讨论过的那些特殊对象的零碎信仰的集合。所有已知的宗教作为观念体系,或多或少都倾向于去包罗普遍事物,倾向于向我们提供一种世界的完整表现。如果图腾制度相比而言应该被视为一种宗教,那么它完全应当给我们提供一种宇宙观。就实际情况来讲,它也的确做到了这一点。

1

图腾制度的这个方面之所以往往会被人忽略,是因为目前通行的氏族观念过于狭窄。氏族通常仅仅被视为一种人类的群体。作为部落的简单分支,它看起来好像是这样,除了人以外别无他物。但是,在作出这种推断时,我们却是用我们欧洲的观念代替了原始人对人和社会的观念。对澳洲人来说,他们本身就是事物,而宇宙中的每件事物都是部落的一部分,都是部落的构成要素。这就是说,每件事物都像人一样,是部落的正规成员,在社会组织的整个格局中都有一个确定的位置。菲松说:"南澳洲的野蛮人把宇宙看成一个大部落,他自己属于其中的一个分支;所有属于他这一类的东西,不管是生物还是非生物,都和他一样,都是他所属的那个集体的一部分。"[1]基于这一原则,一旦部落分为两个胞族,所有已知的事物就要在他们之间进行分配。帕尔默在谈到贝灵格河部落时说:"全部自然界也被分到不同类别[胞族]的名下。……日月星辰就像这些黑人*自己一样,被说成属于某个类别[胞族]。"[2]昆士兰的麦凯港部落有两个胞族,和邻近的部落一样,它们的名字分别叫作"扬加鲁"(Yungaroo)和"伍塔鲁"(Wootaroo),据布里奇曼说,"所有事物,不论是生物还是非生物,都被这些部落划分为两个类别,名为'扬加鲁'和'伍塔鲁'"。[3]但分类还不止于此。由于每个胞族的人又分属一定数量的氏族,同样,归于每个胞族的事物就又被顺理成章地分配到了组成胞族的那些氏族去。例如,一种树被指定给了袋鼠氏族,而且只属于袋鼠氏族,那么它就像这个氏族的人类成员一样,也以袋鼠为图腾;而另一种树就会属于蛇氏族;云属于一个图腾;那么太阳就会属于另一个图腾,如此等等。所有已知的事物就这样被安排进一种囊括整个自然的图表或系统分类之中了。

* 这里所说的黑人并不是人种学意义上的黑人,而是指皮肤较黑的土著人。——译注

我们在其他文章中已经给出了一些这样的分类[4]，在此我们仅限于重提其中几个作为例子。在甘比尔(Gambier)山部落发现的例子，是最广为人知的一个例子。这个部落包括两个胞族，分别叫作“库米特”(Kumite)和“克罗奇”(Kroki)；然后两个胞族又各分为五个氏族。而“自然中的每一事物都属于这十个氏族中的一个”[5]，菲松和霍维特说它们全都被“纳入”到部落中了。实际上，它们被划分到十个图腾中，就好像是物种被划分到各自的类中。下面是根据科尔、菲松和霍维特所收集的信息制成的图表[6]，它很清楚地表明了这一点。

胞族	氏族	分归每一氏族的事物
库米特	鱼鹰	烟，忍冬，某些树，等等
	鹈鹕	黑檀树，狗，火，霜，等等
	乌鸦	雨，雷，闪电，云，雹，冬天，等等
	黑色凤头鹦鹉	星辰，月亮，等等
	一种无毒蛇	鱼，海豹，鳗，纤维内皮桉树，等等
克罗奇	茶树	鸭，淡水螯虾，猫头鹰，等等
	一种可以食用的植物的根	鸨，鹌鹑，一种袋鼠，等等
	一种白色无羽冠的凤头鹦鹉	袋鼠，夏天，太阳，风，秋天，等等
	该胞族第四、第五氏族情况不详	

以上附于各个氏族的事物清单还很不完整，科尔本人提醒我们他自己只不过列举了其中的一部分。但是，通过马休和霍维特的工作，[7]我们对沃乔巴卢克部落所采用的分类有了更加广泛的资料，这使我们能够更好地理解这一体系何以能够包含了土著所知的整个宇宙。沃乔巴卢克部落同样也分为两个胞族，名为Gurogity 和 Gumaty(霍维特称作 Krokitch 和 Gamutch[8])。不必再加长这个详表,我们只需依据马休来指出划归 Gurogity 胞族的某些氏族的事物就可以了。

划归山药氏族的有平原火鸡、本地猫、蟆口鸱、叮叮(dyimdy-im)猫头鹰、眼斑冢雉、玫瑰鹦鹉、鹊鹦。

划归河蚌[9]氏族的有灰鸸鹋、豪猪、鹬、白色凤头鹦鹉、林鸳鸯、眼斑蜥蜴、臭龟、袋鼯、卷尾负鼠、青翅鸽、维朱格拉(wijuggla)。

划归太阳氏族的有袋狸、月亮、长鼻袋鼠、黑鹊与白鹊、负鼠、恩古特鹰、橡胶树蛴螬、金合欢树蛴螬、金星。

划归暖风[10]氏族的有灰头鹰、花斑蟒蛇、烟鹦鹉、壳鹦鹉、穆拉坎鹰、迪克墨蛇、环颈鹦鹉、米卢岱蛇、平背蜥蜴。

如果我们记得还有其他许多氏族(霍维特提到了 12 个,马休提到了 14 个,而且还说他列举的并不全面[11]),我们就会理解所有这些土著所感兴趣的事物是怎样在这些分类中找到其天然的位置的。

同样的安排可以在澳洲大陆的各个地方观察到,如在南澳洲,在维多利亚,在新南威尔士(在埃瓦拉伊部落[12]中);在中部部落中也可以发现非常明显的痕迹。[13]在昆士兰,氏族好像已经消失,姻族是胞族唯一的分支,那么事物就在这些姻族之间进行划分。例如,瓦克尔布拉部落分为 Mallera 和 Wutaru 两个胞族,前者的姻族名为 Kurgilla 和 Banbe,后者的姻族名为 Wungo 和 Obu。属于 Banbe 姻族的有负鼠、袋鼠、狗、小蜜蜂的蜜等等;划归 Wungo 姻族的是鸸鹋、袋狸、黑鸭、黑蛇、棕蛇;属于 Obu 姻族的有花斑蟒蛇、刺蜜蜂的蜜等等;而属于 Kurgilla 姻族的则是豪猪、平原火鸡、水、雨、火、雷等等。[14]

同样的分类安排也见于北美的印第安人之中。祖尼人有一种分类体系，其基本思路与我们刚才所描述的完全类似。奥马哈人的分类体系所依据的原则也和沃乔巴卢克相同。[15]这种观念甚至在更先进的社会中也有所反映。在海达，主管各种自然现象的诸神和神话生物都像人一样，被分归到部落两个胞族的一个中去了，即一些属于鹰胞族，另一些则属于乌鸦胞族。[16]掌管事物的神也只是它所掌管的事物的另一方面，[17]因此，这种神话分类也不过是事物分类的另一形式而已。所以我们可以肯定，这种思考世界的方式并不取决于任何人种的或地理的特性；显而易见，它与整个图腾体系紧密相连。

2

在我们屡次提到的论文中，我们已经表明了这些事实是如何帮助我们洞察人们形成种类或类别观念的方式的。实际上，这种系统分类是我们在历史上见到的最早的分类，我们刚才已经看到，它们以社会组织为原型，或者毋宁说是以社会形式作为框架的。胞族就是类别（纲），而氏族则是物种。正是因为人们组织起来了，他们才能去组织事物，因为在划分事物时，他们仅限于在他们自己所形成的群体中安置这些事物。如果这些不同类别的事物不仅仅逐个排列着，而且还依据一个统一的计划进行了安排，那是因为他们借以融合的社会群体是统一的，并且通过他们的联合，形成了一个有机整体——部落。这些最初的逻辑体系的统一性只不过是社会统一性的翻版。于是，我们就能够证实在本书一开始就提出来的假设了,这也使我们确信,认识的基本观念和思维的基本范畴,乃是社会因素的产物。上述事实清楚地表明,范畴观念本身的情况就是如此。

然而,我们无意否认个体智力本身有能力意识到并且感知出不同对象之间的相似性。恰恰相反,甚至最原始最简单的分类也显然是以这种官能为前提的。澳洲人不会胡乱地把事物划归同一氏族或不同的氏族。他们和我们的想法一样,相似的形象彼此吸引,而相反的形象彼此排斥。正是以这些相互吸引或相互排斥的感觉为基础,他们才把相应的事物划归到了这儿或那儿。

还有一些事例能使我们领会引发上述分类的原因。这种分类最原初、最基本的依据很可能是两个胞族,于是事物在一开始就被分为两支。而当分类简化到只有两个类别时,这两个类别就必然要被设想成是彼此对立的,从根本上说,它们就是用来明确划分那些对比非常明显的事物的手段。左右分明——这就是澳洲分类的特征。如果白色凤头鹦鹉属于一个胞族,那么黑色的就属于另一胞族。如果太阳在这一边,那么月亮和夜晚的星辰就在与之相对的另一边。[18]两个胞族的图腾生物具有相反颜色的情况也十分常见。[19]这种对立甚至在澳洲以外也能遇到。在一个胞族倾向和平之处,另一个胞族必然好战。[20]如果一个胞族以水为图腾,另一个胞族的图腾就是土。[21]毫无疑问,这就解释了为什么两个胞族通常会被认为是天然就互不相容的。有人说在它们之间有一种对峙,甚或是一种天生的敌意。[22]这是事物的对立扩展到了人,逻辑的对比引发了社会的冲突。[23]

此外还可以发现,在每个胞族中,分归一个氏族的事物与该氏

族的图腾似乎最具类同性。例如，月亮分归黑色凤头鹦鹉氏族，而太阳则与空气和风一起，被分归到了白色凤头鹦鹉氏族。再就是，所有作为图腾动物食物的东西，[24]以及和图腾动物关系最密切的动物都与该图腾归为一类。[25]当然，对于这种产生了众多联系与区分的隐晦难解的心理，我们不可能完全理解；但是，上述例证足以表明，由事物所引起的对于相似性和差异性的某种直觉，在这种分类的形成过程中扮演了重要角色。

但是，相似的感觉是一回事，类别观念则是另一回事。类别是让人觉得形式相似、内容也有点相近的那些事物的外在框架。很难提供出一个与内容正好相配的框架。内容是由模糊和变幻的意象构成的；是由一定数量的个体意象相互叠加和部分融合而形成的，人们发现这些意象具有共同的要素。而框架正相反，它是一种限定的形式，具有固定的轮廓，可以用于数量不确定的事物，不管它们是否可以被感知到，是实实在在的，还是可能会产生的。实际上，每一类别都具有不断扩展的可能性，可以远远超出我们得自直接经验或相似经验的对象范围。正因如此，每一流派的思想家即便没有充分的理由，也都反对把类别的观念和通属意象的观念等同起来。当通属意象自发呈现在意识之中时，它们只是相似的表现留给我们的边界非常模糊的表现；而类别则是一种逻辑符号，借助它我们可以有区别地思考那些相似的事物或者是可以类比的事物。而且，区分这两种观念最好的证据是：动物虽然根本不懂得纲和种的思维技巧，但却能形成通属意象。

很显然，类别观念是人构想出来的思维工具。但是要构造这一工具，我们至少需要一种模型，因为如果我们的内部和外部都没

有什么启发我们的东西的话,那么类别观念将从何而来呢？如果有人回答说,这种观念是先验赋予我们的,那么这根本不是什么回答;我们已经说过,这种懒人的解决办法完全会把分析扼杀掉。但是,除了在集体生活的场景以外,我们很难找到这种必不可少的模型。事实上,类别不是一种理念,而是明确界定的一群事物,在它们之间存在着类似于亲属关系的内在联系。而唯一能够通过经验了解到的这类群体,就是人们自己联合而成的群体。物质性的东西可以组成包含着各种单位的集合体、累积体或是没有内在统一性的机械聚合体,不过,这并不是我们所说的意义上的群体。一堆沙子或一堆石头绝对不能和那种自成一类的、明确而有组织的社会相提并论。如果在我们眼前不曾有过人类社会的范例,如果我们最初不曾把事物本身作为人类社会的成员,如果人类群体和逻辑群体起初不曾相互混淆;[26]那么,我们完全可能从来也想不到要把宇宙万物统一地纳入到称为“类别”的同质群体中去。

还有一个问题,我们应该做到心里有数:分类是一种各个部分都依据等级进行安排的体系。分类中有支配性的成员,也有从属于前者的其他成员;种及其特质都依赖于类别(纲)及其属性;而且属于同一类别(纲)的不同种又应该被认为处在同一层次上。有人愿意用理解的观点来看待分类吗？那么他就要以一种颠倒的次序来表现事物了,他会把最具特色和最富于实在性的各个种类奉为首位,而把最一般和最缺乏特质的类型置于底层。当然,这一切是以一种等级形式表现出来的。我们必须注意,不要以为这种表达仅有比喻的意义,这里,存在着真正的从属关系和并列关系,这种关系的确立恰恰是所有分类的目的。如果事先没有一种等级体系，人们根本不会想到要把他们的知识作出如此安排。但是，无论是物质的自然景观还是心理联想的机制，都不能为这些知识提供等级体系。等级体系完全是一种社会事务。唯有社会才会存在尊卑和平等。因此，即使上述事例还不足以证明这一点，即使是对这些观念的单纯分析，也能够揭示出它们的起源，我们不仅将它们从社会中取了出来，而且还将它们投射到了我们的世界概念之中。恰恰是社会，为我们提供了充满逻辑思维的轮廓。

3

而且，这些原始分类对于宗教思想的起源也不乏直接的意义。

它意味着划分到同一氏族或胞族的事物，不但相互之间有着密切的关系，而且该氏族或胞族的图腾也紧密相关。当一个麦凯港部落的澳洲人说太阳、蛇等等属于扬加鲁胞族时，他并非仅仅是在使用一种普普通通而且纯粹习惯上的对这些不同事物的命名法，而是扬加鲁这个词对他来说确有客观的意涵。他相信“鳄鱼确实*就是*扬加鲁，而袋鼠则是伍塔鲁。太阳*就是*扬加鲁，而月亮则是伍塔鲁。星象、树木、植物等等也如出一辙。”[27]有一种内在的纽带把这些事物和它们所处的群体联系起来，它们是群体的正规成员。这就是说，它们属于这个群体，[28]就像人类个体是这个群体的一部分一样；于是乎，把它们和人类联合在一起的也是同样一种关系。人们把他们氏族中的事物视为亲戚或同伴，称它们为朋友，并认为它们也是由如同自己一样的血肉构成的。[29]因此，在这两者之间存在着经过选择的亲和性与十分特殊的契和关系。事物和人有共同的名字，并且能够以某种方式自然而然地做到相互理解、彼此协调。例如,当一个 Mallera 胞族的瓦克尔布拉人被埋葬的时候,停尸用的支架“必须用属于 Mallwra 胞族的某种树的木材制成”[30]。覆盖死尸用的树枝也是一样。如果死者属于 Banbe 姻族,就得用 Banbe 的树。在这个部落,巫师在其巫术中也只能使用那些属于他自己的胞族的事物,[31]因为既然其他事物对他来说是陌生的,他就不知道如何让它们服从自己。这样,一种神秘感应的关系就把每个个体和与之相伴的那些生物或非生物联系起来了,结果,人们相信可以从当下活动中推断出他将会做的事,或者是已经做过的事。同样在瓦克尔布拉部落,当一个人梦到他杀死了一头属于某个社会分支的动物,他就会预期在第二天要和这一分支的人交手。[32]另一方面,划归某个氏族或胞族的事物则不能用来反对该氏族或胞族。在沃乔巴卢克,每个胞族都专门有自己的树。如在猎取 Gurogity 胞族的动物时,就只能使用以不同胞族的树木制成的武器,反之亦然,否则猎手肯定无法击中他的目标。[33]土著们认为箭会拐弯,也就是说会拒绝射中它的亲族或与它友好的动物。

这样,被划分到同一氏族中的人和事物就通过他们的联盟结成了一个牢固的体系,其中的所有部分彼此联合,交相呼应。在我们看来,这一组织首先是纯粹逻辑的,同时也具有道德意涵。赋予它生命和统一性的唯一本原就是图腾。正如属于乌鸦氏族的人内部会有某种乌鸦的成分一样,既然雨也属于这一氏族和这一图腾,那么雨就必然也被认为是“像乌鸦一样的东西”。出于同样的原因,月亮是黑色凤头鹦鹉,太阳是白色凤头鹦鹉,每一棵黑坚果树都是鹈鹕,如此等等。所有被安排在同一个氏族中的事物,无论是人,动物,植物还是非生物,都仅仅是不同形式的图腾存在而已。

这就是我们刚才举证的那套程式的意义，也就是人和那些事物确属同种的原因所在：就共同分享了图腾动物的性质而言，它们确实全都具有同样的血肉。另外，用于它们的修饰语也就是用于图腾的修饰语。[34]沃乔巴卢克把图腾和划归这一类别的东西都名之为Mir。[35]诚然，在这种分类的痕迹依然可辨的阿兰达，就像我们将要看到的那样，对于图腾和划归该图腾的其他事物是使用不同的词来指称的，但是，那些事物的名字也证明了在它们和图腾动物之间存在着密切关系。它们被说成是图腾的至交、同伴、朋友，被认为与图腾是不可分离的，[36]所以人们觉得它们是紧密相连的事物。

我们还知道，图腾动物是一种神圣存在。所有划分到以该图腾为标记的氏族的事物，也就具有了同样的特性，因为从某种意义上说，它们就像人一样，是图腾的同种动物。它们也是神圣的，而且，通过这些事物和宇宙间其他事物的对比，分类给它们作出定位，并以此在宗教世界中赋予它们一定的地位。由于这个缘故，氏族的人类成员也就不能随意食用其氏族中的动物或植物了。例如在甘比尔山部落，以一种无毒蛇为图腾的氏族人不仅禁食这种蛇的肉，而且海豹、鳗鱼等等对他们来说也须禁食。[37]如果出于不得已而吃了点儿这种肉，那就像吃了图腾一样，必须举行赎罪仪式以便至少能减轻一下亵渎之罪。[38]在埃瓦拉伊，虽然可以使用图腾，但是不得滥用，对于氏族内的其他事物，也采取同样的规则。[39]在阿兰达，保护图腾动物的禁忌扩展到了与之相关的动物，[40]在任何情况下，对于后者都要予以特别的关照，[41]它们能唤起与图腾动物一样的情感。[42]

划归图腾的事物与图腾的性质没有什么不同，因而也具有同样的宗教特性,对此,最好的证明是在有些场合中它们也能满足同样的功能。它们是辅助的或次级的图腾,或者按照目前因为被习惯采用而奉为圭臬的表达方式来说,它们被称为亚图腾。[43]由于各种感应的影响,氏族中总会形成特定的亲和性,产生比较小的群体和更加有限的联合;这些群体和联合倾向于过一种相对自主的生活并形成新的分支,犹如一个较大氏族中的氏族。为使自己与别的群体有所区别并且个体化,这种亚氏族需要一种专门的图腾,于是就有了亚图腾。[44]而次级群体就从划分到主图腾的这一类事物中选择他们的图腾。所以这些事物就差不多都是图腾,而且一点点机缘就足以使之成为真正的图腾。在它们中有一种潜在的图腾性质,一旦条件允许或者需要,它马上就能展示出来。这样,一个单独的个体就有了两个图腾,一个是整个氏族共同的主图腾,一个是他所在的亚氏族所专有的亚图腾。这确实与罗马人的族名(nomen)和家名(cognomen)有某些类同之处。[45]

有时候,我们看到一个亚氏族完全脱离出来,成为一个自主的群体或一个独立的氏族,那么,亚图腾这时候就成了正规的图腾。而有一个部落,这种解离进程已经发展到了登峰造极的地步,这就是阿兰达。斯宾塞和吉兰第一本著作中的资料显示,阿兰达大约有 60 种图腾;[46]而斯特莱罗最近的研究表明,这一数字要大得多,他数出不下 442 种图腾。[47]斯宾塞和吉兰毫不夸张地说:“事实上,在土著所占据的地方,很少见到有什么东西不被用为某个图腾群体的名字的,不管是生物体还是非生物体。”[48]而如此众多的图腾,其数目之所以与人口相比过于庞大,是因为在特定情况下,原初的氏族无限度地分化再分化,结果使几乎所有的亚氏族都过渡到了图腾阶段。

斯特莱罗的观察已经确切地证明了这一点。斯宾塞和吉兰引证的只是一些比较孤立的例子。[49]而斯特莱罗表明，亚氏族事实上完全是一种一般性的组织。他能够列出一张表来，上面几乎所有阿兰达的图腾都依据这一原则进行分类：不论是准图腾还是辅图腾，它们全都附属于约60个主图腾。[50]前者被认为是为后者效劳的。[51]这种依附的状态很可能反映出曾经有那么一个时期，今天的"盟友"不过是各个亚图腾，所以当时的部落中只有少量氏族，只是这些氏族又分有亚氏族。大量遗迹肯定了这一假设。经常会有两个这样联合在一起的群体具有相同的图腾标记，对此唯一可能的解释就是它们原为一家。[52]两个氏族相互参加对方的仪式并且对对方的仪式感兴趣，这也展示出了它们之间的关系。两种膜拜仍然只是不完全地分离，很可能是因为它们起初全都是搅和在一起的。[53]传说为了解释把它们联系起来的纽带，便想象从前这两个氏族是彼此相邻的。[54]在另一些个案中，神话则明明白白地说其中一个氏族源自另一个，其中讲到辅图腾动物原本与现在的主图腾属于同种，只是在后来的时期中分化出来了。例如今天作为木蠹蛾幼虫之辅图腾的一种叫做Chantunga的鸟，在神话时代也是木蠹蛾幼虫，后来才变成了鸟。现在附属于蜜蚁的两个物种原来也是蜜蚁，等等。[55]亚图腾向图腾的转化还在难以察觉地进行着，以至于有些个案的情况还无法确定，所以很难讲出所说的图腾是主图腾还是次级图腾。[56]霍维特在讲到沃乔巴卢克部落时说，那里有些亚图腾是正在形成中的图腾。[57]这样分归一个氏族的不同事物就不断地构成了许多核心，围绕这些核心，新的图腾膜

拜得以形成。这对于亚图腾所唤起的宗教情感是最好的证明。如果它们没有神圣性，它们就不能这么容易地就升格到像至为神圣的正规图腾那样的尊贵地位。

因此宗教事物的领域就大大超出了起初似乎还有所限定的范围。它不但容纳了图腾动物和氏族中的人类成员，而且由于没有什么已知事物不被划分到一个氏族和一个图腾中去的，所以任何东西都带上了某种程度的宗教性。当后来宗教形成、所谓真神出现的时候，它们就各自专门主司一种自然现象，这个管海，那个管空气，另一个管收成或果实等等，而且每个部分的自然事物都被认为是从它所依赖的神那里汲取生命之源的。这种依据不同的神性对自然的划分所建构的概念认为，是这些宗教向我们展现了宇宙。而只要人类还没有走过图腾制度阶段，部落中的各种图腾就正好满足了后来的神圣人格所发挥的功能。在我们作为主要例子的甘比尔山部落中有十个氏族，于是整个世界就分为十个类别，或者说是十个家族，每个都以一种专门的图腾为基础。就是从这些图腾中，被划分到氏族的事物获得了它们的全部实在，因为它们被认为是图腾的各种变异形式。反映到我们的例子中，就是雨、雷、闪电、雹和冬天都被看成是各种乌鸦。如果把这十个家族的事物放在一起，它们就形成了一种对世界完整而系统的表现。因为宗教的观念为之提供了基础，所以这种表现是宗教性的。图腾宗教的领域远非限于一两类生物，它一直拓展到所知宇宙的最后界限。就像希腊宗教一样，它使神明无所不在，那“万物皆辐诸神”(παυτὰ πληρ́ η θεω̂υ)的著名表白，同样堪称是图腾宗教的箴言。

但是，如果图腾制度是这样表现出来的，那么长期以来对图腾

制度所持的观念就必须在根本上做出修改。在近几年的发现之前，图腾制度一直被认为完全是由一种对特定图腾的膜拜所构成的，并被界定为氏族的宗教。从这种观点出发，好像每个部落有多少个氏族，就会有多少个相互独立的图腾宗教。这种观念也与通常对氏族的看法相投合，因为氏族实际上被视为一个自治的社会，[58]它对于其他氏族总归是封闭的，或者只有外在的和表面的联系。然而事实却更为复杂。毫无疑问，每种图腾膜拜都发祥于相应的氏族，在那儿，也只有在那儿，它才是声名显赫的，是那个氏族的成员照管着它，并只有通过氏族成员，它才能够和作为其基础的信仰一起世代相传。但同样可以肯定的是，在一个部落中实行的各种图腾膜拜，虽然好像是各自形成了完全自足的宗教，也不互相往来；但是，实际上它们并不是并行发展的，恰恰相反，它们相辅相成。它们只是一个单一整体的部分，是一个单一宗教的要素。一个氏族人对于邻近氏族的信仰，从来不像一种宗教对待异教那样，采取冷漠、怀疑或者敌视的态度，而是共享他们的信仰。乌鸦氏族的人也相信蛇氏族的人的祖先是一条神奇的巨蛇，并因为这一起源而相信他们具备特殊的品性和奇异的力量。我们不是看到，至少在某种情况下，一个人即使要吃不属于自己的图腾，也要先奉行一定的仪式礼节吗？尤其是如果有那一氏族的人在场，他就必须要请求他们的允许。所以，对他来说这种食物也并非完全是凡俗的，虽然他不属于该氏族，但他也承认该氏族成员与他们的同名动物之间有着亲密的关系。而且，这种信仰的共同体有时也表现在膜拜之中。即使在理论上关于某一图腾的仪式只能由该图腾的人举行，但是不同氏族的代表也经常出席。有时候，他们的角色还不单单是观众,尽管他们的确不能担任司仪,但却可以为司仪化妆并做一些准备工作。他们本身对仪式的举行很有兴趣,因此在某些部落中,是由他们来邀请有资格的氏族一道参与仪典的。[59]甚至还有一整套仪式,必须在整个部落全都在场的情况下才能举行,那就是成年礼的图腾仪典。[60]

最后,上述图腾组织,显然肯定是所有部落成员之间的某种默契的结果。每个氏族都不可能完全独立地确立其信仰,既然它们确实彼此促成了各自的信仰,那么相互之间的某种调适是绝对必要的。实际上,我们已经看到,一种图腾一般不会在同一部落中出现两次。整个宇宙是在图腾之间进行划分的,这种构成方式使得同一对象不会见于两个氏族。而如果没有全部落共同参与的协议、默契或规划,就不可能作出这样有条理的划分。所以,这样产生的一组信仰只是部分地(也只能是部分地)属于部落事务。[61]

总而言之,我们要对图腾制度形成恰如其分的看法,就绝不能把自己局限在氏族的范围内,而一定要把部落看作一个整体。诚然,每个氏族的特定膜拜都具有很强的自主性,我们能够看到,活跃蓬勃的宗教生活就发生在氏族之中。但同样真切的是,这些膜拜又是彼此契合的,而图腾宗教就是由它们联合形成的一个复杂体系。正像希腊的多神教一样,它也是由针对不同神力的特定膜拜结合而成的。我们已经表明,据此理解,图腾制度也有它的宇宙论。

注　释

[1]　《卡米拉罗伊与库尔奈》,第 170 页。

[2]　《笔记。几个澳洲部落》,载于《大不列颠及爱尔兰人类学研究所学报》,第 8 卷,第 300 页。

[3]　见于科尔:《澳洲种族》,第 3 卷,第 45 页;史米斯:《维多利亚的土著》,第 1 卷,第 91 页;菲松与霍维特:《卡米拉罗伊与库尔奈》,第 168 页。

[4]　涂尔干和莫斯:《分类的几种原始形式》,载于《社会学年鉴》,第 6 卷,第 1 页及以下诸页。

[5]　科尔:《澳洲种族》,第 3 卷,第 461 页。

[6]　科尔和菲松的资料都来自一个人,即斯图尔特。

[7]　马休:《新南威尔士和维多利亚的土著部落的民族学笔记》,载于《新南威尔士皇家协会公报期刊》,第 38 卷,第 287 页及以下诸页;霍维特:《澳洲东南部的土著部落》,第 121 页。

[8]　马休所给出的这两个名字的阴性形式是 Gurogigurk 和 Gamatykurk。这也就是霍维特记下来的名字,只是在拼写上略有差别。该名字也相当于甘比尔山部落所使用的名字(库米特和克罗奇)。

[9]　这一氏族的土语名叫 Dyàlup,马休对此未作翻译。这个词似乎和 Jallup 是同一个词,霍维特用 Jallup 来称呼同部落中的一个亚氏族,共译为"河蚌"。这就是我们大胆采用这一翻译的原因。

[10]　这是霍维特的翻译;马休把 Wartwurt 译为"正午太阳之酷热"。

[11]　马休和霍维特所列的表格在很多要点上都不一致,甚至被霍维特归入 Kroki 胞族的氏族却好像被马休归入了 Gamutch 胞族,反之亦然。这说明此类观察暴露出大量的问题,不过,这些分歧对我们目前的问题来说无关宏旨。

[12]　帕克夫人:《埃瓦拉伊部落》,第 12—13 页。

[13]　具体事实参见下文。

[14]　科尔:《澳洲种族》,第 3 卷,第 27 页。参见霍维特:《澳洲东南部的土著部落》,第 112 页。我们只谈到了一些最有特色的事实,至于细节,可以参考在《原始分类》中已经提及的研究报告。

[15]　霍维特:《澳洲东南部的土著部落》,第 34—35 页。

[16]　斯万顿:《海达人民族学》。

[17]　这一点在海达人中特别明显。斯万顿说,对海达人而言,每一种动物

都有两个方面,它首先是一种可以猎取并吃掉的寻常动物,但同时也是具有动物外形的超自然存在,人们要仰赖于它。与宇宙现象相对应的神话存在也具有同样的模糊性(斯万顿:《海达人民族学》,第 16 页,第 14 页,第 25 页)。

[18] 参见本书,第 195 页。这种情况见于贡迪奇—马拉部落(霍维特:《澳洲东南部的土著部落》,第 124 页),卡梅伦在戴德湖附近所观察到的部落,以及沃乔巴卢克部落(霍维特:《澳洲东南部的土著部落》,第 125 页,第 250 页)。

[19] 马休:《昆士兰的两个典型部落》,第 139 页;托马斯:《澳洲的亲属制度与婚姻制度》,第 53 页及下页。

[20] 例如奥塞奇部落,见多尔西:《苏人社会学》,《美国民族学会第十五次年度报告》,第 233 页及以下诸页。

[21] 在拖雷斯海峡的马布亚岛上(哈登:《猎头者》,第 132 页),同样的对立也见于阿兰达的两个胞族,它们一个由水图腾的人组成,一个包括土图腾的人(斯特莱罗:《澳洲中部的阿兰达和洛里查部落》,第 1 卷,第 6 页)。

[22] 在易洛魁人的两个胞族之间有一种比武(摩尔根:《古代社会》,第 94 页)。斯万顿说,海达人的鹰胞族和乌鸦胞族的成员之间"经常视对方为公开的敌人。丈夫和妻子(必然都来自另一个胞族)会毫不犹豫地彼此背叛"(《海达人民族学》,第 62 页)。在澳洲,这种敌对性被带入了神话。作为两个胞族图腾的动物被表现成在一场永恒之战中相互为敌(见马休:《鹰与乌鸦:澳洲土著研究》,第 14—15 页)。在游戏中,每个胞族是另一胞族天然的竞争对手(霍维特:《澳洲东南部的土著部落》,第 770 页)。

[23] 所以,托马斯的看法是错误的,他认为我们关于胞族起源的理论不能解释胞族之间的对立,从而竭力予以反对(《澳洲的亲属制度与婚姻制度》,第 69 页)。我们并不认为这种对立与圣凡之间的对立有着必然的联系(见赫兹:《右手的优势:宗教极性研究》,载于《哲学评论》,1909 年 10 月,第 559 页)。一个胞族的事物对于另一个胞族而言并不是凡俗的,双方的事物都是同一宗教体系的一部分(参见本书,第 188 页)。

[24]　例如，茶树氏族包括各种草，故而也就包括了食草动物（见《卡米拉罗伊与库尔奈》，第169页）。无疑这就解释了博厄斯所指出的北美图腾标记的独特性。博厄斯说："在特林基特人中，或其他所有海岸部落中，一个群体的标记包括了该群体用以命名的动物所吃的所有动物。"（《不列颠科学进步委员会。加拿大自治领西北部落委员会的第五次报告》，第25页）

[25]　如在阿兰达，青蛙和橡胶树图腾联系在一起，因为在这种树的树洞里经常能发现青蛙；水和水鸡相关；而和袋鼠相关的则是一种经常能被见到在袋鼠四周飞的鹦鹉（斯宾塞和吉兰：《澳洲中部的土著部落》，第146—147页，第448页）。

[26]　原始时期缺乏区别的标志，就是地域基础有时也被用来划分类别，同样，社会分支一开始也与地域基础混同在了一起。例如，在澳洲的沃乔巴卢克人和美洲的祖尼人中，各种事物总是被理想地划分到不同的地域空间之中，就像氏族一样。而事物的地域分布与氏族的地域分布又是重合的（见《分类的几种原始形式》，第34—35页）。甚至在相当先进的社会中，分类也多少保留了这种特色，例如在中国（同上，第55—56页）。

[27]　布里奇曼，见于史米斯：《维多利亚的土著》，第1卷，第91页。

[28]　菲松与霍维特：《卡米拉罗伊与库尔奈》，第168页；霍维特：《澳洲分类系统的进一步说明》，载于《大不列颠及爱尔兰人类学研究所学报》，第18卷，第60页。

[29]　科尔：《澳洲种族》，第3卷，第461页。这是关于甘比尔山部落的情况。

[30]　霍维特：《论某些澳洲信仰》，载于《大不列颠及爱尔兰人类学研究所学报》，第13卷，第191页，注解1。

[31]　霍维特：《记澳洲的信使棍与信使》，载于《大不列颠及爱尔兰人类学研究所学报》，第18卷，第326页；《澳洲分类体系的进一步说明》，载于《大不列颠及爱尔兰人类学研究所学报》，第18卷，第61页，注解3。

[32]　科尔：《澳洲种族》，第3卷，第28页。

[33]　马休：《新南威尔士和维多利亚的土著部落的民族学笔记》，载于《新南

威尔士皇家协会公报期刊》,第 38 卷,第 294 页。

[34] 参见科尔:《澳洲种族》,第 3 卷,第 461 页;及霍维特:《澳洲东南部的土著部落》,第 146 页。Tooman 和 Wingo 分别是用于这两者的修饰语。

[35] 霍维特:《澳洲东南部的土著部落》,第 123 页。

[36] 斯宾塞和吉兰:《澳洲中部的土著部落》,第 447—448 页;参见斯特莱罗:《澳洲中部的阿兰达和洛里查部落》,第 3 卷,第 12—13 页。

[37] 菲松和霍维特:《卡米拉罗伊与库尔奈》,第 169 页。

[38] 参见科尔:《澳洲种族》,第 3 卷,第 462 页。

[39] 帕克夫人:《埃瓦拉伊部落》,第 20 页。

[40] 斯宾塞和吉兰:《澳洲中部的北部部落》,第 151 页;《澳洲中部的土著部落》,第 447 页;斯特莱罗:《澳洲中部的阿兰达和洛里查部落》,第 3 卷,第 12 页。

[41] 斯宾塞和吉兰:《澳洲中部的土著部落》,第 449 页。

[42] 不过,在有些昆士兰部落中,这样划归社会群体的事物对于该群体中的成员是没有忌讳的,瓦克尔布拉人尤其如此。应该记得,在瓦克尔拉,作为分类框架的是姻族(《澳洲中部的土著部落》,第 169 页)。而姻族成员虽然允许吃划归该族的动物,但他们不可以吃划归其他姻族的动物。所有其他食物对他们来说都是禁止的(霍维特:《澳洲东南部的土著部落》,第 113 页;科尔:《澳洲种族》,第 3 卷,第 27 页)。

但是我们绝不能因此就推断说这些动物被看成是凡俗的。应该注意的是,个体不只是有权去吃这些动物,实际上,他是被迫如此的,否则他就无法养活自己。这一规则的强制性确凿地表明了我们所面对的事物具有宗教性,唯此才导致了一种积极义务,而不是像禁忌那样的消极义务。这种偏离的产生也不是完全不可理解的。我们在上文已经看到(参见本书,第 185 页),每个个体都被认为对于他的图腾具有一种所有权,因而对于划归该图腾的事物也就具有同样的权利。可能在特殊环境的影响下,图腾关系的这一方面得到了发展,人们就自然认为,只有氏族的成员才有权处置他们的图腾以及与之相关的事物,相反,其他人却没有权利去碰它。在这样的条件下,部落就只能用

分配给他们的食物来养活自己了。

[43] 帕克夫人用“多元图腾”一词说明了这种情况。

[44] 例子有帕克夫人书中的埃瓦拉伊部落(第15—16页)及沃乔巴卢克部落(霍维特:《澳洲东南部的土著部落》,第121—122页;参见前面提到的马休的文章)。

[45] 例见霍维特:《澳洲东南部的土著部落》,第122页。

[46] 见拙著《分类的几种原始形式》,第28页,注解2。

[47] 斯特莱罗:《澳洲中部的阿兰达和洛里查部落》,第2卷,第61—72页。

[48] 《澳洲中部的土著部落》,第112页。

[49] 主要见于《澳洲中部的土著部落》,第447页;《澳洲中部的北部部落》,第151页。

[50] 斯特莱罗:《澳洲中部的阿兰达和洛里查部落》,第3卷,第13—18页。有时候,某些次级图腾会同时附属于两三个图腾,这无疑是由于斯特莱罗未能肯定哪一个是主图腾的缘故。

该表中有两个有趣的现象肯定了我们已经阐述过的假设。首先,主图腾几乎全是动物,只有极少的例外;其次,星辰始终只是次级图腾或辅图腾。这再次证明了星辰不过是慢慢进升到了图腾一级的,最初人们更愿意在动物中选择图腾。

[51] 根据神话,图腾在神话时代是主图腾成员的食物,或者,如果它们是树,就为主图腾的人提供树荫(斯特莱罗:《澳洲中部的阿兰达和洛里查部落》,第3卷,第12页;斯宾塞和吉兰:《澳洲中部的土著部落》,第403页)。人们认为辅图腾曾经被食用的现象,并不意味着它们被视为凡俗,因为人们相信,在神话时代,连主图腾本身也被创建氏族的祖先所食用。

[52] 例如在山猫氏族中,刻在储灵珈上的图案表现了哈克树,而今哈克树已是另外一种图腾了(斯宾塞和吉兰:《澳洲中部的土著部落》,第147—148页)。斯特莱罗(《澳洲中部的阿兰达和洛里查部落》,第3卷,第12页,注解4)说这种情况很常见。

[53] 斯宾塞和吉兰:《澳洲中部的北部部落》,第182页;《澳洲中部的土著部落》,第151页,第297页。

[54]　《澳洲中部的土著部落》,第 151 页和第 158 页。

[55]　《澳洲中部的土著部落》,第 448 页和第 449 页。

[56]　例如斯宾塞和吉兰提到了一种称作因图里塔(Inturrita)的鸽子,有时候是主图腾(《澳洲中部的土著部落》,第 104 页),有时候又是辅图腾(《澳洲中部的土著部落》,第 448 页)。

[57]　霍维特:《澳洲分类体系的进一步说明》,第 63—64 页。

[58]　这样就造成了氏族经常与部落相互混淆的状况。这种混乱给民族学者的著述带来了很多麻烦,科尔的错误尤其严重(《澳洲种族》,第 1 卷,第 61—62 页)。

[59]　在瓦拉蒙加部落尤其如此(《澳洲中部的北部部落》,第 298 页)。

[60]　例见斯宾塞和吉兰:《澳洲中部的土著部落》,第 380 页及其他各处。

[61]　有人可能会怀疑部落图腾是否存在。例如,在阿兰达,有一种动物即山猫,是某一个氏族的图腾,但是它也是整个部落的禁忌,即使其他氏族的人要吃它也必须非常节制(《澳洲中部的土著部落》,第 168 页)。但我们认为,以这一个案来说明部落图腾是一种误用,因为禁止食用某种动物并不一定说明它就是图腾。其他原因也会导致禁忌。部落的宗教统一性是毋庸置疑的,但这是靠其他一些符号来维持的。这些符号有哪些,我们将在下文中予以说明(参见本书,第二卷,第九章)。

第四章　图腾信仰(终)

个体图腾与性别图腾

到目前为止,我们只是把图腾制度作为一种公共制度来研究的。我们所论及的图腾只是氏族、胞族的共同图腾,或者是在一定意义上的部落的共同图腾,[1]个体在其中的角色只是作为一个群体的成员。但是我们知道,任何宗教都不能不具有其个体的方面,这种一般性的看法也同样适用于图腾制度。除了占据首要地位的非人格的和集体的图腾以外,还有专门属于每个个体的图腾,这个图腾表达了他的人格,他完全以私人的方式对其进行膜拜。

1

在某些澳洲部落以及大部分北美的印第安部落中,[2]每个个体自己都和某个特定的事物保持着一种关系,就像每个氏族与其图腾所保持的那种关系一样。这类事物,有时候是非生命体或者人造物,但一般是一种动物。在有些情况下,则是有机体的某个特殊器官履行了这一职能,比如头、脚或者肝脏。[3]

这类事物的名称也作为个体的名称。这是他的个人的称呼,即他的名字,是加在集体图腾的名字上的。就像罗马人的本名(praenomen)加到族名(nomen gentilcium)上一样。当然,尽管只有某些社会才记载有这样的情况,[4]但这仍很有可能是普遍的。实际上,我们马上就要表明,在个体和事物之间具有相同的性质,而具有同样的性质就意味着具有同样的名称。这种名字是在特别重要的宗教仪典上被授予的,因为具有神圣性,在凡俗生活的普通环境中不得说出这种名字,甚至如果在某种特殊情况下,要使用日常语言用来指称该物的词,对这个词多少也要做些修改。[5]这是因为日常语言中的词汇是被排除在宗教生活之外的。

至少在美洲的一些部落中,有一种标记对名称具有强化作用,这种标记属于每个个体,并且以各种形式表现着名称所指涉的事物。例如,每个曼丹人都披着与之同名的动物的皮。[6]如果同名动物是一种鸟,那就用这种鸟的羽毛来装饰自己。[7]休伦人和阿尔衮琴人在身体上刺过同名者的形象[8],该形象在其武器上也有所表现[9]。在西北部落中,个体标记就像氏族的集体标记一样,被雕刻在日用品或房屋上[10],或者是其他什么地方,成为所有权的标志[11]。由于这两种纹章经常结合在一起使用,所以这就部分地解释了为什么这些民族的图腾纹饰会呈现出如此丰富多彩的外观。[12]

个体和他的同名动物之间的关系非常密切。这个人将分享该动物的本性,既拥有他的长处,也难免他的缺陷。例如,一个以鹰为标记的人会具有高瞻远瞩的天赋;要是用熊来命名的话,据说就会在战斗中很容易受伤,因为熊举止笨重迟缓,很容易被捕捉;[13]如果作为标记的动物受到了藐视,那么这个人也就成了被轻视的对象[14]。他们两者之间的关系是如此密切，人们甚至认为在特定的环境中，尤其是在危险的情况下，人会变成动物。[15]反过来说，动物也被视为人的互体，是他的“他我”。[16]双方关联之紧密，使人们认为他们的命运息息相关，如果其中一个发生了什么事情，另一个就不能不有所感应。[17]要是动物死了，人的生命就会受到威胁。故而禁杀和禁食同名动物也就成了一种普遍规则。对氏族图腾来说，这种禁忌还允许出现各种形式的调节与改动，然而对个体图腾来说，则显得刻板和严格得多。[18]

就动物而言，它不仅要对人进行保护并担当他的庇护者，还要通知他可能出现的危险以及躲避危险的方式，[19]因此，人们说它是与它同名的人的朋友[20]。它往往具有神奇的力量，并能把这种力量传给它的人类伙伴，人们相信这种力量甚至能够抵御弹丸、弓箭以及各种打击。[21]由于个体对其保护者的高度信任，使他能够勇敢地面对最严重的危险，以无畏的镇定完成最艰难的活计，因为信仰赋予了他必要的力量和勇气。[22]不过，人和他的庇护者之间并不单纯是简单的依赖关系。就人这方面来说，他也能够对动物产生作用。他对动物下达命令，对之施加影响。一个以鲨鱼为助手和朋友的库尔奈人相信，他能够用一种魔力驱走威胁船只的鲨鱼。[23]在另外一些个案中，这种关系被认为能够赋予人一种成功猎取同名动物的特殊本领。[24]

这种关系的性质似乎清楚地表明，与每个个体有如此关联的东西也只是一个个体自身，而不是一个物种。一个人不能把一个物种作为他的另一自我。实际上，在有些地方，确实是特定的一棵树、一块山岩或石头来充当这一角色的。[25]任何时候，只要是动物,只要是动物和人在生活上被认为是彼此相关的,那么这种情况就会发生。一个人不可能与整个物种都如此紧密地统一在一起,因为每一天,也就是说每时每刻物种都在失去它的某些成员。然而,原始人还不具备把一个个体和它的物种分开思考的能力,于是,他与前者之间的联系纽带就又很容易扩展到后者。在同样的感情中,原始人把这两者都混同为一了。所以,整个物种对他来说都是神圣的。[26]

很自然,这种保护者在不同的社会中有不同的称呼。墨西哥的印第安人称为"那迦尔"(nagual);[27]阿尔衮琴人称为"玛尼托"(manitou);而休伦人称为"奥琦"(okki);[28]在萨利什人中,有些人称为"司那姆"(snam),[29]有些人称为"苏利亚"(sulia);[30]尤因人称为"布德扬"(budjan);[31]埃瓦拉伊人称为"元拜"(yunbeai);[32]等等。由于这种信仰和仪轨对北美洲的印第安人具有重要意义,所以有人建议造出一个词来指称它,如"那迦尔制度"(nagualism)或"玛尼托制度"(manitouism)。[33]但是,要给它们一个专门而独特的命名,我们就难保不会误解它们与图腾制度中其他方面的关系。实际上,同样的原则在有些情况下适用于氏族,而在另外的情况下就适用于个体。在两种情况下,我们都可以发现同样的信仰,都认为事物和人生死攸关,而且前者具有特殊的力量,它的人类盟友能够分享它的好处。我们还发现,两种图腾都具有用与人有关的事物给人命名的习俗,以及给这个名字加上标记的习俗。图腾是氏族的庇护者,就如同个人的图腾是个体的庇护者一样。所以重要的是,我们的术语应该使这两个体系的关系一目了然。正因为这样,我和弗雷泽才都把每个个体对他的庇护者

的膜拜定名为个体图腾制度。在有些情况下，原始人自己也采用这个词来指称氏族的图腾和个体的动物佑护者，这就使我们表达的合理性得到了进一步的证明。[34]至于泰勒和鲍威尔则不同意这个术语，而主张用别的词来命名这两种宗教制度，这是因为，依据他们的观点，集体图腾不过是一个名字或标签，毫无宗教色彩。[35]但是我们则相反，我们知道集体图腾是一种圣物，而且远比拥有保护力量的动物更加神圣。更何况，我们的研究还将表明，这两种图腾制度为何是密不可分的。[36]

当然，不论这两种制度多么亲近，它们之间还是存在着重要的区别。氏族相信它是从图腾动物或植物衍生而来的，而个体就不再认为他与个人的图腾有任何传承关系。个体图腾是一个朋友，一个伙伴，一个保护者，而不是亲戚。人可以享受个体图腾的品性所带来的好处，但是他们并非出自同一个血统。其次，只需要遵守必要的规矩，氏族成员就允许相邻的氏族吃掉他们集体以之为名的动物；但是，与此相反，个体对他个人的图腾所属的物种十分尊崇，他要保护它不受外人的侵害，至少要保护人与动物休戚相关的那些部位。

不过，这两种图腾的首要差异还在于获得它们的方式是不同的。

集体图腾是每个个体族内身份的一个部分，它一般是世代相传的，在任何情况下，它都与生俱来，单靠人们的愿望是于事无补的。孩子的图腾有时候来自母亲（卡米拉罗伊、迪埃里、乌拉本纳等），有时候来自父亲（纳里涅里、瓦拉蒙加等），有时候来自母亲怀上他的那个地方的占有主导地位的图腾（阿兰达、洛里查）。与之相反,个体图腾是主动获得的,[37]是通过一整套必要的仪式操作确定的。北美洲的印第安人一般采取如下方式:大约是在青春期,当成年礼即将来临之时,年轻人就被调往远处的一个地方,比如到丛林中去。在几天到几年不等的时间里,他就要在那儿经受各种令人精疲力竭的残酷锻炼。他禁食禁欲,自伤自残。他时而四处游荡,发出狂暴的叫喊和名副其实的怒号;时而伸展四肢,凝然而凄楚地躺在地上;时而手舞足蹈,祈求并召唤他那些常在的神性。就这样,他最终使自己进入了一种亢奋的极端状态,走向了神志失常的边缘。而一旦他到了这个当口,他的表现就很容易具有幻觉的性质。海克维尔德说:“一个男孩子在成年礼的前夕,要交替进行禁食和服药。他任何东西都不能吃,还得服下令人作呕的药剂。他不时喝下一些调制好的麻醉药,直到他果真神思恍惚为止。然后,他就产生了幻象和非同寻常的梦境,或者说他以为他产生了幻象和梦境——当然这是此前所有训练的必然结果。他想象自己在天空飞翔,在地下挺进,跨越峡谷,在山巅之间来回跳跃,降伏了巨人和怪物。”[38]如果在这一境界中,在半梦半醒之间,他看到了——或者是他相信他看到了,这都是一回事——一头动物似乎在向他表达善意,那么他就以为自己已经发现了他所期待的庇护者。[39]

然而,澳洲却很少使用这一程序。[40]在澳洲大陆,个人的图腾似乎是在出生时[41]或者是在成人礼上[42]由第三方授予的。一般是由一个亲戚来担任这一角色,要么就是一个赋有特殊力量的人物,比如老人或者巫师。有时候也为此而占卜。例如,在夏洛特湾、贝德福德角或普罗瑟派恩河,祖母或其他老妇人会猛烈地旋转一个还连着胎盘的脐带,同时另一个老妇人就说出各种不同事物的名称，恰好在脐带断裂时说出来的事物，就被用来作为个体的图腾。[43]在约克角的亚莱坎纳人中，当一个年轻的初成年者的牙齿被敲下来之后，他们就会给他一点水漱口，并让他吐在一桶水里，这时老人们就会仔细验看吐出来的血和唾液的凝块，与之形状相似的自然事物就被当作这个年轻人的个人图腾。[44]在其他地方，图腾是从一个个体传给另一个个体的，比如父亲传给儿子，或叔伯传给侄子。[45]这种方式在美洲也有使用。在托特所报告的一个个案中，主事者是一个萨满，[46]他想要把他的图腾传给他的侄子。"伯伯拿着他的司那姆（他的个人图腾），这回是一张干的鸟皮，吩咐他的侄子向上吐气。然后他自己也向上面吐气，还说出一些神秘的话，于是，这张干鸟皮对保罗（他的侄子）来说就好像变成了一只活鸟，围绕着他们飞舞一番然后就消失了。随后，伯伯就指示保罗当天弄来一张和伯伯一样的那种鸟皮，并把它戴在下身。这些完成以后，当天夜里他就做了一个梦，在梦中司那姆化作人形来到他面前，向他透露了可以用来召唤它的神秘名字，并许诺了对他的保护。"[47]

个体图腾是要争取的而非被给定的，而且，通常也不是非得获得一个不可。首先，在澳洲有大量部落对这一习俗似乎全然无知。[48]其次，即使在有这一习俗的地方，要不要个体图腾也往往是自愿的。例如在埃瓦拉伊，虽然所有的巫师都有个体图腾，并从中汲取力量，但众多这个行当以外的人却根本没有。若能得到巫师所赐予的图腾是很荣幸的，但巫师要留给他的朋友、他所喜爱的人或者是渴望做他这一行的人。[49]与之类似，在一些萨利什人中，只有那些特别想在战斗或狩猎中取胜的人，或者有志于成为萨满的人,才为自己谋求这种保护者。[50]所以至少在某些民族中,个体图腾似乎仅被认为是一种优势与便利条件,并不是必不可少的。有它固然是好事,没有也照样可以过活。反过来说,一个人也没必要把自己限定在一个图腾上,如果他想得到更充分的保护,没有什么可以阻止他多找几个图腾[51];如果已有的图腾不能很好地发挥作用,他就可以再换一个[52]。

然而,虽然个体图腾制度比较随意和自由,但是它也包含有氏族图腾制度所从不具备的力量。托特的一个主要情况提供者是个受过洗的萨利什人,可是,尽管他已经真诚地放弃了父辈的信仰,尽管他已经成为一名标准的传教者,但是,他对他个人图腾的信赖依然毫不动摇。[53]同样,虽然在开化的国家中看不出还保留着集体图腾的痕迹,但是这种个人和某种动物、植物或者其他什么东西有关联的思想,却依然是我们可以在许多欧洲国家发现的许多种风俗的基础。[54]

2

在集体图腾制度和个体图腾制度之间,兼具这二者特色的是性别图腾制度。它仅见于澳洲的少数部落,特别被提到过的有维多利亚和新南威尔士。[55]诚然,马休声称在他所造访过的澳洲的所有地方,他都观察到过这一现象,但是,他并没有拿出明确的事实来支持他的论断。[56]

在具有这一制度的各个民族中,部落中的所有男人属于一方,所有女人属于另一方,而不管他们属于哪一个氏族。这样,他们就形成了两个相互分别甚至是对抗的社会。在这两个性别集团中,每一个集团都相信他们(她们)与某种确定的动物具有神秘的关系。在库尔奈,所有男人都认为他们是鸸鹋—鹪鹩(Yeerŭng)的兄弟,而所有女人则认为她们是朱顶雀(Djeetgŭn)的姐妹;所有男人都是鸸鹋—鹪鹩,而所有女人都是朱顶雀。在沃乔巴卢克和伍龙杰里,蝙蝠和欧夜鹰(叫枭的一种)分别担任了这一角色。在另一个部落中,啄木鸟代替了欧夜鹰。每一性别都把与他们(她们)有这种关系的动物视为一种保护者,不仅要倍加小心地对待它们,而且也要禁止捕杀和食用它们。[57]

因而,这些能够提供保护的动物对性别群体所起的作用,就和氏族图腾对氏族所起的作用是一样的。所以,我们采用弗雷泽的说法[58],用“性别图腾制度”来说明这种现象是比较贴切的。这种图腾和氏族图腾特别相似的地方在于,它也是集体性的,它无差别地属于一个性别群体中的所有人。还有一个相似之处是,这种形式的图腾也意味着在动物保护者和相应的性别之间有一种血统和宗族关系。库尔奈部落就相信,所有的男人都是鸸鹋—鹪鹩的后裔,而所有的女人都源自朱顶雀。[59]1834 年,最先指出这种奇异制度的考察者是这样描述的:“像歌鸫那么大小的 Tilmun(一种啄木鸟),被女人们看成是女人的缔造者。只有女人才敬奉它。”[60]所以它乃是伟大的祖先。但在其他方面,这种图腾又类似于个体图腾。实际上,他们认为,性别群体中的每个成员都各自与该群体的对应动物中的一个相联系,这两个生命密切相关,以至于动物的死亡也会带来人的死亡。沃乔巴卢克人说:“蝙蝠的生命就是人的生命。”[61]这就是为什么男女双方都不仅尊崇自己的图腾,而且还要强迫对方也这么做的原因。任何对这一禁忌的冒犯,都会在男人

和女人之间挑起一场真正的血战。[62]

最后,从一定意义上讲,这种图腾的本来面目是一种部落图腾。事实上,它是人们把部落表现为起源于一对神秘生物的结果。看来,这一信仰清楚地表明,部落情感至少在相当程度上,具有足够的力量来抵制氏族的独立倾向。至于男女双方分有不同的起源的原因,则应该在男人和女人生活的隔绝状态中去找寻。[63]

根据澳洲人的理论,去弄清性别图腾与氏族图腾具有怎样的关系是很有意思的。比如在部落草创之初,这两位祖先有着什么样的关系?他们认为每个氏族究竟是哪一位祖先的后裔呢?但是,我们目前所掌握的民族志材料还无法使我们解决这些问题。更何况,尽管对我们来说,上述问题是很自然的甚至是必然的,但是土著却很可能从来也没有想到过这些。他们并不像我们那样,迫切地感到需要把他们的信仰协调起来并形成体系。[64]

注　释

[1]　属于部落的图腾是其应有之义:作为一个整体,在各个氏族对其图腾的膜拜中都有它的成分。

[2]　弗雷泽非常完整地收集了与北美个体图腾制度有关的各种文本(《图腾制度与外婚制》,第 3 卷,第 370—456 页)。

[3]　如在休伦人、易洛魁人、阿尔衮琴人中(夏洛瓦:《新法兰西的历史写照》,第 6 卷,第 67—70 页;萨加德:《休伦人之乡的壮丽旅程》,第 160 页),以及汤普森印第安人中(泰特:《英属哥伦比亚的汤普森印第安人》,第 355 页)。

[4]　发生过这种情况的,包括尤因部落(霍维特:《澳洲东南部的土著部落》,第 133 页),库尔奈部落(同上书,第 135 页),昆士兰的几个部落(罗斯:《迷信,巫术与巫医》,载于《北昆士兰民族学会第 5 号公报》,第

19 页;哈登:《猎头者》,第 193 页),德拉瓦尔部落(海克维尔德:《历史的记录:曾经栖居在宾西法亚的印第安民族的仪典与习俗》,第 238 页),汤普森印第安部落(泰特:《英属哥伦比亚的汤普森印第安人》,第 355 页),萨利什斯塔鲁姆部落(托特:《英属哥伦比亚斯塔鲁姆部落民族学报告》,载于《大不列颠及爱尔兰人类学研究所学报》,1905 年,第 35 卷,第 147 页及以下诸页)。

[5] 泰特:《英属哥伦比亚的汤普森印第安人》,第 154 页。

[6] 卡特林:《仪典,习俗及其他》(伦敦 1876 年版),第 1 卷,第 36 页。

[7] 佚名:《有益而奇异的文学信札》,新版,第 6 卷,第 172 页及以下诸页。

[8] 夏洛瓦:《新法兰西的历史写照》,第 6 卷,第 69 页。

[9] 多尔西:《苏人崇拜研究》,载于《美国民族学会第十一次年度报告》,第 443 页。

[10] 博厄斯:《夸扣特尔印第安人的社会组织和秘密会社》,第 323 页。

[11] 托特:《英属哥伦比亚斯塔鲁姆部落民族学报告》,第 154 页。

[12] 博厄斯:《夸扣特尔印第安人的社会组织和秘密会社》,第 323 页。

[13] 弗莱彻小姐:《图腾的含义:来自奥马哈部落的研究》,载于《史密森学会 1897 年度报告》,第 583 页。类似的例子也见于泰特:《英属哥伦比亚的汤普森印第安人》,第 354 页,第 356 页;琼斯:《奥杰布韦印第安人的历史》,第 87 页。

[14] 如萨利什斯塔鲁姆人中的狗就是这种情况,因为狗生活在被使役的状态中。

[15] 帕克夫人:《埃瓦拉伊部落》,第 21 页。

[16] 帕克夫人说:“人的灵魂在他的‘元拜’(Yuanbeai,其个体图腾)中,而他的‘元拜’就在他之中。”

[17] 帕克夫人:《埃瓦拉伊部落》,第 20 页。在某些萨利什人中也是同样情况(托特:《斯奇里斯和斯考里兹部落的民族学报告》,载于《大不列颠及爱尔兰人类学研究所学报》,第 34 卷,第 324 页)。这种现象在中美洲印第安人中也十分普遍(布林顿:《附兽守护精灵制度:美洲土著民俗与历史研究》,载于《美国哲学协会公报》,第 33 卷,第 32 页。)

[18] 帕克夫人:《埃瓦拉伊部落》;霍维特:《澳洲东南部的土著部落》,第

147 页;多尔西:《苏人崇拜研究》,载于《美国民族学会第十一次年度报告》,第 443 页。弗雷泽对美洲的例子进行了收集,并确立了这种禁忌的一般性(《图腾制度与外婚制》,第 3 卷,第 450 页)。当然,正如我们已经看到的,在美洲,人们确实要杀死同名动物,用它的皮来做一种民族学家所说的“魔袋”。但是这一习俗只见于五个部落,它可能是这一制度后来发生变化了的形式。

[19]　霍维特:《澳洲东南部的土著部落》,第 135 页,第 147 页,第 187 页;《关于澳洲巫医》,载于《大不列颠及爱尔兰人类学研究所学报》,第 16 卷,第 34 页;泰特:《舒什瓦普人》,第 607 页。

[20]　迈耶尔:《因康特湾土著部落的仪典与习俗》,载于伍兹:《澳洲南部的土著部落》,第 197 页。

[21]　博厄斯:《不列颠科学进步委员会。加拿大自治领西北部落委员会的第六次报告》,第 93 页;泰特:《英属哥伦比亚的汤普森印第安人》,第 336 页;博厄斯:《夸扣特尔印第安人的社会组织和秘密会社》,第 394 页。

[22]　例见托特:《英属哥伦比亚斯塔鲁姆民族学报告》,载于《大不列颠及爱尔兰人类学研究所学报》,1905 年,第 35 卷,第 144 页,第 145 页。参见帕克夫人:《埃瓦拉伊部落》,第 29 页。

[23]　据霍维特致弗雷泽的一封私人信件所提供的资料(《图腾制度与外婚制》,第 1 卷,第 495 页,及注解 2)。

[24]　托特:《斯奇里斯和斯考里兹部落的民族学报告》,载于《大不列颠及爱尔兰人类学研究所学报》,第 34 卷,第 324 页。

[25]　霍维特:《关于澳洲巫医》,载于《大不列颠及爱尔兰人类学研究所学报》,第 16 卷,第 34 页;拉菲杜:《美洲野蛮人的习俗》,第 1 卷,第 370 页;夏洛瓦:《新法兰西的历史写照》,第 6 卷,第 68 页。在莫塔(Mota)的阿泰人和塔马纽人也是这样(考德林顿:《美拉尼西亚人》,第 250—251 页)。

[26]　这样,弗雷泽试图建立的动物保护者与物神之间的分界线就不存在了。弗雷泽认为,物神崇拜开始于保护者是一个单个事物,而不是一组事物之时(《图腾制度与外婚制》,第 56 页)。但是,在澳洲却经常是

一个确定的动物来担任保护者(见霍维特:《关于澳洲巫医》,载于《大不列颠及爱尔兰人类学研究所学报》,第16卷,第34页)。其实,物神观念和物神崇拜并不针对任何确定的事物。

[27] 布林顿:《附兽守护精灵制度:美洲土著民俗与历史研究》,载于《美国哲学协会公报》,第33卷,第32页。

[28] 夏洛瓦:《新法兰西的历史写照》,第6卷,第67页。

[29] 托特:《英属哥伦比亚斯塔鲁姆民族学报告》,载于《大不列颠及爱尔兰人类学研究所学报》,1905年,第35卷,第142页。

[30] 托特:《斯奇里斯和斯考里兹部落的民族学报告》,载于《大不列颠及爱尔兰人类学研究所学报》,第34卷,第311—312页。

[31] 霍维特:《澳洲东南部的土著部落》,第133页。

[32] 帕克夫人:《埃瓦拉伊部落》,第20页。

[33] 鲍威尔:《美洲人对图腾制度的一种看法》,载于《人的科学》,1902年,第84卷;泰勒:《英属哥伦比亚的汤普森印第安人》,第1卷;兰在《社会的起源》(第133—135页)中也表达了类似的想法。就连弗雷泽本人,也一改以往的立场,转而认为在更好地把握集体图腾与“守护精灵”之间的关系以前,用不同的名字来指称它们会好一些(《图腾制度与外婚制》,第3卷,第456页)。

[34] 澳洲的尤因部落(霍维特:《澳洲东南部的土著部落》,第81页)和纳里涅里部落(迈耶尔:《因康特湾土著部落的仪典与习俗》,载于伍兹:《澳洲南部的土著部落》,第197—198页)都是这种情况。

[35] 泰勒说:“图腾很像是个体的庇护者,与纹章盾很像是天使的形象差不多。”(《原始文化》,第2页)同样,弗雷泽之所以采纳泰勒的理论,是因为他排除了氏族图腾的全部宗教性(《图腾制度与外婚制》,第3卷,第452页)。

[36] 参见本书,第二卷,第九章。

[37] 不过,依据马休的一段论述,在沃乔巴卢克部落,个体图腾也是继承而来的。他说:“每个个体都声称,作为他专有的和个人的图腾的某种动物、植物或非生命体传自他的母亲。”(《新南威尔士皇家协会公报期刊》,第38卷,第291页)但是很明显,如果同一家庭中的所有孩子都

用他母亲个人的图腾,那么实际上无论是孩子还是母亲也就根本都没有个人的图腾了。马休可能是说,每个个体是从划归其母方氏族的事物中选择他的个体图腾。事实上,我们将会看到,每个氏族对其中的个体图腾都享有专属的所有权,其他氏族的成员不得使用这些图腾。在这一意义上,出生在一定程度上决定了个人的图腾,但也仅仅是在一定的程度上而已。

[38]　海克维尔德:《历史的记录:曾经栖居在宾西法亚的印第安民族的仪典与习俗》,载于《美国哲学协会历史与文化委员会会刊》,第1卷,第238页。

[39]　见多尔西:《苏人崇拜研究》,载于《美国民族学会第十一次年度报告》,第507页;卡特林:《仪典,习俗及其他》,第1卷,第37页;弗莱彻小姐:《图腾的含义:来自奥马哈部落的研究》,载于《史密森学会1897年度报告》,第580页;泰特:《英属哥伦比亚的汤普森印第安人》,第317—320页;托特:《大不列颠及爱尔兰人类学研究所学报》,第35卷,第144页。

[40]　但还是发现了一些例子。库尔奈巫师的个人图腾是在梦中看到的(霍维特:《澳洲东南部的土著部落》,第387页;《关于澳洲巫医》,载于《大不列颠及爱尔兰人类学研究所学报》,第16卷,第34页)。贝德福德角的土著认为,如果一位老人在夜里梦到了某种东西,那么这种东西就是他次日最先遇到的那个人的个体图腾(罗斯:《迷信,巫术与巫医》,第19页)。不过,可能只有辅助的和附属的图腾才能以这种方式获得,因为正像我们所说过的那样,就在同一个部落中,人们在成年礼上所采用的却是另外一套程序。

[41]　在罗斯提到的某些部落中(罗斯:《迷信,巫术与巫医》,第19页),以及马里伯勒(Maryborough)附近的一些部落中(霍维特:《澳洲东南部的土著部落》,第147页)。

[42]　维拉朱里部落(霍维特:《澳洲东南部的土著部落》,第406页;《关于澳洲巫医》,载于《大不列颠及爱尔兰人类学研究所学报》,第16卷,第50页)。

[43]　罗斯:《迷信,巫术与巫医》。

[44]　哈登:《猎头者》,第 193 页及以下诸页。

[45]　在维拉朱里部落(哈登:《猎头者》,注解 4)。

[46]　一般来说,好像除非父亲是萨满或者巫师,否则从来都不是由父亲传给儿子的。汤普森印第安人也是这样(泰特:《英属哥伦比亚的汤普森印第安人》,第 320 页),此外,还有我们刚刚说到的维拉朱里人。

[47]　托特:《大不列颠及爱尔兰人类学研究所学报》,第 35 卷,第 146—147 页。基本的仪式是向皮上吐气,如果这一项做得不正确,图腾的传承就不会发生。我们马上就会看到,吐出来的就是灵魂。在向动物皮上吐气的时候,巫师和他的接受者都呼出了他们灵魂的一部分。他们的灵魂就这样融合在一起,同时还加上了这种动物的性质,因为该动物也以其象征的形式参与了这一仪典。

[48]　托马斯:《对希尔·托特先生图腾制度观点的进一步评论》,载于《人的科学》,1904 年,第 85 页。

[49]　帕克夫人:《埃瓦拉伊部落》,第 20 页,第 29 页。

[50]　托特:《英属哥伦比亚斯塔鲁姆民族学报告》,载于《大不列颠及爱尔兰人类学研究所学报》,第 35 卷,第 143 页;及第 34 卷,第 324 页。

[51]　帕克夫人:《埃瓦拉伊部落》,第 30 页;泰特:《英属哥伦比亚的汤普森印第安人》,第 320 页;托特:《英属哥伦比亚斯塔鲁姆民族学报告》,载于《大不列颠及爱尔兰人类学研究所学报》,第 35 卷,第 144 页。

[52]　夏洛瓦:《新法兰西的历史写照》,第 6 卷,第 69 页。

[53]　托特:《英属哥伦比亚斯塔鲁姆民族学报告》,第 145 页。

[54]　例如在孩子出生时种下一棵树,并且要恭恭敬敬地照顾它,因为这棵树的命运被认为是和孩子的命运联系在一起的。弗雷泽在《金枝》中举出了一些以不同方式表达这种观念的习俗和信仰(参见哈特兰:《珀尔修斯传奇》,第 2 卷,第 1—55 页)。

[55]　霍维特:《澳洲东南部的土著部落》,第 148—149 页;菲松与霍维特:《卡米拉罗伊与库尔奈》,第 194 页,第 201 页;道森:《澳洲土著》,第 52 页。皮特里还提到过昆士兰(《汤姆·皮特里对早期昆士兰的回忆》,第 62 页和第 118 页)。

[56]　《新南威尔士皇家协会公报期刊》,第 38 卷,第 339 页。我们非要看看

性别图腾制度的遗迹吗？那么在瓦拉蒙加部落有这样的习俗：当死者被埋葬时，他胳膊中的一根骨头要保留下来。死者如果是女人，就在包裹骨头的树皮上插上鸸鹋的羽毛；而如果是男人，就插上猫头鹰的羽毛(《澳洲中部的北部部落》，第 169 页)。

[57] 在有些例子中，每个性别群体都有两个性别图腾。例如伍龙杰里的性别图腾就是由库尔奈的性别图腾(鸸鹋—鷦鹩与朱顶雀)和沃乔巴卢克的性别图腾(蝙蝠与欧夜鹰)一起组成的。见霍维特：《澳洲东南部的土著部落》，第 150 页。

[58] 《图腾制度与外婚制》，第 51 页。

[59] 《卡米拉罗伊与库尔奈》，第 215 页。

[60] 特雷基尔德，转引自马休：《新南威尔士皇家协会公报期刊》，第 38 卷，第 339 页。

[61] 霍维特：《澳洲东南部的土著部落》，第 148 页，第 151 页。

[62] 《卡米拉罗伊与库尔奈》，第 200—203 页；霍维特：《澳洲东南部的土著部落》，第 149 页；皮特里：《汤姆·皮特里对早期昆士兰的回忆》，第 62 页。在库尔奈部落，血战往往以他们的联姻而告终，就好像这是一种先导性的仪式。有时候他们不过是闹着玩(同上)。

[63] 在这一点上，请看我们的《乱伦禁忌及其起源》，《社会学年鉴》，第 1 卷，第 44 页及以下诸页。

[64] 不过，就像我们马上将要看到的那样(第 9 章)，在性别图腾和大神之间存在着联系。

第五章　这些信仰的起源

对以往学说的批判检验

既然我们刚才所概括的那些信仰含有对事物的圣俗之分，那么它们明显地具有宗教性质。但是，其中肯定没有精神存在的思想，甚至我们在论述中一刻也没有提到过精灵、妖魔、神圣人格等字眼。而如果某些作者（关于他们，我们下面还要有些评论）由于这个原因，就拒绝把图腾制度视为宗教，那却是因为他们所持有的宗教现象观念并不确切。

相反，我们确信这种宗教是现在可以观察到的最原始的宗教，甚至很可能是有史以来最原始的宗教。实际上，这种宗教和以氏族为基础的社会组织是不可分割的。像我们已经指出来的那样，绕开它与氏族的联系，就没办法来界定它；而且，如果没有图腾，以氏族形式出现的为数众多的澳洲社会似乎也是不可能存在的。因为一个氏族的成员并不是靠共同的习惯或者共同的血缘才联合在一起的，他们并不一定是同一宗族，而且还往往分散在部落领地的各个地方。他们的统一性只是由于他们拥有同一个名字和同一个标记，他们相信他们和同一个事物范畴具有同样的关系，他们遵行同样的仪式；或者简而言之，由于他们共同参与对同一种图腾的膜拜。因而，图腾制度和氏族是相互包含的，至少，在氏族与地方群体还没有混淆之前是这样的。而以一个氏族为基础的社会组织是我们所知道的最简单的社会组织。实际上，自从社会包括两个氏族的时候起，社会也就具备了它的全部要素。所以，只要找不到能够还原成一个氏族的社会（我们相信迄今为止还没有发现这种迹象），我们就可以说，没有比氏族更为初级的社会组织了。于是，与这种最简单的社会系统密切相关的宗教，也就完全可以被视为我们所能知道的最基本的宗教了。如果我们成功地揭示了我们刚才所分析的这些信仰的起源，那么我们也就很可能同时会发现导致在人性中产生出宗教情感的原因来。

不过，在讨论这一问题之前，我们必须对已经提出来的那些最权威的解答进行检验。

1

首先，我们发现有一批学者认为，他们能把图腾制度理解成从先前的宗教派生出来的东西。

在泰勒[1]和维尔肯[2]看来，图腾制度是祖先崇拜的一种特殊形式，广为流传的灵魂转生说就是沟通这两种宗教体系的桥梁。很多民族都相信，人死后灵魂不会永远不再转世，而是不久以后在另一个生命体上托生。另一方面，“低等心理尚不能在人的灵魂与兽的灵魂之间画出明确的界线，至少，对人的灵魂在低等动物体内转生并不难被接受”。[3]对此，泰勒还举出了一些例子。[4]在这种情况下，既然当时人和动植物是混为一谈的，那么由于祖先而激起的宗教尊崇也就十分自然的加诸动物和植物了。这样，作为被崇拜者托体赋形的动物就成为了圣洁的事物、膜拜的对象，也就是该氏族祖先的所有后裔的图腾。

维尔肯指出了在马来群岛的社会中的一些现象，意在证明图腾信仰确实是这样产生的。在爪哇和苏门答腊，鳄鱼备受尊敬，它们被当作仁慈的保护者，绝对不可以捕杀，而且要有所献祭。之所以对鳄鱼这样膜拜，是因为它们被假想为祖先灵魂的化身。菲律宾的马来人把鳄鱼视为他们的祖先，出于相同的原因，老虎也受到了同样的礼遇。类似的信仰也见于班图人之中。[5]在美拉尼西亚，有时候一位有影响的人物在临终之时，会声明他希望转生为某种动物或植物。因而很容易理解，他所选择的作为他身后所归的对象，为什么对他的整个家族而言都会变得神圣了。[6]所以，图腾制度远非一种原始的现象，而好像是在它之前就已存在的一种更复杂的宗教的产物。[7]

然而，出现过这些事实的社会在文化上已经达到了相当高级的阶段，无论如何，它们已经渡过了纯粹图腾制度的时期。他们只有家族而没有图腾氏族。[8]甚至于，享有这种宗教尊崇的大多数动物，并不是由特定的家族群体来敬奉的，而是由整个部落来敬奉的。所以，即使这些信仰和仪轨与古老的图腾膜拜确实有关，那么现在也只是代表了图腾膜拜的一种变化了的形式，[9]因而并不能很好地向我们显现它们的起源。我们要弄清一种制度是如何形成的，就不能在它已经完全衰落的时候对它进行研究。如果我们想知道图腾制度的起源，那么一定要研究的既不是爪哇、苏门答腊，也不是美拉尼西亚，而是澳洲。在澳洲我们既看不到对死者的崇拜，[10]也找不到转生的说法。当然，他们相信神话英雄、氏族的缔造者会定期地托生，但是这只发生在人身上，我们将要看到，每个人的诞生都是这类重新转生的产物。所以如果图腾动物成为仪式的对象，那不是由于人们认为祖先的灵魂就在这种动物之中。的确，最初的祖先往往被表现为动物的形式，而且这种非常普遍的表现是我们必须予以说明的一个重要现象，但是，它并非产生于灵魂转生的信仰，因为澳洲社会对这种信仰一无所知。

其次，这种信仰非但远未能解释图腾制度，它还把它所依据的一项基本原则看作理所当然的了，也就是说，它回避了有待解释的问题。就像图腾制度一样，灵魂转生的信仰也意味着人被当作动物的近亲，因为假如在头脑中清楚地划分了人兽两界，人们就不会认为人的灵魂能够如此轻易地进入动物界了。甚至于，有必要把动物的身体视为人类灵魂的真正家园了，因为灵魂一旦重获自由就会立即去那里。然而，转生说虽然以这种绝无仅有的亲和性为前提，但是它对此却没有作出任何解释。泰勒的唯一的解释是：人和动物在解剖学和生理学上有些相似的特点。“就像儿童那样，野蛮人好奇地怀着亲切感注意到了动物似人非人的外貌、行为和特性。动物就是人的同样的品性的化身。比如狮子、熊、狐狸、猫头鹰、鹦鹉、蝰蛇、蠕虫这些名字，当我们用来描述人的特征时，它们已经凝聚成为表现人类生活的主要特点的字眼了。”[11]但是即使偶尔遇到这种相似性，那也是不确定的和例外的；毕竟，与人们最为相似的首先是他们的亲戚和同伴，而不是动物和植物。这种罕见和靠不住的类同性，经不起人所公认的检验，也不可能令人信服他自己和他的祖先具有一副与日常经验相矛盾的模样。所以，这

个问题仍然未被触及，倘若我们还没有解答这个问题，我们就不能说已经解释了图腾制度。[12]

最后，这整个理论都是建立在一个根本性的误解之上的。在泰勒和冯特看来，图腾制度只不过是动物膜拜的一个特例。[13]但是正相反，我们却认为它与动物崇拜是截然不同的。[14]动物从来没有受到过崇拜，人差不多是平等地对待动物的，有时候甚至把它们作为自己的财产。人绝不是像信徒从属于他的神那样从属于动物的。假如图腾动物确实被认为是祖先的化身，那么就不会允许其他氏族的人随便吃它的肉了。事实上，这种膜拜所针对的并不是动物，而是图腾形象的标记。而在关于标记的宗教和祖先膜拜之间，无论如何是没有任何联系的。

就在泰勒认为图腾制度出自祖先膜拜的同时，杰文斯又认为图腾制度导源于自然膜拜[15]，他的推导过程如下。

由于各种难以捉摸的奇特现象不时地令人们感到惊骇，这就促使他们认为世界充斥着超自然的存在，[16]并且感到需要与包围着他们的这种令人敬畏的力量达成一致。他们明白，免遭压迫的最好办法就是和其中的某些力量结成同盟，以确保能够得到它们的帮助。但是在这个历史时期，人们除了亲属关系以外，不知道其他的联盟或联合的形式。一个氏族中的所有成员之所以相互帮助，就是因为他们是亲戚，或者他们认为他们是亲戚——这都是一回事。反之，不同的氏族相互为敌，也是因为他们的血缘不同。所以，确保能够得到这些超自然存在的支持的唯一途径，就是认它们作亲戚，同时也让它们把人当作亲戚。而众所周知的血缘盟约就可以让他们十分便当地实现这一目的。但是在这个时期，既然个体还没有真正的人格，我们只把个体看作是群体或者说是氏族的一部分，那么就不是个体，而是氏族作为整个集体订立了这种关系的盟约。由于同样的原因，订约的对象也不是一个特定的事物，而是该事物所属的那个自然群体或者物种。因为人们对世界的认识就如同对自己的认识，正如他们不能离开氏族而想象自己一样，他们也不能把其他任何事物和该事物所属的种类区别开来加以思考。于是杰文斯说，与一个氏族以亲属关系的纽带相联结的那一种事物，就是图腾。

实际上，图腾制度确实意味着一个氏族与一个确定的事物范畴有密切关联。但是，杰文斯要使我们相信，这种关联是在充分意识到了所要追求的目标的情况下，经过精心谋划缔结而成的，这种论断与历史告诉给我们的事实相差甚远。宗教太过复杂，所反映的需求也不胜繁多而且十分隐晦，所以不可能来源于根据意愿预先策划好的行动。杰文斯的理论不仅犯了过于简单化的错误，其假设也是完全不能成立的。这种假设认为，人们为了确保能够得到那些神通广大的超自然存在的帮助，就会优先注意其中那些最有力量的和所许下的保护好处最大的超自然存在。[17]但是恰恰相反，人们与之形成神秘的亲属关系的生物，常常是最为卑微的。而且，如果只是寻求盟友和护卫者的问题，他们就会尽可能多地去寻找盟友，因为一个护卫者毕竟力量有限。然而事实却是，每个氏族都稳稳当当地满足于一个图腾，也就是满足于一个保护者，而听凭其他氏族完全自由地享受他们各自的图腾。每个群体都把自己限定在各自的宗教领域内，从不企图擅入邻居的领域。这种保留与

节制无法依据现在所探讨的这个假设进行说明。

2

此外，所有这些理论都错误地忽略了一个事关全局的问题。我们已经知道，有两类图腾制度，即个体图腾制度和氏族图腾制度。它们的亲缘关系实在太明显了，两者之间不可能不存在某种联系。所以我们完全可以问一问它们是不是一个导源于另一个，如果答案是肯定的，那么就要看看哪一个更加原始。依据可以接受的答案，对于图腾制度的起源问题就可以有不同的说法了。这个问题非常必要，因为它具有普遍意义。个体图腾制度是图腾膜拜的个体方面，如果它是原始的，我们就要说宗教产生于个体意识，它首先反映的是个体的需求，而宗教的集体形式不过其次。

人类学家和社会学家往往受到过分追求简化的愿望的驱使，这就自然导致很多学者像对待其他问题一样，以简单解释复杂，以个体图腾解释群体图腾。实际上，弗雷泽在其《金枝》中所持的理论[18]，以及托特[19]、弗莱彻小姐[20]、博厄斯[21]和斯万顿[22]所持的理论都是如此。这样做有一个额外的好处，那就是与当前通行的宗教概念相投合，因为目前宗教被十分普遍地认为是某种内心和个人的东西。从这一观点出发，氏族图腾只不过是普遍化了的个体图腾。某位卓越人物从经验中发现了一个图腾的价值，就依据他的自由意愿选择了它并且传诸后世，随着时间的推移，他的子孙人数日众，最终形成了一个扩大了的家族，即氏族，于是图腾也就成了集体性的图腾。

托特认为，图腾制度在西北美洲的某些社会中的传播方式，特别是在萨利什人和汤普逊河畔的印第安人中的传播方式，为他提供了支持这一理论的证据。在这些民族中，既有个体图腾制度，也有氏族图腾制度，但是两者并不共存于同一个部落，或者即使共存于同一个部落，发展也不是均衡的。它们是相互成反比变化的，在氏族图腾趋向于成为一般规则的地方，个体图腾就趋向于消失，反之亦然。这不是相当于在说氏族图腾是个体图腾后来的形式，由于它取代了个体图腾，氏族也就排斥个体图腾了吗？[23] 神话似乎肯定了这种阐释。神话说，在这些社会中，氏族的祖先并不是图腾动物，群体的创建者一般被表现为人，在某一个时期他与一种神话动物结成了亲密的关系，并从它那里得到了图腾标记。然后，这一标记和它所附有的特殊力量一起，就依据继承权在神话英雄的子孙后代中传了下去。所以这些民族就好像把集体图腾视为一个个体图腾，在同一个家族延绵不绝。[24] 另外，今天也还有父亲把它自己的图腾传给子女的事情发生。所以，如果我们以为集体图腾一般都是出自同一起源，那就假定了在今天还可以观察到的事情同样也发生在以前。[25]

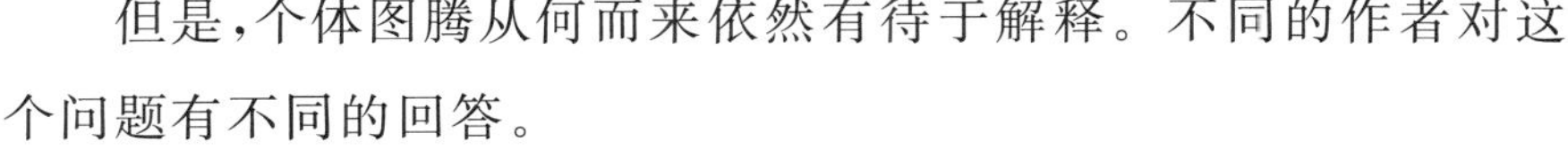

但是，个体图腾从何而来依然有待于解释。不同的作者对这个问题有不同的回答。

托特把个体图腾看作物神崇拜的一个特例。个体感到令人畏惧的精灵无所不在地包围着自己，因而体验到了杰文斯所说的那种认为属于氏族的情感。为了能够继续生存下去，他就要在这个神秘的世界上寻求某个强有力的保护者。于是，个人图腾的功用就被确立下来了。[26] 在弗雷泽看来，这一制度毋宁说是作战时的诡计或花招，人们发明了它以便逃脱特定的危险。我们知道，依据在大量低级社会中广为流传的一种信仰，人的灵魂能够不很困难地从它所寄托的身体中脱离开一段时间，而且无论它离身体有多远，仍能以一种超然的控制继续给身体以生机。那么，在一些紧要关头，当生命面临某种威胁时，就可以指望从身体抽出灵魂，并将其引往更为安全的某个地方或某个物体中去。事实上，不管是真实的还是想象中的，确有一些旨在灵魂出窍以保护其免遭危难的仪轨。例如，当人们要进入新建的房子的时候，巫师会把他们的灵魂转移到一个袋子中，等到他们跨过了门槛以后再物归原主。因为一个人进入新房子的时刻是格外关键的，他可能打扰并得罪住在地里的特别是门槛下的精灵，若不加小心，就可能要为他的鲁莽行为付出沉重代价。但是危险一旦过去，人又能够不惹这些精灵们恼怒，甚至能够通过完成特定的仪式取悦它们，那么灵魂就可以安然无恙地回到它的老地方了。[27]而正是这种信仰产生了个人图腾。为了使自己免受魔力的伤害，他们认为一个聪明的办法是把他们的灵魂藏在大同小异的一群动物或者一堆植物当中去。但是，这种关系一旦建立以后，每个个体就发现他自己和他的生命本原所寄托的那个动物或植物紧密地结合在一起了。两者的关系是如此密切，以至于最后人们认为它们实际上已经不可区分了，人们相信他们相互分享了对方的本性。这种信仰一旦被接受下来，就促进并加速了个人图腾向一种世袭的图腾的转化，亦即变成了集体图腾。因为似乎显而易见，这种本性上的亲缘关系应该是父子相传的。

我们不想在此停滞不前，过多地去讨论对个体图腾的这两种解释；它们都是思想的精巧虚构，完全缺乏确凿的证据。如果我们想要把图腾制度还原为物神崇拜，我们必须首先确认物神崇拜先于图腾崇拜；然而，不但不能提出任何事实支持这一假设，而且它甚至和我们所知道的一切都相抵牾。以物神崇拜名义举行的不很确定的那套仪式，似乎只出现在已经具有相当文明程度的民族之中，而澳洲人对这种膜拜还一无所知。固然有人把储灵珈说成是物神，[28]但就算可以给储灵珈这样定性，也不能证明所假定的物神崇拜的先在性。恰恰相反，既然储灵珈是图腾膜拜的一种工具，其性能完全归功于图腾信仰，那么储灵珈就是以图腾制度为前提的。

至于弗雷泽的理论，其预先的假设是原始人完全地愚不可及，然而已知的事实并不允许我们这样来看待他们。原始人正经有他的逻辑，虽然有时候会显得有些古怪；除非他们完全丧失了逻辑，他们才会犯下加给他们的那种推理错误。他们应该认为把灵魂藏在一个秘密的和不易进入的地方，使灵魂存活下来，就像很多传说和神话中的英雄所做的那样，这是再自然不过的事情了。但是，为什么他们会认为灵魂在动物体内就要比在他自己体内更加完全呢？当然，如果灵魂暴露在空中，它可能有机会更易于逃脱巫师的魔咒，但同时他却要防备猎人的袭击。让灵魂躲藏在一个时刻暴露在危险之中的物质形式里，真是奇怪的办法。[29]但无论如何，如果整个民族都让自己处在这种精神错乱的状态中，那是令人难以置信的。[30]最后，在大量事实中，个体图腾的功能与弗雷泽所指出的功用大相径庭。个体图腾最主要的功能是赋予巫师、猎手或战士以异乎寻常的力量。[31]至于人与物的亲属关系以及它所带来的各种尴尬之处，只是作为仪式的后果而被接受，并不是出于仪式本身的愿望或目的。

既然这种争论并不涉及真正的问题，就没有必要在此耽搁下去了。我们首先必须要知道的是，个体图腾是否果真是集体图腾从中导源而出的原始现象。因为，对这一问题的回答，决定了我们依据两个相反的方向中的哪一个去寻找宗教生活的渊源。

而大量的事实都与托特、弗莱彻小姐、博厄斯和弗雷泽的假设相反，乃至于这些假设能被如此轻易而广泛地接受，简直令人吃惊。

首先，我们知道，一个人往往不仅是他自己热衷于敬奉其个人图腾，也要让他的伙伴敬奉这一物种。如果集体图腾制度不过是个体图腾制度的普遍化形式，那么它也应该采取同样的原则。不仅要禁止本氏族的人宰杀和食用他们的图腾动物，他们还应尽力迫使其他氏族也遵守这一禁忌。但事实却是，每个氏族非但没有把这种自我克制强加于整个部落，而且还通过我们下面将要描述的仪式，小心照料他们用以命名的植物或动物，以使其繁衍旺盛，确保其他氏族有充分的食物供应。所以我们至少得承认，个体图腾制度在转变为集体图腾制度的过程中发生了深刻变化，而我们必须对这种转化作出解释。

其次，对于那些图腾制度已经完全衰落，一个部落中的两个氏族具有截然不同的图腾的现象，从他们的观点出发又该作何解释呢？似乎没有什么会妨碍同一部落中的两个或几个成员选择相同的动物作为他们的个人图腾并且传给子孙，即便在这些人之间并不存在亲属关系。今天不也有两个不同的家族采用相同姓氏的事情吗？图腾和亚图腾先在两个姻族之间进行划分，然后又在每个姻族中不同的氏族之间进行划分，这种精心规定的划分显然是以社会的协调一致和某种集体组织为前提条件的。这就相当于是在说，图腾制度并不仅仅是个体仪轨自发的普遍化。

再次，除非错误地理解了这两种制度的区别，否则就不可能从个体图腾制度中演绎出集体图腾制度。后者是孩子在出生时获得的，是他在族内身份的一部分；而前者是在其生活过程中获得的，以完成确定的仪式为前提，并且意味着个人状况的改变。有人为了设法减小这两者之间的差距，就把图腾所有者将图腾传给他所中意的人的权利，作为打通这两者的某种中介。但是，无论这种传授在哪里发生，那都是罕见的和相当例外的行为，只有巫师或其他赋有特殊力量的人物才能实行。[32]在任何情况下，也只有通过仪式仪典才能造成这种变化。所以，就有必要对下列问题作出解释：这种少数人的特权是如何成为所有人的权利的？个体宗教和道德的基本构成中，它一开始是如何潜藏着一种深刻的变化的？这种变化反过来又如何成为构成个体的成分的？最初作为仪式结果的图腾传授，后来是如何被人们相信不经任何人类意愿的干预也能由事物的天性自动实施的？

托特为了支持他的阐释，声称某些神话提供了氏族图腾的个体起源。这些神话讲到了某些特殊的个体如何获得了图腾标记，然后又传给了他的后裔。但是首先，要注意这些神话全都出自已经达到相当高的文明水平的北美印第安部落。而与事情的起源已经相去甚远的神话，对于准确地重构这种制度的原始形式到底能有多大的帮助呢？一些中介因素非常可能使这些民族所保留下来的记忆早就大为失色了。而且，我们很容易用另一些神话来和这些神话叫板。前者不仅看起来更加原始，而且具有截然不同的意涵,它们把图腾表现为衍生出氏族的祖先。这样,图腾就构成了氏族的实质,它与生俱来,非但不是从没有骨肉关系的事物中接受来的,反而就是人们血肉的一部分。[33]更何况,就连托特所依据的神话也包含着对这一古老观念的反映。把自己的名字给予氏族的那个创建者,肯定具有人的外形,不过他是一个在某种动物中生活过因而最终和这种动物有些相似的人。毫无疑问,这是因为到了这个时期,开化的头脑已经不再像以前那样认为人是由动物所生的了。所以动物祖先这时候就变得不可想象了,从而被人所代替。但是,人通过模仿或者其他过程获得了某些动物特征的观念仍然保留着。这样,即使晚期的神话也带着更加远古的时代的烙印——在那时,氏族图腾从来不被认为是一种个体的创造。

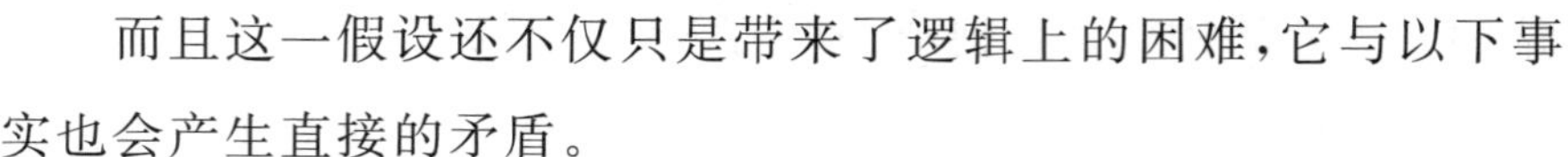

而且这一假设还不仅只是带来了逻辑上的困难,它与以下事实也会产生直接的矛盾。

如果个体图腾制度是最初的事实,那么社会越原始,它就应该越发达、越明显,反之,在比较先进的社会中,它就会失去其基础,在集体图腾制度面前消失。然而事实恰恰相反。澳洲部落远远落后于北美的部落,但澳洲却是集体图腾制度的典型地区。在绝大多数部落中,我们可以见到只是实行集体图腾制度的部落,但却没有发现任何一个只是实行个体图腾制度的部落。[34]即使有仅实行个体图腾制度的部落,也是以一种独特的形式出现在屈指可数的部落中的。[35]这种个体图腾制度一般是比较初级的形式,由个体所选择的不具普遍性的仪轨构成。唯有巫师才具备和那些原本无关的动物建立神秘关系的技艺。普通人并不享有这一特权。[36]在美洲则正相反,那里集体图腾制度完全衰落了,尤其是在西北部落中，集体图腾制度的宗教性质丧失殆尽。另一方面，个体图腾却在这些民族中扮演了相当重要的角色。它被委以重任，成为一种真正的公共制度。这是因为个体图腾标志着比较高级的文明。无疑，这就解释了托特认为他在萨利什人中所观察到的这两图腾制度互成反比的现象。如果在这些地方，集体图腾制度得到了最充分的发展而个体图腾制度几乎没有，那不是因为后者在集体图腾制度面前消退了，而是因为使它得以存在的必要条件还没有充分实现。

再者，一个无可争辩的事实是，绝不是由个体图腾制度产生了氏族的图腾制度，集体图腾制度才是个体图腾制度的先决条件。个体图腾制度诞生并存在于集体图腾制度的框架内，是其固有的部分。实际上，在个体图腾制度占优势的社会中，初成年者无权采用任何一种动物作为他们的个体图腾。每个氏族也都被指定了某些物种可以作为图腾，在此之外不能进行选择。与之相应，这些物种也就是属于该氏族的专有财产，其他氏族的成员不得擅用。[37]人们相信，这些物种和作为整个氏族图腾的那个物种具有密切的依赖关系，个体图腾代表的是集体图腾的一部分或者某个特定的方面。[38]在沃乔巴卢克部落，氏族的每个成员差不多都把其同伴的个人图腾也看作是自己的图腾，[39]所以这些图腾可能是亚图腾。而亚图腾是以图腾为前提的，正如种是要以纲为前提的。于是在历史上个体宗教的最初形式就露出端倪了，它不是促成一切公共宗教的那个本原，相反，它是公共宗教的一个简单方面。个体在其内在意识中为自己所组织的膜拜，绝不是集体膜拜的萌芽，而只是后者适应个体私人需要的结果。

3

在斯宾塞和吉兰的著作的启发下，弗雷泽在后来的一些研究中[40]，试图用一种对图腾制度的新解释，来取代我们刚才所讨论的他早先提出的解释。新解释所依据的假定是：阿兰达的图腾制度是我们所知道的最原始的图腾制度。弗雷泽甚至说，阿兰达的图腾制度与真正的、完全的原型没有多少差别。[41]

阿兰达图腾制度唯一的独特之处在于，图腾并不附着于个人，也不附着于确定的人群，而是附着于地点。每一图腾都以某个确定的地方作为它的中心。那里被认为是当初缔造图腾群体的祖先们的灵魂喜欢去的地方。那里坐落着保存储灵珈的圣所，膜拜就在那儿举行。氏族的组成方式也是由这种图腾的地理分布决定的。子女图腾既不来自父亲也不来自母亲，而是来自母亲认为她最初感到怀孕征兆的那个地方的图腾。因为据说阿兰达人不懂得生育和性行为之间的关系，[42]他们认为每次怀胎都是一种神秘受孕的结果。据他们说，这是由于一位祖先的灵魂进入了妇女体内并在那里变成了一个新生命的本原。所以在妇女感觉到孩子的最初颤动的那一刻，她就会想象，在她当时恰好所在的地方，一个原本栖居在那里的灵魂刚好进入了她体内。因为即将诞生的孩子只是祖先的重新转生，所以他们必然拥有相同的图腾。于是，孩子的图腾就由神秘的受孕地点来决定了。

这种地方性的图腾制度代表的正是图腾制度的原初形式，至多，与之也仅有一小步之遥。弗雷泽就是这样解释图腾制度的起源的。

在女人意识到她妊娠的那个特定时刻，她必定认为使她感到怀有身孕的那个精灵来自于周围的事物，尤其是来自那些此时此刻吸引她注意力的事物。如果她正忙于采摘植物，或者是在照看动物，她就认为是这种植物或动物的灵魂进入了她体内。在所有她特别倾向于作为怀孕原因的事物中，首当其冲的就是她刚刚吃过的东西。如果方才吃过鸸鹋或山药，她就会坚信不疑地认为是鸸鹋或者山药已在她体内诞生成长。在这种情况下，孩子为什么被认为是鸸鹋或山药，他为什么以为自己是这种植物或者动物的亲戚，以及他为什么对这种生物抱有好感和尊重，为什么拒绝吃它们等等，就顺理成章地一清二楚了。[43]从这时起，图腾制度就具备了它的基本特征。因为它产生于土著的怀孕理论，所以弗雷泽就把这种原始图腾制度称之为“怀孕性的”。

所有图腾制度的其他形式都导源于这一原型。“当好几个妇女相继都在同一个地点并在同样的环境下感觉到了怀孕的最先预兆时，这里就会被看作是某种特定的精灵经常出没的地方，整个地区就会很快布满图腾中心，并且划分出图腾区域。”[44]阿兰达的地方性图腾制度就是这样形成的。为了使图腾与它们的地域基础分离开来，只要把祖先的灵魂想成是能够随着同一图腾的男女在这块地面上任意游走的，而不是永恒不变地固着在同一地点上的，这也就足够了。这样，即使一位妇女住在与之无干的图腾地区，她也能因为自己的图腾或者丈夫的图腾而受孕。孩子的图腾来自父亲还是母亲，就取决于到处跟着这个家庭寻觅机会重新转生的灵魂被认为是夫妻哪一方的祖先了。实际上，关吉人、翁巴亚人以及乌拉本纳人正是用这种方式来解释他们的代际关系的体系的。

但是，这个理论和泰勒的理论一样，其论据也是建立在假定的基础之上的。如果一个人把人的灵魂想成是动物或植物的灵魂，那么他肯定事先就要相信，不管是从动物界还是植物界，人都取得了它们最本质的东西；而且这一信仰要作为图腾制度的基础信仰之一。因此，将其作为显而易见的事情来陈述，乃是想当然地接受了有待说明的问题。

而且，这种观点也根本无法解释图腾的宗教性质，因为含糊地相信人和动物之间存在着不明确的亲属关系，还不足以形成一种膜拜。这种对不同物界的混淆绝不可能导致对世界的圣俗之分。诚然，弗雷泽一贯以他在图腾制度中没有发现精神存在、祝祷、求神、献祭等等为借口，拒绝承认图腾制度是宗教。在他看来，图腾制度只是一个巫术体系，他这样说的意思是，图腾制度是一种粗陋的和误入歧途的科学，是去发现事物规律的最早努力。[45]但是我们知道，这种巫术概念和宗教概念是多么的不恰当。只要神圣从凡俗中被区分出来，也就有了宗教，而我们已经看到图腾制度是一个神圣事物的宏大体系。因此如果要作出解释，我们就必须说明这些事物是怎样被加上这种特性的，[46]但是弗雷泽甚至提都没有提出过这个问题。

更由于基础前提不能成立，弗雷泽的体系将被彻底地推翻。他的全部论据就是这样一个假设：阿兰达的地方性图腾制度是我们所知道的最原始的图腾制度，特别是它明显地先于世袭性图腾制度，不论是继承自父系的还是母系的。然而，我们只要用斯宾塞和吉兰的第一本著作中的例证，就可以推测，在阿兰达人的历史中有一个时期，图腾世代相袭地由母亲传给子女，而不是取决于地点。[47]斯特莱罗最新发现的事实也明确地证实了这一推测[48]，而这些事实不过肯定了舒尔策早先的观察[49]。其实,这两位作者都告诉我们,甚至到现在,除去地方性图腾以外,每个阿兰达人也还有另一个与任何地理条件毫不相干的、属于生而有之的图腾:那就是他母亲的图腾。第二个图腾像第一个图腾一样,被土著看作是强有力的朋友和保护者,它会照看他们的食物,警告他们可能出现的危险等等。他们有参与对这一图腾膜拜的权利。当他们被埋葬时,尸体的脸要朝向母方图腾的中心。所以那里也就跟死者的中心一样了。事实上,那里被取名为“tmara altjira”,翻译过来就是“与我相连的图腾的营地”。所以可以肯定,在阿兰达,同母异父家系中的世袭图腾制度并不晚于地方性图腾制度,相反,前者必定早于后者。因为在今天,母方的图腾只扮演了一个辅助和补充的角色,它是第二个图腾,这就解释了为什么它会瞒过像斯宾塞和吉兰所进行的那么认真细致的观察。但是,它还能够保住这一次要的地位,还能够和地方性图腾一道被使用,那肯定是因为有一个时期它曾在宗教生活中占有首要的地位。它在一定程度上是已经衰落的图腾,但却能够使人认识到阿兰达的图腾组织与今天迥然相异的那个时代。所以,弗雷泽的体系的整个上部结构的基础就这样坍塌了。[50]

4

虽然兰对弗雷泽的这一理论有过强烈的质疑,而他自己在其后来的著作中所提出的理论[51],与之相似的地方却不一而足。和弗雷泽一样,他也推断图腾制度在于相信人和动物的一体性。不过,他的解释也有所不同。

他的推论完全出自于图腾是名字这一现象。人类群体一旦形成[52]，每个群体都会感到需要把和那些与之打交道的邻近群体区分开来，出于这一目的，它就给它们分别取了名字。这些名字多数选自周围的植物群和动物群，因为动物和植物都很容易用动作来指示，或用图画来表现。[53]人和这些东西都多多少少恰好有些相似的地方，集体名称就是据此在这些群体中进行分配的。[54]

众所周知，“对早期的心灵而言，名字和名字所指的事物处在一种神秘而超验的谐调关系中”。[55]例如，个体的名字并不被看作是一个简简单单的词或者是约定俗成的记号，而是个体自身的本质部分。所以，如果人用了一个动物的名字，他就必定会相信自己也具有属于这种动物的主要特点。随着集体名称的历史起源日见久远并在记忆中消退，这种说法就越来越被认可。而神话的产生使人的心灵能够更加容易地再现人性这种奇特的含混。为了对此作出解释，他们想象动物是人的祖先，或者动物和人都源自共同的祖先。于是，这样的观念就出现了：每个氏族和它用以命名的动物具有亲属关系。对于我们这位作者而言，这种传说的亲属关系的起源一旦被解释，好像图腾制度就不再包含任何神秘之处了。

但是，图腾信仰和仪轨的宗教性质又是从何而来的呢？一个人把自己视为一种动物并不能说明他为什么会委之以神奇的力量，尤其不能说明他为什么要膜拜象征它的图像。——对于这个问题，兰的回答和弗雷泽一样，他也否认图腾制度是宗教。他说：“在澳洲，我没发现任何诸如祈求、供养或埋葬图腾等宗教仪轨的例子。”[56]只是到了后来的时期，图腾制度已经确立了，它才被正确意义上的宗教观念的体系所吸纳和包罗。依据霍维特的评论[57]，土著在解释图腾制度时，既不归之于图腾本身，也不归之于人，而是归之于像“班吉尔”（Bunjil）或“贝亚米”（Baiame）这样的某种超自然存在。兰说：“只要接受了这个证据，图腾制度的‘宗教’性质的一个来源马上就被揭示出来了。图腾成员听从班吉尔或贝亚米的旨意就像克里特人服从宙斯给弥诺斯*的神谕一样。”按照兰的说法，这些大神的观念产生于图腾体系之外，所以图腾制度本身并不是宗教，只是由于和真正的宗教的接触才使它带有了宗教色彩。

然而，恰恰这些神话与兰的图腾制度观念是相互矛盾的。如果澳洲人把图腾制度视为某种人类的和凡俗的东西，那么就根本不可能从中产生出神圣的制度。另一方面，如果他们觉得需要把它和神联系起来，那就是因为他们已经看到了其中的神圣性。所以这些神话的阐释只是证明了图腾制度的宗教性，而不是对此的解释。

而且，兰自己都认识到这样解答尚显不足。他知道人们对图腾事物抱有宗教的虔敬[58]；尤其是动物的血和人的血乃是众多禁忌的对象。他还说，比较而言，塔布（taboo）是无法用后来的神话加以解释的。[59]那么，塔布又是从何而来的呢？对于这个问题兰是这样回答的：“只要以动物命名的群体逐步形成了对瓦坎（wakan）或曼纳（mana）的普遍信仰，或者对鲜血的生命般神秘圣洁性的普遍信仰，他们也就会发展出各种各样的塔布。”[60]瓦坎和曼纳

* 弥诺斯：希腊神话中克里特岛之王，宙斯和欧罗巴所生之子，秉公治国。——译注

这两个词，我们在下一章中将会看到，它们涉及神圣本身的观念，前者来自苏人的语言，后者来自美拉尼西亚语。对图腾事物的神圣性的解释竟以这种特性为前提，这是在用问题本身来回答问题。我们必须查清，瓦坎的观念究竟从何而出，以及它是如何被用到图腾和一切源于图腾的事物上去的。只要这两个问题还没有得到解答，那就等于什么都还没有解释。

5

我们已经回顾了对图腾信仰所作的各种主要解释，[61]并保留了它们各自的独到之处。现在检验已经结束，我们可以对所有这些体系作出一个总的批判了。

如果我们坚持从字面上的表达出发，这些理论似乎可以分为两组。一组（弗雷泽和兰）否认图腾制度的宗教特性；另一组承认这一点，但认为可以通过追溯图腾制度从中导源而出的那个更早的宗教来作出解释。但这种区别仅仅是表面上的，事实上，前者包含在后者之中。弗雷泽和兰都没能系统地坚持他们的原则，没能彻底把图腾制度不当作一种宗教来加以解释。在事实的压力下，他们被迫给他们的解释匆匆地加上了宗教性的观念。我们刚才已经看到，兰是怎样引入神圣的观念这一所有宗教的最基本观念的。至于弗雷泽，在他先后提出的理论中，他都公开求助于灵魂或精灵的观念；在他看来，图腾制度之所以产生，是由于人们相信可以把他们的灵魂安全地放置在某种外在的对象中，或者是由于人们把怀孕归因于精灵使然。而灵魂，还有精灵，都是神圣的事物和仪典的对象，表达它们的观念在本质上就是宗教的，所以弗雷泽把图腾制度说成仅仅是一个巫术体系乃是徒劳无功的,因为他不过是用另一种宗教的术语完成了对图腾制度的解释。

我们已经指出了泛灵论和自然崇拜的不足之处,所以再要像泰勒和杰文斯那样诉诸这些说法,就不能不遭到同样的批驳。然而,弗雷泽和兰并没有想到另一种假设的可能性。[62]相反,我们知道,图腾制度与我们已知的、并完全可能是我们所能设想的最原始的社会系统紧密相连。要说图腾制度是从另一个仅仅是在程度上有所差别的宗教中导源而出的,那就是置观察资料于不顾,陷入随心所欲和无法证实的猜测之中了。如果我们想要和我们已经取得的成果保持一致,就必须肯定图腾制度的宗教性,避免将其导源于另一不同的宗教。把它的原因指定为非宗教的观念是没有出路的。而在构成了图腾制度产生条件的那些表现之中,有一些会直接表露出它们自身的宗教性质,这才是我们一定要去寻找的。

注　释

[1]　泰勒:《原始文化》,第 1 卷,第 402 页;第 2 卷,第 237 页;《图腾制度评论:特别以某些现代有关理论为参考》,载于《大不列颠及爱尔兰人类学研究所学报》,第 28 卷,和第 1 卷,新辑,第 138 页。

[2]　维尔肯:《马来群岛的泛神论》,第 69—75 页。

[3]　泰勒:《原始文化》,第 2 卷,第 6 页。

[4]　泰勒:《原始文化》,第 2 卷,第 6—18 页。

[5]　梯尔:《东南非洲记述》,第 7 卷。我们只是通过弗雷泽的一篇文章(《南部非洲的图腾制度》,载于《人的科学》,1901 年,第 111 卷)才知道这一著作的。

[6]　考德林顿:《美拉尼西亚人》,第 32 页及以下诸页,以及泰勒在《大不列颠及爱尔兰人类学研究所学报》(第 27 卷,第 147 页)上所引用的该作

者的一封私人信函。

[7]　实际上这也就是冯特的解答(《神话与宗教》,第2卷,第269页)。

[8]　当然,根据泰勒的理论,氏族只不过是扩大了的家族,因此在他的理论中,对其中一个群体的任何说法,也适用于另一个群体(《大不列颠及爱尔兰人类学研究所学报》,第28卷,第157页)。但是,这种观念是很值得商榷的,只有氏族才以图腾为前提,也只有在氏族中并通过氏族,图腾才具备完整的意义。

[9]　相同的观点,参见兰:《社会起源》,第150页。

[10]　参见本书,第82页。

[11]　《原始文化》,第2卷,第17页。

[12]　冯特重复了泰勒理论的基本思路,并试图以另一种方式来解释人和动物的这种神秘关系。他认为是正在腐烂的死尸的样子引起了这种观念。当他们看到蛆虫从尸体中生出来,就以为死者的灵魂已经化身其中并随之而去。因此,蛆虫,并扩展到爬行动物(蛇、蜥蜴等),就首先被作为死者灵魂的寄托之所,因而也最早受到崇敬并扮演了图腾的角色。唯此以后,其他动物和植物乃至于非生命体才被抬高到同样尊贵的地位。但是,这一假设纯属无稽之谈。冯特断言(《神话与宗教》,第2卷,第296页),作为图腾,爬行动物比其他动物要远为普遍;从这一点出发,他推论爬行动物是最原始的图腾。但是我们看不到有什么证据能够证明这一论点,作者没有举出任何例子来支持它。从澳洲和美洲收集来的图腾的清单也没有表明任何一种动物在图腾中占据主要地位。图腾随各地的植物群和动物群的情况而变。而且,如果图腾的可能范围在起初这么有限,那么图腾制度就没法满足它的基本原则,即做不到在一个部落中的氏族或亚氏族必须具有不同的图腾这一点了。

[13]　泰勒说:“有时候人们崇拜某种动物,因为它们被视为祖先圣灵的再度化身。这种信仰是阴魂膜拜和动物膜拜之间的桥梁。”(《原始文化》,第2卷,第805页,参见第309页最后部分)同样,冯特也把图腾制度说成是泛灵论的一个部分。

[14]　参见本书,第185页。

[15]　杰文斯:《宗教史导论》,第 97—98 页。

[16]　参见本书,第 35 页。

[17]　杰文斯自己承认这一点,他说:“可以推测,他愿意选择的盟友是……拥有最大力量的物种。”(《宗教史导论》,第 101 页)

[18]　弗雷泽:《金枝》,第 2 版,第 3 卷,第 416 页及以下诸页;特别是第 419 页注解 5。在后来的一些文章中(下文将予以分析),弗雷泽提出了一个不同的理论,不过在他看来,这一理论与《金枝》中的理论并不完全排斥。

[19]　托特:《英属哥伦比亚土著的图腾制度之起源》,载于《加拿大皇家协会公报及会刊》,第 2 系列,第 7 卷,第 2 章,第 3 页及以下诸页。还有《英属哥伦比亚斯塔鲁姆民族学报告》,载于《大不列颠及爱尔兰人类学研究所学报》,1905 年,第 35 卷,第 141 页。在《加拿大皇家协会公报及会刊》第 9 卷的第 61—99 页,托特答复了对他理论的各种异议。

[20]　弗莱彻:《图腾的含义:来自奥马哈部落的研究》,载于《史密森学会 1897 年度报告》,第 577—586 页。

[21]　博厄斯:《夸扣特尔印第安人的社会组织和秘密会社》,第 323 页及以下诸页,第 336—338 页,第 393 页。

[22]　斯万顿:《氏族体系的发展》,载于《美国人类学家》,新辑,第 6 卷,1904 年,第 477—486 页。

[23]　《大不列颠及爱尔兰人类学研究所学报》,第 35 卷,第 142 页。

[24]　《大不列颠及爱尔兰人类学研究所学报》,第 35 卷,第 150 页。参见《不列颠科学进步委员会。加拿大自治领西北部落委员会的第五次报告》,第 24 页。这种神话上文已经引述过。

[25]　《大不列颠及爱尔兰人类学研究所学报》,第 35 卷,第 147 页。

[26]　《加拿大皇家协会公报及会刊》,第 2 系列,第 7 卷,第 2 节,第 12 页。

[27]　见《金枝》,第 2 版,第 3 卷,第 351—352 页。维尔肯也已经指出过类似的现象,见于《关于西姆森的传说》,载于《论神》,1890 年;《动物、人类与植物界的关系》,载于《印度神》,1884 年,1888 年;《论毛发牺牲》,载于《国际殖民地评论》,1886—1887 年。

[28]　例如埃尔曼在《澳洲南部殖民地的土著》中第 199 页的论述。

[29]　帕克夫人在谈到埃瓦拉伊部落时说，即使元拜的确“能带来异乎寻常的力量，它也使人暴露在异乎寻常的危险之中，因为任何对动物的伤害也将伤害人”(《埃瓦拉伊部落》，第 29 页)。

[30]　在晚一些的著作中(《图腾制度的起源》，载于《双周评论》，1899 年 5 月，第 844—845 页)，弗雷泽自己也提出了这一异议。他说：“如果我把我的灵魂放在一只兔子中，而我的兄弟约翰(另一氏族的成员)射杀了那只兔子，烧熟吃了，那我的灵魂会怎么样呢？为了应付这种明显的危险，就有必要让约翰知道我灵魂的状况，知道了这一点，无论何时他射了兔子，他就会先采取步骤，提取出我的灵魂并使之复元，然后再烧吃这只兔子。”而且弗雷泽认为他发现在中澳洲就采用这种做法。每年当新一代动物长成的时候，在一种仪典上(对此我们即将予以描述)，其中第一只猎物要献给属于这一图腾的人们，而他们则吃下一点点。只有在此之后，其他氏族的人才得以自由捕食这种动物。弗雷泽说，这是把托付在这些动物中的灵魂归还给该图腾的人的一种方式。但是，且不说对这一现象的解释完全是武断的，这种逃避危险的方式也相当古怪。仪典是一年一度的，而猎物此前已经被杀死很久了，那么在这段时间里，藏身其中的灵魂变成什么样了呢？依靠这一灵魂生存的个体又会怎样了呢？坚持这种完全不可思议的解释是没有必要的。

[31]　帕克夫人：《埃瓦拉伊部落》，第 20 页；霍维特：《关于澳洲巫医》，载于《大不列颠及爱尔兰人类学研究所学报》，第 16 卷，第 34 页，第 49 页及以下诸页；托特：《大不列颠及爱尔兰人类学研究所学报》，第 35 卷，第 146 页。

[32]　据托特本人讲：“只有特定的人，比如萨满或拥有强大神奇力量的人，才能实行(对个人图腾的)赠与或传授。”(《大不列颠及爱尔兰人类学研究所学报》，第 146 页)参见帕克夫人：《埃瓦拉伊部落》，第 29—30 页。

[33]　参见哈特兰：《图腾制度及其近期发现》，载于《民俗》，第 11 卷，第 59—60 页。

[34]　可能库尔奈除外，但即使在这个部落中，在个人图腾之外也还有性别

图腾。

[35] 有沃乔巴卢克、班迪克、维拉朱里、尤因等部落和马里伯勒(在昆士兰)周围的部落。见霍维特:《澳洲东南部的土著部落》,第 133 页,第 114—147 页;《新南威尔士皇家协会公报期刊》,第 38 卷,第 291 页。参见《对希尔·托特先生图腾制度观点的进一步评论》,载于《人的科学》,1904 年,第 85 页。

[36] 属于这种情况的有埃瓦拉伊,以及霍维特所举的个体图腾制度的例子(《关于澳洲巫医》,载于《大不列颠及爱尔兰人类学研究所学报》,第 16 卷,第 34 页,第 35 页,第 49—50 页)。

[37] 弗莱彻小姐:《图腾的含义:来自奥马哈部落的研究》,载于《史密森学会 1897 年度报告》,第 568 页;博厄斯:《夸扣特尔印第安人的社会组织和秘密会社》,第 322 页。同样还有《不列颠科学进步委员会。加拿大自治领西北部落委员会的第五次报告》,第 25 页;托特:《大不列颠及爱尔兰人类学研究所学报》,第 35 卷,第 148 页。

[38] 博厄斯在谈到特林基特部落时说,"gentes"(拉丁文"氏族"的复数——译注)的本名导源于它们各自的图腾,每个"gens"(拉丁文"氏族"的单数——译注)都有其专门的名称。名称和(集体)图腾之间的联系并不很明显,但却是始终存在的(《不列颠科学进步委员会。加拿大自治领西北部落委员会的第五次报告》,第 25 页)。个体的名字是氏族的财产,其特点正如图腾,这种情况见于易洛魁(摩尔根:《古代社会》,第 78 页),怀恩多特(鲍威尔:《怀恩多特人的政府》,载于《美国民族学会第一次年度报告》,第 59 页),沙瓦尼,索克,狐狸(摩尔根:《古代社会》,第 72 页,第 76—77 页)和奥马哈(多尔西:《奥马哈社会学》,载于《美国民族学会第三次年度报告》,第 227 页及以下诸页)等部落。而名字和个人图腾之间的关系我们已经清楚了(多尔西:《奥马哈社会学》,第 184 页)。

[39] 马休说:"例如,如果你问一个瓦特伍特人他是什么图腾,他会先告诉你他的个人图腾,然后可能会把他氏族中的个人图腾都一一道来。"(《新南威尔士皇家协会公报期刊》,第 38 卷,第 291 页)

[40] 《澳洲土著中的宗教与图腾制度之起源》,载于《双周评论》,1905 年 6

月，第 162 页及以下诸页，和 9 月，第 452 页。参见弗雷泽：《图腾制度的起源》，载于《双周评论》，1899 年 4 月，第 648 页，和 5 月，第 835 页。这篇文章略早一些，和前一篇文章有点不同，但是它们的理论基础并没有本质区别，二者都重申了《图腾制度与外婚制》（第 1 卷，第 89—172 页）的观点。同样的见解可见斯宾塞和吉兰：《有关澳洲部落图腾制度的几点评论》，载于《大不列颠及爱尔兰人类学研究所学报》，1899 年，第 275—280 页，和弗雷泽就这一主题的评论，同上，第 281—286 页。

[41] “或许我们可以……说，它与图腾制度的原初形式，即绝对的原初形式只有一步之遥。”（《双周评论》，1905 年 9 月号，第 455 页）

[42] 在这一点上，马休（第 2 卷，第 52 页）的证明已经肯定了斯宾塞和吉兰的看法。有关相反的见解，参见兰：《图腾的秘密》，第 190 页。

[43] 哈登在他的《人类学方面的技巧》（不列颠科学进步委员会，1902 年，第 8 页及以下诸页）中已经表述了与之非常相似的观点。他推测每个地方群体最初都有专门属于它自己的某种食物，这种作为主要食品的植物或动物就变成了群体的图腾。

所有这些解释自然都意味着图腾动物的食用禁忌并不是原始的，此前的规矩甚至恰好相反。

[44] 《双周评论》，1905 年 9 月，第 458 页。

[45] 《双周评论》，1899 年 5 月，第 835 页，和 1905 年 6 月，第 162—163 页。

[46] 虽然弗雷泽仅仅把图腾制度视为一种巫术体系，但是他也认识到有时候在其中可以发现真正宗教的最初萌芽（《双周评论》，1905 年 6 月，第 163 页）。有关他认为宗教是从巫术中发展出来的见解，参见《金枝》，第 2 版，第 1 卷，第 75—78 页。

[47] 《论图腾制度》，载于《社会学年鉴》，第 5 卷，第 82—121 页。关于同一个问题，可参见哈特兰：《统辖技巧》，载于《民俗》，第 11 卷，第 75 页；兰：《阿兰达人图腾制度的理论》，载于《人的科学》，1904 年，第 44 卷；《观念上的图腾制和外婚制》，载于《人的科学》，1907 年，第 55 卷；《图腾的秘密》，第 4 章；托马斯：《阿兰达图腾制度》，载于《人的科学》，1904 年，第 68 卷；施密特：《阿兰达部落在澳洲部落中的等级地位》，

载于《民族学杂志》,1908 年,第 866 页及以下诸页。

[48] 《澳洲中部的阿兰达和洛里查部落》,第 2 卷,第 57—58 页。

[49] 舒尔策:《芬克河上游和中游的土著》,第 238—239 页。

[50] 在《图腾制度与外婚制》的结论中(第 4 卷,第 58—59 页),弗雷泽说,必须承认,还有比阿兰达更为古老的图腾制度,这就是里弗斯在班克斯群岛所观察到的图腾制度(《波利尼西亚和美拉尼西亚的图腾制度》,载于《大不列颠及爱尔兰人类学研究所学报》,第 39 卷,第 172 页)。阿兰达人认为使妇女受孕的是祖先灵魂,而班克斯群岛人则认为是动物或植物的灵魂,这正符合他的理论猜想。但是,阿兰达人的祖先灵魂具有动物或植物的形式,所以二者差别甚微。因此,我们在评述中也未予提及。

[51] 《社会的起源》,伦敦 1903 年版,特别是第 8 章,题为"图腾名字与信仰的起源";以及《图腾的秘密》,伦敦 1905 年版。

[52] 尤其是在他的《社会的起源》中,兰试图通过推测来重新建构这些原始群体的应有形式,但由于这些假设对他的图腾制度理论没有什么影响,所以在此不必赘述了。

[53] 在这一点上,兰接近皮克勒的理论(见皮克勒和佐莫罗:《图腾制度的起源:对物质论历史理论的一个贡献》,第 36 页及以下诸页,柏林版,8 卷本)。两人假设的区别在于,皮克勒认为名字的图画式表现比名字本身更重要。

[54] 《社会的起源》,第 166 页。

[55] 《图腾的秘密》,第 121 页;参见第 116 页,第 117 页。

[56] 《图腾的秘密》,第 136 页。

[57] 《大不列颠及爱尔兰人类学研究所学报》,1888 年 8 月,第 53—54 页;参见《澳洲东南部的土著部落》,第 89 页,第 488 页,第 498 页。

[58] "怀有敬畏",兰就是这么说的(《图腾的秘密》,第 111 页)。

[59] 兰补充说这些塔布是外婚制度仪轨的基础。

[60] 《图腾的秘密》,第 125 页。

[61] 不过,我们还没有说到斯宾塞的理论,因为这只是他的祖先膜拜转型为自然膜拜的一般理论的一部分。而这些我们已经作过介绍了,在此

无需重复。

[62] 只有兰还认为大神的观念另有来源。我们已经说过，他认为这要归诸一种原始的启示。但是，兰在对图腾制度的解释中并没有应用这一想法。

第六章　这些信仰的起源(续)

图腾本原或曼纳的观念,以及力的观念

既然个体图腾制度晚于氏族的图腾制度,甚至还是导源于后者的,那么我们首先应该考察的就是氏族图腾制度这种形式。不过,由于此前我们是将其分解为各种各样的信仰而进行分析的,所以可能会显得十分混乱杂糅,故此,在进一步探讨以前,我们必须弄清氏族图腾制度的统一性是如何形成的。

1

我们已经知道,在图腾制度中,图腾的形象表现被视为首要的圣物,其次是氏族用来命名的动物或植物,然后是氏族的成员。既然所有这些事物都是神圣的,只是程度不同而已,那么,它们的宗教性质就不可能来自于那些能够把它们相互加以区分的个别属性。如果某种动物或植物成为敬畏的对象,这并不是因为它具有独特的性质,而是因为这种植物或动物能够激发起更加强烈的虔敬;氏族中的人类成员也同样享有被敬畏的特权,只是在程度上稍逊一筹而已。各种神圣事物在信仰者的心中都能激起相同的情

感，正是这种情感使它们具有了神圣性。而这种情感显然只能来自于某种共同的本原，某种由图腾标记、氏族成员和图腾物种中的每个个体所共同分享的本原。事实上，膜拜所针对的就是这一共同的本原。换言之，图腾制度不是关于动物、人或者图像的宗教，而是关于一种匿名的和非人格的力的宗教；它见诸所有这些事物，而又不与其中任何一个相混同。谁也不能完全拥有它，但又都可以分享它。它完全独立于它所化身的对象，既先于该事物而存在，又不会随之而消亡。个体死灭，世代交替，但这种力量却总是真实、鲜活、始终如一的。它把生命力赋予今天的一代，就如同它昨天把生命力赋予了上一代一样，而明天一仍如是。从宽泛的意义上讲，我们可以说它是每种图腾所敬仰的那个神，但它是非人格的神，没有名字或历史，普遍存在于这个世界之上，散布在数不胜数的事物之中。

然而直到现在，我们对这种近乎神的实体所具有的普遍存在的性质还没有形成一个完整的概念。它不仅见于整个图腾物种之中，也见于整个氏族和所有象征图腾的事物之中；它的作用范围甚至还超出了这些范围之外。实际上，我们已经看到，除了那些明显的圣物以外，所有属于氏族而附属于主图腾的事物，都在一定程度上具有这种属性。这些事物也具有某种宗教的色彩，其中有一些受到了禁忌的保护，而另一些则在膜拜仪典中发挥着确定的功能。它们的宗教性与它们所归属的图腾的宗教性在性质上并无不同，因此它们与图腾必然具有同一个起源。所以，这也是因为在它们之内有图腾神（如果再次使用刚才用过的比喻性的说法的话）的缘故，就像在图腾物种和氏族成员的身上也有图腾神一样。我们会看到,由于它是如此纷繁复杂的事物的灵魂,它与它所寄托的事物之间存在着天壤之别。

但是,澳洲人并没有用一种抽象的形式来表现这种非人格的力。在某些原因(对此我们必须要加以探究)的影响下,他们是用一种动物或植物的形式——简言之,就是用某种可见对象的形式——来构想这种力的。这就是图腾的真相所在:它不过是一个物质的形式,想象在这一形式下表现了无形的基质,而唯独这种遍布于各种异质事物的能量,才是膜拜的真正对象。现在,我们可以更好地理解土著人所说的"乌鸦胞族的人是乌鸦"这类话的意义了。他恰恰不是说他们是那种通常和经验意义上的乌鸦,而是说在他们之中有一个共同的本原,这一本原是他们最本质的特征,是他们和与他们同名的动物所共有的,而其外在形式就是乌鸦。这样,宇宙就像图腾制度所构想的那样,充满一定数量的力并因此具有了生机。除了仅有的少数特例以外,想象将这种力表现为动物或植物的形式。部落有多少个氏族就有多少种力,而且每种力又都见于特定范畴的事物之中,是这些事物的本质要素和生命本原。

我们说这些本原是力,并不是在比喻的意义上才这么说的,它们的作用就如同名副其实的力。在一定意义上,它们甚至是物质的力,能够机械地产生物理效应。要是一个人没有采取恰当的预防措施就接触了这些力,会出现什么样的情况呢?那他将遭到类似电击一样的打击。有时候,人们把这些力想象成一种从指尖发出的流体。[1]如果这些力被引入了不是为了接纳它而形成的有机体中,这些力就会完全自动地制造出疾病和死亡。[2]它们在人类的外部扮演着生命本原的角色,我们将会看到,[3]正是它们确保了物种的繁衍。宇宙生命赖以维持基础的就是这些力。

但是除了物质的方面，这种力也具有道德属性。如果有人问一个土著为什么要奉行仪式，他会回答，他的祖先总是如此奉行，他应该遵照他们的榜样。[4]所以，他之所以要针对图腾生物有一些独特的举止行为，不仅是因为在这些生物中蕴含着在物质上令人畏惧的力，还因为他感到他在道德上也必须如此。他觉得他在服从一道律令，履行一项义务。对于这些神圣的生物，他不仅是畏，而且是敬。不但如此，图腾就是氏族的道德生活之源。所有分享同一图腾本原的生物都会认为，就是由于同一图腾本原这个事实，他们才在道德上联结起来，相互负有援助和血仇等义务，正是通过这些义务，亲属关系才被确立起来了。所以，图腾本原不仅是一种图腾力，也是一种道德力；我们会看到，这种力非常容易转化成为一种确切意义上的神性。

另外，上述一切也并不是图腾制度所专有的。甚至在最先进的宗教中，神也几乎无不具有某种两重性，无不兼具宇宙的和道德的功能。同时，作为一种精神的规训，每种宗教也都是能够令人以更大的信心面对世界的一种手段。即使对基督教而言，天父不也既是物质秩序的捍卫者，又是人类品行的立法者和裁判者吗？

2

也许有人会问，我们这样来解释图腾制度，会不会把一些超出了土著人智力限度的观念强加给了他们。当然，我们并不想断言，土著在表现这些力的时候，会像我们在分析中所说的那么清晰。我们能够十分清楚地表明，这一观念蕴含在它所支配的整个信仰体系之中,但是我们不能说出这种观念在多大程度上被意识到了,同时也不能说出它在多大程度上只是被模糊不清地感觉到。像这种观念,没法确定它在蒙昧的头脑中可能会达到什么样的清晰程度。但我们都知道,无论如何这并没有超出原始心灵所具备的能力,恰恰相反,事实能够证明我们刚才得出的结论。因为无论是那些与澳洲部落有着密切关系的社会,还是澳洲部落本身,它们的观念与我们所说的观念,都显而易见地只有细节和程度上的不同。

萨摩亚的土著宗教肯定已经经历过了图腾阶段。那里已经有了真正的神 ,它们有各自的名字,而且在一定程度上,已经有了各自不同的面貌。然而,图腾制度的痕迹还是无可争辩地存在着。实际上,每个神都属于一个地方性群体或者是家族群体,就像图腾属于它的氏族一样。[5]而且,他们还认为,每一个这样的神都内在于某种特定的动物。但这并不是说某个神就专门寄托在一个特定对象里面,相反,它同时内在于该物种的所有个体,散布在整个物种之中。一头动物死后,崇拜该动物的群体的人会为之垂泪并恪尽孝道,因为有一个神寓于其中。但是神并没有死,神是永存的,就如同它所在的物种。甚至也不能把神和当前这一代动物混为一谈,神早已是前一代的灵魂,并且还将是下一代的灵魂。[6]所以它具有图腾本原的全部特征,并借助想象而又披上了稍具人形的外衣。然而,我们还是绝不能夸大了它的人格性,因为这和它的扩散性与遍在性是很难协调的。如果它的体态轮廓被清楚地确定下来,那它就不可能像这样散布到如此众多的事物中,成为它们的组成部分了。

当然,不容置疑的是,在这种情况中,那种非人格的宗教力的

观念已经有所改变了。但是,还存在其他一些情况,完全肯定了这种观念的抽象纯粹性,并且证实它甚至达到了比在澳洲还要高的普遍性。即使在一个部落之中,对应于各个氏族的各种图腾本原是有所区别的,但实质上它们多少还是可以相互比较的,因为它们在各自的领域中都扮演着同样的角色。有些社会感受到了自然的这种统一性,因而能够进一步形成一个独一无二的宗教力的观念,认为其他所有的神圣本原都只是这种宗教力的表达,是这种宗教力形成了宇宙的统一性。但由于这些社会还完全沉浸在图腾制度中,由于它们仍旧纠结在澳洲那样的社会组织中,所以我们可以说,图腾制度潜在地包含了这种观念。

这一点可以在大量的美洲部落中观察到,而且尤其见于苏人的大家族中,诸如奥马哈、蓬卡、堪萨斯、奥塞奇、阿西内本、达科他、衣阿华、温内巴戈、曼丹、希达察等部落。这些部落中有很多仍然以氏族为组织,如奥马哈[7]和衣阿华[8];而其他的部落则在不久以前还是这样,多尔西说,在它们当中仍然可以找到"图腾体系的全部基础,就像在其他的苏人社会中一样"[9]。在这些部落中,有一种高于所有神祇的膜拜,这是一种至高无上的力量,其他所有神祇都是它的衍生形式,它被称之为"瓦坎"(wakan)。[10]由于这一本原在苏人众神中所拥有的至尊地位,有时人们认为它是一种像朱庇特或耶和华那样的主神,而旅行家们也常常把"wakan"译为"伟大的精灵"。不过,这却是对其真实本质的严重误解,瓦坎绝不是一个有人格的存在,土著并没有用一种确定的形式来表现它。据多尔西所引用过的一个考察者的话说:"他们说他们从来也没有看见过瓦坎达(wakanda),所以他们不能将它妄加拟人化。"[11]甚至也不可能用确定的属性和特征来界定它。里格斯说:“没有一个词能够解释达科他人这个术语的含义。它包括了一切神奇,一切秘密的力量以及一切神性。”[12]达科他人所尊崇的所有事物,“土地、四方之风、太阳、月亮和星辰,都是这一神秘生命和力量的表现形式”,这生命和力量构成了一切。有时候它以风的形式表现出来,作为一种元气出入四方,吹动万物;[13]有时候它是一种声音,在炸雷中轰然可闻;[14]日月星辰,皆是瓦坎。[15]这一无限复杂的观念真是不胜枚举。它不是一种有所界定的或是可以界定的力量,不是去做这件事或是去做那件事的力量,它是一种绝对意义上的力量,无法表述,也没有任何确定性。各种神圣的力量都只是它的特殊体现和人格化,都是从它无数方面中的一个方面对它的管窥。[16]一个考察者不由得说:“它是一个千变万化的神,它被假想成能以不同的面目出现在不同的人面前。”[17]不仅仅众神的活力源自于它,它也是一切有生命的、一切在活动的或者能运动的事物的本原。“一切生命都是瓦坎。一切显现力量的事物也都是瓦坎,无论是像风和浮云那样运动着,还是像路边的卵石那样沉稳。”[18]

由于易洛魁人的社会组织的图腾性质甚至更加显著,所以在那里也能见到同样的观念,奥伦达(orenda)一词所表达的意思就和苏人的瓦坎恰好相当。霍维特说:“野蛮人想象,共同构成了他周围环境的种种事物都内在地具有一种潜能……(无论是)岩石、水体、潮汐、植物和树木,还是动物和人,风和暴雨,以及云、雷和闪电,”[19]等等。“这种潜能被认为是所有事物的属性……而由于人们的思维还不完善,它就被看作是导致人所在的环境中的一切现象、一切活动的原因了。”[20]一个巫师或者萨满具有奥伦达,但据说一个有成功业绩的人也同样拥有。归根结底，世上万物无不具有它那一份奥伦达，只是多少不同罢了。有些东西（或人或物）得到了垂青，另外一些则相对来说少有此幸。宇宙的生命就在于这些强度不同的奥伦达之间的斗争。这就是强胜弱败的现象。谁要能够在狩猎或战斗中比他的同伴更成功，就因为他拥有更多的奥伦达。如果一头动物从追捕它的猎人那里逃脱掉，那也是因为它的奥伦达更加强大。

同样的观念被肖肖尼人称之为“波昆特”（pokunt），阿尔衮琴人称之为“玛尼托”（manitou）[21]，夸扣特尔人称之为“瑙亚拉”（nauala）[22]，特林基特人称之为“耶克”（yek）[23]，而海达人则称之为“斯珈那”（sgâna）[24]。不过，这些并不是北美的印第安人所特有的，最早的研究是在美拉尼西亚开始的。诚然，在美拉尼西亚的一些岛屿上，社会组织已经不再以图腾为基础了，但是总的来看，无论考德林顿怎么说，图腾制度毕竟依然可见。[25]在这些民族中，我们发现了一种名为曼纳的观念，与苏人的瓦坎以及易洛魁人的奥伦达正好相当。考德林顿所给的定义是这样的：“这是对一种与物质力量完全不同的力的信仰，这种力不论善恶，无所不为，拥有它或者控制它将受益无穷。这就是曼纳。我想我知道曼纳对这些民族究竟意味着什么……它是一种力量或作用，是非物质的，在一定意义上是超自然的，不过，它正是通过物质力，或者通过人所具有的力量与本领来展现自己的。这个曼纳并不固着在任何事物中，而是在几乎一切事物中涌动着……所有美拉尼西亚的宗教实际上都是要让自己得到曼纳，或者要让曼纳为自己的利益所有。”[26]难道这不就是和那种匿名的、散布着的力一样的观念吗？

我们不是最近在澳洲的图腾制度中还发现了它的萌芽吗?这里有同样的非人格性,因为,正如考德林顿所说,我们必须小心不要把它当作一种至高无上的存在。任何类似的想法对于美拉尼西亚的思想来说都是“绝对陌生的”。这里也有同样的遍在性,曼纳并不确定在任何地方,它无所不在。无论是人、其他生物,还是简单的无机物,它们的一切生命形式和一切行为后果都要归因于曼纳的影响。[27]

因此,把我们在分析图腾信仰时所发现的这样一种观念归诸澳洲人并不算过分草率。因为我们在其他宗教的基础中也找到了这种观念,它们只不过具有比较高的抽象程度和普遍化程度,这些宗教的根源必须得回溯到像澳洲那样的体系上去,而且还明显带有澳洲体系的标记。这两种概念显然有关系,它们只有程度上的不同。曼纳散布于整个宇宙;而我们所说的神,或者更确切地说是图腾本原,则存在于更为有限的生物圈子内和特定种类的事物中。图腾本原也是曼纳,只不过稍微有点专化罢了,但就事实而言,这种专化完全是相对的。

而且,有一种情况使这种联系变得尤其明显。在奥马哈,有各种各样的图腾,既有个体的也有集体的,[28]但是,它们都不过是特定形式的瓦坎。弗莱彻小姐说:“印第安人对图腾功效的信赖是以对自然和生命的信仰为基础的。这一复杂概念包含了两个重要观念:第一,所有事物,无论是生物还是非生物,都充溢着一种共同的生命。第二,这种生命不会毁灭,永葆绵延。”[29]而生命的这种共同本原就是瓦坎。图腾是个体和这种能量之源取得联系的手段,如果图腾能有任何力量,那都是因为瓦坎化身在其中的缘故。如果一个人因为破坏了他的图腾禁忌而遭到疾病和死亡的打击，那是因为这种神秘的力反对它如此自行其是，也就是瓦坎受到了多大程度的冲击，就要以相应的力来报复他。[30]并且，正因为图腾是瓦坎，所以瓦坎有时候也通过人们的想象而展示出它的图腾根源。实际上，萨伊说，在达科他“瓦康达”(wahconda)有时候表现为灰熊，有时候则是野牛、河狸或其他动物。[31]毋庸置疑，对这一说法不能毫无保留地接受。瓦坎排斥所有的人格化，因而人们几乎不可能用如此确切的符号来帮助推想它的抽象的一般性。但是，萨伊的话也许适用于瓦坎将自己专化为有形的生命实体时所采取的特殊形式。而一旦可以证实瓦坎的这类专化倾向于某种动物，这将是这一概念和图腾信仰之间存在密切联系的又一证据。[32]

至于为什么这一观念在澳洲所达到的抽象程度不及更为先进的社会，我们是可以作出解释的。这不仅是因为澳洲人在抽象与概括方面天资不足，最主要的还是因为社会环境的固有属性造成了这种特殊主义的倾向。实际上，只要图腾制度仍然是文化组织的基础，氏族就会在宗教社会中保持一种自治性，这即使不是绝对的，也是非常明显的。当然我们可以说在一定意义上每个图腾群体都只是附属于部落大教会的一个小教会，不过它们却是享有很大独立性的小教会。那里举行的膜拜虽然不是完全自足的，但与其他小教会也只有外在的关系，只有不能混同的交换。氏族的图腾只是对该氏族来说才是完全神圣的。因而划归每个氏族的那一组事物——它们和人一样是氏族的一部分，也都具有同样的个体性和自治性。各组事物是无法相互化约的，它们因为连续性的中断而分离，各自建构出不同的领域。在这样的环境下，就没有人会觉得这些异质的世界只是从不同方面体现了一个根本性的力了。相反,人们会以为,每一组事物都各成体系地对应着一个曼纳,每个曼纳的作用都不会超出氏族和划归于氏族的事物的范围之外。只有当部落宗教的发展高出氏族宗教,并且差不多把氏族宗教完全包容进来之后,单纯的、普遍的曼纳观念才会诞生。正是伴随着部落统一性的感觉的出现,世界的本质的统一性的感觉才被唤醒。诚然,正像我们将要表明的那样,[33]澳洲社会确实已经具备了一种整个部落的共同膜拜,但是,即使这一膜拜代表了澳洲宗教的最高形式,它也没有触动和改变它所依赖的各种本原,因为图腾制度本质是一种联盟性质的宗教,它的集中化程度如果超出了一定水平,自身就不可能再继续维持下去了。

一个独特的事实清楚地表明了使曼纳观念能够在澳洲保持专化的基本原因。对澳洲人来说,以图腾形式出现的真正的宗教力并不是他们必须倚重的唯一对象,此外还有一种由巫师专门控制的力。从理论上讲,前者被认为是健康有益的,而后者却把导致疾病和死亡当成了它的独特功能。在它们产生大相径庭的作用的同时,它们与社会组织所保持的关系也正相对照。图腾总是氏族的事务,相反,巫术则是部落的甚至是部落间的制度。巫术力并不专门属于部落任何一个特定的部分。使用巫术的唯一要求是掌握有效的诀窍。正因为如此,每个人都很容易受到巫术的伤害,因此也就都要设法保护自己。巫术力是一种模糊混沌的力量,它不专门划归哪个确定的社会分支,甚至能够超出部落发挥作用。值得注意的是,在阿兰达和洛里查,这些巫术力却被想象成一种独特的力的简单方面和特定形式,阿兰达人称之为“阿兰忌达”(Arungquiltha)

或“阿兰酷达”(Arúnkulta)。[34]斯宾塞和吉兰说：“这是一个含义有些模糊的术语，但说到底会牵涉到对超自然的邪恶力量的占有……这个名字被不加区别地用于邪恶的影响力，或者是暂时或长久地含有这种力量的物体。”[35]斯特莱罗说：“土著人用阿兰酷达来指一种力，它会突然中止所有与之接触者的生命，给他们带来死亡。”[36]这个名字还用来指那些能够制造出邪恶的巫魅的骨头和木块，或者是有毒的动物和植物。所以，它可以被准确地称为有害的曼纳。格雷曾提到在他所考察的部落中也有与之相同的观念。[37]这样，在这些民族中，正当的宗教力没能避免某种异质性，而各种巫术力却被认为都具有相同的性质，并且这种普遍的一致性，被土著人的心灵表现了出来。这是因为，后者产生于社会组织及其分支和亚分支之上，它在一个同质的和连续的空间中发挥着作用，遭遇不到任何使之分化的因素；而前者恰恰相反，它存在于得到界定的并有所区别的社会形式中，由于所处环境的面貌各不相同而变得多样化和特殊化了。

如上所述，我们可以看出，非人格宗教力的观念压根儿就是澳洲图腾制度的内涵与精神的组成部分，只要没有相反的因素与之抗衡，它就会明明白白地释放出来。诚然，阿兰忌达纯粹是一种巫术力，但是，在宗教力与巫术力之间并没有本质的区别，[38]有时候，宗教力与巫术力甚至有同样的称呼。在美拉尼西亚，巫师和符咒也像正规膜拜的理事和仪式一样拥有曼纳[39]；而易洛魁人也以同样方式使用奥伦达一词[40]。因此，我们可以合乎逻辑地相互推断这两者的性质了。[41]

3

以上分析的结果不仅使我们关注到图腾制度的历史,也使我们关注到一般宗教思想的起源。

在早期人类受他们的感官和感官的表现所支配的借口下,有人坚持人类最初是通过确定的有人格的生物实在形式来表现神圣的。然而事实并没有证明这一假设。我们刚刚描述了一个系统统一的宗教信仰的格局,我们有充分的理由认为它们是非常原始的,但是我们却没有遇到这种人格性。真正的图腾膜拜既不针对某个确定的动物或植物,甚至也不针对某个动物或植物的物种,而是针对遍布于这些事物之中的混沌力量。[42]即使在从图腾制度中发展出来的最为先进的宗教中,比如在北美印第安人的那些宗教中,这一观念也没有消失,而且还变得更加自觉了。它前所未有地被明确宣布出来,同时还获得了更高的一般性。正是这一观念主宰了整个宗教体系。

历来的所有宗教都是从这种原初素材中建构出被它们神圣化并加以崇拜的那些形形色色的存在者的。各种精灵、魔鬼、妖怪和神灵都只不过是这种能量(或者是霍维特所说的“潜能”[43])在其个体化的过程中,或在附着于某个特定的物体或某个地点时,或是要集中体现为一个理想的和传说中的角色时(当然这一角色被普遍认为是真实的)所采用的具体形式。一个达科他人曾以生动鲜明的语言向弗莱彻小姐表达了所有神圣事物之能够成为一体的基本性质:“万物在运动,因而就要有所将息——或在此时,或在彼时,或在这里,或在那里。鸟儿在飞翔,因而也有所栖止,它在一个地方筑巢，在另一个地方收起翅膀。一个人在前行的时候，也会在他所需要的时刻停下脚步。所以神也停留。光彩绚烂的太阳是他的停留之所，树木野兽也是他的落脚之处。而印第安人惦念这些地方，并把他的祝祷送往神的所在，以赢得援助和赐福。”[44]换言之，瓦坎（因为这正是他所谈论的）在世界上来往穿行，而神圣事物就是它的降临之处。于是，我们这一回就要像放弃泛灵论一样放弃自然崇拜了。如果日月星辰受到崇拜，那不能归功于它们固有的特性，而是因为它们被认为分享了这种力。唯独是这种力才能够赋予事物神圣性，而且它也见于其他大量的事物之中，甚至是最微小的事物之中。如果死者的灵魂成为仪式的对象，那不是因为人们以为它们是由某种流动的和不可捉摸的东西制成的，也不是因为它们类似身体的投影或是身体在水面上的映像；光与流体并不足以赋予神性。它们之所以赋有如此尊荣，仅仅是因为它们含有这种力的某些成分。这力是一切宗教虔诚的源泉。

现在，我们可以更好地理解为什么不能用神秘人格、神或者是精灵的观念来界定宗教了，因为这种对宗教事物的表现方式根本不是宗教事物的本性所内在固有的。我们在宗教思想的起源和基础中所发现的，并不是自身具有神圣性的确定而独特的事物，而是不能界定的力量，没有个性的力。这种力或多或少地存在于不同的社会之中，有时甚至被化约为一个统一体，而且它的非人格性又完全可以和自然科学所研究的物理力相比拟。至于那些特定的圣物，它们只是这一基本本原的个体化形式。所以不必奇怪，即使在公开宣称有神存在的宗教中，也还有些仪式虽然没有任何神的参与，但其本身就很有功德。因为像这种力能够附着在肉体上一样，它也可以附着在说出的语词上和做出的动作上,这样声音或者动作就成为这种力的载体,于是力就通过这些媒介产生效应,而无需借助任何神或精灵。甚至有时候会发生这种力专门汇集在某一仪式上的情况,这样神就会从中创生。[45]这就是神圣人格几乎无不保留着某些非人格性的原因。人们在用具体可见的形式非常清楚地将其加以表现的同时,也把它看作是一种只有通过其功效才能界定的力量,或者看作是一种散布在空间中的力,而且在它所产生的任何效果中,都至少在一定程度上含有这种力。这是兴风作雨的力量,是化育作物、产生日光的力量。宙斯存在于他所播洒的每一滴雨水中,就如同刻瑞斯*也在每一捆收获的庄稼里一样。[46]实际上,作为一种普遍现象,神的品格很难得到完美的确定,以至于信仰者只能对其形成一种模糊的观念。但正是由于这种不确定性,才使诸神的融合与复制成为可能,从中诸神以各种方式分裂、解体、混合。无论原初的曼纳是独一无二的还是形式多样的,恐怕在任何一种宗教中它都不会完全分解为数量明确、各不相同而又彼此分离的事物,这些事物总会保留着一丝非人格性,唯其如是,曼纳才能形成新的组合。这不是宗教力简单存续的结果,而是因为宗教力的性质才使它本身不可能完全地个体化。

我们仅仅通过研究图腾制度而得出的这一概念,还有一个额外的优势。那就是最近有很多学者从相去甚远的各类研究中都得出了这个结论,并且各自完全独立地采纳了它。在这一点上,人们自发的一致倾向很值得一提,因为这说明它是一种客观性假设。

---

* 刻瑞斯:罗马神话中的谷物和耕作女神。——译注

早在1899年,我们就指出不能用神秘人格的观念来对宗教现象下定义。[47]1900年,马瑞特声称存在着一个他名之为前泛灵论的宗教阶段,在这个阶段中,仪式所针对的是非人格的力,例如美拉尼西亚人的曼纳和奥马哈人以及达科他人的瓦坎。[48]然而,马瑞特没有进一步主张精灵观念总是、而且在任何情况下都是在逻辑上和时间上存在于曼纳观念之后、并且导源于曼纳观念的。他甚至好像乐于承认精灵观念有时候是独立出现的,这样,宗教思想就有了双重渊源。[49]另一方面,他把曼纳想成是事物的一种内在属性,是构成事物面貌的一种要素,因为在他看来,曼纳不过就是任何非同寻常的事物都会具有的那种性质,它可以唤起恐惧或敬仰的情感。[50]这实际上等于是他又返回到了自然崇拜的理论。[51]

此后不久,胡伯特和莫斯在试图系统地阐述巫术的一般理论时,确认整个巫术的基础就是曼纳的观念。[52]巫术仪式与宗教仪式之间的密切关系已经为人所知,那么进而可以预见,巫术理论也将适用于宗教。普罗伊斯同年发表在《环球》上的一系列文章[53]证明了这一点。他主要依据采自美洲文明的事实,想要证实灵魂与精灵的观念是在力量与非人格力的观念之后发展起来的,而且前者不过是后者的转化,直到很晚它们还保留着它们原来非人格性的印记。实际上,他表明了即使在先前的宗教中,这种力量或者力仍然被表现为某种形式的混沌的流溢物,可以从它们所寄托的事物中自动地释放出来,甚至往往会通过任何向它们敞开的途径逸出,比如口、鼻或者身体的任何其他开口,呼吸、神情、言语等等。同时,普照伊斯还指出,它们千变万化的形式和极端的可塑性使它们能够相继地甚至是同时发挥出最为千变万化的作用。[54]确实,如果我们刻意拘泥于这位作者所用的术语的字面意义,那我们可以认为在他看来那些力是巫术力,没有宗教性质,因为他称之为巫魅(Zauber,Zauberäfte)。但是显而易见,他在这样表述的时候,并没有打算将它们置于宗教之外,因为他正是通过那些基本的宗教仪式来表明它们的作用的,例如墨西哥大典(the great Mexican ceremonies)。[55]他之所以要这样表述,毫无疑问是因为他知道,再没有其他更好的方式能够突出这种力的非人格性和它运作的那种机制了。

于是,这一观念在各个方面都逐渐有了眉目。[56]越来越多的人感到,甚至最基本的神话构想也是加诸信仰体系之上的次级产物,[57]而信仰体系则要更为简单、更为含糊、更为混沌,也更为本质,它形成了宗教体系得以建立的牢固基础。我们在对图腾制度的分析中所得到的正是这一原始的基础。以上提到的各位作者的研究所依据的事实,都采自迥然各异的宗教,而有些宗教所对应的文明已经非常先进了,例如普罗伊斯作为主要例证的墨西哥宗教就是这种情况。所以,可能有人会问这个理论对于最简单的宗教是否也同样适用。但是,既然不可能找到比图腾制度更低级的宗教,那么我们的理论就是无懈可击的。更何况,我们还将进一步去探讨作为瓦坎和曼纳观念的来源的那个初始观念:这就是图腾本原的观念。[58]

4

图腾本原观念之所以具有头等的重要性,不仅是因为它在宗教思想的发展中所起到的作用,还因为它在世俗的层面上对科学思想史也是很有意义的。它是力的最初观念。

实际上，就苏人的想象而言，瓦坎在世界上所扮演的角色，就如同科学在解释形形色色的自然现象时所说的各种力。但是，这并不是说他们仅仅把瓦坎看作是一种物质能量；相反，在下一章中我们就会看到，构成这一观念的要素来自于诸多各不相同的领域。而且，恰恰因为它本性具有复合性，它才能够被用来作为解释的普遍原则。它是一切生命的来源，[59]“一切生命都是瓦坎”，对于生命这个词，我们必须明白，它指的是无机界和生物界中作用与反作用的、能动与被动的所有事物。瓦坎是发生在宇宙中的一切运动的原因。我们已经看到，易洛魁人的奥伦达是“展现在人们周围的所有现象和所有活动的动因”。它是“一切物体和一切事物所固有的”力量。[60]奥伦达让风吹拂，让太阳照亮并温暖大地，让动物繁衍，让人们强壮有力并具有聪明才智。如果易洛魁人说，所有自然的生命都来自于具有不同强度的奥伦达的各种生物之间的斗争，那么他只是用他自己的语言表达了一种现代的观念：世界是各种力相互限制、约束和制衡的一个系统。

美拉尼西亚人也把同样的效能赋予了他们的曼纳。正是依靠曼纳，人们才能在狩猎或战斗中取胜，田园才会丰产，禽畜才会兴旺。一箭中的，那是因为箭里充满了曼纳；而一网下去打了好多鱼，或者是独木舟平安出海等等，也都是出于同一原因。[61]当然，如果只是拘泥于考德林顿的某些语句，曼纳就应该被归纳为“超出人们的寻常力量和自然的共同进程之外的一切”。[62]但是，从他所引证的那些例子来看，曼纳的领域显然不折不扣地大大扩展了。事实上，曼纳被用来解释普通的和日常的现象，在船只航行或者是猎人捕猎之类的事情中,并没有什么超人类、超自然的东西。当然,在日常生活中,有些事件因为是无关宏旨和司空见惯的,所以人们也就无动于衷了,他们没有注意到这些,因而也就不觉得有必要对之作出解释。那么曼纳的概念就只用于那些重要的、足以引起思索的事情上,和那些能够唤起一丝兴趣和好奇的事情上了。但是,并不能说这些都是不可思议的事情。曼纳的真实面目就跟奥伦达和瓦坎一样,可以说完全等同于图腾本原。氏族成员的生命、作为图腾物种的动物和植物以及一切划归该图腾并分有图腾性质的事物,都是通过这一本原才得以展现的。

所以,力的观念就是宗教的起源。借用这一观念的首先是哲学,然后是科学。扎德对此已有先见之明,这就是他在"神学"之后继之以形而上学的原因。不过,他从中得出结论说,力的观念注定要在科学中消失。鉴于这种观念具有神秘起源,所以孔德不承认它有任何客观价值。但是,我们将要表明,恰恰相反,宗教力是现实的,而无论人们借以想象这些力的符号是多么不完善。由此可见,在一般的意义上,力的概念也同样是真实的。

注　释

[1]　例如,在一个夸扣特尔的神话中,一位祖先英雄用手指头指着敌人,就会击穿他的脑袋(博厄斯:《关于加拿大北部部落的第五次报告。不列颠科学进步委员会》,1889 年)。

[2]　支持这一论断的文献参见第二卷第一章注[28]和第九章注[48]。

[3]　参见本书,第三卷,第二章。

[4]　例见霍维特:《澳洲东南部的土著部落》,第 482 页;舒尔曼:《林肯港的土著部落》,载于伍兹:《澳洲南部的土著部落》,第 231 页。

[5]　弗雷泽甚至从萨摩亚采集了很多他认为是真正的图腾的例证(见《图腾制度和外婚制》,第 6 页,第 12—15 页,第 24 页,等等)。尽管我们批评过弗雷泽在选择例子的时候不够谨慎,不过,如果在萨摩亚确实没有重要的图腾遗迹存在,那么要找出这么多例子显然是不可能的。

[6]　特纳:《萨摩亚》,第 21 页以及第 4 章和第 5 章。

[7]　弗莱彻:《图腾的含义:来自奥马哈部落的研究》,载于《史密森学会 1897 年度报告》,第 582—583 页。

[8]　多尔西:《苏人社会学》,载于《美国民族学会第十五次年度报告》,第 238 页。

[9]　多尔西:《苏人社会学》,第 221 页。

[10]　里格斯和多尔西:《达科他语—英语词典》,载于《北美民族学文稿》,第 7 卷,第 508 页。多尔西所引用的很多考察者都以为瓦坎达(wakanda)和瓦坎塔 (wakanta)与瓦坎是同一个词,并且导源于它,但实际上这两个词另具有更为确切的意涵。

[11]　《美国民族学会第十一次年度报告》,第 372 页,第 21 节。弗莱彻小姐相当清楚地认识到了瓦坎达的非人格的性质,但同时却又补充说这一概念还是带有某些拟人的成分。但是,这种拟人化是针对瓦坎达的各种不同表现形式而言的。人们在感受到了瓦坎达的地方呼唤那里的树木和岩石,就好像它们是有人格的存在一样,但是瓦坎达本身并没有人格化(《史密森学会 1897 年度报告》,第 579 页)。

[12]　里格斯:《塔—库,瓦—孔》,第 56—57 页,转引自多尔西:《美国民族学会第十一次年度报告》,第 433 页,第 95 节。

[13]　《美国民族学会第十一次年度报告》,第 380 页,第 33 节。

[14]　《美国民族学会第十一次年度报告》,第 384 页,第 35 节。

[15]　《美国民族学会第十一次年度报告》,第 376 页,第 28 节;第 378 页,第 30 节;参见第 449 页,第 138 节。

[16]　《美国民族学会第十一次年度报告》,第 432 页,第 95 节。

[17]　《美国民族学会第十一次年度报告》,第 431 页,第 92 节。

[18]　《美国民族学会第十一次年度报告》,第 433 页,第 95 节。

[19]　霍维特:《奥伦达与宗教定义》,载于《美国人类学家》,1902 年,第

33 页。

[20]　霍维特:《奥伦达与宗教定义》,第 36 页。

[21]　泰沙:《塔弗奈特研究》,第 17 页。

[22]　博厄斯:《夸扣特尔印第安人的社会组织和秘密会社》,第 695 页。

[23]　斯万顿:《特林基特印第安人的社会条件、信仰和语言关系》,载于《美国民族学会第三十六次年度报告》,1905 年,第 451 页,注解 2。

[24]　斯万顿:《海达人民族学》,第 14 页;参见《特林基特印第安人的社会条件、信仰和语言关系》,第 479 页。

[25]　在某些美拉尼西亚的社会中(班克斯群岛和北新赫布里底群岛),两个外婚制胞族都具有澳洲组织的特征(考德林顿:《美拉尼西亚人》,第 23—24 页)。在佛罗里达有正规的图腾,称为"布佗斯"(butos)(同上,第 31 页)。兰在《社会的起源》(第 176—177 页)中对这一点作了有趣的讨论。同一主题并且是同样意义的讨论可见里弗斯:《波利尼西亚和美拉尼西亚的图腾制度》,载于《大不列颠及爱尔兰人类学研究所学报》,第 39 卷,第 156—157 页。

[26]　《美拉尼西亚人》,第 118 页,注解 1。参见帕金森:《南海三十年》,第 178 页,第 392 页,第 394 页,等等。

[27]　对这一观念的分析可见于胡伯特和莫斯:《巫术的一般理论》,载于《社会学年鉴》,第 7 卷,第 108 页。

[28]　那里不仅有氏族图腾,而且还有团伙图腾(弗莱彻:《史密森学会 1897 年度报告》,第 581—582 页)。

[29]　弗莱彻:《史密森学会 1897 年度报告》,第 578—579 页。

[30]　《史密森学会 1897 年度报告》,第 583 页。在达科他人中,图腾就被叫作瓦坎。见里格斯和多尔西:《达科他语语法:文本与民族学》,载于《北美民族学》,1893 年,第 219 页。

[31]　《詹姆斯对朗在落基山脉探险的记述》,第 1 卷,第 268 页(转引自多尔西:《美国民族学会第十一次年度报告》,第 431 页,第 92 节)。

[32]　我们并不是说宗教力在一种动物身上的任何表现原则上都能够追溯到此前的图腾制度。但是,在我们讨论图腾制度还很明显的社会时(达科他就是这种情况),十分自然地会想到这些概念不会和该社会毫

不相干。

[33] 参见本书，第二卷，第九章，第 4 节，第 371—372 页。

[34] 前一个是斯宾塞和吉兰的拼法，后一个是斯特莱罗的拼法。

[35] 《澳洲中部的土著部落》，第 548 页，注解 1。当然，斯宾塞和吉兰还补充说："对这种观念最好的表述是阿兰忌达物体中有一个邪恶精灵。"但是，斯宾塞和吉兰的这种意译只是他们未经证实的解释。正像斯特莱罗的定义和我们的上下文所表明的那样，阿兰忌达绝不含有任何精灵生物存在的意思。

[36] 《澳洲中部的阿兰达和洛里查部落》，第 2 卷，第 76 页注。

[37] 名为波尔雅(Boyl-ya，见格雷：《澳洲西北和西部两次探险记》，第 2 卷，第 337—338 页)。

[38] 参见本书，第 34 页。当斯宾塞和吉兰说阿兰忌达是一种"超自然力"的时候，他们也含蓄地承认了这一点。参见胡伯特和莫斯：《巫术的一般理论》，载于《社会学年鉴》，第 7 卷，第 119 页。

[39] 考德林顿：《美拉尼西亚人》，第 191 页及以下诸页。

[40] 霍维特：《澳洲东南部的土著部落》，第 38 页。

[41] 甚至有根据怀疑澳洲人是否完全没有相似的观念。阿兰达人的"储灵珈"(churinga)一词(或者像斯特莱罗那样写成 tjurunga)就与之有很大的相似性。斯宾塞和吉兰说它意指"一切神秘的或神圣的。它既用于事物也用于事物所具有的品质"(《澳洲中部的土著部落》，第 648 页，"储灵珈"条)。而这差不多就是曼纳的定义。有时候，斯宾塞和吉兰甚至用这个词来指称一般意义上的宗教力量或宗教力。在描述凯蒂什人的一个仪典时，他们说司仪"充满了储灵珈"，接下来还讲，这就是说"充满了从名为储灵珈的物体中流溢出来的巫术力量"。不过，储灵珈的观念好像没有美拉尼西亚人的曼纳或者是苏人的瓦坎那么清晰和确切。

[42] 不过，在下文中我们将会看到(参见本卷，第 8 章和第 9 章)，图腾制度与所有神秘人格的观念都不是毫不相干的。但是我们会表明，这些概念都是次级形态的产物，而绝不是我们刚才所分析的信仰的基础，它们是导源于后者的。

[43]　《澳洲中部的土著部落》,第 38 页。

[44]　《皮博迪博物馆报告》,第 3 卷,第 276 页注释(转引自多尔西:《美国民族学会第十一次年度报告》,第 435 页)。

[45]　参见本书,第 44 页。

[46]　像宙斯或刻瑞斯(Ceres succiditur)这样的表述,是要表明这种观念在希腊和罗马都保留了下来。尤瑟纳尔在他的《神名》中清楚地说明了在希腊和罗马,原始诸神都不过是根据他们的属性而设想出来的非人格的力。

[47]　涂尔干:《宗教现象的定义》,载于《社会学年鉴》,第 2 卷,第 14—16 页。

[48]　马瑞特:《前泛灵论宗教》,载于《民俗》,1900 年,第 162—182 页。

[49]　马瑞特:《前泛灵论宗教》,第 179 页。在马瑞特的近期著作《曼纳的概念》(载于《第三届国际宗教史大会会刊》,第 2 卷,第 54 页及以下诸页)中,他倾向于进一步把曼纳的泛灵论概念置于次要地位,不过在这一点上,他的想法始终犹豫不决,而且很有保留。

[50]　马瑞特:《前泛灵论宗教》,第 168 页。

[51]　前泛灵论向自然崇拜的这种返回在克劳德那里更为明显(克劳德:《宗教的前泛灵论阶段》,载于《第三届国际宗教史大会会刊》,第 1 卷,第 33 页)。

[52]　胡伯特和莫斯:《巫术的一般理论》,载于《社会学年鉴》,第 7 卷,第 108 页及以下诸页。

[53]　普罗伊斯:《宗教和艺术的兴起》,载于《环球》,1904 年,第 86 卷,第 321 页,355 页,367 页,389 页;1905 年,第 87 卷,第 333 页,347 页,413 页。

[54]　《环球》,第 87 卷,第 381 页。

[55]　他明确地把它们与一切凡俗属性的影响对立起来(《环球》,1904 年,第 86 卷,第 379 页 a)。

[56]　这种观念甚至在弗雷泽近期的理论中也能见到。如果这位学者为了把图腾制度说成是一种巫术而拒绝它的任何宗教性质,那恰恰是因为图腾膜拜使之发挥作用的那些力就像巫师所用的力一样也是非人格

的。所以弗雷泽承认了我们刚才所确立的基本事实。不过，他得出了与我们不同的结论，因为他认为必须要有神秘人格才算是宗教。

[57] 然而，我们说这话的含义与普罗伊斯和马瑞特不同。在他们看来，宗教演进的过程中有一个时期，人们既不知道灵魂也不晓得精灵，这就是前泛灵论的阶段。但是，这个假设很成问题，对此我们下文将要讨论(第 2 卷，第 8 章和第 9 章)。

[58] 在这个问题上，见布鲁诺的一篇文章：《论原始共同体的巫术—宗教现象》，载于《意大利社会学评论》，第 7 年册，第 4—5 分册，第 568 页及以下诸页，和博格拉斯致第十四届美洲学者大会(1904 年在斯图加特举行)的一封未发表的信。普罗伊斯对这封信作过分析(《环球》，第 86 卷，第 201 页)。

[59] 弗莱彻小姐说："所有事物都充溢着一个共同的生命本原。"《史密森学会 1897 年度报告》，第 579 页。

[60] 霍维特，载于《美国人类学家》，1902 年，第 36 页。

[61] 《美拉尼西亚人》，第 118—120 页。

[62] 《美拉尼西亚人》，第 119 页。

第七章　这些信仰的起源（终）

图腾本原或曼纳观念的起源

上一章所确立的命题决定了我们在讨论图腾制度的起源问题时所应该遵循的思路。既然支配图腾制度的普遍是一种近乎神的本原的观念，而且这种本原内在于某些范畴的人和物，并被人们以动物或植物的形式加以设想，那么，对这种宗教的解释在本质上就是对这种信仰的解释。为此，我们必须设法弄清人们是如何被引向这一观念的，以及他们是用什么来建构这一观念的。

1

这种观念显然不是出自于图腾事物本身在人们心中所能引发的感觉，我们已经表明，这些事物往往是微不足道的。仅举一些经常出现在澳洲图腾名单上的生物，诸如蜥蜴、毛虫、老鼠、蚂蚁、青蛙、火鸡、鲷鱼、李树、鹦鹉等等，就可以发现它们的性质都不可能使人产生深刻而强烈的印象，即不可能产生类似于宗教激情、能够使它的对象都深深地带上神圣性的那种印象。当然，星辰和壮丽的大气现象不在此列，相反，它们必然会强烈地冲击人们的想象。

但就实际情况来看，这些事物却很少被作为图腾；甚至可能很晚它们才担当起这一重任。[1]因此，氏族用以命名的事物之所以能够卓然出众而成为膜拜对象，并不在于它的固有属性。而且，如果这些事物所激发出来的感情果真是图腾仪式和图腾信仰的决定性原因的话，那么，它们预先就应该是最为显赫的圣物，用作图腾的动物或植物就应该在宗教生活中发挥首要的作用。但是我们知道，膜拜实际上另有中心。最圣洁的其实是这种植物或动物的形象表现、图腾标记以及各种符号。所以，在这些标记中才能找到宗教性质的源泉，而它们所表现的实物只不过是沾沾光罢了。

因此，图腾首先是一个符号，是对另外某种东西的有形的表达。[2]那么它表达的究竟是什么呢？

从我们一向专注的分析来看，它所表达和符号化的分明是两类不同的事物。首先，它是我们称之为图腾本原或者神的外在可见的形式。但是其次，它也是一种名为氏族的确定社会的符号。它是氏族的旗帜，是每个氏族把自己和其他氏族区分开来的记号，是氏族个性的可见标志，是人、兽、物等等任何名目的氏族成员都带有的标记。所以，既然它同时兼为神与社会的符号，莫非是因为神与社会只不过是一回事？如果群体与神性是两个不同的实体，那么群体的标记又怎么能够成为这种准神的象征呢？因此，氏族的神、图腾本原，都只能是氏族本身而不可能是别的东西。是氏族被人格化了，并被以图腾动植物的可见形式表现在了人们的想象中。

但是，这种神化如何可能？它又为什么恰好以这种方式发生？

2

一般说来,社会只要凭借着它凌驾于人们之上的那种权力,就必然会在人们心中激起神圣的感觉,这是不成问题的;因为社会之于社会成员,就如同神之于它的崇拜者。实际上,神首先被人们认为是高于人自身的一种存在,是人的依靠。无论它是有意识的人格,如宙斯和耶和华,还是仅仅像在图腾制度中发挥作用的那种抽象的力,崇拜者都会认为自己不得不遵循由神圣本原的性质强加给他的那种特定的行为方式,他觉得他正在和这种神圣本原相沟通。而社会也给我们永远的依赖感。既然社会独有一种和我们个体不同的本性,那么它就会去追求同样也为其所独有的目标。可是,它不以我们为媒介就不能达到目的,所以它就会命令我们去协助它。它将我们本身的兴趣置之不顾,而要求我们自甘做它的仆人。它听任我们蒙受种种烦恼、失落和牺牲,而如果没有这些,社会就不可能有其生命。正因为如此,我们每时每刻都被迫屈从于那些行为和思想的准则,而这些准则,既不是我们所制定的,也不是我们所渴望的,有时候甚至违逆了我们最基本的倾向与天性。

但是,如果社会唯有通过物质的压制,才能从我们这里获得让步与牺牲,那么它在我们的心灵中,就只能形成我们不得不屈服的物质力量的观念,而不是宗教崇拜那样的道德力量的观念。事实上,社会对意识所拥有的绝对权力,主要不是由于它在物质上所特有的无上地位,而是由于它所赋有的道德权威。如果我们服从于社会的指令,那不仅是因为强大的社会足以战胜我们的反抗,而首先是因为社会是受到尊崇的对象。

一个对象，不管是个体的还是集体的，只要它在我们心中的表现赋有一种力，能够自动地引发或抑制我们的行为，而不计行为的任何利弊后果，那么我们就说它激发出了尊崇。当我们由于承认某人所具有的道德权威而服从他的时候，我们追随他的主张，不是因为他似乎较为明智，而是因为在我们对他所形成的观念中内在地具有一种物质能量，这能量征服了我们的意志并使之遵循它所指出的方向。当我们感到这种内在的、不折不扣的精神压力作用于我们的时候，我们所体验的情感就是尊崇。因此，指示或建议给我们的姿态是有利还是不便并不能左右我们，关键要看我们对提出建议和指示的人是怎样表现的。这就是为什么命令一般都要采取简短而专横的形式。而不留任何踌躇余地的原因。因为只要是一个命令，而且要凭借它自身的力量推行，它就要排斥任何斟酌与计算的想法。命令的效果来自于它所处的精神状态的强度，正是这种精神状态的强度造成了所谓的道德优势。

而社会就深深地依赖于这种作用方式，并把这种作用方式强加给社会成员；正因为如此，社会作用的方式都标志有能够招来尊崇的明显迹象。由于它是大家共同构筑的，所以每个个别的心灵对其威力的想法，也就保留在了其他所有人的内心之中，反之亦然。我们每个人内心对这些作用的表现所具有的强度，都是任何单纯私人的意识状态所不能达到的，因为它的力量来自于形成它的无数的个体表现。在我们身边，有些人对此加以肯定，其实这是社会在借其口而言说，我们在倾听他们的时候实际上是在倾听社会，全部声音都是一个口吻，那口吻光靠个人是不可能具有的。[3]针对任何一种持有异议的企图，社会都将以谴责或者物质压迫的方式作出强暴的反应,这种体现为激情迸发的共同决断,有助于强化它的绝对权威。[4]简言之,当这种状态的舆论有了某个东西作为它的对象,每个个体对舆论的表现就从舆论的起源和诞生条件中获得了行动的权力,甚至那些以为自己并没有顺从舆论的人也是如此。舆论倾向于驱除与之相矛盾的表现,始终把它们排斥在一定距离以外;另一方面,它号令着那些能够实现它的行为,而且它之所以能够做到这一点,借助的不是物质胁迫或者诸如此类的取向,而是因为它把自己所包含的心理能量放射了出来。它的效力仅仅来自于它的心理属性,而恰恰就是依据这个迹象,人们才认识到了道德权威的存在。所以,舆论在根本上是一种社会事物,是权威的来源;甚至可以设想,舆论是所有权威之母。[5]可能有人会反对说,科学常常是舆论的敌手,它对抗并修正舆论的谬误。但是,如果没有足够的权威,科学就不可能担此重任,而这种权威又只有从舆论本身才能得到。假如一个民族并不信奉科学,那么无论如何,世界上的所有科学论证都不会对他们的心灵产生任何影响。即使在今天,如果科学恰巧和某种公众舆论的强大潮流相抵牾,恐怕它也有信誉扫地的危险。[6]

既然社会压力是通过精神的途径施加的,那么难免会使人形成这种观念:在人的外部存在着一种或几种他们所依赖的力量,这力量不仅是道德的,而且还很有效力。人们必然认为,这些力量至少一部分是外在于人的,因为它们在以命令的口吻讲话,有时候甚至指令人们强行违逆他们最自然的倾向。当然,如果人们能够看出他们所感觉到的影响源自于社会,那么毋庸置疑,就不可能产生神话体系的解释了。但是,社会作用的实施方式太过曲折隐蔽,所采用的心理机制又太过复杂,以至于通常的观察者都无法弄清它是从何而来的。人们完全知道他们受到了作用,但只要尚未领教科学的分析,他们就不知道是谁在起作用。所以,他们只好自己创造出那些他们觉得与之有关的力量的观念来。对于人们是如何被导致去用实际上与其本质毫无关涉的形式来表现这些力量,并用思维来塑造这些力量等问题,我们终于可见一斑了。

然而,神不仅仅是我们所依据的权威,它还是我们自身力量所依赖的力。一个人服从他的神,就会相信神与之同在,并且坚定自信、意气昂扬地面对世界。同样,社会作用也不仅限于要求我们牺牲、付出和勉力而行。因为集体力量并不完全在我们之外,它对我们的作用并非统统来自外部。既然社会只有在个体意识中并通过个体意识才能存在,[7]那么这种力必定是与我们融会贯通,并在我们内部组织其自身的。于是,它就成为我们存在的一个不可或缺的部分,并且因此受到了推崇与显扬。

有些时候,社会这种赋予力量与生气的作用格外明显。在共同的激情的鼓舞下,我们在集会上变得易于冲动、情绪激昂,而这是仅凭个人的力量所难以维系的。等到集会解散,我们发现自己重又孑然一身,回落到平常的状态,我们就能体会出我们曾经在多大程度上超越自身了。历史上这类例子层出不穷。只要回想一下1789 年 8 月 4 日之夜就足够了,一次会议突如其来地导致了牺牲与放弃,而每个与会者昨天还拒绝如此,明天又对此大为惊诧。[8]这就是为什么所有政治的、经济的或宗教的团体,都要认真地定期举行聚会的缘故,因为在聚会上,团体成员通过一道表明其共同的信仰,使他们的信仰重新被唤起了。如果任其自便,这种情感很快就会削弱;而要使之加强,只要让有关的人聚集在一起,把他们置于一种更密切、更活跃的相互关系中就足够了。这也解释了为什么一个人在对众人讲话时,至少在他已经成功地与大伙发生沟通的时候,他会有一种特定的姿态。他的语言夸大其辞,要是在平常的情况下就会显得荒唐可笑;他的手势表现出一种特有的气势;他此刻的思想不守任何规矩,易于陷入极端。这是因为,他感到体内充溢和泛滥着一种异常的力量,并且试图奔涌而出。有时候他甚至觉得,他被一种比他本人要伟大得多的道德力量支配着,他只不过是它的代言人。正是通过这些迹象,我们才能明白什么是人们通常所说的海阔天空、高谈阔论的灵感之灵。而这种格外增强的力量确实非常现实地存在着,它就来自于他演说时所面向的那个群体。由他的言词所煽动起来的情感经放大和加深以后,又反归他自身,于是,他自己的情感又在这种程度上被听众们强化了。他所唤起的充满激情的能量在他体内澎湃跌荡,令他意气风发、言语铿锵。这已经不再是一个简单的个体在讲话,而是一个具体化、人格化的群体在言说了。

除了这种暂时性的、间断性的状态之外,还有其他更为持久的情况,社会的这种强化作用能够让人们觉得社会更加重要,甚至通常会显得更加辉煌。在历史上有一些时期,在某种强大的集体震荡之下,社会互动变得非常频繁与活跃。人们相互探访,比以往更多地会集起来。由此普遍产生的欢呼雀跃的场面,正是革命时代或创造时代的特征。而这种更大规模的行动又导致了对个体力量的普遍刺激。此时此刻,人们要比寻常时期见多识广,而且会有另一种眼光。变化不是点滴细微的，人们已经判然不同。由于激情的鼓动过于强烈，人们除了暴力和放纵的行动，除了超人英雄主义或血腥野蛮的行动以外就没法满足。这就是诸如十字军东征[9]以及法国大革命之所以会出现许多崇高场面或野蛮场面的原因。[10]在这种普遍亢奋的影响下，我们看到最平庸、最老实的市民也变成了英雄或者屠夫。[11]而且非常清楚，所有这些心理过程都同样根植于宗教，而个体也经常以一种明确的宗教形式来描绘他们所顺从的压力。十字军相信上帝已来到他们之中，并和他们一起欢赴征程，夺取圣地。而圣女贞德认为，她是听命于天国的声音的。[12]

但是，社会并不只是在异常的环境中才能让人们感觉到它的刺激作用的；也就是说，在我们的生活中，无时无刻不有某种能量从外界流向我们。一个恪尽职守的人，面对他的同伴所表现出来的种种赞赏、敬重和倾慕，会感到一种平常没有体会过的舒畅，这感觉激励着他。社会对他的感情使他对自己也产生了同样的感情。因为他与他的同伴在道德上是一致的，他在行动中会更加自信、坚毅和果敢，他就好像一个感到神的恩宠仁慈地降临到自己头上的信徒。就这样，产生了我们道德本性的永恒资粮。由于我们与周围群体的关系是相当灵活的，而且这些群体本身也在变化，所以我们的道德支持也就随着丰富多彩的外界环境而改变。那么，我们就不可避免地会发觉这种支持有赖于一个外在的原因，但是我们却无法意识到这个原因究竟在哪儿、到底是什么。因而，我们通常就把它想象为一种道德力量，这力量虽然内在于我们，但却将我们内部的某种不属于我们的东西表现出来：这就是道德良心。而且，如果不借助宗教符号，人们就根本无法对道德良心有丝毫明确清晰的表现。

除了这些具有随意性的力量总是不断地来激励我们以外，还有另外一些力量固定存在于我们所使用的方法和传统之中。我们所说的语言不是我们创造的；我们所用的工具不是我们发明的；我们所行使的权利不是我们确立的；知识的宝藏代代相传，也不是哪一代人独自聚敛的。全凭着社会，我们才享受到了这些绚烂多彩的文明，即使我们一般看不出我们得到这一切的根源，至少我们也会明白那不是我们的功劳。而正是这一切，才使人在诸多事物中拥有了自己的位置。人之所以为人，只不过是因为他有了文明。所以人不可避免地会感受到，在他之外存在着他从中获得人类本性特征的某种主动因素，它们作为仁慈的力量，帮助他，佑护他，确保他得到特许的命运。当然，就像对于美好的事物他要赋予它们重要的价值一样，他必定也要给这些力量以尊荣。[13]

于是，我们所处的环境就似乎充满了我们与之有关的种种力量，它们既专横又助人、既威严又仁慈。因为它们对我们所施加的压力是我们意识得到的，所以我们就不得不把它们确定在我们之外，对待它们就像对待引起我们感觉的客观原因那样。但是，从根本上说，它们在我们内心所激起的情感却与那些简单可见的对象有所不同。只要后者能被还原为它们在日常体验中所展现出来的经验特征，只要宗教的想象还没有使它们变质，我们对它们就不可能有类似的尊崇，其内涵也无法使我们超越自身。因此，对我们来说，描绘这类事物的表现就与集体影响在我们内心所引发的表现迥然不同了。这两种表现就像它们所对应的生活形式一样，在我们的意识中形成了判然相分的两种心理状态。结果我们得到的印象是：有两种不同的现实与我们相关，它们之间隔着一条鸿沟，一边是凡俗事物的世界，而一边则属于神圣事物。

而且，古往今来，我们看到社会始终在不断地从普通事物中创造出神圣事物。如果社会恰好垂爱某人，认为从他身上找到了能够打动它的雄心壮志，以及实现这一抱负的手段，这个人就会卓然出众，被奉若神明。舆论会像维护诸神一样赋予他威严。受到时代信赖的许多君主都属于这种情况，他们即使没有被敬奉为神，至少也被视为神的直接代表。显然，唯有社会是这类各色神化的始作俑者，因为它往往不惜把那些只有自己的功德却没有权利获此殊荣的人也神化了。人们所抱有的这种赋有高度社会功能的非常朴素的敬重，和宗教尊崇并没有本质的不同。这种态度通过人们相同的行动表达出来：对至高无上的人要敬而远之；接近他之前要小心准备；和他交流的时候，采用的姿态和语言不能像对待凡夫俗子那样。在这些场合中，人们所体会到的情感与宗教情感密切相关，以至于很多人把这两者混淆起来。为了解释对王公贵族和政治要人的尊重，人们赋予了他们神圣的性质。例如在美拉尼西亚和波利尼西亚，据说有势力的人物拥有曼纳，他的影响就来自于曼纳。[14]不过，显而易见，他的地位要归功于舆论所赋予他的重要性。因而，归根结底，来自舆论的道德力量和神圣事物所赋有的道德力量是同出一源的，并且是由相同的要素构成的。这就是曼纳一词兼有上述两种意涵的原因。

除了人以外，社会也神化了事物，尤其是观念。如果某个民族一概相信同一种信仰，那么，由于上文我们所指出的原因，这一信仰将不容触动，也就是说不允许拒绝或者怀疑。和其他那些禁忌一样,人们也禁止批判它,所有这些,都充分证明了某种神圣事物的存在。即使在今天,无论我们承认别人的自由何等重要,要是一个人完全拒绝进步,或者是嘲笑现代社会所抱有的人类理想,也会产生亵渎的效果。那些最热衷于对一切进行自由检验的人,至少会把一条原则置于讨论之上,并将其视为是神圣不可侵犯的:这恰恰就是自由检验的原则。

社会创造神或者把自己装扮成神的本事,在法国大革命的开头几年里表现得再明显不过了。那时候,在普遍狂热的影响下,实际上具有纯粹世俗性质的事物也被公众舆论转变成了神圣的事物,那就是"祖国"、"自由"和"理性"。[15]一种宗教就要确立起来了,它还有它的教义[16]、符号[17]、圣坛[18]和节期[19]。对理性和上帝的膜拜就是要试图给这些自发的激情提供一种冠冕堂皇的满足。诚然,这次宗教改革只是昙花一现,那是因为最初灌输给群众的爱国热情很快就松懈了。[20]原因已经消逝,结果也就不再存在。然而,这次经历虽然短暂,它却保留了它全部的社会学意义。在特定的情况下,我们还会看到社会及其基本的观念,直截了当地、未经任何变形就能成为名副其实的膜拜对象。

所有这些事实使我们得以窥测氏族如何能在其成员中唤起这样的观念:在我们之外存在着支配他们同时又支持他们的力。说得文绉绉一点,这种力就是宗教力。因为再也没有其他社会和原始人的联系能比氏族更加直接与密切的了。他们与部落的联结纽带要松弛得多,而这种联结的感觉也很微弱。虽然部落对原始人来说不是完全陌生和疏远的,但还是本氏族的人拥有的共同事物最多,他们最直接感受到的也是氏族这个群体的作用,所以,氏族优先于其他群体用宗教符号来表达自己也是理所当然的了。

不过，这个基本的阐释太一般化了，它可以毫无差别的适用于各种社会，因而也适用于各种宗教。下面让我们尽量精当地确定一下这种集体作用在氏族中采取什么形式，以及它是如何唤起神圣感的。因为氏族中的集体作用比其他任何地方都更容易被观察到，而且它的效果也最明显。

3

澳洲社会的生活是在两个不同的周期中交替度过的。[21]有时候人们分成彼此独立的一个个小组，分散到各自的领地；每个家庭自食其力，或打猎或捕鱼，总之，就是尽其所能地争取必不可少的食物。有时候则相反，人们集中在特定地点进行集会，时间长达几天乃至几个月之久。如果有氏族或者是部落的一部分[22]受到召请参加集会，这时候，这种集中就发生了，他们将举行宗教仪典，或者通常按照民族学的说法，叫做“集体欢腾”(corrobbori)[23]。

这两个时期形成了鲜明的对照。在前一个阶段中，经济生活占据优势，它一般是非常乏味的。为了谋食而进行的采集或者渔猎，并不是能够唤起活跃激情的工作。[24]社会的分散状态使社会生活单调、委靡而且沉闷。[25]但是只要集体欢腾一开始，一切就都改变了。既然原始人情感和情绪的机能还不能被他的理性和意志完全制约，那么他就很容易失去对自己的控制。任何有点重要性的事件，都可能促使他完全出离自身。要是有了好消息会怎么样？那就立刻化为狂欢。要是相反，他就会像疯子一样到处狂奔，一个劲儿地任意胡为，他哭号、尖叫、在土堆里打滚、四下乱撞、咬自己、猛烈地挥舞胳膊,诸如此类。[26]集中行动本身就是一种格外强烈的兴奋剂。一旦他们来到一起,由于集合而形成的一股如电的激流就迅速使之达到极度亢奋的状态。所有人的内心都向外部的印象充分敞开,想表达的任何情感都可以不受阻拦。每个人都对他人作出回应,同时也被他人所回应。最初的冲动就这样推进、加剧,犹如下落的雪崩一样在不断地增强。因为这种跃动的激情冲破了所有限制,从而不可避免地爆发出来,所以到处只见狂暴的举动、哭喊、嘶咧的号叫和各种刺耳的噪音,而这有助于进一步强化他们所体现的精神状态。又因为集体情感要想通过集体表达出来,就必须遵循一定的秩序,以便在协调中合作进行,所以那些举动和叫喊就趋于变得有节奏、有规律,于是,舞蹈和歌唱就此产生了。但是它们采取了较为规则的形式,却仍不失其自然的狂暴,有规律的喧嚣还是喧嚣。人类的声音不足以当此重任,就采取人为的方式使之加强,于是,就用两个飞去来器相互敲打,或者是旋转牛吼器。这些器具在澳洲宗教仪典上应用得很普遍,最初可能是为了把人们所感受的激动之情更加充分地表达出来才使用的。然而它们表达了激情,同时激情又强化了它们的效果。这种欢腾往往愈演愈烈,直至产生骇人听闻的行动,释放出来的狂暴激情势不可当。他们大大地偏离了通常的生活状态,而且他们完全意识到了这一点,乃至于他们觉得必须使自己出离并超越通常的道德。于是两性的结合违背了性关系的规定原则。男人相互交换妻子。有时候人们甚至乱伦,这种平常要受到憎恶和严厉惩罚的行为,此时却可以公开进行并且不受处罚。[27]如果我们再考虑到这些仪典一般都在夜里举行,那点点火光刺破了黑暗,我们就很容易想象出

这幅场景对于参与者的心理会产生什么作用了。结果是导致了他们在生理和心理上狂暴的过度兴奋，以至于这种兴奋不能支持太久，当事人最终会精疲力竭地倒在地上。[28]

这张图画当然只是一幅草图，为了举例说明以使之更加明确具体，让我们再来描述一些引自斯宾塞和吉兰的场景。

关于沃龙迦蛇的仪典是瓦拉蒙加人的宗教仪典中最重要的一个。它由一系列仪典组成，持续数天。以下是第四天时出现的场面。

依照瓦拉蒙加人的仪规，两个胞族的代表都要参加，一方作为司仪，另一方作为筹备者和辅助者。只有乌鲁鲁胞族的成员才有资格主持仪式，但是金吉利胞族的成员必须为出演者搞好装扮，准备场地和器具，而且还要充当观众。他们负责事先用湿沙堆成一个土墩，上面用红色的绒羽标志出代表沃龙迦蛇的图案。真正的仪典要在夜幕降临以后才开始。将近 10 点或 11 点钟，乌鲁鲁人和金吉利人来到场地，坐在土墩上开始唱歌。每个人显然都很兴奋。再晚一会儿，乌鲁鲁人把他们的妻子领来，交给金吉利人，金吉利人便与之交合。[29]然后，新近成年的年轻人被带进来，他们被详细告知整个仪典，此间歌唱一直持续到凌晨 3 点，片刻未停。接着，最野蛮兴奋的场面出现了。当四面亮起火光，在夜色的衬托下橡胶树被照得刷白，乌鲁鲁人就一个接一个地跪在土墩旁边，之后又一跃而起，围着土墩转，他们的动作协调一致，两只手撑在大腿上，但没走多远他们又跪在地上，于是再重复刚才的动作。与此同时，他们一边忽左忽右地摇摆身体，一边随着每一个动作发出刺耳的叫喊，那是一种不折不扣的号叫："噫唏！噫唏！噫唏！"这时候，处于强烈兴奋状态的金吉利人则把他们的飞去来器敲得叮当响，而他们的首领比下属还要更加狂躁。当乌鲁鲁人围着土墩转完了两圈，就从下跪的地方撤出，又开始唱歌，其歌声每每在余音散尽之时又突然暴发。直到天色破晓，所有人又从原地跃起。熄灭的火焰被重新点燃，在金吉利人的激励之下，乌鲁鲁人用飞去来器、长矛和棍棒向土墩发起疯狂的攻击，顷刻之间土墩就化为齑粉。火焰熄灭，深邃的寂静重又笼罩那里。[30]

而这些考察者们所看到的更为狂暴的场面是瓦拉蒙加人有关火的仪典。

从傍晚时分开始，各种列队、舞蹈、歌唱都在火把照耀下进行，普遍的欢腾持续高涨。在一个指定的时刻，有 12 个人每人拿起一把熊熊燃烧的火把，其中一个就像拿刺刀那样拿着火把，他们冲入一群土著，而对方则用棍棒和标枪抵挡攻击。随后就是一场全面的混战。人们到处蹿蹦跳跃，不停地发出野蛮的尖叫，燃烧的火把在人们的头上和身体上不断爆裂，火花四溅。斯宾塞和吉兰说："烟雾、炽烈的火把、四处溅落的火星，成群结队的舞蹈、大呼小叫的人们，共同形成了一种实在野蛮暴戾的场面，简直无法用任何适当的语言加以表达。"[31]

可以想象，当一个人达到了这种亢奋的状态，他就不可能再意识到自己了。他感到自己被某种力量支配着，使他不能自持，所思所为都与平时不同，于是，他自然就会产生"不再是自己"的印象了。他好像已经变成了一个新的存在，而他佩戴的装饰和遮脸的面具从物质方面也形成了这种内在的转化，并在很大程度上可以用来确定它的性质。与之同时，他的伙伴们也感到自身发生了同样的转化，并把这种情感表达为叫喊、动作和共同的姿态，一切都仿佛是他们果真被送入另一个特殊的世界，一个与他们的日常生活完全不同的世界，一个充满了异常强烈的力量的环境——这力量左右他并使他发生质变。像这样的体验，而且是每天重复、长达几个星期的体验，怎么可能不使他深信确实存在着两个异质的、无法相互比较的世界呢？在一个世界中，他过着孤单乏味的日常生活；而他要突入另一个世界，就只有和那种使他兴奋得发狂的异常力量发生关系。前者是凡俗的世界，后者是神圣事物的世界。

所以，宗教的观念似乎正是诞生于这种欢腾的社会环境，诞生于这种欢腾本身。在澳洲，宗教活动几乎全都在集会的时候进行，这一事实可以证明这种关于宗教观念的真正起源的理论。诚然，所有民族伟大庄严的膜拜仪式总归都是定期举行的，但是，在较为先进的社会中，可以说没有一天不向神祈祷、献祭，或者进行某种仪式活动的。而澳洲恰恰相反，除了民族和部落的庆典以外，几乎所有的时间都被世俗的事务占据着。当然，即使在世俗活动期间，也还是保留着禁忌的，至少在那些禁忌还保持着它的原初活力的地方，图腾动物是从来不允许被随意宰杀和吃掉的。但是，在此期间几乎不举行任何积极的仪式，也没有任何重要的仪典。这些仪式和仪典只有在群体集会时才举行。澳洲人的宗教生活相继经历了完全平静的和过度兴奋的两个阶段，而社会生活也以同样的节奏来回转换，这使得两者的相互关系变得一清二楚。但是，在所谓开化的民族中，它们相对的连续性却模糊了它们的关系。甚至可以怀疑，这种对照的破坏必然会消解掉其最初形式中的神圣感。集体生活由于几乎完全集中于确定的时刻，它就能够获得最大的

强度和效果,因而使得人们对他们所过的双重生活和他们所享有的双重本性都具有了更加积极的情感。

但是,这种解释还不够全面。我们已经表明了氏族是如何对它的成员产生作用,如何在他们内心唤起支配他们、振奋他们的外在力量的观念的。可是我们还必须知道,这些力量怎么会被设想为图腾的形式,也就是说,怎么会具有动物或植物的外形的。

这是因为,图腾动物或植物的名字被赋予了氏族,而且它们还成为了氏族的标记。实际上,某种东西在我们内心所激发起的情感会自发地附加在代表这种东西的符号上,这是一条众所周知的法则。对我们来说,黑色是哀悼的记号,它也暗示了悲伤的印象和观念。之所以会形成这种情感的传递,是因为在我们的头脑中,事物的观念和其符号的观念之间是紧密相连的,结果一方所引起的情绪就感染扩展到了另一方。这种感染在任何情况下都会以不同程度发生,但是,对事物本身来说,规模、组成要素的数量和复杂的结构都是人脑难以把握的,不过,它的符号却很简单、比较确定而且易于表现,每当此时,这种情绪的感染就会变得更全面、更显著。因为我们不可能把一种我们只能吃力而混乱地加以表现的抽象实体,看作是我们的强烈感情的来源。只有把它们和我们能够真真切切地意识到其实在性的具体事物联系起来,我们才能够向自己对它们作出解释。那么,如果事物本身不符合这个条件,即使确实是它激发起我们的感情的,它也不能够被接受为我们感情的基础。于是它的位置就被某种记号所取代了,它所激发的情绪也被我们和这个记号联系起来了。我们爱慕、畏惧、崇敬的是记号,我们觉

得感激和快慰的是记号，我们为之献身的也是记号。士兵为他的旗帜而死，为他的国家而死；但事实上，在他的意识中，旗帜却是第一位的。有时候甚至是旗帜直接决定了行动。单单一面旗子是不是在敌人手中，并不会决定国家的命运，而士兵为了夺回它却不惜牺牲生命。他不顾旗子只是一个记号、本身没有价值，只是想到它所代表的实体，于是，记号被当作实体本身那样对待了。

图腾就是氏族的旗帜。因此氏族在个体心中所激起的印象，即可靠的和生机盎然的印象，自然就应该被设定在图腾的观念上，而不是氏族的观念上。因为氏族是一个太过复杂的实体，这样粗浅的知性对其全部的复杂统一性是无法清晰地加以表现的。不仅如此，原始人甚至不明白他的那些印象是来自于群体的。他不知道在共同生活中相互关联的一些人来到一起，就会释放出新的力量，使他们每个人都发生转化。他只知道他被提升出自身，他见到了和平常不同的生活。然而，他又一定要把这些感受和某种外在事物联系起来，作为它们的原因。那么他在他的周围看到了什么呢？到处刺激他的感官、冲击他的想象的都是大量的图腾形象。有作为圣物的符号的旺宁架和纳屯架，有往往刻着具有相同意涵的线条组合的储灵珈和牛吼器，有他身体不同部位上作为图腾标志的装饰。图腾形象以各种形式到处出现，它怎么可能不在人们心中格外鲜明地突出出来呢？它这样被置于场景的中心，也就变成了场景的代表。于是，人们所体验的情感就固着到上面，因为它是情感唯一可以固着其上的具体事物。它不断把这种情感带到人们的心中，甚至在集会解散以后仍能唤起这种情感，因为图腾形象被刻在了膜拜法器上、岩石上和盾牌上，在集会之后仍然存在。凭

借它,人们所体验的激情将永远保持并不断更生。方方面面都好像是它们直接激发了这些感情一样。既然这些情感是群体所共有的,那么它们就只能和所有人所共同拥有的某种东西相关联,从而把这些情感归因于图腾形象也就更加自然了,因为图腾标记是唯一符合这一条件的事物。它的意义就是为所有氏族人所共有。在仪典上,它是一切敬意的归指。世代更替,它却保持不变。它是社会生活的永恒要素。所以,人们觉得与之发生关系的那种神秘的力量就似乎是从中流溢出来的,于是,他们就借助氏族用以命名的那些生物或非生物来表现这些力量了。

一旦确立了这一点,我们就可以理解图腾信仰中的全部本质所在了。

既然宗教力只不过是氏族集体的和匿名的力,既然这种力在人们心中只能用图腾的形式加以表现,那么图腾标记就宛如神的可见的躯体。因此,膜拜设法要引起或阻止的那些仁慈或可怖的作用,似乎就出自于它了。因而,膜拜所针对的正是图腾标记。这就解释了为什么图腾在一系列圣物中占据着首要的地位。

但是,氏族就像其他各种社会一样,只有在构成它的个体意识中并通过个体意识才能存在。所以,如果被想象成结合在图腾标记中的宗教力,表现为外在于个体并被赋有了在个体之上的超验性;那么,它作为氏族的符号,就像氏族一样,只有在个体之中并通过个体才能实现。在这一意义上,宗教力内在于个体,个体也必然会这样去表现它。人们感觉到这种力存在并活跃于他们之内,因为是它把他们提升到了一种超越的生活之中。正因为这样,人们才相信他们之内含有可以与图腾本原相比的本原,并因此把神圣性赋予了自己，尽管这神圣性不如图腾标记的那么显著。图腾标记是宗教生活最首要的来源，人们只是间接地分享了它，对此他们完全明白。人们注意到，把他们送入圣物世界的力量并不是他们所内在固有的，而是来自于他们的外部。

图腾动物或植物也同样具有神圣性，甚至程度更高，但就是由于其他的原因。如果图腾本原不是别的，而是氏族，那么人们在图腾标记的物质形式下所想到的就是氏族，而这一形式也正是氏族用以命名的具体生物的外形。由于这种相似性，这些生物难免会引起与标记本身所激发的那种情感相类似的情感。既然图腾标记是宗教尊崇的对象，那么这些生物也完全应该唤起同样的尊崇，并且显得很神圣。它们的外在形式近乎相同，土著人不可能不认为它们具有同样性质的力量。他们相信图腾动物的肉体具有仪式所能产生的积极功效，所以就禁止宰杀和食用它们。这都是因为图腾动物相似于氏族的标记，也就是说，是由它自身的形象造成的。又因为动物天然比人更加相似于图腾标记，所以它在圣物的等级中就被置于更高的地位。由于人和动物分享了相同的本质，两者都内在地具有某种图腾本原，所以两者的关系无疑就很密切。但是，既然本原是以动物的形式来设想的，那么动物看上去就比人更加充分地体现了本原。所以，即使图腾动物被人当作兄弟来对待，那么至少也是他的兄长。[32]

尽管图腾本原喜欢寄托在某种动物和植物中，但它也不会总是固守在那儿。神圣性具有高度的感染力，[33]它会从图腾生物传播到与它有着或亲或疏的关系的任何事物上。动物所引发的宗教感情，传给了它赖以为食、不断化为血肉的东西，传给了与它相似的事物,也传给了与之具有稳定关系的不同生物。这样,亚图腾就逐步归属于图腾,并形成了表现为原始分类的宇宙体系。最后,整个世界都依照各个部落的图腾本原来加以划分了。

现在,对于宗教力在历史中所表现出的双重性的起源,对于宗教力何以能够既是自然的又是人类的,既是道德的又是物质的,我们已经能够作出解释了。它们是道德力量,因为它们完全是由一个道德存在(即群体)在另一些道德存在(即群体的个体成员)中所引起的印象构成的。它们所转达的不是物质事物影响我们感觉的方式,而是集体意识作用于个体意识的方式。它们的权威只是社会对其成员的道德优势的一种形式。但是,另一方面,既然它们是以物质的形式被设想的,人们就不能不认为它们与物质事物是密切相关的,[34]因此,它们统治了两个世界。它们栖居在人类中,同时也是事物的生命本原。它们赋予人类心灵以活力并对之加以训导,又使植物生长、动物繁衍。正是这种双重本性,才使宗教宛如孕育了人类文明所有萌芽的子宫。既然宗教已经包含了全部现实——物质的世界和道德的世界,那么,推动事物的力就像推动精神的力一样,都被纳入了一种宗教形式而加以设想。这就是为什么形形色色的方法与实践,无论是那些使道德生活得以延续的(法律、道德、艺术),还是那些服务于物质生活的(自然科学、技术科学和实用科学),都直接或间接地来源于宗教的原因。[35]

4

人们往往认为,之所以会产生最初的宗教概念,是因为人们在与世界发生接触时,被虚弱、无助的感觉和恐惧、苦难的感觉牢牢地攫住了。作为他们自己制造的梦魇的牺牲品，人们相信自己被怀有敌意、令人敬畏的力量包围着，他们的仪式就是要努力安抚这些力量。但现在我们已经表明，宗教的最初起源根本不是这么一回事。“世上的神最初源于恐惧”（*Primus in orbe deos fecit timor*）这个著名的说法没有任何事实根据。原始人并没有把他的神视为陌生人、敌人，或者是必须不惜任何代价让它满意的名副其实的恶毒的东西。恰恰相反，诸神是朋友，是亲戚，是他天然的保护者。人们不是就用它们的名字来称呼图腾物种的吗？人们没有把他们所膜拜的力量表现为一种高高在上的力量，一种用它的优势来压制人类的力量；相反，它与人很接近，并赋予人凭借他们自身根本无法拥有的各种非常有用的力量。恐怕在历史上神祇从来没有像这个时期这样接近人类，它存在于人们周围环境中的各种事物中，而且，还部分地存在于人的内部。总之，根植于图腾制度的情感是愉快的信念，而不是恐惧和压抑。如果我们撇开葬礼不谈——这在任何宗教中都是严肃的方面，我们会发现图腾膜拜都是在歌唱、舞蹈和戏剧表现中进行的。我们将看到，残酷的赎罪相当罕见，甚至初成年者痛苦而强制性的自我毁伤也不带有这种性质。可怕而褊狭的神是在宗教的发展过程中慢慢出现的。这是因为，原始社会并不像那些庞大的利维坦一样，用它的权力穷凶极恶地压制人，把人置于严厉的规训之下；[36]原始人自发地投身到社会中而毫无抵触。当时的社会灵魂只是由少量的观念和情感构成的，它很容易完整地体现在个体意识中。个体所持有的社会灵魂完全内在于他，是他的一部分。因则，当他投入到社会灵魂所激起的冲动中时，他并不觉得他是在强制面前作出了让步，而是在奔向

他本性的召唤。[37]

对宗教思想起源的这种理解，避免了那些受到最广泛公认的经典理论的缺陷。

我们已经知道，自然崇拜者和泛灵论者自以为，他们从不同的物理现象或生物现象在我们内心所引发的感受中，已经建构出了圣物的观念；而我们业已表明，这是个空中楼阁，而且还自相矛盾。无中不能生有。物理世界在我们内心所产生的印象，显然不可能包含任何超出这个世界的东西。从所看到的东西中，只能形成看到的东西；从所听到的东西中，我们也不能形成什么闻所未闻的东西。于是，为了要解释神圣观念是怎么能够在这些条件下形成的，大多数理论家就只好承认，人们在现实之上添加了一个非现实的世界，就像观察所得，构成这个非现实的世界的，完全是在梦中搅扰他的幻象，或者是在语言蒙骗蛊惑下的神话想象所产生的离奇错乱。但是，仍然让人困惑的是，既然经验很快就会证明这个世界的虚假，那么人类为什么还要长期顽固地坚持这些谬误？

而从我们的观点出发，就不存在这些困难了。宗教不再是无法解释的妄想，它在现实中有了立足之处。实际上，我们可以说，如果一个信徒相信一种他所依赖的道德力量的存在，相信他从中能够获得美好的一切，他并没有受骗；因为这个力量确实存在，它就是社会。当一个澳洲人超拔出自身以外，感觉到一个强烈得让他震惊的新生命在他体内奔流时，他并没有被幻觉所愚弄。这种亢奋是真实的，它确实来自于一种外在于个体并且高于个体的力量的作用。诚然，他认为这种活力的增长是以某种动物或植物形式表现出来的力量的作用，这是错误的。但是，这个错误仅与符号中的字符有关，而与其存在的事实无关，尽管符号能够把这种存在表现给心灵和想象赋予它的外貌。无论这些形象和隐喻是粗陋的还是精细的，它后面毕竟有一个具体的、活生生的实在。这样，宗教就获得了意义、获得了可理解的性质，于是，就连最古板的唯理论者也不会误解它了。它的首要目标并不是把物理世界的表现提供给人们，如果这是它的基本任务，那么我们就无法想象它怎么还能幸存下来，因为在这一方面，它差不多就是一些谬误的编网。至关重要的是，它首先是一个观念的体系，个体作为社会的成员，要通过它向自己表现这个社会，表现他们与社会之间模糊而密切的关系。这才是它的基本功能，这种表现虽然是隐喻性的和符号性的，但它却不是不可信的。恰恰相反，它转述了有待解释的各种关系的所有本质。因为，在我们之外存在着某种我们与之相通的比我们更伟大的事物，这是一条永恒的真理。

所以我们事先就能够肯定，无论什么样的膜拜仪轨，都不是无意义的活动或无效果的姿态。作为一个事实，它们表面上的功能是强化信徒与神之间的归附关系；但既然神不过是对社会的形象表达，那么与此同时，实际上强化的就是作为社会成员的个体对其社会的归附关系。我们进而就会理解，为什么宗教所包含的这一基本事实，就能够抵消宗教在所难免的谬误，以及为什么信徒因此就不顾这些谬误所必然产生的错误认识，而拒不与宗教分袂。无可否认，宗教推荐给人们用来影响事物的诀窍一般都是无效的，但是，这些挫折并没有产生什么深刻的影响，因为它们没有触及宗教的根基。[38]

然而，可能会有人提出疑议：即使根据这一假设，宗教也还是某种谵狂的对象。在集体的欢腾之后，人们相信自己已经从眼前的世界被带入了一个截然不同的世界——对于这种状态，除了谵狂，我们还能有什么别的说法吗？

确实，宗教生活如果不含有一种近乎谵狂的心理亢奋，就不能达到特定的强烈程度。所以先知、宗教的始创者、伟大的圣徒——总之，那些宗教意识格外敏感的人，往往具有过度神经质的表现，甚至是病态的症状，因为这种心理缺陷注定他们会成为伟大的宗教人物。对于令人迷醉的药液在仪式中的用处也可以据此作出解释。[39]当然，这并不是说炽烈的宗教信仰一定是迷醉或者是精神错乱的结果，但是，人们在经验中很快就懂得了谵狂者和先知者具有类似的精神状态，所以他们就人为地为前者制造兴奋，以设法给后者开启一条道路。不过，即使因此可以说宗教不能没有一定的谵妄，也必须加上这样的补充：这种谵妄，如果存在着我们所说的那些原因的话，那么它是有充分根据的。从中产生的意象并不是自然崇拜和泛灵论当作宗教基础的那种纯粹的幻觉，而对应着现实中的某种东西。当然，宗教所表达的道德力量除非使人脱离自我，使人纵身投入到一种可以称之为迷狂（所谓ἔκστασις，是在其词源学的意义上使用的）的状态中，否则就不能影响人们的心灵，这完全是理所当然的；但是，由此并不能推论说这些力量就是虚构假想的。恰恰相反，它们引起的精神躁动说明了它们的现实性。这不过再一次证明，非常激越的社会生活对有机体以及个体意识都是一种暴行，它干扰了社会生活的正常功能，因此只能持续一段有限的时间。[40]

不仅如此，如果对于所有在心灵中注入了当下的感受，并把自

己的情感和感觉投射到事物中去的状态，我们都加诸谵狂之名，那么差不多所有的集体表现在一定意义上就都是谵狂的了，宗教信仰只是普遍规律中的特定一例而已。整个社会环境对于我们，似乎充满了只有在我们心灵中才真正存在的力量。我们知道旗子对战士意味着什么，尽管就其本身而言，那只是一块布。人血只是一种有机的液体，但即使是在今天，我们看到鲜血流淌也不能不感到一种猛烈的激情，这是无法用其生理—化学的特性来解释的。从物理的观点来看，人不过是一个细胞的系统；或者从心理的观点来看，人不过是一个表现的体系。在这两种情况下，人与动物都只有程度上的区别。然而，社会所构想的人却被赋予了别具一格的特性，这使他孑然独立，和所有鲁莽的冒犯都保持着距离。一句话，社会把尊严强加给了人，而且社会也强迫我们这样想。这种把人自归一类的尊荣，在我们看来是人的独特属性，尽管从经验上来说，我们在人的本性中找不到任何东西足以证明这一点。一张已经盖销的邮票可能值一大笔钱，但这肯定不是它原本属性中所包含的价值。在一定意义上，我们对外部世界的表现无疑不过是一些幻觉的编织，因为物体的色、香、味都是我们加上去的，而不是物体确实具有的，或者至少不是像我们所感受到的那种样子。然而，我们的视觉、嗅觉和味觉器官却始终对应于被表现的事物的某种客观状态，并用自己的方式表达着事物的特性，把那些在物体中肯定自有其渊源的物质颗粒或者以太波，感受为芬芳、鲜美和五彩缤纷。但是，集体表现加在它所关注的事物上的是某些品质，其存在却往往超出了任何形式或任何程度。从最普通的对象中，它们能制造出最有力、最神圣的东西。

这样形成的力量,虽然纯粹是观念的,但却像现实一样在起作用;它们像物质力量那样,能够实实在在地决定人的举止表现。阿兰达人在用他的储灵珈摩擦过身体以后会觉得自己更强壮,而他确实强壮了。如果他吃了一种动物的肉,虽然是卫生的,却是他所禁忌的,那么他会觉得自己害病了,而他很可能就因此死去。当战士为了保护旗帜而倒下的时候,他肯定不认为他是为了一块布而牺牲自己的。这全都是因为社会思想具有强制性的权威,因而就具有个体思想所不可能具有的效力。凭借对我们心灵的这种力量,社会能够令我们根据它的意愿来看待事物,并根据情况添加或消减实在。于是,又有了一个自然的分支,这就是社会界。对此,观念论的程式在字面上几乎是毫厘不爽的,因为这里观念就是实在,这一点其他任何地方都无法与之相比。当然,即使这样,观念论也得修改才说得通。我们从来无法避免我们本性中的二元性,也不可能完全脱离物质必然性的束缚;因而,为了向自己表达我们的观念,如上所述,我们就必然要使之确定,将其符号化在某种物质事物上。这样一来,质料部分就被化为粉末了。与观念的上层建筑相比,用来支撑观念的对象根本算不了什么,简直微不足道,而且它在上层建筑中也是一钱不值的。我们从如此众多的集体表现的底蕴中发现,这就是虚假谵狂的真相所在,它仅仅是这一基本的观念论的一种形式而已。[41]所以称之为谵狂是不合适的,因为这种对象化了的观念具有充分的根据,其根据不在于用来措置那些观念的物质事物的本质,而在于社会的本质。

现在我们能够理解,图腾本原——一般说来,还有各种宗教力——为什么是在它所寄托的事物之外的了。[42]因为宗教力的观

念根本不是由这些事物在我们的感官和内心中直接产生出来的印象所构成的。宗教力只是群体在群体成员中所激起的情感，但是这种感情已经被投射到了体验它们的意识的外部，并且被对象化了。为了对象化，它们被固定在某种客体上，于是这些东西就变得神圣了，但其实，任何事物都可以满足这一功能。原则上说，没有什么东西因为它的本性就一定会高高在上，成为圣物，但同样也没有什么东西就必然不能成为圣物。[43]一切都取决于导致创造出宗教观念的情感究竟是确立在这里还是在那里、在这一点上还是在那一点上的环境。因此，一种事物所呈现的神圣性，并不蕴含在它固有的特性之中，而是*被添加上去的*。宗教事物的世界不是经验的自然界的一个特定方面，它是*被加在自然界之上的*。

最后，这种宗教的概念，使我们得以解释在大量的神话和仪式的根源中发现的一个重要原则，对此可以这样表述：当圣物被分解以后，它的每一部分仍然等同于圣物本身。换句话说，就宗教思想而言，部分等于整体，部分具有整体一样的力量、一样的功效。圣骨的残片和完好的圣骨具有同样的品性，一小滴血包含有和全部鲜血同样的活跃本原。我们会看到，有机体的器官或组织有多少，他的灵魂就差不多可以分成多少份，每一份灵魂都和整个灵魂不分伯仲。如果某种事物的神圣性可以归结为它本身的构成特性，那么上述概念就无法理解了；因为要是那样，神圣性就应该随着事物本身变化，或增或减。而如果事物所具备的品性被认为不是它内在固有的，而是来源于事物之外的某种情感，如果这种情感是由事物带入我们内心并将其符号化的；那么，既然扮演这一唤起者的角色并不要求事物有确定的规格，所以无论它是否完整，也就都具有相同的价值。既然部分让我们想到整体,它就会引起和整体同样的感情。旗帜的残片像旗帜本身一样代表了祖国,它和旗帜是以相同的方式并在相同的程度上成为圣物的。[44]

5

虽然上述图腾制度理论能使我们对这种宗教中最具特色的信仰作出解释,但是它所依据的一个事实还有待说明。作为氏族的标记,图腾的观念一经给定,其他的所有问题也就迎刃而解了,所以我们必须要考查一下这种观念是如何形成的。这是一个双重问题,可以分别作如下表述:导致氏族要选择一个标记的原因是什么?为什么这些标记要借自动物或植物,尤其是动物呢?

对于任何一种群体来说,标记都可以用作召集中心,这是无需赘言的。社会的统一性借助物质形式的表达,能使所有人对此都更加清楚。由于这个缘故,应用标记符号的办法一旦被想出来,就肯定会迅速传播。另外,这个想法应该是在共同生活的条件下自发产生的,因为标记不仅仅是为了方便地表明社会对其自身所具有的情感,它还要创造这种情感,它是这种情感的构成要素之一。

实际上,如果让个体意识放任自流,它们就会彼此封闭;只有借助表达其内在状态的记号,它们才能进行沟通。如果在它们之间建立起来的沟通要成为一种真正的沟通,也就是说,所有的独特情感要融合成一个共同情感的话,那么对这种意识的表达也必须被融入一种独特的表示。正是这种表示的展露才使个体知道他们是一致的,意识到他们的道德统一性。通过发出同样的喊叫、说出同一个语词或者对某个对象表现出相同的姿态,他们趋于一致，并且感觉到自己处于这种和谐之中。诚然，个体表现也会在有机体中引起一些反应，而且不能说不重要；然而，个体表现与物质作用却是相互分离的，物质作用伴随着个体表现，但并不构成个体表现。可是集体表现就完全是另外一回事了。它以心灵的相互作用与反作用为前提条件，是这些只有通过物质媒介才能实现的作用与反作用的产物。物质媒介不仅限于显现出与之相联系的精神状态，而且有助于创造这种精神状态。个体心灵只有从它本身中表现出来，才能相互进行联络和沟通，除非通过行动，否则就做不到这一点。所以，正是这些行动的同质性使群体意识到自身，也就是形成了群体意识。这种同质性一旦确立，这些行动一旦采取了经久不变的形式，它们就会成为相应的表现的符号。但是，它们之所以能够成为集体表现的符号，只是因为它们有助于形成这些表现。

而且，如果没有符号，社会情感就只能不稳定地存在。虽然人们只要聚在一起，彼此相互影响，社会情感就会十分强烈；但只要集会结束，这种情感就只能存在于回忆之中了，一旦放任自流，它们会日渐微弱。因为既然群体已经不再存在、不再活动了，那么个体的性情就会占据上风。一待人群解散，在人们心中释放出来的狂暴激情就消逝熄灭了，人们会惊讶地问自己，怎么可能被弄得这么出格。但是，如果把表达情感的活动与某种持久的东西联系起来了，这种情感就会更加持久。那种东西会不断地把情感带入心灵，并激发出这种情感，就仿佛是最初使他们兴奋的原因还在继续起着作用。因而，标记体系不仅是对于社会意识的形成来说是必不可少的，为了确保这种意识的持续性，它同样也是不可或缺的。

所以我们一定不要把这些符号看作是纯粹的巧计,是加在已经形成的表现上面以使之便易于掌握的一种标签,因为它们是表现的一个不可缺少的构成部分。即使集体情感被附着在一个毫不相干的事物上,这也不完全是约定俗成的。利用习俗的形式,它表明了社会事实的一个真正的特征,即社会事实是超越于个体心灵之上的。实际上,人们知道,社会现象并非产生于个体,而产生于群体。无论我们在社会现象的起源中发挥了什么作用,我们每个人都是从外部接受它们的。[45]所以,当我们将其表现为从一个物质客体中流溢出来的时候,我们对它的性质的理解也不是完全错误的。当然,社会现象不是从那个我们认为与之有关的特定事物中产生的,不过,它们的起源确实外在于我们。即使支持信徒的道德力量并不来自于他所崇拜的偶像和他所敬奉的标记,那也是来自于他的外部的,对此他十分清楚。其符号的客观性只是转述了它的外在性而已。

因而,社会生活在其所有方面,在其历史的各个时期,都只有借助庞大的符号体系才会成为可能。我们在本次研究中尤其关注的是物质标记和形象表现,这是符号体系的一种形式,但是还有许多其他形式。集体情感还可以具体体现为人,或者体现为程式。有的程式是旗帜;而如果是人的话,不管是真实的还是神话中的,他们都是符号。但是还有一种标记,表现出了它的早期风貌,即并不含有反思和计算因素的文身。实际上,我们都知道,许多事实表明,文身差不多是在特定条件下自发形成的。低等文化的人一旦在共同生活中联合起来,就往往由于一种天然倾向的引导,要在他们身体上画出或刺出图案,以证明他们的共同存在。据普罗科匹厄斯*记载,早期基督教徒在皮肤上印出基督之名和十字架记号。[46]有很长一段时间,前往巴勒斯坦的朝圣者们在手臂或手腕上也文有表现十字架的图案或者是基督的花押字。[47]在去意大利的某些圣地的朝圣者中,据说也有同样的习俗。[48]隆罗索还记载了一个自发文身的奇特个案:意大利学院的20个年轻人在分别的时刻,各自以不同的方式饰以文身,以记录下他们共同度过的岁月。[49]类似的现象,在同一军营里的士兵、同一艘船上的水手以及同一牢房里的囚犯中都经常能够见到。[50]可以理解,尤其是在表现方法还不完善的地方,文身是能够确认心灵契合的最直接、最富于表现力的方式。一个人要向自己或他人证明他是一个特定群体的成员,最好的办法就是在身体上做出特殊的标记。这就是图腾形象的存在原因,其根据正如我们已经指出的那样:图腾形象不是为了再现事物的外貌,而是意在表现。组成图腾形象的线与点都被附以完全约定俗成的意涵。[51]其目的不是为了表现事物或者是使人回想起确定的事物,而是为了证明一定数量的个体分享了共同的道德生活。

此外,与其他社会相比,氏族要是没有一个标记或符号就更加不行了,因为几乎没有其他社会像它这么缺少黏性。氏族不能用它的首领来界定,因为即便它不缺乏中央权威,这种权威也是不确定和不稳固的。[52]氏族也不能由它所占据的地域来界定,因为它

---

* 普罗科匹厄斯(Procopius,490? —562?):拜占庭历史学家,著有关于拜占庭皇帝查士丁尼一世统治时期的历史,著作分《战争》(八卷本)、《建筑》(六卷本)和《秘史》三部分。——译注

的人口四处流转，[53]并不紧密地依附于任何特定的地方。而且，由于外婚制的规定，夫妻必定分属不同的图腾，所以，只要一个地方的图腾是依据母系传递的——这种亲子系统仍然是最普遍的[54]——那么孩子所属的氏族就和父亲不同，即使他们生活在父亲身边。因此，在每个家庭中，我们都能发现来自不同氏族的代表，在一个地区则更多。所以，群体的统一性，只体现在全体成员共用的集体名字上，以及再现这个名字所指称的事物的集体标记上。氏族基本上是采用同一名字并重聚在同一记号周围的个体的集合。去掉将其具体化的名字和记号，氏族就再也无法表现了。既然氏族群体只有在这一条件下才是可能的，那么由此，标记制度及其在群体生活中所发挥的作用就都可以得到说明了。

还有一个问题是为什么这些名字和标记几乎完全取自动物和植物，尤其是动物。

在我们看来，标记所发挥的作用可能比名字更为重要。在今天氏族的生活中，比起口头记号，书写记号无论如何都占有更为核心的地位。而只有易于用图案加以表现的事物，才能成为标记形象的基础。另一方面，这些事物也必须得是氏族人最接近、最常打交道的东西。动物在最大的程度上满足了这个条件。对渔猎民族来说，动物构成了经济环境的一个基本要素。而在这种情况下，植物仅具有次要的地位，因为只要未经栽培，它们就只能是次要的食物。况且，动物与人类生活的关联也比植物更加密切，仅仅因为自然的亲缘关系就能把二者相互联系起来。此外，日月星辰过于遥远了，它们所加诸的影响属于另一个世界。[55]而且，只要星宿尚未经区别分类，布满星斗的天穹就无法提供足够多样的、业经明确区分的事物，来作为一个部落中所有氏族和亚氏族的标志。相反，形形色色的植物群，尤其是动物群，差不多是取之不尽、用之不竭的。因此，天体尽管光辉灿烂，给人深刻的印象，但却不适合担当图腾的角色，而动物和植物似乎是注定要担此重任。

斯特莱罗的观察甚至使我们能够明确地讲出这些标记可能的选择方式。他说他注意到图腾中心一般都位于山脉、泉水或者峡谷附近，那里是群体当作图腾的动物大量聚集的地方，他还就此举出了一些例子。[56]而这些图腾中心当然肯定也是氏族举行集会的神圣之地。所以，看来每个群体都把它集会的惯用地点附近最常见的动物或植物用作它的标志。[57]

6

这种图腾制度的概念将使我们能够解释人类心性的一个非常奇妙的特点，就算今天这种特点已经不及过去显著，但却仍然没有消失，而且无论如何，它在人类思想史上都具有不可忽视的重要意义。这一概念还将提供另一个契机，使我们能够表明逻辑的进程与宗教的进程是如何密切地相关，而且前者和后者一样，都取决于社会条件。[58]

如果今天有一个看起来是绝对真实的真理，那就是事物的区别不仅在其外观，而在其最本质的属性。诸如矿物、植物、动物和人，就不可能把它们等量齐观或者是相互替换。长期的习惯教会我们要在各个界域之间划清界限，科学的文化使这种习惯在我们的头脑中留下了更为深刻的烙印。物种变化论本身也没有否定这一点,因为即使它认为生命肇端于非生命物质,人类源于动物,它也不会不认识到,生命体一旦形成就与无机物不同,人一旦形成就与动物不同。在每一个界域中,类似的界限又划分出不同的类别,因为我们无法想象一种无机物和另一种无机物具有相同的特性,或者一种动物与另一种具有相同的特性。但是,这些我们看起来很自然的区分,却绝对不是原始就有的。最初,各个界域都是相互混淆的。岩石有性别、有生育能力;日月星辰分别是男人或女人,能够感受或表达人类的感情;而人类,则反而被想成动物或植物。这种混淆的状态构成了所有神话的基本成分。于是,神话中所描写的角色就具有了多重性质,因为它们同时属于截然不同的群体,所以无法划入任何确定的群体之中,而且据信它们还很容易从一个群体进入到另一个群体中去。长期以来,人们相信他们能够用这种嬗变来解释事物的起源。

泛灵论认为原始人所具有的拟人本能,无法解释他们的错误混淆所表露出来的精神状态。实际上,混淆并不是由于人们过分扩展了人类的范围,包容了其他的事物,而是由于他们把相去甚远的事物混为一谈。他们一方面用自己的形象去构想世界,另一方面又用世界的形象来构想他们自身,两方面双管齐下,同时进行。在他们所形成的事物观念中,毫无疑问加入了人类的成分,而在对自身所形成的观念中,他们又加入了事物的成分。

然而,在经验中没有任何东西能启发出这些联系与混淆。仅就感官观察之所及,万物既不相同也不相关。我们在任何地方都没有真正见到过事物混合了它们的本性并且相互变化的情况。因此,必然有某种异乎寻常的强有力的原因参与其中,使现实事物发生了这种变形，并表现出一种和它实际不同的面貌。

宗教就是这种变形的代理人。正是宗教信仰把感觉所体会到的世界，替换成了另一个不同的世界。图腾制度的情况对此表露得十分清楚。这种宗教的基本要点是：氏族中的人和图腾标记所再现的事物被认为具有相同的本质。这种信仰一旦被接受，不同界域间的桥梁就搭建起来了。人被表现为一种动物或植物，植物或动物被认为是人的亲戚；或者毋宁说，人们认为所有这些事物，尽管在感觉上千差万别，但都分享了同一本质。故而，之所以有这种混淆事物的明显倾向，看来显然是因为人类的智识以为，充满世界的那种最初的力，乃是由宗教构筑出来的。既然这些力量是由取自不同界域的要素组成的，那么人们就想象在最具异质性的事物中，也有一个共同的本源，于是不同事物就被赋予了唯一的本质。

而且我们还知道，这类宗教概念是特定的社会原因的结果。既然氏族没有名字和标记就不能存在，既然标记总是出现在人们眼前，那么社会在其成员中激发出来的情感，就固定在了标记上以及标记所反映的事物上。于是，人们就被迫采用作为群体旗号的那一事物，来表现他们所感受到的集体力量了。因此，在这种力的观念中就混合了相差悬殊的界域。在某种意义上，它基本是人类的，因为它由人类的观念和情感所组成；但同时，它看上去未免又和赋予它外在形式的生物或非生物密切相关。而且，我们在此观察到的作用的根源并不是图腾制度所独有的，在任何社会中它都很活跃。一般说来，集体情感只有固着于某种物质对象，[59]它本身才能够被意识到，但是正因为这样，它也就分享了那一事物的本质，而事物也相应地分享了它的本质。所以，把起初看上去各不相同的观念融合起来的是社会的必然性，而社会生活又通过它所造就的波澜壮阔的精神欢腾促进了这一融合。[60]这又一次证明了逻辑的理解是社会的一种功能，因为前者所采取的形式和态度都是后者强加的。

诚然，这种逻辑令我们困窘。然而我们切不可小视这种逻辑，无论在我们看来它有多么粗糙，它对于人类认识的发展过程却有着至关重要的作用。实际上，正是通过这种逻辑，人们对世界的最初解释才成为可能。当然，它所包含的心理习惯使人们不再能看到感官所展现的那种现实，但是，像感官那样展现现实却由于未给解释留有余地而具有严重的不便。因为，解释就是要把事物彼此联系起来，确立它们之间的关系，使之在我们看来，它们互有作用，并且按照一种基于本性的内在法则发生和谐的感应。然而，感觉只能从外部了解事物，却无从揭示事物的这种关系和内在纽带，唯有智力才能创造出它们的观念。当我们知道了A总是固定地出现在B之前的时候，我们增加了一项新知识，但是，对于这个没有表明原因的陈述，我们的智性根本是不满意的。只有当我们以某种方式构想B，使之在我们看来它和A并非是风马牛不相及的，而是由某种紧密的关系联系在一起的，我们才开始理解。宗教对思想最重要的贡献就是它们建构了事物之间这种可能存在的亲缘关系的最初表现。在这种努力所处的环境中，此项事业显然只能获得不太可靠的成果。但是，这种努力又何曾取得过无需不断重新思考的确定之物呢？尝试比成功更重要。最根本的是别让心灵被可见的外观所奴役，而要让它学会统辖事物的外观，并把感觉所分裂的东西联系起来。因为人们一旦有了事物之间存在内在联系

的观念，科学和哲学也就成为可能了。宗教为此开辟了道路。不过宗教之所以能够扮演这一角色，那完全是因为它是一种社会的事务。为了给感官印象制定出法则，并用一种表现现实的新方式来代替感官印象，一种新型的思想必须建立，这就是集体思想。之所以唯有集体思想具备这种效力，是因为要创造一个观念的世界，并使经验现实的世界通过它发生变形，就必须得有一种智力的过度兴奋，而这种过度兴奋只有在社会中并通过社会才能实现。

所以，原始人的心性和我们的心性绝不是毫不相关的。我们的逻辑就出自他们的逻辑。当代科学的解释肯定更为客观，因为它们更有条理，是以更受缜密控制的观察为基础的，但是，就其本质而言，它们与满足原始思维的那些解释没有什么不同。今天和从前一样，解释就是要表明一个事物是怎样糅合到另一个事物或另几个事物之中去的。有人说，神话所包含的这种糅合破坏不能矛盾的原则，因此与科学解释的内涵是相违背的。[61]说“人是袋鼠”或者说“太阳是鸟”，不就是把两种事物混为一谈了吗？但是，在我们说“热是一种运动”，或者“光是以太的振动”的时候，我们的思维方式也没什么两样。每次我们把具有同质性的事项用内在的纽带联系起来的时候，我们就强行地认同了其中相悖的因素。当然，和澳洲人相比，我们所联系在一起的事项是不同的，我们进行选择所依据的标准和原因也是不同的，但是，把它们纳入联系的心理过程却没有本质的区别。

当然，假如像某些人所认为的那样，原始思维对矛盾有一种普遍的、系统的冷漠姿态，[62]那么它在这一点上和现代思维就是公然对立的了，因为后者总是谨慎地保持着一致。但我们并不认为，

对不加辨别的绝无仅有的偏好乃是低级社会心性的特征。即使原始人混淆了我们所区分的事物,但对于某些我们联系在一起的事物,他们也作出了区分,甚至是昭彰触目、断然对立的区分。在划归两个胞族的两类事物之间,不仅有所分别,甚至还有对抗。[63]因此,同一个澳洲人虽然混淆了太阳与白色凤头鹦鹉,但却会把黑色凤头鹦鹉当作白色凤头鹦鹉的对立面。对他来说 ,它们是相互分离的两类,其间毫无共同之处。而在神圣事物和凡俗事物之间,还有更加突出的对立。圣俗事物互相排斥和抵牾的力量是如此之强,以至于心灵拒绝同时想到这两者。它们从意识上就相互摒弃。

故而,在宗教思想的逻辑和科学思想的逻辑之间并不存在一条鸿沟。双方都是由相同的要素构成的,尽管它们发展的程度不同、方式各异。宗教思想逻辑的独特之处,似乎在于它对过分的混淆和鲜明的对比有一种天然的偏爱。在这两个方面它都故意地出格了。它产生联系的时候,便产生了混淆;它产生区别的时候,也就产生了对立。它不晓得深浅分寸,它追求极端,因而所使用的逻辑机制也有些粗劣,但是,它对自己的逻辑机制却是一清二楚的。

注　释

[1]　参见本书,第 139—140 页。

[2]　皮克勒在上文提到过的一本小书中,用了一种有点辩证的方式表达了他的感受,也认为这就是图腾的本质所在。

[3]　见拙著《社会分工论》,第 3 版,第 64 页及以下诸页。

[4]　《社会分工论》,第 76 页。

[5]　至少,群体作为一个整体所承认的所有道德权威都属于这种情况。

[6]　我们希望,这一分析以及随后的分析能给我们思想中的那些不当解释画上句号。由于这些不确切的解释,我们产生的误解不止一处。因为

我们把强制当成了社会事实与个体心理事实之间最易辨认和区分的外部记号，有人就会想当然地以为，按照我们的观点，物质强制就是社会生活的基本所在。实际上，我们始终认为，物质强制只不过在物质上和表面上，表达了一种内在而深刻的事实，而这一事实完全是观念上的，它就是道德权威。社会学问题——如果我们可以谈论一个社会学问题的话——就在于从不同形式的外在强制中寻找出各种与之相应的道德权威，并揭示出决定这些道德权威的根源。我们在本书中所探讨的特定问题也有类似的基本目标，这就是揭示出产生宗教的所有来源中所固有的那些道德权威的特定形式，并揭示出它们是由哪些要素构成的。我们马上将会看到，即使我们确实把社会压力当作社会学现象的一个显著特征，这也并不意味着它是唯一的特征。我们会表明，在集体生活的另一方面，确实存在着与前述特征近乎相反的地方（参见本书，第 294 页）。

[7]　当然这并不是说集体意识没有它自己的显著特征（关于这一点，参见《个体表现和集体表现》，载于《道德形而上学评论》，1898 年，第 273 页及以下诸页）。

[8]　辩论的长度和激烈程度证明了这一点，在群情激昂的那一刻所作出的决议被赋予了法律的形式。无论是在神职人员中还是在贵族中，都不止一个人称这个煊赫的夜晚为“上当者之夜”，或者，如里瓦罗尔所说，是三级会议的圣巴多罗马之夜（斯托尔：《大众心理学的暗示法和催眠术》，第 2 版，第 618 页，注解 2）。

[9]　见斯托尔：《大众心理学的暗示法和催眠术》，第 353 页及以下诸页。

[10]　《大众心理学的暗示法和催眠术》，第 619 页，第 635 页。

[11]　《大众心理学的暗示法和催眠术》，第 622 页及以下诸页。

[12]　在同样的条件下，畏惧和悲哀的感情也会发展出来并得到加强。我们将会看到，它们对应于宗教生活截然不同的另一方面（参见本书，第三卷，第五章）。

[13]　这就是社会的另一方面，在强制的同时，又表现出善与仁慈。它既支配我们，又帮助我们。如果我们用前一个特征而不是后一个特征给社会事实下了定义，那是因为前者更容易被观察到，因为它已经转化成

了外在的、可见的记号,但我们从来无意否认后者(见拙著《社会学方法的准则》,第二版序言,第 20 页,注释 1)。

[14] 考德林顿:《美拉尼西亚人》,第 50 页,第 103 页,第 120 页。一般还认为,在波利尼西亚语中,曼纳一词最初有权威的意思(见特莱基尔:《毛利语—波利尼西亚语比较词典》中该词条)。

[15] 见马蒂兹:《革命崇拜的起源(1789—1792)》。

[16] 《革命崇拜的起源(1789—1792)》,第 24 页。

[17] 《革命崇拜的起源(1789—1792)》,第 29 页,第 32 页。

[18] 《革命崇拜的起源(1789—1792)》,第 30 页。

[19] 《革命崇拜的起源(1789—1792)》,第 46 页。

[20] 见马蒂兹:《有神博爱教和十日崇拜》,第 36 页。

[21] 见斯宾塞和吉兰:《澳洲中部的北部部落》,第 33 页。

[22] 甚至有一些仪典也邀请其他部落的成员参加,例如围绕成人礼举行的一些仪典。为了这些典礼,他们组织了一整套联络及信使的体系,没有这个体系,典礼就不可能这么盛大和隆重(见霍维特:《记澳洲的信使棍与信使》,载于《大不列颠及爱尔兰人类学研究所学报》,第 18 卷,1889 年;《澳洲东南部的土著部落》,第 83 页,第 678—697 页;斯宾塞和吉兰:《澳洲中部的土著部落》,第 159 页;《澳洲中部的北部部落》,第 551 页)。

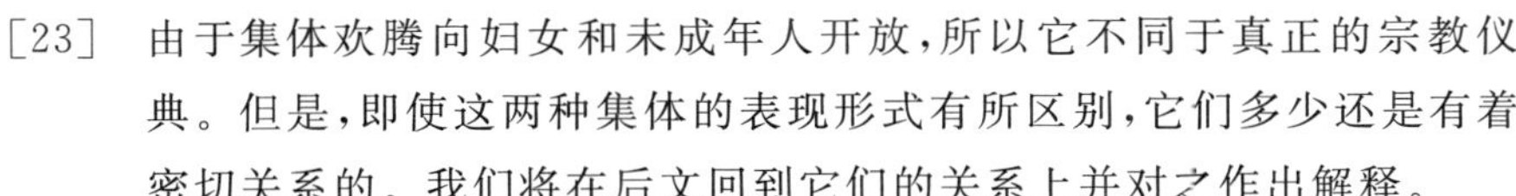

[23] 由于集体欢腾向妇女和未成年人开放,所以它不同于真正的宗教仪典。但是,即使这两种集体的表现形式有所区别,它们多少还是有着密切关系的。我们将在后文回到它们的关系上并对之作出解释。

[24] 当然,清剿丛林的大围猎除外。

[25] 即斯宾塞和吉兰所说的"他们生活中平淡单调的部分"(《澳洲中部的北部部落》,第 33 页)。

[26] 霍维特:《澳洲东南部的土著部落》,第 683 页。他描述了派往其他群体的使者把好消息带回营地时的集会景象。参见史米斯:《维多利亚的土著》,第 1 卷,第 138 页;舒尔策:《芬克河上游和中游的土著》,第 222 页。

[27] 见斯宾塞和吉兰:《澳洲中部的土著部落》,第 96—97 页;《澳洲中部的

北部部落》,第137页;史米斯:《维多利亚的土著》,第2卷,第319页。这种作为仪式的乱交尤其见于成年礼的仪典上(斯宾塞和吉兰:《澳洲中部的土著部落》,第267页,第381页;霍维特:《澳洲东南部的土著部落》,第657页)和图腾仪典上(《澳洲中部的北部部落》,第214页,第298页,第237页)。在图腾仪典上,外婚制的规定被打破了。但在阿兰达,有时候父女、母子以及兄弟姐妹之间(即在具有血亲关系的情况下)的性关系仍然是被禁止的(《澳洲中部的土著部落》,第96—97页)。

[28] 霍维特:《澳洲东南部的土著部落》,第535页,第545页。这是极其普遍的。

[29] 这些女人就是金吉利本胞族的人,所以这种交合违背了外婚制的规则。

[30] 《澳洲中部的北部部落》,第237页。

[31] 《澳洲中部的北部部落》,第391页。另一些这种宗教仪典中集体欢腾的例子见于《澳洲中部的土著部落》,第244—246页,第365—366页,第374页,第509—510页(该例与葬礼有关)。参见《澳洲中部的北部部落》,第213页,第351页。

[32] 于是我们可以知道,这种兄弟关系是图腾制度的逻辑结果,而不是图腾制度的基础。人并没有因为把图腾动物视为亲戚,就想象要对它们履行义务,而是想用这种亲属关系来解释以之为对象的信仰和仪式的性质。动物被人当作人的亲戚,是因为它像人一样也是神圣存在;但是,它没有被视为神圣存在的原因,只是它被当成了人的亲戚。

[33] 参见本书,第三卷,第一章,第3节。

[34] 这一观念的根源是一种扎实而持久的情感。现代科学也越来越倾向于承认人和自然的二元性,而又不排斥它们的统一性。物质力与道德力虽然不同,但却紧密相关。毫无疑问,我们对它们的统一性和关系的观念与原始人是不同的,但是在这些不同的符号的背后,两者所肯定的事实却相同。

[35] 我们说这种来源有时候是间接的,是考虑到在许多情况下,生产方法是以巫术为媒介并从宗教中派生出来的(见胡伯特和莫斯:《巫术的一

般理论》,载于《社会学年鉴》,第 7 卷,第 144 页及以下诸页);因为我们认为,巫术力是宗教力的一种特殊形式。我们还将多次谈到这一点。

[36] 至少在原始人长大成人以后是要这样的,因为把年轻人引入社会生活中去的成年礼对他们就是一种严酷的训练。

[37] 对于原始社会的这一独特方面,可见拙著《社会分工论》,第 3 版,第 123 页,第 149 页,第 173 页及以下诸页。

[38] 在此,我们暂仅限于一般性的简述,当我们论及仪式的时候(参见本书,第三卷),我们将回到这一观念上,并予以更加详尽的证明。

[39] 关于这一点,见阿塞利斯:《迷狂》,柏林,1902 年版,尤其是第 1 章。

[40] 参见莫斯:《论爱斯基摩社会的季节性变化》,《社会学年鉴》,第 9 卷,第 127 页。

[41] 这样,我们就明白了像拉策尔地理物质论那样的理论何其荒谬的原因了(特别参见《政治地理学》),这些理论想方设法要从(经济的或地域的)物质基础中推导出全部社会生活。他们所犯的错误和莫斯黎在个体心理学中所犯的错误如出一辙。正如莫斯黎把个体的所有心理生活都仅仅化约为生理基础的伴生现象一样,他们力图要把群体的全部心理生活归结为群体的物理基础。但是他们忘记了观念就是现实、就是力,忘记了集体表现是比个体表现远为强大和主动的力量。关于这一点,见拙著《个体表现和集体表现》,载于《道德形而上学评论》,1898 年 5 月。

[42] 参见本书,第 261—262 页,第 267 页。

[43] 甚至排泄物都有宗教性。见普罗伊斯:《宗教和艺术的兴起》,特别是第 2 章,题为“粪便的魔法”(Der Zauber der Defakation)(《环球》,第 86 卷,第 325 页及以下诸页)。

[44] 这一原则已经从宗教影响到了巫术,如术士的“局部图腾”(totemex parte)。

[45] 关于这一点,参见《社会学方法的准则》,第 5 页及以下诸页。

[46] 加沙的普罗科匹厄斯:《伊斯兰纪事》。

[47] 见泰弗诺:《东方之旅》,巴黎 1689 年版,第 638 页。在 1862 年,这种现象还很明显。

[48] 拉卡萨耶:《文身》,第 10 页。

[49]　隆罗索:《犯罪人》,第1卷,第292页。

[50]　隆罗索:《犯罪人》,第1卷,第268页,第285页,第291页及以下诸页;拉卡萨耶:《文身》,第97页。

[51]　参见本书,第159—160页。

[52]　关于首领的权威,见斯宾塞和吉兰:《澳洲中部的土著部落》,第10页;《澳洲中部的北部部落》,第25页;霍维特:《澳洲东南部的土著部落》,第295页及以下诸页。

[53]　至少在澳洲是这样。在美洲,定居较为普遍,不过美洲氏族代表的是一种相对先进的组织形式。

[54]　要确定这一点,看一下托马斯所编制的图表就足够了(《澳洲的亲属制度与婚姻制度》,第40页)。为了正确地评价这一图表,应该记住,作者由于我们所不知道的原因,把父系的图腾亲子传承体系明确地扩大到了澳洲西海岸,然而我们几乎没有这一地区部落的资料,而且那里大部分是沙漠。

[55]　甚至澳洲人也经常把星辰当作灵魂和神话人物的地界。对此我们在下一章中将予以论证,这意味着星辰被看作是一个与他们所生活的世界迥然不同的世界。

[56]　斯特莱罗:《澳洲中部的阿兰达和洛里查部落》,第1卷,第4页。参见舒尔策:《芬克河上游和中游的土著》,第243页。

[57]　当然应该明白,正如我们已经指出的那样(参见本书,第209页),这种选择的作出,不可能不依据群体之间的颇为正式的协议,即每个群体都应采用与它邻居不同的标记。

[58]　本节所研究的心灵状态等同于列维—布吕尔所说的"互渗律"(《低级社会中的精神功能》,第76页及以下诸页)。当他的这本著作问世时,本文的以下几页已经写出。我们发表时未予改动,仅限于增加了一些解释,以表明我们与列维—布吕尔在对事实的理解上的不同之处。

[59]　参见本书,第313页。

[60]　另一个原因对这种融合也起到了非常重要的作用,那就是宗教力的极端感染性。凡是它力所能及的事物都会被它俘获,不管那是什么东西。因而,既然赋予形形色色事物以活力的都是同一种宗教力,因此,

这些事物也就是紧密相关的,并且被划归到了同一个群体。我们还会再次论及这种感染性,并将表明它来自于神圣观念的社会起源(详见本书,第三卷,第一章)。

[61] 列维—布吕尔:《低级社会中的精神功能》,第 77 页及以下诸页。

[62] 《低及社会中的精神功能》,第 79 页。

[63] 参见本书,第 199 页。

第八章　灵魂观念

在上几章里,我们研究了图腾宗教的基本原则。我们已经知道,其中没有灵魂、精灵或者神秘人格的观念。不过,即使在图腾制度的基础中没有精神存在的观念,进而一般说来,在宗教思想的基础中也没有这种观念;但是,在任何宗教都不会不遇到它。所以,弄清它的形成原因是很重要的事情。为了确认它是一种次级形态的产物,我们必须要揭示出,它是如何从我们刚才所阐述的和解释的更为基本的概念中导源而出的。

在形形色色的精神存在中,有一种应该首先引起我们的注意,因为它是建构其他精神存在的原型,这就是灵魂。

1

正因为任何已知的社会里都存在着宗教,所以我们在任何社会中,无论其社会组织得多么粗陋,也都会发现一整套关于灵魂及其起源与命运的集体表现系统。就我们根据民族学资料所能作出的判断而言,灵魂的观念似乎是与人类一起出现的,而且好像从一开始,它的全部基本特征就被构筑得十分完善,以至于更先进的宗教和哲学所做的工作实际上只是让它更精练罢了,没有什么真正重大的补益。实际上,所有澳洲社会都认为,每个人体内都藏着一个隐秘的存在，由生命的本原赋予它活力：这就是灵魂。当然，对于这种普遍的规则来说，有时候女人是个例外，一些部落认为女人没有灵魂。[1]而如果道森的话可信，那么在他考察的部落中，小孩子也一样没有灵魂。[2]但这些都是例外，而且很可能是晚期的情况；[3]道森的说法甚至很值得怀疑，那可能完全是由于对事实的错误解释造成的。[4]

要确定澳洲人的灵魂观念并不容易，因为它非常含混，而且游移不定，但是我们对此不必惊奇。如果有人问我们的同时代人他们是如何表现灵魂的，即使问的是那些对灵魂的存在最坚信不疑的人，所得到的回答也不会多么一致和清晰。这是因为，我们面对的是一个极其复杂的观念，虽然人们对它从来没有过清晰的意识，但是，它历经了千百年来的精心构筑，组成它的大量印象又都经过了糟糕的分析。然而，用以界定它的最基本的特征也正来自于此，尽管这特征往往是矛盾的。

有些个案说灵魂具有和躯体一样的外观。[5]但有时候灵魂也被表现为只有沙粒大小，可以缩小到能穿过最微小的裂缝和最精细的织物。[6]我们还会看到，灵魂被表现成具有动物的外貌。这表明，灵魂的形式基本上是不连贯、不确定的，[7]它根据环境的要求和神话或仪式的迫切需要而变动不居。形成它的基质也是捉摸不定的。它并非不含质料，因为无论它是多么混沌，它也还是有形状的。而且从事实来看，即使在这种生活中，它也还有物质的需求：它要吃，反过来也可能被吃。有时候它离开肉体，在旅行的过程中就间或以不相识的灵魂为食。[8]一旦它彻底脱离了有机体，它所过的生活就完全类似于这个世界的生活了：他吃、喝、打猎，等等。[9]

它在树枝间动来动去，弄得枝叶窸窸窣窣、噼啪作响，甚至连凡俗的耳朵都能听到。[10]但同时，它又被认为是凡人所无法看见的。[11]诚然，巫师或者老人有能力看见灵魂，但是他们之所以有这种特异的能力，是由于年龄或者特殊训练使他们能够感知我们的感觉捕捉不到的事物。据道森说，普通的个体一生中只有一刻会享有这种特权，那就是在他夭亡的前夜。因此这种近乎神奇的幻景被认为是不祥之兆。一般认为，这种灵体的一个标志就是不可见性。所以，灵魂在一定程度上被想象成为无形之物，因为它并不像肉体那样作用于感觉；例如塔利河畔的部落说，灵魂没有骨骼。[12]为了调和所有这些对立的特征，人们就这样来表现灵魂：它是由一些极其稀薄、幽微奥妙的基质构成的，像是某种淡远缥缈的东西，[13]类似于影子或者气息。[14]

灵魂与肉体性质不同，并且独立于肉体，因为在生命的过程中它可能随时离开肉体。肉体在睡觉、中魔期间，灵魂就离去了。[15]它甚至可以持续离开一段时间而不至于让肉体死亡；不过，它不在的时候生命将被削弱，如果灵魂不回家，生命甚至会中止。[16]然而，只有在死亡的时候，灵魂相对于肉体的差异性和独立性才最清楚地表现出来。当肉体不再存续，其痕迹了不可寻的时候，灵魂却将继续在另一个世界中独立地存在。

但是，无论这种两重性如何确实，它都不是绝对的。如果认为肉体只是一种灵魂寄居的栖息地，灵魂与肉体只有外在的关系，那将是一种严重的误解。恰恰相反，灵魂与肉体紧密相连，它们的分离是有限而艰难的。我们已经知道，灵魂具有——或者至少能够具有——肉体的外在方面，因而，对它们一方的任何伤害都将伤害另一方，肉体的每一处创伤都将殃及灵魂。[17]灵魂与机体的生命密切关联、盛衰与共。这就是为什么一个人到了一定的年龄就会享有年轻人所不具有的特权的原因，因为随着生命的进展，他体内的宗教本原就获得了更强大的力量和功效。不过老人一旦年迈昏聩，到了不能在涉及部落关键利益的盛大仪典上发挥有效作用的时候，他也就不再受到崇敬了。人们认为身体的衰弱会传给灵魂。既然他不再具有同样的力量，也就没有资格享有同样的特权了。[18]

灵魂与肉体之间不仅密切相联，而且还有部分的融合。正如灵魂有时候能够再生出肉体的形式，灵魂中有某种肉体的成分一样，肉体中也有某种灵魂的成分。人们认为，某些部位以及机体的某些产物与灵魂有着特别的亲和性，比如心脏、呼吸、胎盘[19]、血液[20]、影子[21]、肝脏、肝脏的脂肪、肾脏[22]等等。这些各式各样的有形基质不仅仅是灵魂的居所，而且从外部看来，它们就是灵魂本身。当鲜血涌流出来，灵魂亦随之而去。灵魂并不在呼吸之中，它就是呼吸本身。灵魂和它所寄托的那个部位俱为一体。于是，据此就出现了人有多个灵魂的概念。由于灵魂散布在机体的不同部分，它就分化成为一些片段。每个器官都使其中所含的那一份灵魂个体化了，它们因而就成了一个各不相同、独立存在的灵魂。心脏的灵魂不能成为呼吸、影子或者胎盘的灵魂。这些灵魂尽管全都相关，但都被一一区别了，甚至还有不同的名字。[23]

此外，即使灵魂专门定居在机体的某些部分，在其他部分中也不是一点儿没有。灵魂以不同程度散布于整个肉体，这一点在葬礼中展现得非常清楚。当肉体咽下最后一口气以后，灵魂就要离

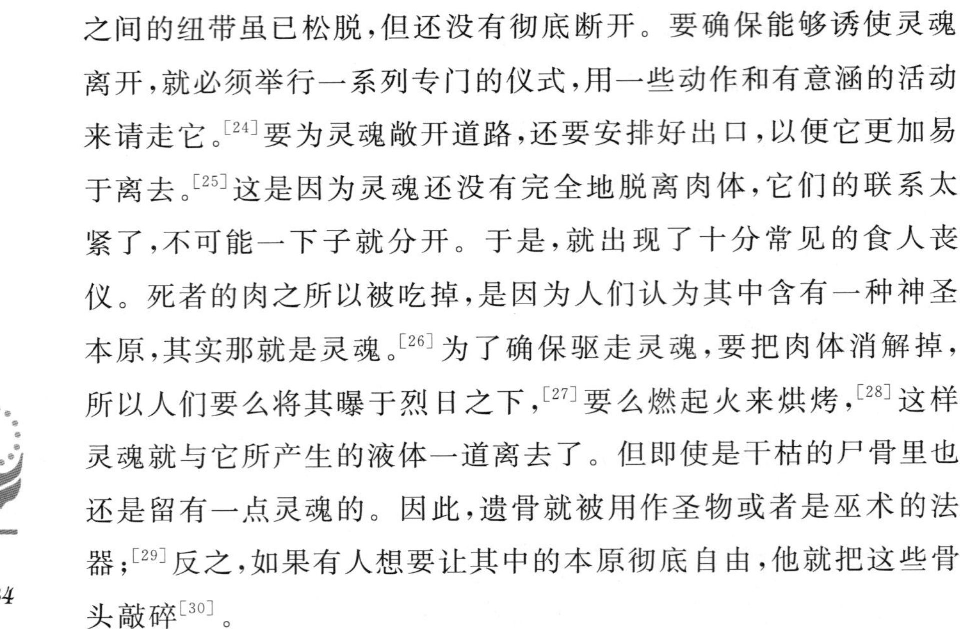

去，它似乎应该歆享这重获的自由，任意四处游荡，尽快返回它那远在他方的真正家园；然而，它却还在尸体附近逗留。灵魂与肉体之间的纽带虽已松脱，但还没有彻底断开。要确保能够诱使灵魂离开，就必须举行一系列专门的仪式，用一些动作和有意涵的活动来请走它。[24]要为灵魂敞开道路，还要安排好出口，以便它更加易于离去。[25]这是因为灵魂还没有完全地脱离肉体，它们的联系太紧了，不可能一下子就分开。于是，就出现了十分常见的食人丧仪。死者的肉之所以被吃掉，是因为人们认为其中含有一种神圣本原，其实那就是灵魂。[26]为了确保驱走灵魂，要把肉体消解掉，所以人们要么将其曝于烈日之下，[27]要么燃起火来烘烤，[28]这样灵魂就与它所产生的液体一道离去了。但即使是干枯的尸骨里也还是留有一点灵魂的。因此，遗骨就被用作圣物或者是巫术的法器；[29]反之，如果有人想要让其中的本原彻底自由，他就把这些骨头敲碎[30]。

实现最后分离的时刻终于来到了，获得自由的灵魂飞逝而去。但是，由于灵魂的本性与肉体的关联太密切了，要发生这种迁移，它的状况必然要有深刻的变化，所以它就得采用一个新名字。[31]虽然灵魂还保持着它所赋予生命的那个人的全部特点，比如他的脾气、他的长处以及他的坏毛病，[32]但是它已经变成了一个新的存在。从那一刻起，灵魂开始了新的生活。

它去了冥界。对于冥界，不同的部落有不同的构想，有时候不同的概念也并存在同一个社会中。有些部落认为，它位于地下，每个图腾群体都分有其中的一块地方，最初的祖先、氏族的创建者在某个特定的时刻就是从那里进入地下的，并且自从死后就在那里生活。在地下世界中，死者的地理分布与生者的地理分布相互对应。那里太阳永远明媚，河流永不干涸。斯宾塞和吉兰认为，这就是中部部落（阿兰达[33]和瓦拉蒙加[34]等部落）的冥界概念。同时，这类概念也见于沃乔巴卢克部落。[35]其他一些部落的人则认为，无论死者的图腾是什么，他们全都住在同一个地方，那里隐约是在海外的一个岛洲[36]，或者是在一个湖泊之滨[37]。有时候，人们想象灵魂最后升入天空，高过云霄。道森说："那里是一方乐土，袋鼠和各种猎物都十分丰足，人们过着快乐的生活。"[38]这幅画面的某些内容可能取自基督教传教士的天堂，[39]但是显然，灵魂或者至少是某些灵魂死后升天的观念，肯定是当地本来就有的，因为这种想法也见于澳洲大陆的其他地方。[40]

一般说来，所有的灵魂都有相同的命运，过一样的生活。不过，有时候他们也根据在世间的所作所为而得到不同的待遇，从中，我们可以看出世界后来被划为两个不同甚至是对立的分隔的最初轮廓。那些活着的时候就出类拔萃的人，比如猎手、战士、舞师等等，其灵魂不会混在其他芸芸众生之中，有专门留给他们的地方[41]，有时候就是在天上[42]。斯特莱罗甚至说，根据一个神话，坏人的灵魂会被可怕的精灵们吞吃、除掉。[43]尽管如此，在澳洲这些概念还是很模糊的，[44]只有在更先进的社会中，如美洲的社会中，它们才开始变得清晰和明确。[45]

2

以上所述，就是有关灵魂及其命运的最原始的信仰，及其还原后的最基本的特征。现在，我们得试着做出解释了。导致人们认为他们是由两种存在构成的，并且其中一种具有上述特征的原因是什么呢？为了找出这一问题的答案，让我们从追溯原始人自命的这种精神本原的起源着手，如果对此能有透辟的分析，他们自己的概念就会把我们引向解决之道。

遵循我们设想的方法，我们的研究将在一些特定的社会中展开，在那里这些观念已经得到了特别细致的观察，这就是澳洲中部的部落。我们考察的地区虽然不算狭窄，但也是很有限的。不过，我们有很好的理由相信原始人以不同的形式十分普遍地持有这种观念，甚至在澳洲以外也是如此。同时还值得一提的是，这些中部部落的灵魂观念，与其他部落的灵魂观念并没有什么特殊的区别，各处灵魂观念的基本特征都是一样的。同样的结果总是出于同样的原因，因此我们完全可以认为，这种到处都一样的观念，不可能在此处出自一个原因，在彼处就出自另一个原因。所以，我们所归结的起源，作为我们对行将讨论的这些特定部落的研究成果，对于其他部落也应该是同样正确的。这些部落将给我们一个进行实验的机会，其结果就像所有功夫到家的实验一样，是可以一般化的。澳洲文明的同质性本身也足以保证这种一般化的可靠性。不过，我们此后还将利用取自澳洲和美洲其他民族的事实，对之审慎地加以证实。

由于将要作为我们论证的基础的这些概念，斯宾塞和吉兰是一种说法，而斯特莱罗则是另一种说法，所以我们必须把这两个版本一一给出。当我们对这两种说法有了透彻的理解，我们将看到，它们的区别只是在形式上的而不是在实质上的，而且它们具有相同的社会学意涵。

按照斯宾塞和吉兰的说法，世世代代赋予新生儿以生命的灵魂，并不是首次并且专门授给这些肉体的，所有这些部落都相信灵魂有一个确切的规模，其数量根本不会增加，[46]就是这些灵魂定期地转生。某个个体死后，他的灵魂就离开它所寄居的肉体，在哀悼结束以后去往冥界；但是过一段时间以后，它就再一次回来转生，这种重新转生便是怀孕和生育的原因。万物之初，那些根本的灵魂把生机赋予了创建氏族的最初祖先。在想象所能企及的最早年代，也就是在时间之始，有一些存在者并不源于任何他物。因为这个缘故，阿兰达人称之为“阿尔吉兰迦米吉那”(altjirangamitjina)[47]，即自存者，他从永恒以来就存在着；而且斯宾塞和吉兰说，阿兰达人把他们认为已经存在有神话人物的那个时期，取名为“阿尔彻灵迦”(Alcheringa)[48]。这些自存者像今天的人一样，也以图腾氏族为组织，但他们把时间都花在了游历上，并在这个过程中完成了所有各种各样惊人的壮举，神话中所保留的就是对这些壮举的记忆。而当这种地上生活结束的时刻来临之时，他们就或单独或成群地进入地下。但是，他们的灵魂还永远活着，灵魂是永世长存的。灵魂甚至还仍然不时出没于他们的前任宿主寿终正寝的地方。而且，由于对他们的纪念，这些地方具有了神圣性。“奥克纳尼吉拉”(oknanikilla)、保存储灵珈的各类圣所、各种图腾膜拜的中心都在那里。当一个在这些圣所周围游荡的灵魂进入了女人的体内，其结果就是怀孕和此后的分娩。[49]所以，每个个体都被看作是一个确定的祖先的新一轮显形：是祖先本身带着新的特点又回到了一个新的躯体中。那么，这些祖先是什么样的呢？

首先，他们所赋有的力量远远高过今天的人，甚至连最受尊崇

的老人和最负盛名的巫师也望尘莫及。他们的品性可以说是不可思议的："他们在地上、地下、空中皆能运行；任何一位只要弄开胳膊上的一根血管，就能淹没整个地区，使高原变为平地；他们能让岩石构成的山岭突然涌出一池泉水，或者造出渊深的峡谷与沟壑以便通过它们穿过山脉；他们竖起圣柱(纳屯架)的地方，就会生岩石或树木作为标志。"[50]是他们令大地变成了今天的模样。他们创造了各种生物，包括人和动物。他们近乎神。所以他们的灵魂也有了神灵的性质。既然人的灵魂就是重新转生在人体内的这些祖先的灵魂，那么人就也是神圣的事物了。

其次，这些祖先不是准确意义上的人，而是动物或植物，或者可能是以动物或植物为主要成分的混合物。斯宾塞和吉兰说："在土著人的心目中，生活在阿尔彻灵迦时代的祖先和他们用以命名的动物或植物密切相联，袋鼠图腾的一个阿尔彻灵迦祖先有时候可以被说成是人袋鼠，或者是袋鼠人。人类个体的特性经常是潜藏在被认为是其起源的动物或植物的特性中的。"[51]祖先不朽的灵魂必然也具有同样的性质，其中，人类的成分也和动物的成分融为一体，而且具有后者主宰前者的特殊倾向。所以，祖先灵魂和图腾本原是由同样的基质构成的；因为我们知道，图腾本原的基质的独特之处就呈现为这种两重性，并把两个领域综合混淆于一身。

既然除了上述灵魂之外就没有其他灵魂存在，那么我们可以得出结论：一般来说，灵魂就是化身在每个个体中的图腾本原。这个推论一点也不出乎我们的预料。我们已经知道，这一本原内在于每一个氏族成员。但是在本原渗透到这些个体的过程中，它本身不可避免地也要个体化，于是，它便成了各人意识中不可缺少的部分。因为每个人的意识互相都是不同的，所以本原就根据人们的形象而有了分别；既然各人都有自己的相貌，本原也就有了独特的相貌。当然，它也保留了一些外在于人并与人相疏离的东西，但是人们认为，他们所拥有的那一份本原却不可能不和它的寄主结成亲密无间的关系，在一定程度上，它就属于人。这样，本原就有了两相矛盾的特征，而它们的共存正是灵魂观念的一个显著特点。今天和从前一样，灵魂是我们内在的最奇妙、最深刻的东西，是我们作为人最卓然超拔的部分；然而，它还是来自外部的一个过客，其生存不同于肉体，有一天它又会重新获得完全的独立。总之，正如社会只能在个体中并通过个体才能存在，那么图腾本原也只有在个体意识中并通过个体意识才能存在，而氏族正是个体意识联合而成的。如果人们并不觉得他们内在地具有图腾本原，那么图腾本原将不会存在，正是人们造就了它。所以图腾本原必然要分布在人们当中，而其中的每一个片段就是一个灵魂。

我们在相当多的中部部落中发现了一个神话，它虽然只是上述神话的一个特殊形式，但更好地表明了灵魂观念确实是这样形成的。这些部落的传说没有把氏族的起源归之于多个祖先，而是两个祖先[52]，甚至只有一个[53]。这个独一无二者，只要他是单身一个，那么图腾本原就完全与之浑然一体，因为那时候没有其他东西可供这个本原与之沟通。而按照同一传说，所有人的灵魂——不管是那些正在人体中给他们以生命的灵魂，还是那些一时无用武之地、为将来预留着的灵魂——全都出自这个独一无二的角色，是由他的基质所构成的。当他离开地面飞行、四处漫游或者是振作抖擞的时候，他就使那些灵魂离开他的身躯，并种植在他曾经经过的各个地方。这不就是在用一种象征的方式说出了它们都是这个图腾神的一部分吗?

但是,这个结论的前提条件是部落要承认上述灵魂转生的说法。而据斯特莱罗说,阿兰达人对此并不知晓。可是阿兰达是斯宾塞和吉兰研究的时间最长、也最为深入的社会。如果这两位考察者对于这个特定个案的曲解竟到了这种程度,那么他们的全部评述也就都值得怀疑了。所以重要的是要确定他们与斯特莱罗到底有多大的分歧。

按照斯特莱罗的说法,灵魂一旦通过葬礼而完全脱离了肉体,它就再也不会转生了。它即奔向亡魂之洲,在那里它白天睡觉夜晚跳舞,直到它重返世间。在世间,它回到了生者的中间,担当起死者年幼儿子的守护神,如果儿子已不在,就作为死者留在身后的孙子的守护神;进入他们体内帮助他们成长。就这样,灵魂在它从前的家庭中待上一年到两年,然后回到冥岛。但是过了一段时间以后,它又回到世上逗留,不过这是最后一次了。时候一到,它就必须再次起程前往亡魂之洲,而且此番再无重返的希望了。然后,历经种种变故(其细节无需提及),一场暴风雨突然降临,它被一道闪电所击中。于是,灵魂的经历就彻底终结了。[54]

因而灵魂不能转生,怀孕与分娩也不能归因于转生的灵魂定期在新的躯体中开始新的生活。当然,与斯宾塞和吉兰一样,斯特莱罗也声称在阿兰达人看来,两性的媾和绝对不是生育的决定条件,[55]生育被视为一种神秘作用的结果。但是,这种神秘作用并不是像那两位考察者所说的那样,它是通过以下两种方式中的一种而发生的:

无论一个阿尔彻灵迦[56]时代的祖先在哪儿进入地下，那里都会有一块石头或是一棵树来代表它的躯体。据斯宾塞和吉兰说，与已故英雄有着这种神秘关系的树木或岩石叫作“南迦”(nanja)[57]，而斯特莱罗说它们称为“恩迦拉”(ngarra)[58]。有的水洞也被认为是这样形成的。在每个这样的树上、岩石上或水洞中都有一个胎儿，名为“拉塔葩”(ratapa)[59]，它们与相应的祖先完全属于同一个图腾。例如，在代表袋鼠图腾的祖先的橡胶树上，所有拉塔葩全都以袋鼠作为它们的图腾。如果一个妇女恰好路过，而她又是这些拉塔葩的母亲所应该属于的那个姻族的成员，[60]一个拉塔葩就会经过她的髋部进入她体内。女人会由于一种特殊的疼痛而得知这种作用，这也是她妊娠的第一个征兆。那么这样怀上的婴儿当然就和灵魂转生前寄托在其神奇躯体上的那个祖先属于同一图腾了。[61]

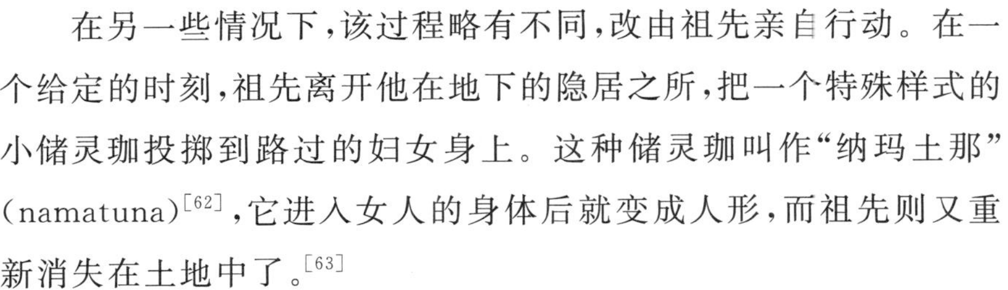

在另一些情况下，该过程略有不同，改由祖先亲自行动。在一个给定的时刻，祖先离开他在地下的隐居之所，把一个特殊样式的小储灵珈投掷到路过的妇女身上。这种储灵珈叫作“纳玛土那”(namatuna)[62]，它进入女人的身体后就变成人形，而祖先则又重新消失在土地中了。[63]

这两种怀孕的方式都被认为是经常发生的。孩子的特点将会透露出他被怀上的方式，根据他是宽脸还是长脸，人们能说出他是转生的拉塔葩还是纳玛土那。除了这两种受孕方式，斯特莱罗还提出了第三种，不过极其罕见。那就是在纳玛土那进入妇女的身体后，祖先自己也进入她体内，并志愿得到新生。在那种情况下，怀孕的原因就是祖先的真正转生了。但这是非常例外的，而且当一个被这样怀上的人死了以后，赋予他生命的祖先灵魂也像普通的灵魂一样离去，前往冥岛，在那里按惯例拖延一段后，就彻底毁灭了。所以它不可能再经历进一步的重新转生。[64]

这就是斯特莱罗的说法。[65]在他看来，他的说法与斯宾塞和吉兰是针锋相对的。但事实上，只是在程式和符号的字面表达上才有区别，而我们在两者中都能发现形式稍异的同一个神话主题。

首先，所有的考察者都同意每次怀孕是一次转生的结果。只是斯特莱罗认为，转生的不是灵魂而是拉塔葩或纳玛土那。但拉塔葩是什么？斯特莱罗说那是一个完整的胚胎，由灵魂和肉体构成。但是灵魂总是表现为物质的形式，它睡觉、跳舞、打猎、吃饭等等。所以，灵魂也有肉体的成分。另一方面，普通人是看不见拉塔葩的，没有谁亲眼目睹它进入了妇女的体内，[66]这就等于是说构成它的质料与灵魂十分相似。所以就此看来，似乎不可能把这两者截然分开。事实上，它们明显是按照同一模型构想出来的神秘存在。舒尔策称之为小儿的灵魂。[67]况且，拉塔葩就像灵魂一样，和以圣树或圣岩为物质化形式的祖先保持着最密切的关系。它与这位祖先属于同一个图腾、同一个胞族和同一个姻族。[68]它在部落的社会组织中的位置据说就是它的祖先以前所拥有的那个位置。它与祖先还有相同的名字，[69]这至少证明了这两种人格的关系非常密切。

但是还不止如此，这种关系甚至达到了完全认同的地步。事实上，拉塔葩就是在祖先的神秘躯体上形成的，它来自于祖先，就像是从祖先躯体上分离下来的一份。所以实际上是祖先的一部分进入了母亲的子宫，变成了婴孩。于是我们又回到了斯宾塞和吉兰的概念上：生育是由于先祖人物的转生造成的。当然转生的并不是一个完整的人，而是从他那里流溢出来的东西。但是这种差别仅有次要的意义，因为当一个圣物分裂或复制自身以后，它所分成的每一个片段都仍旧具备它所有的基本特征。所以，实际上，阿尔彻灵迦祖先在他形成的每一个拉塔葩中都是完整的。[70]

斯特莱罗所区分出的第二种怀孕类型也具有同样的意涵。实际上，储灵珈，尤其是名为纳玛土那的特殊的储灵珈，被看作是祖先的化形。据斯特莱罗说[71]，它就是祖先的躯体，就像南迦树一样。换句话说，祖先的人格、他的储灵珈以及他的南迦树都是神圣之物，都能激发起同样的情感，具有同样的宗教价值。所以它们能够互相变化，在祖先丢下其储灵珈的地方，就会有圣树或圣岩破土而出，这情形就跟祖先自己进入地下时所发生的情景一样。[72]所以阿尔彻灵迦人和他的储灵珈具有神话上的等价性，因而，当前者把纳玛土那投入到一个女人的体内时，那就如同是他自身进入了她体内。实际上，我们知道，有时候他确实继纳玛土那后又亲自进去了；而另一些故事则说他在此之前就进去了，说是他为纳玛土那打开了道路。[73]这两个主题并列存在的事实，完全证明了它们不过是同源异形的一对。

而且，无论怀孕可能以何种方式发生，毫无疑问的是，每个个体都与阿尔彻灵迦时代的一个确定的祖先有着特别密切的联系。首先，每个人都有其指定的祖先，两人不能同时拥有同一个祖先。换言之，一个阿尔彻灵迦人在生者中最多只能有一个代表。[74]不仅如此，一方还仅仅是另一方的外表而已。实际上，正如我们已经知道的那样，祖先留下的储灵珈表达了他的人格，如果我们采用斯特莱罗的解释(或许它较为令人满意),我们可以说,储灵珈就是祖先的躯体。而同一个储灵珈又和据说是在这位祖先的影响下而被怀上的那个个体也有这种关系,那个个体就是祖先神秘劳作的成果。当年轻的初成年者被引入氏族的圣所以后,就要向他展示他祖先的储灵珈,并且有人对他说:“尔即此身,尔与之同为一物。”[75]所以,用斯特莱罗自己的话来说,储灵珈是“个体与其祖先共同的躯体”。[76]而如果他们有同一躯体,其人格至少在这一方面是被混同了。斯特莱罗清楚地意识到了这一点,他进一步说:“个体与他个人的祖先通过储灵珈统一在一起了。”[77]

所以斯特莱罗与斯宾塞和吉兰一样,都认为在每个新生儿中有一种神秘的、宗教的本原,该本原是从阿尔彻灵迦的一个祖先流溢出来的。正是这一本原形成了每个个体的本质,因此它就是他的灵魂,不管怎样,灵魂都是由与本原相同的质料和基质构成的。我们只有根据这一基本的事实,才能确定灵魂观念的性质和起源。而对我们来说,用以表达灵魂观念的各种隐喻只有次要的意义。[78]

斯特莱罗最近的考察,不但和我们的理论所依据的材料绝无矛盾之处,而且为证实其可靠性提供了新的证据。我们要论证的是,从祖先灵魂的图腾本质可以推断出人的灵魂的图腾本质,人的灵魂是祖先灵魂的一种流溢物或复制品。而来自斯特莱罗的一些新事实则比我们以前所掌握的事实更加直截了当地表明了这一点。首先,斯特莱罗像斯宾塞和吉兰一样,坚持“每个祖先与一种动物、植物或某种其他自然物具有密切联系”。他说,某些阿尔吉兰迦米吉那(即斯宾塞和吉兰所说的阿尔彻灵迦人)“将会直接表现为动物，另一些在某种程度上具有动物的外形”[79]。直到现在它们还总是把自己变成动物。[80]在任何情况下，不论它们具有什么样的外貌，“它们每一个都清楚地显示出动物专有的独特品性”。例如，袋鼠氏族的祖先像真正的袋鼠一样吃草，并会从猎人面前逃走；鸸鹋氏族的祖先跑动和饮食都像鸸鹋，[81]等等。还有，以植物为图腾的祖先死后自己就变成了这种植物。[82]而且，土著人非常敏锐地感觉到了祖先与图腾生物之间这种密切的亲缘关系，这甚至显现在他们的专门用语中。在阿兰达，孩子把作为他的第二图腾的母方的图腾[83]叫作“阿尔吉拉”(altjira)。因为最初图腾的亲子传承是依据同母异父家系的，所以曾经有一个时期每个个体只有他母亲的图腾，这个阿尔吉拉当时很可能指的就是真正的图腾。而它显然是意为伟大祖先的“阿尔吉兰迦米吉那”(altjirangamitjina)一词的组成部分。[84]

图腾观念和祖先观念的关系极其密切，有时候它们似乎都混同为一了。于是，在论述了母亲的图腾(即阿尔吉拉)以后，斯特莱罗接着说：“阿尔吉拉在土著人的梦中显形并对他们发出警告，就像是把有关它的情况告诉给睡梦中的朋友一样。”[85]这个和每个人单独言说并且为他们个别所有的阿尔吉拉，显然就是祖先，而且也是图腾的一个化身。罗斯有一段文章谈到针对图腾的祈祷，肯定也应该从这种意义出发加以解释。[86]看来，图腾有时候在人们心目中被表现为一群和祖先难以区分的理想生物或者神话角色。简而言之，祖先就是图腾的片段。[87]

而如果祖先这么容易和图腾生物相混淆，那么与祖先灵魂如此接近的个体灵魂也就概莫能外了。事实上，这正是每个人与它的储灵珈密切结合的结果。我们知道，储灵珈实际上呈现的是被认为生于它的那个个体的人格，[88]但它同时也表达了图腾动物。当教化英雄“曼迦昆耶昆雅”(Mangarkunjerkunja)向每个袋鼠氏族的成员呈交他们的个人图腾的时候，他是这么说的：“这是袋鼠的躯体。”[89]这样储灵珈就同时既是祖先的躯体，又是个体自己的躯体和图腾动物的躯体了。所以，按照斯特莱罗的一种既深刻又恰当的说法，这三者形成了一个“牢固的统一体”[90]。它们三个差不多等价，而且可以相替换。这就等于是在说它们被当作了同一实在的不同方面，而这一实在也是由图腾的各种特点来界定的。它们的共同本质即是图腾本原。语言本身已表达了这种同一性：拉塔葩一词和洛里查语言中的“阿拉塔匹”(aratapi)指的都是从祖先分离出来的变成孩子的神秘胚胎，而这些词同样也用来指称这个孩子的图腾，而图腾则是由母亲所认为的怀孕地点所决定的。[91]

3

迄今为止，我们只研究了澳洲中部部落的转生说，因此，可能会有人以为我们推论的基础过于单薄了。但是首先，由于我们业已指出的原因，该实验在我们做过直接观察的社会也是有效的。再者，大量事实证明，同样或类似的概念在澳洲的绝大多数地方都能见到，至少留有非常明显的痕迹；它们甚至还见于美洲。

霍维特在谈及南澳洲的迪埃里部落时提到了这种概念。[92]“穆拉—穆拉”(Mura-mura)一词，加松译为“善良的精灵”，他以为表达的是对造物主的信仰。[93]实际上，这是一个集合名词，指的是神话所说的部落之初的一群祖先。直到今天他们仍然存在，一如从前。“人们认为他们住树上，因此那些树也是神圣的。”某些不规则的地表、岩石和泉水都被认为是穆拉—穆拉，[94]因而，它与阿兰达的阿尔吉兰迦米吉那如出一辙。吉普斯兰(Gippsland)的库尔奈人虽然仅有一点图腾制度的残余，但也相信叫作“穆克—库尔奈”(Muk-Kurnai)的祖先的存在，而且认为它是介于人与动物之间的生物。[95]在宁巴尔达部落，泰普林观察到了类似于斯特莱罗所说的阿兰达的怀孕理论。[96]我们发现维多利亚的沃乔巴卢克部落完全信仰转生说。马休说：“死者的灵魂集中在他们各自氏族的‘密苑’(miyur)[97]中，一待合适的时机自行到来，它们就再次化生人形。”[98]马休甚至断定：“对灵魂的转生或轮回的信仰牢固地扎根在所有的澳洲部落中。”[99]

如果我们去看看北部地区，我们会发现，西北的纽尔纽尔部落的说法纯粹就和阿兰达部落一样，认为每次生育都是由于事先存在的灵魂的转生，是灵魂自己进入到了妇女体内。[100]在北昆士兰的神话中，说法只是在形式上与前者不同，但表达的观念完全一样。本奈法德河畔的部落认为每个男人都有两个灵魂，一个在心脏中，叫作恩盖(ngai)；另一个在胎盘中，叫作肖伊(choi)。孩子出生后，胎盘就被埋在一处神圣的地方。一个叫作安杰亚(Anje-a)的负责生育现象的特别守护神，会前来取走这个肖伊，并一直保存到他长大成婚。等到了应该给他一个儿子的时候，安杰亚就把这人的肖伊拿出一点，放在它已造好的胚胎中，送入未来母亲的子宫。所以孩子是父亲的灵魂造就出来的。当然，孩子并没有完全得到父亲的灵魂，因为只要父亲还活着，恩盖就还在父亲的心脏中。但是只要父亲一死，获得自由的恩盖就也会转生到孩子的体内，如果有好几个孩子，他们就平分。这样，代际之间就有了完美的精神连续性，同一个灵魂由父亲传给孩子，孩子再传给他们的孩子，而这个独一无二的灵魂尽管不断地分裂再分裂，但还总是保持着自身，它就是在万物之始赋予最早的祖先以生命的那个灵魂。[101]这种说法与有关中部部落的说法只有一个还算比较重要的差别，那就是转生并非来自祖先本身的作用，而是要依靠专门负责这一功能的一种特殊的守护神。但是，这个守护神可能是把最初祖先的众多形象化为一个形象的融合作用的结果。以下事实至少证明这一假设是可能成立的："安杰亚"（Anje-a ）和"安吉尔"（Anjir）这两个词显然关系非常密切，而后者指的是第一个人，亦即所有人都从其衍生而出的原初祖先。[102]

同样的观念还见于美洲的印第安部落。克劳斯说，特林基特人认为已故者的灵魂将重回尘世，并进入到他家中的孕妇体内。"所以当妇女在怀孕过程中梦到已故的亲人时，她就认为这位亲戚的灵魂已经进入到了她身体中。要是小孩的长相特征和已经去世的人有点像，他们会相信就是那位死者又回到了世间，并用那位死者的名字给小孩命名。"[103]这种信仰在海达人中也很普遍。在那儿，是萨满告诉人们究竟是哪一个亲戚转生为这个孩子的，以及因此要给孩子取什么名字。[104]夸扣特尔人认为转生为家庭中的第一个孩子的即是该家庭中最近死去的成员。[105]休伦人、易洛魁人、廷内人以及其他美国的很多部落也都一概如此。[106]

从这些概念的普遍性中，无疑会得到我们业已作出的推论，也就是我们所提出的对灵魂观念的解释。以下事实也可以证明这种解释是可以被普遍接受的。

我们知道[107]，每个个体中都含有某种散布在神圣物种中的匿名的力，人本身就是这个物种的成员。而如果作为经验的和可见的存在，尽管他身上饰有象征图案和标志，他也不能是这个神圣物种的成员，因为在他体内没有任何东西能够表露出动物或植物的形式。所以在他体内必须要有另一种存在，人从中能够确认自身，但又将其表现为动物或植物的形式。这不明摆着这种互体只能是灵魂了吗？因为灵魂已经天然就是它所赋予生命的那个对象的互体了。而且，最能明显地体现每个个体含有的图腾本原片段的那部分机体，同时也是灵魂寄居的地方，这一事实也完全证实了上述认同。鲜血即是一例。鲜血具有一定的图腾性质，这可以由它在图腾仪典上所起到的作用来证明。[108]而与此同时，血液又是灵魂的一个所在，或者从外界看来，毋宁说鲜血就是灵魂本身。当血液流出，生命耗尽，灵魂也就逃逸了。所以灵魂与内在于血液中的神圣本原是被混同为一的。

再从另一个视角来考虑这个问题。如果我们的解释有充分根据的话，那么我们所设想的渗透到个体中的图腾本原，应该留有一定程度的自主性，因为它与它所化身的对象是根本不同的。而这恰恰是霍维特声称在尤因部落中所观察到的情况："在这个部落，图腾被认为是人的某个部分，这清楚地见于翁巴拉部落的个案中。前面提到过，他告诉我，多年以前，当他睡觉的时候，条纹蜥蜴图腾的某个家伙将其图腾打发过来，它沿着他的喉咙而下，差点吃掉他在胸膛里的图腾，所以他几乎丧命。"[109]因此可以肯定，图腾在其个体化的过程中发生了分裂，而这样分出来的每一部分都扮演了寄居在肉体中的精灵的角色。[110]

还有些事例能够更加清楚地说明问题。如果灵魂不过是个体化了的图腾本原，那么至少在某些情况下，它与由图腾复现其形式的那种动物或植物应该具有相当密切的关系。而从实际情况看，“格亚维—加尔部落(在新南威尔士)有一种迷信，认为每个人都与某种鸟、兽或者虫豸的精灵具有内在的亲和性。这并不是说他起源于这种造物，而是说在他体内的精灵与这一造物的精灵具有亲缘关系”。[111]

甚至在有些地方，灵魂被认为是从图腾动物或植物中直接流溢出来的。据斯特莱罗说，在阿兰达，要是一个妇女吃了大量水果，据信她所生的孩子将以这种水果为图腾。如果在她感到胎儿最初颤动的那一刻她正在看一只袋鼠，那么就会认为是袋鼠的拉塔葩进入到她身体中并使她受孕了。[112]巴泽多也报告了来自沃加特部落的相同例证。[113]我们还知道，拉塔葩与灵魂几乎是无法区别的。而假如人们不认为形成灵魂的基质与图腾动植物相同的话，那么就不会以为灵魂有这样的起源了。

因而灵魂往往被表现为动物的形式。众所周知，在低级社会中，人们从来不把死亡看作是归因于单纯物质原因作用的自然事件，而是一般要归咎于某个巫师的邪恶操作。在许多澳洲社会中，为了确定谁对这种谋杀负有责任，人们依据以下原则：谋杀者的灵魂不可避免地一定要来看看它的受害人。因此，要将尸体放在架子上，然后再把尸身下面以及周围的地面仔细地平整好，以便使最细小的痕迹也会一望而知。等到第二天再来，如果在此期间曾有一只动物经过，那么很容易就能辨认出它的足迹来，足迹的形状也会暴露出它所属的那个物种，于是人们就从中推断出肇事人是哪一个社会群体的成员。他们说，这种动物是哪个姻族或氏族的图腾，那人就属于那个姻族或氏族[114]。所以灵魂被认为是以图腾动物的形式表现出来的。

在其他图腾制度已经衰落或消失的社会中，灵魂仍然继续被人们用一种动物的形式加以设想。贝德福德角（在北昆士兰）的土著相信，胎儿在当初进入其母体的时候，要是女孩它就是一只鹬，要是男孩它就是一条蛇；[115]只是在后来它才采用了人形。据维德亲王讲，很多北美的印第安人都说在他们体内有一个动物[116]。巴西的博博罗人把灵魂表现为鸟的形式，因此认为他们也是同一种鸟。[117]在其他地方，灵魂被认为是蛇、蜥蜴、苍蝇、蜜蜂，等等。[118]

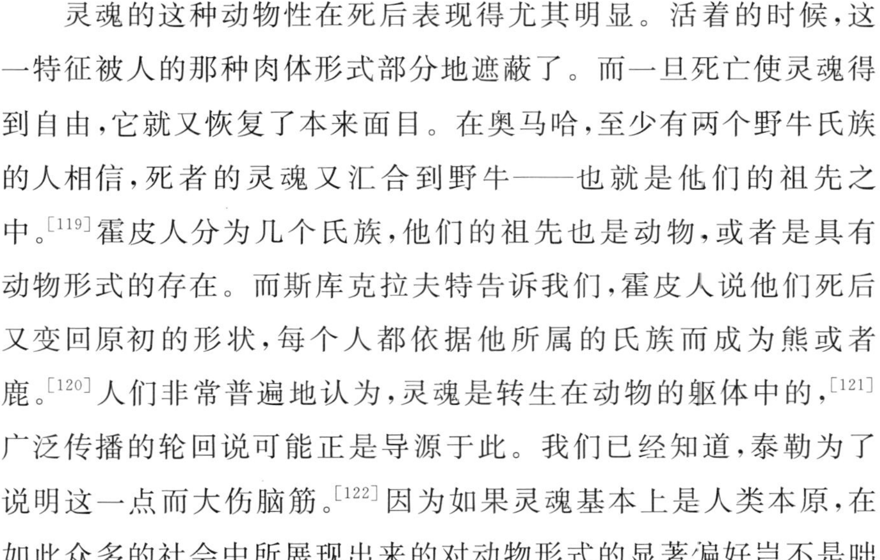

灵魂的这种动物性在死后表现得尤其明显。活着的时候，这一特征被人的那种肉体形式部分地遮蔽了。而一旦死亡使灵魂得到自由，它就又恢复了本来面目。在奥马哈，至少有两个野牛氏族的人相信，死者的灵魂又汇合到野牛——也就是他们的祖先之中。[119]霍皮人分为几个氏族，他们的祖先也是动物，或者是具有动物形式的存在。而斯库克拉夫特告诉我们，霍皮人说他们死后又变回原初的形状，每个人都依据他所属的氏族而成为熊或者鹿。[120]人们非常普遍地认为，灵魂是转生在动物的躯体中的，[121]广泛传播的轮回说可能正是导源于此。我们已经知道，泰勒为了说明这一点而大伤脑筋。[122]因为如果灵魂基本上是人类本原，在如此众多的社会中所展现出来的对动物形式的显著偏好岂不是咄咄怪事吗？其实，如果灵魂本身就和动物密切相关，那么所有问题就都迎刃而解了，因为在这种情况下，灵魂在生命终结时返回动物世界，就不过是恢复它真正的本性罢了。因而轮回信仰的普遍性再次证明了我们前面所提出的假设，即灵魂观念的构成要素主要取自动物界。

4

所以，灵魂观念就是对圣物信仰的一种独特应用。这解释了灵魂观念在历史上一经出现就具有并一直持续到今天的那种宗教性。实际上，灵魂始终被当作一种圣物，据此它与肉体相对立，因为后者在本质上是凡俗的。灵魂不仅与它的物质躯壳有内在与外在的区别，不仅在于它被认为是由微妙流变的东西所构成的，而且最为重要的是，灵魂所激起的情感是在任何地方都专事神圣的那种情感。它即使没有成为神，也至少被看作是神性的火花。如果灵魂观念只是对梦的问题的前科学的解答，那么它的这一基本特征就无法解释了。因为在梦中没有任何东西能够唤醒宗教激情，所以由此作出的解释也就不会考虑到宗教性。而如果灵魂是神圣基质的一部分，那么它所表现的就是某种在我们体内而又异于我们的东西；如果构成它的心理素材和神圣事物一样，那么很自然，它就会成为相同情感的对象了。

而且，人们这样赋予自己的神圣性，并不是纯粹幻想的产物；和宗教力或神性的观念一样，灵魂观念并非没有现实的基础。完全可以肯定，我们是由两种不同的部分构成的，其对立一如圣俗之分；而且我们可以说，在一定意义上，我们具有神性。因为社会——这个独一无二的神圣之源——并不仅限于暂时从外部调动和影响我们，而是以持久的方式在我们内部确立其自身。它在我们内心引发出一个完整的观念和情感的世界，这些观念和情感表达了它，同时也成为了我们必要的和永恒的一个部分。当澳洲人从宗教仪典上散去，公共生活在他们内心所激起、所反复引发的表现，并不会旋即消逝。伟大祖先的形象、仪式所永远缅怀的英雄业绩，以及他通过膜拜而参与的各种大事——总而言之，所有他与他的伙伴们合作构筑出来的这些观念，将继续存在于他的意识之中。并且，通过这些观念被赋予的激情和它们对他整个存在所具有的优势，这些观念就和他在日常与外界事物的关系中所引起的那些庸俗印象截然不同了。道德观念也具有同样的特点，是社会把它强加给我们的。又因为社会所激起的尊崇会自然而然地扩展到所有源出于它的事物上，所以社会的强制性的行为准则由于其起源的缘故，就被赋予了我们任何一种内在状态都不能分享的权威与尊严，因此，我们认定它们在我们的心理生活中具有与众不同的地位。虽然道德良心也是我们意识的一部分，但是我们并不觉得自己与它是平等的。它让我们听到的声音全是在下达指示和发布禁令，从中我们找不出我们自己的声音。它向我们言说的口吻提醒我们，它所表达的是某种内在于我们但又不属于我们自身的东西。这就是灵魂观念的客观基础：那些建构了我们的内在生活的表现流，乃是由不能相互化约的两种不同的表现构成的；一种是关于外在的和物质的世界的表现，而另一种则是关于观念的世界的表现，我们以为后者有一种凌驾于前者之上的道德优越性。所以，我们实际上是由两种存在组成的，它们面向不同的甚至是相反的方向，

其中一方操持着针对另一方的真正的无上权威。这就是共存于我们内部的肉体与灵魂、物质存在与精神存在之间的对立的深刻含义，对此所有人都会不同程度地感受到。道德家们和传教士们往往坚持，凡是否认义务的真实性和神圣性的人都不能不陷入物质论之中。确实，如果我们没有道德观念和宗教律令，我们的心理生活将会完全化减到一个层面上，[123]我们所有的意识状态都将一概平平，所有双重性的感受都将一消而光。当然，为了使双重性变得可以理解，绝没有必要想象出一个神秘的而且是不可表现的实体与肉体相对立，称之为灵魂。但是这里，就像神圣性的观念一样，错只错在了所使用的符号的字面上，而不涉及被符号化的事实的真实性。我们的本性仍然肯定是双重的，我们确有点滴神性，因为我们之中都有一点那些作为群体灵魂的伟大观念。

所以，个体灵魂只是群体的集体灵魂的一份；它是以膜拜为基础的匿名的力，但是已经具体体现在一个人格与之相结合的个体之中了；它是个体化的曼纳。也许梦有助于确定灵魂观念的某些次要特征。我们睡眠时，头脑中所充斥的幻象是非连续的和不稳定的，它们有着千变万化的特性，这可以为构成灵魂的虚无缥缈、变化多端的质料提供原型。而且，昏厥、僵直等情况也启发了“灵魂流动多变，在人活着的时候也能暂出离肉体”的观念，于是，这种观念又反过来被用于解释某些梦境。但是，所有这些体验和观察都只有次要的和附带的影响，并且很难确定它们是否存在。灵魂观念中真正本质的东西来自于其他方面。

不过，灵魂观念起源的这种解释是否曲解了它的基本特征了呢？如果灵魂是散布在群体、图腾物种以及所有划归这一物种的各种事物之中的非人格本原的一种独特形式，那么它本身实质上也是非人格的了。故而灵魂作为这种力的一种特殊形式，就应该与之具有同样的属性，只是在程度上有所不同罢了；尤其是它应该具有同样的扩展性、同样的传染散播的倾向和同样的遍在性。可是恰恰相反，灵魂却被蓄意地表现为一种具体明确的存在，完全收敛在它本身之内而不与其他东西相沟通，它构成了我们人格的基础。

但是如此构想灵魂的方式乃是晚期哲学精心策划的产物，群众从共同体验中自发形成的表现与此大不相同，尤其是在初期。对澳洲人而言，灵魂是一种非常含糊的东西，在形式上飘忽不定，并且散布在整个有机体中。虽然灵魂尤其体现在一些特定的部位上，但是任何地方大概都不会完全没有体现。所以它具有相当于曼纳的扩散性、传染性和无所不在性。类似于曼纳，它也能够无穷无尽地分解和复制，而且每个部分仍然保持着它的完全性；灵魂之所以如此众多，也正是出自于这种分解和复制的缘故。我们已经确立了转生说的普遍性，转生说也从另一方面成现了灵魂观念在多大程度上是由非人格的成分所构成的，以及这些成分如何是一种基本成分。因为，如果同一个灵魂在每一代中都要配上一个新人，那么灵魂在其中逐渐发展的那些个体形式就必定全都是外在于它的，是与灵魂的真正本性无关的。灵魂是一种一般的基质，而其个体化只是次级的和表面的。而且，这种概念肯定至今也没有完全消失。圣骨膜拜表明，直到今天还有一大帮信徒认为，圣者的灵魂及其所有基本的力量，仍然继续附着在他的各块骨头上。这

意味着人们相信他能够同时将其自身扩散、复分、并入到各种不同的东西上。

在灵魂中可以发现曼纳的独特属性，而次级和表面的变化也足以使曼纳在灵魂的形式中个体化。我们从其中一个概念过渡到另一个概念时，丝毫没有打破它们的连续性。以特殊方式被归诸某一确定事物的任何一种宗教力都分享了这种事物的特征，呈现出它的外貌并成为它的精神互体。特莱基尔在他的毛利语—波利尼西亚语词典中认为，可以把曼纳一词与另外一组词联系起来，诸如“manawa”、“manamana”等等，这些词似乎属于同一词族，意指心脏、生命和意识等。[124]这不就是等于在说，在这些词的相应的观念之间，也就是在非人格力的观念和那些内在生活、精神力量——亦即灵魂观念之间，也应该存在着某种亲缘关系吗？储灵珈的神圣性无论是像斯宾塞和吉兰所认为的是出于它作为灵魂的居所，还是像斯特莱罗所想的是因为它具有非人格的品性，这个问题对我们来说之所以没什么意义，也没什么社会学的重要性，其原因就在于此。一种圣物的功效被心灵表现为抽象的形式还是被归结为某种人格的代理，实际上无关紧要。这两种信仰的心理根基是一码事：一个事物之所以神圣，是因为它以这种或那种方式激发出了尊崇的集体情感，这情感使之从凡俗的感触中超脱出去。为了对此作出解释，人们有时候求助于模糊不清的原因，有时候则求助于有名字、有来历的精神存在，但是，这两种情况都不过是在同一个基本现象上添加不同的阐释罢了。

不仅如此，这也解释了那种独特的混淆，有关例子我们在论述的过程中已经遇到过了。我们已经说过，个体、他所具体体现的或

者他的灵魂自其流溢而出的祖先的灵魂、他的储灵珈以及图腾物种的动物，在一定程度上都是等值的和可以相互转化的东西，因为它们在特定的联系中都以同样的方式影响了集体意识。如果储灵珈是神圣的，那是因为刻在它上面的图腾标记激发出尊崇的集体情感；而同样的情感也附着在图腾所再现其外形的那种动物或植物上；附着在个体的灵魂上——因为人们以图腾生物的形式来想象它；最后它也附着在祖先的灵魂上，个体灵魂只是它的一个特定面目。故而所有这些东西，无论是真实的还是观念上的，都具有一个共同的要素，藉此它们在心灵中唤起了同一种情感状态，从而它们被混淆了。只要它们被表达为一个相同的表现，就无法分辨它们。这就是为什么阿兰达人会把储灵珈看作是个体、祖先甚至还有图腾生物的共同躯体的原因。这是他们对于以这些不同事物为对象的情感的同一性的表达方式。

不过，由灵魂观念导源于曼纳观念的事实，并不能得出推论，认为前者相对起源较晚，或者是曾有一个历史时期人们只能以非人格的形式把握宗教力。如果有人想要用“前泛灵论”一词来指称完全不知道泛灵论的历史时期，那么他们就建立了一个武断的假设；[125]因为没有任何一个民族不是灵魂观念和曼纳观念同时并存的。所以，没有任何根据可以想象它们是在两个不同时代形成的，正相反，一切都表明这两者是同时代的。正如不存在无个体的社会一样，从群体中脱离出来的非人格力量如果不具体体现在它们所个体化的那个个体的意识中，就不能确立其自身。事实上，没有两个不同的发展过程，只有同一个发展过程的两个不同方面。当然，它们的重要性并不相等，一个比另一个更为基本。曼纳观念并不以灵魂观念为前提，因为如果曼纳要个体化，要分裂为一些特定的灵魂，它必须首先存在，而且它固有的东西并不取决于它个体化时所采取的形式。但是灵魂观念则相反，除非将其置于和曼纳观念的联系中，否则就不能理解。所以，据此可以说灵魂观念是次级形态的产物，不过，我们所说的是逻辑意义上的而不是年代意义上的次级形态。

5

但是，人们为什么会认为灵魂要比肉体活得长久，甚至能够永无休止地存在下去呢？

从我们所作的分析来看，对永生的信仰显然不是在道德观念的影响下确立起来的。人们并没幻想为了得到公正的回报而能够超越死亡继续生存，以便即使道德行为在此生没有被认可，在来生也会得到肯定。因为我们已经知道，所有这类考虑对于原始的来世概念来说都是格格不入的。

另一种假设也好不到哪儿去。据此假设，来生被想象成为一种逃避毁灭的痛苦前景的手段。但是首先，“人类一开始就强烈地感受到了个人生存的需要”这种说法是不正确的。原始人普遍以一种漠然处之的态度接受了死亡的观念。他们已经被训练得不把自己的个体性当回事了，并且已经习惯于经常把他的生命暴露在危险之中了，所以他们会轻而易举地捐弃生命。[126]此外，他们奉行的宗教所承诺的永生也不是个人的。在大量个案中，灵魂并不保持死者的个性，或者并不保持很长时间，灵魂忘却了它以前的生存，不久以后就去赋予另一个肉体以生命，变成了一个新的人格的生机本原。甚至在最先进的民族中，冥府中的阴魂也只是过着暗淡可悲的生活，并且几乎无法缓解由于追忆所失去的生活而引起的怅惘之情。

把死后生活的概念归结为梦的体验是一个比较令人满意的解释。我们过世的亲友在我们的梦中重又出现，我们看见他们在活动，听到他们在讲话，自然就会得出他们仍然存在的结论。然而，就算来世观念一旦形成以后，这些情景能够对之加以肯定，但是它们似乎也不能凭空地创造出这种观念。我们的见到死者复活的梦太少了，也过于短暂了，而且对它们也只能留下十分模糊的回忆，完全凭借这些梦是不可能启发人们形成如此重要的信仰体系的。在此，结果和所归结的原因显然是不相称的。

这个问题之所以纠缠不清，是因为灵魂观念本身并不意味着它永存的观念，而倒像是排斥这种观念的。实际上，我们已经看到，灵魂虽然与肉体相区别，但也被认为和肉体紧密相联，它随着肉体衰老，它能感受到肉体所遭受的所有病痛，所以它看来很自然地应该和肉体一道死亡。至少人们应该认为，从它确定丧失了原来的形式的那一刻起，从它不再是以前的它的那一刻起，它就停止存在了。然而也就在这一刻，一个新的生命向它敞开了。

我们叙述过的神话给出了对这种信仰唯一可能的解释。我们已经看到，新生儿的灵魂或者是祖先灵魂的流溢，或者是祖先灵魂本身的转生。但是，祖先灵魂为了能够转生或是不时地释放出新的流溢物，就必须在它们最初的持有者死后仍然存续。所以原始人好像是为了解释活人的诞生才认可了死者的永存。他们还没有一个可以凭空创造出灵魂的万能之神的观念。在他们看来，灵魂只能形成于灵魂。所以生者只能是以前灵魂的新形式，故而为了前者能够诞生，后者必须要继续存在。最后，灵魂永生的信仰是人们得以解释一个他们不能不予以关注的事实的唯一方式，这个事实就是群体生活的永恒性。个体死了，但氏族还存在着。所以赋予氏族以生命的力量必然也具有同样的永恒性。而这些力量就是给个体肉体以生命的灵魂，因为群体是在个体中并通过个体才得以实现的。由于这个缘故，灵魂必然要存在下去。甚至在存续的过程中它们必须总是保持原样，因为氏族总是保持着它的独特面貌，从中形成的精神实质也必然被认为在性质上是一成不变的。既然始终是拥有同一图腾本原的同一氏族，那么必然灵魂也都是一样的了，因为灵魂只不过是分裂的和特殊化了的图腾本原而已。于是，有一种神秘的、像是某种具有生长繁殖能力的原生质的东西，就代代相传并且造就了——或者至少是被认为造就了——氏族历经终古的统一性。这一信仰尽管有其象征的色彩，但并不是没有客观道理的。因为虽然从绝对的意义上说群体不能永存，但它确实要比个体延续得长久，并且总是诞生和重新体现在新的一代中的。

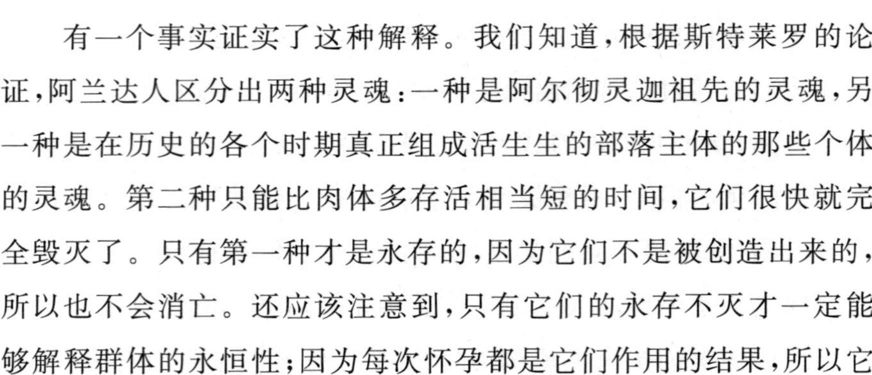

有一个事实证实了这种解释。我们知道，根据斯特莱罗的论证，阿兰达人区分出两种灵魂：一种是阿尔彻灵迦祖先的灵魂，另一种是在历史的各个时期真正组成活生生的部落主体的那些个体的灵魂。第二种只能比肉体多存活相当短的时间，它们很快就完全毁灭了。只有第一种才是永存的，因为它们不是被创造出来的，所以也不会消亡。还应该注意到，只有它们的永存不灭才一定能够解释群体的永恒性；因为每次怀孕都是它们作用的结果，所以它们，而且只有它们，才要责无旁贷地确保氏族的永恒。在这种关系中，其他事物都没有什么作用。所以，灵魂只是在它的永恒性有助于解释集体生活的延续性时，才被说成是永恒的。

因而，导致来生信仰的最初原因和超越死亡的制度后期所发挥的功能就毫不相关了。后来的制度一经出现，除了使它得以存在的最初原因以外，还很快被用于其他的目的。甚至在澳洲社会中，我们看到他们也开始为别的目的而组织起来了。同一社会制度果然能够在性质不变的情况下相继满足下同的功能！

6

灵魂观念在很长一段时间里是人格观念的通行形式，至今在部分上仍然如此。[127]所以，灵魂观念的起源有助于我们理解人格观念是如何形成的。

从已经谈到的情况看，个人的观念显然是两种因素的产物。其中之一基本上是非个人的，那是作为群体灵魂的精神本原。实际上，正是这种本原构成了个体灵魂的基质。而这不是任何人所独有的东西，它是集体世代相传的财产，一切意识都在其中并通过它进行沟通。但在另一方面，为了能有彼此分离的人格，就必然要有另一因素的介入，来打破和分化这一本原，也就是说，个体化的因素是必不可少的。而正是肉体满足了这一功能。由于肉体能够相互区别开来，又占据着不同的时空位置，所以其中每一个都形成了一个独特的中心，集体表现围绕它反射出来，并体现出不同的色彩。结果是，即使这些肉体中的所有意识都被导向同一个世界，即带来群体的道德统一性的观念和情感的世界，这些意识也不是完全从同一个角度来看待这个世界的，每个意识都用自己的方式来表达它。

在这两个同样不可或缺的要素中，前者肯定不是次要的，因为是它为灵魂观念提供了原初的素材。也许有人看到把如此重要的作用归诸在人格观念的生成过程中的非人格要素会感到奇怪。但是，在个人的观念这一点上，远远超前于社会学分析的哲学分析已经得出了类似的结果。所有的哲学家中，莱布尼茨对于人格是什么有着最鲜明生动的感受，即首先，单子（monad）是个人的和自主的存在。而且，在莱布尼茨看来，所有的单子的内容都是一样的。实际上，全部内容都是意识，而一切意识表达的都是一个相同的对象，即世界；由于世界本身只是一个表现体系，所以每个特定的意识事实上只是普遍意识的反映。不过，每个意识都是从自己的观点出发、以自己的方式进行表达的。我们知道，之所以有这种不同的取向，是由于各个单子在相互关系中，以及在它们与它们所建构的整个体系的关系中都处于不同的位置。

康德也表达了同样的感受，尽管形式不同。在他看来，人格的基石是意志。而意志是遵从理性行动的能力，理性又是我们内在的最非个人的东西。因为理性不是我的理性，而是人类的普遍理性。以普遍形式进行思考，这是内心所具有的超越个别、偶然和个体的力量。所以从这个观点来看，我们可以说，使一个人具有人格的是使他与其他人相混同的东西；它使他成为人，但不是一个特定的人。感觉、肉体，总之所有个体化的东西，反而被康德看作是人格的敌人。

这是因为，个体化并不是人格的基本特征。一个人不仅仅是一个区别于其他所有人的单独主体，他更是一个被赋予了对他最直接接触的环境具有相对自主性的存在。在某种程度上，这被表现为调动自身的能力；这也就是莱布尼茨在说单子完全向外界封闭时用夸张的方式所要表达的东西。而我们的分析使我们得以看到这种概念是如何形成的，以及它所对应的是什么。

实际上，灵魂作为人格的符号表现，也具有同样的特征。它虽然与肉体紧密地联系在一起，但它又被认为与肉体有着深刻的不同，而且相对于肉体享有很大程度的独立性。在人活着的时候，灵魂可以暂时离开，在人死后则完全离去。它根本不依赖肉体，它以它所含有的更高威严来支配肉体。它可以把肉体当作外在形式而使自身个体化，但肉体对它没有什么本质的东西可言。各个民族归诸灵魂的自主性也不是纯粹的幻觉，我们现在已经知道它的客观基础是什么了。可以完全肯定，作为灵魂观念的要素和组成肉体表现的要素出自两个相互独立的不同渊源。一种是由来自于有机体各个部分的表象和印象组成的，另一种则是由来自于社会并表达社会的观念和情感构成的。所以前者并不导源于后者。我们确有一部分并不直接依赖于有机因素，这就是我们内心对社会的表现。我们铭记在心的宗教或科学的一般观念、以这些观念为前提的精神作用、作为我们道德生活基础的信仰和情感，以及社会在我们内心所唤起的所有这些高级形式的心理活动，这一切都不像我们的感觉和一般的身体意识那样追随着我们的身体状态。我们业已表明，这是因为，在其中传达了社会生活的表现的世界，是加在它的物质基础之上的，而绝不是由其物质基础产生的。主宰它的决定性远比根植于我们的身体构造的决定性更加灵活机动，它

合情合理地给行动者留下了极其自由的印象。这样，我们在其中活动的这个中介就不那么晦涩迟钝了，也没有多少阻碍了。我们觉得在那里会更加自在，而且确实也更加自在。一句话，我们把我们自己从物质力量中解脱出来的唯一办法就是用集体力量与之对抗。

但是，无论我们从社会中接受的是什么，那总是我们和同伴们所共有的。所以根本不是越个体化我们就会越个人化。这两个词绝不是同义的，在一定意义上，它们是相反的而不是相互包含的。激情个体化了，但它也身不由主了。我们的感觉基本上是个体的，而我们越具个人性，我们就越是能从感觉中解脱出来，越是能运用概念来思考和行动。所以，坚持个体的各种社会要素的人并不是要借此来拒绝和贬低个性，他们只是反对把它和个体化的事实混淆起来。[128]

注　释

[1]　格南吉部落就是这样；见《澳洲中部的北部部落》，第 170 页，第 546 页；类似的情况还可参见史米斯：《维多利亚的土著》，第 2 卷，第 269 页。

[2]　道森：《澳洲土著》，第 51 页。

[3]　肯定有一个时期格南吉妇女是有灵魂的，因为有大量妇女的灵魂直到今天还存在着。不过，她们从此不再转生了。因为在这个部落中给新生儿以生命的是一个老的转生灵魂，那么既然妇女的灵魂不再转生了，妇女就不可能有灵魂了。而且，我们可以解释这些灵魂为什么不能转生。格南吉部落的亲子传承，经历了同母异父家系以后，现在依据的是父系，母亲不再把她的图腾传给孩子。所以妇女就没有任何后裔能使之永生了，她就是“家庭的终结”(finis familiæ suæ)。要解释这

种情况，只可能有两种假设，要么是女人没有灵魂，要么是她死后灵魂也被毁灭了。对这两种解释，格南吉人采用了前者，昆士兰的一些民族则倾向于后者（见罗斯：《迷信，巫术与巫医》，载于《北昆士兰民族学会第 5 号公报》，第 68 节）。

[4]　道森说："四五岁以下的小孩既无灵魂也无来生。"但是，他所引证的事实只是没有为小孩子举行葬礼。我们将在后文谈到这一现象的真正含义。

[5]　道森：《澳洲土著》，第 51 页；帕克夫人：《埃瓦拉伊部落》，第 35 页；埃尔曼：《澳洲南部殖民地的土著》，第 188 页。

[6]　《澳洲中部的北部部落》，第 542 页；舒尔曼：《林肯港的土著部落》，载于伍兹：《澳洲南部的土著部落》，第 235 页。

[7]　这是道森的表述，见道森：《澳洲土著》，第 50 页。

[8]　斯特莱罗：《澳洲中部的阿兰达和洛里查部落》，第 1 卷，第 15 页，注解 1；舒尔策：《芬克河上游和中游的土著》，第 246 页；这就是吸血鬼神话的主题。

[9]　斯特莱罗：《澳洲中部的阿兰达和洛里查部落》，第 1 卷，第 15 页；舒尔策：《芬克河上游和中游的土著》，第 244 页；道森：《澳洲土著》，第 51 页。当然有人认为灵魂没有任何肉体方面的事情，据埃尔曼所收集的一些证据（第 188 页），它们"不具血肉"（ohne Fleish und Blut）。但是这种过激的否定令我们怀疑。我们的看法与罗斯（《迷信，巫术与巫医》，第 65 节）不同，对死者的灵魂不献祭绝不意味着灵魂不吃东西。

[10]　罗斯：《迷信，巫术与巫医》，第 65 节；《澳洲中部的北部部落》，第 530 页。有时候灵魂也会散发出气味（罗斯：《迷信，巫术与巫医》，第 68 节）。

[11]　罗斯：《迷信，巫术与巫医》，第 67 节；道森：《澳洲土著》，第 51 页。

[12]　罗斯：《迷信，巫术与巫医》，第 65 节。

[13]　舒尔曼：《林肯港的土著部落》，载于伍兹：《澳洲南部的土著部落》，第 235 页。

[14]　帕克夫人：《埃瓦拉伊部落》，第 29 页，第 35 页；罗斯：《迷信，巫术与巫医》，第 65 节，第 67 节，第 68 节。

[15]　罗斯:《迷信,巫术与巫医》,第 65 节;斯特莱罗:《澳洲中部的阿兰达和洛里查部落》,第 1 卷,第 15 页。

[16]　斯特莱罗:《澳洲中部的阿兰达和洛里查部落》,第 1 卷,第 14 页,注解 1。

[17]　弗雷泽:《论丧葬习俗:作为灵魂基本理论的例证》,载于《大不列颠及爱尔兰人类学研究所学报》,第 15 卷,第 66 页。

[18]　凯蒂什部落和翁马杰拉部落就是这种情况;见《澳洲中部的北部部落》,第 506 页;和《澳洲中部的土著部落》,第 512 页。

[19]　罗斯:《迷信,巫术与巫医》,第 65 节,第 66 节,第 67 节,第 68 节。

[20]　罗斯:《迷信,巫术与巫医》,第 68 节;据说如果有人在失血后昏厥,就是因为灵魂离去了。参见帕克夫人:《埃瓦拉伊部落》,第 38 页。

[21]　帕克夫人:《埃瓦拉伊部落》,第 29 页,第 35 页;罗斯:《迷信,巫术与巫医》,第 65 节。

[22]　斯特莱罗:《澳洲中部的阿兰达和洛里查部落》,第 1 卷,第 12 页,第 14 页。在这几段文章中他谈到邪恶精灵害死小孩,吃掉他们的灵魂、肝脏和脂肪,或者是吃掉灵魂、肝脏和肾脏。灵魂与各种内脏和组织被同等看待,并像它们一样被当作食物,这表明灵魂与之具有密切关系。参见舒尔策:《芬克河上游和中游的土著》,第 245 页。

[23]　例如,在本纳法德河畔的民族中(罗斯:《迷信,巫术与巫医》,第 68 节),心脏中的灵魂名为"恩盖"(Ngai),胎盘中的灵魂名为"肖伊"(Cho-i),与呼吸相融的灵魂名为"旺吉"(Wanji)。埃瓦拉伊人则有三到四个灵魂(帕克夫人:《埃瓦拉伊部落》,第 35 页)。

[24]　见对阿兰达人"乌尔波米尔奇玛"(Urpmilchima)仪式的描述(《澳洲中部的土著部落》,第 503 页及以下诸页)。

[25]　斯宾塞和吉兰:《澳洲中部的土著部落》,第 497 页和第 508 页。

[26]　《澳洲中部的北部部落》,第 547 页,第 548 页。

[27]　《澳洲中部的北部部落》,第 506 页,第 527 页及以下诸页。

[28]　迈耶尔:《因康特湾土著部落的礼仪与习俗》,载于伍兹:《澳洲南部的土著部落》,第 198 页。

[29]　《澳洲中部的北部部落》,第 551 页,第 463 页;《澳洲中部的土著部

落》,第 553 页。

[30]　《澳洲中部的北部部落》,第 540 页。

[31]　例如在阿兰达和洛里查(斯特莱罗:《澳洲中部的阿兰达和洛里查部落》,第 1 卷,第 15 页,注解 2;第 2 卷,第 77 页)。人活着的时候灵魂称为“gumna”,死后称为“ltana”。斯特莱罗所说的“ltana”就相当于斯宾塞和吉兰所说的“ulthana”(《澳洲中部的土著部落》,第 514 页及以下诸页)。布卢姆菲尔德河畔的部落也是这样(罗斯:《迷信,巫术与巫医》,第 66 节)。

[32]　埃尔曼:《澳洲南部殖民地的土著》,第 188 页。

[33]　《澳洲中部的土著部落》,第 524 页,第 491 页,第 496 页。

[34]　《澳洲中部的北部部落》,第 542 页,第 504 页。

[35]　马休:《新南威尔士和维多利亚的土著部落的民族学笔记》,载于《新南威尔士皇家协会公报期刊》,第 38 卷,第 287 页。

[36]　斯特莱罗:《澳洲中部的阿兰达和洛里查部落》,第 1 卷,第 15 页及以下诸页。按照斯特莱罗的说法,阿兰达人认为亡灵住在一个岛上,但按照斯宾塞和吉兰的说法则是在地下。可能是这两种神话同时存在,而且或许还不仅是这两种,我们甚至还能找到第三种。关于亡灵岛的概念,见霍维特:《澳洲东南部的土著部落》,第 498 页;舒尔曼:《林肯港的土著部落》,载于伍兹:《澳洲南部的土著部落》,第 235 页;埃尔曼:《澳洲南部殖民地的土著》,第 189 页。

[37]　舒尔策:《芬克河上游和中游的土著》,第 244 页。

[38]　道森:《澳洲土著》,第 51 页。

[39]　在这些部落中会发现一种更加古老的神话的明显痕迹,据说亡灵住在地下(道森:《澳洲土著》)。

[40]　泰普林:《纳里涅里部落》,第 18—19 页;霍维特:《澳洲东南部的土著部落》,第 473 页;斯特莱罗:《澳洲中部的阿兰达和洛里查部落》,第 1 卷,第 16 页。

[41]　霍维特:《澳洲东南部的土著部落》,第 498 页。

[42]　斯特莱罗:《澳洲中部的阿兰达和洛里查部落》,第 1 卷,第 16 页;埃尔曼:《澳洲南部殖民地的土著》,第 189 页;霍维特:《澳洲东南部的土著

部落》，第 473 页。

[43] 它们专门是一个氏族祖先的精灵，这个氏族的人有一种毒腺(Giftdrüsenmänner)。

[44] 有时候传教士的影响极其明显。道森谈到一个与天堂对立的真正的地狱，但是他也非常倾向于认为这是欧洲的舶来品。

[45] 多尔西：《美国民族学会第十一次年度报告》，第 419—420 页，第 422 页，第 485 页。参见马里利埃：《未开化民族的公正精神与公正观念的遗存：高级研究学校的报告》，1893 年。

[46] 我们在下一章中将会看到，它们可以暂时翻倍，但是这些复制品对于可以转生的灵魂的数量毫无影响。

[47] 斯特莱罗：《澳洲中部的阿兰达和洛里查部落》，第 1 卷，第 2 页。

[48] 《澳洲中部的土著部落》，第 73 页，注解 1。

[49] 关于这一系列概念，见《澳洲中部的土著部落》，第 119 页，第 123—127 页，第 287 页及以下诸页；《澳洲中部的北部部落》，第 145—174 页。在格南吉部落，怀孕不一定非得发生在奥克纳尼吉拉附近，但是他们相信，一对夫妇即使走遍这块大陆，也会有属于丈夫图腾的一群灵魂始终跟着他们。时机一到，其中一个灵魂就进入妻子体内并使她受孕，无论她在哪儿(《澳洲中部的北部部落》，第 169 页)。

[50] 《澳洲中部的土著部落》，第 512—513 页；并参见第 5 章和第 6 章。

[51] 《澳洲中部的土著部落》，第 119 页。

[52] 凯蒂什部落(《澳洲中部的北部部落》，第 161 页)和乌拉本纳部落(《澳洲中部的北部部落》，第 146 页)。

[53] 是这种情况的有瓦拉蒙加部落及其相关的部落，瓦尔帕里、伍尔马拉、沃尔加亚、津吉利等部落(《澳洲中部的北部部落》，第 161 页)，还有翁巴亚部落和格南吉部落(同上，第 170 页)。

[54] 斯特莱罗：《澳洲中部的阿兰达和洛里查部落》，第 1 卷，第 15—16 页。关于洛里查部落，见第 7 页。

[55] 斯特莱罗进而说，人们甚至不认为性关系是怀孕的一个必要条件或是一种准备(《澳洲中部的阿兰达和洛里查部落》，第 2 卷，第 52 页，注解 7)。当然他在后面又补充了几句话，说老人对性交与生育之间的联系

一清二楚，但孩子们只知道动物之间的这种关系。这就使他先前的论断没有多少价值了。

[56] 一般我们使用斯宾塞和吉兰的术语而不是斯特莱罗的术语，因为前者由于长期的使用已经得到了肯定。

[57] 《澳洲中部的土著部落》，第124页，第513页。

[58] 《澳洲中部的阿兰达和洛里查部落》，第1卷，第5页。据斯特莱罗说，"恩迦拉"意指永恒。在洛里查部落，只有岩石能够满足这一功能。

[59] 斯特莱罗将其译为"Kinderkeime"（小儿萌芽）。如果说斯宾塞和吉兰不知道"拉塔葩"神话及其相关的习俗，那是不对的；他们在《澳洲中部的土著部落》第336页及以下诸页、第552页中明确地提到了它们。斯宾塞和吉兰注意到，在阿兰达部落所有的各个地方，有些被称为"Erathipa"的岩石，"精灵小儿"或者是小儿的灵魂，就从岩石上分离下来，进入妇女的身体并使之受孕。斯宾塞和吉兰说"Erathipa"意为孩子，不过他们又说在日常谈话中很少使用该词的这一意义（《澳洲中部的土著部落》，第338页）。

[60] 阿兰达人分为四个或八个姻族，孩子的姻族取决于他父亲的姻族，反之，父亲的姻族也可以由孩子的姻族推出来（见斯宾塞和吉兰：《澳洲中部的土著部落》，第70页及以下诸页；斯特莱罗：《澳洲中部的阿兰达和洛里查部落》，第1卷，第6—7页）。我们下文将再回过头来讨论拉塔葩的姻族是怎样确定的。

[61] 斯特莱罗：《澳洲中部的阿兰达和洛里查部落》，第2卷，第52页。有时候也会对孩子图腾的性质发生争执，但较为罕见。斯特莱罗引证了一例（第2卷，第53页）。

[62] 这和斯宾塞和吉兰所说的"namatwinna"是同一个词（《澳洲中部的土著部落》，第541页）。

[63] 斯特莱罗：《澳洲中部的阿兰达和洛里查部落》，第2卷，第63页。

[64] 斯特莱罗：《澳洲中部的阿兰达和洛里查部落》，第2卷，第56页。

[65] 马休说津吉利部落（又名Chingalee）也有类似的理论（《昆士兰皇家地理学会会刊》，第22卷，1907年，第75—76页）。

[66] 有时候投掷纳玛土那的祖先在那位妇女面前以动物或人的形式现形。

这是祖先灵魂与物质形式密切相关的又一证据。

[67] 舒尔策:《芬克河上游和中游的土著》,第 237 页。

[68] 这是由于拉塔葩只有在属于神秘祖先的母亲所属姻族的妇女的体内才能转生。所以我们不明白斯特莱罗怎么能说(《澳洲中部的阿兰达和洛里查部落》,第 1 卷,第 42 页,注释部分),除了一个例子外,神话并不认为阿尔彻灵迦时代的祖先有确定的姻族。他自己有关怀孕的理论证明的却是与之相反的说法(参见第 2 章,第 53 页及以下诸页)。

[69] 斯特莱罗:《澳洲中部的阿兰达和洛里查部落》,第 2 卷,第 58 页。

[70] 对于斯宾塞和吉兰所说的祖先灵魂在妇女体内转生,如果我们对其表述不是死扣字面地加以理解的话,那么他们与斯特莱罗的说法之间的差别就更小了,甚至几乎毫无差别。使妇女受胎的不是整个灵魂,而是来自于灵魂的流溢物。实际上,按照他们自己的阐述,灵魂在力量上相当于甚至要高于继续生活在南迦树上或南迦岩中的转生者(见《澳洲中部的土著部落》,第 514 页)。我们还有机会再谈到这一点(参见本书,第 378 页)。

[71] 斯特莱罗:《澳洲中部的阿兰达和洛里查部落》,第 2 卷,第 76 页,第 81 页。据斯宾塞和吉兰说,储灵珈不是祖先的灵魂,而是祖先灵魂所寄居的对象。实质上,这两种神话解释是一回事,我们很容易理解一种说法是怎样逐渐变为另一种说法的,因为躯体就是灵魂寄居之地。

[72] 斯特莱罗:《澳洲中部的阿兰达和洛里查部落》,第 1 卷,第 4 页。

[73] 斯特莱罗:《澳洲中部的阿兰达和洛里查部落》,第 1 卷,第 53—54 页。在这些故事中,祖先开始先自己进入妇女体内,引起了怀孕所特有的不适,然后他再出来,而只有在这时候他才留下他的纳玛土那。

[74] 斯特莱罗:《澳洲中部的阿兰达和洛里查部落》,第 2 卷,第 76 页。

[75] 《澳洲中部的阿兰达和洛里查部落》,第 2 卷,第 81 页。这是对其用语的逐字翻译,与斯特莱罗所译的一样:“Dies du Körper bist; dies du der nämliche”。在神话中,一位教化英雄“曼迦昆耶昆雅”(Mangarkunjerkunja)在把每人祖先的储灵珈交给他们时说:“你生于这一储灵珈。”(同上,第 76 页)

[76] 斯特莱罗:《澳洲中部的阿兰达和洛里查部落》,第 2 卷,第 76 页。

[77] 斯特莱罗:《澳洲中部的阿兰达和洛里查部落》,第 2 卷,第 76 页。

[78] 实质上,以下才是斯特莱罗与斯宾塞和吉兰之间唯一真正的不同:按斯宾塞和吉兰的说法,个体的灵魂在个体死后又返回到南迦树,在那里它再次与祖先的灵魂相混合(《澳洲中部的土著部落》,第 513 页);按斯特莱罗的说法,个体灵魂前往冥岛,在那儿最终毁灭。在两个神话中,灵魂都不能单独存在下去。我们并不想追究其分歧的原因。可能是斯宾塞和吉兰一方考察有误,他们没有提到冥岛。也可能是在斯宾塞和吉兰所专门考察的东部阿兰达人中,其神话与该部落其他部分的神话不同。

[79] 斯特莱罗:《澳洲中部的阿兰达和洛里查部落》,第 2 卷,第 51 页。

[80] 同上,第 2 卷,第 56 页。

[81] 同上,第 1 卷,第 3—4 页。

[82] 同上,第 2 卷,第 61 页。

[83] 参见本书,第 248—249 页。

[84] 斯特莱罗:《澳洲中部的阿兰达和洛里查部落》,第 2 卷,第 57 页;第 1 卷,第 2 页。

[85] 同上,第 2 卷,第 57 页。

[86] 罗斯:《迷信,巫术与巫医》,第 74 节。

[87] 换句话说,图腾物种是由一群祖先和神秘物种组成的,而远非由普通的动物或植物所组成。

[88] 参见本书,第 343—344 页。

[89] 斯特莱罗:《澳洲中部的阿兰达和洛里查部落》,第 2 卷,第 76 页。

[90] 同上。

[91] 斯特莱罗:《澳洲中部的阿兰达和洛里查部落》,第 2 卷,第 57 页,第 60 页,第 61 页。斯特莱罗把图腾名单称作拉塔葩名单。

[92] 霍维特:《澳洲东南部的土著部落》,第 475 页及以下诸页。

[93] 加松:《澳洲土著迪埃耶里部落的礼仪与习俗》,载于科尔:《澳洲种族》,第 2 卷,第 47 页。

[94] 霍维特:《澳洲东南部的土著部落》,第 482 页。

[95] 霍维特:《澳洲东南部的土著部落》,第 487 页。

[96]　泰普林:《澳洲南部土著的民俗、习惯和礼仪等》,第 88 页。

[97]　每个祖先的氏族都有其专门的地下营地,这个营地就是“密苑”。

[98]　马休:《新南威尔士和维多利亚的土著部落的民族学笔记》,载于《新南威尔士皇家协会公报期刊》,第 38 卷,第 293 页。他指出在维多利亚的其他部落中也有同样的信仰(同上,第 197 页)。

[99]　马休:《新南威尔士和维多利亚的土著部落的民族学笔记》,载于《新南威尔士皇家协会公报期刊》,第 38 卷,第 349 页。

[100]　毕肖普:《纽尔纽尔人》,载于《人类学》,第 3 卷,第 35 页。

[101]　罗斯:《迷信,巫术与巫医》,第 68 节;参见第 69 节 a,其中给出了普罗瑟派恩(Proserpine)河畔土著的一个类似的例子。为了叙述的简便,我们没有谈及由于性别差异所造成的复杂性。女孩虽然也与她们的兄弟一起分有父亲的灵魂,但她们的灵魂是由母亲的肖伊产生出来的。这种特性可能是由于先后使用了两种亲子传承的体系的缘故,但与灵魂永恒性的本原无关。

[102]　罗斯:《迷信,巫术与巫医》,第 16 页。

[103]　克劳斯:《特林基特印第安人》,第 282 页。

[104]　斯万顿:《海达人民族学》,第 117 页及以下诸页。

[105]　博厄斯:《不列颠科学进步委员会。加拿大自治领西北部落委员会的第六次报告》,第 59 页。

[106]　拉菲杜:《美洲野蛮人的习俗》,第 2 卷,第 434 页;贝蒂杜:《德内—丁杰专集》,第 59 页。

[107]　参见本书,第 180 页及以下诸页。

[108]　参见本书,第 183 页。

[109]　霍维特:《澳洲东南部的土著部落》,第 147 页;参见该书第 769 页。

[110]　斯特莱罗(《澳洲中部的阿兰达和洛里查部落》,第 1 卷,第 15 页,注解 2)和舒尔策(《芬克河上游和中游的土著》,第 246 页)与霍维特一样,也谈到灵魂离开肉体去吃其他的灵魂。与之相似,我们上文已经看到,阿尔吉拉(即母方图腾)在梦里显形,就像灵魂或精灵那样。

[111]　菲松和霍维特:《卡米拉罗伊与库尔奈》,第 280 页。

[112]　《环球》,第 111 卷,第 289 页。尽管莱奥哈蒂表示异议,斯特莱罗仍坚

持他对这一问题的论断(见斯特莱罗:《澳洲中部的阿兰达和洛里查部落》,第 3 卷,第 11 页)。莱奥哈蒂认为这一断言和拉苕葩出自树木、岩石和储灵珈的说法有矛盾。但是,图腾动物对图腾的体现与南迦树或南迦岩相同,所以它们能履行一样的职能。这两类事物的神话意义是相等的。

[113]《笔记:南澳洲北部地区的西海岸部落》,《南澳大利亚皇家协会会刊》,第 31 卷,1907 年,第 4 页。参见《人的科学》,1909 年,第 86 卷。

[114] 据科尔和霍维特说,在瓦克尔布拉,姻族都有自己的图腾,即展现该姻族的动物(见科尔:《澳洲种族》,第 3 卷,第 28 页);而在班迪克,动物显示的是氏族(史密斯夫人:《澳洲南部土著的班迪克部落》,第 128 页)。参见霍维特:《论某些澳洲信仰》,载于《大不列颠及爱尔兰人类学研究所学报》,第 13 卷,第 191 页;第 14 卷,第 362 页;托马斯:《美洲人对图腾制度的一种看法》,《人的科学》,1902 年,第 85 卷;马休:《新南威尔士皇家协会公报期刊》,第 38 卷,第 347—348 页;史米斯:《维多利亚的土著》,第 1 卷,第 110 页;《澳洲中部的北部部落》,第 513 页。

[115] 罗斯:《迷信,巫术与巫医》,第 83 节。这可能是一种形式的性别制度。

[116] 维德亲王:《北美腹地游记》。

[117] 施泰恩:《自然民族》,1894 年,第 511 页,第 512 页。

[118] 见弗雷泽:《金枝》(第 2 版),第 1 卷,第 250 页,第 253 页,第 256 页,第 257 页,第 258 页。

[119]《美国民族学会第三次年度报告》,第 229 页,第 233 页。

[120]《美国的印第安部落》,第 4 卷,第 86 页。

[121] 例如在苏门答腊的巴塔部落(见《金枝》,第 2 版,第 3 卷,第 420 页)、美拉尼西亚(考德林顿:《美拉尼西亚人》,第 178 页)和马来群岛(泰勒:《图腾制度评论:特别以某些现代有关理论为参考》,载于《大不列颠及爱尔兰人类学研究所学报》,新辑,第 1 卷,第 147 页)。值得注意的是,亡魂明确地表现为动物形式的个案,都来自图腾制度或多或少发生变态的社会。这是因为,当图腾信仰相对较为纯粹的时候,由于图腾制度意味着同时涉及两个界域,灵魂观念就必然是模棱两可的,

所以灵魂不能完全成为此物或彼物，而只能根据环境而呈现出这种或那种面貌。随着图腾制度的发展，这种两重性逐渐失去了必要性，同时，精灵日益活跃地引起人们的关注。此后，灵魂对于动物界的显著的亲和性便表现出来了，尤其是在灵魂脱离人体的束缚以后。

[122] 参见本书，第 236 页。关于轮回说的普遍性，参见泰勒：《原始文化》，第 2 卷，第 8 页及以下诸页。

[123] 即使我们认为宗教和道德表现是构成灵魂观念的基本要素，我们也没有说这们是唯一的成分。围绕这个核心，集聚着其他状态的意识，这些意识也有同样的性质，虽然程度要弱一些。所有认知活动的高级形式却都是这种情况，因为它们有社会赋予了它们的独有的价值和尊严。当我们投身到科学或艺术中去时，我们感到是在超越肉体感觉之上的东西中活动，对此，我们在结论中将有机会更加清楚地予以阐明。正因为这样，智力的最高功能才总是被视为灵魂的独特体现。不过，它们大概还不足以确立灵魂的观念。

[124] 特莱基尔：《毛利语—波利尼西亚语比较词典》，第 203—205 页。

[125] 我们多次引用过的普罗伊斯在《环球》上的文章就是这个主题。好像列维—布吕尔也倾向于这种概念（见他的《低级社会中的精神功能》，第 92—93 页）。

[126] 关于这一点，见拙著《自杀论》，第 233 页及以下诸页。

[127] 可能有人会反对说统一性是人格的特征，而灵魂却总是被构想为复合的、并且几乎能够无限地分裂再分裂的东西。但我们现在知道，个人的统一性也是由很多部分组成的，也能够分裂分解。然而人格观念并没有因为我们不再把它想成一种形而上的和不可分的原子而消失。灵魂观念所表达的人格的通行概念也是这样的。这表明，人们始终觉得人格并没有某些形而上学者所认为的那种绝对统一性。

[128] 因此，我们并不是要否认个体因素的重要性，对此及其相反的说法，我们的观念都能够轻易解释。如果我们的社会成分是人格的基本要素，那么另一方面，没有联合起来的不同个体，就不可能有

社会生活，而且个体越多、彼此差异越大，社会生活也就越丰富多彩。所以个体因素是非个人因素的条件。而且反过来说也丝毫不爽，因为社会本身乃是个体差异的重要来源（见拙著《社会分工论》，第3版，第267页及以下诸页）。

第九章　精灵和神的观念

当我们在探讨灵魂观念的时候，我们已经离开了纯粹非人格力的范围。但是，澳洲宗教已经认为，在灵魂之上还有更高级的神秘人格，即精灵、教化英雄，甚至还有确切意义上的神。虽然没有必要深入到这些神话的细节中去，但是我们至少必须要弄清，这三类精神存在在澳洲被表现为什么形式，它们又是以什么方式与整个宗教体系联系起来的。

1

灵魂并非精灵。实际上，灵魂被拘禁在一个确定的有机体内，虽然有时候可以离开，但通常它还是那里的囚徒。只有在人死了以后，它才能彻底逃脱出来，而且我们已经看到要完成这种分离有多么困难。而精灵则不同，虽然它往往和某些特定的事物极其紧密地结合在一起，诸如泉水、岩石、树木、星辰等等，而且它很愿意寄寓其中，但是，它可以随意离开，可以在自由的空间中过一种独立的生活。所以精灵的活动范围更加广泛，它能够作用于那些接近它的或是它去接近的个体。灵魂则相反，在它所赋予生命的肉体之外，它几乎没有任何影响；在人世生活的过程中，它成功地影响了外界事物的情况是非常罕见的。

不过，灵魂所没有的精灵的那些独到之处，在人死以后它却能够部分地获得。实际上，一旦灵魂解除了化身，只要它还没有重新降入到另一个肉体中，它就和精灵具有同样的行动自由。当然，在葬礼完成以后，据说它便前往冥界去了，但是此前它要在坟墓周围待上相当长的时间。而且，甚至在它完全脱离肉体以后，人们认为它还会在营地附近的丛林中游荡。[1]它一般被表现为相当慈善的东西，特别是对它家族中还活着的那些成员。我们已经知道，父亲的灵魂会来帮助他的子孙成长。但有时候它也表现出十足残忍的迹象，这一切都要取决于它的脾气和人们对待它的方式。[2]所以人们告诫说，尤其是女人和孩子，不要在夜间冒险外出营地，以免遇到危险。[3]

然而，鬼魂并不是真正的精灵。首先，它的行动能力一般很有限；其次，它没有明确的领地。它是个流浪汉，不承担任何确定的任务，因为死亡的作用已经使其置于一切规范形式之外。相对于活着的时候来说，它过的是一种流亡生活。与之相反，精灵始终拥有某种力量，而且它正是由此得到界定的；它要负责某一类宇宙现象或社会现象，在宇宙体系中发挥着相当明确的功能。

但是有些灵魂满足这两方面的条件，因而也就成为确切意义上的精灵，这就是神话人物的灵魂。人们想象这些人物处在时间的开端，他们在阿兰达是阿尔吉兰迦米吉那或阿尔衔灵迦人，在艾尔湖部落是穆拉—穆拉，在库尔奈是穆克—库尔奈，等等。从一定意义上说，他们仍然是灵魂。因为据说他们以前曾经赋予过一些躯体以生命，后来又在某个时刻离开了这些躯体。但是我们已经看到，即使在过着人世生活的时候，他们也已经具有不寻常的力量了，他们拥有高于普通人的曼纳，而且一直保持着。另外，他们还负有明确的职责。

首先，无论是按照斯宾塞和吉兰的说法，还是按照斯特莱罗的说法，他们都有确保氏族能够定期招集的任务，还负有造成怀孕现象的责任。

甚至在已经怀上孕以后，祖先的任务也还没有完成，保护新生儿也是他的义务。待到后来，孩子长大成人，他还要陪伴他打猎，给他带来猎物，借助梦来提醒他可能遇到的危险，保护他不受敌人的伤害等等。在这一点上，斯特莱罗与斯宾塞和吉兰完全一致。[4]当然有人根据后者的说法，可能会怀疑祖先如何能够满足这种功能，理由是既然他在怀孕的那一刻就转生了，那他似乎就应该与孩子的灵魂合为一体了，因此也就无法从外界来保护他了。但事实是，祖先并没有完全转生，他仅仅是复制了自身。他的一部分进入到妇女体内并使之受孕，另一部分继续存在于外界，并以“阿龙布灵迦”(Arumburinga)的名义履行着守护神的职责。[5]

于是，我们看到，祖先精灵和拉丁人的守护神 genius 以及希腊人的守护神 δαίμων 之间的关系是多么密切。[6]他们的功能一模一样。实际上，最初的守护神就是“生育者”(qui gignit)，他是对繁衍生育能力的表达和人格化。[7]但同时，对于他所附身的那个个人而言，他又是特定个体的保护者和指导者。[8]他最终和那个个体的人格融为一体，代表了他特有的全部习性和倾向，并给了他一个与众不同的外貌。[9]因此，我们所熟知的“仁慈之神”(indulgere genio)和“蒙骗之神”(defraudere genium)的说法，就具有“效仿某人的自然性情”的意思。实质上，守护神就是个体灵魂的另一种形式，或是个体灵魂的互体。这一点可以由守护神和魂灵的部分同义来证明。[10]魂灵是人死后的守护神，但它就是死者的遗存，也就是说，是死者的灵魂。同样，阿兰达人的灵魂和作为他们守护神的祖先精灵也不过是同一事物的两个不同方面而已。

祖先不仅在与人的关系中具有一个确定的地位，相对于事物来说也一样。虽然人们相信祖先在地下有他真正的居所，但是也认为，他总是出没于其南迦树或南迦岩的所在之地，出没于在他结束其最初生命并在地下消失的那个确切地点自然形成的水洞那里。因为这种树木或岩石被认为代表了那些英雄的躯体，所以人们想象灵魂总要回到那儿，或长或短地住在那儿。正是通过灵魂的存在，人们才说明了这些地方所唤起的宗教敬意。任何人折了南迦树的树枝都难逃罹病之灾。[11]“从前折下树枝或是弄伤了南迦树的行为都要用死亡作为处罚。躲藏在那里的鸟兽不得杀害。甚至周围的树丛也必须受到尊敬，那里的草是不能烧的，岩石也得待以崇敬，严禁移动或破坏它。”[12]由于祖先被赋予了这种神圣性，所以祖先就成为了这些树木、岩石、水洞或是泉水的精灵。[13]如果泉水被认为与降雨具有某种联系，[14]那么祖先又会变成雨的精灵。这样，作为人们保护神的那些灵魂，同时也就执行了宇宙的功能。毫无疑问，我们必须要从这一意义去理解罗斯的文章，他说在北昆士兰，自然的精灵是那些选择在树木和山洞中生活的死者灵魂。[15]

所以，在这里，精神存在与一些没有明确权力的游魂是不同的。斯特莱罗称之为神，[16]但是这种表达是不确切的，至少在大

多数情况下是不确切的。如果这样说可以的话，那么在阿兰达这样的社会中，每个人都有他具有保护作用的祖先，所以有多少人就会有多少神，甚至还会有更多的神。对于我们所说的"神是唯一被信奉的神圣存在"而言，这只会带来混乱。当然，祖先的形象也可能愈发高大，以至于类似于真正的神明。我们已经指出，在瓦拉蒙加，人们相信整个氏族都是从独一无二的祖先那里衍生出来的。[17]我们很容易理解，为什么这种集体的祖先在特定的情况下会成为集体信奉的对象。一个突出的例子是关于沃龙迦蛇的。[18]叫这同一名字的氏族都是这个神话动物的后裔，人们相信它还活着，就活在一个水洞里，那个水洞因此也成了宗教崇拜的中心。于是，它就成为氏族集体膜拜的对象：通过确定的仪式，人们试图取悦于它和赢得它的恩惠，并且针对它做各种祈祷，等等。所以我们可以说它就像是氏族的神。但是这是一个非常特殊的情况，据斯宾塞和吉兰讲，这甚至是唯一的情况。通常，"精灵"才是唯一适合于指称这些祖先人物的词。

至于这种概念的形成方式，我们可以说它明显来自于在此之前已有的概念。

正如我们已经表明的那样，个体灵魂的存在一旦被承认，除非想象在万物之始有一个基本灵魂提供起源，其他所有灵魂都从中导源而出，否则就无法理解。而人们又不得不把这些原型灵魂构想为包含一切宗教功效的源泉；因为，既然想象不能再超越它们，那么就只能认为所有的神圣事物——无论是膜拜法器、氏族成员还是图腾动物——都是来自于它了。它们化身为散布在整个部落和整个世界中的一切神圣者，所以它们赋有的权力也就大大高于人的普通灵魂所具有的力量了。此外，时间本身也提高和强化了事物的神圣性。一个极为古老的储灵珈所激起的尊崇要比新的储灵珈强烈得多，同时也被认为会有更大的功效。[19]作为绵延传递世代摩挲的敬奉对象，对它的虔敬之情因此也在其中日积月累。基于同样的原因，千百年来成为众口传诵的神话主题、并不时通过仪式发挥作用的祖先人物，也是不可能不在群众的想象中取得特殊地位的。

但是，为什么祖先人物没有始终留在有组织的社会之外，而是成为了社会的正式成员呢？

这是因为每个个体都是一个祖先的互体。而当两个存在者有这样密切的关系的时候，很自然他们就被想成是结合在一起的。既然他们共享同一本质，那么对其中一方产生影响的事情似乎就应该同样也影响另一方。于是，神话祖先就成为了活人社会中的一分子，每个祖先和每个生者都被认为具有同样的利益和激情，双方被看成是相伴相生的。然而，由于前者有比后者更高的尊荣，所以在公众的心目中，这种形式的联合是高贵者与低下者、庇护者与被庇护者、施与者与受惠者之间的一致。因而，出现了每个个体都附有一个保护神的奇特观念。

至于为什么这些祖先不仅与人有关系而且与物也有关系这个问题，可能显得较为棘手。因为乍看起来，我们搞不清在这类人物与岩石或树木之间能有什么联系。但是，要感谢斯特莱罗为我们提供了一个事实，它使我们很有可能找到了问题的答案。

这些树木和岩石大部分集中在氏族收藏储灵珈的圣所周围，部落领地中的任何其他地方一般都没有。斯宾塞和吉兰把这类圣所称之为“厄纳土伦珈”，斯特莱罗则称之为“阿克纳纳瓦”(arknanaua)[20]。我们知道，这些地方之所以笼罩着虔敬的气氛，就是因为那里存放着最珍贵的膜拜法器，每个储灵珈都将其神性传向周围的一切。因为这个缘故，邻近的树木和岩石都显得十分神圣，以至于禁止破坏损害它们，对它们的所有粗暴举止都被视为一种亵渎。其实，这种神圣性就是由心理感染这种简单的现象造成的，但是土著人为了解释它，就只有承认这些不同的事物与他们认为含有一切宗教力量之源的那些存在有关，也就是说，和阿尔彻灵迦祖先们有关。于是，就出现了我们所谈到过的神话体系。他们想象每个厄纳土伦珈都是标志着一群祖先进入地下的地方，地上的土丘或树木被认为代表着他们的躯体。而由于灵魂一般都与它所寄居的躯体保有一种亲和性，所以这很自然地就使他们认为祖先灵魂继续经常出没于这些留有它们物质躯壳的地方了。这样，祖先灵魂就位于岩石、树木和水洞之中了。于是，尽管每个祖先灵魂都还仍然和某个确定的个体系于一身，但它们也转变成了一种地方守护神(genius loci)而履行其职责。[21]

以上阐明的这些概念，终于使我们能够理解我们留到现在尚未解释的一种图腾制度，这就是个体图腾制度。

个体图腾基本上可以由以下两个特征来界定：(1)它以动物或植物的形式存在，其功能是保护一个个体；(2)这个个体的命运和他的保护者的命运密切相关，所有触及后者的事情将感应地传给前者。而我们刚才谈到过的祖先精灵正好对应这个定义。它们也属于——至少是部分地属于——动物或植物界；而且，它们也是保护神；最后，在每个个体与他的佑护祖先之间也联系着一条相互感应的纽带。实际上，代表着祖先神奇躯体的南迦树一旦被毁坏，那个人就不能不觉得自己受到了威胁。当然这种信仰今天已经不再有那么强烈了，但是，斯宾塞和吉兰已经观察到了它，而且认为这种信仰在以前无论如何都是十分普遍的。[22]

甚至在细节上也能发现这两个概念的一致性。

祖先灵魂寄托在那些被视为神圣的树木或岩石中。同样，在埃瓦拉伊，作为个体图腾的动物精灵也被认为是栖居在树木或石头里的。[23]这种树或石头也是神圣的，除了这个图腾的所有者之外，任何人都不可以碰它；对于石头或是岩石，这种禁忌则更加绝对。[24]结果是那里成为了名副其实的避难之地。

而且，我们已经看到个体灵魂只是祖先精灵的另一个方面，按照斯特莱罗的说法，它马马虎虎可以算作是第二自我。[25]同样，依据帕克夫人的表述，埃瓦拉伊人的个体图腾称作“元拜”，就是个体的“他我”：“人的灵魂在其元拜中，而其元拜的灵魂也在他体内。”[26]所以，这实质上就是在两个躯体中的同一灵魂。这两种观念的关系是如此密切，以至于土著人有时候也用一个词来表达它们。波利尼西亚和美拉尼西亚就是这种情况。莫塔(Mota)岛的“阿太”(atai)、奥罗拉(Aurora)岛的“塔玛纽”(tamaniu)以及莫特劳的“塔勒吉亚”(talegia)指的都是个体灵魂和他的个人图腾。[27]萨摩亚的“艾图”(aitu)也是一样。[28]这是因为个体图腾只是外在的、可见的自我或人格，而灵魂则是内在的、不可见的自我或人格。[29]

这样，个体图腾就具备了佑护祖先的所有基本特征，并扮演了相同的角色，因为它具有同样的起源，并出自同样的观念。

其实，个体图腾就是灵魂的复本。图腾和祖先一样，也是个体的灵魂，只不过是外化了，而且它被赋予的力量，也比人们认为有机体内在所能具有的力量要大。这个复本是心理过程的必然产物，因为它表达的就是灵魂；而我们已经知道，灵魂就是双重的。在一定意义上，个体图腾是我们的，因为它表达了我们的人格。但与此同时，它也外在于我们，因为它只是进入我们内部的外在于我们的宗教力。我们不能完全与之混同，因为我们所赋予它的优越与尊贵，使之远远高于我们自身和我们经验的个体性。所以，我们有把我们的一部分设想成完全在我们外部的倾向。这种思考方式根深蒂固地确立在我们的本性之中，使我们无法逃避，甚至在努力不借助于任何宗教符号来看待我们自身的时候也不能摆脱。我们的道德意识犹如一个核心，灵魂观念本身就是围绕它形成的；当它对我们言说时，产生了一种在我们外部、高于我们的力量所具有的效果，它提供给我们律令与评判，也提供给我们帮助和支持。如果我们有它在我们一边，我们就觉得自己会更加坚强地面对生活的磨难，更有把握战胜这些磨难，就像信赖祖先和个人图腾的澳洲人觉得自己会更加勇猛地抗击敌人一样。[30]所以这些概念有某种客观的基础，无论我们所想到的是罗马人的守护神、个体图腾，还是阿尔彻灵迦祖先；而这也正是它们能以各种形式保存到今天的原因。一切事情都好像是我们确实有两个灵魂似的，一个在我们内部，或者毋宁说就是我们本身；另一个则在我们之上，其职责就是控制和帮助前者。弗雷泽认为个体图腾是外在的灵魂，但又以为这个外化物是诡计或巫术的结果；事实上，它就包含在灵魂观念的建构之中。[31]

2

我们刚才所谈到的精灵基本上是仁慈的。当然，如果人们对待它的方式不当，也会受到它的惩罚，[32]不过它们的职能并不是害人。

然而，精灵本身确实是既能行善也能作恶。这就是为什么我们会发现有邪恶精灵自成一帮，与提供援助与庇护的精灵作对。这使人们能够解释他们所不断遭受到的伤害、他们的梦魇[33]和疾病[34]，以及旋风和风暴[35]等等。当然，这并不是说人类的所有这些苦恼都好像是极其异常的东西，以至于只有用归诸超自然力的办法才能解释；而是说，人们是以一种宗教的形式来思考这些力量的。正是由于宗教本原被当作生命之源，所以一切觉扰或破坏生命的事件都必然要顺理成章地追溯到这一本原。

这些有害的精灵与我们刚才所谈到的好精灵似乎是按照同一模型构想出来的。它们被表现为动物，或者是半人半兽[36]；不过人们很自然地倾向于赋予它们庞大的身形和可憎的外貌[37]。与祖先灵魂相似，人们认为它们也住在树木、岩石、水坑和地下洞穴之中。[38]以阿兰达作为一个特定的例子，斯宾塞和吉兰明确地说，名字叫作"恶兰煞"（Oruncha）的邪恶精灵就是阿尔彻灵迦时代的东西。[39]有很多邪恶精灵被表现为过着世间生活的人的灵魂。[40]这些传说时代的角色实际上也有各种各样的性情禀赋：有的保留着残忍邪恶的天性[41]，有的则天生体质很糟，消瘦衰弱，所以在它们进入地下以后，由它们所产生出来的南迦岩就被看作是危险势力的渊薮了[42]。

不过与同类阿尔彻灵迦英雄相比，它们还是有些不同之处。它们不转生，在活人中没有谁是它们的再现，它们也没有人类后裔。[43]如果人们从某些迹象判断，认为一个婴儿是这些精灵作用的结果，那么它一出生就立即要被杀死。[44]而且，这些精灵不属于任何确定的图腾群体，它们处在社会组织之外。[45]所有这些特点表明，它们被当作了巫术力量，而不是宗教力量。实际上，它们与巫师的关系格外特殊，巫师往往正是从它们那里获得力量的。[46]所以我们现在正处在宗教世界的尽头和巫术世界的入口，而由于后者在我们的研究领域之外，所以我们的讨论不必再向前推进了。[47]

3

精灵观念的出现标志着迈向宗教力个体化的重要一步。

然而，迄今为止，我们所谈及的精神存在还只是些次要的角色。它们要么是属于巫术而不属于宗教的作恶精灵；要么就是附着于确定的个体或地点的精灵，仅在一个非常有限的范围内才能感觉到它们的影响。所以，它们只能成为私人和地方仪式的对象。但是精神存在的观念一旦确立以后，它就自然会扩散到宗教生活的更高领域，于是一种更高等级的神秘人格就诞生了。

不同氏族的仪典虽然各不相同，但是这些仪典都属于同一宗教，而且其中还存在着一些基本的共同之处。既然所有氏族都只是同一部落的一个部分，那么部落的统一性就不可避免地要在各色各样的独特膜拜中体现出来。实际上，没有一个图腾群体没有储灵珈和牛吼器的，到处都以同一方式使用着这两样东西。部落组织中胞族、姻族和氏族的划分，以及相应的外婚制禁忌，都是名副其实的部落制度。成年礼庆典均包括一些基本的仪轨、拔牙、割礼、割阳等等，这些在一个部落内毫无差别。在此，一致性更容易确立起来，因为成年礼总是在全部落都在场的情况下才举行的，或者至少要在不同的氏族被召来集会的时候举行。这样做的原因在于成年礼要把新人引入整个部落的宗教生活，而不仅仅是他所出生的那个氏族的宗教生活，所以必须要把部落宗教的各个方面都在他面前呈现出来，好让他亲眼目睹这一切是如何展开的。正是在这种场合，部落的道德与宗教的统一性才得到了最好的肯定。

因而，在每个社会中都有一些仪式因其同质性和普遍性而区别于其他仪式。如此引人注目的协调一致似乎只能用共同的起源来解释。所以人们想象每一组类似的仪式都是同一个祖先创立的，并由他启示给整个部落。例如，在阿兰达，据说是一个叫作“普提亚普提亚”(Putiaputia)的山猫氏族的祖先[48]教给了人们制作储灵珈的方法，以及怎样在仪式上使用它。这样的祖先在瓦拉蒙加是“穆尔图—穆尔图”(Murtu - murtu)[49]；在乌拉本纳是“威图纳”(Witurna)[50]；在凯蒂什是“亚特纳图”(Atnatu)[51]；在库尔奈是“腾丹”(Tendun)[52]。同样，关于割礼仪轨的创立者，东迪埃里和其他许多部落[53]认为是两个特殊的穆拉—穆拉，阿兰达人则认为是一个蜥蜴图腾的阿尔彻灵迦英雄，名叫曼迦昆耶昆雅。[54]人们还把婚姻制度及其所包含的社会组织的创立、火的发现、矛、盾和回飞镖等等的发明都归功于曼迦昆耶昆雅。牛吼器的发明者也常常被认为就是成年礼的创立者。[55]

这些特殊的祖先不能与其他祖先等量齐观。一方面，他们所

激起的崇敬之情不仅限于一个氏族，而是普及到整个部落。另一方面，人们认为是他们创造了所有在部落文明中最受敬重的事物。因为这双重的原因，他们成为受到独特重视的对象。例如，据说亚特纳图早在阿尔彻灵迦时代之前就在天上出生了，他造出了自己并给自己取了这个名字；星辰是他的妻子和女儿；在他所在的天之外还有一个天有一个太阳；他的名字是神圣的，不得当着女人或未成年人说出。[56]

不过，无论这些人物享有多高的威望，他们也没有什么缘由去创建崇拜自己的专门仪式，其实，他们本身只不过是仪式的人格化。除了解释现存的仪轨以外，他们没有存在的其他的根据，他们只是这些仪轨的另一方面。储灵珈和发明它的祖先是一码事，有时候两者还用同一个名字。[57]当牛吼器奏响的时候，人们说那就是祖先为了让人们听到他而发出的声音。[58]但是，正是因为每个这样的英雄都与传说中他们所创立的膜拜混合在了一起，人们才认为他对举行仪式的方式是重视有加的。除非崇拜者精确圆满地履行了义务，否则他就不会满意，而对于大意怠慢的人则要进行惩罚。[59]所以他被认为既是仪式的创建者，又是仪式的守望者，因为这个缘故，他就实实在在地被赋予了一种道德角色。[60]

4

然而，这还不是见于澳洲的最高的神话形态。至少有一定数量的部落已经有了神的概念，这种神即使不是独一无二的，也是至高无上的，并被赋予了其他宗教实体所不可企及的地位。

不少考察者很久以前就指出了这种信仰的存在，[61]但是，霍维特却对确立信仰的相对普遍性作出了最大的贡献。实际上，他证实了这种信仰遍及包括维多利亚州和新南威尔士在内的广大地区，甚至还延伸到昆士兰。[62]在这整片地区中，有相当数量的部落都相信存在着一个名副其实的部落神明，在不同的地区有不同的名字。最常用的一个名字是“班吉尔”(Bunjil)或“潘吉尔”(Punjil)[63]、“达拉穆伦”(Daramulun)[64]以及“贝亚米”(Baiame)[65]。但是我们发现还有“努拉里”(Nuralie)或“努莱尔”(Nurelle)[66]、“高翰”(Kohin)[67]以及“曼干高瓦”(Mangan - ngaua)[68]等名字。同样的概念也见于更西部的纳里涅里部落，在那儿这位大神称为“努伦德里”(Nurunderi)或是“恩古伦德里”(Ngurrunderi)[69]。在迪埃里，很可能是一个穆拉—穆拉，也就是一个普通的祖先享有一种高于其他祖先的至上地位。[70]斯宾塞和吉兰声称他们在阿兰达没有观察到对一个真正的神的信仰，[71]但是斯特莱罗则与之相反，断言该民族和洛里查人一样，相信一位名叫“阿尔特吉拉”(Altjira)的名副其实的“善神”。[72]

这类人物的基本特征在各个地方都是一样的。因为他并不导源于其他任何事物，所以他是一个不朽的甚至是永恒的存在。在地上生活了相当长的一段时间以后，他就升到天上，或被接引到天上，[73]在那里继续在家人的陪伴下生活。一般传说他有一个或几个妻子，还有子女和兄弟，[74]他们有时候帮助他行使职责。人们常常借口说他到某些星辰上去了，就把他以及他的家人认同为特定的星辰。[75]而且，他还有支配这些星辰的权力。正是他规定了日月的运行[76]，对它们发号施令[77]。也是他使闪电穿破云层，投下霹雳。[78]既然他就是雷，那么他就与雨有联系了，[79]所以每逢旱涝，人们都要向他祈祝。[80]

人们把他说成是一种造物主，他被称为人类之父，据说是他创造了人。根据在墨尔本周围流行的一个传说，班吉尔是这样创造第一个人的：他用白黏土做了个小像，然后，他绕着它跳了几圈舞，又朝它的鼻孔吹了一口气，这个塑像就活起来了并开始四处走动。[81]而据另一个神话的说法，是他点亮了太阳，于是土地被晒热，人们就从土里出来了。[82]在创造男人的同时，[83]这个神圣的人还创造了动物和树木[84]。全凭他，人们才有了一切生活的技艺、语言和部落仪式。[85]他是人类的恩人。对土著人而言，他甚至扮演的是一种上帝的角色。是他为他的崇拜者们提供了他们生存所必需的一切。[86]他与他们进行直接或间接的沟通。[87]在作为部落道德的守护者的同时，他也严厉地惩罚那些破坏道德的人。[88]如果我们相信某些考察者的话，那么他还掌管着人此生之后的审判，他将区分出好人和坏人，给他们不同的报应。[89]不管怎样，人们经常把他表现为阴间的统治者，[90]亡灵到达彼岸之后由他来召集他们[91]。

由于成年礼是部落膜拜的主要形式，他和成年礼仪式就尤其有关，他成了这些仪式的核心，经常被用刻在树皮上或浸在土地上的图像加以表现。人们围着这种图案跳舞，向它唱歌致敬，甚至真心实意地向它祈祷。[92]人们向年轻人解释 这种图案表现的是谁，并告知这位神的那个女人和未成年者都不许知道的秘密名字，还要向他们讲述他的历史和他在部落生活中的地位。有些时候，人们向着传说他所居住的上天举起手臂，要不就是把他们手中的武器或法器具指向这个方向，[93]这乃是与他进行沟通的方式。人们感到他无所不在。他退入树林后监督着新成年者。[94]他很在意举行这个仪典的方式。成年礼是他的膜拜，所以他对监督成年礼的正确进行尤为重视，要是出现了任何差错或疏忽，他都会以可怕的手段来处罚人们。[95]

此外，每一个这种至高无上的神的权威都不仅限于单独一个部落，在一些相邻的部落中他会得到同样的承认。几乎整个维多利亚都崇拜班吉尔，新南威尔士相当多的地方都崇拜贝亚米，如此等等；这就是为什么相当广阔的地区只有这么少的几个神的原因。所以以这种神为对象的膜拜具有族际性。有时候甚至连神话也相互混合与借鉴。例如大多数信仰贝亚米的部落也承认达拉穆伦，不过，达拉穆伦没有贝亚米那么尊贵；他们把他当作贝亚米的儿子或者兄弟，从属于贝亚米。[96]这样，对达拉穆伦的信仰就以各种各样的形式传遍了整个新南威尔士。所以，宗教的族际性根本不是后期最先进的宗教的独特之处。早在人类历史初见曙光之时，各种宗教信仰就表现出了漫衍到一个严格限定的政治社会之外的趋势，它们似乎具有跨越边界而自行散布和族际化的天然倾向。当然，在有些民族和有些时代，这种自发的倾向受到了相反的社会必然性的抑制，但是，正像我们所看到的那样，这并没有妨碍它成为一种确实存在的而且非常原始的宗教的倾向。

在泰勒看来，这种概念似乎是非常高级的神学的一部分，他认为这只能是欧洲输入的产物，此外没有看出其他任何东西，他该是把它当成了性质多少发生了改变的基督教观念。[97]兰则相反，他认为这些观念是本土的，[98]但是，由于他也认为这种观念与澳洲其他所有的信仰都截然相反，所依据的也是完全不同的原则，所以

他得出结论说澳洲的宗教是由两个异质的体系组成的，其中一个叠加在另一个之上，因而澳洲宗教来自双重起源。一方面，人们受到某些自然现象的启示而形成了关于图腾和精灵的观念；但与此同时，凭着对隐秘的自然的一种直觉，[99]人类的智慧开始构想出了一个独一无二的神，一个世界的创造者和道德规范的立法者。兰甚至估计，尤其是在澳洲，这种观念在一开始比在随后的文明中更纯粹是外加的成分。但随着时间的推移，它逐渐被大量增多的泛灵论迷信和图腾迷信所覆盖和搞乱了。于是它日趋衰退，直到今天，由于一种特权文化的影响，这种观念再露峥嵘，并且比当初更有力、更清晰地重申了自身。[100]

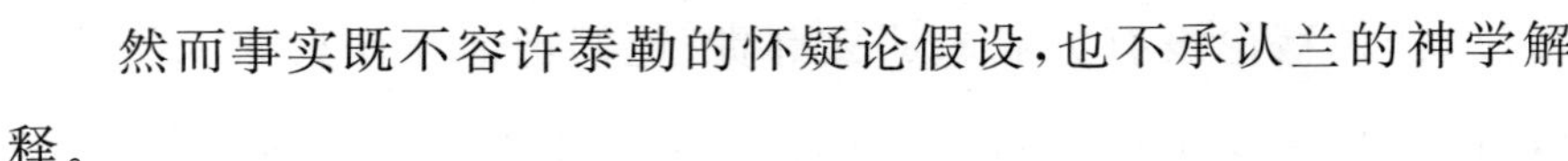

然而事实既不容许泰勒的怀疑论假设，也不承认兰的神学解释。

首先，今天可以肯定地说，关于部落大神的观念是源于当地的。在传教士还没有来得及让土著人感到他们的影响之前，人们已经观察到了这些观念。[101]但这并不是说必然要把它们归诸神秘的启示。它们根本不是出自异于常规图腾信仰的另一源头的，相反，它们只是图腾信仰的逻辑的发展，而且是其最高的形式。

我们已经看到，神秘祖先内含于图腾制度所依据的原则之中，因为每个神秘祖先都是一个图腾物。虽然这些大神肯定比这些祖先更高级，但是他们之间只有程度上的区别，我们可以在不破坏连续性的情况下从一个过渡到另一个。实际上，大神本身就是特别重要的祖先。人们说起他时就像他是人一样，当然他被赋予了比人更强大的力量，但是他也在世间过人的生活。[102]他被描绘成一个伟大的猎人[103]，一个威力强大的巫师[104]，或是部落的创建者[105]。他是第一个人。[106]一个传说甚至把他表现为一个步履艰难的年迈老人。[107]如果在迪埃里存在着一个名为穆拉—穆拉的至上的神，那么这个词就很有些含义，因为它就是用来指称祖先这一类人的。类似地，“努拉里”，这个默里河畔的部落的大神之名，有时候也用作一个集合名词，来表达那些传说中在万物之初的一群神秘存在。[108]他们是完全可以和阿尔彻灵迦人相比的角色。[109]在昆士兰，我们已经遇到了一个创造了人的叫作安杰亚或安吉尔的神，但他却似乎又不过是最早的人。[110]

有一个事实有助于澳洲人的思想从众多的祖先神明的观念过渡到部落神的观念，这便是夹在两个极端观念之间的过渡性的中间阶段：教化英雄阶段。名为教化英雄的传说人物其实只是普通的祖先，由于神话赋予了他们在部落历史中的突出地位，他们因此才位列其他祖先之上了。我们已经知道，他们一般是图腾组织的一部分，例如曼迦昆耶昆雅属于蜥蜴图腾，普提亚普提亚属于野猫图腾。但是另一方面，据说他们的作用，或者是已经发挥的作用，又与大神所承担的职责十分相似。人们相信，他也把文明的技艺传给了人们，建立了基本的社会制度，并且教示给人们至今仍在他控制之下的宗教大典。说他是人类之父，是因为他制造了人，而不是因为他生育了人，而曼迦昆耶昆雅也制造了人。在他的时代之前还没有人，只有一些不成形的肉团，其中不同的肢体甚至不同的个体都还没有相互分开。正是他劈开了这种原始材料，而使真正的人从中产生出来。[111]这一构造模式与我们谈到过的关于班吉尔的神话的构造模式只有细微的差别。此外，这两类形象之间有时候还有血统关系，这也很好地表明了他们是紧密相连的。在库

尔奈，牛吼器英雄檀丹（Tundun）是大神曼干高瓦的儿子。[112]同样，在埃瓦拉伊，贝亚米的儿子或兄弟达拉穆伦被认同为盖扬迪（Gayandi），而盖扬迪则相当于库尔奈的檀丹。[113]当然，并不是一定要从这些事实中得出大神就是教化英雄的结论。在有些事例中，这两者被细致地区分开来。但是，他们即使没有混同，至少也是密切相关的。所以有时候我们发现很难对他们作出区别，有些划归在这一类中还是划归在那一类中都差不多。例如，我们是把亚特纳图当作教化英雄来谈论的，但是他又非常接近于一个大神。

最高神的观念深深地依赖于整个图腾信仰体系，以至于它至今仍然带有该体系的标记。我们刚才已经知道，檀丹是一个神圣英雄，他非常接近于部落神，而在库尔奈，檀丹这个词就意味着图腾。[114]同样，在阿兰达，阿尔特吉拉既是大神的名字，也是母系图腾的名字。[115]更有甚者，很多大神还明显具有图腾的外貌。达拉穆伦是一只雕鹰，[116]而他的母亲是鸸鹋[117]。贝亚米也被表现为具有鸸鹋的特点。[118]阿兰达的阿尔特吉拉有鸸鹋的腿。[119]我们刚才还看到，努拉里在用作大神的名字之前，指的是部落的缔造祖先，而这些祖先中有的是乌鸦，有的是鹰。[120]据霍维特说[121]，班吉尔总是被表现为人的形式，而这个词指的又是一个胞族的图腾，即雕鹰。在由他命名或作为他名字的出处的那个胞族中，至少有一个图腾是他的儿子。[122]他的兄弟巴力扬是蝙蝠，而蝙蝠在维多利亚的很多部落中都是性别图腾。[123]

我们甚至可以进一步确认大神与图腾体系的关系。我们刚才看到，班吉尔是胞族的图腾；达拉穆伦像班吉尔一样也是雕鹰；而且我们还知道这种飞禽是大量东南部落中的胞族图腾[124]。我们已经指出“努拉里”似乎原本就是一个不加区分地指称雕鹰或乌鸦的集合名词，而在流传着努拉里神话的部落中，乌鸦和雕鹰分别是其两个胞族的图腾。[125]而且，大神与胞族图腾的历史传说也极为相似。神话，有时候则是仪式，纪念了一个这样的神明与一种食肉鸟搏斗，历尽艰辛万苦而获得胜利的事迹。最初的人班吉尔在制造了第二个人卡尔文(Karween)以后，他们就发生了冲突，班吉尔在一种决斗中给卡尔文以重创，并把他变成了乌鸦。[126]而两种努拉里被表现为两个敌对的群体，原本就处在不断交战的状态中。[127]至于贝亚米，则不得不与食人雕鹰穆力昂(Mullian)交战，而后者也就是达拉穆伦。[128]那么，我们已经知道，在胞族图腾之间也有一种基本的敌对状态。这种对应性充分证明了有关大神的神话和有关图腾的神话是密切相关的。如果我们注意到神的对手总是乌鸦或者是雕鹰，而乌鸦和雕鹰又十分普遍地是胞族的图腾，那么两者的密切关系就更加不言而喻了。[129]

所以贝亚米、达拉穆伦、努拉里和班吉尔看来都是被神化了的胞族图腾，而且我们可以想象这种神化是如何发生的。显然，只有在成年礼集会中，这种概念才得以构建，因为大神只有在成年礼仪式上才担当重要的角色，而与任何其他宗教仪典都不相干。同时，由于成年礼是部落膜拜的主要形式，也只有在这种场合中才能产生部落的神话。我们已经知道，割礼和割阳的仪规是如何自发地以教化英雄的形式将自身人格化的。当然，这些英雄并没有实施他们的最高权威，而只是和其他传说中有恩于社会的人物立于相同的地位。但是，社会无论在哪儿获得了对自身的强烈情感，这种情感都会自然地体现在某个角色身上，使之成为情感的符号。人们为了说明他们相互之间的联系纽带，就想象无论他们属于哪一个氏族，都是同一世系的后裔，都源自同一个祖先，人们的存在都仰赖于他，而他的存在却无需任何人。而成年礼之神就注定要成为这个角色，因为根据土著们挂在嘴边的一种说法，成年礼的目的就是要造就或制造人。所以，他们把造物的力量委诸这个神，而因为这一切，这个神也就被赋予了凌驾于其他神话英雄之上的特权。其他神话英雄则辅助他或从属于他，如檀丹、盖扬迪、卡尔文、巴力扬等等都成了他的儿子或兄弟。但是，另一些圣物也已经存在了，并且在氏族的宗教体系中占据了同样显赫的地位，这就是胞族的图腾。而只要有胞族的图腾，人们就会认为氏族的图腾总是依赖于它们的。于是，胞族图腾本身也就必然成为了部落神。所以在这两种神话存在之间产生了部分的混同就完全是很自然的事情了。部落的两个基本的胞族图腾中的一个，就这样把它的特点赋予了大神。但是，必须得解释为什么它们中的一个被奉为至尊而另一个却被排斥在外了，于是人们设想后者在与对手的战斗中被击败了，它的被淘汰就成了失败的结果。这种说法更容易被接受，因为它与神话相符合：在神话中胞族图腾一般都被认为是相互为敌的。

帕克夫人在埃瓦拉伊得到的一个神话[130]将有助于证实上述解释，因为这个神话完全用更加形象的语言转述了这种解释。它说这个部落中的图腾最初只是贝亚米的躯体的不同部分的名称。所以在某种意义上，氏族是一个圣体的片段。那么，这不就是用另一种方式在说大神是所有图腾的综合体，因而也就是氏族部落统一体的人格化吗？

与此同时，大神还获得了族际性。实际上，出席成年礼仪典的不仅有新成年者所属部落的成员，还有从相邻部落专门召集来的代表，这样庆典就成了一种族际的事务，它既是宗教的也是世俗的。[131]在这样的社会情境中建构起来的信仰，就不可能再是任何专门的部落所独享的世袭财产了。受到启发的外来者回家后把它带到了自己的部落；而且早晚他们也得邀请他们的前东道主，于是部落之间就形成了持续的观念交流。就这样，族际神话确立起来了，而大神在其中十分自然地成为了基本的角色，因为他源自成年礼仪式，他的功能就是使该仪式人格化。所以他的名字从一种语言传入另一种语言，随之流传的还有对他的各种表现。虽然部落完全不同但胞族的名字一般却相同的现象也必定促进了这种传播。图腾的族际性为大神的族际性开辟了道路。

5

如果我们已经讨论了图腾制度所达到的最高概念。作为一个关节点，它已经触及到了随后形成的各种宗教并为之做了准备，而且也有助于我们理解那些宗教。同时，我们也能看出，这个登峰造极的概念与我们开始时所分析的粗陋的信仰是毫无间断地联系在一起的。

实际上，这种部落大神只是最终赢得了至高无上地位的祖先精灵。而祖先精灵只是被锤炼成为个体灵魂形象的一种实体，以便它担负起解释个体灵魂起源的使命。而灵魂只是我们在图腾制度的基础中所发现的那种非人格力所采取的形式，因为非人格力通过人的躯体而将自身个体化了。这个体系的统一性和它的复杂性一样令人叹为观止。

在这个精心构筑的作品中，灵魂观念无疑发挥了重要的作用，正是通过它，人格观念才被引入了宗教领域。然而，它并非像泛灵论所说的那样包含了全部宗教的萌芽。首先，曼纳观念或图腾本原的观念是灵魂观念的前提条件，灵魂只是曼纳或图腾本原的一种特殊形式。其次，即使精灵和神不能在灵魂之前被人们构想出来，它们也要胜过在躯体死后才被解放出来的区区人类的灵魂，否则它们的超自然力量是从何而来的呢？灵魂观念只是引导神话想象的一种新方式，是用来启发一种神话的新建构的。但是，这种概念所采用的素材却并非来自对灵魂的表现，而是来自建构了宗教原初基础的那种匿名、弥散的力的洪流。神话人格之创造不过是对这种基本力量的另一种思考方式而已。

至于大神的观念，则完全产生于一种情感，对它的作用我们已在具体的图腾信仰的起源中考查过了：这就是部落情感。实际上，我们已经看到，图腾制度并不单单是氏族的产物，而总是建构在某种程度上意识到了其统一性的部落之中的。由于这个缘故，各个氏族所独有的不同膜拜就是以这种方式相互接触、彼此完善，从而形成一个一致的整体的。[132] 而部落所共有的最高神的概念所表达的也正是这种部落统一体的情感。所以，完全都是同样的动因在宗教体系的上上下下不同层次发挥着作用。

然而，迄今为止，我们一直都把宗教表现看成似乎是自足的和能够通过其自身作出解释的。但事实上，宗教表现和仪式密不可分，这不仅因为表现是在仪式中体现出来的，而且还因为表现也受到了仪式的影响。膜拜当然依赖于信仰，但它也反作用于信仰。

所以,为了更好地理解信仰,更好地理解膜拜就很重要。现在是着手研究膜拜的时候了。

注　释

[1]　罗斯:《迷信,巫术与巫医》,第 65 节,第 68 节;斯宾塞和吉兰:《澳洲中部的土著部落》,第 514 页,第 516 页。

[2]　斯宾塞和吉兰:《澳洲中部的土著部落》,第 521 页,第 515 页;道森:《澳洲土著》,第 58 页;罗斯:《迷信,巫术与巫医》,第 67 节。

[3]　斯宾塞和吉兰:《澳洲中部的土著部落》,第 517 页。

[4]　斯特莱罗:《澳洲中部的阿兰达和洛里查部落》,第 2 卷,第 76 页及注解 1;斯宾塞和吉兰:《澳洲中部的土著部落》,第 514 页,第 516 页。

[5]　斯宾塞和吉兰:《澳洲中部的土著部落》,第 513 页。

[6]　关于这个问题,见纳格瑞奥利:《罗马人的守护神》;《古物词典》中的"Daimon"和"Genius"条;普莱勒:《罗马神话学》,第 2 卷,第 195 页及以下诸页。

[7]　纳格瑞奥利:《罗马人的守护神》,第 4 页。

[8]　《罗马人的守护神》,第 8 页。

[9]　《罗马人的守护神》,第 7 页。

[10]　《罗马人的守护神》,第 11 页。参见萨姆特:《守护神崇拜的起源》,载于《宗教科学档案》,1907 年,第 368—393 页。

[11]　舒尔策:《芬克河上游和中游的土著》,第 237 页。

[12]　斯特莱罗:《澳洲中部的阿兰达和洛里查部落》,第 1 卷,第 5 页。参见斯宾塞和吉兰:《澳洲中部的土著部落》,第 133 页;加松:《澳洲土著迪埃耶里部落的礼仪与习俗》,载于科尔:《澳洲种族》,第 2 卷,第 69 页。

[13]　见穆拉—穆拉被视为某些温泉的精灵的例子,载于霍维特:《澳洲东南部的土著部落》,第 482 页。

[14]　《澳洲中部的北部部落》,第 313 页;马休:《新南威尔士皇家协会公报期刊》,第 38 卷,第 351 页。在德利也有具备降雨职能的穆拉—穆拉(霍维特:《澳洲东南部的土著部落》,第 798 页及下页)。

[15]　罗斯:《迷信,巫术与巫医》,第 67 节。参见道森:《澳洲土著》,第 59 页。

[16] 斯特莱罗:《澳洲中部的阿兰达和洛里查部落》,第1卷,第2页及以下诸页。

[17] 参见本书,第339页。

[18] 《澳洲中部的北部部落》,第7章。

[19] 斯宾塞和吉兰:《澳洲中部的北部部落》,第277页。

[20] 斯特莱罗:《澳洲中部的阿兰达和洛里查部落》,第1卷,第5页。

[21] 当然,有些南迦树和南迦岩并不位于厄纳土伦珈的周围,而是分散在部落领土的各处。据说在这些地方,某个祖先曾经单独消失在地下,或是在那儿丧失了一处肢体、流了一些血;抑或是在那儿丢失了一个储灵珈,而这个储灵珈后来又变成了树木或岩石。但是这些图腾地点仅有次要的意义,斯特莱罗称之为"小范围的图腾地"(kleinere Totemplätze)(斯特莱罗:《澳洲中部的阿兰达和洛里查部落》,第1卷,第4—5页)。它们可能只是由于与主图腾中心相类似才获得了这种性质。由于这样或那样的原因,这些树木和岩石使人想到了邻近于厄纳土伦珈的那些树木和岩石,激起了类似的情感,所以相应的神话也扩展到了这些树木和岩石上了。

[22] 《澳洲中部的北部部落》,第139页。

[23] 帕克夫人:《埃瓦拉伊部落》,第21页。可供此用的树木一般是个体的一个亚图腾。这样选择的一个理由是,据说因为它与个体属于同一家族,所以它会更愿意为他提供帮助(同上,第9页)。

[24] 帕克夫人:《埃瓦拉伊部落》,第36页。

[25] 斯特莱罗:《澳洲中部的阿兰达和洛里查部落》,第2卷,第81页。

[26] 帕克夫人:《埃瓦拉伊部落》,第21页。

[27] 考德林顿:《美拉尼西亚人》,第249—253页。

[28] 特纳:《萨摩亚人》,第17页。

[29] 这是考德林顿的原话(第251页)。

[30] 个体的灵魂、守护神和道德意识这三者的密切关系在某些印度尼西亚的民族中尤其明显。"托巴巴塔人的七个灵魂之一和他的胎盘被一道埋掉了。虽然这个灵魂愿意住在那儿,但是它也可以离开那里去警告那个人,或是在他做事得当的时候去表示赞许。所以在某种意义上,

该灵魂扮演了道德良心的角色。而且,它的沟通仅限于道德领域。它被称作是灵魂的小兄弟,就像胎盘被称为孩子的小兄弟一样。……在战斗中,它使人鼓起勇气,冲向敌人。"(瓦奈克:《巴塔克人的祖祭与神祭》,载于《传教杂志合刊》,柏林,1904 年,第 10 页。参见克鲁伊特:《印度群岛的泛神论》,第 25 页)

[31] 还有待考查的是,在演进到某一时刻之后,这种灵魂的复本所采取的形式为什么是个体灵魂而不是佑护祖先了。也许这个问题的意义是民族学的而不是社会学的。不过,影响这种替代的方式大概可以表述如下:

起初个体图腾只扮演了一个附属的角色。但有些个体希望得到高于其他所有人的力量,他们就不满足、也无法满足于只有祖先的佑护;因此他们就开始寻找另一个同样类型的援助者。于是在埃瓦拉伊,巫师成了唯一拥有个体图腾或者是能够招来个体图腾的人。又由于每个人另外还有一个集体图腾,所以人们就发现自己有好多灵魂了。但是这种多个灵魂的状况根本没有什么值得奇怪的地方,因为这是获得更高力量的条件。

然而一旦集体图腾制度失去了它的基础,一旦佑护祖先因此在人们心中也日趋暗淡时,人们就必然要找出另一个办法来表现他们仍能感觉到的灵魂的双重性。于是,便产生了这样的观念:在个体灵魂之外,还有另一个灵魂负责监护它。由于这种保护力量不能再用生育的现象来体现,为了使它显示出来,人们所使用的方式就很自然地类似于巫师们和某种力量进行沟通以确保获得其帮助时所采用的那种方式了。

[32] 实例请见斯特莱罗:《澳洲中部的阿兰达和洛里查部落》,第 2 卷,第 82 页。

[33] 怀亚特:《阿德莱德和因康特湾部落》,载于伍兹:《澳洲南部的土著部落》,第 168 页。

[34] 泰普林:《纳里涅里部落》,第 62 页及下页;罗斯:《迷信,巫术与巫医》,第 116 节;霍维特:《澳洲东南部的土著部落》,第 356 页,第 358 页;斯特莱罗:《澳洲中部的阿兰达和洛里查部落》,第 1 卷,第 11—12 页。

[35] 斯特莱罗:《澳洲中部的阿兰达和洛里查部落》,第1卷,第13—14页;道森:《澳洲土著》,第49页。

[36] 斯特莱罗:《澳洲中部的阿兰达和洛里查部落》,第1卷,第11—14页;埃尔曼:《澳洲南部殖民地的土著》,第182页,第185页;斯宾塞和吉兰:《澳洲中部的北部部落》,第211页;舒尔曼:《林肯港的土著部落》,载于伍兹:《澳洲南部的土著部落》,第239页。

[37] 埃尔曼:《林肯港的土著部落》,第182页。

[38] 马休:《新南威尔士皇家协会公报期刊》,第38卷,第345页;菲松和霍维特:《卡米拉罗伊与库尔奈》,第467页;斯特莱罗:《澳洲中部的阿兰达和洛里查部落》,第1卷,第11页。

[39] 《澳洲中部的土著部落》,第390—391页。斯特莱罗称这些邪恶精灵为"Erintja",但是这个词显然等同于"恶兰煞"(Oruncha)。不过他们对这两者的表述有些差别。按照斯宾塞和吉兰的说法,恶兰煞是有恶意的,但并不是邪恶的;他们甚至说(第328页)阿兰达人不认为有必然的邪恶精灵。相反,按照斯特莱罗的说法,作恶就是"Erintja"的专门事务。根据斯宾塞和吉兰所给出的一些神话来判断(《澳洲中部的土著部落》,第390页),他们对于恶兰煞的形象似乎也略微有点修改,即恶兰煞原本就是妖魔(同上,第331页)。

[40] 罗斯:《迷信,巫术与巫医》,第115节;埃尔曼:《林肯港的土著部落》,第190页。

[41] 《澳洲中部的土著部落》,第390页及下页。

[42] 《澳洲中部的土著部落》,第551页。

[43] 《澳洲中部的土著部落》,第326页及下页。

[44] 斯特莱罗:《澳洲中部的阿兰达和洛里查部落》,第1卷,第14页。如果是双胞胎,那么先出生的会被认为是以这种方式受孕的。

[45] 斯宾塞和吉兰:《澳洲中部的土著部落》,第327页。

[46] 霍维特:《澳洲东南部的土著部落》,第358页,第381页,第385页;斯宾塞和吉兰:《澳洲中部的土著部落》,第334页;《澳洲中部的北部部落》,第501页,第530页。

[47] 由于巫师既能引发疾病也能治愈疾病,我们发现,除了专事作恶的巫

术精灵以外，有时候还有一些精灵能够预先阻止或者抵消前者的邪恶作用。这类情况的例子可见《澳洲中部的北部部落》，第 501—502 页。在阿兰达，这两种精灵都用同一个名字，这显然表明后者与前者一样都是巫术精灵，它们是同一种巫术力量的两个不同方面。

[48]　斯特莱罗：《澳洲中部的阿兰达和洛里查部落》，第 1 卷，第 9 页。普提亚普提亚并不是阿兰达神话中唯一提到的这类人物；对拥有同样创造的英雄，部落的不同部分会用不同的名字来称呼。我们不要忘记，阿兰达人所占据的辽阔地域有碍于他们的神话保持完全的一致。

[49]　斯宾塞和吉兰：《澳洲中部的北部部落》，第 493 页。

[50]　《澳洲中部的北部部落》，第 498 页。

[51]　《澳洲中部的北部部落》，第 498 页及下页。

[52]　霍维特：《澳洲东南部的土著部落》，第 135 页。

[53]　《澳洲中部的土著部落》，第 476 页及以下诸页。

[54]　斯特莱罗：《澳洲中部的阿兰达和洛里查部落》，第 1 卷，第 6—8 页。曼迦昆耶昆雅的事迹必定是后来从其他英雄中再次选取出来的，因为阿兰达人相信（而且不仅限于阿兰达），曾经有一个时期人们忘记了始创者的教导而变得堕落了。

[55]　例如亚特纳图（斯宾塞和吉兰：《澳洲中部的北部部落》，第 153 页）和威图纳（《澳洲中部的北部部落》，第 498 页）就是这样的人物。即使腾丹没有订立这些仪式，他也对如何实行仪式进行了指导（霍维特：《澳洲东南部的土著部落》，第 670 页）。

[56]　《澳洲中部的北部部落》，第 499 页。

[57]　霍维特：《澳洲东南部的土著部落》，第 493 页；《卡米拉罗伊与库尔奈》，第 197 页和第 247 页；斯宾塞和吉兰：《澳洲中部的北部部落》，第 492 页。

[58]　例见《澳洲中部的北部部落》，第 499 页

[59]　《澳洲中部的北部部落》，第 338 页，第 347 页，第 499 页。

[60]　诚然，斯宾塞和吉兰坚持认为这些神话存在并不扮演道德角色（《澳洲中部的北部部落》，第 493 页），但这是因为他们把道德这个词理解得过于狭隘了。宗教义务也是义务，所以监督人们履行宗教义务的方式

就涉及道德，更何况这个时期的所有道德都具有宗教性质。

[61] 早在1845年，埃尔就观察到了这一事实（《澳洲中部探险记》，第2卷，第362页），而在埃尔之前，还有汉德森（《新南威尔士与范迪门殖民地的观察资料》，第147页）。

[62] 《澳洲东南部的土著部落》，第488—508页。

[63] 在库林、沃乔巴卢克、沃伊沃龙人（维多利亚）等部落。

[64] 在尤因、恩格里格、沃尔加尔等部落。

[65] 在卡米拉罗伊和库尔奈（新南威尔士的北部），在同一个省中更偏远的地方，还有温吉邦和维拉朱里两个部落。

[66] 在温巴约和默里河下游的部落（里德雷：《卡米拉罗依》，第137页；史米斯：《维多利亚的土著》，第1卷，第423页注，第431页）。

[67] 在赫伯特河畔的部落（霍维特：《澳洲东南部的土著部落》，第498页）。

[68] 在库尔奈。

[69] 泰普林：《澳洲南部土著的民俗、习惯和礼仪》第55页；埃尔曼：《澳洲南部殖民地的土著》，第182页。

[70] 正如上文所及，加松提到的无疑就是这种至高无上的穆拉—穆拉（科尔：《澳洲种族》，第2卷，第55页）。

[71] 《澳洲中部的土著部落》，第246页。

[72] 以贝亚米、班吉尔和达拉穆伦为一类，以阿尔特吉拉为另一类，两类之间有所不同。后者与所有涉及人类的事情都毫不相干，它不创造人也不关心人们干了些什么。阿兰达人对它既没有爱也没有畏惧。但是，一旦仔细考查和分析阿尔特吉拉这个概念，就很难认为它是一个原始的概念，因为如果阿尔特吉拉不扮演任何角色，不能解释任何东西，也不能提供什么，那么阿兰达人是如何想象它的呢？或许就得把它看作是一种失去了原先特权的贝亚米，是一种被人们淡忘了的古代神祇。也可能是斯特莱罗错误地解释了他所收集的证据。据埃尔曼说，阿尔特吉拉创造了人（《澳洲中部的土著部落》，第134页）——虽然应该承认，埃尔曼并不是一个非常胜任和值得信赖的考察者。另外，洛里查部落的相应角色是“土库拉”（Tukura），它被认为是要亲自举办成年礼仪典的。

[73] 关于班吉尔，见史米斯：《维多利亚的土著》，第 1 卷，第 417 页；关于贝亚米，见里德雷：《卡米拉罗依》，第 136 页；关于达拉穆伦，见霍维特：《澳洲东南部的土著部落》，第 495 页。

[74] 关于班吉尔的家庭组成，例见霍维特：《澳洲东南部的土著部落》，第 128 页，第 129 页，第 489 页，第 491 页；史米斯：《维多利亚的土著》，第 1 卷，第 417 页，第 423 页；关于贝亚米的家庭组成，参见帕克夫人：《埃瓦拉伊部落》，第 7 页，第 66 页，第 103 页；霍维特：《澳洲东南部的土著部落》，第 502 页，第 585 页，第 407 页；关于努伦德里的家庭组成，见泰普林：《纳里涅里部落》，第 57 页及下页。当然，人们是以各种各样的方式来构想这些大神的家庭的。这里的兄弟在那里就成了儿子，其妻子的数目和名字各地也不相同。

[75] 霍维特：《澳洲东南部的土著部落》，第 128 页。

[76] 史米斯：《维多利亚的土著》，第 1 卷，第 430 页，第 431 页。

[77] 《维多利亚的土著》，第 1 卷，第 432 页注释。

[78] 霍维特：《澳洲东南部的土著部落》，第 498 页，第 538 页；马休：《新南威尔士皇家协会公报期刊》，第 38 卷，第 343 页；里德雷：《卡米拉罗依》，第 136 页。

[79] 霍维特：《澳洲东南部的土著部落》，第 538 页；泰普林：《纳里涅里部落》，第 57—58 页。

[80] 帕克夫人：《埃瓦拉伊部落》，第 8 页。

[81] 史米斯：《维多利亚的土著》，第 1 卷，第 424 页。

[82] 霍维特：《澳洲东南部的土著部落》，第 492 页。

[83] 根据某些神话，班吉尔造了男人，但没有造女人。而女人的起源要归功于班吉尔的儿子或兄弟巴力扬（Pallyan）（史米斯：《维多利亚的土著》，第 1 卷，第 417 页和第 423 页）。

[84] 霍维特：《澳洲东南部的土著部落》，第 489 页，第 492 页；马休：《新南威尔士皇家协会公报期刊》，第 38 卷，第 340 页。

[85] 帕克夫人：《埃瓦拉伊部落》，第 7 页；霍维特：《澳洲东南部的土著部落》，第 630 页。

[86] 里德雷：《卡米拉罗依》，第 136 页；帕克夫人：《埃瓦拉伊部落》，第 114 页。

[87] 帕克:《新增澳洲传说故事》,第84—89页,第90—91页。

[88] 霍维特:《澳洲东南部的土著部落》,第495页,第498页,第543页,第563页,第564页;史米斯:《维多利亚的土著》,第1卷,第429页;帕克夫人:《埃瓦拉伊部落》,第79页。

[89] 里德雷:《卡米拉罗依》,第137页。

[90] 帕克夫人:《埃瓦拉伊部落》,第90—91页。

[91] 霍维特:《澳洲东南部的土著部落》,第495页;泰普林:《纳里涅里部落》,第58页。

[92] 霍维特:《澳洲东南部的土著部落》,第538页,第543页,第553页,第555页,第556页;马休:《新南威尔士皇家协会公报期刊》,第318页;帕克夫人:《埃瓦拉伊部落》,第6页,第79页,第80页。

[93] 霍维特:《澳洲东南部的土著部落》,第498页,第528页。

[94] 霍维特:《澳洲东南部的土著部落》,第493页;帕克夫人:《埃瓦拉伊部落》,第76页。

[95] 帕克夫人:《埃瓦拉伊部落》,第76页:霍维特:《澳洲东南部的土著部落》,第493页,第612页。

[96] 里德雷:《卡米拉罗依》,第136页;帕克夫人:《埃瓦拉伊部落》,第67页;霍维特:《澳洲东南部的土著部落》,第585页;马休:《新南威尔士皇家协会公报期刊》,第343页。与贝亚米相对,达拉穆伦有时候代表必然邪恶的精灵(帕克夫人:《埃瓦拉伊部落》;里德雷:见于史米斯:《维多利亚的土著》,第2卷,第285页)。

[97] 《大不列颠及爱尔兰人类学研究所学报》,第28卷,第292页及以下诸页。

[98] 兰:《宗教的构成》,第187—293页。

[99] 兰:《宗教的构成》,第331页。作者只限于说,在他看来圣保罗的假设并不是"最不令人满意的"。

[100] 施密特教父在他的《人类学》(1908—1909)中又重提了兰的论点。哈特兰曾在一篇题为《澳洲的"最高神"》(载于《民俗》,第9卷)的文章中批评过兰的理论,施密特教父为了答复他,试图表明贝亚米、班吉尔等等是永恒的神,是造物者、无所不能者、无所不知者和道德规范的护卫

者。我们并不打算加入这场讨论，这种讨论似乎既无意义也不重要。如果这些各种各样的定语在相对的意义上能和澳洲人的心态一致，那么我们完全可以接受它们，甚至我们已经在使用它们了。从这一点来看，无所不能意味着比其他神圣存在具有更大的力量；无所不知意味着能够通晓平庸的甚至最伟大的巫师也不得而知的事情；道德规范的护卫者，指的就是他使澳洲的道德规定得到了尊重，而无论这种道德与我们的道德有多大区别。但是如果想给这些词赋予只有唯灵派基督徒才那样认为的意义，那么讨论这样一种和历史方法的原则如此相悖的观点似乎是没什么用处的。

[101] 关于这个问题，见托马斯：《贝亚米和钟鸟——记澳洲宗教》，载于《人的科学》，1905 年，第 28 卷。参见兰：《巫术与宗教》，第 25 页。瓦茨在他的《民族人类学》（第 796—798 页）中也支持这一概念的原始特点。

[102] 道森：《澳洲土著》，第 49 页；迈耶尔：《因康特湾土著部落的礼仪与习俗》，载于伍兹：《澳洲南部的土著部落》，第 205 页，第 206 页；霍维特：《澳洲东南部的土著部落》，第 481 页，第 491 页，第 492 页，第 494 页；里德雷：《卡米拉罗依》，第 136 页。

[103] 泰普林：《纳里涅里部落》，第 55—56 页。

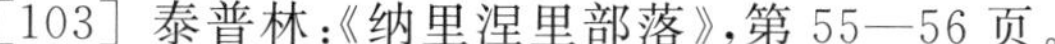

[104] 帕克：《新增澳洲传说故事》，第 94 页。

[105] 史米斯：《维多利亚的土著》，第 1 卷，第 425—427 页。

[106] 泰普林：《纳里涅里部落》，第 60 页。

[107] 泰普林：《纳里涅里部落》，第 61 页。

[108] “世界是由名为努拉里的生物创造的，这些生物已经存在很久了，他们具有乌鸦或雕鹰的外形。”（史米斯：《维多利亚的土著》，第 1 卷，第 423—424 页）

[109] 帕克夫人说：“贝亚米之于埃瓦拉伊正如阿尔彻灵迦之于阿兰达。”（《埃瓦拉伊部落》，第 6 页）

[110] 参见本书，第 352 页及下页。

[111] 在斯宾塞和吉兰所记述的另一个神话中，两个生活在天上、名为“Ungambikula”的人物担任了完全相同的角色（《澳洲中部的土著部落》，第 388 页及以下诸页）。

[112] 霍维特:《澳洲东南部的土著部落》,第 493 页。

[113] 帕克夫人:《埃瓦拉伊部落》,第 62—66 页,第 67 页。这是因为大神与牛吼器有关,而牛吼器又被认同为雷,因为这种仪式法器的奏鸣声与雷的轰隆声被联系到了一起。

[114] 霍维特:《澳洲东南部的土著部落》,第 135 页。霍维特把这个意为图腾的词写作"thundung"。

[115] 斯特莱罗:《澳洲中部的阿兰达和洛里查部落》,第 1 卷,第 1—2 页,第 2 卷,第 59 页。应该记得,在阿兰达,母系图腾很可能最初就是真正的图腾。

[116] 霍维特:《澳洲东南部的土著部落》,第 555 页。

[117] 霍维特:《澳洲东南部的土著部落》,第 546 页,第 560 页。

[118] 里德雷:《卡米拉罗依》,第 136 页,第 156 页。贝亚米是在卡米拉罗依的成年礼仪式中被表现成这种样子的。而据另一个传说,他是黑天鹅(帕克:《新增澳洲传说故事》,第 94 页)。

[119] 斯特莱罗:《澳洲中部的阿兰达和洛里查部落》,第 1 卷,第 1 页。

[120] 史米斯:《维多利亚的土著》,第 1 卷,第 423—424 页。

[121]《澳洲东南部的土著部落》,第 492 页。

[122] 霍维特:《澳洲东南部的土著部落》,第 128 页。

[123] 史米斯:《维多利亚的土著》,第 1 卷,第 417—423 页。

[124] 参见本书,第 143 页。

[125] 那里的两个胞族分别名为 Kilpara(乌鸦)和 Mukwara,这就是史米斯所记载的这个神话(《维多利亚的土著》,第 1 卷,第 423—424 页)的自我说明。

[126] 史米斯:《维多利亚的土著》,第 1 卷,第 425—427 页。参见霍维特:《澳洲东南部的土著部落》,第 486 页;在这个例子中,卡尔文被认作苍鹭。

[127] 史米斯:《维多利亚的土著》,第 1 卷,第 423 页。

[128] 里德雷:《卡米拉罗依》,第 136 页;霍维特:《澳洲东南部的土著部落》,第 585 页;马休:《新南威尔士皇家协会公报期刊》,第 38 卷(1894 年),第 111 页。

[129] 参见本书,第 199 页。参见施密特教父:《上帝观念的起源》,载于《人类学》,1909 年。

[130]《上帝观念的起源》,第 7 页。在这个民族中,贝亚米的主要妻子也被表现为一切图腾之母,而她自己不属于任何图腾(同上,第 7 页,第 79 页)。

[131] 见霍维特:《澳洲东南部的土著部落》,第 511 页及下页,第 513 页,第 602 页及以下诸页;马休:《新南威尔士皇家协会公报期刊》,第 38 卷,第 270 页。他们不只邀请确立了正式婚姻关系的部落来参加盛会,还邀请与之有尚待解决的纠纷的部落;血亲复仇也半仪式性半认真地发生在这种场合。

[132] 参见本书,第 208 页。

第 三 卷

主要仪式态度

第一章　消极膜拜及其功能　苦行仪式

在下文中，我们并不打算对原始膜拜进行完整的描述。我们已经预先确定了我们的研究目标是去捕捉构成宗教生活最基本、最基础的要素，所以我们不想过多纠缠于五花八门的仪式形式，不想重新去构建各种细节。然而，在这些极其繁杂的仪轨之外，我们倒想去了解原始人在举行膜拜仪式的过程中所持有的最具特色的态度；也想对原始人最具普遍性的仪式形式进行分类，指出这些仪式的起源和指涉。之所以如此，是为了使我们能够校验我们通过对各种信仰的分析所获得的成果，并且不失时机地使这些成果变得更加明确[1]。

所有膜拜都呈现出两个方面：一个是消极的方面，一个是积极的方面。当然，我们这样命名的两类仪式，实际上是紧密相连的；而且我们将会看到，它们也是相辅相成的。但尽管如此，它们还是有所不同，即使我们只想了解两者之间的联系，也必须首先把它们区分清楚。

1

确切地说，圣物就是被分离出来的事物。圣物之所以是神圣的，是因为神圣事物与凡俗事物之间有条不可逾越的鸿沟。通常说来，圣物超脱于其他事物之外。而且，有一整套仪式可以用来实现这种根本上的分离状态。既然膜拜仪式的功能，就在于防止这两个领域不恰当地混同，从而保证它们彼此之间互不侵扰，那么只要让它们相互回避或者消极从事就可以了。所以，我们把由这类专门仪式所构成的膜拜体系称之为消极膜拜。这种膜拜不需要规定某些特定的信仰行为，而只限于禁止某些特定的行为方式；因此，它们全部采用了禁忌的形式，或者按照民族志学家的说法，即塔布（Taboo）的形式。在波利尼西亚语中，塔布一词用来指称一种制度，藉此可以取消对某些事物的寻常使用，[2]同时这个词也可以作为形容词，用来表达此类事物的非同寻常的特征。我们曾经提到过，把这种纯粹的方言土语转述为通用的术语是多么的不当！倘若没有禁忌，倘若禁忌没有产生相当大的作用，就不会有宗教存在；而塔布这个备受推崇的术语，却似乎是把一种非常具有普遍性的制度限定在波利尼西亚的特殊性之中了，这无疑是件憾事[3]。在我们看来，采用禁止或禁忌这样的表达方法倒恰当得多。不过，就像图腾一词一样，人们早已习惯了塔布这种说法，如果我们不系统地采用这种说法，反而显得不那么周延了；而且，一旦我们确切地指出了它的真实含义和重要意义，也就淡化了它可能会带来的诸多不便。

禁忌有很多种不同的形式，由于我们并不想在本章中逐一罗列其所有类型，所以重要的就是要把禁忌的种类区别开来。

首先，除了源自于宗教的各种禁忌之外，还有从巫术中产生的禁忌。这两种禁忌的共同之处在于，它们都宣称某些事物是不相容的，对待这些具有此类性质的事物，我们必须采取隔离措施。但是，这两种禁忌之间仍然存在着重大的差别。首先，它们所采用的惩治方式是不同的。当然，人们通常认为，正如我们即将看到的那样，对宗教禁忌的侵害必定会带来肉体上的紊乱，从而作为对其行为的报应，罪人将自食恶果。不过，即使这些禁忌确实导致了自发和自动的判决，这也并不是唯一的；它通常还要辅以另一种判决，这种判决要求人类介入其中。如果这种判决未在自动的判决之前发生，也会在自动的判决之外，再施以实实在在的惩罚，或者至少是侮辱和公众的责难，而且这些都是人们蓄意强加的。更有甚者，当亵渎者已经遭到了惩罚，暴病缠身或自然死亡以后，他还要受到人们的谴责；因为他冒犯了舆论，舆论就反过头来与他作对；舆论认为这是他的过错。但是相反，巫术禁忌却是仅凭肉体的后果作出判断的，人们确信被禁止的行为必然会导致这样的后果。违犯禁忌者所冒的风险，就像不守医嘱、自行其是的患者所冒的风险一样；不过，在这种情况下，违犯禁忌既不是罪过，也不会引起公责。在巫术中，罪是不存在的。不仅如此，两种禁忌之所以采用了不同的惩治方式，还因为它们的性质是截然不同的。宗教禁忌必须体现出神圣的观念，它来源于神圣对象所激发出来的尊崇之情，它的目的就是要使这种尊崇存在下去，永不消失。相比较而言，巫术禁忌所体现的仅仅是一种有关事物属性的完全世俗的观念。巫师命令要隔离开的事物，仅仅是那些由于其特殊属性而不能放在一起、不能相互混淆的事物，如果不这样做，这些事物就会带来危险。有时候，即使巫师要求求助他的人离某些神圣事物远一些，那也不是因为他们对这些神圣事物产生了尊崇之情，或者怕这些事物受到人们的玷污，我们知道，巫术就是以玷污神灵为生的[4]。巫术的存在，仅仅是出于

暂时的功利目的。总之,宗教禁忌乃是绝对命令;而巫术禁忌只是行之有效的箴言,是保健和医疗禁忌的最初形式。尽管两种禁忌都称为禁忌,但倘若我们同时研究这两种全然不同的事物秩序,就会产生混乱的局面。在这里,我们所关心的只是宗教上的禁忌。[5]

但是,对宗教禁忌来说,我们也很有必要进一步做出区分。

有些宗教禁忌的目的是要将两种不同类别的圣物分离开来。例如,我们还记得在瓦克尔布拉人那里,搭建陈放尸体的停尸架所用的材料,必须完全是划归死者所在的胞族的材料;换言之,这个胞族中的尸体是神圣的,其他胞族中的事物虽然也是神圣的,但二者却禁止任何接触。此外,制造打猎武器的木材,绝对不能是划归被捕获的动物所属的那个社会群体的木材。[6]至于这些禁忌中最重要的形式,我们将留在下一章中进行研究,那些禁忌企图杜绝纯洁的圣物与不纯洁的圣物,吉利的圣物与不吉利的圣物之间的任何交通。不过所有这些禁忌都有一个共同的特征,这就是它们之间的忌讳不是因为是否是圣物;而是由于各种圣物之间的不平等和不相容。所以,它们还没有触及最根本的神圣观念。这些禁忌只见于某些孤立的、特殊的甚至几乎是例外的仪式中;而且它们不能构成真正意义上的膜拜,从根本上说,膜拜是通过凡俗与神圣之间的固定关系构成的。

但是,还存在另一种范围更广、意义更大的宗教禁忌体系,它所针对的并不是不同种类的圣物,而是要把所有神圣事物与所有凡俗事物都分离开来。所以说,它是从神圣观念本身中直接产生的。它的作用就是把这种观念表达出来,付诸实现。这样,它便为名副其实的膜拜,甚至是作为其他所有膜拜之基础的膜拜提供了丰富的素材；因为它所规定的，恰恰是崇拜者的态度，这种态度是在崇拜者与神圣者密不可分的关系中产生的。我们将这种膜拜称为消极膜拜。可以说，借此产生的禁忌才是最典型的宗教禁忌。[7]下面，我们就来讨论这种禁忌。

但这种宗教禁忌也具有许多种形式。以下是我们在澳洲所观察到的几种主要形式。

首先是各种接触禁忌。它们是最初的塔布，其他禁忌都不过是这种禁忌的特殊变种罢了。接触禁忌的基本原则是：凡俗事物绝不能接触神圣事物。我们已经知道，在任何情况下，尚未成年的人都是不能够接触储灵珈或牛吼器的。然而，成年人却可以任意使用这些东西，因为成年礼已经将神圣性授给了他们。同样，血，特别是在举行成年礼的过程中流出的血，也具有宗教的功效[8]，也处于同样的禁忌状态之中[9]。毛发也是如此[10]。死人是神圣的，因为能够使身体获得生命的灵魂一时还存留在尸体里，因此有时候，搬运死人的骸骨是绝对禁止的，除非用树皮把这些尸体包裹起来[11]。甚至说，人们也必须避开死者死去的地方，因为他们相信死者的灵魂还在那里游荡。正是出于这个原因，人们要把帐篷拆开，搬到远一点儿的地方[12]。在某些情况下，人们还会彻底毁坏他们的帐篷以及帐篷里所有的东西[13]，而且必须隔了一段时间以后，才能重新再搬回来[14]。这样，在垂死者的周围，到处都是空荡荡的，人们在尽可能地把他安排妥当以后，就丢下他自己了[15]。

吃东西的时候很容易导致直接的接触，于是，禁止食用某些神圣动物或神圣植物，尤其是图腾动物或植物的禁忌就产生了[16]。食用这类动植物的行为是严重亵渎神圣的行为，甚至连成年人都

要禁止，或者至少对绝大多数的成年人是这样的；只有那些拥有足够宗教尊荣的老人才有可能逃脱这条禁忌的约束。有人根据神话传说，用人和他的同名动物之间的亲属关系来解释这种禁忌，以为假如动物变成了亲属，就会使人对动物产生同情心，从而使这些动物受到保护。[17]然而事实上，原始人相信，如果他们吃了禁止食用的肉，就会自然而然地生病或死掉；这表明，这种禁忌的起源并不是简单的家庭关系所产生的感情。真正起作用的是另一种力，这种力不仅为各种宗教所共有，而且被认为会对亵渎做出反应。

不仅如此，如果说某些食物之所以禁止凡人食用，是因为这些食物是神圣的，那么相反，有些食品却禁止具有神圣性的人食用，因为它们是凡俗的。我们经常可以看到，某些动物被专门指定为妇女享用的食品；人们相信这些食物中具有女性的成分，所以这些食物也是凡俗的。另一方面，年轻的初成年者必须经历一系列特别严酷的仪式，才能获得仪式赋予他的进入圣物世界的新品性，而在此之前，他被拒之门外，现在这些仪式把一股格外强大的宗教力集中在他身上了。这样，他便进入了神圣状态，远离了所有的凡俗事物。从此以后，他再也不可以吃那些专门为妇女提供的猎物了。[18]

不过，除了触摸以外，接触还有其他某些方式。人们只要把自己的目光投在某种事物上，也就与这个事物建立了联系："看"就是一种接触方式。因此，在某些情况下，凡俗之人用眼去看神圣事物，也是受到禁止的。女人永远不应该看到膜拜仪式所使用的法器；她们最多也只能站在远处瞥上一眼。[19]在特别重要的仪典中，司仪身上绘制的图腾图案也不能让女人看到。[20]成年礼这种仪式是非常神圣的，有些部落不让女人看到举行仪式的地点[21]，甚至也不让她们看到新近步入成年的人[22]。在举行仪典的过程中，神圣性也自然内在于它的主持者或参加者之中；于是新人们不能抬眼去看他们，甚至在仪式完成以后，这种禁忌还仍然保持着。[23]有时候，搬运死者也要暗中进行，死者的脸被覆盖起来，不让人们看见。[24]

词语是与人或物建立联系的另一条途径。呼出的气息可以建立交往关系，它毕竟是身体溢出的部分。这样一来，就必须禁止凡人对圣物讲话，哪怕就是在圣物在场的时候讲话也不行。新人们绝不能向司仪或其助手致意，除了借助某些记号进行交流，他们也不能与之交谈。通过专门的仪式，这种禁忌使圣物保持着它的较高地位。[25]一般来说，在阿兰达人那里，每逢举行重大仪典，都有某些时刻必须要保持肃静。[26]每当储灵珈出现时，所有人都必须安静下来，即使有人说话，他也必须压低声音，或者只能努努嘴唇。[27]

除了神圣事物以外，有些词语和声音也具有神圣的性质，凡人既不可以说这些词语，也不可以听到这些声音。有些仪式歌曲，是女人至死未闻的。[28]她们可能会听到牛吼器的喧嚣声，但只能从远处听听而已。每个人的名字都被看作是其本人的基本组成部分；在他们心目中，有关某个人的观念是与他的名字紧密地联系在一起的，名字也分有了对此人的情感。因此，如果某人是神圣的，那么他的名字也同样是神圣的。在凡俗生活中，不能说出这个名字。在瓦拉蒙加部落，就有一个受到特别敬奉的图腾，这是一条叫做沃龙迦的蛇；它的名字便是塔布。[29]贝亚米、达拉穆伦和班吉尔也是如此，它们秘传的名字绝对不能告诉未成年人。[30]在举行悼念仪式的时候，人们也不能提到男性死者的名字，至少他的父母不能这样做，即使万不得已，也只能悄悄地说。[31]对寡妇和某些亲属而言，这种禁忌是终身有效的。[32]在某些部落，这种禁忌甚至可以超出家庭的范围，所有与死者同名的人也都得暂时把自己的名字改掉；[33]不仅如此，有时候，亲戚和密友也不得不对某些日常用语退避三舍，很显然，这些词汇是死者生前经常使用的；亲友们必须绕过很大的弯子，或者借用别的部落的方言，才能把原来的意思表达出来[34]。所有男人除了有自己公开的、常用的名字以外，私下里还有另一个名字，这个名字绝对不能让妇女和小孩知道；在日常生活里也从来没有用过。这是因为，秘密的名字具有宗教性质。[35]在举行某些仪式的时候，人们也必须说某种很特别的语言，这些语言从不用于凡俗的目的。这即是神圣语言的发端。[36]

不仅神圣事物要与凡俗事物隔离开来，而且，与凡俗生活有直接或间接关系的任何事物都不能够与宗教相混淆。土著人要被允许参加仪式，就必须脱得精光，赤身裸体[37]，必须把他惯常使用的所有饰物都摘下来，即使是那些最贴身的，那些他觉得能够庇护自己而最不愿意舍弃的饰物，也一定要摘下来[38]。在参加仪式的过程中，如果他必须打扮自己，那么这种装饰也必须是专为仪式而做的，那是仪典里的礼服，是节日的盛装。[39]正因为这些饰物是神圣的，是专门用于仪式的，所以人们在凡俗生活中禁止使用它们。当仪式结束以后，这些饰物就被掩埋或烧掉了；[40]另外，人们还要把自己彻彻底底地洗干净，使这些受到人们敬奉的装饰不留下一丝痕迹[41]。

一般说来，宗教生活一旦开始，任何带有日常生活特点的行为都要被禁止。吃饭就属于这样的行为，它本身是凡俗的，因为人每天都要吃饭，而吃饭满足的是纯粹功利和物质上的需要，它是我们平凡生活的一部分。[42]因此，在宗教的节期里，必须禁食。一个图腾群体把储灵珈借给外族，后又把储灵珈取回来重新放入厄纳土伦珈的时候，那是个格外神圣的时刻，所有参加仪典的人都必须在此期间禁食，而且禁食往往会持续很长时间。[43]在下一章，我们会讲到在某些仪式的过程中[44]，或是在成年礼的某个时刻[45]，都可以发现这种规定。

由于同样的原因，在举行重大宗教活动的过程中，所有日常活动都中止了。如上所述，根据斯宾塞和吉兰的说法[46]，澳洲人的生活被划分成截然不同的两大部分：一是狩猎、捕鱼和打仗，一是举行圣事、进行膜拜；这两种活动形式是相互排斥、相互对立的。普遍存在的宗教休息日就是以这种原则为基础的。在所有已知的宗教中，宗教节日的明显特征就是停止工作、中止公共生活和私人生活，因为所有这些活动都不具有宗教目的。这种休息并不是一种人们可以自行安排的暂时放松，不是要借此来唤醒人们自由的欢愉之情，它们是伤感的节期，充满了哀悼和悔罪，这期间平常事务的停顿完全是强制性的。这是因为工作明显是凡俗活动的形式：除了提供世俗生活所需之外，它没有什么其他明确的目的；在工作中，我们也只能与寻常的事物建立联系。相反，在节日里，宗教生活占有相当大的比例。所以在这个时刻，两种生存形式之间的对比非常之强烈，使两者根本无法贴近。一个人倘若还带有凡俗生活的印迹，他就不能与他的神建立亲密的联系；反之，刚刚在仪式中获得了神圣性的人，也不能马上回到他的日常事务中去。因此，仪式的休息日是普遍意义上的禁忌的一种特殊情况，它也将神圣事物与凡俗事物隔离起来，使之互不相容。宗教节日是禁忌的结果。

如果要我们把我们所看到的，甚至是在澳洲宗教中所看到的

各种不同的禁忌形式逐一列举出来，那的确是件不可能的事情。正如作为禁忌体系之基础的神圣观念一样，禁忌体系也已经扩展到了纷繁复杂的关系之中，甚至被人费尽心机地应用于功利目的[47]。然而，无论这些禁忌有多么复杂，最终都可以归纳成为两种基本形式，它们统摄并支配着禁忌体系。

首先，宗教生活和凡俗生活不能同在一处。宗教生活必须被安排在一个特定的地方，凡俗生活不能介入其中。这样，庙堂和圣所就被建造起来了。庙堂和圣所是受到敬奉的圣物的居所，其地点不是任意选取的，该地所在的一定范围内条件必须完全适合。对一切宗教生活来说，这种安排都是必不可少的，甚至是最低级的宗教也不能缺少它们。存放储灵珈的厄纳土伦珈是名副其实的圣殿，未成年人是不可以接近的。在圣殿里，也不可以进行任何凡俗活动。我们马上就会看到，还有一些举行重大仪式的其他圣地。[48]

同样，宗教生活与凡俗生活也不能同时并存。人们必须为宗教生活提供确定的日期或时段，并且在这段时期里，必须放弃所有的凡俗活动。这样，宗教节日便产生了。我们已知的任何宗教，也就是说任何社会，都把时间划分成两个不同的部分，这两种生活依据各自民族和文明的规则相互交替。前面已经指出过，很有可能正是这种定然的交替过程，才把人们引入到连续的、同质的绵延中去的[49]，而这种区别和分化并不是天然就有的。当然，宗教生活要想密不透风地把自己完全集中在属于自己的时间和地点之内，这几乎是不可能的事情；总有一小部分的宗教生活不可避免地会溢出自己的范围。有好些圣物都在圣所之外；有些仪式也可以在工作时间里举行。不过，倘若如此，这些圣物就不会有太高的等级，这些仪式也不会太重要。集中才能够维系组织的支配性。一般而言，这种集中完全是针对公共膜拜所涉及的所有人的，它要求大家共同举行。对个体来说，只有私人膜拜才是非常接近日常生活的。人类生活这两个相互交替的阶段，在低级社会里形成了最为强烈的对比，因为在这个社会中，个体膜拜还只具有最粗陋的形式。[50]

2

迄今为止，消极膜拜对我们来说还仅仅呈现为一种禁忌的体系。因此，表面看来，它只能起到阻止行动的作用，而不是激励或修正行动的作用。然而，作为这种约束作用的无意后果，人们发现，它对于培养个体的宗教性和道德性却具有最为重要的积极作用。

事实上，正因为存在着将神圣事物与凡俗事物分离开来的界限，所以，一个人倘若不去掉自己所有的凡俗的东西，就不能同神圣事物建立起亲密的关系。如果他没有或多或少地从凡俗生活摆脱出来，他就没有一点儿可能过上宗教生活。因而，从某种意义来说，消极膜拜只不过是实现目标的一种手段；它是达到积极膜拜的条件。消极膜拜并不仅限于确保神圣事物免遭世俗的东西的接触，它还能对崇拜者本人产生影响，积极改善他的状况。如果某人能够服从消极膜拜所规定的禁忌，那么他和以前就会大不一样。此前，由于他是个普通人，所以只能对各种宗教力量敬而远之。但此后，他与这些力量可以站在比较平等的地位上，他通过摆脱凡俗世界的活动，逐步接近了神圣世界；他抛弃了那些贬低其本性的卑贱琐碎的事务，使自己得到了纯化和圣化。所以说，消极仪式和积极仪式都能够产生强劲的力量；前者像后者一样，也可以提升个体的宗教品质。根据可靠记载，所有能够参加重要的宗教仪典的人，都必须首先参加基本的初入仪式，借此将其逐步引入神圣的世界。[51]涂油礼、净身礼、感恩礼或所有本质上具有积极性质的行为都可以为上述目的服务；而如果通过禁食、守夜、静修、缄默等形式，换言之，如果通过与某些禁忌并无区别的节制仪式，也可以获得同样的效果。

如果整个社会只有一些特定的、孤立的消极仪式，那么这些仪式的积极作用往往很难被人觉察到。不过，当整个禁忌体系集中作用于一个人的时候，它的影响就会越来越显著地积累起来。澳洲的成年礼就属于这种情况。初成年者必须遵从大量的消极仪式。他必须离开他始终生活在其中的社会，甚至要离开一切人类社会。他不仅不能看到女人和未成年人[52]，还要离开他的伙伴住进丛林，只有几位老人像教父一样，指导着他的活动[53]。确切地说，森林才被视为他的天然环境，在某些部落中，成年礼指的就是“来自丛林”[54]。由于同样的原因，在需要他出席的仪式中，他必须用树叶把自己装扮起来。[55]这样，他就要花上好几个月的时间，往来奔波，出席他必须参加的仪式。[56]这段时间，是他全面禁忌的日子。各种各样的食物都不能吃，他只能吃点儿勉强可以活命的东西[57]，有时候，他甚至什么东西也不吃，完全禁食[58]，或是必须吃已经腐烂的食物[59]。当他吃东西的时候，他的手不能碰到食品；所有食物都必须让教父放进他的嘴里[60]。在有些情况下，他必须去讨食[61]。同样，不到万不得已的时候，他不能睡觉[62]。他也不能说话，甚至连一个字都不行；只能借助手势表示他想要什么东西[63]。他不能洗澡[64]，有时还不能动。他必须把四肢伸直，一动不动地躺在地上[65]，而且要一丝不挂[66]。如此众多的禁忌所带

来的结果，就是他在举行成年礼的过程中发生了根本的变化。在此之前，他同女人生活在一起，他不能参加膜拜活动。从此以后，他获准 走进了男人的社会，他参加各种仪式，并获得了神圣性。如此脱胎换骨般的变形，我们完全可以把它说成是第二次诞生。人们想象，原来的那个凡人已经死去，他已经被成年礼的神，即班吉尔、贝亚米、达拉穆伦亲手杀死、弄走；另一个完全不同的个体代替了那个已经不复存在的个体[67]。由此，我们就发现了消极膜拜之所以能够取得积极作用的核心所在了。当然，我们并不是说这种巨大的转变完全是由消极膜拜带来的，但毋庸置疑的是，消极膜拜确实起到了作用，而且起到了很大作用。

通过以上事实，我们就可以理解什么是苦行主义，它在宗教生活中究竟占有什么样的地位，它通常所赋有的那些品性从何而来等等问题了。事实上，从所有禁忌中，我们都可以发现某种程度的苦行性质。人们只有受到外部约束或进行自我克制，才能抛弃那些有功用的东西，抛弃那些寻常的、针对某些人类需要的行为方式。因此，为了达到真正意义上的苦行主义，这些仪轨就必须按照这种方式获得充分的发展，成为名副其实的生活图式的基础。通常来说，消极膜拜只不过是在为积极膜拜开辟道路，做好铺垫。但有时候，消极膜拜也会喧宾夺主，禁忌体系使自己膨胀和扩张开来，占领了整个地盘。所以说，系统的苦行主义是从消极膜拜的过度发展中产生出来的。人们以为通过苦行才能获得的功效，其实只是所有禁忌仪轨都能够产生的功效的放大形式而已。虽然一般的禁忌的功效比之较低，但两者的起源相同，因为它们都是以这样一种原则为基础的：人类只有竭尽全力使自身与凡俗事物分隔开来，才能变

得神圣。纯粹的苦行主义者是通过禁食和守夜、静修和缄默，总之，通过千辛万苦，而非通过积极的虔敬行为（如供奉、祭祀、祷告等），而使自己获得特殊的神圣性，高出众人之上的。历史已经表明，人们通过这种方式究竟可以获得多么高的宗教声望：佛教圣徒基本上就是苦行主义者，而他们的地位不仅相当于诸神，甚至还高于诸神。

并非像某些人所说的那样，苦行主义是宗教生活罕见的、例外的或几乎有些反常的结果；恰恰相反，它是宗教生活的基本要素之一。任何宗教都包含苦行主义，或者至少是苦行主义的萌芽，这是因为，在所有宗教里我们都可以发现禁忌体系的存在。不同的膜拜在禁忌方面的差别仅仅在于这种萌芽的发展程度不同。此外，任何膜拜中禁忌体系的发展都可能带有苦行主义的特征，至少暂时带有这种特征。在某些关键的时期，当某个主体需要在相对比较短的时期内发生重大的变化时，通常都要采纳苦行主义。那么，要想尽快地把某人引入他必须与之发生联系的圣物领域，就需要强迫他与凡俗世界分离开来，但倘若没有多种禁戒手段以及禁忌体系所独有的重塑作用，就不会实现这个目的。而澳洲的成年礼恰恰具备这些条件。为了使年轻人完全转变为成人，就必须让他们过真正的苦行主义生活。帕克夫人非常贴切地称之为“贝亚米的僧侣”[68]。

不过，尊令戒行、含辛茹苦的生活实在是件痛苦的事情。我们每根肌肉纤维都维系着凡俗世界，我们的感觉依附着凡俗世界，我们的生命也仰仗着凡俗世界。这个世界不仅是我们活动的天然舞台，而且从各个方面渗透到了我们的内部，它已经成为了我们自身的一部分。因此，如果我们不对我们的本性施以暴力，不对我们的本能有所伤害，我们就不能摆脱凡俗世界。换言之，消极膜拜就是靠制造痛苦才得以维持的。痛苦是消极膜拜的一个必要条件。由此，已经有人指出，消极膜拜本身就构成了一种仪式；他们从中看到，痛苦追求和唤起了一种蒙恩的状态，因为禁忌体系在使人遭受磨难的同时，同样也会自然地使之获得力量和特权。我们知道，普罗伊斯是最先认识到在低级社会中受苦所发挥的宗教作用的学者[69]。根据他的记载，阿拉帕霍人为了躲避战场上的危险，对自己进行各种各样名副其实的折磨；大贝里(Big Belly)印第安人在每次征战的前夜，都必须经受实实在在的酷刑。乌帕人为了在他们的各项事业中获得成功，就必须在冰河里游泳，然后手脚伸开尽可能长时间地躺在河岸上。卡拉亚人为了使自己强壮起来，经常用鱼牙齿做成的刮子，在自己的手臂和大腿上划出血来。达尔曼哈芬(Dallmannhafen，威廉大帝的新几内亚属地)人为了治疗不孕的妇女，经常在她们的大腿根部割开血淋淋的口子。[70]

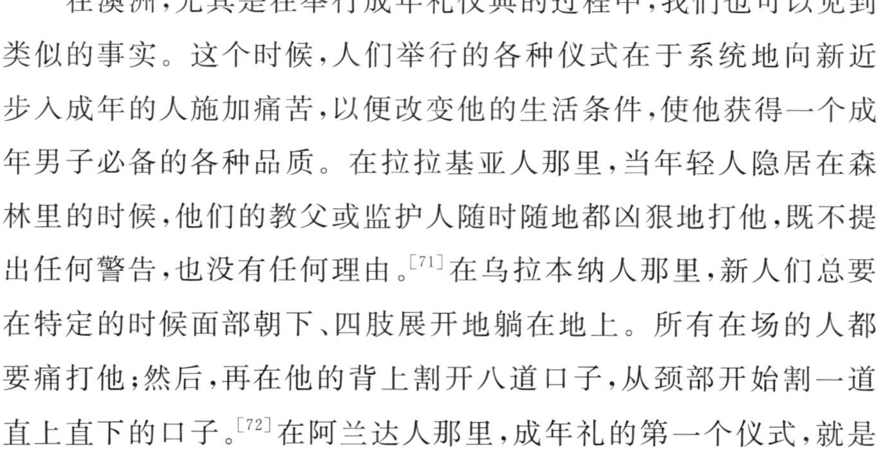

在澳洲，尤其是在举行成年礼仪典的过程中，我们也可以见到类似的事实。这个时候，人们举行的各种仪式在于系统地向新近步入成年的人施加痛苦，以便改变他的生活条件，使他获得一个成年男子必备的各种品质。在拉拉基亚人那里，当年轻人隐居在森林里的时候，他们的教父或监护人随时随地都凶狠地打他，既不提出任何警告，也没有任何理由。[71]在乌拉本纳人那里，新人们总要在特定的时候面部朝下、四肢展开地躺在地上。所有在场的人都要痛打他；然后，再在他的背上割开八道口子，从颈部开始割一道直上直下的口子。[72]在阿兰达人那里，成年礼的第一个仪式，就是要把新人包在毯子里上下颠簸，不断把他抛到空中，落下来的时候接住他，然后再抛向空中。[73]还是在阿兰达，当漫长的仪典行将结束的时候，年轻人要平躺在用树叶铺成的床上，床下放着燃烧的煤；在灼热难耐、令人窒息的浓烟里，他不能动弹一下。[74]乌拉本纳人也有类似的仪式，但除此之外，尽管年轻人已经百受煎熬，苦不堪言，人们还要抽打他的背部。[75]通常情况下，当他们被允许重返日常生活的时候，此类训练已经把他们折磨得表情茫然，半痴半呆了。[76]当然，所有这些仪轨通常都被表现为一种考验，用来证明这些新人所具有的价值，说明他们是否值得被吸收到宗教社会中来。[77]但事实上，仪式的这种考验功能只不过是其效用的另一种体现而已。这是因为，假如人们经历了这些仪式，那么他们所发生的变化就可以证明这种仪式的效果，换言之，仪式得以存在的原初根据，就在于它能够赋予人们宗教的品质。

在另一些个案中，这些仪式性的残酷行为并没有施加在整个有机体之上，而是施加在了特定的器官或组织上，其目的是要刺激这些器官或组织的活力。在阿兰达、瓦拉蒙加和其他许多部落中[78]，在举行成年礼的某个特定的时刻，总会有某些人专门负责凶狠地撕咬新人的头皮，被咬的人都会因为疼痛而大叫起来。之所以要这样做，是为了促进头发的生长。[79]同样，要想长胡子，也得采用这样的方法。霍维特也曾提到过，在其他部落里，拔掉头发的仪式似乎也是出于这种原因。[80]根据埃尔曼的说法，在阿兰达和凯蒂什部落，男人和女人用烧红了的木棒烫伤自己的胳膊，是为了更熟练地生火，或者为了增加自己的体力，以便能够搬运沉重的木头。[81]埃尔曼还记载了这样的事实：瓦拉蒙加的姑娘为了更方便地找到山芋，将一只手食指的两个指节砍掉[82]。

有时候，拔掉牙齿也极有可能是为了产生类似效果。无论如何，可以确认割礼和割阳这些残酷仪式的目的，就是为了给生殖器官注入某些特殊的力量。事实上，没有经历过这些仪式的年轻人是不许结婚的，只有通过这些仪式，他们才会获得特殊的品性。这种独特的初入仪式之所以是必不可少的，是因为两性的结合在所有的低级社会中都带有宗教的色彩。人们相信，两性交合时会产生某些极其可怕的力，一个男人只有通过这些仪式程序才能获得必要的抵抗力以避免危险。[83]因此，在人们所诉诸的一系列积极仪轨和消极仪轨中，割礼和割阳便成为先导者。用痛苦的手段来残伤器官，可以赋予器官以神圣性，因为通过这种行动，才能够抵御同样神圣的力量，否则便无法与之抗衡。

在本书中，我们开门见山就曾指出，构成宗教思想和宗教生活的所有基本要素，都应该可以在最原始的宗教中找到，至少是找到它们的萌芽，以上事实证实了我们的论断。对最晚近的、最具有观念论色彩的宗教来说，如果有哪种信仰被认为是它们所独有的信仰的话，那么可能就是认为痛苦具有神圣化的力量的信仰了。而我们刚刚看到的那些仪式，就是以同样的信仰为基础的。当然，就所考察的不同历史时期而言，我们对它的理解也有所不同。对基督教来说，仪式尤其对灵魂产生了作用：它使灵魂变得纯洁、高尚和超凡脱俗。对澳洲宗教来说，仪式对身体产生了作用：它增强了身体的生命力，使胡子和头发生长出来，使各个器官变得强壮。本质而言，这两种情况并没有什么差别。两者都承认经受苦难可以产生非同寻常的力量。这种信仰并非没有根据。事实上，一个人只有勇敢地面对痛苦，他的杰出之处才能明显地体现出来。只有克制自己的本性，反向而行，才能把自己提升到更加非凡的境界。正是通过这种方式，他把自己与其他某些盲目追求享乐的人区别开来，在世上为自己争得了一席之地。痛苦是一种标志，说明那条将他与凡俗环境紧紧捆绑在一起的绳索已经被割断了；证明他已经或多或少地摆脱了这种环境，因而，痛苦理所当然地被视作解脱的手段。所以，当如此解脱的人坚信自己已经赋有一种主宰事物的力量时，他并不是纯粹幻觉的牺牲品；由于他断然抛弃了这些事物，事实上他确实已经超拔于事物之上。他使本性屈身俯就，他比本性更强。

不仅如此，如果认为这种品格仅仅具有美学价值，那就大错特错了。全部宗教生活都是以这种品格为前提的。牺牲和困苦不能不令崇拜者付出巨大的代价。即使仪式并不需要物质性的奉献，他也必须付出时间和精力。为了服侍他的神，他必须忘掉自己，必须在自己的生活中为众神腾出合适的位置，必须牺牲自己的凡俗利益。只有一个人学会了抛弃凡俗、克制自己、脱离自我、忍受痛苦，积极膜拜才成为可能。面对痛苦，他必须毫无惧色，从某种程度上说，他甚至只有热爱痛苦，才能欣然履行他的各项责任。除此之外，他还必须锤炼自己，各种苦行仪轨的目的也正在于此。这些仪轨所施加的苦难并不是专横跋扈和徒劳无功的残酷；它们是一所必要的学校，在那里，人们通过培养和锻炼自己，获得了平淡和忍让的品质，没有这些性质，也就不可能有任何宗教。如果获得了这种成果，当然是件大好事，苦行主义的理想可以在某些特殊人物的身上特别明显地体现出来，仪式生活的这个方面甚至也可以超出寻常地表现出来；因为这些人能够像许多活生生的榜样一样，激励人们发奋图强。这就是伟大的苦行主义者所具有的历史作用。当人们仔细分析他们的事迹的时候，便会扪心自问：他们会有什么

样的实用目的呢？当人们看到他们对所有通常令人贪爱的事物都嗤之以鼻时，便会深受触动。为了使信仰者对安逸的生活和共同的享乐产生足够的厌恶，矫枉过正是必要的。如果大众并没有把目标定得太低，那么精英就应该把目标定得更高些；如果平均状态处在适当的水平，就有必要有所夸张。

不过，苦行主义并不仅仅是为宗教目的服务的。在任何地方，宗教利益都不过是社会利益和道德利益的象征形式。各种膜拜所针对的理想存在，并不是要求他的追随者对苦难产生某种蔑视的唯一者，社会本身也有可能要求付出这样的代价。社会往往粗暴地对待个体，但这提高了人的能力。社会必然会要求人们作出永久的牺牲，并不断对我们的自然欲望施加暴虐，而所有这些，都是为了使我们超越自己。如果我们要去完成我们的社会职责，我们就要经常准备着残暴地对待我们的本能，并在必要的时候克服我们本性的堕落。所以，苦行主义是一切社会生活所内在固有的，即使在所有神话和教义都破灭以后它仍会留存，它是一切人类文化必不可少的部分。本质而言，苦行主义是有史以来的所有宗教所教示的内容得以存在、得以证明的原因所在。

3

确定了禁忌体系的组成要素及其积极和消极功能以后，现在，我们必须去寻找它得以产生的原因了。

从某种意义上说，禁忌体系的来源必然蕴含在神圣的观念之中。所有神圣事物都是尊崇的对象；而所有尊崇的情感，都通过某些抑制作用在尊崇者的内心中转达出来。事实上，被尊崇者也总是通过表现才表达在意识中的，这种表现由于它所激发的感情而具有较高程度的心理能量，这样，它便通过这种方式被武装起来，能够将任何全部或部分地否认其存在的其他表现排斥在外。神圣世界和凡俗世界总是相互对峙着。与其相应的两种生活方式之间也是水火不容，或者至少可以说，人们不能同时以同样的程度过这两种生活。我们既不能把自己完全奉献给我们所膜拜的理想存在，同时也不能完全专注于我们自身以及自身的利益；我们既不能全心全意地为群体服务，同时也不能彻头彻尾地陷入利己主义。在此有两种受到引导的意识状态体系，它们把我们的行为引向截然相反的方向。所以，当一种意识状态体系的行动力量比较强的时候，它就倾向于把另一种意识状态体系从意识之中排除出去。当我们考虑到神圣事物的时候，凡俗的观念要进入我们的内心就不能不遭遇到激烈的抵抗，在我们心中，会有某些要素反对它来安营扎寨。这是因为，神圣事物的表现绝对不会允许别的东西与它分庭抗礼。而这种心灵的对抗与观念的排斥，会自然而然地导致与之相应的事物之间的对抗与排斥。如果观念不能并存，那么事物之间也绝不能相互接触或发生任何关系。而这恰恰就是禁忌的原则。

不仅如此，确切地说，圣物的世界是一个独特的世界。如上所述，既然神圣世界的所有特征都与凡俗世界相对抗，那么就必须按照其特有方式来对待神圣世界。当我们不得不与构成神圣世界的各种事物发生关系时，如果我们使用了与普通事物打交道时所采用的姿势、语言和态度，就不会理解神圣事物的性质，并会造成某些非神圣事物与神圣事物的混淆。我们可以随随便便地摆弄凡俗的事物，可以随随便便地谈论粗鄙的事物；正因为如此，我们就不能随便接触神圣事物，即便接触了，也要谨慎从事；同样，在神圣事物面前，我们也应该保持缄默，即便说了话，也不能使用通用的语言。总之，我们与一种事物打交道所使用的所有方式，都不能在另一种事物上使用。

不过，虽然这种解释不失准确，但尚不充分。实际上，有许多作为尊崇对象的事物，并没有受到刚才所说的如此严格的禁忌体系的保护。当然，我们心中始终有一种共同的倾向：即把各种不同的事物，尤其是那些互不相容的事物分门别类地安排在不同的地方。然而，凡俗环境和神圣环境之间不仅有区别，而且是相互隔绝的，它们之间存在着一条鸿沟。所以在圣物的性质中，我们应该发现某种独特的原因，这种原因导致了相互隔离和相互排斥的状态。而且，事实上，正因为有了这样的矛盾，神圣世界才既排斥凡俗世界，另一方面又具有向其扩散的趋势：神圣世界在对抗凡俗世界的同时，又旋即在所及之处渗透其中。正是出于这种原因，我们才必须让它们保持距离，在其间创造出一种真空状态。

必须采取这种防范措施的原因在于神圣性的异乎寻常的传染性。神圣性根本不固定在以它为标志的事物上，它具有一种放逸的特点。甚至最表面、最周边的接触，都足以使神圣性在不同的对象之间相互传播。宗教力在人们心目中，被表现得似乎随时随地都准备离开它的栖居之地，进入到它力所能及的所有事物中。对个体来说，其转世祖先的精灵所栖居的南迦树是神圣的。不仅如此，每只落在树上的小鸟也都分享了这种神圣性，因此，这种小鸟也是禁止触摸的[84]。我们已经提到过，与储灵珈最简单的接触，都足以使人和物变得神圣[85]。这种神圣性的传染原则，也正是所有神圣化仪式所依赖的基础。储灵珈的神威如此之大，人们甚至从很远的地方就能感受到它的作用。我们也许还记得，这种作用不仅可以扩散到存放它的洞穴，甚至还可以扩展到周围整个地区。它扩展到在那里躲避的动物上，人们便禁止宰杀这些动物；扩展到在那里生长的植物上，人们就禁止触摸这些植物。[86]蛇图腾的中心主要在水洞，图腾的神圣性也就传给了这个地方，传给了这个水洞，甚至传给水洞里的水，该图腾群体的所有成员都禁止使用这里的水。[87]新近步入成年的人生活在充满宗教色彩的氛围中，他自身似乎也浸透了这种气氛[88]，于是，凡是他所拥有的，凡是他所接触过的，女人都不能碰一下，甚至连他用棍棒打下来的鸟，他用长矛刺死的袋鼠，或者他用鱼钩钓上来的鱼，都不能接触[89]。但另一方面，他所遵从的仪式和仪式中的事物具有比他自身更高的神圣性，其性质传染般地传递给所有能够诱发出那些仪式或那些事物之观念的东西。被拔掉的牙齿被认为是非常神圣的[90]，由于这个原因，他不能吃长有锋利牙齿的动物，因为那会使他想起他已经失去了的牙齿。库林加尔人在仪典行将结束的时候，要进行仪式性的清洗；[91]并禁止新成年者吃他们所熟悉的鸟，因为这些鸟会使他想起这次举行的仪式。爬到树梢上的动物也同样是神圣的，因为它们太接近生活在天上的成年礼之神达拉穆伦了。[92]死者的灵魂是神圣的，我们已经知道，其属性会怎样传给灵魂所曾寄居之尸体，怎样传给他的埋葬地，怎样传给他生前在那儿居住，而现在已被破坏或放弃的营地，怎样传给他的名字，他的妻子和亲属[93]。所有这些与死者有关的东西，都通过这种方式获得了神圣性；于是，人们都要离他们远远的。它们也不再被当作单纯的凡俗事物来对待了。在道森所观察过的社会里，死者亲属的名字也同死者的名字一样，在哀悼期内不能被提起。[94]死者生前吃过的某些动物也可能被禁止食用。[95]

对于神圣性所具有的传染性，我们已经非常了解了[96]，我们不必把无数的例子逐一列举出来，来证明它的存在；我们只想说明，图腾制度也像更发达的宗教一样，确实存在这种现象。一旦神圣性的传染性得到了确立，我们立刻就能解释为什么隔绝圣凡两界的禁忌非要采取极端严格的形式了。这样，借助这种非同寻常的扩展能力，最微不足道的接触和最不显眼的接近，不论是肉体上的还是纯粹精神上的，都足以使宗教力出离原来的范围；另一方面，宗教力一旦出离，又不可能不使其本性遭遇违逆，因此必须采取一系列措施使圣凡两界敬而远之地相互保持距离。正因如此，不但要禁止凡俗之人触摸神圣事物，甚至还要禁止他们看见和听见这些事物，在人们的意识中，这两种生活形式绝对不能混为一谈。尽管两者是相互对立的，但它们也具有相互混同的趋势，因此我们要加倍小心，必须保证两者的分离。

当我们了解到这些禁忌的复杂性后，也就理解了它们的作用方式以及它们所具有的制裁作用。由于所有神圣事物都天生具有传染性，所以凡俗存在一旦破坏了禁忌，就必然会使宗教力延及自身并完全被其所控制，而这种力是他不能受用的。由于两者之间相互对抗，所以他这时依赖的就是一种敌对的力量，而这种力量的敌意必然要通过暴力的形式显现出来，并要摧毁他。这就是为什么每次触犯禁忌都必然会导致疾病或死亡这种下场的原因所在。在人们看来，这种结果纯粹是咎由自取，是必然的。违犯禁忌的人会感到有一种控制着他，但他又无法抗拒的力量向他发出了攻击。他是不是吃了图腾动物？如果他这样做了，就会感到这种动物在撕咬和吞噬着他的生命；他只有躺在地上等待死亡。[97]每种亵渎神圣的举动都意味着一种神圣化，但不管对被神圣化的对象来说，还是对接近它的人来说，这都是一种可怕的神圣化。制裁，在一定程度上也包括禁忌，都是这种神圣化的结果。[98]

值得注意的是，有关禁忌的上述解释，并不依赖于宗教力得以体现的各种各样的符号。不管这些宗教力被构想为匿名的和非人格的能量，还是被赋予意识和感觉的人格形象，都没有多大区别。当然，在前一种情况下，对亵渎神圣的犯禁行为是以自发的、无意识的方式作出反应的；而在后一种情况里，则被想象成是由于所犯下的罪过所引起的神圣人格的情感波动所致。但归根结底，这两个概念都产生了同样的实际影响，它们用不同的语言表达了相同的心理机制。两者有着相同的基础：即神圣事物与凡俗事物是相互对立的，前者明显具有向后者扩展的倾向。因此，不管神圣性取决于盲目的力量还是有意识的力量，它们与凡俗事物的对抗以及对凡俗事物的传染，都采用的是同样的方式。照此看来，那种认为真正的宗教生活只能起源于神秘人格的看法确实有些太离谱，因为我们已经看得很清楚了，无论宗教存在是否被人格化，就这个方面而言，仪式都是相同的。以下几章里，我们还会重申这种观点。

4

然而，如果说神圣性的传染作用有助于解释禁忌体系的话，那么对传染性本身又该作何解释呢？

有人试图用众所皆知的观念联想的法则来进行解释。某人或某物在我们心中所唤起的感情，会通过传染的方式蔓延到与此人或此物有关的各种表现上，然后再蔓延到这些表现所表达的各种对象上。所以说，我们对神圣事物的尊崇可以扩散到任何与之接触、相似或使人联想到它的事物上。当然，文明人不会受到这些联想的蒙骗；他知道所有这些派生出来的情感都不过是各种意象的把戏，是某种彻头彻尾的心理联想，所以他不会被这些幻象带来的迷信弄得神魂颠倒。不过，原始人却天真无邪地、不加批判地把这些印象客体化了。在他内心之中，不是有某种东西会使他产生敬畏之情吗？如果他认为某种事物确实具有令人崇敬和恐惧的力量，他就会敬而远之，把它当作神圣事物来看待，尽管这种事物只是徒有虚名的。[99]

但是，不论是谁提出了这样的说法，他都忘记了人们赋予神圣性的繁衍力并不是最原始的宗教所独有的。甚至在最近形成的膜拜中，也有许多仪式建立在这一原则的基础之上。所有通过涂油或清洗等方式进行神圣化的仪式，不都将神圣事物的神圣性质转移到凡俗对象的身上了吗？虽然因为野蛮人至今还在不断被各种联想观念所蒙骗，而在事物的性质中不存在任何根据可以说明或证实这种思维方式，所以很难将今天已经启蒙了的天主教徒与滞后不前的野蛮人视为同类；但是，如果我们把将所有情感都盲目客观化的思维倾向全部划归在原始人的头上，也未免过于武断了些。在原始人的普通生活中，在日常活动的每个细微之外，他们并没有将一种事物的性质完全归为另一种事物，或者反过来。与我们相比，如果说他们对明晰和差异这样的概念不太关心的话，那也不意味着他们在能力上就迟钝和愚笨，把各种东西搞得混淆不清。唯有在宗教思想方面，他们才倾向于诸如此类的混同。所以说，我们只有从宗教事物的某种特殊性出发，而不是从人类智识的一般规律出发，才能找到这些混乱倾向的根源。

如果一种力或属性是它们所依附的主体的内在部分或构成要素，我们就不能随随便便地认为它可以脱离自身，跑到其他地方去。任何物体都是根据它的质量和原子结构加以确定的；因此我们不会认为，它可以在接触其他物体的过程中，将这些极其鲜明的特征传递给其他物体。相反，如果我们处理的是从外部施加给物体的力，既然这种力并不是内在的，它本来就外在于物体，倘若它再次逃离了物体，那就没有什么不可理解的了。例如，物体从外部吸取的热力或电力就可以传递给周围的媒介，我们的心灵也会很愿意接受这种传递的可能性。所以，如果我们通常把宗教力当作是外在于它们所依附的各种事物的，那么当我们看到宗教力具有如此强大的扩散和分散作用时也就不会感到大惊小怪了。而这正是我们所要提出的理论。

事实上，宗教力不过是实体化了的集体力，也就是道德力，它是由我们从社会角度出发在内心中所唤起的各种观念和感情构成的，而不是来自对物质世界的感知。所以，它们与我们身处其间的那些可见事物是不同的。尽管宗教力可以从这些事物中择取它们得以表现的各种外在形式和物质形式，但其效能并不归结为这些事物。宗教力与它寄居其中的不同事物之间不可能通过外部联系统一起来，因为那里没有它们的根基。我们已经用过的一种说法[100]或许能够最为恰当地刻画它们：宗教力是被加到事物上去的。所以说，没有什么东西注定要接受宗教力，注定是与众不同的例外；甚至连最不起眼、最粗鄙的事物也可能会接受宗教力；意外的境遇也可以决定什么事物被选择来表现宗教力。我们还记得，考德林顿在谈到曼纳时就曾说：这是一种力，它“并不固着在任何事物中，而是在几乎一切事物中涌动着”[101]。弗莱彻女士也曾描述道，达科他人把瓦坎表现成一种无所不在的力，它总是在这个世界上来来往往，进进出出，时而落在这儿，时而落在那儿，从来没有固定的居所。[102]甚至可以说，人类内在的宗教性也是如出一辙。当然，相对于人来说，在经验世界里，再没有其他东西更接近所有宗教生活的起源，更直接地参与宗教生活了；因为宗教力是在人的意识中建构的。然而我们也知道，能够使人、使人的神志、人的灵魂充满生机的宗教本原在一定程度上还是存在于人的外部。

如果宗教力在任何地方都没有自己的地盘，那么我们很容易就能解释它的流动性了。既然宗教力与它们所附着的各种事物并没有什么联系，那么即使在最轻微的接触中，即使这种接触不出于其本意，宗教力都会很自然地逃逸出来，扩散到远处。宗教力的强度也促使自己不断扩散，而且任何事物都会领受这种扩散。正因为如此，灵魂尽管是由极具个人性的纽带系于身体的，但它也始终具有脱离身体的威胁；整个身体的每个孔穴和毛孔，都是灵魂向外扩散和逃逸的通道[103]。

不过，我们对于正在努力解释的这种现象，还要进一步作出说明。对宗教力观念的阐述尚不完满，我们还要再回到宗教力得以产生的心理过程上来。

我们已经看到，某种事物的神圣性其实并非以其任何天然属性为基础。图腾动物之所以会唤起宗教情感，也不是因为它具有某种很特别的外貌或属性；所有这些结果，都是由和这种情感性所附着的对象的性质毫不相干的外在因素造成的。换言之，真正构成这些情感的，是社会的作用在人们内心中所引起的慰藉和依赖的印象。就其本身而言，这种感情并不依附于任何特定事物的观念；但是由于这种感情不仅存在而且异常强烈，所以它也带有明显的传染性。因此，它们就像油渍一样，扩散到了占据着心灵的其他所有的精神状态上，尤其渗透或污染到了时刻在我们手边或眼前的各种事物的表现之中：比如文在身上的图腾图案、能够发出响声的牛吼器、身边的岩石、脚下的土地，等等。就这样，这些事物本身获得了宗教价值；尽管在实际上，这并不是它们生来就有的价值，而只是外部附加的价值。所以，传染并不是事物获得神圣性以后再借以传播这种性质的次级过程，传染恰恰就是事物获得神圣性的过程。正是通过传染，神圣性确立了自身，因而我们不必惊讶它会再通过传染的方式把自身传递出去。使神圣性得以实现的是一种特殊的感情；它之所以会依附于某个对象，是因为这种情感以传染的方式找到了这个对象。所以，神圣性会很自然地再从这个事物向它所发现的所有邻近事物进行扩散，也就是说，无论是由于什么原因，不管是由于物理上的接触，还是仅仅由于相似，或是与前者具有心理上的联系，扩散都会发生。

这样，神圣性的传染性便在我们所提出的宗教力的理论中找到了解释，由此我们的理论也进一步得到了肯定[104]。同时，这也有助于我们去理解我们业已关注的原始心态的特征。

我们已经看到，[105]原始人很容易将不同界域混淆起来，把人、动物、植物、星宿等这些最不相同的东西说成是同样的东西。

现在，我们就明白这些混淆得以产生的最重要的一个原因了。既然宗教力明显是具有传染性的，那么由同一本原同样赋予不同对象以生命力的情况，就会不断发生。这一本原，因为事物在物理上的靠近，甚至仅仅因为外表上的相似，就会在它们之间相互传递。于是人、动物、植物和岩石都有了相同的图腾：人是因为用这种动物作名字；动物是因为它们使我们想起了图腾的标志；植物是因为生养了这些动物；岩石是因为它们是举行仪典的地点标记。因此，宗教力被人们看作是所有功效的源泉；而只要某些存在具有同一个宗教本原，它们就会被认为具有相同的本质，至于它们彼此之间的差别，则仅仅被当作是次要的特征。正是出于这种原因，它们就完全自然而然地被划归到同样的范畴之中，并被视为同一种类中可以相互转化的不同变种。

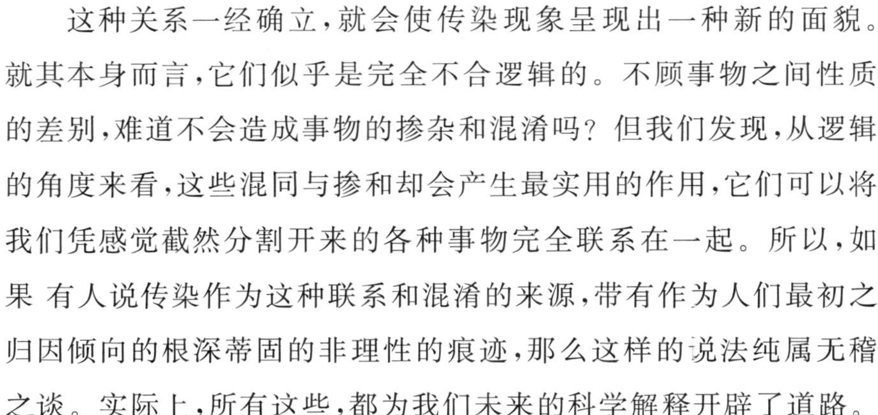

这种关系一经确立，就会使传染现象呈现出一种新的面貌。就其本身而言，它们似乎是完全不合逻辑的。不顾事物之间性质的差别，难道不会造成事物的掺杂和混淆吗？但我们发现，从逻辑的角度来看，这些混同与掺和却会产生最实用的作用，它们可以将我们凭感觉截然分割开来的各种事物完全联系在一起。所以，如果有人说传染作为这种联系和混淆的来源，带有作为人们最初之归因倾向的根深蒂固的非理性的痕迹，那么这样的说法纯属无稽之谈。实际上，所有这些，都为我们未来的科学解释开辟了道路。

注　释

[1]　特别需要指出的是，还有一种仪式形式我们完全没有涉及，这就是口头仪式，在《社会学年鉴汇编》的专号里，我们一定会对此加以研究。

[2]　参见弗雷泽为《不列颠百科全书》撰写的辞条“塔布”。

[3]　事实证明，这样做确实有许多不便之处。不少坚信该词的作者，都以为塔布所指称的制度不仅是一般原始民族所特有的现象，而且甚至是波利尼西亚所特有的现象（参见雷维尔：《原始人的宗教》，第 2 卷，第 55 页；理查德：《历史中的女性》，第 435 页）。

[4]　参见本书，第 53—54 页。

[5]　这并不是说宗教禁忌与巫术禁忌之间的连续性存在着明显的断裂，恰恰相反，它们的真正性质还没有得到确定。在某些民间传说中，有些禁忌就很难说清楚究竟是宗教的还是巫术的。然而有必要对它们加以区分，因为我们认为巫术禁忌只有作为宗教禁忌的一种功能才能被理解。

[6]　参见本书，第 203 页。

[7]　我们认为，有许多神圣事物之间的禁忌，都可以追溯到神圣事物与凡俗事物之间的禁忌。年龄禁忌或等级禁忌就属于这种情况。举例来说，在澳洲，有好些神圣食品都是专为成年人准备的。然而，由于这些食品的神圣程度不同，它们也就有了等级之分。成年人也是不平等的。他们不可能一开始就享受所有的宗教权利，而只能逐步走进宗教事物的领域。他们必须经历整个等级系列，经历各种特殊的考验和仪典；必须花费几个月，有时甚至要几年的时间才能达到最高的等级。每个等级都配以特定的食物，等级较低的人不可以接触等级较高的人才有权享用的食品（参见马休：《新南威尔士和维多利亚的土著部落的民族学笔记》，第 262 页及以下诸页；帕克：《埃瓦拉伊部落》，第 23 页；斯宾塞和吉兰：《澳洲中部的北部部落》，第 611 页及以下诸页；《澳洲中部的土著部落》，第 470 页及以下诸页）。这样，比较神圣的事物就与不那么神圣的事物相排斥了，因为后者对前者来说就是凡俗的。本质上，所有禁忌都可以分成两大类别：神圣事物与凡俗事物之间的禁忌，以及纯洁的神圣的事物与不纯的神圣的事物之间的禁忌。

[8]　参见本书，第 183 页。

[9]　斯宾塞和吉兰：《澳洲中部的土著部落》，第 463 页。

[10]　斯宾塞和吉兰：《澳洲中部的土著部落》，第 538 页；《澳洲中部的北部部落》，第 640 页。

[11] 斯宾塞和吉兰:《澳洲中部的北部部落》,第531页。

[12] 斯宾塞和吉兰:《澳洲中部的北部部落》,第518页及以下诸页;霍维特:《澳洲东南部的土著部落》,第449页。

[13] 斯宾塞和吉兰:《澳洲中部的土著部落》,第498页;舒尔策:《芬克河上游和中游的土著》,第231页。

[14] 斯宾塞和吉兰:《澳洲中部的土著部落》,第499页。

[15] 霍维特:《澳洲东南部的土著部落》,第451页。

[16] 围绕图腾植物的饮食禁忌即使是最重要的禁忌,也绝非是唯一的禁忌。我们已经知道,某些食物之所以禁止未成年人食用,是因为这些食物是神圣的,而许多完全不同的因素都可以带来神圣性。例如,我们马上就会看到,如果树顶上的飞鸟被尊为神圣,是因为它们是天上的大神的近邻。人们可能出于不同的原因,把某些动物的肉专门留给老人,从而使这些动物也分享到了老人所具有的神圣性。

[17] 参见弗雷泽:《图腾制度》,第7页。

[18] 霍维特:《澳洲东南部的土著部落》,第674页。还有一种接触禁忌我们没有提到,因为我们很难准确地确定它的性质:这就是性接触的禁忌。在某些宗教节期里,男人不能与女人交媾(斯宾塞和吉兰:《澳洲中部的北部部落》,第293页,第295页;《澳洲中部的土著部落》,第397页)。这究竟是因为女人是凡俗的,还是因为性行为是可怕的?我们不可能顺带地解决这个问题。因此,我们姑且将这个问题,以及其他所有与婚姻仪式和性仪式有关的问题都暂放一边。这些问题与婚姻和家庭等问题的联系非常紧密,我们不能够把它们截然分割开来。

[19] 斯宾塞和吉兰:《澳洲中部的土著部落》,第134页;霍维特:《澳洲东南部的土著部落》,第354页。

[20] 斯宾塞和吉兰:《澳洲中部的土著部落》,第624页。

[21] 霍维特:《澳洲东南部的土著部落》,第572页。

[22] 霍维特:《澳洲东南部的土著部落》,第661页。

[23] 斯宾塞和吉兰:《澳洲中部的土著部落》,第386页;霍维特:《澳洲东南部的土著部落》,第655页,第665页。

[24] 温巴约部落就是这种情况(霍维特:《澳洲东南部的土著部落》,第451页)。

[25]　霍维特:《澳洲东南部的土著部落》,第 624 页,第 661 页,第 667 页;斯宾塞和吉兰:《澳洲中部的土著部落》,第 221 页,第 282 页及以下诸页;《澳洲中部的北部部落》,第 335 页,第 344 页,第 353 页,第 369 页。

[26]　斯宾塞和吉兰:《澳洲中部的土著部落》,第 221 页,第 262 页,第 288 页,第 303 页,第 378 页,第 386 页。

[27]　斯宾塞和吉兰:《澳洲中部的土著部落》,第 302 页。

[28]　霍维特:《澳洲东南部的土著部落》,第 581 页。

[29]　斯宾塞和吉兰:《澳洲中部的北部部落》,第 227 页。

[30]　参见本书,第 390 页。

[31]　斯宾塞和吉兰:《澳洲中部的土著部落》,第 498 页;斯宾塞和吉兰:《澳洲中部的北部部落》,第 526 页;泰普林:《纳里涅里部落》,第 19 页。

[32]　霍维特:《澳洲东南部的土著部落》,第 466 页,第 469 页及以下诸页。

[33]　怀亚特:《阿德莱德和因康特湾部落》,载于伍兹:《南澳洲的土著部落》,第 165 页。

[34]　霍维特:《澳洲东南部的土著部落》,第 470 页。

[35]　霍维特:《澳洲东南部的土著部落》,第 657 页;斯宾塞和吉兰:《澳洲中部的土著部落》,第 139 页。

[36]　霍维特:《澳洲东南部的土著部落》,第 537 页。

[37]　霍维特:《澳洲东南部的土著部落》,第 544 页,第 597 页,第 614 页,第 620 页。

[38]　例如他经常戴着的发带(斯宾塞和吉兰:《澳洲中部的土著部落》,第 171 页)。

[39]　斯宾塞和吉兰:《澳洲中部的土著部落》,第 624 页及以下诸页。

[40]　霍维特:《澳洲东南部的土著部落》,第 556 页。

[41]　霍维特:《澳洲东南部的土著部落》,第 587 页。

[42]　当然,假如被吃的东西是神圣的,那么这种行为便带上了神圣性质。但吃行为本身是非常凡俗的,那么吃神圣的东西就常常意味着亵渎神圣。这种亵渎行为有时候是得到允许的,甚至是遵命而行的,但我们下文将会看到,其条件是在吃之前或同时举行某些仪式进行补偿或化解。这些仪式的存在本身也说明神圣事物是不可以吃的。

[43] 斯宾塞和吉兰:《澳洲中部的北部部落》,第 263 页。

[44] 斯宾塞和吉兰:《澳洲中部的土著部落》,第 171 页。

[45] 霍维特:《澳洲东南部的土著部落》,第 674 页。也许,在非常神圣的宗教活动中,禁止讲话也是由上述原因造成的。在日常生活里,人们总得说话,特别是要大声地说话;然而在宗教生活里,人们就应该保持安静或低声地讲话了。实际上,饮食禁忌也是同样的道理(参见本书,第 169 页)。

[46] 斯宾塞和吉兰:《澳洲中部的北部部落》,第 33 页。

[47] 既然每个人都有神圣本原作为灵魂,那么人出生伊始,围绕着每个个体也就都会有各种禁忌,这就是今天隔离和保护个人的道德禁忌的原初形式。因此,对于杀了人的人来说,死者的尸体是很危险的(斯宾塞和吉兰:《澳洲中部的土著部落》,第 492 页),尸体就是他的塔布。这样,由此发展而来的禁忌就往往被个体当成用来保护某些事物不被共同使用的手段,结果,所有权观念便确立起来了。罗斯在谈论居住在北昆士兰帕尔默河畔的部落时,就曾经说:“当一个人离开营地而留下他的武器和食物时,如果他把尿撒在了这些东西的旁边,这些东西就成了‘塔米’(tami,相当于塔布)。他可以确保在他回来的时候,会原封不动地找到这些东西。”(参见罗斯:《北昆士兰民族学》,载于《澳大利亚博物馆记录》,第 7 卷,第 2 期,第 75 页)这是因为,尿就像血一样,被认为是一种个体所独有的神圣力量,不让陌生人接近。同理,人们说出的话也可以产生同样的影响,一句话就可能会阻止别人接近某个对象。这种制造禁忌的能力,也因人而异,越是具有神圣性质的人,他的能力也就越强。甚至可以说,男人几乎完全可以凭借这种特权把女人扫出家门(罗斯只提到过一则女人制造塔布的事例)。在首领和长老那里,这种特权达到了登峰造极的地步,他们借此可以垄断他们想要得到的任何东西(罗斯:《北昆士兰民族学》,第 77 页)。这样一来,宗教禁忌变成了所有权和行政规则。

[48] 见本卷,第二章。

[49] 见本书,第 12 页。

[50] 见本书,第 300 页。

[51] 参见胡伯特和莫斯:“论祭祀的性质和功能”,见《社会学年鉴》中的《宗

教史合论》,第 22 页及以下诸页。

[52] 霍维特:《澳洲东南部的土著部落》,第 560 页,第 657 页,第 661 页。甚至连女人的影子也不能落到他的身上(同上书,第 663 页),他接触过的任何东西,女人都不能碰一下(同上书,第 621 页)。

[53] 霍维特:《澳洲东南部的土著部落》,第 560 页,第 563 页,第 670 页及以下诸页;斯宾塞和吉兰:《澳洲中部的土著部落》,第 223 页;《澳洲中部的北部部落》,第 340 页,第 342 页。

[54] 如库尔奈人的"叶拉伊尔"(Jeraeil)这个词,又如尤因人和沃尔加尔人中"库林加尔"(Kuringal)这个词。

[55] 斯宾塞和吉兰:《澳洲中部的土著部落》,第 348 页。

[56] 霍维特:《澳洲东南部的土著部落》,第 561 页。

[57] 霍维特:《澳洲东南部的土著部落》,第 663 页,第 538 页,第 560 页。

[58] 霍维特:《澳洲东南部的土著部落》,第 674 页;帕克:《埃瓦拉伊部落》,第 75 页。

[59] 里德雷:《卡米拉罗依》,第 154 页。

[60] 霍维特:《澳洲东南部的土著部落》,第 563 页。

[61] 霍维特:《澳洲东南部的土著部落》,第 611 页。

[62] 霍维特:《澳洲东南部的土著部落》,第 549 页,第 674 页。

[63] 霍维特:《澳洲东南部的土著部落》,第 580 页,第 596 页,第 604 页,第 668 页,第 670 页;斯宾塞和吉兰:《澳洲中部的土著部落》,第 351 页。

[64] 霍维特:《澳洲东南部的土著部落》,第 557 页。

[65] 霍维特:《澳洲东南部的土著部落》,第 604 页;斯宾塞和吉兰:《澳洲中部的土著部落》,第 351 页。

[66] 霍维特:《澳洲东南部的土著部落》,第 611 页。

[67] 霍维特:《澳洲东南部的土著部落》,第 589 页。

[68] 可以把这些苦行仪轨与巫师的初入仪式中的仪轨进行比较。就像最新步入成年的人一样,新成为巫师的人也必须服从大量的禁忌,并借此获得特殊的力量(参见"巫术力量的起源",载于胡伯特和莫斯:《宗教史合论》,第 171 页,第 173 页,第 176 页)。新婚夫妇在婚礼前后各一天里,也确有类似的仪轨(即订婚者和新婚者的塔布);因为婚礼也

意味着生活环境的巨大变化。我们只想言简意赅地讨论这些事实，没有打算进行深入的研究；这是因为，前者与巫术有关，并不是我们的主题；而后者却与关于两性起源的法律—宗教体系有关，我们只有把它与其他原始婚姻道德的戒律联系起来才能进行研究。

[69] 的确，普罗伊斯是这样解释这些事实的：遭受痛苦是一种增加人的巫术力（die menschliche Zauberkraft）的方式；从这种说法出发，人们会认为遭受痛苦仅仅是巫术仪式，而不是宗教仪式。不过，我们曾经指出过，普罗伊斯所使用的巫术一词总是显得很不准确，在他那里，巫术指的是所有匿名的和非人格的力，而不管这些力属于巫术还是属于宗教。当然，有些折磨的目的就是要培养巫师，然而我们所描述的大多数折磨都是真正的宗教仪典，因而它所改变的是个体的宗教状态。

[70] 普罗伊斯：《宗教和艺术的兴起》，载于《环球》，第88卷，第309—400页。普罗伊斯在同样的标题下，对大量混杂在一起的仪式进行了区分，比方说，放血就是利用了鲜血能够流动的积极品性，而不是为了造成痛苦。在这里，我们所说的仅仅是将那些痛苦作为其基本要素和功效之源的各种仪式。

[71] 斯宾塞和吉兰：《澳洲中部的北部部落》，第331页及以下诸页。

[72] 斯宾塞和吉兰：《澳洲中部的北部部落》，第335页。在迪埃里人那里，我们也可以发现类似的做法（霍维特：《澳洲东南部的土著部落》，第658页及以下诸页）。

[73] 斯宾塞和吉兰：《澳洲中部的土著部落》，第214页及以下诸页。从这个例子中，我们可以看到成年礼有时候具有欺侮的特征。事实上，每当两个道德和社会处境不平等的群体密切接触的时候，欺侮这种真正的社会制度就会同时产生出来。在这种情况下，那些自认为高人一等的，就要想抵制新来者，以使对方感觉到他所处的优越地位。这种自然而然产生的、或多或少有些残忍的反应必然会对个体产生塑造作用，使其进入新的生存状态，并且对其产生同化作用，使其适应新的环境。所以说，这也是一种初入仪式。这样，我们就解释了初入仪式为何要采用欺侮的形式。这是因为，老人在宗教和道德上要比年轻人尊贵得多，他们首先必须同化这些年轻人。这样，欺侮的所有条件就都具备了。

[74] 斯宾塞和吉兰:《澳洲中部的土著部落》,第 372 页。

[75] 斯宾塞和吉兰:《澳洲中部的土著部落》,第 335 页。

[76] 霍维特:《澳洲东南部的土著部落》,第 675 页。

[77] 霍维特:《澳洲东南部的土著部落》,第 569 页,第 604 页。

[78] 斯宾塞和吉兰:《澳洲中部的土著部落》,第 251 页;《澳洲中部的北部部落》,第 341 页,第 352 页。

[79] 在瓦拉蒙加人中,这项工作必须由长有满头秀发的人来完成。

[80] 霍维特:《澳洲东南部的土著部落》,第 675 页;这与达林河下游的某些部落有关。

[81] 埃尔曼:《澳洲南部殖民地的土著》,第 212 页。

[82] 埃尔曼:《澳洲南部殖民地的土著》,第 212 页。

[83] 就此问题,可参见拙著:《乱伦禁忌的起源》,载于《社会学年鉴》,第 1 卷,开篇;以及克劳利:《神秘的玫瑰》,第 37 页及以下诸页。

[84] 斯宾塞和吉兰:《澳洲中部的土著部落》,第 133 页。

[85] 参见本书,第 154 页。

[86] 斯宾塞和吉兰:《澳洲中部的土著部落》,第 134 页及以下诸页;斯特莱罗:《澳洲中部的阿兰达和洛里查部落》,第 1 卷,第 78 页。

[87] 斯宾塞和吉兰:《澳洲中部的北部部落》,第 167 页,第 299 页。

[88] 除了我们已经说过的苦行仪式,我们还要补充一些积极仪式,这种仪式的目的是为了让新近步入成年的人充满,或者用霍维特的话说,浸透着宗教状态(霍维特:《澳洲东南部的土著部落》,第 531 页)。确实,霍维特所使用的不是宗教状态,而是巫术力量,但我们知道,对绝大多数的民族学家来说,这个概念所指的仅仅是那些具有非人格性质的宗教品性。

[89] 霍维特:《澳洲东南部的土著部落》,第 674 页。

[90] 斯宾塞和吉兰:《澳洲中部的土著部落》,第 454 页。霍维特:《澳洲东南部的土著部落》,第 561 页。

[91] 霍维特:《澳洲东南部的土著部落》,第 557 页。

[92] 霍维特:《澳洲东南部的土著部落》,第 560 页。

[93] 参见本书,第 417 页,第 420 页。参见斯宾塞和吉兰:《澳洲中部的土著部落》,第 498 页:《澳洲中部的北部部落》,第 506 页,第 518 页,第

519 页，第 526 页；霍维特：《澳洲东南部的土著部落》，第 449 页，第 461 页，第 469 页；马休：《新南威尔士和维多利亚的土著部落的民族学笔记》，载于《新南威尔士皇家协会公报期刊》，第 38 卷，第 274 页；怀亚特：《阿德莱德和因康特湾部落》，载于伍兹：《南澳洲的土著部落》，第 165 页，第 198 页。

[94] 道森：《澳洲土著》，第 42 页。

[95] 霍维特：《澳洲东南部的土著部落》，第 470—471 页。

[96] 有关这个问题，可参见罗伯逊·史密斯：《闪族宗教》，第 152 页及以下诸页，第 446 页，第 481 页；弗雷泽：《不列颠百科全书》中的辞条"禁忌"；杰文斯：《宗教史导论》，第 56 页，第 60 页；克劳利：《神秘的玫瑰》，第 2—9 章；甘奈普：《马达加斯加的禁忌与图腾制度》，第 3 章。

[97] 参见本书，第 176 页。参见斯宾塞和吉兰：《澳洲中部的土著部落》，第 168 页；《澳洲中部的北部部落》，第 323 页，第 324 页；泰普林：《纳里涅里部落》，第 16 页；参见罗斯：《北昆士兰民族学》，载于《澳大利亚博物馆记录》，第 7 卷，第 2 期，第 76 页。

[98] 应该记得，当宗教禁忌受到破坏的时候，这些制裁并不是唯一的方式；此外，还有真正的惩罚或舆论的谴责。

[99] 参见杰文斯：《宗教史导论》，第 67—68 页。我们没提到克劳利（《神秘的玫瑰》，第 4—7 章）最近提出的比较直截了当的理论。克劳利认为，塔布的传染性来源于对传染现象的误解。这是一种比较武断的说法。杰文斯在《宗教史导论》中提出的看法倒非常正确：神圣性的传染性被认定为是先验的，而不是出自对于被误解的经验的偏信。

[100] 参见本书，第 312 页。

[101] 参见本书，第 268 页。

[102] 参见本书，第 264 页。

[103] 在一篇刊载在《环球》上的文章中，普罗伊斯对此作了极为精彩的论述。

[104] 确实，传染性并不是宗教力所特有的性质，巫术也具有同样的属性；不过，巫术显然与客体化了的社会情感没有对应关系。这只是因为巫术力是根据宗教力的模型构想出来的。稍后，我们会重新讨论这个问题（参见本书，第 498 页）。

[105] 参见本书，第 318 页。

第二章　积极膜拜

I　祭祀的要素

尽管消极膜拜可能十分重要，尽管它可能会间接地产生积极的作用，但它本身却不包含它存在的根据。消极膜拜把人们引入了宗教生活，但它对宗教生活的假定多于建构。它之所以要求崇拜者脱离凡俗世界，是为了使崇拜者更加接近神圣的世界。人们从来都不认为，他们对宗教力所负有的义务，可以简单地化约为断绝所有交往的行为；他们始终相信，他们与宗教力之间维持着一种积极的、双向的关系，一套仪式仪轨的功能就是对这种关系的规则和组织。对于这种特殊的仪式体系，我们称之为积极膜拜。

一段时期以来，我们几乎完全忽视了图腾宗教的积极膜拜及其组成部分。除了成年礼以外，我们几乎一无所知，而且即使到现在，我们对成年礼也了解得很不充分。不过，斯宾塞和吉兰对澳洲中部部落的考察，连同舒尔策的预备性考察以及斯特莱罗的总结性考察，部分地填补了这方面材料的空白。特别值得一提的是，有一种使这些探险家们为了描述它而历经千辛万苦的仪典，似乎主宰着所有的图腾膜拜，根据斯宾塞和吉兰的说法，在阿兰达人那里，这种仪典被称作“因提丘玛”（Intichiuma）。对于这个词的含义，斯特莱罗确实提出过异议。他认为，因提丘玛（他写成 Intijiuma）指的是“教导”，即在年轻人面前举行仪式，以便将部落的传统传授给他们。而他则把我们将要描述的宗教节日称之为“巴恰卡丘玛”（mbatjalkatiuma），有“受孕”或“注入健康”的意思。[1] 不过，这里我们并不想解决词汇方面的问题，虽说它与实际问题有联系，但这种联系是微不足道的，因为实际上，他们所争论的这些仪式在成年礼上全都会举行。另一方面，因提丘玛一词已经成为民族志的通用术语，几乎成了使用得很普遍的名词，假如我们非得用另一个词来代替它，似乎未免有些徒劳。[2]

举行因提丘玛的日期在很大程度上要根据季节而定。澳洲有两个截然分明的季节：一个是旱季，可以持续很长时间；另一个是雨季，它恰好相反，时间极短且没有规律。到了雨季，植物就好像被施了魔法一样，全都雨后春笋般地破土而出，动物也大量繁殖起来，有些地方刚才还是不毛之地，转眼间就变得郁郁葱葱，动物成群。举行因提丘玛的日期，就是这种美好季节即将到来的时刻。不过，正因为雨季捉摸不定，所以举行仪式的日期也不能一劳永逸地确定下来，仪式日期随着气候环境的变化而变化，只有图腾群体的首领，即“阿拉通雅”（Alatunja）才有资格决定它，在某个他认为比较确当的日子，他会告诉他的同伴时间到了[3]。

每个图腾群体都有自己的因提丘玛。即使在这种仪式相当普遍的澳洲中部社会，它在各个地区也不尽相同，比如说瓦拉蒙加人的仪式和阿兰达人的仪式就不同。而且不仅各个部落的仪式各异，同一部落里的不同氏族也有不同的仪式。但是很显然，人们所

使用的不同机制之间也存在着非常紧密的联系，我们不能把它们完全分开。也许，所有仪典都是由几种仪式组成的，但它们的发展程度各有不同，在一个地方处于萌芽中的仪式，在另一个地方可能占据着最重要的地位，反之亦然。所以，我们必须小心谨慎地甄别它们，因为我们准备分别加以描述和解释的许多不同的仪式类型，都是由它们组成的；但在此之后，我们还要找出它们的共同来源。

还是让我们先从在阿兰达观察到的仪式开始吧。

1

阿兰达人的仪式包括前后相继的两个阶段。在第一阶段里，举行仪式的目的就是要保证作为氏族图腾的动植物物种能够得到繁衍。为实现这个目的而采取的手段，可以归纳为两种主要类型。

还应该记得，在阿兰达，每个氏族都被认为是传说中的祖先的后代，这些祖先从前生活在大地上，并在那里留下了他们的遗迹。这些遗迹尤其会存留在某些石块或岩石上，或者是祖先入土的地方。阿兰达人把这些石块和岩石存放在特定的地点，并把它们当作他们记忆犹新的祖先的躯体或部分躯体，它们代表着祖先。这样，它们也就代表了被这些祖先当作图腾的动物和植物，因为个体和他的图腾是一回事。这些石块和岩石，和同一分类中的有真实生命的动物或植物具有同样的实在和属性。与后者相比，它们还有一个优势：它们不会生病、不会死亡，它们是不朽的。所以说，它们俨然是一个经久不衰、长久受用的动物和植物的生命储备。在一些案例中，阿兰达人每年都是从这种储备中获得物种繁衍的保证的。

下面，我们先以艾利斯斯普林(Alice Springs)地区的“维切提(Witchetty)蛴螬”氏族为例，介绍他们举行因提丘玛的过程。[4]

在首领确定的日子里，图腾群体的所有成员都必须在主营地集合起来。其他图腾的人则都退到了一定距离以外；[5]阿兰达部落举行仪式的时候，是不允许其他图腾的人出现的。那些虽不属于同一图腾，却属于同一胞族的人，则有可能很荣幸地被邀请参加仪式；不过，他们只是见证人，在任何情况下，他们都不能有积极的举动。

当该图腾的成员集合起来以后，他们只留下两三个人，其余的全部离开营地。他们保持绝对的沉默，一个跟着一个，赤身裸体，既不带任何武器，也不戴平常使用的饰物。他们的神态和步履都表现出了庄严肃穆的宗教感：在他们看来，在他们正在参与的仪式中，所有行为都是极其重要的。此外，除非仪典已经结束，否则他们必须禁食。

他们穿越的所有地区，都布满着荣耀的祖先留下来的遗物。这样，他们一直走到一块巨大的石英石所在之处，这块石英石周围还放一圈小圆石。这块石英石代表维切提蛴螬的成虫。阿拉通雅用一只叫做“阿普玛拉”(apmara)[6]的木盘敲打它，同时嘴里还念念有词，这样做的目的是要请求蛴螬多产卵。周围的小圆石被当作虫卵，他对它们也如法炮制，然后再拿起一块小圆石摩擦每个助手的肚皮。当所有这些都做完了以后，全体成员便走下山，来到悬崖脚下——在阿尔彻灵迦时代的神话里，这里也是举行仪式的地方，另一块代表维切提蛴螬的石块就放在这儿。阿拉通雅仍然用阿普玛拉敲打石块，同伴们也仿效他，用沿途收集来的树枝敲打石块，所有人都唱着圣歌，像原来那样请求蛴螬产卵。他们轮流造访了大约十个地方，每两个地方之间都有一英里之遥。各处都有一块石头，藏在山洞或岩穴的深处，它们或者代表维切提蛴螬的某个部位，或者代表维切提蛴螬在不同生长期里的不同形态。而且，在各处也都重复着同样的仪式。

这种仪式的含义是显而易见的。当阿拉通雅敲打神圣的石块时，总会敲下一些粉末来。这些神圣的粉末颗粒被当成了无数的生命细胞；每个颗粒中都包含着精神本原，一旦它们被植入属于同一物种的有机体，新的生命就诞生出来了。助手们可以使用树枝将这种贵重的粉末撒向四方；如果他们做到了这些，繁衍生息的任务也就完成了。采取了这种方式，他们在内心中就可以确信，氏族所守护的动物物种，也就是他们所依赖的物种就会蓬勃兴旺起来。

以上便是土著人自己对这种仪式给出的解释。在“伊尔皮拉”(ilpirla，即一种木蜜)氏族中，土著人是采用这样的方式来举行仪式的：如果因提丘玛的日期到了，全体氏族成员便集合在约有50英尺高的巨石旁边；在巨石上，摆放着一块与之外形十分相似的石块，其四周也围着许多较小的石块。这些石头都代表着大量的木蜜。阿拉通雅在巨石脚下不断挖土，直到挖出一个储灵珈来，据说，这个储灵珈也是在阿尔彻灵迦时代被埋藏在那里的，它是木蜜的精华所在。然后，阿拉通雅爬到那块较大的岩石上，先用储灵珈摩擦它，再用周围的小石头摩擦它；最后，他用树枝把岩石上面的粉末扫掉，并收集起来，每个助手也轮流这样做。斯宾塞和吉兰认为，在土著人的观念里，撒向四方的粉末会“落在无脉相思树上，产生木蜜”。事实上，所有这些举动都是伴随着圣歌完成的，歌中所表达的正是这种观念。[7]

同样的仪式也见于其他部落，不过稍有不同。在乌拉本纳，有一块代表蜥蜴氏族祖先的岩石，土著人把从岩石上敲打下来的碎块扔向四面八方，目的是想保证蜥蜴大量繁殖。[8]在这个部落中，还有一片神话时代留下来的沙地，它与虱子图腾联系紧密。这块沙地长有两棵树，一棵被称之为虱子树，另一棵被称之为蟹虱树。土著人经常拿起某些沙子，在树上摩擦一番后，扔向四面八方，他们确信这样做可以使虱子大量繁衍[9]。同样，马拉人在蜜蜂的因提丘玛中也把从神石上取下的粉末撒掉。[10]至于平原地区的袋鼠族，他们所采用的方法却略有不同。他们用某种袋鼠最喜欢吃的草把一些袋鼠粪包起来，这样，这些草也成了袋鼠图腾的一部分。紧接着，再把包起来的袋鼠粪放在地上已经用这种草堆放起来的两个草堆之间，放火把它们全烧掉。在到处飞蹿的火焰中，他们点燃树枝四处挥舞，弄得火星四散。这些火星与我们前面提到过的粉末发挥着同样的作用。[11]

在一些氏族中[12]，人们还把自己身上的某些物质与石块的粉末混合起来，从而使仪式产生更大的效力。比如说，年轻人割开血管让血流到岩石上，这种情况在阿兰达部落哈克木花氏族的因提丘玛中就出现过。在那里，仪典也是在圣地举行的，圣地也同样有一块圣岩，在土著人眼里，这块岩石就代表着哈克木花。某些基本的仪式举行过后，“年老的首领便要求某个年轻人割开手臂上的血管，年轻人便这样去做，让自己的鲜血滴洒下来。就在这个时候，其他人还继续唱着歌。血不断地流淌，直到浸没了石块为止”[13]。这样做的目的，或多或少是想让石块变得更有活力、更有神效。我们必须记住，氏族成员与他们名字所代表的植物或动物之间有一种亲属关系；在他们的身体里，尤其是他们的血液里，两者具有相同的 生命本原。所以说，人用自己的血以及其中的神秘胚芽来保证图腾物种生生不息，这是很自然的事情。在阿兰达部落，也经常有这样的事情发生：一个人如果病了或累了，他的一个年轻同伴就会割开自己的血管，把血淋在他身上，使他恢复健康。[14]如果鲜血通过这种方式可以使人恢复生机，而氏族成员又是与某种动植物是混同在一起的，那么顺理成章，鲜血肯定也能使这种动物或植物变得生气勃勃了。

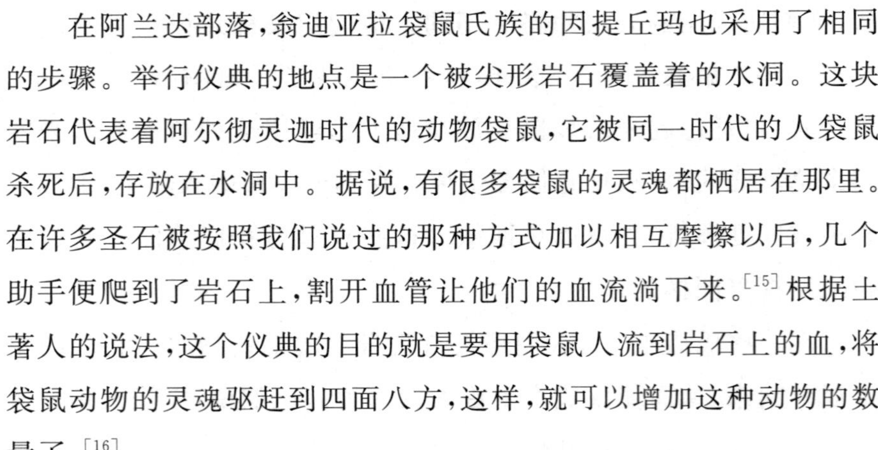

在阿兰达部落，翁迪亚拉袋鼠氏族的因提丘玛也采用了相同的步骤。举行仪典的地点是一个被尖形岩石覆盖着的水洞。这块岩石代表着阿尔彻灵迦时代的动物袋鼠，它被同一时代的人袋鼠杀死后，存放在水洞中。据说，有很多袋鼠的灵魂都栖居在那里。在许多圣石被按照我们说过的那种方式加以相互摩擦以后，几个助手便爬到了岩石上，割开血管让他们的血流淌下来。[15]根据土著人的说法，这个仪典的目的就是要用袋鼠人流到岩石上的血，将袋鼠动物的灵魂驱赶到四面八方，这样，就可以增加这种动物的数量了。[16]

在阿兰达，甚至还出现了这样的情况：血似乎在仪式中起了主导作用。在鸸鹋族群体中，人们没有使用圣石或其他类似的东西。阿拉通雅和他的几个助手把自己的血淋在地上，地面浸透鲜血以后，他们就在上面画出不同颜色的线，代表鸸鹋的不同身体部位。他们围着这个图形跪下，唱着单调的圣歌。他们在歌唱声中所假想的鸸鹋，以及他们用来绘制鸸鹋的血，都会使鲜活的生命本原扩散开来，使新一代的鸸鹋胚胎得到发育，防止这个物种灭绝。[17]

在温克冈加鲁部落[18]，有一个以某种鱼为图腾的氏族。在这个图腾的因提丘玛中，血也起着主要的作用。当氏族首领浑身涂满仪典图案以后，便走进一个水塘坐下。他用尖利的骨头刺破自己的阴囊以及肚脐周围的皮肤。“伤口中流淌出来的血一旦进入水中，就会使鱼得到繁殖。”[19]

迪埃里人也通过完全相同的步骤，来保证他们两个图腾的子孙得以繁衍。这两个图腾一个是花斑蟒蛇，另一个是窝马(woma)蛇(即普通的蛇)。一个名叫“明卡尼”(Minkani)的穆拉—穆拉，据说就住在沙丘之下。某些野兽和爬行动物的骨化石便代表着他的身体。根据霍维特的记载，在流入埃尔湖的河流所形成的三角洲，可以经常发现此类化石。每当举行仪典的日期来到，人们便集合起来，前往明卡尼的住所。在这块沙丘上，他们不停地挖着，一直挖到他们称之为“明卡尼粪便”的湿土层。接下来，他们开始小心翼翼地挖土，直到将“明卡尼的肘部”暴露出来为止。然后，两个年轻人割开自己的血管，让血流到圣岩上。他们唱着明卡尼的圣歌，而助手们却表现出一副狂怒的样子，并用胳膊相互对打。直到他们返回约有一英里之远的营地时，这场殴斗才告结束。在那里，女人们出来调停，使斗殴平息下来。他们把伤口中流出的血收集起来，与“明卡尼粪便”搅和在一起，再把它们撒在沙丘上。当这个仪式完成后，他们就会相信花斑蟒蛇将得到大量的繁殖[20]。

在某些情况下，他们会使用某种他们希望产生的物质作为生机的本原。在凯蒂什部落中，他们把水泼在代表着水氏族神话英雄的圣岩上，希望在举行仪典的过程中，借此获得大量的水，来实

现造雨的目的。很显然，他们相信通过这种方法可以增加岩石的效力，因为同样的原因，水在这里所起的作用就像血一样。[21]在马拉部落，参加仪式的人要从圣洞中把水取出来，含在嘴里，喷向四外。[22]在沃尔加亚部落中，当山芋开始吐芽的时候，山芋氏族的首领便会派一些不属于本氏族，却属于同一胞族的人采挖山芋；他们把这些山芋带给首领，希望他采用某种方法，可以使物种兴旺发达。于是，首领便拿起一只山芋，把它嚼碎，再把碎块抛向四面八方。[23]除此以外，凯蒂什人还有许多五花八门的仪式，在这里我们就不想逐一罗列了。不过，还有一种仪式还是可以说说的。当某种叫做“厄尔利皮纳”(Erlipinna)草的种子完全成熟时，图腾首领就会把一些草籽带回营地，用两块石头把它们磨成粉末；他虔诚地把这些粉末收集起来，把其中少量放在嘴唇上，吹向四方。让这些粉末与首领具有极其特殊的神圣性质的嘴唇相接触，无疑是为了将这些粉末所包含的胚芽的生命力激发出来，而它们已被吹向了四周的各个角落，它们所具有的繁殖能力也就传播出去了。[24]

土著人从来没有怀疑过这些仪式的功效，他确信这些仪式肯定会带来他所期望的结果，其中有一种必然性。如果实际发生的各种事件背离了他的希望，他只会得出这样的结论：即某个敌对群体所发出的咒语在从中作梗。无论如何，他都不会想到可以借助其他方式取得令人满意的结果。如果在偶然的情况下，在他举行因提丘玛之前，植物就已经生长出来，或动物已经繁殖出来，他就会设想地下的祖先已经举行了一场因提丘玛，活着的人只要凭借这种地下仪典坐享其成就行了。[25]

2

以上是仪式的第一个活动。

接下来的时期就没有什么常规的仪典了。然而，宗教生活仍然很强烈，这种情况尤其在不断加重的禁忌体系中反映出来。图腾的神圣性似乎得到了强化，人们甚至都不敢去碰它。平常，阿兰达人可以吃他们当作图腾的动物或植物，只要做得适度就可以了。不过，在举行因提丘玛的第二天，这种权利被取消了；饮食禁忌非常严格，而且一视同仁。他们相信，对这种禁忌的任何冒犯都会淡化仪式的良好效果，妨碍图腾物种的大量繁殖。诚然，如果属于其他图腾的人恰巧到了同一个地方，他们不必遵守同样的禁忌，但是，他们也不能像平常那样地任意行事。他们不能在树林等地方随便食用图腾动物，而必须把动物带回营地，在营地里才能烧着吃。[26]

要想结束这个不同寻常的禁忌期，就需要举行终结仪式，它可以明确地使一系列漫长的仪式活动告一段落。在不同的氏族里，这种仪式也有所不同，但就其基本要素而言，各个地区并没有什么差别。下面所描述的，是阿兰达人最重要的两种形式，一种与维切提蛴螬氏族有关，另一种与袋鼠氏族有关。

当蛴螬完全成熟并大量出现的时候，图腾成员和其他图腾的人都要尽可能多地把它们捉起来；然后，所有人都要把他们捉到的蛴螬带回营地，烤得又脆又硬，存放在叫做“皮齐”(pichi)的木桶里。收获蛴螬的时间可能很短，因为只有在雨后蛴螬才会出现。当它们的数量开始减少的时候，阿拉通雅就命令所有人都返回营地，每个人都带上他自己的蛴螬。其他人则把他们的蛴螬放在图腾成员面前。阿拉通雅在其同伴的帮助下，搬出其中一个皮齐，用两块石头将皮齐内的蛴螬磨成粉末。然后，他吃下少量这样研磨而成的粉末，他的助手也吃了。所有剩下的粉末都分给其他氏族的成员，这些人此刻就可以随意吃这些粉末了，但他们吃的方式也完全像阿拉通雅一样。从这时起，本氏族的男人和女人也可以吃了，但每次只能吃一小口；如果超出了限量，他们便会丧失举行因提丘玛所必要的力量，物种再也不会繁殖了。不过，如果他们干脆不吃，特别是如果阿拉通雅本人在我们所说的这种情况下也不吃，那么他们也会同样丧失能力。

在以翁迪亚拉为中心的袋鼠图腾群体中，某些仪典特征表现得更加明显。如上所述，当在圣岩上举行的仪式结束以后，年轻人就开始出发去猎捕袋鼠，然后，他们把猎到的袋鼠带回营地。在营地里，以阿拉通雅为核心的老人们，会吃少许的袋鼠肉，再将袋鼠油涂抹在参加因提丘玛的人的身体上。剩下的肉则由集合起来的男人们共同分享。紧接着，所有图腾成员都会在自己的身上装饰上图腾图案，整夜唱着纪念祖先的歌曲，歌颂阿尔彻灵迦时代的人袋鼠和动物袋鼠的丰功伟绩。第二天，年轻人再到森林中去打猎，带回比第一天更多的袋鼠，于是这一天的仪典又开始了。[27]

在阿兰达部落的其他氏族[28]、乌拉本纳部落[29]、凯蒂什部落[30]、翁马杰拉部落[31]，以及因康特湾的各个部落中[32]，我们都能够发现同样的仪式，它们只是在细节上略有不同。在各个地区，所有仪式都是由相同的基本要素构成的。总有几个图腾动物或图腾植物被送到氏族首领面前，他不仅要神态庄严地吃掉它们，而且必须吃掉它们。如果他没有完成这项任务，就会丧失有效地举行因提丘玛的力量，换言之，他无法使这个物种每年都得到繁衍。有时候，依据仪式要求吃了这些动物或植物以后，还要用动物脂肪或植物的某些部分涂抹身体。[33]通常来说，全体图腾成员，至少得是老人必须不断重复这种仪式。所有仪式结束以后，各种特定的禁忌也就解除了。

在更北边的一些部落，也就是瓦拉蒙加部落及其临近的社会中[34]，我们从来没有发现过这种仪式。不过，有些痕迹似乎表明，在这些部落中间确实存在过这种仪式。当然，这些氏族的首领已经不再需要依据仪式或根据某些规定来食用图腾了。不过，在某些案例中，因提丘玛刚刚结束以后，不属于这个图腾的人必须把这种动物或植物带到他们的营地，放在首领面前，问他是不是想吃它们。然后，他会表示拒绝，并回答说："这是我为你们创造的，你们随便吃吧。"[35]由此看来，呈献图腾动植物的习惯仍然保留着，对首领所提出的问题，似乎可以追溯到举行食用图腾仪式的时代。[36]

3

我们之所以对我们刚才描述的仪式体系产生了兴趣，是因为我们从这种已知的最基本形式的仪式体系中，发现了构成大规模宗教制度的所有基本原则。这种宗教制度注定要成为高等宗教中积极膜拜的一块基石：这就是祭祀制度。

我们已经知道，罗伯逊·史密斯的工作为传统祭祀理论带来了变革。[37]在此之前，祭祀被当作一种供养或崇敬，不管是自愿的还是强迫的，它就像臣民对君主所持的态度一样。罗伯逊·史密斯最先指出，这种经典解释并不能说明该仪式的两个本质特征。首先，是有关进食的问题：它的实体是食物。其次还是有关进食的问题：奉献牺牲的崇拜者与他们所尊奉的神共享牺牲。牺牲的某些部分是为神而保留的，而其他部分则由奉献牺牲的人来享用；正是出于这个原因，圣经才经常把牺牲说成是摆在耶和华面前的筵席。而在大多数社会里，据说共同进餐可以在出席者之间建立起人为的亲属纽带。实际上，亲属是那些天然就有一样血肉的人。不过，食物始终是持续再造有机体的物质。因此，同样的食物也能产生与共同起源一样的效果。根据史密斯的说法，祭祀筵宴的目的就是使崇拜者与他的神通过共同的食物进行沟通，使两者之间建立亲属关系的纽带。从这种观点出发，牺牲也就有了全新的面目。它的基本要素也不再是牺牲一词通常所表达出来的放弃的意思；归根结底，它是一种食物共享的行为。

当然，针对上述对祭祀筵宴之功效的解释，我们在细节之处还应有所保留。实际上，并不只是因为在一起吃了饭，就会产生这样的结果。一个人之所以能使自身神圣化，不是因为他仅以某种方式与神坐在了同一张桌子旁，而主要是因为他在具有神圣性的进餐仪式上吃了东西。在上文里，我们曾经指出诸如净化、涂油、祷告等一系列预备性的仪式，将作为牺牲的动物转变成了圣物，而这种神圣性又转移到了吃掉它们的崇拜者身上。[38] 当然，共同进餐也确实是祭祀的一个基本要素。现在，当我们回过头来看一看因提丘玛仪典的结束仪式时，就会发现它也是由这种行动构成的。图腾动物被宰杀以后，首领和老人会庄严地把它吃掉。这样，人们就同存留在图腾动物体内的神圣本原进行了沟通，并消化了它。这里，唯一的不同之处在于：这种动物天然就具有神圣性；但在祭祀过程中，人们通常还要人为地使之具有神圣的性质。

不仅如此，这种共享食物的目的也是颇为明显的。每个图腾氏族的成员都包含着神秘的基质，这是他存在的最重要的部分，其灵魂就是由它构成的。从这种基质里，每个成员获得了自己的力量和社会位置，因为正是这种基质才使他成为人。所以他要做的最重要的事情，就是去尽可能地维护它，维持它，使它青春永驻。不幸的是，所有力量，即使是最具精神性质的力量，如果在事物的正常动作中失去的能量得不到补充的话，那么就会随着时光的流逝而消耗殆尽。所以维护和补充就具有一种生死攸关的必要性，而这就是积极膜拜的真正根源。因此，除非图腾成员能够定期使自己体内的图腾本原得到复苏，否则他就会丧失自己的位置；又由于图腾本原是以某种植物或动物的形式表现出来的，他们就从相应的植物或动物物种那里获得自己所需的补充力量，以便使自己得到恢复和再生。袋鼠氏族的成员，不仅相信自己是袋鼠，也感觉到自己是袋鼠；他正是通过这种品质来确定自身，并标志出他的社会位置的。为了保持这种品质，他要不时地将一小块袋鼠肉吞到自己的肚子里。根据部分等于整体[39]的法则，一小块肉就已经足够了。

如果上述行动的目的是为了产生预期的效果，那么它必须在特定的时间里进行。最恰当的时日便是新一代生物恰好完全成熟的时候，这也是赋予图腾物种以生命的力量达到最大强度的时刻。这些力量是人们尽心竭力，从圣树或圣岩这些丰盈的生命宝库中提取出来的。不仅如此，人们还想方设法进一步加强了这些力量，这就是在因提丘玛最初阶段所举行的各种仪式的用处所在。而且，就是从表面上来看，最先收获的果实也体现出了它所蕴含的能量：图腾之神也在为这股新生的荣耀而雀跃欢呼。正因为如此，这批最先收获的果实也常常被看作是非常神圣的，它们必须留给神圣者。所以很自然，澳洲人要通过食用这些果实来使自己在精神上获得新生。这样，各种仪典的日期和环境也都得到了解释。

或许，有人会对如此神圣的食物竟然被普通的凡俗之人吃掉而感到大惑不解。不过，我们首先应该说明，任何积极膜拜都会面临这种矛盾的处境。一方面，所有神圣存在倘若接触了凡俗事物，其赋有的神圣性就会因此而转移；另一方面，如果神圣存在不能接触那些处在凡俗世界、不得不对其敬而远之的崇拜者，那么它的作用就没有了对象，它的存在也失去了理由。归根结底，任何积极膜拜都包含着名副其实的亵渎行为，这是因为，如果一个人要想与圣物进行交流，就必须逾越我们平常在两者之间设置的藩篱。但重要的是，这种亵渎行为要辅之以能使亵渎弱化的预防措施。在这些措施中，最常用的办法是安排一个过渡阶段，将崇拜者慢慢地、渐渐地引入到神圣事物的范围之中。采取了这种方式，亵渎行为就被打破和冲淡，就不再暴烈地触犯宗教良知了，那么这种行为也就不被看作是亵渎了，亵渎因此便会消失。这正是我们目前所面对的情况。在人们神态庄严地食用图腾动物之前，之所以要举行一系列仪式，就是为了使参加仪式的人得以神圣化。这些仪式构成了一个基本的宗教阶段，经历了这个阶段的人都会实现其宗教状态的转变。禁食、与圣岩的接触、储灵珈[40]、图腾装饰等，都可以逐渐为他注入一种他未曾有过的特质，这种性质能够使他在接

近这种在平时禁止接触的令人神往而又令人敬畏的食物时，不会受到惊吓，不会面临亵渎神灵的危险。[41]

如果说像先把某种神圣事物作为牺牲，然后再由崇拜它的人把它吃掉这样的行为，可以称之为祭祀的话，那么我们刚才所说的那种仪式也完全有权被称之为祭祀。不仅如此，它的意义还在于，它的许多仪轨与大量农耕仪式之间确实存在着许多惊人的相似之处。即使在已经具有高度文明的民族中，这也是一条极其普遍的规则，人们最先收获的果实往往是供进餐仪式使用的，逾越节就是最好的例子。[42]另一方面，正因为农耕仪式是最先进的膜拜形式的基础，所以我们发现澳洲社会的因提丘玛与我们离得很近，甚至比我们根据其粗陋的外貌而得出的想象要近得多。

凭借其天才般的直觉，史密斯觉察到了所有这些情况，尽管他对各种事实并不很熟悉。史密斯通过一系列精妙的推断——这里我就没有必要赘述了，因为今天它的意义也仅仅是历史的意义[43]——指出他完全可以证实：在祭祀中，被宰杀的动物起初肯定几乎被当成了神，被当成了以之为牺牲者的近亲。而这些特征恰恰就是我们用来确定图腾物种的特征。史密斯进一步猜测说，图腾制度肯定已经具备了一种与这种仪式完全相似的仪式；他甚至倾向于认为，可以从这种祭祀中看到所有祭祀制度的起源。[44]祭祀之所以产生，并不是为了在人与神之间制造一条人为的亲属关系纽带，而是要维持和更新最初就已经把两者结合在一起的天然的亲属关系。无论何地，人为之物只能在模仿自然的过程中才会产生。不过，在史密斯的著作里，这种假设还不过是一种局限于已知事实、论证很不完善的理论。他引之为据的有关图腾祭祀的事例还很少，还不能提供他想要赋予它们的理论意义，这些事例中所描写的动物还不是真正意义上的图腾。[45]不过在今天，我们至少可以得出这样的论断：实际上，我们已经看到，正如史密斯想象的那样，相当多的社会都要举行或者曾经举行过图腾祭祀活动。当然，我们还无法证明这种仪轨一定为图腾制度所固有，也无法证明这是不是其他所有祭祀类型的发展萌芽。但是，如果说这种仪式的普遍存在是一种假设的话，那么它的存在却已经是不容辩驳的事实了。自此我们将确认，这种最为神秘的食物共享，即使在我们迄今所知的最初陋的膜拜中也已存在。

4

然而，在另一个问题上，史密斯的理论却被我们最新掌握的事实否定了。

根据史密斯的说法，共享食物不仅是祭祀的基本要素，而且至少在其最初阶段，是祭祀的唯一要素。但是，史密斯不仅在把祭祀还原为奉献或供养的问题上是错误的，而且他有关祭祀中本无供养的观念，供养观念只是后期在外界环境的影响下才介入到祭祀之中的见解也是错误的。因此，与其说史密斯为我们理解祭祀提供了帮助，还不如说他恰恰掩盖了仪式机制的真实面目。史密斯声称，他在供奉的观念中发现了一种荒谬，它本身极其龃龉，根本不可能成为如此庞大的制度的基本根据。对神来说，它最为重要而且义不容辞的功能，就是保证人们获得生活必需的食物，所以牺牲似乎不可能是把食物呈现给神明。因为如果众神的食物要靠人来提供，而人的食物却是从众神那里获得的，那么这是自相矛盾的。为什么神要靠人的帮助呢？难道是为了从人自己们手里获得的那些食物中扣除一份留给自己吗？经过这番思考，史密斯断定供养牺牲的观念只有在大规模宗教中才能产生，换言之，在这些宗教中，众神已经从它们与各种事物混为一谈的原始处境中摆脱了出来，被当成了各种各样的王侯，被当成了主宰大地万物的声名显赫的领主。从此以后，祭祀就与奉献联系起来了，就像臣民要向君主纳贡一样，因为他们承认了神所赋有的这种权利的价值。然而，这种全新的解释不仅是一种原始概念的转变，甚至是一种原始概念的堕落。因为“财产观念将其触及的所有事物都物质化了”；这种观念将自身引入祭祀，便使祭祀变了质，并使之成为了人与神之间的讨价还价。[46]

然而，我们所描述过的事实却推翻了这种论断。那些仪式肯定是我们所观察到的最原始的仪式，其中尽管没有出现非常明确的神话人格，但严格意义上的神或精灵却无疑是存在的。当然，它们的作用还仅仅是通过模糊的、匿名的、非人格的力发挥出来的；不过，举行祭祀活动的原因，恰恰就是史密斯声称荒谬至极因而绝不可能的原因。

还是让我们回到因提丘玛的最初活动中来吧，这些仪式的目的就是要保证作为氏族图腾的那种动物或植物得到大量的繁殖。这个物种明显是一种圣物；倘若我们借用隐喻的说法，可以说它们中蕴藏着一种图腾神性。不过，同时我们也已看到，为了使自己长久地存活下来，它需要人的帮助。每一年，人类都会为其新的一代求施生命；没有人类，新的生命就不会降生。倘若人们停止举行因提丘玛，这些圣物就会在地面上绝种。所以从某种角度来说，是人使它们得以存在的。然而，就另一方面来说，也只有它们才能使人得以存在；因为只有它们达到成熟，人们才能获得他们所必需的力量，来支持和改善他们的精神存在。因而，我们可以说，是人制造了他们的神，或者至少是人使这些神得以生存的；但与此同时，人也唯有依赖神才能存活下去。所以，史密斯认为，在这种循环中人们往往觉得有罪，而这种有罪的意识就潜藏在奉献牺牲的观念之中：因为他们仅仅把从神圣存在那里获得的一小部分返还给了神圣存在，而他们获得的却是神赋予他们的一切。

但是，这里还有好些东西需要说明：他们每年不得不履行的供奉与后来在严格意义上被称之为祭祀的仪式，并没有本质的不同。供奉者宰杀动物，是为了让动物体内的生命本原脱离有机体去滋养神性。澳洲人从圣岩上打磨下来的粉末也同样是许多生命本原，这些粉末被撒向空中，既可以赋予图腾物种以活力，又可以保证它们得到繁衍。所以说，撒播粉末的举动与后来的供养行为并没有什么不同。有些情况下，这两种仪式对各种活动细节的效果也是很相像的。我们已经看到，凯蒂什人为了求雨，会把水泼洒在圣岩上；在某些民族中，祭司则会把水泼洒在祭坛上，其目的完全相同。[47]在某些因提丘玛中，我们也常常发现，淋漓的鲜血也同样是名副其实的祭品。就像阿兰达人或迪埃里人将他们的血淋溅在圣岩或图腾图案上一样，许多比较发达的膜拜也经常出现这样的情况：牺牲的血，或者是崇拜者本人的血，都被淋洒在祭坛之前或祭坛之上[48]。在这些情况下，血献给众神，是众神喜欢吃的食物；而在澳洲，血则是献给神圣物种的。因此，我们没有根据认为供奉观念是文明的后期产物。

借助于斯特莱罗的一份文献，可以使因提丘玛与祭祀之间的亲缘关系昭然若揭。那是袋鼠族在举行因提丘玛时所唱的一首圣歌，它在描述仪式的同时也表达了人们所期待的效果。首领将一小块袋鼠脂肪放在用树枝搭成的架子上。歌中唱道：这块脂肪可以使袋鼠的脂肪不断增长[49]。这一回，他们并没有抛洒神圣粉末或者人血，而是这种动物本身作为牺牲或者祭品被放在了祭坛上，并被奉献给了这一物种，它将使该物种的生命延续下去。

现在，我们就能明白我们所说的"因提丘玛包含着祭祀制度的萌芽"的意思了。祭祀制度一旦具备了比较完整的形式，它就是由两个基本要素构成的：一是共享行为，一是供奉行为。崇拜者不仅与神共同享用神圣食物，同时还向神做了供养。正像我们所描述的那样，我们在因提丘玛中也发现了这两种行为。如果说标准的祭祀[50]与因提丘玛有什么不同的话，那么不同之处仅仅是：在前者中，这两种行为是同时发生的，而在澳洲仪典中，两种行为是一前一后发生的。在第一种情况里，它们是一个不可分割的仪式的组成部分；而在第二种情况里，它们在不同的时期发生，有时甚至还有一段相当长的间隔期。但从本质上说，两者的运作机制都是相同的。从整体上看，因提丘玛就是一种祭祀，尽管其各个组成部分还不能做到条理分明，组织完备。

这两种仪典之间的联系一旦明确，便具有一举两得之利。这不仅可以使我们更好地理解因提丘玛的性质，而且也可以使我们更好地理解祭祀活动的性质。

我们对因提丘玛的理解更加深刻了。实际上，弗雷泽把因提丘玛当作是根本不具有宗教特性的简单巫术活动的见解，是站不住脚的。[51]既然这种仪式是规模庞大的宗教制度的前身，那么把它排除在宗教之外的举动，实在是让人无法想象的。

同时，我们对祭祀活动本身的理解也更加深刻了。首先，祭祀一经确立，它就包含了两个同样重要的要素。如果澳洲人供养了他们的神圣存在，那么我们就没有理由认为，供奉观念原来是外在于祭祀制度的原始组织的，只是到了后来这一观念才推翻了本来的安排。在这个问题上，史密斯的理论必须得到修正。[52]当然，只是在部分意义上，祭祀才是共享，赠礼和弃绝的行为也是祭祀的基本要素。一般而言，祭祀的前提就是崇拜者向他的神奉献自己的成分或物品。任何根据两种要素中的一种要素去推导另一种要素的企图，都是徒劳的。供奉也许要比共享久远得多呢。[53]

其次，通常说来，祭祀，特别是祭祀供奉，似乎仅仅是对人格存在而言的。然而，我们在澳洲所遇到的供奉中并没有发现此类观念。换言之，人们构想宗教力的不同形式并不会对祭祀产生影响，因为祭祀是建立在更为深刻的基础之上的。现在，我们就来看看祭祀的根据。

很显然，在任何情况下，供养行为都会自然而然地在人们的内心唤起一种精神主体的观念，供养的目的就是取悦于这个主体，如果人们相信这个主体就是人的话，那么我们所描述的仪式行为就更容易理解了。所以，虽然因提丘玛仪轨能使之发挥作用的宗教力实际上只是非人格的，但它却为一种不同的概念铺平了道路。[54]当然，倘若它们仅仅依靠自身，还不足以构成神话人格的观念，不过，神话人格的观念一旦形成，这种仪式的性质就会使之融入膜拜之中；这样，神话人格不仅在行动和生活中具有了更为直接的意义，而且获得了更大程度上的实在性。因此，我们甚至可以认为，膜拜倾向于使宗教力人格化；尽管这种倾向以间接的形式表现出来，但无疑也是非常值得注意的。

5

可是，我们不得不对上述矛盾作出解释，而这种矛盾在罗伯逊·史密斯看来，是一种不可容忍的逻辑谬误。

如果圣物总是以一种完美恒常的方式体现自己的力量，而人们却还梦想着要为它们提供服务，那么这确实是显得有些不可思议了，因为我们不明白它们还需要人类做些什么。但是首先，只要神圣存在与各种事物相混淆，只要神圣存在被当成了宇宙生命的本原，那么它们自己就要服从宇宙生命的节奏。生命是遵照既定的规律不断向相反方向摆动的连续运动。有时候，宇宙生命会达到全盛时期；有时候，则会日渐式微，以至于人们不得不扪心自问：它会不会就此衰落下去？植物每年都要枯萎，它还会获得新生吗？动物也会因为自然死亡或灾害死亡而趋于灭绝，它们还会以恰当的方式、在恰当的时间里得到复苏吗？而且至关重要的是，雨量总是变化无常，甚至在相当长的时期滴水未降，好像永远也不会下雨了似的。自然界的周期性变化证明，在某些相应的时期里，神圣存在赖以生存的植物、动物、雨水等，其本身也经历着严重的危机，所以说，它们也有自己的衰败期。然而，面对这番光景，人不能做一个无动于衷的旁观者。如果他想生存下来，宇宙的生命就必须继续维持，众神也不能死。所以他必须想方设法去维持和帮助它们，为此，他必须尽其所能调动所有力量为众神服务。如果从血管流

出来的血可以滋养众神，他就让自己的鲜血流出来。从本氏族所拥有的圣岩中，他取出了始终潜藏在那里的生命萌芽，把它们抛撒在空中。总而言之，他要作出供奉。

不仅如此，外在的和肉体的危机又复制了内在的和精神的危机，而后者也导致了同一结果。神圣存在只有在人们的心灵将其表现为生活着的存在时，它才存在。当我们不再这样想时，它似乎就不存在了。甚至具有物质形式、依赖感觉经验的神圣存在，也必须以景仰它们的崇拜者的思想为基础；这是因为，能够使它们成为膜拜对象的神圣性质并不来源于其自身的构造，而是信仰加在它们上面的。袋鼠与所有其他动物一样，都不过是一种动物，但对于袋鼠图腾的人来说，袋鼠体内却包含着一种本原，使之不与其他动物为伍，而这种本原只存在于它的信仰者的心中。[55]如果要让人们以为这些神圣存在不再需要人的帮助了，那么表达这些神圣存在的表现就必须始终如一。但是这种稳定却是不可能的。事实上，神圣存在只有在共同的生活中才能形成，而共同生活基本上却是时断时续的。所以说，神圣存在也必然带有这种间歇性。当人们集合起来，彼此之间形成了亲密关系的时候，当人们拥有共同的观念和情感的时候，神圣存在才达到了它们的最大强度。而集会解散，每个人都返回到自己独特的生活中以后，神圣存在也会逐渐丧失自己的原动力。当日常经验的洪流逐渐湮没这些神圣存在的时候，如果我们找不到办法重新把神圣存在唤回到我们的意识里，使它们得到再生，那么神圣存在便会很快陷入无意识之中。如果我们认为它们越来越无力的话，那么它们对我们来说也就越来越不重要了，它们便成了越来越不受重视的无足轻重的东西。这样，

我们便从另一个角度得知，神圣存在必然需要人的帮助。这第二个缘由对于它们的存在来说甚至比前者更加重要，因为它自始至终都存在。只有在宗教还没有脱离它们的宇宙基础的情况下，物质生活的间断性才会对宗教信仰产生影响；相反，社会生活的间歇性却是不可规避的，甚至是那些最具观念论色彩的宗教也无法逃脱其影响。

不仅如此，正因为只有在对人的思想的依赖状态中，诸神才能找到自身存在的基础，所以人们就会相信人的帮助是有效的。这里，能够更新关于神圣存在的集体表现的唯一方式，就是从宗教生活的根源，也就是说，从集合起来的群体出发重新调整它们。外界事物经历着周期性的危机，这些危机也唤起了各种情感，正是这些情感使亲眼目睹这些危机的人集合起来，商讨如何去对付它们。只要他们相互团结，彼此就会感到非常惬意，因为他们共同找到了疗救危机的办法。在这个重新构筑起来的群体的心中，共同的信念非常自然地获得了新生；因为这种信念再次得到了它最初形成时的各种条件，所以它也就再次诞生了。这种重新铸就的信念，很容易战胜所有从个体心灵中产生的私下里的疑虑。神圣事物的意象重新获得了足够的力量，来拒斥内在和外在因素对它的削弱作用。尽管人们表面上经受了挫折，但他们不再相信诸神会死去，因为他们感觉到神就活在他们的心中。不管为救助诸神而采取的手段有多么残酷，那都绝不是徒劳无功的，紧接着发生的所有事情都可以证实，它们确实起了作用。人们显得更加自信，因为他们觉得自己更强大了；而他们确实也更强大了，因为处在衰微状态的宗教力又一次在他们意识中被唤醒了。

因此，我们务必要慎重，绝不能像史密斯那样，认为膜拜只是以人的受益为基础的，而与诸神毫无关系；因为诸神对膜拜的需要绝对不亚于崇拜者对膜拜的需要。当然，没有神，人就不能生存；不过另一方面，如果人不进行膜拜，神也会死去。让凡俗主体与神圣事物进行沟通，并不是唯一的目的，膜拜必须使神存活下来，使它们得到永无休止的再造和更新。诚然，物质上的供奉仅仅凭借其自身特性，是无法使诸神得到更新的；起到了这个作用的，乃是这些膜拜活动本身所伴随、所唤醒的精神状态。膜拜存在的真正原因，甚至是那些在表面上最具有物质色彩的原因，也并不存在于膜拜所规定的各种行为之中，而应该存在于借助这些行为产生出来的内在的和精神的更新过程之中。崇拜者奉献给神的真实事物，并不是他摆放在祭坛上的食物，也不是从他的血管里流出的血，而是他的思想。实际上，这就是一种服务的交换，是神与其崇拜者之间的互相需要。有时候，人们把祭祀原则定义为等量交换（*do ut des*）的法则，这并不是功利主义理论家后来的发明：等量交换明确表达了祭祀体系的机制，而且从更普遍的意义来说，它也体现了整个积极膜拜的机制。所以，史密斯所说的循环是很真实的；不过，其中没有任何东西使其根源蒙羞。它正是以这样的事实为基础的：尽管神圣存在凌驾于人类之上，但它只能存在于人类意识之中。

然而，倘若我们进一步地分析宗教符号所表现的实在而不是宗教符号本身，考察一下它们在仪式中究竟起了什么样的作用，那么这种循环也就会更自然地展现在我们面前，我们也可以更加透彻地理解它得以存在的意义和根源。正如我们试图确证的那样，如果说神圣本原不过是变了形的、人格化的社会而已，那么我们就应该能用有关世俗的、社会的术语来诠释膜拜。事实上，不管是社会生活还是仪式，都经历了一种循环。一方面，个体从社会那里获得了其本身的精华，这给了他与众不同的特性和相对于其他存在的特殊地位，给了他知识文化和道德文化。如果我们把人从他的语言、科学、艺术和道德信仰中抽离出来，他们就会沦为动物。所以，人类本性中最具有特色的属性是从社会中来的。然而，另一方面，社会也只有在个体之中并通过个体才能存在和生存。倘若个体心灵和信仰中的社会的观念消失殆尽的话，群体的传统和宏图就不会被个体感受到，不会为个体所分享，社会也就寿终正寝了。我们曾用于神性的说法同样也可以用于社会：只有在人类意识中，社会才能是真实的，才能找到自己的容身之地，而这个地方恰恰是我们可以给它的。现在，我们已经知道了没有崇拜者就没有神、没有神就没有人类存在的真实原因，这就是：对社会而言，神仅仅是它的符号表达，而没有个体就没有社会，一如没有社会也就没有个体。

至此，我们已经触及所有膜拜都构筑其上的坚硬的基石了。也正是这种根基，导致了膜拜自从人类社会形成以来就始终存续着。当我们搞清了宗教仪式的构成要素及其发展趋向以后，不禁会感到万分惊诧：人类是怎样想到它们的呢？尤其是，人们为什么对它们坚信不疑呢？一小把随风飘逝的尘埃，几小滴落在祭坛石块和岩石上的血，就能维持一个动物物种，或者是一个神的生命，这种幻觉究竟是由何而来的呢？对于这个问题的解决，我们无疑已经前进了一步，我们发现，这些不管是从外部来看，还是从表面来看都显得毫无理由的活动，背后都隐藏着一种精神机制，这个机制不仅为这些活动赋予了意义，而且还为其提供了道德意涵。然而，这样还无法确定，这种机制本身是不是由纯粹的幻象构成的。我们业已指出，这种心理过程可以使信仰者产生这样的想象：仪式能够产生他们重获新生所需要的精神力量。不过，尽管这种信仰从心理角度来说是可以解释的，但它却不具有任何客观价值。如果我们想了解仪式的功效，而不把它看作是长期为人类所滥用的谵狂的结果，那么我们就必须表明，膜拜的作用确实是定期地再造一种精神存在，这种存在不仅依赖于我们，而且我们也赖以存在于它。而的确有这种存在：它就是社会。

不管宗教仪典的重要性是多么小，它都能使群体诉诸行动，能使群体集合起来，举行仪式。所以说，宗教仪典的首要作用就是使个体聚集起来，加深个体之间的关系，使彼此更加亲密。通过这一事实，个体意识的内容也会发生变化。在日常生活里，功利的和个体的追求吸引了人们绝大部分的注意力。每个人都关注着自己的个人事务；对大多数人来说，之所以这样做，主要是为了满足物质生活的迫切需要，私人利益始终是经济活动的主要动机。当然，社会情感从来没有完全消失。我们始终与他人保持着联系；教育灌输给我们的习惯、观念和取向，规定着我们与他人的关系，让我们总是感受到社会的影响。但是，由于必然要为日常生活而奋斗，这使社会情感无时无刻不受到各种相反倾向的对抗与牵制。社会情感依靠自身固有的能量，会有效地多少保持一段时间，但是这种能量没有得到更新。它们仅仅依赖着过去，继而随着时间的流逝而渐渐枯竭，如果在持续不断的冲突和摩擦中丝毫得不到力量的补充，那么它们必将消耗殆尽。当澳洲人把自己分散成一个个小群体，把时间都花费在渔猎上的时候，他们就会将有关氏族和部落的事情忘在脑后，只想着去捕捉尽可能多的猎物。相反，在宗教节日里，所有这些日常劳作必然会黯然失色；本质而言，正因为这些劳作都是凡俗的事务，所以被排除在了神圣节期之外。在这个时候，他们的思想全部集中在了共同信仰和共同传统之上，集中在了对伟大祖先的追忆之上，集中在了集体理想之上——而他们就是这个理想的具体化身；简言之，他们完全倾注于社会的事物。甚至可以说，这些大规模宗教仪典所要满足的物质利益，也都与公共秩序发生了关系，因而也都是社会性的。五谷丰登，风调雨顺，繁衍生息，都有助于社会成为一个整体。因此，在每个人意识的视野中所见到的都是社会，社会支配和引导着一切行为；这等于是说，社会比其凡俗时期要更为有力、更加主动，也更趋真实。所以，也就是在这个时刻，人们感觉到有某种外在于他们的东西再次获得了新生，有某种力量又被赋予了生机，有某种生命又被重新唤醒了。这种振奋不是想象，所有个体都从中受益。因为每个人内心所激起的社会存在的火花，都必然会参与到这种集体更新的过程中来。个体灵魂再次融入它的生命源泉之中，因此也获得了再生。这样，人们发觉自己变得更加强大，更能全面地把握自己，不再像以前那样依赖于物质的需要了。

我们知道，积极膜拜天然倾向于采取周期性的形式，这乃是其显著特征之一。当然，人们也会偶然举行仪式，这要根据当时的情境而定。不过，这些插进来的仪轨总归是附属性的，在本书所要研究的宗教中，它们差不多都属于例外的情况。可以说，膜拜的基本构成就是定期反复的节日循环。现在，我们已经能够理解这种周期性倾向是从何而来的了；实际上，它就是社会生活节奏所产生的结果。只有将人们集中起来，社会才能重新使对社会的情感充满活力。但是人不可能永远集中在一起。生活的紧迫性不允许人们无休无止地聚集，所以，人们只能分散开来，只有当他们再次感到需要这样做的时候，才会重新集合。正是这种必然的交替，才相应带来了神圣时期和凡俗时期的有规律的交替。既然膜拜的明确目的至少是要首先调整自然现象的过程，那么仪式生活的节奏就带上了宇宙生命节奏的印记。正因为如此，节日长期以来便与季节相关联。在澳洲的因提丘玛中，我们已经看到了这种情形。不过，季节只能说明这种组织的外部框架，还不能成为其得以建立的基本原则，因为那些仅仅以精神目标为目的的仪式也具有周期性的特征。所以，这种周期性肯定还可以归结为其他的原因。既然季节变化是自然界的重要分期，它们当然可以作为人们集合举行宗教仪典的天然时节。不过，其他某些事件也能够起到，而且已经成功地起到了产生节期的作用。当然，我们也必须承认，尽管这种框架纯粹是外在的，但仍然可以证明它具有一种顽强的力量，我们甚至在最大限度地脱离所有物质基础的宗教中，也可以找到这种框架的蛛丝马迹。许多基督教仪典都是建立在古希伯来人游牧节日和农耕节日的基础之上的，尽管基督教徒们既不是游牧民族也不是农耕民族，但仪典却保持了连续性。

另外，这种节奏也因社会而异。在分散时间很长和分散程度极高的社会中，人们聚集起来的时间也会相应地拖得很长，进而产生许多名副其实的集体生活和宗教生活的放纵。一个节日接着一个节日，可以持续几个星期甚至几个月之久，有时候，仪式生活甚至可以达到疯狂的地步。在澳洲部落以及美洲西北部的印第安部落中，这种情况时有发生。[56]在其他地方，情况刚好相反，社会生活的这两个阶段在相互交替的过程中，其间隔期非常之短，这样一来，两者之间的对比也就不很强烈了。社会越发展，似乎就越不能接受过长的间断。

注　释

[1]　斯特莱罗：《澳洲中部的阿兰达和洛里查部落》，第 1 卷，第 4 页。

[2]　当然，这种仪式在不同的部落都有不同的名称，乌拉本纳人称之为 Pitjinta（参见斯宾塞和吉兰：《澳洲中部的北部部落》，第 284 页），瓦拉蒙加人称之为 Thalaminta（《澳洲中部的北部部落》，第 297 页），等等。

[3]　舒尔策：《芬克河上游和中游的土著》，第 243 页；斯宾塞和吉兰：《澳洲中部的土著部落》，第 169 页及以下诸页。

[4]　斯宾塞和吉兰：《澳洲中部的土著部落》，第 170 页及以下诸页。

[5]　当然，女人也必须遵守这个规定。

[6]　阿普玛拉是他从营地唯一带出来的东西。

[7]　斯宾塞和吉兰：《澳洲中部的土著部落》，第 185—186 页。

[8]　斯宾塞和吉兰：《澳洲中部的北部部落》，第 288 页。

[9]　同上。

[10]　斯宾塞和吉兰：《澳洲中部的北部部落》，第 312 页。

[11]　参见斯宾塞和吉兰：《澳洲中部的北部部落》。

[12]　从下文可以看到，这些氏族的数量比斯宾塞和吉兰所提到的要多得多。

[13]　斯宾塞和吉兰：《澳洲中部的土著部落》，第 184—185 页。

[14]　斯宾塞和吉兰：《澳洲中部的土著部落》，第 438 页，第 461 页，第 464 页；《澳洲中部的北部部落》，第 596 页及以下诸及。

[15]　斯宾塞和吉兰：《澳洲中部的土著部落》，第 201 页。

[16]　斯宾塞和吉兰：《澳洲中部的土著部落》，第 206 页。在这里，我们借用了斯宾塞和吉兰的说法，所以我们说"袋鼠的灵魂或袋鼠灵魂的某些

部分”已经从岩石中脱离出来了。斯特莱罗(《澳洲中部的阿兰达和洛里查部落》,第 3 卷,第 7 页)认为这种表达不很准确。据他说,这个仪式可以产生真正的、有血有肉的袋鼠。然而,这样的争论就像有关拉塔葩观念的争论一样,并没有什么价值可言(参见本书,第 342 页)。斯宾塞和吉兰想要说的是:脱离岩石的袋鼠胚胎是不可见的,所以构成它们的基质与我们可以见到的袋鼠不同。但毫无疑问,它们绝对不是基督教徒所想象的那种纯粹的灵魂。像人的灵魂一样,它们具有物质的形式。

[17]　斯宾塞和吉兰:《澳洲中部的土著部落》,第 181 页。

[18]　埃尔湖东部的一个部落。

[19]　斯宾塞和吉兰:《澳洲中部的北部部落》,第 287 页及以下诸页。

[20]　霍维特:《澳洲东南部的土著部落》,第 798 页;参见霍维特:《澳洲中部迪埃里和金得里部落的传说》,载于《大不列颠及爱尔兰人类学研究所学报》,第 24 卷,第 124 页及以下诸页。霍维特认为这个仪典是由该图腾的人举行的,尽管他没有明确地这样说。

[21]　斯宾塞和吉兰:《澳洲中部的北部部落》,第 295 页。

[22]　斯宾塞和吉兰:《澳洲中部的北部部落》,第 314 页。

[23]　斯宾塞和吉兰:《澳洲中部的北部部落》,第 296 页及以下诸页。

[24]　斯宾塞和吉兰:《澳洲中部的土著部落》,第 170 页。

[25]　斯宾塞和吉兰:《澳洲中部的土著部落》,第 519 页。我们刚才对这些仪式所作的研究和分析,都是仅仅以斯宾塞和吉兰的考察为基础的。在本章辍笔之时,斯特莱罗出版了他著作的第 3 卷,其中,他也论述到了积极膜拜,特别是因提丘玛的问题,当然,因提丘玛在他那里被称之为巴恰卡丘玛。然而,我们从他的著作里,并没有发现任何可以使我们修正我们上述描述的东西,甚至也没有可以使上述描述得以完善的重要补充意见。对此,斯特莱罗所说的最有意义的事情是,这种流血和用血来祭献的仪式发生的频率非常之高,要比斯宾塞和吉兰设想的多得多(见斯特莱罗:《澳洲中部的阿兰达和洛里查部落》,第 3 卷,第 13 页、第 14 页、第 19 页、第 29 页、第 39 页、第 43 页、第 46 页、第 56 页、第 67 页、第 80 页、第 89 页)。

此外，我们必须审慎对待斯特莱罗所提供的有关膜拜仪式的信息，因为他所描述的仪式并不是他亲眼目睹的；他仅仅收集了口头证词，这些证词通常都是概要性的(参见《澳洲中部的阿兰达和洛里查部落》，莱奥哈蒂的“前言”，第 5 页)。我们甚至还可以怀疑，他是否将成年礼这种图腾仪典与他称之为巴恰卡丘玛的仪式在很大程度上混淆起来了。当然，他为区别这两种仪式所作的努力是很有价值的，他使这两种仪式的两个不同特征变得更明显了。首先，因提丘玛往往是在存放祖先遗物的圣地举行的，而成年礼却可以在任何地方举行。其次，用血来祭献是因提丘玛所独有的特点，这证明它们更接近于核心的仪式(《澳洲中部的阿兰达和洛里查部落》，第 3 卷，第 7 页)。不过，在斯特莱罗所描写的仪式中，我们却发现事例与每一种仪典都不关联。实际上，在他叙述的巴恰卡丘玛的过程中，年轻人通常扮演着重要的角色(例如，该书第 11 页、第 13 页等)，而这种现象却应该是成年礼的特征。不仅如此，举行仪式的地点也似乎是随意确定的，因为参加仪式的人似乎可以人为地布置场地。他们挖一个洞，然后自己钻进去；而且，他几乎从未提到过圣树圣岩，以及它们在仪式中的角色。

[26] 斯宾塞和吉兰：《澳洲中部的土著部落》，第 295 页；参见迈耶尔：《因康特湾的部落》，载于伍兹：《澳洲南部的土著部落》，第 187 页。

[27] 斯宾塞和吉兰：《澳洲中部的土著部落》，第 204 页。

[28] 斯宾塞和吉兰：《澳洲中部的土著部落》，第 205 页，第 207 页。

[29] 斯宾塞和吉兰：《澳洲中部的北部部落》，第 286 页及以下诸页。

[30] 斯宾塞和吉兰：《澳洲中部的北部部落》，第 294 页。

[31] 斯宾塞和吉兰：《澳洲中部的北部部落》，第 296 页。

[32] 迈耶尔：《因康特湾的部落》，载于伍兹：《澳洲南部的土著部落》，第 187 页。

[33] 我们已经援引过一个例子了。其他例子见于斯宾塞和吉兰：《澳洲中部的土著部落》，第 208 页；《澳洲中部的北部部落》，第 286 页。

[34] 瓦尔帕里部落、伍尔马拉部落、津吉利部落、翁巴亚部落。

[35] 斯宾塞和吉兰：《澳洲中部的北部部落》，第 318 页。

[36] 不管是对仪典的第一部分还是第二部分的叙述，我们都采用了斯宾塞

和吉兰的说法。就这个问题而言，斯特莱罗的近作也只是证实了他的前辈的考察结果，至少在所有基本点上是这样的。他认识到，在第一个仪式结束以后(他说是两个月以后，第13页)，氏族首领就要根据仪式规定吃一些图腾动物或植物，然后他就会解除这些禁忌。斯特莱罗把这种活动称为“图腾对共同习俗的释放”(die Freigabe des Totems zum allgemeinen Gebrauch)(《澳洲中部的阿兰达和洛里查部落》，第3卷，第7页)。他进一步告诉我们，这个活动非常重要，以至于阿兰达语言中还有一个专有名词来表示它。斯特莱罗还补充说，根据仪式规定食用图腾的现象实际上并不是唯一的，有时候，在最初的仪典开始之前，首领和老人都要吃一些神圣的动物或植物，而参与仪式的其他人则在仪式结束以后吃。这种情况不是不可能发生的。其实，食用图腾动植物不过是首领和他的助手获得他们所需要的神圣性的手段而已；因此，即使这些现象非常之多，也不必大惊小怪。它们根本不会否定斯宾塞和吉兰的论述，因为他们始终着力证明的就是“图腾的释放”。

斯特莱罗仅仅在两个方面与斯宾塞和吉兰的论断有出入。首先，他声称食用图腾仪式并非在所有情况下都会发生。这是不言自明的问题，因为有些动植物是不能吃的。不过，该仪式确实是十分常见的，斯特莱罗引证了大量的例子(《澳洲中部的阿兰达和洛里查部落》，第3卷，第13页、第14页、第19页、第23页、第33页、第36页、第50页、第59页、第67页、第68页、第71页、第75页、第80页、第84页、第89页、第93页)。其次，根据斯宾塞和吉兰的说法，如果首领不吃图腾动植物，他就会丧失他的力量。而斯特莱罗根据土著人的证词，说情况并非确实如此。但对我们来说，这个问题似乎完全是次要的。食用图腾是一个确凿的事实，既然如此，人们肯定认为这是有用的或必要的。而就像任何一种共享一样，它只能用来赋予参与者他所需要的功效。不能因为土著人或他们中间的某些人忘记了仪式的这种功能，就说这种功能实际上并不存在。难道我们还需要重复一遍崇拜者通常都会忽视他们的仪轨的真实原因的观点吗？

[37]　罗伯逊·史密斯：《闪族宗教》，第6—11篇讲演；以及《不列颠百科全

书》中的辞条“牺牲”。

[38] 参见胡伯特和莫斯:《论祭祀的性质和功能》,载于《宗教史合论》,第40页及以下诸页。

[39] 有关这条法则的解释,可参见本书,第312页。

[40] 参见斯特莱罗:《澳洲中部的阿兰达和洛里查部落》,第3卷,第3页。

[41] 我们还应该记得,阿兰塔人并没有完全禁止食用图腾动物。

[42] 其他事实可参见弗雷泽:《金枝》,第348页及以下诸页。

[43] 罗伯逊·史密斯:《闪族宗教》,第275页及以下诸页。

[44] 罗伯逊·史密斯:《闪族宗教》,第318—319页。

[45] 有关这个问题,可以参见胡伯特和莫斯:《宗教史合论》中的“前言”,第5页及以下诸页。

[46] 罗伯逊·史密斯:《闪族宗教》,第390页及以下诸页。

[47] 罗伯逊·史密斯在《闪族宗教》中也引述了一些例证,参见该书第231页。

[48] 例如,《出埃及记》,第29章,第10—14节;《利未记》,第9章,第8—10节;主神(Baal)祭司把自己的血泼洒在祭坛上(《列王记上》,第18章,第28节)。

[49] 斯特莱罗:《澳洲中部的阿兰达和洛里查部落》,第3卷,第3页,第7首歌词。

[50] 至少是完整的祭祀;因为在某些情况下,它可能只化减为其中的一个要素。

[51] 斯特莱罗说,土著人“把这些仪典当成了一种神圣的服务,正像基督教徒对待他们的宗教礼拜一样”(《澳洲中部的阿兰达和洛里查部落》,第3卷,第9页)。

[52] 例如可以怀疑:像流血和献发这样被史密斯当成是共享的行为,难道不是真正的供奉吗?(见史密斯:《闪族宗教》,第320页及以下诸页)。

[53] 我们将要在本书第五章详细讨论的禳解仪式几乎完全是一种供奉。共享仅仅是第二位的。

[54] 因此,我们在说到这些仪典时,常常把它们当作是针对活生生的人格的(例如,参见克里恰夫和肯普的文章,载于埃尔曼:《澳洲南部殖民地

的土著》，第 202 页）。

[55]　在哲学意义上，任何事物也都只能存在于表现之中。然而，正如我们所表明的那样（参见本书，第 310 页），这个命题对于宗教力是再恰当不过的，因为在事物的构造中是没有相应于神圣性的任何东西的。

[56]　参见莫斯：《论爱斯基摩社会的季节性变化》，载于《社会学年鉴》，第 9 卷，第 96 页及以下诸页。

第三章 积极膜拜(续)

Ⅱ 模仿仪式与因果原则

然而,我们刚刚描述过的过程并不是用来保证图腾物种得以繁衍的唯一仪式。还有许多其他仪式,无论这些仪式是伴随着前者的还是替代了前者的,它们与上述仪式都服务于同一个目的。

1

在我们曾经描述过的仪典中,除了流血以及其他形式的供奉之外,还有经常举行的其他仪式,这些仪式的目的是为了使前者更加完善,并使其效果得到加强。它们是由各种动作和喊叫组成的,目的是要模仿他们希望得到不断繁衍的动物的不同姿态和外貌;所以,我们把这类仪式称作模仿仪式。

例如在阿兰达部落维切提蛴螬氏族的因提丘玛中,除了我们已经说到过的以圣岩为基础所举行的仪式以外,还包括其他某些仪式。前述仪式结束之后,人们起身返回营地;不过,当距离营地约有一英里远的时候,他们便停下脚步,所有人都开始按照仪式的要求来打扮自己,然后继续前进。他们如此精心地修饰自己,就说明一场重要的仪典马上就要举行了。事实上，当驻地里的人都走了以后，还会有一位老人留下来保护他们的营房，这个营房其实就是用树枝搭起的窝棚，叫做“翁巴纳”(Umbana)，代表着能够孵出蛴螬成虫的蛹。所有参加了前面仪式的人都会集中在这个搭建的窝棚附近，然后缓慢行进，走走停停，直到走进翁巴纳为止。此刻，那些不属于维切提胞族蛴螬图腾但来协助举行仪式的人，都站在很远的地方，脸朝下趴在地上；他们必须始终保持这个姿势，不能动弹一下，直到被允许重新站起来为止。与此同时，翁巴纳中渐渐传出了圣歌声，圣歌描绘了这种动物全部成长过程中的各个阶段，以及以圣岩为主题的神话。当歌声慢慢消逝以后，阿拉通雅蜷缩着身子，从翁巴纳中爬了出来，缓慢地向前爬行；所有族人都紧跟着阿拉通雅爬行，他们摆出各种各样的姿态，其目的显然就是要将蛴螬从蛹到成虫的各种形态表现出来。就在这个时候，圣歌声又飘扬起来，就像这种仪式的口头说明，描绘了在这个发育阶段中的蛴螬的各种动作。[1]

在与另一种蛴螬，即“恩恰尔卡”(unchalka)[2]蛴螬有关的因提丘玛中[3]，上述特征表现得更为明显。参加这种仪式的人都要在自己身上画出代表恩恰尔卡灌木的图案，因为这种蛴螬一生出来就栖身在这种灌木上。然后，他们用羽绒编成几个同心圆，覆盖在盾牌上，这些图案代表着另一种灌木，蛴螬变成成虫以后，可以在树上产卵。完成了所有这些准备工作，人们便坐在了地上，围成半圆形，面对着主持仪式的司仪。司仪向着前方的地面来回躬身，然后直起腰跪在地上；与此同时，他摇晃着伸展开的双臂，代表成虫的翅膀；并不时地俯在盾牌上，模仿蝴蝶在树上翩跹产卵的动作。这种仪典结束以后,他们便悄无声息地转移到另一个地方,开始举行另一种仪式。这一回使用了两面盾牌。在第一面盾牌上,他们画上"之"字形曲线,代表着蛴螬爬行的痕迹。在第二面盾牌上,他们画上大小不等的同心圆,分别代表着成虫的卵以及这种蛴螬赖以为生的荒漠灌木的种子。像以前的仪式一样,他们所有人都默然坐在地上,而司仪则再现着蛴螬从蛹中钻出首次展翅高飞的各种动作。

斯宾塞和吉兰也例举过阿兰达部落的某些与此类似的事实,尽管这些事例不太重要。例如,在鸸鹋族的因提丘玛中,到了特定的时刻,参加仪式的人必须竭力把这种鸟的姿态和外观再现出来[4];在水族的因提丘玛中,图腾成员要惟妙惟肖地模仿鸻鸟的叫声,这很自然地会使人联想起雨季的情景[5]。不过,总而言之,这两位探险家所注意到的有关模仿仪式的例子并不是很多。可以肯定,他们之所以没有明言这个问题,不是因为他们没有充分地观察因提丘玛,就是因为他们忽略了仪式的这个方面。而舒尔策则不同,他被阿兰达仪式具有本质意义的模仿特征打动了。他说:"神圣的狂欢(corrobbori)一般都是再现动物的庆典",他称之为动物储灵珈(tjurunga)[6],而且,舒尔策的论断已经被斯特莱罗所收集的材料证实了。斯特莱罗举了为数众多的例子,以至于我们无法将它们逐一列举出来,但几乎无一仪典不包括模仿的举动。根据为之举行节日的动物的不同特征,他们学袋鼠的样子跳来跳去或模仿袋鼠吃东西,或像翅蚁那样飞舞,像蝙蝠那样吱吱叫,像野火鸡那样打鸣,像蛇那样发出"嘶嘶"的声响,像青蛙那样呱呱喊个不停,如此等等。[7] 如果图腾是植物,他们就做出采摘[8]或食用它

们[9]的动作。

在瓦拉蒙加人中,因提丘玛往往采取一种非常特殊的形式,我们将在下一章里加以描述,这些仪式与我们到目前为止所研究的仪式有所不同。然而,在这个部落中,有一种比较典型的带有纯粹模仿性质的因提丘玛,是关于黑色凤头鹦鹉的图腾的。斯宾塞和吉兰描述道:仪典自晚上十点钟起开始举行,氏族首领通宵都用一种令人灰心丧气的单调声音模仿黑色凤头鹦鹉的哀鸣,一直到他声嘶力竭,他的儿子再来顶替他;而等他觉得自己的体力略有恢复以后,又会重新鸣叫起来。这些让人精疲力竭的活动一直持续到天亮,始终没有间断。[10]

人们所模仿的对象并不仅限于有生命的存在。在大量部落中,与雨有关的因提丘玛基本上也是由某些模仿仪式构成的。乌拉本纳人的仪式便是此类仪式中最简单的一种。氏族首领坐在地上,全身披满白色的羽绒,手持一柄长矛。他晃动着身体,无疑是想摆脱这些粘在他身上的羽绒,而后者所代表的正是飘散在空中的云。他这样做,就是在模仿阿尔彻灵迦时代的云人。根据民间传说,云人有升天的习惯,在空中,他会聚成云,然后变成雨滴飘落下来。简言之,整个仪式的目的就是要表现云的形成、升腾、最终带来降雨的过程。[11]

凯蒂什人的仪典要复杂很多。我们已经提到过他们所采用的一种手段:司仪把水泼洒在圣石和自己的身上。不过,人们也往往通过举行其他仪式来强化这种供奉之举。虹被认为和雨有着紧密的联系,他们说虹是雨的儿子,经常竭力现形,让雨停下来。所以,为了让雨不停地下,他们就必须不让虹出现;他们相信,倘若不让虹出现,就得采取以下的措施。他们在一面盾牌上画上代表虹的图案。然后把这面盾牌带到营地,小心翼翼地藏在谁也看不见的地方。他们坚信,只要人们见不到虹的图像,虹就不会出现。与此同时,氏族首领身边还放着满满一皮齐的水,他将羽绒一片片地撒向四面八方,用它们来代表云。他们不断模仿着鸻鸟的叫声,从而使这种仪典变得更加完满;这个举动似乎显得非常重要,只要它还在进行,所有参加仪式的人,不论是参与者还是助手,都不能与他们的妻子发生任何关系;甚至连说话也不行。[12]

在迪埃里人中,这种形象化的过程有所不同。那里雨不是用水来代表的,而是用血来代表的。人们割开自己的血管,让血淋在助手们的身上;[13]同时,他们将成把成把的羽绒抛向四周,用以代表云。预先建有一个棚屋,此刻他们把两块大石头放进去,代表成堆的云,这也是有雨的迹象。这两块石头在棚屋里放了一会儿后又被抬出来,挪到稍微远一点的地方,并尽可能放在所能见到的最高的树上;只有通过这种方式,他们才能使云升入空中。然后,他们再把石膏粉撒在水洞中。当雨神看到这种情形,就会立即让云现出身来。最后,所有人,不论是年轻人还是老年人,都聚拢在棚屋周围,低着头,冲进棚屋;他们疯狂地奔突着,来回几次之后,除了支架以外,整个棚屋几乎都给冲散了。随后,他们再不断摇晃支架,又推又拉,直到使它完全坍塌为止。在人们看来,所有在棚屋中冲进冲出的举动,都代表着云的穿梭往来;而整个棚屋的坍塌,则代表着雨的坠落。[14]

克雷芒也曾研究过方泰斯库(Fontescue)河和菲茨罗伊(Fitzroy)河之间的两个部落。[15]在这两个部落中,某些仪典的目的与

阿兰达部落的因提丘玛完全相同，其中，绝大多数的仪典都基本上似乎是模仿性的。

这些部族把一些特定的石堆称为“塔楼”（tarlow），正像我们将要看到的那样，这些塔楼显然是神圣的，因为它们是一些重要仪式的对象。每一种动物、每一种植物，实际上每一种图腾或亚图腾[16]，都由一个受到特定氏族[17]保护的塔楼来代表。显而易见，这些塔楼与阿兰达人的圣岩之间存在着相似之处。

譬如说，当袋鼠变得非常稀少的时候，袋鼠塔楼所属氏族的首领就会带领一定数量的同伴来到塔楼跟前。他们在那里举行各种各样的仪式，其中，最主要的仪式就是像袋鼠那样围绕着塔楼跳来跳去，像袋鼠那样喝水，简言之，即模仿所有最具有袋鼠特点的动作。在这些仪式中，用来捕获袋鼠的武器起着非常重要的作用。他们挥舞着这些武器，并将它们掷向石堆，等等。倘若仪式与鸸鹋有关，他们便来到鸸鹋塔楼跟前，像鸸鹋那样或走或跑。在这些模仿举动中，土著人所表现出来的技巧，真是令人叹为观止。

还有其他类型的塔楼，是用来代表像谷物这样的植物的。在这种仪式上，他们模仿脱粒和研磨的动作。由于在日常生活中通常由妇女来完成这些劳动，所以这种仪式也是由她们于载歌载舞之中举行的。

2

所有这些仪式都属于同一种类型。它们赖以存在的原则，就是通常被不恰当地[18]称为感应巫术的某种基础。

通常说来，这些原则可以归结为两条[19]：

第一条原则可以这样表述：任何事物只要与某个对象发生了接触，也就接触了与该对象有关系的所有事物，而不管这种关系是接近的关系还是统一的关系。这样，任何施加于部分的影响也同样会对整体产生影响。任何施加在个体之上的作用都会传递给他的邻居、亲属以及通过任何方式与之发生关系的所有人。所有这些情况，都是我们已经考察过的传染规律的简单应用。某种条件，或者说某种善或恶的品质，都会从一个主体传染给另一个与之有所关联的主体。

对于第二条原则，我们通常可以用这样一个公式来概括：相似生成相似。对某种存在或某个条件的表现可以生成这种存在或条件本身。正是这条公理，带来了我们刚才所描述的各种仪式；也恰恰在这些仪式中，我们能够最清楚地看到这条公理的性质。人们经常引用巫术的施魔作用这样的例子，作为这条原理的典型运用，但这种做法并没有什么意义。在很大程度上，施魔作用不过是一种很简单的传递现象。在人们的内心中，形象的观念总是与原型的观念联系在一起的；结果，施加在雕像上的作用所产生的影响，便通过传染的方式传递给了雕像再现其特点的个人。而形象对其原型所产生的功能就是部分对整体的功能：它是传递过程中的代理人。因此，人们才以为烧掉他想伤害的人的头发，也可以产生加害其人的结果。上述两种行为的唯一不同之处在于：一种是通过相似性进行传递，一种则是通过传染的方式进行传递。而这些与我们所论及的各种仪式都是不一样的。仪式不仅设定了某个既定条件或性质在不同对象之间的置换过程，而且也设定了某种全新事物的创生。人们仅凭表现动物这种行为，就能使这种动物得以

诞生，得到创造；人们模仿风声和雨声，就能够积云落雨，等等。当然，在所有情况下，相似性都起了重要的作用，不过，这种相似性与巫术施魔中的相似性是截然不同的。在施魔中，相似性所提供的仅仅是付诸行动的特定方向；它可以通过某种方式引导行动，却没有使之有所生成。然而，在我们刚才谈到的各种仪式中，相似性本身则产生了作用，并直接产生了效果。由此可见，与人们平常使用的定义相矛盾的是，所谓感应巫术的原则与相应仪轨的原则之间的真正差异，并不在于一种是传染性的作用，另一种是相似性的作用；相反，其差别在于，前者是一种简单的传染性沟通，而后者则是一种生成与创造[20]。

因此，对模仿仪式的解释蕴含着对第二条原则的解释，反之亦然。

我们不想浪费时间来讨论人类学学派，特别是泰勒和弗雷泽所提供的解释。就像他们在试图说明神圣性的传染性时一样，他们在此还想诉诸观念之间的联想。弗雷泽说："顺势巫术"——这是他在表述模仿巫术时最喜欢用的说法——"是建立在相似性引起的观念之间的联想之上的。"而传染巫术则建立在传染性引起的观念之间的联想之上。顺势巫术的谬误，在于它把彼此近似的事物当作是相同的事物了。[21]他这种说法是对我们所讨论的各种仪轨的特殊性的误解。一方面，对施魔来说，弗雷泽所提供的公式在某种程度上是适用的[22]；事实上，在这里，两种截然不同的事物之间只要有部分的相近，就会被联系在一起，因为所有这些都或多或少被系统地表现为形象和原型。可是，在我们刚才看到的模仿仪式中，只有形象是既定的；对于原型来说，它还并不存在，因为新一代的图腾物种还仅仅是一种希望,甚至是不确定的希望。所以,不管联想确当与否,这里都和联想无关;这是一种真正的创造。而且,我们无法说明观念之间的联想竟会使人们对实现这种创造抱有信心。再现动物动作的这种简单行为,怎么会使人产生信心,坚信这种动物肯定会衍生,肯定会繁盛兴旺呢?

人类本性的一般性质是无法解释如此特殊的仪轨的。因而,我们不应该考虑这些仪轨的一般形式和抽象形式所赖以存在的原则,而只有把它们放到我们一直在观察的、其本身亦参与组成的环境之中,并把它们与参加仪式者的观念和情感的体系联系起来,我们才能更好地感知形成它的原因所在。

在这些仪式中集合起来的人们,相信他们真的就是他们用以命名的那种动物或植物。他们感受到体内具有这种动物或植物的本性,在他们的眼中,这种本性是其最本质、最优异的构成要素。所以,当他们集合起来时,第一个举动就应该是彼此表露他们所拥有的、并以此来确定自身的这种品质。图腾是他们联合起来的记号,我们已经看到,正是出于这个原因,他们在自己的身体上画出了图腾;而如果他们借用各种姿势、叫喊和姿态来竭力效仿图腾的话,这也是最自然不过的事情了。既然他们就是鸸鹋或袋鼠,他们当然可以像具有同样名称的动物那样来表现自己。通过这种方式,他们相互表明他们都是同一道德共同体的成员,并意识到了把他们团结在一起的亲属关系。仪式不仅表达了这种亲属关系;而且还制造或再造了这种关系。因为只有当人们相信亲属关系存在的时候,这种关系才会存在。所有这些集体证明的作用就是要加强亲属关系赖以为基础的信念。因此,这些跳跃、喊叫以及各种各样的动作，尽管表面上显得怪模怪样，滑稽可笑，但实际上却蕴含着深刻的人类的意义。澳洲人竭力追求与其图腾的相似性，就像在更发达的宗教中人们竭力追求与上帝的相似性的信仰一样。对这两种宗教来说，这都是与神圣存在相沟通的手段，换言之，是与神圣存在象征的集体理想相沟通的手段。这都是与神相似ὁμοίωσις τῶ θεῶ的早期形式。

不过，由于这种最初的理由是和图腾信仰的最特殊之处相关联的，所以如果它是举行仪式的唯一理由的话，那么相似生成相似的原则就不可能藉此在图腾制度之后仍然存续。然而，大概没有哪个宗教的仪式不是导源于图腾制度的，因此，在这个最初的理由之外，必定还存在着与之共同动作的其他理由。

而且，实际上，我们所讨论的这种仪典，并不仅仅用于刚才所提到的那种很一般的目的，即使那很可能是它的基本目的。这种仪典还有一种更直接、更明确的目的，即确保图腾物种的繁衍不息。物种必须繁衍下去，这种观念始终萦绕在崇拜者的心头，它集中了人们的注意力，使人们全神贯注于它。如果它没有外化为物质形式，就不可能抓住整个群体，使人们的精力集中到了如此程度。既然所有人都认为这种动物或植物与整个氏族的命运休戚相关，那么这种共同的想法就不可避免地要用动作外在地显现出来。[23]通过某一最具特征的姿态来表现这种动物或植物，则是这种仪式最自然而然的设计，再也没有其他动作更加切近于这种占据着每个头脑的观念了，因为此类动作是对这种观念直接的而且几乎是自发的转达。因此，他们让自己模仿这种动物，像它那样号叫，像它那样跳跃；或者不断再现着平常使用这种植物的情景。所有这些表现方式,都是径直把所有人内心所指向的目的展现出来的手段,都是叙说、召唤和诱发他们所要实现的愿望的手段。而这种需要不是属于哪一个时代的,也不依赖于哪一种特殊的宗教信仰,就本质而言,它是人类的需要。因此,甚至在与我们所研究的宗教相距甚远的宗教中,当崇拜者会集起来向神提出请求,急欲获得他们想要得到的东西的时候,也不得不把这种东西形象地表达出来。当然,语词也是一种表达方式,但是用姿势表达也很自然;姿势是有机体自发地迸发出来的,它甚至先于语词,或者至少是与语词并行的。

不过,虽然我们由此理解了姿势是如何在仪典中取得一席之地的,但我们还必须解释它们所产生的效用。每当新的季节来临之时,澳洲人都要定期地重复这些动作,因为他们相信这是仪式获得成功的基本条件。那么这种只要模仿动物就能使这种动物得到繁殖的观念究竟是从何而来的呢?

如果我们只看到仪式所要达到的物质目的,那么就会觉得这显然是一种让人难以理解的谬误。但是我们知道,人们不仅认为仪式能够对图腾物种产生作用,而且还认为它也能够对参与仪式的崇拜者的灵魂产生深刻的影响。礼终人散以后,人们感觉到自己有了好的状态;虽然他们很难清楚其中的原因,但这种感觉却是非常牢靠的。他们觉得仪典对他们是有益的;事实上,正是在仪典中,他们重新锻造了自己的精神本性。有了这种上佳状态,他们怎么还能觉得仪式不会成功呢?他们怎么还能认为事情不会像预定的那样发展,不会达到预定的目标呢?因为人们自觉追求的唯一目标就是使物种得到繁殖,而且通过这种手段,人们似乎总能保证达到这个目的，于是仪式的有效性也就被证实了。进而人们就认为他们的各种姿势具有创生的功效，尽管就姿势本身来说实际上是枉然的。精神的功效是想象出来的，仪式的整体效果，使人们相信仪式的每个部分也都有效。整个仪典所产生的各种真正有用的效果，仿佛是在经验上证实了基本仪轨的作用，尽管所有这些仪轨其实根本不是仪典获得成功的必要条件。而且有些证据可以证明，仪轨本身是不起作用的，因为它们也许会被性质截然不同的仪轨所代替，但仪典的最终结果却没有什么不同。显然，有一些因提丘玛就只有供奉，没有模仿仪式；而另一些因提丘玛则只有模仿仪式，没有供奉。然而，人们相信两者都能够产生同样的效力。因此，如果说这些不同的做法都是有价值的，那么这并不是因为它们天生就具备这种价值，而是因为它们都是一种复杂仪式的一部分，这种仪式整体上的有用性得到了承认。

现在，我们可以更容易地理解这种心理状态了，因为我们在我们的周围仍然可以观察到它。尤其是在那些最开化的民族和环境之中，我们经常能够遇到这样的信仰者，虽然当他们个别地看待每个仪式的时候，会对教条所归之的特殊效力抱有怀疑，但他们仍然坚持不懈地参加膜拜。他们无法肯定仪式所规定的各种细节是否可以根据理性来判定，但他们发觉如果让自己摆脱各种繁文缛节而赢得自由，则不可能不陷入道德混乱的状态之中。他们的内心信仰失去了理智基础的这一事实，恰恰凸显出了他们赖以存在的深刻根源。正因为如此，对于那些统而化之地把各种仪式规定归结为简单粗陋的理性主义的肤浅批评，信仰者通常会不屑一顾：因为宗教仪轨的真正验证，并不在于它们表面上所追求的目标，而在于某种看不见的作用,这种作用施加在我们的心灵上,并借此对我们的精神状态产生影响。同理,当布道者号召人们信仰的时候,他并没有把精力放在直截了当地确立和有条有理地论证任何特殊命题的正确性上面,或者是各种教规的功利性上面,而是通过定期举行膜拜仪式来唤起并不断唤起人们的情感,以获得精神上的惬意。这样,他们就创建了信仰的心理倾向,这种倾向要比证明更重要,它可以使心灵忽略逻辑推理的不充分性,并为人们急欲接受的命题做了铺垫。这种有益的偏见,这种信任的冲动恰恰构成了信仰;同时信仰也树立了仪式的权威,对于信仰者来说,不论他是基督徒还是澳洲人,这种权威都没有差别。基督徒的唯一优势,在于能够更好地说明信仰得以形成的心理过程;他知道:"唯有信仰,才能获救。"

正因为信仰有着这样的起源,所以从某种意义来说,它是"经验所不可渗透的"[24]。因提丘玛的暂时失败,不会动摇澳洲人对仪式所抱有的信心,因为他用自己灵魂的全部力量维护着这些仪轨,他在这些仪轨中定期地重新塑造自己,他绝对不能否定这些原则,否则就会颠覆其自身的存在,而这是他要尽力阻止的。不过,不论这种阻力有这么大,宗教心态和其他形式的人类心态,甚至是在习惯上与其完全对立的人类心态,也无法据此就截然相分。学者与其前辈之间也有这样的连带关系,只不过程度稍有不同而已。当一种科学规律经过大量的、各种各样的实验而建立起了权威以后,即便发现有一个事实似乎与其不相符合,任何急于放弃这种规律的做法也不得不有所顾虑。我们必须搞清楚,这个事例是不是只有单一的解释,倘若我们不放弃原来那个似乎无效的命题,是不是仍然有可能理解它。澳洲人就是这样做的,假如因提丘玛失败了，他们便把这种失败归咎于某种妖邪之术，假如庄稼提早获得了丰收，他们则会把这个收成归功于在其他地方所举行的神秘的因提丘玛。即使遇到了相反的事实，他们也有很多理由不让自己的信仰上对仪式产生怀疑，因为大量协调的事实已经确立了仪式的价值，或者看上去已经确立起来了。首先，仪典的精神效力是真实存在的，所有参与仪式的人都会直接感受到这种效力；在仪式中，人们可以不断获得更新的体验，任何相反的经验都不可能贬低它的重要地位。其次，仪式的物质效力也至少可以通过客观的观察材料而得到表面上的确认。事实上，图腾物种通常都可以得到定期的繁殖；所以在绝大多数情况下，任何事情的发生都似乎是仪式姿势所产生的预期效果。失败不过是例外情况。由于各种仪式的需要，特别是定期举行的仪式的需要，并不会超过自然平时所能提供的范围，所以当我们看到自然在一般情况下都能够服从仪式需要时，就不必惊奇了。所以说，如果信仰者对某些经验教训表现出了桀骜不驯的态度，那是因为他掌握着其他某些更有说服力的经验。学者也同样如此，他只不过更策略一些罢了。

因此，巫术并不像弗雷泽所主张的那样[25]是一种原初的事实，宗教也并非仅仅是巫术派生出来的形式。恰恰相反，巫术是在宗教观念的影响下形成的。巫师所施行的法术也是以宗教戒规为基础的，而且，巫术的作用范围也仅仅局限于次级领域，适用于纯粹的世俗关系。既然宇宙间的一切力量都是以神圣力量的模式来构想的，那么后者所固有的传染性也便扩散到了宇宙之中，人们相信物体的所有性质也都可以通过传染方式传递出去。同理，当人们为了满足某种宗教需要，根据相似生成相似的法则确立了上述原则的时候，这种原则也就从它的仪式起源中脱离出来，并通过某种自发的一般化过程，变成了一种自然规律。[26]然而，为了理解这些巫术的基本公理，我们还必须把它们放回到它们得以产生的宗教氛围之中，唯此我们才可以把它们解释清楚。当我们把巫术当成是离群索居的个体或与世隔绝的巫师所创造出来的结果时，我们就会遇到这样的问题：人的内心是怎样产生这种想法的呢？从来就没有什么经验能够为巫术提供假设和论证；尤其是我们根本不可能对这种欺骗手法作出解释，然而它们怎么会在如此漫长的时间里使人们确信无疑呢？然而，如果我们认识到巫术所激发出来的信仰不过是一般宗教信仰中的特殊情况，认识到宗教信仰不过是集体狂热的产物，至少是其间接的产物，那么上述问题就不复存在了。换言之，要想对我们刚才所说的仪式体系作出描述，感应巫术这种表达方式是很不精确的。感应仪式确实存在，但它们并不是巫术所特有的形式；我们不仅可以在宗教中发现这种仪式，而且巫术中的这种仪式也是从宗教中来的。因此，如果使用了这种说法，我们就会把这种仪式当作巫术所特有的东西而造成错误的混淆。

我们上述分析的结果，与胡伯特和莫斯直接对巫术进行研究所得到的结果[27]比较接近，后者证实了我们的说法。胡伯特和莫斯指出，巫术就像是建立在漏洞百出的科学基础上的粗陋工业一样，巫师所采用的各种手法，尽管在外观上非常拙劣，但在其背后却潜藏着宗教概念的背景和一个力的世界，而力的观念也是从宗教那里获得的。现在我们可以理解了，巫术中为什么充满了那么多宗教要素：原来，它就是从宗教中产生的。

3

我们刚才确立的原则，不仅在仪式中发挥着作用，而且对知识理论也具有直接的意义。事实上，它就是因果律的一个具体说明，并且完全可能是曾经存在过的最原始的一种说明。被归结为相似生成相似原则的力量，包含了因果关系的完整概念。这种概念支配着原始思想，它既是膜拜仪轨的基础，又是巫师法术的基础。因此，建立在模仿仪式之上的戒规的各种起源，可以澄清因果原则的起源。一方的生成可以帮助我们理解另一方的生成。我们已经作过说明，前者是社会原因的产物，它是拥有集体目标的群体精心安排的，它可以转换成集体情感；因此，我们可以肯定后者也同样如此。

事实上，只要我们对因果原则加以分析，就足以确认构成因果原则的各种要素确实具有这样的起源。

因果关系概念所蕴含的第一个要素，就是效力、生成力以及作用力的观念。在我们看来，原因通常指的是一些能够引起某种变化的事物。原因是其内部能量尚未显露的力；结果也是同样的力量，只不过这种力量被实现了。人类经常按照动力学的方式来看待因果关系。当然，某些哲学家拒绝这种概念的所有客观价值，他们从因果关系中，只看到了任意构造的想象，这些想象与事物本身没有什么对应关系。然而，我们现在不需要提出因果关系是否具有现实基础的问题，对我们来说，只要说明它是存在的，它构成了并且始终构成为普通心态的一个要素也就足够了；而即使是那些批评因果关系的人,他们也承认这一点。我们接下来的目的,并不是要找出它在逻辑上会具有什么价值,而是要对它作出解释。

因果关系是由社会原因造成的。我们通过对事实的分析,已经认识到力的观念的原型就是曼纳、瓦坎、奥伦达、图腾本原,或者是所有带有各式各样名称的客观化和形象化的集体力。[28]人们所想到的这种最初的力量似乎就是人类施加在其成员身上的权力。这样,这个缘由便证实了观察的结果;事实上,我们甚至能够说明,这种权力、效力、作用力的观念为什么不会有其他来源的原因。

首先,它不可能是由外部经验提供给我们的,这不仅是显而易见的事实,而且所有人也都会承认。我们的感觉只能感受到共同发生或先后发生的现象,而感受不到这类可以提供给我们决定作用和推动作用的观念,而后者正是我们称为权力或力的特征所在。感觉只能触及现实的和已知的条件,而这些条件不仅是彼此分离的,而且能够把它们结合起来的内在过程也是人们觉察不到的。我们所感知的东西根本不可能提供给我们什么是影响力,什么是有效性这样的观念。因此,经验主义哲学家将这些不同的概念看成是神话上的异变。可是,即使我们假定它们都是幻觉,也仍有必要指出它们是如何形成的。

如果外部经验不能解释这些观念的起源,假如有人说它们是从内在经验中形成的,是内在经验提供给我们的既定的东西,那么这种说法也同样是不可接受的。事实上,力的观念明显包含着许多精神因素,它们只能产生于我们的精神生活。

有些人相信,当我们的意志精心安排了我们的活动,抑制了我们的冲动,指挥了我们的有机体的时候,这样的行为便可以作为构建力所用的模型。换言之，正是在这种意愿之中，我们直接感受到自己变成了正在发挥作用的力量。所以说，一旦人们产生了这样的观念，他们似乎就不得不把这种观念扩展到其他事物，从而确立了力的概念。

唯有泛神论被认为是真理，这种解释才似乎能得到历史的证明。如果最初和人类共存于这个世界上的那些力，真的成为精灵的话，或者说成为与人类或多或少有些相似的有人格、有意识的存在的话，那么我们真倒有可能相信，个体经验足以向我们提供构成力的观念的各种要素了。然而我们知道，人类最初设想的力恰好与之相反，它们是一些匿名的、模糊的、弥散的力量，非常类似于没有人格特征的宇宙力，它们与卓然特立的人格力量，即人类意志恰好是截然相反的。所以说，人们是不可能用人类意志的形象来构想力的观念的。

不仅如此，这种假设还无法解释非人格力的一个基本特征，这就是它的可沟通性。人们往往认为，自然的力能够在不同对象之间进行传递，它们还能够相互混合、相互结合并互相转换。甚至正是这种特性才使它们具有了作为解释的价值，因为只有通过这种特性，原因和结果才能联系起来而又不破坏连续性。而自我的性质却恰恰相反，它是不可沟通的。自我不能改变它的物质基础，不能从一种物质扩展到另一种物质上去；它只有通过隐喻才能得到扩散。所以，自我作出决定和执行决定的方式，既不能推导出能够自行沟通的能量观念，也不能推导出这种能量与其他能量相互化合，并通过各种结合和混合等方式产生新的结果的观念。

因此，蕴含在因果关系中的力的观念必定会表现出双重性质。

首先,它们只能来自我们的内在经验,我们能够直接认识到的力必然只能是精神力。然而与此同时,这些力也必须是没有人格特征的,因为非人格力的观念是最先被构建起来的观念。可是,能够满足这两个条件的力只能来源于共同生活,这便是集体力。事实上,一方面,集体力完全是心理的,完全是由客观化的观念和情感组成的;另一方面,它们肯定也是没有人格的,因为它们是相互协作的产物。作为大家的成果,集体力不专门属于任何人。它们与它们所寄托其中的那个主体人格只有微弱的依附关系,从来就没有固着在那里。和它们从外部进去时一样,它们也随时准备着离开。就其自身而言,它们倾向于不断扩展自己的范围,侵入到每一个新的疆域:我们知道再没有比之更具有传染性和传递性的东西了。当然,物质力也同样如此,但这是我们无法直接知道的事情,我们甚至不可能了解它们,因为它们是外在于我们的。当我撞上一个障碍物的时候,我会产生一种懊恼和沮丧的情绪;但是,造成这种情绪的力却并非是我由内而生的,而是由于障碍物本身,所以原因超出了我的感知范围。我们能感觉到结果,却感觉不到原因本身。然而,社会力就不同了:它们是我们内在生活的一部分,我们不仅可以了解它们作用的结果,还可以看到它们的作用过程。这种既能够将神圣存在隔离起来,又能够使凡俗存在避而远之的力,并不果真蕴含在神圣存在之中,而是存活在信仰者的心灵之中的。当这种力对人们的意志产生作用,禁止人们从事某些活动,或者命令人们进行某些活动的时候,人们便能感受到这种力的存在。总之,当这种限制和强制的作用来自于外部客体时,它不会被我们所注意,但它仍然会被我们毫不费力地感知,因为它的一切都在我们的

内心之中。当然,我们并不是在所有时候都能够对其作出确切的诠释,但至少可以说,我们总能够意识到它。

另外,力的观念还明显带有其起源的标记。事实上,力的观念蕴含着权力的观念,而权力的观念又是从占有主导地位的统治和支配,及其推导出来的依附和服从等观念中产生出来的;所有这些观念所表达的关系明显是社会关系。社会确立了各种存在的高低贵贱之分,把人划分成了发号施令的主人和唯命是从的奴仆;同时社会也将一种独一的属性赋予了前者,确保他的命令行之有效,这就形成了权力。所以一切都趋向于证明,在人类内心中最早形成观念的权力,便是社会通过组织人们而使自身得以确立的力量,人们正是以社会的意象来构想物质世界的各种力量的。而且,人类从来没有成功地将自己想象成为力;如果不是从社会生活中引入了这些观念的话,人们就无法支配他们的身体。实际上,这种力量必须与肉体应身的观念区分开来,必须拥有比后者更为高贵的神圣性质;一句话,必须把这种力量想成是灵魂。事实上的确如此,人们总是赋予这种力以灵魂的形式,他们相信力就应该是这个样子。然而,我们也知道,尽管像活动、思想和感觉这样的抽象能力也被冠以灵魂这个称呼,但真正意义上的灵魂却是两码事;从根本上说,灵魂是一种宗教本原,是具有特定面貌的集体力。确切地讲,一个人感觉到自己有灵魂才会认为自己有力,因为他是一种社会存在。尽管动物与人类一样,可以调动自身的各个部分,具有控制肌肉的力量,但所有这些并不能使我们以为动物本身能够意识到这就是一种主动的和有效的原因。之所以如此,是因为动物没有灵魂,或者更准确地说,动物不认为自己有灵魂。而如果说动物

不认为自己有灵魂,那却是因为它们并没有参与像人类那样的社会生活。在动物中,根本就没有文明之类的东西。[29]

不过,力的观念并不完全等同于因果原则。此外,因果原则还包括对每一种力的特定发展方式的判断,及其每一个特定阶段的存在状态对下一个阶段的先决作用。前者为因,后者为果,因果判断确定了每一种力在这两个阶段之间所存在的必然联系。在人们无法摆脱的一种约束的绝对控制下,在这种联系还没有被证实的时候,心灵就已经为它留下了地盘。正如人们所说,原因预设了结果,这是先验的。

经验主义从来没有成功地说明这种先验论和必然性。这个学派的哲学家们也从来没有解释清楚这种观念之间的联想,如何能够在习惯的不断强化下,产生出有甚于期望的、或强或弱的预先倾向,使各种观念以确定次序呈现出来。然而,因果原则却具有与之全然不同的性质。它不仅仅是内在的、具有特定形式的思想倾向,还是一种外在的规范,它凌驾于我们的表现流,它的支配作用和统治作用都是不容侵犯的。这种规范所具有的权威始终束缚和压抑着我们的心灵,也就是说,它可不是心灵的制作。在这种联系中,用遗传习惯来代替个体习惯是无济于事的,即使习惯可以延续下去,超出一个人的生命,也不会改变它的性质;相反,它会变得更加强大。本能不是法则。

我们曾经研究过的仪式,可以使我们管窥到这种权威的另一个来源,迄今为止,还没有什么人对此有所涉及。让我们想一想这个问题:模仿仪式所使用的因果律究竟是如何产生的?集合在一起的整个群体都专注于同一个目的,因为如果他们的名字所代表

的那个物种不再繁殖的话，那是关系到整个氏族的生死存亡的事情。这样，全体成员被激发出来的共同情感，便通过某些姿势被外在地表达出来，在相同的处境中，这些姿势也始终是相同的，如上所述，仪典结束以后，人们似乎获得了预期的结果。因此，在这个结果的观念与先行于它的各种姿势的观念之间便产生了联系；这种联系既不因事而变，也不因人而异；对所有参加仪式的人来说，这种联系都是相同的，因为它是集体经验的产物。可是，倘若没有其他因素介入进来，上述联系也只能产生一种集体期望；每个人在做完模仿姿势以后，都会怀有信心，等待出现他们预期的结果。然而，仅凭这一点，并不会产生一种思想的绝对法则。既然最为重要的社会利益处在了生死攸关的关头，社会绝对不会允许事物随心所欲、自行其是；社会肯定要主动进行干预，规定事物必须按照社会需要而发展。因此，仪典是不可缺少的，社会在需要它的任何时候，都要求重新举行仪典，结果，那些动作，或者说是成功的条件，便开始有规律地进行了，社会迫使之成为了一种义务。正因为那些动作蕴含着某种确定的心灵状态，所以它们也分有了义务的性质。仪式规定人们必须模仿动物或植物，从而使它们得到繁殖，这样做其实就等于说，有关相似生成相似的公理是不容置疑的。舆论不允许人们从理论上否定这一原则，也不允许人们在实践中侵犯这一原则。所以说，社会在强加这一原则的同时，也强加了从中派生出来的仪轨。这样，在仪式戒规之上，又加上了逻辑戒规，当然，后者只不过是前者的智识的外表而已。这两种戒规的权威皆源于社会。权威带来的尊崇不仅可以传给带有价值色彩的思维方式，也可以传给行为方式。因此，一个人绝对不能对两者置若罔

闻,否则就会与舆论发生龃龉。这就是仪式戒规要求理智在对它进行检验之前就应该依附于它,而逻辑戒规则要求意志屈从于它的原因所在。

从这个例子中,我们再次表明有关因果观念和一般范畴的社会学理论,如何在调和各种经典学说的同时而又予以摒弃的。这种理论同先验论一样,维护了因果关系先入为主的、必然性的特征;同时,它也没有局限于确定这种特征,而是对其进行了说明;它也没有像经验主义者那样,常常以解释为借口,却使问题本身不见了踪影。相反,我们完全有理由否认个体经验所起的作用。毫无疑问,个体通过自身的观察,可以发现前后相继的有规律的现象,进而获得某种规律性的感觉。不过,这种感觉却不是因果范畴。感觉是个体的、主观的、不可沟通的,是我们亲眼观察到的结果。而范畴则是群体的产物,是群体提供给我们的既定的东西。范畴是一种框架,得到我们经验确证的东西都被安排在了这个框架中,当我们想到或看到这些东西的时候,这个框架可以帮助我们理解它们之间的相互关系。当然,如果这个框架适用于它的内容,那么这说明它与其所包含的事物是有联系的;但是我们也不要就此把这两者混淆起来。框架高于内容,并支配着内容。这是因为,两者具有不同的起源。框架绝不是个体经验的简单总结,它的主要作用,就是满足共同生活的迫切需要。

确切地说,经验主义的错误在于,它把因果关系仅仅当成了一种思辨的知识构造,当成了在方法上多少有些普遍化色彩的产物,然而,纯粹思辨本身只能产生暂时的、假想的以及似乎还说得通的观点,但是这种观点必然总会遭到人们的怀疑,因为我们无法确保

以后新的观察结果不会将其推翻。然而，人类心灵不受强制和不加保留地接受或者说必须接受的公理，却具有完全不同的起源。只有行动的必然性，特别是集体行动的必然性，才能够也必须采用范畴程式的形式把自己表达出来，这些公式必须是最终的和精练的，不允许有任何矛盾之处，因为集体活动只有在步调一致的，也就是说在有规律的和确定了的条件下才能进行。集体活动不容许有任何不知所措的情况出现，因为不知所措是混乱之源；与此同时，集体活动也倾向于采用组织形式，因为一旦组织确立起来，就要把自身强加给个体。由于行动无法超越智识，所以智识也经常会被纳入同样的轨道，它往往不经辨析就通盘接受了行动所要求的理论前提。所以，思想的绝对命令可能只是行动的绝对命令的另一侧面。

此外，我们还应该记住，我们从来就没有奢望过仅凭上述观察结果就可以建构出有关因果概念的完整理论。这个问题太复杂了，不可能如此轻易地获得解决。时间不同，地点不同，人们对因果原则的理解也不尽相同；即便是在单一社会里，随着社会环境的不同，及其所应用的自然领域的不同，因果原则也会有不同的变化。[30]所以说，仅仅凭借它在历史进程中所表现出来的某一种形式，就想极其精确地确定因果原则的起因和存在条件，这是绝对不可能的事情。这里，我们所提出的某些观念只可以作为一种提示，它还需要加以核查和完善。不过，由于我们正在讨论的因果律确实是最原始的定律之一，由于它在人类思想和劳动的发展过程中起到了举足轻重的作用，因此，这种尝试是具有特殊地位的。出于这样的考虑，我们提出了上述几点意见，希望能够在一定程度上对因果律作出概括。

注 释

[1] 斯宾塞和吉兰:《澳洲中部的土著部落》,第176页。

[2] 在图腾名称索引中,斯宾塞和吉兰写成“Untjalka”(《澳洲中部的北部部落》,第772页)。

[3] 斯宾塞和吉兰:《澳洲中部的北部部落》,第179页。诚然,斯宾塞和吉兰并没有明确将其称之为因提丘玛,但从上下文中,我们可以看出它确实就是因提丘玛。

[4] 斯宾塞和吉兰:《澳洲中部的土著部落》,第182页。

[5] 斯宾塞和吉兰:《澳洲中部的土著部落》,第193页。

[6] 舒尔策:《物神崇拜》,第221页;参见第243页。

[7] 斯特莱罗:《澳洲中部的阿兰达和洛里查部落》,第3卷,第11页,第31页,第36页,第37页,第68页,第72页,第84页。

[8] 斯特莱罗:《澳洲中部的阿兰达和洛里查部落》,第3卷,第100页。

[9] 斯特莱罗:《澳洲中部的阿兰达和洛里查部落》,第3卷,第81页,第100页,第112页,第115页。

[10] 斯宾塞和吉兰:《澳洲中部的北部部落》,第310页。

[11] 斯宾塞和吉兰:《澳洲中部的土著部落》,第285—286页。也许,人们手持长矛不断挥舞的目的就是想刺透云。

[12] 斯宾塞和吉兰:《澳洲中部的土著部落》,第294—296页。令人奇怪的是,阿兰达人则相反,他们认为虹可以带来降雨(同上书,第314页)。

[13] 阿兰达人也采用过同样的步骤(斯特莱罗:《澳洲中部的阿兰达和洛里查部落》,第3卷,第132页)。当然,我们可以提出质疑,这种流血的举动究竟是不是一种用来赢得降雨的力量的供奉。不过,加松曾明确指出,这确实是一种模仿降雨的方式。

[14] 加松:《澳洲土著迪埃里部落的礼仪与习俗》,载于科尔:《澳洲种族》,第2卷,第66—68页。霍维特(参见《澳洲东南部的土著部落》,第798—800页)提到了迪埃里人求雨的其他仪式。

[15] 克雷芒:《有关澳洲西部土著的民族学笔记》,《国际民族志档案》,第

16 卷，第 6—7 页。参见韦斯纳尔：《婚姻仪式与婚姻关系》，载于《人的科学》，1903 年，第 42 页。

[16] 我们推断亚图腾也可能有塔楼，因为根据克雷芒的说法，某些氏族有好几个塔楼。

[17] 克雷芒称之为部落家族。

[18] 稍后，我们将在正文第 478 页中解释这种说法为什么是不准确的。

[19] 有关这种分类，可参见弗雷泽：《早期亲属制度演讲集》，第 37 页及以下诸页；胡伯特和莫斯：《巫术的一般理论》，第 61 页及以下诸页。

[20] 我们并没有谈及所谓的对立法则，因为正如胡伯特和莫斯所说的那样，只有以相似为中介，相反才能导致对立（《巫术的一般理论》，第 70 页。）

[21] 弗雷泽：《早期亲属制度演讲集》，第 39 页。

[22] 就被施以魔法的人与雕像之间确实具有联想关系而言，这个公式是适用的。但这种联想却不是由相似性而导致的观念联想的简单产物。此种现象之所以产生，其真正的决定原因是宗教力所特有的传染性，我们已经说明过这一点了。

[23] 决定这种外在体现的原因，可参见本书第 313 页及以下诸页。

[24] 列维—布吕尔：《低级社会中的精神功能》，第 61—68 页。

[25] 弗雷泽：《金枝》，第 1 卷，第 69—75 页。

[26] 我们并不想说曾有一个只有宗教而没有巫术的时代。也许，宗教形成伊始，它的某些原则就已经扩大到非宗教关系中去了，而或多或少已经有所发展的巫术同时也对宗教起了补充作用。然而，即使这两大观念和仪轨的体系并不相应于不同的历史时期，两者之间也肯定存在着一种派生关系。这正是我们试图予以确立的。

[27] 胡伯特和莫斯：《巫术的一般理论》，第 108 页及以下诸页。

[28] 参见本书，第 267 页及以下诸页。

[29] 当然，动物社会是存在的。不过，当我们把社会这个词同时用于动物和人类的时候，其含义是绝对不同的。制度是人类社会的特征，而动物是没有制度的。

[30] 原因这个概念，对于一个学者或者一个没有受过科学训练的人来说，

含义就不同。当因果原则被应用于社会事实和物理—化学事实时，我们同时代人对之也有不同的理解。在社会秩序中，人们所提出的因果概念，与长期作为巫术基础的那种概念是很相近的。甚至可以怀疑，物理学家和生物学家也是以这种方式来表现因果关系的。

第四章　积极膜拜(终)

Ⅲ　表现仪式或纪念仪式

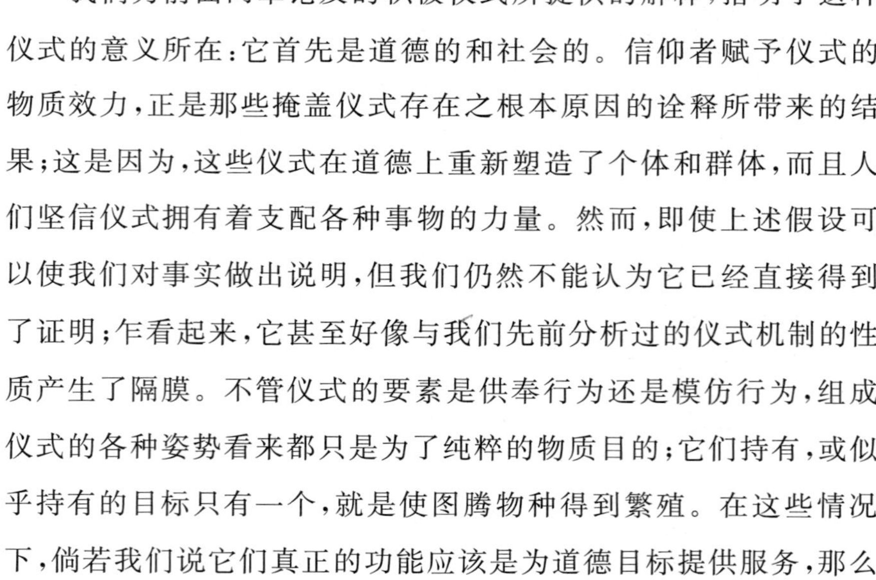

我们为前面两章论及的积极仪式所提供的解释,指明了这种仪式的意义所在:它首先是道德的和社会的。信仰者赋予仪式的物质效力,正是那些掩盖仪式存在之根本原因的诠释所带来的结果;这是因为,这些仪式在道德上重新塑造了个体和群体,而且人

512 们坚信仪式拥有着支配各种事物的力量。然而,即使上述假设可以使我们对事实做出说明,但我们仍然不能认为它已经直接得到了证明;乍看起来,它甚至好像与我们先前分析过的仪式机制的性质产生了隔膜。不管仪式的要素是供奉行为还是模仿行为,组成仪式的各种姿势看来都只是为了纯粹的物质目的;它们持有,或似乎持有的目标只有一个,就是使图腾物种得到繁殖。在这些情况下,倘若我们说它们真正的功能应该是为道德目标提供服务,那么这种说法难道不令人奇怪吗?

其实,斯宾塞和吉兰夸大了仪式的物质功能,甚至在那些最无可挑剔的事例中,这些功能也被夸大了。根据他们两人的说法,每个氏族举行因提丘玛的目的是为了向其他氏族提供足够的食物,整个膜拜就是不同图腾群体之间所进行的经济合作;人人都为别人而工作。但是,按照斯特莱罗的说法,有关澳洲图腾制度的这种概念与土著人是毫不搭界的。他说:“如果某个图腾群体的成员竭力去繁殖某种被神圣化了的动物或植物,而且看上去他好像是在为其他图腾的成员服务,我们就必须提醒自己,不要把这种合作当成是阿兰达或洛里查图腾制度的基本原则。黑人自己从来没有告诉过我这就是他们举行仪典的目的;当然,当我把这种观念提供给他们,并加以解释之后,他们对此表示理解,也勉强同意了这种看法。可是,我还是对按照这种方式找到的答案表示怀疑,而且这种怀疑不是没有道理的。”斯特莱罗指出,对仪式的这种解释与某些事实有龃龉之处,因为并不是所有的图腾动物或植物都是可吃的或有用的,有些图腾一点儿用也没有,有些甚至相当危险。所以,从与这些图腾有关的仪典中根本看不出这种目的。[1]他总结道:“如果有人问土著人举行这些仪式的确切原因是什么,土著人会一致回答说:‘我们的祖先就是这样行事的。这就是我们按照这种方式而非其他方式举行仪式的原因。’”[2]而如果说之所以要举行仪式,是因为仪式是从祖先那里传承下来的,那么就是承认了仪式权威与传统权威是相互混同的,而传统则是首要的社会事务。人们举行仪式,是为了将过去的信念保存下来,将群体的正常面貌保持下来,而不是因为仪式可能会产生物质效果。于是,信仰者自己对仪式的解释,就表明了仪式得以产生的深刻原因。

有些事例,便直接而又明显地把仪式这个方面的特征表现了出来。

1

在瓦拉蒙加人那里，我们可以最清楚地看到这些仪式。[3]

在这个部落中，所有氏族都被认为是同一个祖先的后裔，这位祖先在某个确切地点诞生之后，在其世间生活中走遍了部落的每个角落。在游历中，他使土地变成了现在这个样子；他创造了山脉和平原、水洞和溪流。与此同时，他在沿途还播下生命的萌芽，这些萌芽就是从他的身体上散落下来的，它们几经转世，终于变成了氏族的真正成员。而瓦拉蒙加人所举行的非常类似于阿兰达人之因提丘玛的仪典，目的就是去纪念和表现这位祖先的神话历史。除了一个例外情况之外[4]，仪式中既有供奉，也有模仿仪轨。仪式不仅追忆了过去，而且还借助名副其实的戏剧表现方式将过去呈现出来，这就是仪式的全部内容。戏剧表现这个说法是非常精确的，因为在这个仪典中，祭司被人们当成了祖先的化身；作为演员，他扮演的是祖先的角色。

斯宾塞和吉兰考察过黑蛇族的因提丘玛，[5]让我们把它当作例子描述一下吧！

在黑蛇族那里，初入仪式似乎与过去并没有什么关系，至少在我们得到的有关仪式的描述中，我们没有充足理由认为其中有过去的含义。在仪式中，有两位祭司在分别做着奔跑和跳跃的动作[6]，他们身上装饰着代表黑蛇的图案。当他们最终筋疲力尽地跌倒在地上时，助手们用手轻轻地抚摸他们背上文着的象征图案。他们认为，这样的动作可以使黑蛇感到高兴。随后，一连串的纪念仪典便开始了。

他们把祖先“塔拉瓦拉”(Thalaualla)从开始浮出大地到最终回归地下的神话历史全部表演出来。他们追随着祖先走完了他的全部旅程。神话中说,这位祖先在他每个驻足之外,都举行过图腾仪典;现在,他们用同样的程序来重复这些仪典,他们认为这套程序与最原始的程序是一样的。他们用得最频繁的动作,就是有节奏地、疯狂地扭动自己的整个身体;这是因为,祖先就是通过这种方式将体内的生命萌芽向外播撒的。演员们用羽绒把自己的身体罩住,当他们狂乱地扭动时,羽绒就会脱离身体,四处飞散;这就是用以表现这些神奇的萌芽在空中飞扬弥散的手法。

我们还记得,在阿兰达,举行仪典的场地为仪规所确定,那就是发现圣岩、圣树和水的地方,崇拜者必须到那里举行膜拜。然而,瓦拉蒙加部落的情况却刚好相反,哪儿比较方便,举行仪典的场地就随意定在哪儿。所以,这些场地只是便当的场地。尽管如此,构成仪式主题的各种事件的原发地点仍然需要用图案表现出来。有时候,这些图案就文在演员们的身体上。比方说,在后背和肚子上画一个小红圆圈,就代表着水洞。[7]在有些情况下,这些图形也可以画在地上。人们先把地浸湿,再铺上一层红色的赭石,然后用一连串的白点勾出几条曲线,用来代表河流和山脉。这即是装饰的肇端。

除了举行据说是祖先很久以前曾经举行过的真正意义上的宗教仪典之外,他们还会把某些很简单的有关祖先业绩的轶事插曲表现出来,不论采用史诗的手法,还是采用喜剧的手法。例如,在某个特定的时候,当三个演员在场上表演一场重要仪式的时候,另一个演员则藏进了远处的丛林中。他的脖子上挂着一小袋羽绒,这代表一只沙袋鼠。主要仪典一结束，一位老人就会在地上画出一条线，这条线一直通向第四个演员藏身的地方。其他人紧随其后，低垂目光紧盯着这条线，如同按图索骥。当他们找到这个人时，装出一副无动于衷的样子，而其中一个人则操起木棒打他。这段表演表现了大黑蛇一生中的一个偶然事件。一天，他的儿子外出打猎，捉到了一只沙袋鼠，一点儿没给父亲留就都吃掉了。他的父亲循踪而来，令儿子吃了一惊并迫使他把吃到肚子里的东西吐出来；这就是在结尾处棒打儿子所要表现的内容。[8]

这里，我们不能将所有依次表现的神话事件都连带出来。上述事例已经足以说明这些仪典的性质了：它们就是戏剧，或者说是戏剧的特殊变体；这些表演能够作用于，或者至少被认为能够作用于自然的过程。当塔拉瓦拉的纪念仪式结束以后，瓦拉蒙加人确信黑蛇肯定会得到大量的增长繁殖。所以说，这些戏剧即是仪式，甚至从各个方面来说，这些戏剧在效果上都可以与组成阿兰达部落因提丘玛的仪式相比拟。

这样一来，这两种仪式就可以相互加以澄清。如果两者之间没有什么明显的连续性的中断的话，我们在两者之间作一番比较，则是再正当不过的事情了。这两种仪式不仅追求着同样的目标，而且我们在阿兰达人那里，亦可找到瓦拉蒙加仪式中最有特点的部分的萌芽。事实上，阿兰达人经常举行的因提丘玛，也隐隐约约地带有些纪念性质。举行仪式的地点必须是祖先曾经辉煌过的地方。在虔诚的朝圣途中，崇拜者走过的道路，是阿尔彻灵迦时代的英雄们所踩过的；崇拜者停下来举行仪式的地点，是祖先们曾经逗留过并在此魂归大地的地方，等等。因此，所有东西都会在参加仪式的人的内心中引起回忆。不仅如此,他们除了运用手势动作以外,还经常吟唱与祖先业绩有关的圣歌。[9]假如这些故事不是说出来的,而是表演出来的,假如这种新的形式变成了仪典中的重要部分,那么瓦拉蒙加人的仪典就出现在眼前了。甚至还可以说,就单方面而言,阿兰达人的因提丘玛已经是一种表现仪式了。因为祭司既是祖先的后代,又是祖先的化身。[10]他所做的姿势是祖先在同样情况下也会做的。当然,确切地说,他还没有像演员那样去扮演祖先的角色;他的角色还是自己。尽管如此,在一定意义上,仪式的场面还是被主人公占据着。要想进一步加强仪式的表现性质,只要突出一下祭司与祖先的双重性就足够了,而这正是瓦拉蒙加部落的情况。[11]甚至在阿兰达,也至少在一种因提丘玛上,有某些与该族祖先没有神话传承关系的人来代表祖先,于是,仪式中就出现了确切意义上的戏剧表现——这便是鸸鹋族的因提丘玛。[12]而且,他们举行因提丘玛的地点也似乎与本部落的一般规则有出入,其剧场也是人为安排的。[13]

但我们不能就此得出这样的结论:尽管它们之间存在着差异,这两种仪典变体之间仍然存在着亲属关系的迹象,或者说存在着明确的连续关系,可以相互转化。不过,下面这种说法却非常合适:两者之所以相似,是因为它们具有共同的来源,换言之,它们不过是同一种原始仪典的两种不同形式而已:稍后我们会看到,这种假设的可能性最大。但即使不再论证这个问题了,我们提到过的事实也足以说明它们是具有相同的性质的仪式。所以,我们可以对它们进行比较,以便用一种仪式更好地理解另一种仪式。

我们所说的瓦拉蒙加仪典的独特之处,并不是那种可以对图腾物种增殖直接起到帮助或促进作用的姿势。[14]如果我们对他们的动作和语言加以分析,通常会发现其中并没有流露出任何这样的意图。一切尽在表现中,而表现的唯一目的就是要把氏族的神秘过去重新唤回到人们的心中。然而,一个群体的神话乃是这个群体共同的信仰体系。它永久保存的传统记忆把社会用以表现人类和世界的方式表达了出来;它是一个道德体系、一种宇宙论、一部历史。所以说,仪式是为维护这些信仰的生命力服务的,而且它仅仅为此服务,仪式必须保证信仰不能从记忆中抹去,必须使集体意识最本质的要素得到复苏。通过举行仪式,群体可以周期性地更新其自身的和统一体的情感;与此同时,个体的社会本性也得到了增强。那些荣耀的纪念不仅可以活生生地展现在人们的眼前,也可以使人们体会到彼此的亲属关系,使人们感到自己变得更加强壮、更有信心:如果一个人看到了如此遥远的过去重新回到了他的身边,如此宏伟的事物重新激荡着他的胸怀,他就会更加确信自己的信仰。这就是仪典的特征,它起着教导的作用。而且,它还倾向于完全作用于心灵,仅仅作用于心灵。所以尽管人们相信仪式能够对事物产生作用,能够保证物种繁荣兴旺,但这种作用不过是对其实施的道德作用的反应而已,显而易见的是,只有道德作用才是其真正的、唯一的作用。这样,我们所提出的假设便被这个具有重要意义的经验证实了。而且,正像我们所说的那样,由于瓦拉蒙加人和阿兰达人的仪式体系在本质上并没有什么不同,上述论证也就更加确凿了。我们只要抓住了其中的一种仪式,就可以使我们对另一种仪式提出的推测变得更加明晰。

2

还有一些仪典,它们的表现性和观念性的特征更加明显。

在我们所讨论的仪典中,有的戏剧表现并非是为了自身而存在的,它们仅仅是实现一个物质目的的手段,这个目的就是使图腾物种得到繁殖。不过,还有一些仪式,尽管它们在物质上与上述仪式并没有什么不同,但上述仪式所关注的目的却不见了。在那里,仪式只是为了表现过去而表现过去,为了让过去紧紧凝固在人们的内心之中,在仪式中,我们根本找不到预想中的那种对自然的决定作用。至少可以说,我们有时候归之于它的物质效果从整体来看是次要的,而且与我们所说的礼拜仪式的重要作用无关。

这种情况在瓦拉蒙加人为歌颂沃龙迦蛇而举行的仪典中表现得非常醒目。[15]

我们已经说过,沃龙迦是一种非常特别的图腾。它既不属于动物物种,也不属于植物物种,而是一种独一无二的东西:它仅仅是沃龙迦而已。这种存在纯粹是神话意义上的。土著人说它是一条巨大的蛇,而且非常长,当它竖起身子时,它的头便会消失在云端。人们相信,沃龙迦生活在一个叫做"沙泡沃泸"(Thapauerlu)的水洞中,而这个水洞则深藏在一条荒无人烟的峡谷深处。不过,虽然它在某些方面与普通图腾有所不同,但它具有图腾的所有特征。人们把沃龙迦当成了整个群体的集体名称和象征,所有个体也把它看成是他们共同的祖先。他们与这种神话怪兽之间的关系,与其他图腾成员与他们所尊崇的氏族缔造者之间的关系是一样的。在阿尔彻灵迦[16]时代,沃龙迦也周游了整个部落的每个角落。在它停留过的不同地方，它都播撒下“精灵之子”，这种精神本原至今还仍然被看成是生命的灵魂。沃龙迦甚至被当成了一种至高无上的图腾。瓦拉蒙加部落分成两个胞族，一个叫做“乌鲁鲁”，另一个叫做“金吉利”。乌鲁鲁的图腾几乎都是不同种类的蛇。该图腾成员都被看成是沃龙迦的后代，他们自己也承认沃龙迦就是他们的祖先。[17]在这里，我们可以窥探到沃龙迦的神话可能是怎样产生的。为了解释在同一胞族中为什么会出现这么多相似的图腾的现象，他们便设想所有这些图腾都来源于同一个图腾；这样，他们必然会赋予该图腾一种巨大形式，以使其面貌能够相称于指定给它的在部落历史中举足轻重的角色。

这样，把沃龙迦作为膜拜对象的仪典，与我们已经研究过的仪式并没有不同的性质：它们都是些表现，可以把神话生活中的各个重大事件展现出来。它们不仅展现了沃龙迦破土而出、游历四方的场面，而且还表现了旅途中的各种轶事。斯宾塞和吉兰参加过发生在 7 月 27 日至 8 月 23 日之间的 15 场这样的仪式，所有仪式都按照确定的次序贯穿起来，构成了一种名副其实的循环。[18]在细节方面，这种长时间的庆典与瓦拉蒙加部落普通的因提丘玛没有什么区别，这一点可以从斯宾塞和吉兰提供的描述中看出来。[19]不过，另一方面，它虽然是一种因提丘玛，却不可能具有保证动植物物种得到繁殖的目的，因为沃龙迦是一个仅有其自身而不繁殖的物种。沃龙迦始终存在着，土著人似乎并没有感到非得通过举行仪式来维持它的生存。表面看来，这些仪式不仅缺少典型的因提丘玛所具有的效力，甚至好像也不具备任何物质方面的功效。沃龙迦不是一种支配着自然现象之特定秩序的神，在膜拜中,人们从来没有指望通过交换从它那里获得特定的回报。当然,他们也认为,如果各种仪式规定未被遵循,沃龙迦就会大发脾气,离开它的栖身之地,对轻蔑它的崇拜者予以惩罚;反之,如果一切都按规矩进行,人们就会相信自己福运亨通,某些让人高兴的事情将会发生。不过,显而易见的是,即使沃龙迦很有可能实施这些处罚,这也是人们为了解释仪式而得出的事后想法。一旦仪典得到了确立,它就会自然而然地发挥作用,倘若人们不按照规定去奉行仪式,就会招致极其严重的危险。然而,仪式不是为了预防这些神话危险或保证特定利益而确立的。再者说,土著人有关这些危险和收益的观念也是极其模糊的。当整个仪典全部结束时,老人们便宣布:如果沃龙迦感到很高兴,它就会赐予我们雨水。然而,他们并不是为了下雨才举行仪式的。[20]他们举行仪式,是因为他们的祖先就是这样做的,他们可以借此表示对传统的崇高敬意,并且在仪式结束以后还可以感受到精神上的满足。其他方面的考虑都不过是一种补充,尽管它们可以强化仪式给崇拜者规定的态度,但却不是这种态度存在的原因。

由此,我们发现这全部仪典的唯一目的,就是要唤醒某些观念和情感,把现在归为过去,把个体归为群体。它们不仅没有服务于什么功利性的目的,崇拜者本身也没有什么要求。这进一步证明,已经集合起来的群体的心理状态,恰恰构成了我们称为仪式心态的唯一的稳定牢固的基础。尽管仪式被认为具有这样那样的物质效力,但对这些效力的信仰完全是附属的和偶然的,即使没有这些效力,也不会使仪式的基本性质发生改变。沃龙迦这种仪典比上述任何仪式都更能说明积极膜拜的基本功能。

我们之所以特别坚持强调这种仪式,是因为它们具有非同寻常的重要性。不过,其他仪式也有完全相同的性质。瓦拉蒙加部落就有一个叫作“笑孩”的图腾。斯宾塞和吉兰指出,冠以这个名称的氏族在组织形态上与其他图腾群体没有什么不同。它也像其他组织一样,拥有自己的圣地(mungai),传说时代的始祖就在这里举行过仪典,并留下了精灵之子,他们后来变成了氏族的成员。这些图腾仪式与关于动植物图腾的仪式是一样的。[21]不过,这些仪式显然不具备任何物质效力。它们是通过四场仪典一组的不同系列组成的,各个仪典连续不断地重复举行,其目的只是让人们高兴,引来一阵阵的笑声,简言之,它们这样做,就是想保持这个群体自成特色的快乐感和幽默感。[22]

我们在阿兰达人中发现好些图腾都只有一个因提丘玛。我们还发现这个部落的地形不仅毫无规则,而且支离破碎,祖先逗留过的地方有时候也被当作图腾。[23]为了这些图腾而举行的仪典明显不会产生任何物质作用。它们只是由旨在纪念过去的表现组成的,除了纪念以外,它们也不可能再有其他目的了。[24]

这些表现仪式不仅可以使我们更好地理解膜拜的性质,而且还为一种非常重要的宗教要素提供了佐证:这就是宗教的娱乐要素和审美要素。

我们曾经提到过,这些要素与戏剧表现之间存在着紧密的亲缘关系。[25]在我们后来所说的那些仪式中,这种关系表现得更加明显,它们不仅采用了真正戏剧所采用的手法,而且也追求着同样的目的:避开所有功利性的目的,使人们忘却现实社会,把人们送到一个可以自由想象的世界里去,在那里他们可以完全放松自己。

从外表来看,这些仪式有时候简直就是一种消遣活动:参加仪式的人尽情欢娱、开怀大笑。[26]

表现仪式与集体娱乐如此密切,以至于人们在从仪式过渡到娱乐的过程中,并没有产生丝毫隔膜之感。严格意义上的宗教仪式必须在圣地举行,女人和未成年者必须被排除在外。[27]不过,在某些仪式中,这种宗教性质已经有所减退了,尽管它还没有完全消失。这些仪式是在仪式场地之外举行的,这证明它们在某种程度上已经被俗化了;不过,像女人和儿童这样的凡俗之人,还是不允许参加仪式的。所以说,这些仪式正处在圣俗两界的分界线上。通常,这些仪式与传说中的人物有关,但这些人物在图腾宗教的框架中并没有自己固定的位置。他们往往是些邪恶的精灵,经常与巫师而非普通信仰者发生关系;或是某种妖怪,人们认为他们不具备像真正意义上的图腾存在和图腾事物那样的严肃而又牢靠的可信度。[28]一旦使各种事件和人物表现归附于部落史的纽带松弛下来,这些仪式就会相应地显露出一些很不真实的面目,相应的仪典也会改变自己的性质。这样,人们便进入了一个纯粹幻想的世界,纪念仪式渐渐变成了普通意义上的集体欢腾,它仅仅是一种简单的公共欢闹,不再具有任何宗教性质,所有人都可以毫无顾忌地参加。有些现在唯一的目的就是制造热闹的表现,其实也许是古老的仪式,只是到了后来才改变了性质。事实上,这两种仪典之间的差别是变换不定的,所以我们不可能明确指出它们究竟是属于哪一类的。[29]

众所周知,游戏以及艺术的主要形式好像都是从宗教发展而来的,长期以来,它们始终保留着宗教的特点。[30]现在,我们知道

其中的原因了:这是因为,尽管膜拜活动起初另有目的,但对人类来说它毕竟是一种娱乐。宗教之所以扮演这个角色,既非出自偶然的妄为,也非出自巧逢的良机,而是宗教本质的必然产物。尽管我们已经确证,宗教思想与虚构体系是完全不同的两码事,只有当宗教将现实变形以后,现实才能以相应的宗教形式表达出来。在客观社会与象征地表达社会的神圣事物之间,存在着相当大的距离。虽然构成宗教的原始材料是人们真正感觉到的印象,但是这些印象必然要被诠释和阐释,要被改头换面,直到不可辨认为止。所以说,宗教事物的世界在部分上是想象的世界,尽管只是在外在形式上才可以想象,但这个世界因此就非常适合于心灵的自由创造。不仅如此,既然用来创造这个世界的智识力总是显得狂热炽烈、躁动不安,那么我们单纯凭借合适的符号来表达现实的做法,就不足以耗尽这些力量。一般来说,总会有些剩余的力,可以用来制作某些附加的、多余的奢侈品,这便是艺术作品。这样的实践和信仰确实存在着。一旦崇拜者集合起来,他们的欢腾状态就必须得外在地转化成一场纵情举动,要想让它服从精心策划好的目的,可不是件容易的事情。其中,有一部分放纵举动会毫无目的地失去控制,它们不断扩展,仅仅是为了愿意扩展,并把欢乐带到所有的游戏之中。再者说,膜拜的对象也是想象中的存在,它们也不可能对这样的放纵加以限制或调整,只有很实在的、坚不可摧的现实的压制力量才能把这些行动限定在明确的、不致滥用的范围里。因此,如果有人在解释仪式的时候,认为每个姿势都有明确的目的,都有自身存在的确切理由,那么他就严重地误解了仪式。即使我们能够看到像跳跃、旋转、舞蹈、喊叫和歌唱这样的动作,我们往往也不太可能找到所有这些激动行为的含义。

所以说,倘若宗教没有给思想与活动的自由结合留有余地,没有给玩耍、艺术以及所有能够使精神得到放松的娱乐留有余地,宗教也就不能成其为宗教了。因为在极其乏味的日常工作中,精神已经憔悴不堪了;正是出于此种原因,宗教才产生并成为必需。艺术并不仅仅是膜拜为了掩盖自己某些过于苛刻、过于粗鲁的面目,而竭力粉饰自身的外在装饰;膜拜本身就是美的。因为神话与诗歌具有众所周知的联系,所以有些人试图把神话从宗教中排除出去,[31]但事实上,诗歌是一切宗教所固有的东西。我们刚才研究过的表现仪式,可以体现出宗教生活的这一方面,然而,任何仪式都在某种程度上是由此体现的。

当然,如果仅仅看到了宗教的这个方面,或者夸大了它的重要性,那么会犯下最严重的错误。假如仪式只能起到消遣的作用,它就不再是仪式了。借助宗教符号表达出来的道德力,是我们必须予以考虑的、不以我们意志为转移的真实的力。甚至当膜拜的目的不是为了产生物质效果,而是为了产生精神作用的时候,其作用方式与纯粹的艺术活动也是截然不同的。就各种表现而言,其所要唤醒和维护于我们的心灵的,不是与现实无关的空洞的意象,也不是我们为了满足于看到它们在眼前出现与会合而漫无目的地招来的意象。仪式对我们道德生活的良性运作是必须的,就像维持我们物质生活的食物一样。只有通过仪式,群体才能得到巩固并维持下去,而且我们知道,对个体来说,仪式也是要的。所以说,仪式与游戏不同,仪式是严肃生活的一部分。但即使它的不现实的和想象性的要素并非最基本的要素，这些要素所起的作用也是不容忽视的。它们影响到崇拜者从仪式中获得的舒适感，因为娱乐也是精神再造的一种形式，而这正是积极膜拜的主要目的之一。当我们履行了仪式职责重新返回到凡俗生活中以后，我们的勇气和热情增加了，这不仅是因为我们与一种至上的能量之源建立了联系，而且也因为我们度过了一段不太紧张、自由随意的生活，我们的体力得到了恢复。这样，宗教又获得了一种魅力，而且是不容小觑的魅力。

因此，某些重要的宗教仪典经常会使人想起节日的观念。反过来说，不管每次节日的起因有多么平常，也多少会带有某些宗教仪典的特征。因为在任何情况下，它都是可以把大家召集起来，使大家共同行动，激发起一种欢腾的状态，有时甚至是谵狂的状态，这种状态与宗教状态之间不无密切关系。它可以使个体从他的日常事务和日常关注中解脱出来。于是我们从这两种情况中发现了同样的现象：有喊声，有歌声，有音乐声，还有暴烈的活动和舞蹈，人们寻找着刺激，用来增加自己的活力。经常可以看到，群众节日不仅会带来过激的行为，还会使人们丢掉合法与不合法之间的界限。[32]有些宗教仪典几乎必然要破坏那些平常最受人尊崇的规范。[33]当然，这并不意味着就无法区别这两种形式的公共活动了。简单的寻欢作乐和凡俗的集体欢腾都没有严肃的目的，而仪式仪典总体上往往具有一个重要的目的。不过，我们还是要记住，所有的寻欢作乐中都会有某些严肃生活的反映。因此，我们倒不如说，两种活动的不同之处在于，它们所结合的两种要素的比例是不同的。

3

还有一个更普遍的事实，可以证实我们的上述观点。

斯宾塞和吉兰在他们的第一本书中，把因提丘玛说成是一种非常明确完整的仪式，当他们说到仪式时，仪式好像是注定要为确保图腾物种繁殖而举行的活动，如果仪式实现不了这种独一的功能，似乎就会丧失其全部的意义。不过，在《澳洲中部的北部部落》一书中，他们的说法就不同了，尽管他们也许没有注意到这一点。斯宾塞和吉兰承认，相同的仪典既可以在定期举行的因提丘玛中出现，也可以在成年礼中出现。[34]因此，它们既有助于生成图腾动物或植物，也可以使未成年者获得作为男性社会的正式成员所必需的各种特征。[35]从这种观点来看，因提丘玛面目一新。它不再是建立在自身原则之上的独特的仪式机制，而是更为普通的、可以用于不同目的的仪典的特殊应用。因此，在后期著作中，他们在论述因提丘玛和成年礼之前，专门辟出一章来讨论一般意义上的图腾仪典，他们根据举行这些仪典的不同目的，对仪典的各种形式做出了抽象概括。[36]

在以往的文献中，只有斯宾塞和吉兰两人指出过这些图腾仪典基本的不确定状态，而且，他们还是间接指出的。而今，它却得到了斯特莱罗更明确的证实。斯特莱罗说："当他们带领初成年者经历过成年礼的不同节期以后，当着年轻人的面，他们又举行了一系列仪典，尽管这种仪典在最特殊的细节上都承袭了定期膜拜的仪式特征(即斯宾塞和吉兰称之为因提丘玛的那种仪式)，但它并没有使其相应图腾繁茂兴盛的目的。"[37]其实，这种仪典不过是在两种情况下所举行的同一种仪典而已，只是名称有所不同。当它被用于繁殖物种的目的时，人们把它称作巴恰卡丘玛，而当它被当作成年礼的一部分时，人们则称之为因提丘玛。[38]

此外，在阿兰达人那里，我们还可以根据其某些次要的特征来区分这两类仪典。尽管在这两种情况下，仪式具有着相同的结构，但我们知道，在成年礼中找不到阿兰达因提丘玛中的那种流血，即一般所说的供奉。而且，阿兰达部落的因提丘玛也总是在传统地点举行的，人们必须进行朝圣；相反，举行成年礼的地点则纯粹是随方便而定的。[39]而当因提丘玛仅仅是戏剧表现时，比如是瓦拉蒙加人的情况，这两类仪典就完全没有区别了。不管是在这种仪典里，还是在那种仪典里，他们都是在纪念过去，让神话起作用，他们的表演不可能采用不同的物质形式来进行。所以，依据环境条件，同一种仪典可以产生两种不同的功能。[40]

这种仪典甚至也适合于其他用途。我们知道血是一种神圣存在，女人绝不能看见流血。但有时候，如果女人在场，并看到了斗殴流血的场面，于是仪式就被破坏了。在阿兰达，最先流血的男人为了弥补这个过失，“就必须举行关于父系的图腾或母系的图腾的仪典”[41]；这种仪典有一个专门名称，叫作“阿卢瓦·乌帕瑞利玛”(Alua Uparilima)，意思是“把血刷洗掉”。但就仪典本身来说，它与在成年礼或因提丘玛中所举行的仪式并没有不同之处，它表现的也是一个古老的历史事件。所以说，这种仪典既可以同样服务于成年礼，也可以对图腾物种产生作用，还能用来赎罪。在下文中，我们将会看到，图腾仪典也可以替代葬礼。[42]

胡伯特和莫斯曾经指出过，在祭祀中，尤其是在印度教的祭祀中具有这种功能混杂的现象。[43]他们认为,共享、赎罪、发誓以及契约等各种祭祀形式都不过是同一种机制的各种变体而已。现在我们看到,这种情况出现得更早,而且绝不仅限于祭祀制度。或许,只要有仪式存在,它就会呈现出这种不确定性。弥撒既可以用于婚礼,也可以用于葬礼;它既可以免除死者的罪过,又可以为生者赢得神祇的赐福,如此等等。斋戒既是一种赎罪和悔过,也同样为共享做了准备;它甚至可以赋予人一种积极的品格。这种模糊性说明,仪式的真正功能并不在于它表面上所追求的特别的和确定的效果,尽管人们通常借此来确定它的性质;仪式是一种一般的作用,虽然这种作用无论何时何地都是一样的,却可以根据不同的条件以不同的形式出现。而这正是我们的理论所要阐明的问题。如果膜拜的真正功能就是唤起崇拜者由道德力和道德信念构成的某种心灵状态,如果仪式所具有的各种效果仅仅来自于由这种基本状态所产生的次要的、多样的决定作用,那么当我们看到,具有相同构造和结构的单一仪式似乎可以产生多种多样的效果的时候,就不会感到惊奇了。因为心理倾向在各种情况下都是一样的,它们只取决于群体被集合起来了这一事实,而不取决于使群体集合的具体原因;而仪式的功能始终就是使心理倾向兴奋起来。但另一方面,根据其所适用的不同环境,这些心理倾向又被作了不同的解释。他们是想获得某种物质结果吗?他们所感觉到的信心就会使他们深信自己通过所采用的手段正在或将要实现愿望。有人要想免除自己的罪过吗?同样的道德信念又会使他认为相同的仪式姿势可以获得赎罪的功效。所以,表面上的效能似乎发生了变化,而真正的效能却始终不变,仪式看上去可以起到各种各样的作

用，但其实它只起到了一种作用，一种一以贯之的作用。

反之，就像一种仪式可以服务于许多种目的一样，许多种仪式也可能只会产生同一个结果，这些仪式可以相互替代。为了确保图腾物种得到繁殖，人们可以同样诉诸各种供奉、模仿仪轨或者是纪念表现。仪式能够相互替代的特点，再次证明仪式不仅具有可塑性，而且在发挥有效作用时具有极端的一般性。最本质的是，人们被集合起来，他们不仅共同感受到了情感，而且还通过共同行动将这些情感表达了出来；相对而言，这些情感和行为的特殊性质则是次要的和偶然的。群体为了意识到自身，并不需要从它所诉诸的所有行为中选出几种特殊的行为再加以实施。它必须去做的事情，是开展共同的思想和行动；至于这种共同行为究竟采用了什么样的可见形式，则是无足轻重的。当然，这些外在形式也不是偶然出现的，它也自有其原因；不过，这些原因并没有触及膜拜的本质部分。

因此，所有这些都把我们带回到这种观念上了：仪式首先是社会群体定期重新巩固自身的手段。据此，我们有可能根据假设重新构建出图腾膜拜最初的形成方式。当人们感到他们团结了起来，他们就集合在一起。并逐渐意识 到了他们的道德统一体；这种团结部分是因为血缘纽带，但更主要的是因为他们结成了利益和传统的共同体。由于上文所指出的原因，人们还通过一种非常特殊的同体论的形式来表现上述统一体：他们认为自己分享了某种特定动物的全部本性。在这些情况下，他们只有通过一种办法才能确认他们的集体存在，那就是确认他们与这个物种的动物是相似的，要想做到这一点，他们不仅需要借助沉思默想，而且还要付诸物质上的行动。正是这些行为,构成了膜拜;而显然,这些行为只能是人们模仿他们所认同的那种动物的动作。只要我们清楚了这一点,模仿仪式看来就是膜拜的最初形式。这样,我们也认识到了这些仪轨所具有的极其重要的历史意义,尽管乍一看来,它们似乎是一种儿童游戏。我们业已表明,虽然这些姿势幼稚而又笨拙,这些表现手法很粗糙,但它们都传达和维护着一种自豪、坚定和崇敬的情感,完全可以与集合在一起、共同宣称自己是万能上帝的子孙的最具观念论色彩的宗教崇拜者的情感相媲美。在两种情况下,其情感都同样是由坚信和尊崇的印象构成的,而这些印象又是被支配和维护他们的一种伟大的道德力在个体意识中唤起的,这就是集体力。

我们所研究的其他仪式,也许不过是这种基本仪式的变体而已。一旦人与动物的密切联系被承认下来,人们就会切实感觉到,他们必须确保膜拜的主要对象能够定期繁殖。最初,这些模仿仪轨可能仅仅出自于道德目的,但后来却让位给了功利和物质的目的,变成了实现这些预期结果的手段。然而,随着神话传说的发展,起初还与图腾动物相互混同的英雄祖先逐渐分离出来了,逐渐具有了更具有人格特点的形象,这样,对动物的模仿就被对祖先的模仿代替了,或者说,又另外出现了对祖先的模仿,随之,表现仪典也就代替了或完善了模仿仪式。最后,为了进一步保证达到他们所追求的目标,人们感到有必要利用他们所掌握的一切手段。既然他们手头上掌握有积聚着生命活力的圣岩,于是他们就利用了圣岩;既然他们的血与动物的血具有相同的性质,那么他们就出于同样的考虑采用了流血的方式。反之,既然人与动物之间存在这样的亲属关系，那么人就可以通过食用这种动物的肉来使自己变得强壮有力。这样一来，供奉和共享仪式便产生了。归根结底，所有这些不同的仪轨都不过是同一主题的变体：不论何时何地，它们都基于同一种心灵状态。当然，根据不同的处境、不同的历史时期，以及崇拜者的不同取向，人们对这种状态作了不同的解释。

注　释

[1]　当然在这些仪式中也不会有食物共享的因素存在。根据斯特莱罗的说法，至少对那些与不可吃的植物有关的仪式而言，它们有着不同的名称：人们不再把它称作巴恰卡丘玛，而是称作"努杰利拉玛"(Knujilelama)(斯特莱罗：《澳洲中部的阿兰达和洛里查部落》，第3卷，第96页)。

[2]　斯特莱罗：《澳洲中部的阿兰达和洛里查部落》，第3卷，第8页。

[3]　瓦拉蒙加人并不是唯一以戏剧表现的形式来举行因提丘玛的部落。我们在津吉利、翁巴亚、伍尔马拉、瓦尔帕里甚至凯蒂什部落中都可以发现这种仪式，只不过这些部落在某些仪式特征上与阿兰达部落比较类似(斯宾塞和吉兰：《澳洲中部的北部部落》，第291页，第309页，第311页，第317页)。我们之所以把瓦拉蒙加人的仪式作为一种类型，是因为斯宾塞和吉兰对它们作过最透彻的研究。

[4]　即黑色凤头鹦鹉氏族所举行的因提丘玛(参见本书，第428页)。

[5]　斯宾塞和吉兰：《澳洲中部的北部部落》，第300页及以下诸页。

[6]　在这两个演员中，有一个不属于黑蛇族而属于乌鸦族。这是因为，乌鸦被当成了黑蛇的"伙伴"；换言之，乌鸦是亚图腾。

[7]　斯宾塞和吉兰：《澳洲中部的北部部落》，第302页。

[8]　斯宾塞和吉兰：《澳洲中部的北部部落》，第305页。

[9]　斯宾塞和吉兰：《澳洲中部的土著部落》，第188页；斯特莱罗：《澳洲中部的阿兰达和洛里查部落》，第3卷，第5页。

[10]　斯特莱罗已经认识到了这种情况："在这些圣歌中，图腾祖先与表现他的后代(der Darsteller)是作为同一个形象出现的。"(斯特莱罗：

《澳洲中部的阿兰达和洛里查部落》,第3卷,第6页)然而,由于这个确凿的事实与祖先灵魂不可转生的理论产生了矛盾,所以斯特莱罗在注释中作了补充说明:“在举行仪典的过程中,表现祖先的人并不是祖先的真正化身。”如果斯特莱罗的初衷是想表明在举行仪典的过程中没有发生灵魂转生的现象,那么这种说法再确切不过了。不过,如果他的意思是想说根本不存在转生,那么我们就搞不懂为什么祭司与祖先会混同为一了。

[11]　也许,之所以产生这样的差别,部分是因为瓦拉蒙加部落的每个氏族都被认为是同一祖先的后代,传说中的氏族历史就是围绕着这个祖先形成的。他是仪式所要纪念的祖先,而祭司不一定非得是他的后代。甚至可以怀疑那些半人半神的神话首领是否会任其转生。

[12]　在这种因提丘玛中,有三个助手代表“非常遥远的”祖先,并确实发挥了作用(斯宾塞和吉兰:《澳洲中部的土著部落》,第181—182页)。诚然,斯宾塞和吉兰补充说,这些祖先生活在比阿尔彻灵迦稍晚的时期,不过,仪式中毕竟表现了神话角色。

[13]　圣岩和水洞未被涉及。仪典的中心是一个可以随意画在地上的鸸鹋图案。

[14]　我们并不是说,瓦拉蒙加人的所有仪典都是这种类型的。我们曾经说到过的白色凤头鹦鹉族的例子,就说明存在着例外情况。

[15]　斯宾塞和吉兰:《澳洲中部的北部部落》,第266页及以下诸页。有关此问题,亦可参见艾尔曼的某些章节,艾尔曼也明显提到了同样的神话存在(《澳洲南部殖民地的土著》等,第185页)。斯特莱罗也提到了阿兰达人神话中的蛇(Kulaia,即水蛇),它与沃龙迦并没有太大的不同(斯特莱罗:《澳洲中部的阿兰达和洛里查部落》,第1卷,第78页;参见第2卷,第71页,在很多图腾中,都可以发现Kulaia)。

[16]　这里,为了使我们的术语不至于太复杂,我们借用了阿兰达人的说法;瓦拉蒙加人把这个神话时代称作“温迦拉”(Wingara)。

[17]　“我们很难借助语言把土著人的非常模糊的感受表达得很清楚。不过,通过对不同的仪典系列的细致观察,我们强烈地感受到,在土著人的内心中,沃龙迦被表现为一种具有支配地位的图腾。”(斯宾塞和吉

兰:《澳洲中部的北部部落》,第 248 页)

[18] 上文已经描述过这些仪式最庄严的一幕(参见本书第 299 页),在仪式上,画有沃龙迦的形象的小土丘随后在狂热的气氛中被捣个粉碎。

[19] 斯宾塞和吉兰:《澳洲中部的北部部落》,第 227 页,第 248 页。

[20] 以下是斯宾塞和吉兰的说法,他们只在这段话中谈到了沃龙迦与雨水之间可能的联系。在小土丘周围举行的仪式结束几天之后,“老人们说,他们听沃龙迦说它对举行过的仪式感到很满意,所以它打算把雨水送来。这些老人之所以会有这样的先知先觉,只是因为他们像我们一样,听到了远处隆隆作响的雷声”。降雨几乎不是举行仪典的直接目的,因为直到几天之后,在偶然的条件下,他们才把降雨归因于沃龙迦。还有一个事实,可以说明土著人有关这个问题的观念是极其模糊的,下面几行记载表明,雷声并不是沃龙迦感到满足的信号,而是他感到不满的信号。斯宾塞和吉兰继续写道:尽管有了征兆 ,“但雨还是没有落下来。几天过后,他们又听到远处隆隆的雷声。于是老人们说,沃龙迦开始抱怨了,因为它感到很不满意”。这样,同一种雷鸣现象,有时被解释成喜形于色的信号,有时却成了恶意的标志。

不过,在斯宾塞和吉兰的说法中,有一个仪式细节倒是很有用的。他们认为,破坏土丘是为了恐吓沃龙迦,为了借助巫术的方式防止沃龙迦从其栖身之地出来。但我们觉得这样的解释似乎是很有疑问的。事实上,就在我们的上述案例中,人们已经认定,由于没有及时将小土丘的残留部分搬走,沃龙迦已经感到很不满了。由此可见,搬走土丘是沃龙迦本身提出的要求,而根本不是想去威胁它、压制它。其实,这也许是瓦拉蒙加人所实行的更普遍的规则中的一例而已,这个规则就是在仪典结束以后,要把膜拜用具统统毁掉。根据这个规则,当仪式结束的时候,装饰在祭司身上的所有仪式饰物都被疯狂地扯掉了(斯宾塞和吉兰:《澳洲中部的北部部落》,第 205 页)。

[21] 斯宾塞和吉兰:《澳洲中部的北部部落》,第 207—208 页。

[22] 斯宾塞和吉兰:《澳洲中部的北部部落》,第 210 页。

[23] 参见斯特莱罗在《澳洲中部的阿兰达和洛里查部落》中所列的图腾清单,第 432—442 号(第 72 页)。

[24] 参见斯特莱罗:《澳洲中部的阿兰达和洛里查部落》,第 3 卷,第 8 页。在阿兰达人那里,也有一个叫作“沃拉”(worra)的图腾,与瓦拉蒙加人的“笑孩”非常相似(斯特莱罗:《澳洲中部的阿兰达和洛里查部落》,第 3 卷,第 124 页)。“沃拉”指的是年轻人,举行这种仪式的目的,就是让年轻人在一种叫作“拉巴拉”(labara)的游戏中得到更大的快乐(有关这种游戏,参见斯特莱罗:《澳洲中部的阿兰达和洛里查部落》,第 1 卷,第 55 页,注 1)。

[25] 见本书,第 515—516 页。

[26] 这个例子可以在《澳洲中部的北部部落》第 204 页中找到。

[27] 《澳洲中部的土著部落》,第 118 页及注 2,第 618 页及以下诸页;《澳洲中部的北部部落》,第 716 页及以下诸页。有一些神圣仪典并不完全把妇女排除在外(参见《澳洲中部的北部部落》,第 375 页及以下诸页),但这不过是一种例外情况。

[28] 参见斯宾塞和吉兰:《澳洲中部的土著部落》,第 329 页及以下诸页;《澳洲中部的北部部落》,第 210 页及以下诸页。

[29] 例如,昆士兰皮塔—皮塔部落的莫龙加人及该部落的邻近部落中的狂欢活动,就属于这种情况(见罗斯:《北—西—中昆士兰土著的民族学研究》,第 120 页及以下诸页)。有关普通的狂欢活动,可参考斯特林:《澳洲中部霍恩科学探险工作报告》,第 4 部分,第 72 页;罗斯:《北—西—中昆士兰土著的民族学研究》,第 117 页及以下诸页。

[30] 有关这个问题,请参阅库林的精彩著作:《北美印第安人的游戏》,载于《美国民族学会第 24 次年度报告》。

[31] 见本书,第 108 页。

[32] 尤其在性的问题上,会出现这种情况。在通常的狂欢活动中,往往会发生性放纵行为(参见斯宾塞和吉兰:《澳洲中部的土著部落》,第 96—97 页;《澳洲中部的北部部落》,第 136—137 页)。有关在一般的公众节日仪式上的性放纵行为,可参见哈格斯特兰格:《中世纪德国南部农民百态》,第 221 页及以下诸页。

[33] 外婚制规定在某些宗教仪典中必然要被破坏(见本书,第 325—326 页,注[27])。对于这些过激行为,我们可能找不到其仪式上的确切含

义。它可能只是仪典产生的极度兴奋状态的机械性后果。这个例子说明,某些仪式本身并没有明确的目的,仅仅是为了释放能量(见本书,第524页)。土著人也从来没有指出过这些仪式的明确目的;他们只是说,如果没有这些放纵行为,仪式就不会产生效果,仪典就会失败。

[34] 斯宾塞和吉兰具体是这样说的:"它们(与图腾有关的仪典)通常,但并不总是与接纳年轻人的成年礼结合起来共同举行,或者与因提丘玛共同举行。"(《澳洲中部的北部部落》,第178页)

[35] 本章暂不讨论关于特征的组成这个问题。这个问题需要我们用较长的篇幅和技术手段加以解决,因此必须单独进行处理。更何况它并不涉及本书所要确立的命题。

[36] 即第6章,题为"与图腾有关的仪典"。

[37] 斯特莱罗:《澳洲中部的阿兰达和洛里查部落》,第3卷,第1—2页。

[38] 可以这样解释斯特莱罗所指责的斯宾塞和吉兰的失误:他们用在一种仪典形式上的术语,倒更适于另一种仪典形式。不过,在这些条件下,这种失误似乎并不像斯特莱罗说的那样严重。

[39] 只能如此。事实上,成年礼是一个部落的节日仪式,因为具有各种不同图腾的年轻人同时跨入成年。所以,这些在同一地点进行的仪典,其实与好几个图腾有关,因此,这些仪式只有在远离与神话有关的地点举行。

[40] 现在,可以搞清楚我们为什么从来不单独研究成年礼了,因为成年礼并不是一个完整的仪式,而是各种不同的仪式混合而成的。成年礼包括禁忌、苦行仪式和表现仪典,而其中的表现仪典与举行因提丘玛的仪式没有什么区别。因此,我们不得不把这个复合体拆解开来,分门别类地处理构成它的各种不同仪式,并对与之有关的类似仪式进行划分。我们已经看到(参见本书,第388页及以下诸页),成年礼是向超越图腾制度的新宗教发展的起点。然而对我们来说,只要说明图腾制度中包含有这种宗教的萌芽就足够了;我们并不需要沿此线索去追踪宗教的发展过程。本书的目的,是要研究各种基本的信仰和仪轨,所以当宗教开始向更复杂的形式发展时,我们必须就此打住了。

[41]　斯宾塞和吉兰:《澳洲中部的土著部落》,第 463 页。个体可以在父系图腾和母系图腾的两种仪典中做出选择,这是因为,根据我们上文所说的理由(参见本书,第 248—249 页),他同时具有两种图腾。

[42]　参见本书,第三卷,第五章,第 545—546 页。

[43]　胡伯特和莫斯:《论牺牲》,载于《宗教史合论》,第 83 页。

第五章　禳解仪式与神圣观念的模糊性

不论积极仪式所包含的各种姿势在性质上多么不同，在我们看来，它们都有一个共同的特征：它们都是在满怀信心、欢乐，以至狂热的状态下举行的。尽管对未来的预期以及偶然的事件都始终带有某种不确定性，然而当某个季节到来之时，雨水通常都会落下来的，动物和植物物种也都会按部就班地繁殖出来。这些经常重复的经验表明仪式产生了人们所期盼的效果，而这种效果也成了仪式存在的理由。于是，人们便充满信心地举行仪式，高高兴兴地期待着他们早有准备并公开宣告了的愉快结果。不论人们进行了哪些活动，都会融入于这样的心态之中，因为尽管这些活动由于宗教的严肃性而带有庄重的印记，但是这种庄重并不排斥活泼和欢快的成分。

这些全是欢乐的节日。然而，也有许多悲伤的仪典，它们要么是为了迎接一场灾难，要么是为了纪念或痛悼这场灾难。这些仪式的样子很特别，现在，我们就来尝试对其进行概括和解释。既然这些仪式为我们揭示出了宗教生活的一个新方面，那么我们就必须专门对之加以研究。

我们提议把这些仪典称为禳解仪式。禳解（piaculum）这个词自有其优点，它不仅包含有赎罪的观念，而且含义更广泛。所有不幸，所有凶兆，所有能够带来悲伤和恐惧感的事物，都使禳解成为必要，因此才称之为禳解。[1]所以，用这个词来指称那些在不安或悲伤的状态下所举行的仪式是非常贴切的。

1

最早的也是最重要的禳解仪式就是哀悼仪式。

不过，我们首先有必要先对构成哀悼的不同仪式加以区分。有些哀悼仪式只是由一些禁戒组成的：如不允许说出死者的名字[2]；或者禁止驻留在死亡发生的地点[3]；死者的亲属，特别是女性亲属，必须杜绝所有与陌生人的交流[4]；普通的日常事务都要像在宗教节期中一样停顿下来[5]，等等。所有这些仪轨都应该属于消极膜拜的范围，我们已经对此类仪式做过研究，这里就不再赘述了。所有这些仪式都可以归结为这样一个事实：即死者是一种神圣存在。这样，正因为有传染作用存在，所以与死者有关，或曾经与死者有关的任何事物都处在宗教状态之中，都必须避免与凡俗生活里的各种事物进行接触。

然而，哀悼并不完全是由必须遵守的禁忌组成的。它也要采取各种积极的行动，在这些积极的行动中，死者的亲戚既是主动起作用的，又是仪式所作用的对象。

这些仪式通常是在人命垂危的时刻开始举行的。以下是斯宾塞和吉兰在瓦拉蒙加人那里亲眼目睹的场面：图腾仪典刚结束，参加仪典的人以及许多旁观者正要成群结队地离开圣地，这时，营地中突然传出凄厉的叫喊，有一个男人正要死去。顷刻之间，整个人群以最快的速度跑起来，其中绝大多数的人开始号啕大哭。斯宾塞和吉兰写道："在我们和营地之间，有一条很深的河。好些人散乱地坐在河边，把头埋在两膝之间，一边擦着眼泪，一边呜咽不止。过了河，我们便发现，像以往发生这类事情时一样，那个男人居住的营房已经被拉倒了。从四面八方来的好些女人拜倒在死人身上，其他的女人则站在或跪在周围，同时用锋利的掘薯棒划破自己的额头，让鲜血顺着脸流淌下来。在这段时间里，她们自始至终都在号啕大哭。许多男人也都迅速赶往出事地点，扑到死者的身上，男人们一到，女人们就站起身来了。几分钟之内，我们看见的唯有一堆堆横七竖八地躺在那里挣扎着的躯体。旁边，还有 Thapungarti 姻族里的三个人，他们仍然佩戴着举行仪典时的饰物，坐在地上，背对着死者放声大哭。过了一两分钟，这个姻族里的另外一个人也赶过来了，他一边大喊大叫，一边挥舞着石刀。一到营地，他便突然用石刀刺入自己的大腿深处，割开大腿上的肉，然后晃晃悠悠地倒在人群之中。过了一会儿，有三四个女亲来拖他，并立即把嘴凑到他裂开的伤口上，而他则浑身瘫软，躺在了地上。"一直到了深夜，这个男人才死去。他一断气，同样的场面又出现了，这一次，人们的哭声更大了，不管是男人还是女人，都真正变得疯狂起来。他们到处奔跑，用刀或非常尖利的木棒猛刺自己，女人则拿着打仗用的木棒相互击打对方的脑袋，而根本没有人打算躲开这些刀削棒打。最后，大约过了一个小时，他们手持火炬，组成了一条长龙，穿过平原，来到一棵树下，用树枝把尸体盖上。[6]

不管这些仪式呈现出了怎样的暴力场面，它们都是严格按照礼仪的规定来执行的。究竟哪些人可以割破自己，也是惯例规定好了的,这些人与死者之间必须有某种亲属关系。根据斯宾塞和吉兰的观察,在瓦拉蒙加人那里,割破大腿的人应该是死者的外祖父、娘舅以及他妻子的娘舅和兄弟。[7]其他人则应该割断自己的胡须和头发,然后把陶土涂在自己的头皮上。女人们则被规定有更加严格的义务。她们必须割断自己的头发,全身涂满陶土;此外,在整个哀悼期间,她们绝对不能说话,有时这段时期会长达两年。在瓦拉蒙加,这种情况并不少见,这是禁忌的结果,整个营地的妇女都必须保持绝对的沉默。这样一来,就产生了女人不说话的习惯,甚至在哀悼时期结束以后,她们也自愿放弃了言语交谈,更喜欢用手势进行交流——在这个方面,她们掌握了令人叫绝的能力。斯宾塞和吉兰就知道有那么一个老妪,在24年里没有说过一句话。[8]

我们刚才所描述的仪典只不过是一个开端,此后,还要连续举行一系列仪式,长达几个星期甚至几个月之久。在接下来的几天里,上述场面还会以不同的形式反复出现。男人们和女人们成群结队地坐在地上,他们失声痛哭、悲恸欲绝,有时候还会互相亲吻。在整个哀悼期内,这种具有仪式特征的亲吻经常发生。这似乎意味着,男人们已经感觉到了彼此接近的需要,他们应该进行最亲密无间的交流。他们彼此簇拥在一起,同甘共苦,俨然是一个整体,而且不时地会发出呻吟声。[9]与此同时,妇女们又开始割破自己的脑袋,她们为了加深自己的痛苦,甚至用烧着了的木棒烧灼伤口。[10]

在澳洲各地,这样的仪轨司空见惯。各种葬礼,也就是处理和埋葬尸体的仪式,在不同的部落中都有所不同[11];即便是在同一个部落中，这些仪式也会因死者的年龄、性别和社会地位而有所不同[12]。不过，真正的哀悼仪典在各个地方都重复着同样的主题，它们只是在细节上稍有变化而已。我们到处都能发现同样夹杂着呻吟的沉默[13]，以及割断头发和胡子[14]，或用陶土、炭灰甚至粪便涂满脑袋的同样义务[15]；而且，我们在各处也都能发现殴打自己、刺戳自己、烧灼自己等同样的疯狂状态。在维多利亚中部，"当死亡来到部落的时候，女人们都会悲恸欲绝、失声痛哭，年龄较大的妇女会用指甲戳破自己的太阳穴。死者的父母对自己的虐待更加可怕，尤其是当他们悼念自己的独生子的时候。父亲用战斧砍伤自己的头，发出痛苦的呻吟，母亲则坐在火边，用烧着了的小木棍烧烫自己的胸部和腹部。有时候，她会因为烧伤得太厉害而丢掉了性命"[16]。

根据史米斯的记载，维多利亚南部地区的一个部落发生过这样的情况：当人们将尸体放入坟墓以后，"寡妇便开始举行悲伤的仪式了。她把额头上的头发割掉，变得疯狂起来，她抓起烧着了的木棒，烧烫自己的胸脯、手臂、小腿和大腿。在这种痛苦的自虐中，她显露出非常高兴的样子。想不让她这么做是莽撞的和徒劳的。当她筋疲力尽、几乎走不动步的时候，还在用脚猛踹火堆的余烬，使火星四处飞蹿。然后，她坐了下来，抓起烟灰使劲地揉在自己的伤口上，并抓破自己的脸——而这是其身体唯一没有被燃烧的木棒碰过的地方，直到和着烟灰的血把她可怕的伤口部分盖住为止。就在这个时候，她还不停地把脸抓破，并且号啕大哭"[17]。

霍维特对库尔奈人哀悼仪式的描述，也与上述仪式有着惊人的相似之处。人们用负鼠皮把尸体包起来以后，再用树皮裹上一层，然后，所有亲属都会集在搭起来的棚屋里。“在那儿，他们对他们的损失感到极度悲恸，比如他们经常说：‘你为什么要离开我们呢？’而这种悲惨的气氛时不时地还会被某个人搞得更加浓重。比如，死者的妻子就会一边号啕着，一边说：‘我的丈夫死了！’或者是有人说：‘我的孩子死了！’其他所有人就都会根据与死者的关系，也说一些类似的话，并用锐利的石块和战斧割破自己，直到头上和身上都流出鲜血。这种凄婉的哀鸣和痛哭彻夜不息。”[18]

在这些仪典中，人们不仅仅表达出了悲伤的情感，而且还通常混有一种愤怒。亲属们感觉到，必须采用某种方式为死者复仇。考察者发现，他们经常通过相互碰撞的方式，试图伤害对方。这样的攻击有时候是真的，有时候是装出来的。[19]当然，有时甚至会发生组织这种特殊打斗的情况。在凯蒂什，死者的头发要按规定传给他的女婿。而这个女婿则必须在亲朋好友的助威下向他的一个部落兄弟挑起争端，也就是说，那个人必须像他一样，是属于同一个姻族的，因而也可有资格娶死者的女儿。这样的挑衅绝对不能被拒绝，双方必须进行残酷的搏斗，直到使彼此的肩膀和大腿受伤为止。当争斗结束以后，挑战者便将他刚刚继承来的头发交给他的敌手。而后者又得向他的一个部落兄弟发出挑衅、挑起争斗，然后再将这份遗物暂时传给这个人；就这样，头发在一个人又一个人手里传递，在一个群体又一个群体中循环。[20]与此同时，在亲属们殴打自己、刺戳自己、烧灼自己的疯狂状态中，某些同样的愤怒情感也融入其中了，因为当这种痛苦突发而来时，是不可能不带某些愤怒的情绪在里面的。这些仪轨如此相似于血亲复仇，不能不使人们感到非常惊诧。这两种情况皆出于同一个原则：死亡必定需

要流血。它们的唯一不同之处在于：前者中牺牲的是亲属；后者中牺牲的是外族人。我们并不打算专门讨论血亲复仇的问题，因为这个问题属于法律制度的研究范围；然而我们同时也应该指出，即便如此，血亲复仇与哀悼仪式之间还是有联系的，它表明了后者的目的所在。[21]

在某些社会中，哀悼结束时的狂热气氛往往会达到或超过其开始时的程度。在阿兰达，这种结束仪式被称为“乌尔普米尔奇玛”(Urpmilchima)。斯宾塞和吉兰就曾两次参加过这种仪式，一个是为男人举行的，另一个是为女人举行的。以下，就是他们对后一次仪式的描述。[22]

仪式是从制作某种很特别的装饰开始的，其中，男人的装饰叫作“奇莫里亚”(Chimurilia)，女人的装饰叫作“阿拉莫里亚”(Aramurilia)。他们用一种树脂把某些动物的小骨头黏在死去的女人的一绺绺头发上，这些小骨头是预先收集准备好的，而死者的头发则是由其亲属提供的。然后，他们在这些头发上加上这个女人平常使用的发带，以及黑色凤头鹦鹉和普通鹦鹉的羽毛。完成了这些准备，女人们便在营地集合起来。她们根据自己与死者不同的亲属关系，在自己的身体上涂上不同的颜色。在相互拥抱数十分钟以后，她们在不断的呻吟声中开始向坟墓进发了。走过一段路，她们便遇到了一个与死者有血缘关系的兄弟，此人由其部落兄弟陪伴着。每个人都坐在地上，重新开始唉声叹气。然后，有人把一个装着奇莫里亚的皮齐[23]放到兄长面前，他把皮齐压在自己的胃部，据说这可以减轻他的痛苦。随后，他们拿出一个奇莫里亚，死者的母亲把奇莫里亚放在自己的头上；过了一会儿，她又把它放到皮齐里去;接下来,每一个男人轮流把皮齐压在自己的胸前。最后,兄长把奇莫里亚戴在两个大姐的额头上,接着向坟墓走去。一路上,母亲有好几次倒在地上,并试图用很尖的木棒刺自己的头。每一次,其他的女人都会把她搀扶起来,做出不让她过于伤害自己的样子。当他们到达坟墓的时候,她就扑倒在土丘上,用手使劲扒土丘,其他的女人则一丝不苟地在她周围舞动。部落母亲们和姑母们(死者父亲的姐妹)也学着她的样子,她们也扑倒在地上,相互厮打起来,最后她们遍体流血。过了一会儿,她们就被人拉在一旁。然后,姐姐们在坟上挖了个洞,把此前已被撕成碎片的奇莫里亚放进洞中。部落母亲们再次扑倒在地上,相互刺破对方的头。就在这个时候,"站在周围的女人开始号啕大哭,这哭声似乎使她们变得更加疯狂了,鲜血顺着她们涂满陶土的身体淌下来,她们看上去面目狰狞。最后,只有老母孤独地蹲在一旁,她浑身瘫软,在坟墓上发出微弱的呻吟"[24]。然后,其他人把她搀扶起来,再把她身上的陶土擦干净,至此,仪典与哀悼就全部结束了。

在瓦拉蒙加部落中,结束仪式表现出了某些相当特殊的地方。那里似乎并没有流血,集体的亢奋是通过另一种方式转达出来的。

在这个部落,人们埋葬尸体之前,先把尸体平放在一个由树枝搭起来的平台上;尸体被丢在那里,慢慢地腐烂掉,直到剩下一堆白骨。然后,除了肱骨以外,这些骨骸被收集起来,放到蚁冢之中。肱骨被用不同方式装饰过的树皮盒子包了起来。在女人们号哭声和哽咽声中,人们把盒子带回了营地。此后的几天里,还要举行一系列图腾仪式,这些仪式不仅与死者的图腾有关,而且还与死者氏族的祖先的神话历史有关。当所有这些仪典完成以后,他们就可以举行结束仪式了。

在举行仪式之处，他们挖出一条 1 英尺深，15 英尺长的土沟。在稍远一点儿的地方，地上画着一种图案，表现的是死者的图腾和某些祖先曾经停留过的地点。在这个图案旁边，还挖有一条小沟。然后，有十个装扮好了的男人一个接一个地走过来，他们双手交叉，置于脑后，双腿叉开，横跨在沟上。当预定的信号发出，女人们就悄无声息地从营地中跑出来；但她们越来越近时，便形成了一列纵队，走在最后的女人手里拿着存放肱骨的盒子。然后，她们趴在地上，在男人的两腿之间，用双手和膝盖爬过土沟。这个场面展现了强烈的性兴奋状态。最后一个女人一爬过去，他们就从她手中接过盒子，放到小沟里。小沟边上有位老人，他使劲敲碎肱骨，匆忙地把碎骨头埋了起来。这时，女人们都站在很远的地方，背对着那里，因为她们绝对不能看到这个场景。不过，她们一听到斧子的声音，就会立刻散开，同时发出号叫和呻吟。至此，仪式完成了，哀悼也终结了。[25]

2

与我们以前所研究的仪式相比，这些仪式属于完全不同的类型。我们这样说，并非意味着我们在两者之间找不到任何重要的相似之处，稍后我们会提及这个问题；然而，两者之间的差别则更为明显。这里没有能够使心灵得到解脱和宽慰的愉快的舞蹈、歌曲以及戏剧表现，只有眼泪和呻吟，简言之，形形色色的惨痛、彼此之间的怜悯充斥着整个仪式。当然，因提丘玛中也有流血，但这是虔诚的热情之举所形成的供奉。即使活动可能是一样的，但它们所表达的情感却很不相同，甚至完全相反。同样，苦行仪式也包含着困苦、禁欲和伤害，但这种仪式要求以面无表情的坚韧和平静的心态去接受它们。然而这里的情况却相反，绝望、呼喊和眼泪乃是仪式的规则。在哀悼期内，人们之所以要伤害自己，是为了证明自己在遭受苦难。从所有这些迹象中，我们看到了禳解仪式的特征。

但是，我们怎样来解释这一切呢？

首先，有一个始终不变的基本事实：哀悼并不是个体感情自发的表达。[26]亲属们流泪、悲伤、虐待自己，并非是其本人感受到了死去亲人的影响。当然，在某种特定的情况下，人们有可能真实地感受到其表达出来的遗憾之情。[27]但一般来说，他们感受到的情感与参加仪式时所做出的各种动作并没有什么联系。[28]当失声痛哭的人完全被悲痛所占据时，倘若有人向他们说起一些带有世俗趣味的事情，他们通常会即刻换了一副面孔和声调，开始谈笑风生，这真是让人不可思议。[29]因此，哀悼并不是因为骤然失去亲人而受到伤害的私人感情的自然流露，而是群体强加给他们的责任。一个人流泪，不仅仅是因为他很悲伤，而是因为他不得不这样做。出于对习俗的尊崇，他不能不接受这样的仪式态度；可是，这种态度在很大程度上却与他的感情状态并没有什么关系。而且，这种义务经由神话的和社会的惩罚作了规定。例如，他们始终确信，如果某个亲属在哀悼死者的过程中没有做到恰如其分，死者的灵魂就会步步紧随着他，直到把他置于死地。[30]另一方面，社会也不肯单独让宗教力去惩罚那些对仪式置若罔闻的举动；社会必定要进行干预，而且要亲手处置这些过失。如果女婿在岳父的丧礼中没有尽到自己应尽的责任，没有按照仪式规定去伤害自己，那么他的

本部落岳父们就会将他的妻子掠走，另给他配一个妻子。[31]因此，为了遵守惯例，人们有时候还需要采取人为手段来迫使自己流泪。[32]

那么，这种义务又是从何而来的呢？

民族志学家和社会学家经常对土著本身就此问题所给出的答案感到很满意。他们说，死者希望自己能够得到悼念，如果人们拒绝了他们的这种权利，不表现出非常伤心的样子，就会得罪他们，而避免他们恼羞成怒的唯一办法就是按照他们的意志去行事。[33]

不过，这种神话解释并没有解决问题，它只不过是换了一种提问方式而已，仍然需要解释为什么死者会强令哀悼。也许，人们可以回答说，人们自然希望被悼念、被缅怀。不过，如果用这样的情感来解释构成哀悼的复杂仪式体系，那我们就把连文明人自己通常都无法证实的迫切的感情需要加给了澳洲人。即使我们承认——它显然不是不言自明的——不被人们遗忘的观念是那些对未来有所考虑的人所乐于接受的，我们也还需要确定，这种观念在生者心目中的重要性，足以使之几乎完全由于这种关注而对死者产生哀悼之心。如果说这样的情感对于那些往往是只顾眼前的原始人会产生迷惑和刺激作用，那么这是不太可能的事情。所以，倘若我们把死者永远留存于生者记忆之中的愿望当作哀悼仪式的起源，那么确实有些太不符合事实了。我们反而可以自问：为什么不是哀悼仪式一经确立以后，才引发了上述观念和对死后怅惘的体味呢？

当我们了解到原始哀悼仪式的构成以后，上述经典解释也就越发显得不牢靠了。哀悼仪式不仅仅是由对死者充满真诚的遗憾

所构成的，此外，它还包括严厉的禁欲和残酷的祭祀。这种仪式不仅要求采用伤感的形式来悼念死者，还要求人们殴打自己、抓伤自己、割破自己、烧灼自己。我们甚至看到，某些人有时在哀悼过程中给自己造成了极其严重的伤害，以至于留下了永远抹不去的伤痕。那么，死者为什么要把痛苦强加在这些人的身上呢？就死者而言，这种残酷远远不只意味着不被遗忘的愿望。假如死者从自己所引起的痛苦中找到了快乐，那么他肯定是憎恨这些受苦者的，他渴望他们鲜血淋漓。如果人们认为每一个精灵都是一种凶神恶煞般的力量，那么这种残忍对他们来说才无疑是很自然的事情。然而我们知道，什么样的精灵都有，死者的灵魂为什么就一定是邪恶的精灵呢？只要人还活着，他就会爱戴他的亲属，就会相互提供帮助。可是，当他的灵魂一旦脱离了身体，就立刻把原来的情感抛在一边，变成了邪恶的和折磨人的魔鬼，这难道不是件很奇怪的事情吗？一般而言，死者总是保留着他活着时的人格，其性格和好恶也是一样的。因此，这种质变本身很难让人理解。当土著人把仪式解释成死者的急迫愿望的时候，他们确实潜在地认可了这种说法，但现在的问题是，我们必须搞清楚这种概念究竟是从何而来的。我们根本不能把它当作不言而喻的事情，它像仪式本身一样模糊不清，所以它无法对仪式做出说明。

最后，即使我们找到了这种突如其来的转变的原因，我们还需要解释它为什么只是暂时的转变。因为它的延续时间超不过哀悼期；一旦仪式完成，死者就会像他活着的时候那样，充满感情而又乐于奉献。他把他在新的条件下获得的新力量用于帮助他的朋友。[34]从此以后，人们把他当成一个善良的神灵，他随时准备去帮助那些刚才还遭其蹂躏的人。这种相继的转变究竟又是怎样产生的呢？如果说灵魂的邪恶情感仅仅是因为它不再活着了而产生的，那么这些情感就不应该有所变化；如果说哀悼是出于这种原因产生的，那么仪式就应该没完没了地进行下去了。

这种神话解释所表达的只是土著人对仪式的看法，而不是仪式本身。因此，我们可以把这些解释弃之一边，直接面对它们所要转达的实在，哪怕这样做会使这些实在有所歪曲。即便哀悼仪式与其他各种形式的积极膜拜有所不同，但它们至少还有一点相似之处：它们都是由集体仪典构成的，并造成了参加仪典者的狂热状态。尽管所唤起的情感是不同的，然而这种唤起作用本身却没有差别。所以我们完全可以假设：对欢乐仪式的解释也适用于悲伤仪式，只要换个说法就行了。

某个人一死，他所属的家族群体就会发觉自身被削弱了；为了对此做出反应，整个群体便会集合起来。共同的不幸遭遇和即将来临的幸福一样，都能振奋集体情感，使人们团结起来。我们甚至看到，这种集中起来的需要使集中本身获得了特殊的能量：他们伸开双臂，尽可能紧密地相互拥抱在一起。不过，群体的这种情感状态所反映的只能是他们的处境。不仅那些能够对其产生最直接影响的亲属会把他们个人的悲伤带给集体，而且社会也会对集体成员施加道德压力，使他们的情感与这个情境协调起来。如果社会允许其成员对社会所遭受的打击无动于衷、等闲视之，这就等于宣告了社会在其成员的心目中丧失了其应有的地位，社会就否定了它自身。如果家庭允许在其成员死亡时没有痛哭的场面出现，那就表明它缺乏道德统一性和凝聚力，它就完全放弃了、丧失了自身的存在。而就个体而言，如果他与其所属的社会之间结成了强有力的关系，就会感受到一种道德力量，促使自己去分享集体的悲伤和喜悦；如果他对此毫无兴趣，就等于割断了他与群体之间的纽带；他不再对群体有任何奢望，并开始与自己作对。基督徒在纪念耶稣受难的时候，犹太人在每年纪念耶路撒冷沦陷的时候，都要斋戒和禁欲，这并不是因为他们自然而然地感发了伤怀。在这样的环境中，信仰者的内心状态与他们的严格禁欲之间并不是完全相对应的。如果他感到悲伤，那主要是因为他同意这样做，而他同意这样做的原因，是为了坚定他的信仰。对澳洲人在哀悼仪式中的心态，我们也完全可以通过同样的方式做出解释。如果他失声痛哭、呻吟不止，那并不只是在表达个人的哀痛；与此同时，他也在履行周遭社会提醒给他的责任。

在其他地方，我们也能看到人类情感是怎样被以集体的方式强化的。当悲伤像喜悦一样，在人们的心灵之间迁跃时，就会得到升华和扩大，于是，它就会采取一种亢奋的和暴烈的活动形式外在地表现出来。不过，这已经不再是我们先前看过的那种充满欢乐的激动场面，而是充满痛苦的号叫。这种叫声在人们之间相互传递，最后导致了真正的悲痛欲绝。当痛苦达到如此严重程度的时候，就会与一种愤怒或激愤混同起来。人们觉得必须要砸烂或毁坏某种东西。于是，他们就开始在自己或别人身上实现这种愿望。他们殴打自己、烧灼自己、伤害自己，或者去殴打、烧灼和伤害别人。这样，在哀悼期内全身投入到名副其实的痛苦狂欢之中也就成为了习俗。血仇和猎头似乎就是由此形成的。如果每次死亡都可以归结为巫术的施魔作用，那么人们就会坚信应该为死者报仇，因此，他们不惜任何代价寻找牺牲品，把集体的痛苦和愤怒发泄在它身上。很自然，这个牺牲品要在群体之外找，把陌生人作为目标，遇到的障碍会很小（*minoris resistentiæ*）；因为他不受由亲属关系或邻居关系所引起的同情心的保护，在他那里，没有任何东西能够减弱或缓和死亡所唤起的邪恶的、破坏的情感。毋庸置疑，基于这种原因，女人通常比男人更容易成为最残酷的哀悼仪式的迫害对象；她们的社会价值不大，显然更容易被当作替罪羊。

我们看到，对哀悼仪式的这种解释，没有涉及任何灵魂或精灵的观念。真正发挥作用的力，完全是非人格的：这些力就是死者所属的群体由于他的死亡而激发出来的情感。然而，原始人并不了解形成这些仪轨的心理机制。所以，当他们试图说明这些活动的时候，不得不编造了完全不同的解释。他们只知道必须痛苦地迫害自己。因为任何义务所包含的前提观念都是一种意志的强迫作用，所以他们必须找到他们所感受的这种约束力量的可能来源。而有一种道德力量，他们认可它的实在性，而且似乎它一定要来担当这一角色：这就是死者得以解脱的灵魂。还有什么能比死者的灵魂对生者的影响更大的呢？所以他们想象，活着的人之所以要对自身施加诸多非自然的痛苦，是因为要适应死者灵魂的急切需要。这样，灵魂观念就渗透到了后来有关哀悼仪式的神话之中。不过，要想顺从这些非人的威迫，人们还得假设灵魂一旦脱离了它曾置身其中的身体，就会抛弃人类的所有情感。于是，它便从昔日的亲属变成可怕的敌人。这种转变并不是哀悼仪式的起源，而是它的结果。它转述了群体的感情状态所经历的变化过程：人们并不是因为惧怕死者而放声大哭，而是因为他们为死者流了眼泪，才

开始害怕死者的。

不过，这种感情状态的变化仅仅是暂时性的，哀悼仪典一结束，它也就跟着结束了。而且，仪典还逐渐淡化了其形成的原因。当群体因失去它的成员而感到失落时，这种印象构成了哀悼的基础。然而，这种印象也使所有个体团结起来，使他们彼此之间结成更密切的关系，共同结合在同样的精神状态之中，这样一来，就造成了一种感觉：他们获得了能够补偿原来的失落的安慰感。既然他们一起放声大哭，既然他们紧紧拥抱在一起，那么群体即使受到了打击，也不会被削弱了。当然，他们的共同情感只有悲伤，但悲伤的交流毕竟也是交流，任何心灵的共融状态无论采取了什么样的形式，都会增强社会的生命力。出于必要和义务，人们必须通过极其暴烈的表现形式来表达共同的痛苦，此种方式甚至证明：此时此刻，社会比以往更有生机、更有活力了。事实上，社会情感不管什么时候受到了严重的伤害，它都会比平时做出更强烈的反应；只有家庭遭受苦难的时候，人才会如此紧密地心系其家。起初，人们觉得一切都停了下来，然而这些四溢的能量会完全消除这种感觉，驱散死亡所带来的冷冰冰的感受。群体逐渐感到它的力量开始逐渐恢复了，它重新产生了希望，获得了新生。不久以后，人们将不再哀伤，而这正要归功于哀悼仪式本身。而由于所形成的灵魂观念是社会的道德状态的反映，所以一旦这种状态发生了变化，灵魂观念也就会随之变化。人们在绝望和沮丧期间，会用邪恶的本性来表现灵魂，于是迫害人类变成了灵魂的唯一职业。然而，当人们再次感到自信和安全时，就肯定会认为灵魂又重新恢复了原来的本性，恢复了以往的亲切融洽之情。这样，我们就解释了为什么在

灵魂不同的存在时期，人们会用不同的方式来构想它。[35]

哀悼仪式不仅决定了灵魂的某些次要特征，而且可能还渗入了灵魂在躯体死后仍会存续的观念之中。如果有人想要理解他在哀悼父母时不得不服从的仪轨的话，他只能相信这些仪轨对死者来说是至关重要的。在哀悼仪式中，人们恣意流出的血，乃是献奉给死者的真正牺牲。[36]所以，死者的某些东西必须要存续下来。很显然，尸体既不能活动，也易于腐烂，所以剩下的只有他的灵魂。当然，我们不可能明确指出这些想法在不朽观念的起源中究竟占有什么样的地位。不过，膜拜仪式在这里所产生的影响与在别处的影响也许并没有什么不同。当人们把膜拜对象想象成人格存在的时候，仪式就更容易得到解释了；所以这就促使人们扩大了神话人格在宗教生活中的影响。为了对哀悼仪式做出说明，他们延长了灵魂在坟墓之外的存在。这是仪式反作用于信仰的又一个例子。

3

不过，死亡并不是能够搅乱共同体的唯一事件。人们还有很多其他悲痛和哀伤的情况，所以可以预见，澳洲人除了哀悼仪式以外，也会知道并举行许多其他的禳解仪式。然而值得注意的是，在观察者的记载中，我们只能发现少有的几个例子。

其中，有一种仪式与我们刚才研究过的仪式非常相似。我们还记得，在阿兰达，每个群体都认为它所收藏的储灵珈具有特别重要的功效，储灵珈是集体的守护神，人们相信它的命运就是共同体的命运。因此，如果敌人或白人成功地偷走了一个这样的宗教宝物，这种损失就被当成了公众的灾难。由于这种不幸而举行的仪式具有哀悼仪式的所有特征：男人用白陶土涂满全身，留在营地里失声痛哭，悲痛欲绝，足足有两个星期之久。[37]这再次证明，哀悼仪式并不取决于人们想象中的死者灵魂，而是出自各种非人格的原因以及群体的精神状态。事实上，这里所说的仪式在结构上与真正的哀悼仪式并无区别，而它却与任何精灵或魔鬼的观念都没有关系。[38]

举行此类仪典的另一种情况，乃是社会陷入了收成不足的困境。艾尔曼说："生活在埃尔湖附近的土著人，还仍然借助一种秘密仪式来避免发生食物短缺的情况。不过，我们在这个地区所看到的许多仪式仪轨，都与我们先前提到的仪式有所不同：这里，既没有象征性的舞蹈和模仿性的动作，也没有用来对宗教力或自然力施加影响的眼花缭乱的装饰；人们在这里所采取的手段，就是个体对自身的折磨。在北部地区，正是通过诸如长期禁食，彻夜不眠，跳舞跳得浑身瘫软，以及各种能够给肉体带来痛苦的折磨方法，人们试图取悦于那些对人类怀有恶意的力量。"[39]为了这个目的，土著人强迫自己遭受痛苦，有时候会筋疲力尽，好几天都不能外出打猎。[40]

这些仪轨也可以特别用来战胜干旱。因为雨水稀少会带来普遍的匮乏，为了挽回这种恶劣的局面，他们必须诉诸极端方法。其中，最常使用的方法就是把牙齿拔掉。比如说，在凯蒂什部落，人们会拔掉一个人的门牙，并把它悬挂在树上。[41]在迪埃里部落，雨的观念与血是紧密联系在一起的，人们就把胸部和手臂的皮肤割开，让血流出来。[42]当干旱非常严重时，他们还要召开规模庞大的大会，把整个部落都召集起来。这确实是一个部落事件。女人们被派往各个地方，通知男人们集合的地点和时间。当男人们集合起来以后，便开始用尖利的声音对贫瘠的土地发出号叫和呻吟。他们哀求穆拉—穆拉（神话祖先）赐予他们力量，使降雨充足。[43]有时候，在雨水过多的情况下（顺便说一下，这种情况很少发生），也要举行类似的仪典来阻止降雨。老人们陷入名副其实的癫狂状态之中。[44]人群中发出的哭声，真是惨不忍闻。[45]

斯宾塞和吉兰也曾描述过一个仪典，尽管它也叫作因提丘玛，但其目的和起源很可能与我们前面所说的仪式是一样的：它是用肉体痛苦来使动物物种得到繁殖。乌拉本纳部落就有一个氏族，它的图腾是一种叫作“瓦努伽尼”（Wadnungadni）的蛇的变种。氏族首领为了使这些蛇永不减少，便采取了这样的做法：他装扮好自己以后，跪在地上，把两臂伸开。一个帮手用手指揪起他右胳膊上的皮肤，祭司随后拿一根五英寸长的骨针穿透皮肤。据说，这种自残行为可以产生人们期待的效果。[46]在迪埃里人中，也有类似的仪式，行事者刺破自己的阴囊，借此使野鸡下蛋。[47]在埃尔湖畔的某些部落，男人通过刺穿自己的耳朵来使番薯生长。[48]

局部地区或整个地区的饥荒并不是可能降临在部落头上的唯一灾祸。还有其他某些事件，能够或多或少地带来周期性的威胁，或者说，它们似乎对群体生存造成了威胁。例如，所谓的“南天之光”就属于这种情况。库尔奈人相信这就是大神曼干高瓦在天堂上点燃的火；所以，他们一见到它，就会害怕大火蔓延到地上吞噬他们，这样，营地里就经常会出现极度亢奋的场面。库尔奈人认为，人的手掌握着各种各样的本领，于是他们就一边甩动一只被认为具有多种功效的干枯的人手，一边大声喊："快把火赶开，千万不要烧死我们。"与此同时，老年人命令人们交换妻子，这总要引起群情激昂的场面。[49]在温巴约人那里，当灾祸日益临近时，特别是在疫情发生的时候，也会出现同样的性放纵。[50]

在这些观念的影响下，有时候，人们把残害和流血看作是治疗疾病的有效手段。在迪埃里，如果小孩子突然生病了，他的亲属就会用木棍或飞镖击打自己的脑袋，直到血流满面为止。他们相信这样做会减轻孩子的痛苦。[51]在其他地方，人们设想如果再举行一次补充性的图腾仪典也会达到同样的目的。[52]我们可以把这个例子与前面所说的专门用于消除仪轨错误而举行的仪式联系起来。[53]当然，在后面两种仪式中，既没有伤害和殴打，也没有任何一种肉体痛苦，但就本质而言，它们与其他禳解仪式并没有区别。它们的目的都是要通过非同寻常的仪式来避开邪恶或弥补过失。

除了哀悼仪式以外，我们在澳洲发现的这类仪式仅局限于这些例子。肯定有某些仪式逃脱了我们的视野，我们有理由假定还有很多仪式没有被考察者发现。到目前为止，已经被发现的仪式之所以为数不多，大概是因为它们在膜拜中并不占很大的比重。我们看到，那些把原始宗教当成是痛苦和恐惧之结果的观点，确实离事实太远了，实际上，转达这种痛苦情感的仪式相对来说是非常少的。当然，这是因为澳洲人的生存状态比起其他更文明的民族来说是很苦的，他们对生活的要求不多，很容易感到满足。他们要的只是自然的循常变化；季节有规律地更替；该下雨的时候要下雨，雨量要足但也别太多。而宇宙规律毕竟很少会发生巨大的混乱。值得注意的是，在我们上文提到的定期举行的禳解仪式中，绝大多数都是在澳洲中部地区观察到的，这个地区经常干旱，造成灾害。更奇怪的是，澳洲似乎根本不存在那种专门为弥补罪过而举行的禳解仪式。然而，同其他民族一样，澳洲人也肯定会在仪式中有所闪失，他们肯定也想进行弥补。所以，我们就产生了疑问：是不是因为我们的观察不很充分才造成了这方面的材料的空缺呢？

但是，尽管我们已经收集到的事实为数甚少，但它们还是有意义的。

在更发达的宗教中，宗教力已经个体化了。当我们研究它们的禳解仪式的时候，会发现这些仪式与拟人概念具有密切联系。当信仰者严于律己、迫使自己苦行禁欲的时候，他的目的是想化解对他认为他所依赖的某种神圣存在的不敬。为了缓和它们的憎恨和愤怒，他顺从了它们的威迫；他殴打自己的目的，就是为了免遭它们的打击。所以，在人们还没有把神或精灵想象成为具有与人类相似的情感的道德人格之前，这些仪轨似乎不可能产生。因此，史密斯认为赎罪祭祀与祭祀供奉一样，很有可能是相当晚近才出现的。在他看来，流血现象作为这些仪式的特征，起初不过是一种简单的共享：人把血洒在祭坛上，是为了加强他们与神之间的联系。只有当仪式的原始意涵被人遗忘以后，只有当神圣存在的新观念促使人们把另一种功能赋予神圣存在以后，仪式才获得了禳解和刑罚的特征。[54]

可是，既然我们甚至在澳洲社会都遇到了禳解仪式，那么它们的起源就不可能被推得太晚。不仅如此，我们所观察到的所有仪式，除了一种例外情况以外[55]，都不具有任何拟人的概念；它们既

不存在神的问题，也不存在精灵的问题。在那里，禁忌和流血本身就可以直接消除饥荒、治愈疾病。在仪式以及人们以为它可以产生的效果之间，精神存在没有产生任何作用。所以，神话人格只是在后期才介入其中的。这种仪式机制一旦得以确立，神话人格便会使仪式在人们的心灵中更容易得到表现，但是神话人格并不是仪式存在的条件。仪式是根据其他原因建立起来的，仪式的功效也应该归结为另外的原因。

仪式通过集体力发挥作用，而集体力也通过仪式产生作用。有一场威胁到群体的灾祸即将来临了吗？那么，群体便像在哀悼仪式中一样集合起来，并且很自然地会笼罩在局促不安和茫然无措之中。这时候，聚集起来的情感往往会变得更加强烈。人们为了确认自身，将自己激发和煽动起来，以致达到了暴烈的程度，所有这些，都通过表达这些情感的同样很暴烈的相应姿势转达出来。就像亲人死了一样，他们发出可怕的哀鸣，坠入狂乱的状态，感到自己必须得撕碎一切、破坏一切。为了满足这种需要，他们殴打自己、伤害自己，让自己流血。当感情这样被激活以后，他们可能会很痛苦，但却没有低落；恰恰相反，这意味着一种狂热状态，表明我们的所有活力都被调动起来，甚至一种外部能量的支持也被调动起来。这种兴奋状态是不是由悲惨的事件引起的是无关紧要的，事实上，与我们在欢快的节日中看到的景象相比，它根本没有什么特殊的不同之处。有时候，具有相同性质的举动甚至表明：崇拜者陷入了同样的疯狂状态和同样的性放荡倾向之中，所有这些无疑都是神经极度兴奋的迹象。史密斯从闪族人的膜拜中，注意到了这种悲伤仪式所产生的奇怪影响。他说：“在厄运中，当人们的思

想习惯性地变得郁郁寡欢的时候，他们便竭力造成一种宗教的肉体刺激，就像现代人借酒消愁一样。……因此，像对阿多尼斯的哀悼*以及后来变得非常普遍的补过仪式一样，闪族人的崇拜活动通常都是以悲伤和痛苦开始的，而不久，却发生了感情的突变，在愁眉苦脸的景象过后，紧接着就是一场纵欲狂欢。”[56] 总之，即使宗教仪典像开始那样是一桩令人不安和沮丧的事件，但它们还是保留着激发群体和个体的感情状态的力量。只要它们是集体的，就可以弘扬生命的旋律。不管人们陷入痛苦的恼怒之中，还是洋溢着幸福的热情，只要他感受到了自己的生命，也就不再相信死亡了；这样，他就会鼓足勇气，重新振作起来，而且从主观角度来说，一切尽可以任其自然，就仿佛仪式果真驱走了令人畏惧的危险一样。诸如痛哭、流血、伤害自己或他人的行为是具有治疗和预防效用的；尽管这些折磨人的方式各有不同，却必然会给人带来痛苦，而痛苦本身则最终被当成了驱邪治病的手段。[57] 后来，当绝大多数的宗教力都获得了道德人格的形式以后，人们便把它们的目的想象成了安抚为非作歹或大发雷霆的神，并借此来解释这些仪轨的功效。然而，这些概念只不过是对仪式及其焕发出来的情感的反映；即便它们可以对仪式加以诠释，却不是决定仪式的原因。

同样，对仪轨的疏忽也会以同样的方式产生作用。这种疏忽也威胁到了群体，也触及到了群体的信仰乃至其道德的存在。但是，如果这种疏忽所引起的愤怒已经被公开地、积极地确认下来，

* 阿多尼斯(Adonis)：希腊神话中爱与美女神阿佛洛狄特(Aphrodite)所恋的美少年。——译注

那么就可以补偿它所造成的罪恶了。因为如果所有人都对此有了深刻的感受,那就说明所犯的过错仅仅是偶然情况,共同信仰还依然健在。这样,群体的道德统一性就没有遇到危险。而刑罚作为一种赎罪,不过就是公共愤怒的一种展现,它恰恰是一致性的物质证明。所以说,惩罚确实具有人们所说的那种疗效。在本质上,真正意义的赎罪仪式所根植的情感,与我们在其他禳解仪式的基础中所发现的情感并没有什么不同:它们都是一种群情激愤的悲伤,倾向于通过各种破坏行为呈现出来。有时候,这种痛苦会通过感受到它的人对自己造成伤害而得到减轻;有时候,它需要以牺牲第三者为代价。不过,在这两种情况下,其心理机制基本上是相同的。[58]

4

罗伯逊·史密斯对宗教科学的最大贡献之一,就是他指出了神圣观念的模糊性。

宗教力有两种。有些是有益的,可以维护物质和精神的秩序,施与人类以生命、健康以及他们所敬重的所有品格。图腾本原就是这种宗教力,它散布在所有物种、神话祖先、作为保护者的动物、教化英雄以及各种类型、各种等级的守护神之中。不管人们把它们看作独特的人格,还是弥散的能量,它们都会产生相同的功能,通过同样的方式对信仰者的心灵产生影响:它们所激起的崇敬之情始终融合着爱和感激。与之有关的事物和人也分享了这样的情感和性质,这便有了神圣的事物和神圣的人。人们进行膜拜的地点、常规仪式所使用的器物以及祭司和苦行者等等,都是通过这种方式获得神圣性的。而另一方面，还有某些宗教力是邪恶和不洁的力量，它们制造了混乱，引起了死亡和疾病，成为亵渎神灵的蛊惑者。人们对它们怀有的唯一情感就是恐惧，恐怖经常登门造访。这些宗教力有巫师做法所凭借和依赖的力量，有从尸体和经血中产生的力量，有从各种亵渎圣物的行为中释放出来的力量。死者的灵魂和各种各样的魑魅魍魉，就是它们的人格化形式。

在这两类力量或两类存在之间，其对比要多么彻底就有多么彻底，甚至达到了横眉冷对的地步。良善的和有益的力量，总是与否定和排斥它的力量保持很远的距离。因此，前者对后者来说是完全禁止的，它们之间的任何接触都被视为最严重的亵渎。这就是不同种类的神圣事物之间所形成的禁忌的典型形式，对此，我们已经指出过它们的存在。[59]在月经期，特别是月经来潮的时候，女人是不洁的；因此，在这个时候，她们被严格地禁闭起来；男人不能与她们发生任何关系。[60]牛吼器和储灵珈从来不能接近死人。[61]亵渎神灵的人总要被排斥于信仰社会之外，禁止参加膜拜。这样，整个宗教生活便在两极之间摇摆，这两极如同圣洁与不洁、神明与亵渎、神圣与邪恶一样势不两立。

然而，宗教生活的这两个方面在彼此对立的同时，还存在着紧密的关系。首先，两者与凡俗存在之间具有同样的关系，因为凡俗存在既不能与不洁事物发生任何关系，也不能与最圣洁的事物发生关系。对前者的禁忌丝毫不亚于对后者的禁忌，两者都被排除在了按部就班的生活之外。这说明它们都是神圣的。当然，两者所激发出来的情感是不一样的：前者产生的是尊崇，后者产生的是厌恶和畏惧。不过，如果在两种情况下都采用了同样的姿势，那么它们表达的情感就不会有不同性质。事实上，宗教尊崇，特别是极其强烈的宗教尊崇，也有畏惧的因素，而邪恶势力所引起的恐惧，通常也带有某些尊敬的性质。要想对这两种态度进行区分，其界限是非常含糊的，以至于有时候我们很难轻易地说出信仰者究竟属于哪一种心态。对某些闪族人来说，他们绝对不能吃猪肉，但我们总是很难说清楚猪肉究竟是纯洁的还是不洁的。[62] 大量的饮食禁忌都同样属于这种情况。

可是还不仅如此。我们经常会遇到这样的情况：只要是外部环境发生了改变，一件不洁的事物或一股邪恶的力量根本不需要改变它的性质，就会变成神圣的事物或保护的力量。我们已经看到，死者的灵魂起初还是一种极其可怕的本原，然而一等到哀悼仪式结束，它就转变成具有保护作用的神灵了。同样，尸体开始带来的还是恐惧和厌恶，后来却被人们当成了深受尊敬的遗物；澳洲社会经常举行的食人葬礼，就证明了这种转变。[63] 图腾动物明显是一种神圣存在；然而，对那些把这种动物胡乱吃掉的人来说，它却成了死亡的原因。一般说来，亵渎神灵的人不过就是一种受到了有益的宗教力传染的俗人。这种宗教力在改变了他的生身处境的同时也改变了他的性质；它不仅没有使其神圣化，反而腐蚀了他[64]。从女人阴道中流出的血，尽管同月经一样都明显是一种不洁之物，却常常被用来治愈疾病。[65] 在赎罪祭祀中，被宰杀的牺牲充满了罪孽，人们把自己所要救赎的罪过都会集到了它的身上。然而，当它被屠宰以后，它的血和肉反而用于最需虔诚之处。[66] 相反，如果说共享作为宗教活动，通常可以产生使人神圣化的功能，但有时候，它也会产生亵渎的后果。在某些情况下，曾经彼此沟通

得很好的人们也不得不避开对方，就像避开染上鼠疫的人一样。据说他们已经变成了相互玷污的危险之源：把他们团结在一起的神圣纽带，同时也把他们隔离开了。在澳洲，诸如此类的共享例子真是举不胜举。在纳里涅里及其周边部落，就曾发现过最典型的例子。当婴儿初临人世时，他的父母就会把他的脐带小心翼翼地存放好，人们相信，脐带里面藏着灵魂的一部分。交换了脐带的两个人，就可以通过这种交换行为进行沟通，因为他们似乎已经交换了灵魂。然而，与此同时，他们是禁止接触和交谈的，甚至看对方一眼都不行。好像他们彼此都是对方恐惧的对象。[67]

因此，洁净与不洁并不是两个界限分明的类别，而是同一类别的两个变体，它包括了所有的神圣事物。有两种圣物：一种是吉利的，另一种是不吉利的，在这两种相互对立的形式之间，不仅没有裂痕，而且它们可以在不改变自身性质的前提下相互过渡。洁净是由不洁构成的，反之亦然。正是这种相互转变的可能性构成了神圣事物的模糊性。

然而，即使罗伯逊·史密斯也对这种模糊性持有积极的看法，他也从来没有对此做出明确的解释。他仅仅指明了一点：即任何宗教力都具有难以清楚把握的强度和传染性，除非人们做好准备，否则最好不要接近这些宗教力，不管这些力会在哪个方向上起作用。这样，尽管各种宗教力之间的对比很强烈，但罗伯逊·史密斯似乎已经说明了所有宗教力所表现出来的亲属关系。然而，问题不过刚刚被提出来；我们还得弄清邪恶的力量为什么会与良善的力量具有同样的强度和传染性。换言之，邪恶力量是怎样也具有了宗教性质的呢？尽管两种力量发生了冲突，但它们却同样具有扩展的能量和力量，这使我们难以理解：就各自的功能而言，它们究竟是如何相互转化和相互替代的呢？为什么洁净的事物会产生玷污作用，而不洁的事物有时候却会产生神圣化作月呢？[68]

我们所提出的有关禳解仪式的解释，可以使我们解答这个双重问题。

其实，我们已经看到邪恶力量既是这些仪式的产物，也是它们的象征。当社会处在使它悲伤、困窘或恼怒的环境中时，它就会通过某种意义重大的作用迫使它的成员正视这种处境。它强迫他们履行义务：痛哭、呻吟、殴打自己和他人。因为他们必须表现和加强这些集体的呈现和道德的共享，必须为群体储存能量，由于各种环境时刻威胁着他们，要把这些能量掠夺走，所以他们必须通过上述方式，才能把能量存留下来。当人们想象外部的邪恶存在满怀着固有或暂时的敌意，必须用人类的苦难才能消除这种敌意的时候，他们所要解释的正是这种经验。这些存在不是别的什么东西，恰恰是客体化了的集体状态，是社会本身的一个方面。然而，我们也很清楚，良善的力量也是以同样的方式构成的，也是集体生活的结果和表现。良善的力量也表现着社会，但是这个社会是从完全不同的态度出发而看到的社会，是社会满怀信心、热情高涨地朝着实现它所追求的目标前进的时候人们所见证的社会。既然这两种类型的力有着共同的来源，那么尽管它们截然相对，我们也丝毫不必奇怪：它们具有相同的性质；它们同样强烈，同样具有传染性，从而同样有所禁忌，同样是神圣的。

由此出发，我们就可以理解它们是如何相互变化的了。既然它们反映出了群体的失落状态，那么这种状态的变化就足以使它

们在性质上发生变化了。每当哀悼仪式结束以后，家族群体便通过哀悼仪式本身重新安定下来，再度获得了信心，感到如释重负。因此，对他们来说，死者的灵魂也似乎放弃了敌意，摇身一变，成为了仁慈的庇护者。我们曾经引证过的这种嬗变的其他例子，也可以这样做出解释。我们已经表明，事物之所以具有神圣性，是因为它就是集体情感的对象。如果破坏了隔离它的禁忌，与凡人发生了接触，集体情感就会传染到这个人的身上，赋予他一种特殊的性质。不过，在这种情感的扩散过程中，它已经与原来的状态格格不入了。因为这种扩散是被妄用的、不自然的，所以就意味着对集体情感的侵犯和触怒，从而使之变得暴戾恣睢，要为它所遭到的侵犯进行报复。因此，那些被传染的人似乎满身都是强劲的、有害的力，对所有接近他的东西都发出了威胁；他的全身似乎都沾满了瑕疵和污渍。当然，产生这些污渍的心理状态，也就是在其他情况下反而会产生神化和圣化的作用的心理状态。而如果由此激起的愤怒可以通过禳解仪式而得到满足的话，它就会平息和缓和下来；受到侵犯的情感会得到宽慰，复归到原来的状态。这样，它就可以重新像原来那样发挥作用了；它已经不再具有玷污作用，相反，它会起到圣化的作用。它还会继续传染给它所附着的事物，而绝不可能变得凡俗或与宗教毫不相干。但此时，集体情感中的宗教力已经完全转了个方向：它从不洁变成了洁净，变成了一种净化工具。

总之，宗教生活的两极对应于所有社会生活都要经历的两种相对立的状态。吉利的圣物与不吉利的圣物之间的对比，就如同健康的集体状态与生病的集体状态之间的对比。不过，既然两种状态都同样是集体的，那么在象征两者的神话构造之间就应该在性质上具有密切关系。共同情感可以从极端的沮丧变成极端的欢乐，从痛苦的恼怒变成狂喜的热情；然而，在任何情况下，都存在着心灵的共享以及由此而来的相互慰藉。它们的基本进程往往是相同的，只不过是环境使之染上了不同的色彩。所以，归根结底，是社会生活的统一性和多样性，使神圣存在和神圣事物也同时具有了统一和多样的特征。

而且，这种模糊性也不是神圣观念所独有的特征，在我们研究过的所有仪式中，都能够找到有这种特征的事物。当然，我们的基本工作就是要区分它们；倘若我们把它们混为一谈，就会误解丰富多彩的宗教生活。不过，另一方面，无论它们怎样千差万别，它们之间的连续性都不曾断裂。恰恰相反，它们不仅相互交叠，甚至可以相互替代。我们业已表明，供奉仪式和共享仪式、模仿仪式和纪念仪式是怎样经常满足同一种功能的。可以设想，至少消极膜拜与积极膜拜之间的差别较为明显；但是我们已经看到，前者也可以产生与后者相同的积极效果。禁食、禁欲和自残所产生的结果，与共享、义务和纪念所产生的结果也是一致的。反过来说，供养和祭祀也都包含着种种丧失和弃绝。苦行仪式与禳解仪式之间的连续性甚至更为明显：两者都是由对痛苦的忍受或经历构成的，归诸它们的功效也非常相似。因此，仪轨同信仰一样，不能被归入两个截然相分的类别。不论宗教生活的外表多么复杂，本质上都是一元的和一体的。无论何时何处，它都对应于同一个需要，来源于同一种心态。不管宗教生活以什么样的形式出现，它的目的都是为了把人提升起来，使他超越自身，过一种高于仅凭一己之见而放任自流的生活：信仰在表现中表达了这种生活；而仪式则组织了这种生

活，使之按部就班地运行。

注释

[1] “举凡祭祀哀歌所颂，即是禳解占卜所言。”(Piacularia auspicia appellabant quæ scrificatibus tristia portendebant)(菲斯特的保罗，第 224 页，缪勒编)Piaculum 甚至被用作“不幸”的同义词。普林尼说：“这种植物有如此的魔力，甚至可以保护它所在的房舍免受灾祸。”(Vetonica herba tantum gloræ habet ut domus in qua sita sit tuta existimetur a piaculis omnibus)(第 25 卷，第 8 章，第 46 节)

[2] 斯宾塞和吉兰：《澳洲中部的北部部落》，第 526 页；埃尔曼：《澳洲南部殖民地的土著》，第 234 页；参见本书，第 419 页。

[3] 史米斯：《维多利亚的土著》，第 106 页；道森：《澳洲土著》，第 64 页；埃尔曼：《澳洲南部殖民地的土著》，第 239 页。

[4] 道森：《澳洲土著》，第 66 页；埃尔曼：《澳洲南部殖民地的土著》，第 241 页。

[5] 斯宾塞和吉兰：《澳洲中部的土著部落》，第 502 页；道森：《澳洲土著》，第 67 页。

[6] 斯宾塞和吉兰：《澳洲中部的北部部落》，第 516—517 页。

[7] 斯宾塞和吉兰：《澳洲中部的北部部落》，第 502 页。作者没有说明这些人究竟属于部落亲属的范围，还是血缘亲属的范围。前一种可能性或许更大。

[8] 斯宾塞和吉兰：《澳洲中部的北部部落》，第 525 页及以下诸页。特别是对妇女来说，这种不许说话的禁忌虽然简单，却表现出了禳解仪式的全部面貌，即它是人们自己为自己造成不便的方式。所以我们在此提到了这种仪式。同样，根据不同的情况，禁食也可能是一种禳解仪式或苦行仪式。一切都取决于其形成条件和所追求的目的(有关这两种仪式之间的区别，可参见本书，第 546—547 页)。

[9] 我们在斯宾塞和吉兰《澳洲中部的北部部落》一书第 525 页中，可以看到对这种仪式的生动描述。

[10] 斯宾塞和吉兰：《澳洲中部的北部部落》，第 522 页。

[11] 就葬礼的主要形式而言，有关东南部落的葬礼，见霍维特：《澳洲东南部的土著部落》，第 446—508 页；有关中部部落的葬礼，见斯宾塞和吉兰：《澳洲中部的北部部落》，第 505 页，以及《澳洲中部的土著部落》，第 497 页及以下诸页；罗斯：《北昆士兰民族学会第 9 号公报》，载于《澳大利亚博物馆记录》，第 6 卷，第 5 期，第 365 页及以下诸页（“殡葬习惯和尸体处理”一节）。

[12] 具体例子可见罗斯：《北昆士兰民族学会第 9 号公报》，载于《澳大利亚博物馆记录》，第 6 卷，第 5 期，第 368 页。埃尔：《澳洲中部探险记》，第 4 卷，第 344 页及以下诸页。

[13] 斯宾塞和吉兰：《澳洲中部的北部部落》，第 500 页；《澳洲中部的土著部落》，第 507 页，第 508 页；埃尔曼：《澳洲南部殖民地的土著》，第 241 页；帕克：《埃瓦拉伊部落》，第 83 页及以下诸页；史米斯：《维多利亚的土著》，第 1 卷，第 118 页。

[14] 道森：《澳洲土著》，第 66 页；霍维特：《澳洲东南部的土著部落》，第 466 页；埃尔曼：《澳洲南部殖民地的土著》，第 239—240 页。

[15] 史米斯：《维多利亚的土著》，第 1 卷，第 113 页。

[16] 斯坦布里奇：《伦敦民族学学会会刊》，第 1 卷，第 286 页。

[17] 史米斯：《维多利亚的土著》，第 1 卷，第 104 页。

[18] 霍维特：《澳洲东南部的土著部落》，第 459 页。同样的场面，可参见埃尔：《澳洲中部探险记》，第 4 卷，第 255 页注释以及第 347 页；罗斯：《北昆士兰民族学会第 9 号公报》，载于《澳大利亚博物馆记录》，第 6 卷，第 5 期，第 394—395 页；格雷：《澳洲西北部和西部两次探险记》，第 2 卷，第 320 页及以下诸页。

[19] 史米斯：《维多利亚的土著》，第 1 卷，第 104 页，第 112 页；罗斯：《北昆士兰民族学会第 9 号公报》，载于《澳大利亚博物馆记录》，第 6 卷，第 5 期，第 382 页。

[20] 斯宾塞和吉兰：《澳洲中部的北部部落》，第 511—512 页。

[21] 道森：《澳洲土著》，第 66 页；罗斯：《北昆士兰民族学会第 9 号公报》，载于《澳大利亚博物馆记录》，第 6 卷，第 5 期，第 366—367 页。

[22] 斯宾塞和吉兰：《澳洲中部的北部部落》，第 508—510 页。

[23] 一种小木桶。见本书,第 459 页。

[24] 斯宾塞和吉兰:《澳洲中部的土著部落》,第 508—510 页。有关斯宾塞和吉兰对他们所参加的另一场结束仪式的描述,见该书第 503—508 页。它与我们所分析的这个仪式并没有本质上的区别。

[25] 斯宾塞和吉兰:《澳洲中部的北部部落》,第 531—540 页。

[26] 这与杰文斯所说的情况正好相反。见《宗教史导论》,第 46 页及以下诸页。

[27] 道森因此认为哀悼是真心诚意的(《澳洲土著》,第 66 页)。但埃尔曼向我们肯定,他从未发现一个案例是真正由于悲哀而感到伤痛的(《澳洲南部殖民地的土著》,第 113 页)。

[28] 斯宾塞和吉兰:《澳洲中部的土著部落》,第 510 页。

[29] 埃尔曼:《澳洲南部殖民地的土著》,第 238—239 页。

[30] 斯宾塞和吉兰:《澳洲中部的北部部落》,第 507 页;《澳洲中部的土著部落》,第 498 页。

[31] 斯宾塞和吉兰:《澳洲中部的北部部落》,第 500 页;埃尔曼:《澳洲南部殖民地的土著》,第 227 页。

[32] 史米斯:《维多利亚的土著》,第 1 卷,第 114 页。

[33] 斯宾塞和吉兰:《澳洲中部的土著部落》,第 510 页。

[34] 有关这种信仰的几个例子见霍维特:《澳洲东南部的土著部落》,第 435 页。参见斯特莱罗:《澳洲中部的阿兰达和洛里查部落》,第 1 卷,第 15—16 页;第 2 卷,第 7 页。

[35] 也许有人会问:为什么在哀悼仪式之后,还必须反复举行仪典而使人们恢复正常呢?葬礼往往很长,它所包括的许多活动要时断时续地延续几个月之久,这样,他们就拖延并挺过了死亡带来的道德混乱的局面(参见赫兹:《死亡的集体表现》,载于《社会学年鉴》,第 10 卷,第 48 页及以下诸页)。一般说来,死亡标志着能够对群体产生全面和持续影响之条件的巨大变化。因此,需要很长时间才能淡化这种影响。

[36] 在格雷报告的布塞尔人那里的一个案例中,这种仪式具有祭祀的全部特点,血也被遍淋在尸体上(参见格雷:《澳洲西北部和西部两次探险记》,第 2 卷,第 330 页)。在其他案例中,还有献祭胡须的仪式;男人

们在哀悼过程中把自己的一部分胡须割下来，扔在尸体上（参见格雷：《澳洲西北部和西部两次探险记》，第 2 卷，第 335 页）。

[37] 斯宾塞和吉兰：《澳洲中部的土著部落》，第 135—136 页。

[38] 当然，人们相信每个储灵珈都与某个祖先有关。然而，他们之所以要哀悼遗失了的储灵珈，并不是为了安慰祖先的精灵。在其他地方，我们已经说明了（见本书，第 156 页）祖先的观念向储灵珈概念的渗透，既是次级的又是后来才发生的。

[39] 埃尔曼：《澳洲南部殖民地的土著》，第 207 页；参见第 116 页。

[40] 埃尔曼：《澳洲南部殖民地的土著》，第 208 页。

[41] 埃尔曼：《澳洲南部殖民地的土著》，第 211 页。

[42] 霍维特：《中澳洲迪埃里和金得里部落的传说》，载于《大不列颠及爱尔兰人类学研究所学报》，第 20 卷（1891 年），第 93 页。

[43] 霍维特：《澳洲东南部的土著部落》，第 394 页。

[44] 霍维特：《澳洲东南部的土著部落》，第 396 页。

[45] 加松的通讯，载于《大不列颠及爱尔兰人类学研究所学报》，第 24 卷（1895 年），第 175 页。

[46] 斯宾塞和吉兰：《澳洲中部的北部部落》，第 286 页。

[47] 加松：《澳洲土著迪埃里部落的礼仪与习俗》，载于科尔：《澳洲种族》，第 2 卷，第 68 页。

[48] 加松：《澳洲土著迪埃里部落的礼仪与习俗》，载于科尔：《澳洲种族》；埃尔曼：《澳洲南部殖民地的土著》，第 208 页。

[49] 霍维特：《澳洲东南部的土著部落》，第 277 页，第 430 页。

[50] 霍维特：《澳洲东南部的土著部落》，第 195 页。

[51] 加松：《澳洲土著迪埃里部落的礼仪与习俗》，载于科尔：《澳洲种族》，第 2 卷，第 69 页。同样的做法还可以用于补偿荒唐可笑的行为。不管什么时候，如果某个人由于愚笨或其他原因而引来别人的嘲笑，他就会让其中的一个人来打他的头，直到流出血来。然后，一切都归于正常了，被嘲笑的人也加入到共同的欢乐之中（同上书，第 70 页）。

[52] 埃尔曼：《澳洲南部殖民地的土著》，第 212 页，第 447 页。

[53] 参见本书，第 528 页。

[54] 罗伯逊·史密斯:《闪族宗教》,第 11 篇讲演。

[55] 即加松所说的迪埃里人在旱季祈求掌管水的穆拉—穆拉的案例。

[56] 罗伯逊·史密斯:《闪族宗教》,第 262 页。

[57] 土著人也有可能相信,痛苦具有磨炼精神的功效(参见本书,第 408 页)。我们应该补充上这一点。既然悲伤有神圣化的作用,可以提高崇拜者的宗教水平,那么它也可以在他们情绪低落时重新提升他们的精神状态。

[58] 在《社会分工论》第 64 页及以下诸页中,我也曾提到过赎罪的问题。

[59] 参见本书,第 415 页。

[60] 斯宾塞和吉兰:《澳洲中部的北部部落》,第 601 页;《澳洲中部的土著部落》,第 406 页;罗斯:《北昆士兰民族学会第 5 号公报》,第 24 页。这是众所周知的事实,我们无需赘述了。

[61] 然而,斯宾塞和吉兰也引用过储灵珈被放在死者头上的一个例子(《澳洲中部的土著部落》,第 156 页)。不过,他们认为这是一件特殊的、不正常的事情(同上书,第 157 页),而斯特莱罗则坚决否认会出现这种情况(参见《澳洲中部的阿兰达和洛里查部落》,第 2 卷,第 79 页)。

[62] 罗伯逊·史密斯:《闪族宗教》,第 153 页;参见第 446 页附注:"圣洁、不净与塔布。"

[63] 霍维特:《澳洲东南部的土著部落》,第 396 页;罗伯逊·史密斯:《闪族宗教》,第 118 页,第 120 页;道森:《澳洲土著》,第 67 页;埃尔:《澳洲中部探险记》,第 4 卷,第 251 页;罗斯:《北昆士兰民族学会第 9 号公报》,载于《澳大利亚博物馆记录》,第 6 卷,第 5 期,第 367 页。

[64] 参见本书,第 435 页。

[65] 斯宾塞和吉兰:《澳洲中部的北部部落》,第 599 页;《澳洲中部的土著部落》,第 464 页。

[66] 例如,希伯来人就把禳解牺牲的血淋洒在祭坛上(《利未记》,第 4 章,第 5 节及以后各节);他们烧它的肉,用烧出来的灰制作具有净化作用的水(《民数记》,第 19 章)。

[67] 泰普林:《纳里涅里部落》,第 32—34 页。如这两个交换了脐带的人分属不同的部落时,他们就会充当部落间的信使。脐带的交换发生在他

们出世后不久，由他们各自的父母做中介人。

[68] 确实，史密斯不承认果真有这种替代和转化。根据他的说法，如果说赎罪牺牲能够产生净化作用，那是因为它不包含任何不洁之物。它起初就是圣物；当仪式过错污染或割断了维系崇拜者与神之间的亲属关系纽带的时候，它注定会借助共享的方式重新确立这种纽带。为了尽可能使共享更有效力，尽可能彻底消除仪式过失的影响，人们特别挑选了格外神圣的动物。只有在仪式的意义不再被人理解以后，这种神圣动物才被看作是不洁的（同上书，第347页及以下诸页）。但是，我们发现在赎罪祭祀的基础中，此类信仰和仪轨是极其普遍的，因此我们绝对不能认为它们只是简单的解释失误所造成的结果。事实上，毋庸置疑，赎罪牺牲就是充满了罪孽的不洁之物。不仅如此，我们已经说明了见于已知的最低级社会中的洁净和不洁相互转化的现象。

结　论

本书开篇就曾指出，我们正在研究的这种宗教包含着宗教生活最具特征的要素。现在，这个命题的确切性可以得到检验了。不管我们所考察的这个体系有多么简单，我们从中都能找出所有重要的观念和所有主要的仪式态度，甚至对最发达的宗教来说，这些观念和态度也是最基本的东西：在观念上，有圣俗之分的观念，灵魂、精灵和神话人格的观念，以及部族神甚至是族际神的观念；在仪式上，有以禁欲苦行这种夸张形式出现的消极崇拜仪式，还有供奉仪式和共享仪式、模仿仪式、纪念仪式和禳解仪式等等，无一缺漏。我们倾向于认为，这些已经获得的研究成果并不是图腾制度所独有的现象，它们能够帮助我们去理解一般意义上的宗教。

有人也许会反驳说，就单个宗教而言，不管它能够扩展到什么样的范围，要想成为上述归纳研究的基础，还是显得太狭窄了。我们从来没有幻想要忽视这个事实，即广泛的论据可以加强理论的权威性；不过，我们也同样认为，当我们通过设计周密的实验证明了某项定律以后，那么所证实的东西就是普遍有效的。如果科学家在单一情况下，从可以想象得到的最原始的原生生物中成功地发现了生命的秘密，那么借此获得的真理就应该适用于所有生物，甚至是最发达的生物。因此，我们通过对这些初级社会的研究，可以成功地发现构成最基本的宗教观念的要素，我们也没有理由不将这些最有普遍性的研究成果扩展到其他宗教中去。事实上，我们无法想象同样的结果会根据不同的情况，有时可以归结为这种原因，有时又可以归结为那种原因，除非这两种原因归根结底是同一种原因。一个观念也不可能在这里用来表达一种实在，在那里又用来表达另一种实在，除非这种两重性仅仅是一种表面现象。如果在某些民族中，神圣、灵魂和上帝的概念可以通过社会学来解释，那么我们就可以做出这样的科学假设：在原则上，对于任何持有具备相同基本特征的相同观念的民族，同样的解释也完全有效。因此，假如我们没有受到蒙蔽，那么我们的结论，至少是某些结论，就可以被合法地普遍化。现在，是厘清这些问题的时候了。比较而言，好些概括综合还没有对任何特定的宗教进行过仔细分析，就想即刻触摸到宗教的本质，这样做很有可能会迷失自己的方向；而我们已经有了严格确定的实验基础，在进行这类归纳时所承担的风险就要小得多了。

1

一般来说，我们在那些力求对宗教做出合理解释的理论家们那里，最先会看到一个对应于某个确定对象的观念体系。这个对象可以通过许多种方式被构想为自然、无限、不可知、理想，等等。但是它们的差别并不很大。在任何情况下，概念和信仰都被看作是宗教的基本要素。至于仪式，依照这种观点来看，则不过是这些内心状态的外部转达，是偶然的和物质的；只有内心状态才具有原本的价值。这种看法如此普遍，以至于以宗教为主题的争论往往转变成了这样一个问题:宗教是否可以将自身与科学相协调?换言之,在科学知识之旁,是否还存在着宗教所独有的另一种思想形式?

然而,信仰者们却不以为然。他们置身于宗教生活之中,对宗教具有直接而又真切的感受,他们会说,上述看法并不符合他们的日常体验。事实上,他们所感受到的宗教的真实功能,并不是宗教可以使我们去思考问题,可以去丰富我们的知识,也不是在我们所掌握的科学概念之外再添加某些与之起源不同、性质不同的东西。相反,宗教的功能就是促使我们去行动,帮助我们生活下去。通过与神的沟通,信仰者不仅能够看到非信仰者所忽视的新的真实,而且他也更加坚强了。他感到自己更有力,不仅可以经受生活的考验,而且也能够战胜困难。仿佛他已经超脱于尘世的不幸之上,因为他已经超脱了他作为普通人的状况;他相信自己已经从邪恶中获救,而无论他是用什么样的形式来构想邪恶的。在任何信条中,第一条都是要坚信信仰可致获救。然而,人们却很难发现,这种简单的观念为何会产生如此的效力。事实上,观念只是我们自身的一个部分,那么它所赋予我们的力量怎么能够高于我们天生具有的力量呢?不论观念多么富有感染力,它都不能在我们的天性上增加什么东西;它仅仅能够释放我们内在的动力,既不能增加这些动力,也不能减少这些动力。如果仅仅说某个对象值得我们去热爱、去追求,那么这并不会使我们感到自己更加有力;除非这个对象能将超出我们平时能够控制的能量释放出来,除非我们通过某种方式能够使这些能量进入到我们的身体里,并能同我们的内心生活结合起来,这种情况才会必然产生。正因为如此,我们仅仅意

识到它们还不够，我们还必须进入它们的作用范围之内，使自己处在最能感受到它们的影响的位置；简言之，我们必须有所行动，必须在我们感到需要重新获得这种影响的时候，不断重复这些行动。由此出发，我们就能看到构成膜拜的有规律的重复行动是如何获得重要地位的了。实际上，无论是谁，只要他真正参与了宗教生活，就会很清楚膜拜给他带来的欢乐、内心的平和、安宁和热烈等等印象，对信仰者来说，这些印象便是他的信仰的经验证明。膜拜并非只是能够把信仰向外转达出来的记号系统；而是能够把信仰周期性地生产和再生产出来的手段的集合。不管膜拜在于身体力行，还是在于精神活动，它总是行之有效的。

我们的整个研究都基于这样的假设：在任何时代，信仰者的一致情感都不可能出于纯粹的幻觉。和一位近来的信仰辩护者[1]一样，我们也承认这些宗教信仰是建立在特殊经验之上的，从某个角度来说，这种经验作为证明，其价值丝毫不比科学实验的价值低，虽然两者截然不同。同样，我们也认为"知其果实，便知其木"[2]，叶茂是根深的最好证明。但是，尽管确实存在着"宗教经验"（如果我们选择这种说法的话）这一事实，尽管这种经验也确有其特定基础——顺便提一句，难道会有毫无根据的经验吗？——我们也不能得出这样的结论：作为宗教经验之基础的实在与信仰者的观念在客观上是完全一致的。不同的时代中，人们构想观念的方式有很大的不同，这个事实足以证明任何一个概念都无法把宗教经验充分地表达出来。即使科学家作为一条公理来宣称，我们所感受到的热和光对应于同一个客观原因，他也不会得出结论认为我们所感觉到的东西就是这个样子的。与之相似，即使虔信者所感受到的印象不带任何想象的色彩，那它们也绝对不是什么特异的直觉；我们没有理由相信，印象对其对象性质的说明会比普通感觉对物体及其属性的说明更有道理。为了搞清这个对象究竟是由什么东西构成的，我们必须对它进行考察和推敲，就好像是用科学和概念的世界来代替感觉观念的世界一样。

的确，这就是我们所致力的工作，我们已经看到，这种神话以多种不同形式加以表现的实在，这种构成宗教经验的各种自成一类的感觉的绝对而永恒的客观原因，其实就是社会。我们业已表明，在信仰者进行膜拜的时候，这个实在是怎样产生道德力，怎样使他觉得自己找到了避难所，受到了庇护者和保护人的支持的。是社会把人提升起来，使他超越了自身；甚言之，是社会造就了人。因为造就了人的乃是由智力财产的总体所构成的文明，而文明则是社会的产品。这就解释了膜拜在所有宗教中都占有着最显要地位的原因，而不论它可能是什么宗教。因为社会只有在发挥作用时才能让人们感受到它的影响，但是，构成社会的个体如果没有聚集起来，没有采取共同行动，社会也就无法发挥作用。只有通过共同行动，社会才能意识到自身的存在，赢得自身的地位，因而至关重要的是一种积极的合作。我们已经确认，正是因为有了这些外部活动，集体观念和集体情感才有可能产生，集体行动正是这种意识和情感的象征。[3]行动在宗教生活中占有主导地位，只因为社会是宗教的起源。

在为了证明这种观点所举出的所有理由之外，这里，我们再加上最后一条理由，它就是我们整个工作所得出的结论。我们在研究进程中已经确立了这样的事实：思想的基本范畴，因而也包括科

学的基本范畴都起源于宗教。同样，我们也已经看到，巫术以及发端于巫术的各种进程也都有着相同的起源。另一方面，我们早就知道，直到相当晚近的时期，随着历史的演进，道德和法律的规范才与各种仪式规定区别开来。总而言之，可以说几乎所有重大的社会制度都起源于宗教。[4]既然集体生活的这些重要方面都可以被看作是宗教生活的各种不同方面，那么很显然，宗教生活必然是一种卓然出众的形式，它集中表达了整个集体生活。如果说宗教产生了社会所有最本质的方面，那是因为社会的观念正是宗教的灵魂。

因此，宗教力就是人类的力量和道德的力量。确实，集体情感只有把自身与外界对象结合起来，才能意识到自身的存在，它们不可能不汲取其他事物的某些特征；由此，集体情感获得了某种物质性，并以这种方式同物质世界的生活混合起来，认为自己有能力解释物质世界所发生的事情。然而，如果我们仅仅从这种观点或这种作用出发，那么我们就只能看到它们最肤浅的方面。事实上，人们的理解中就已经包含了构成集体情感的基本要素。一般而言，只有当它们被按照人类的形式加以构想时，才似乎具有人类的特性[5]；然而，即使它们以最非人格的、最匿名的形式出现，也仍然只能是客体化了的情感。

只有从这个角度来观察宗教，才有可能发现宗教的真正意涵。如果我们紧紧盯着表面现象，各种仪式就具有纯粹手工操作的功效，例如涂油、洗刷、就餐之类。要想使某些事物神圣化，就该把这些事物与某些宗教能量之源联系起来，就像我们今天要想使某个东西发热或带电，就应该把它与热源或电源连接起来一样；这两种办法本质上并无不同之处。这样理解，宗教技术似乎变成了某种神秘的机器。然而，这些物质手法仅仅是一件掩盖着精神活动的外衣。这些操作的最终目的，并不是要对盲目的、偶然的和想象的力量施以物质的约束，而是要引导和训诫个体意识。有人说低级宗教是物质主义的，这种说法并不准确。在一定意义上，所有宗教，哪怕是最粗陋的宗教都是精神至上的，因为它们所运用的力量首先是精神力量，它们的主要目的就是对精神生活施加影响。由此可见，任何在宗教名义下的所作所为都不是一无所获的：因为必然是社会使其如此，必然是人类得其果实。

不过，也许有人会问：什么样的社会才能为宗教奠定基础？它就是我们亲眼所见的现实社会吗？就是在历史进程中历尽曲折，通过某种法律和道德组织而形成的社会吗？这种社会可是到处都有千疮百孔的痕迹啊。在这种社会里，邪恶与善良结伴而行，非正义往往占据着上风，真理也往往屈从于谬误。这样粗制滥造的东西，怎么能激发起爱的情感、狂放的热情和克己的精神呢？而所有这些，又是一切宗教对其追随者的要求。神，这种完美的存在，是不可能从如此平庸、有时甚至可以说是卑劣的实在中培养出来的。

另一方面，宗教的基础是人们所想到的完美的社会吗？在这样的社会中，正义和真理将是至高无上的，而形形色色的邪恶将会永远被清除出去。没有人会否认这与宗教感情是密切相关的；因为他们会说，这就是所有宗教力求实现的社会。不过，这种社会既不是经验事实，也不是很明确的、观察得到的东西；它是一种幻想、一个梦，人们可以借它来减轻自己的痛苦，而不是他们亲身经历过的社会。它只是一种观念，表达了我们对善、美以及理想社会的多少有些朦胧的向往。既然这些向往扎根在我们的心中，孕育在我们的生命深处，那么我们身外的任何东西都无法说明它。而且，这种向往本身就带有宗教的色彩；所以这种理想社会似乎是以宗教为前提的，它根本不可能对宗教做出解释。[6]

但是，如果我们仅仅看到宗教理想性的一面，那就把事情过于简单化了。宗教首先是现实性的。所有肉体或道德上的丑恶现象，所有罪行或恶行，无不具有特定的神明。如偷盗之神、奸诈之神、欲望之神、战争之神，以及疾病和死亡之神，等等。即使对神性具有很高认识的基督教，也不得不在它的神话中允许邪恶的精灵占有一席之地。撒旦是基督教体系中不可或缺的部分，尽管它是不洁的，但也绝对不是凡俗的存在。反神也是神，尽管它们是卑下的和卑微的，但确实是神，它们也同样赋有力量；它们甚至也是仪式的对象，至少是某些消极仪式的对象。由此可见，宗教在其形象中并没有忽视现实社会，也没有做出不切实际的取舍。宗教反映着社会的所有方面，甚至是最卑鄙无耻、最令人生厌的方面，任何东西都可以从宗教中找到。之所以在绝大多数情况下，我们总能看到善良战胜邪恶，生命战胜死亡，光明战胜黑暗，那是因为现实即是如此。如果这两种对抗力量之间的关系倒转过来的话，那么生活就不可能延续下去了；而事实上，生活不但能够维持，而且还有所发展。

然而，如果说我们能够在这些神话和神学中清楚地看到实在的话，那么毫无疑问，它仅仅是以一种放大了的、变了形的、理想化了的形式出现的。就此而言，最原始的宗教与最晚近和最精致的

宗教并无区别。例如，我们已经看到，阿兰达人一开始就认为神话社会的组织形式与现存社会的组织形式一模一样；它们包括同样的氏族和胞族，具有同样的婚姻规则，举行同样的仪式。不过，其成员都是些理想化的人物，他们具有普通人无法比拟的力量和品性。他们的本性不但高于人，而且还不同于人，因为他们既是动物，又是人。在那里，邪恶力量也发生了类似的变形，恶本身也被升华和理想化了。那么，问题就在于这种理想化究竟是如何产生的。

有人回答说，人天生具有理想化的能力；也就是说，他能够通过设想一个不同的世界来代替现实世界。不过，这种说法只不过变换了讨论问题的角度，它没有解决问题，甚至也没有把问题向前推进一步。这种系统的理想化过程是宗教的一个基本特征。用天生的理想化能力来解释宗教，只不过是语词的互换而已；这等于说，人们之所以创造了宗教，是因为人们本来就有宗教的天性。动物只知道一个世界，只知道它们从经验中感觉到的世界，无论这些经验是内在的还是外在的。而唯独人才有构建理想的能力，并且能够把理想加于现实。那么，人这种独有的特权究竟是从哪里来的呢？在我们断定它原初就有，或者断定这是一种无法被科学捕捉的神秘品性之前，首先必须得去确认它们不依赖于受经验决定的各种条件。

而正如上文所及，我们对宗教的解释恰好能够解答这个问题。因为我们所定义的神圣，恰恰是某种加之于现实或高出于现实的东西，而理想恰好也符合这个定义，我们不能只解释一个问题而忽视另一个问题。事实上，我们已经看到，集体生活之所以唤起了宗教思想并使它达到了某种强度，是因为它所带来的狂热状态改变了人们心理活动的条件。生命变得过度兴奋，欲望变得更加活跃，感情也变得更加强烈；甚至还有只有在此时此刻才能产生的情绪。人不再认识自己了，他感到自己被改变了，因而他也使周围的环境发生了变形。为了说明他所获得的这种特殊印象，他就会认为自己最直接地接触到的事物具有其未曾拥有的特性，这些特性便是日常经验对象所不具备的不同寻常的力量和品质。简言之，在凡俗生活所经历的现实世界之上，他又设置了另一个世界。从某种意义上说，这个世界只有在思想中才能存在，而且他认为这个世界要比现实世界有一种更高的尊严；因此，从这两个角度来看，它正是一个理想的世界。

因此理想世界的形成并不是脱离科学之外的不可还原的事实；我们通过观察，是可以了解其形成条件的；它是社会生活的自然产物。为了使社会意识到自身的存在，为了使它获得的情感维持在必要的强度上，社会必须将自己聚拢和集中起来。而这种集中所带来的精神生活的提升又体现为一系列的理想概念，这些理想概念反映了由此焕发出来的新生活，对应着某些新的精神力量，为我们挑起日常生存的重担增添了勇气。社会在创造或再创造自身的过程中，同时必然也创造了理想。对社会来说，这种创造并不是一种额外工作。因为在社会形成以后，这种创造会使社会变得更加完善，使社会得到循序渐进的组建。因此，如果有人说理想社会和现实社会是相互对立的，就像想把我们引往相反方向的两个敌手一样，那么他就是在使抽象作用物质化，也就是在拒斥抽象。理想社会并不存在于现实社会之外；它是现实社会的一部分。在两者之间，并不存在像相互排斥的两极那样的分离关系，我们在把握社会的时候，两者缺一不可。一个社会，并非单纯是由组成它的大量个体、这些个体所占有的土地、所使用的东西以及所采取的行动构成的，最重要的，是社会对自身所形成的观念。当然，毫无疑问，社会对于以何种方式构想自身总是有些犹豫不决，它感到自己受到不同方向的牵引。但是，由此引发的冲突并不是理想与现实之间的冲突，而是两种不同理想之间的冲突，是昨日理想与今日理想的冲突，是传统权威之理想与未来希望之理想的冲突。当然可以去探寻这些理想的起源，但不论我们对这一问题如何做出解答，它仍然还是理想世界的问题。

这样看来，宗教表达出来的集体理想，远不是什么个体天生的模糊力量，相反，它倒像是个集体生活的学校，个体在这里学会了理想化。在吸收消化社会所构筑的理想的过程中，他自己也变得有能力去构想理想了。是社会在其作用范围之内引导个体，使这些个体产生了把自己提升到经验世界之上的需要，同时又赋予了他们构想另一世界的手段。因为社会在构建自身的同时，也构建了这个新世界，当然后者所表达的也正是社会。因此，不论是对个体还是对群体来说，理想化的能力并不是什么神秘的东西。它不是人们可有可无的奢侈品，而是人们赖以生存的条件。如果不具备这种能力，人就不可能成为社会存在，换言之，就不可能成为人。诚然，当集体理想具体体现在个体中时，就会使集体理想本身个体化。每个人都以自己的方式来理解集体理想，并给它们贴上自己的标签；他删除了某些要素，又添加些其他要素。这样，个人理想就从社会理想中分离出来；个体人格越发展，这种分离就越彻底，最终变成自主行动的源泉。但如果我们想要去理解这些以特有的面目出现的、对现实以外的生活的追求，只要把它与它所依赖的社会条件联系起来也就可以了。

因此，我们必须避免把这种宗教理论看成是历史唯物主义的简单重复，那样做会对我们的思想造成极大的误解。我们说宗教本质上是社会的，并不意味着它只限于采用另一种语言来转述社会的物质形式及其迫切需要。的确，我们有理由认定，社会生活不仅是依赖于它的物质基础，而且还带有这种物质基础的标记，就像个体的精神生活依赖于他的神经系统和整个肌体一样。然而，集体意识不仅仅是其形态基础的附带现象，就像个体意识不仅仅是神经系统的简单刺激反应一样。为了使集体意识得以产生，还必须有一种对于各个特殊意识的自成一类的综合作用。这种综合能够从中分离出一个由概念、意象和情感组成的完整世界；这些概念、意象和情感一经形成，就会完全按照自己的规律行事。它们相互吸引或相互排斥，相互联合或相互分离，并且不断得到扩充，而其组合不受任何潜在的现实条件的指挥和操纵。由此产生的生活甚至享有无与伦比的独立性，有时候，它会不带任何企图、不带任何功利地任情放纵自己，而仅仅是为了感受自身存在的快乐。我们已经表明，仪式活动和神话思想通常恰恰就是这种情况。[7]

然而，如果宗教是社会原因的产物，那么我们又如何解释个体膜拜以及某些宗教的普遍特性呢？如果说它产生于外界，那么它又是如何进入个体的内在良知，并且越来越深入内心的呢？如果说它是确定的、个体化的社会所带来的结果，那么它又如何能够从这些社会中分离出来，甚至被设想成人性所共同具有的东西的呢？

在我们的研究过程中，我们已经遇到过个体宗教和宗教世界主义的萌芽，我们也已经看到过它们是怎样形成的了；因此，对于这个两重问题，我们有把握做出更加具有普遍性的回答。

我们已经表明了，宗教力是如何通过在特定意识中使自身具体化，来促动氏族使自身特殊化的。于是，次级的神圣存在也形成了；每个个体都拥有了自己的神圣存在，它来自自己的意象，关联着自己的内心生活，牵连着自己的命运；这就是灵魂，个体的图腾，他的佑护祖先。这种存在正是个体在独自举行的仪式中所膜拜的对象，与任何群体无关；它是个体膜拜的最初形式。当然，这肯定只是非常粗陋的膜拜，既然个体人还只是初露端倪，个体膜拜的价值还几乎未被认识，那么我们对于表达这种人格的膜拜，还不能期望它获得高度的发展。不过，当个体越来越明显地表现出与别人不同时，个体的价值就增加了，其相应的膜拜在整个宗教生活中也占据了相当重要的位置，与此同时，它也更加全面地与外界影响相隔绝了。

因此，个体膜拜的存在与我们有关宗教的社会学解释并不矛盾，并无关碍；因为个体膜拜所针对的宗教力仅仅是集体力的个体化形式。因此，即使当宗教似乎已经完全变成个体良知的时候，它还是要从社会中寻找滋养自身的生命之源。现在，对于那些把宗教看作是纯粹个体活动的激进的个人主义观点，我们可以进行评价了：这种观点误解了宗教生活的基础条件。如果说纯粹个体的宗教至今仍停留在未曾实现的理论幻想阶段，那是因为它是无法实现的。在人们的沉思默想中，也许可以精心设计出一种哲学，但是并不能创造信仰。因为信仰不是别的，而是温暖，是生命，是热情，是整个精神生活的迸发，是个体对自身的超越。如果不是从外部，那么个体又从何处来补充自己的能量呢？单靠自己的力量，他怎么能够超越自身呢？能够振奋我们精神力量的唯一生命之源，就是由我们的同类构成的社会；能够维持和增加我们自身力量的精神力量，只能是从他人那里获得的。我们甚至可以承认，确有或多或少类似于神话中所说的那种存在，为了使它们能把我们的灵魂引往有用的方向——这是它们存在的原因——人们必须首先相信它们。而只有当许多人都共同持有这种信仰时，这种信仰才能发挥作用。一个人通过纯粹个人的努力，是无法将这种信仰维持很长时间的；这种信仰既不是与生俱来的，也不是可以通过自身努力获得的；甚至可以说，个体根本无法长久地维持他的信仰。事实上，一个具有真正信仰的人，总会感受到一种去传播这种信仰的无法遏制的需要：于是他要抛开与世隔绝的状态，去接近他人并努力说服他人，他所激起的说服他人的热情也使他自己变得更加坚强了。反之，如果他始终孤身独处，那么信仰很快就会受到削弱。

宗教普遍主义也面临着与宗教个体主义相同的情况。它根本不是某些非常伟大的宗教所特有的品质。我们在澳洲宗教体系中已经发现了宗教普遍主义，虽然它确实只见于澳洲宗教的最高阶段而不是基础阶段。班吉尔、达拉穆伦和贝亚米都不仅仅是部落之神，他们都被好些不同的部落承认。从某种意义来说，这种膜拜是族际性的。因此，这样的概念非常接近于我们在最晚近的神学中所发现的概念。这样，某些作者便觉得自己有责任去否认它的真实性了，哪怕这是无可辩驳的事情。

而我们已经能够表明这样的神究竟是如何形成的了。

具有相似文明的相邻部落之间不可能没有持续的联系。各种环境都为处在萌芽阶段的商业以及婚姻这样的联系提供了机会；在澳洲，族际通婚是很常见的。在这些会面过程中，人们会很自然地意识到能够把他们结合起来的精神联系。他们有相同的社会组织，同样被分成胞族、氏族和姻族；他们举行同样的成年礼或其他完全相似的仪式。双方的租借和协约更加深了这些自发的相似性。与这些明显相同的制度相对应的神，在人们心中也逐渐变得难以区分了。一切都倾向于把这些神混同起来，即使这些神的观念起初是每个部落各自形成的，它们也必然易于相互混淆。况且，这些观念也有可能最早就是在部落联盟中被构想出来的。因为它们主要是成年礼之神，在成年礼仪典中，它们通常代表着各个不同的部落。因此，所形成的神圣存在之所以不只关系到确定地理位置上的社会，不是因为它们具有某种超社会的起源，而是因为在有确切地理位置的社会之上还有其他类型的群体，它们没有固定的疆界，但包含着所有邻近的多少有些联系的部落。由此产生的特定的社会生活，倾向于不受限定地扩展。自然而然，与之相对应的神话人物也就具有了相同的性质，他们的影响范围不受限定，他们的活动也超出了特定的部落及其地域之外。于是他们便成为了伟大的族际神。

这并非是澳洲社会所特有的现象。没有哪个民族、哪个国家不是另一种社会的组成部分，那个社会或多或少是不受限制的，它包纳了与之有过直接或间接接触的所有民族和所有国家；没有哪个民族的生活是不受各个民族之间的集体生活的制约的。我们在历史中越发进步，这种族际群体就越发重要，其范围也越发扩展。由此我们就会明白，在特定的情况下，为什么这种普遍主义的倾向不仅可以影响宗教体系的更高观念，甚至会发展到影响宗教体系赖以存在的原则的程度。

2

宗教中有某些永恒的东西，注定要比所有宗教思想作为其外壳而相继采用的特定的宗教符号存续得更为长久。任何社会都会感到，它有必要按时定期地强化和确认集体情感和集体意识，只有这种情感和意识才能使社会获得其统一性和人格性。这种精神的重新铸造只有通过聚合、聚集和聚会等手段才能实现，在这些场合个体被紧密地联系起来，进而一道加深他们的共同情感；于是就产生了仪典。无论是在目的、还是在结果、或者是在为取得这些结果而采取的步骤方面，这些仪典与常规的宗教仪典都没有不同之处。当基督教徒集会纪念基督降生的日子的时候，当犹太人集会纪念出埃及或颁布摩西十诫的时候，当公民们集会纪念颁布新的道德或法律体系的时候，或者当人们集会纪念国民生活中的重大事件的时候，它们之间又有什么本质的区别呢？

如果我们今天较难想象将来的这类节日和仪典会包括些什么，那是因为我们正在度过道德平庸的过渡阶段。那些在过去曾经使我们的先辈们欢欣鼓舞的伟大事件，已经无法同样激起我们的热情，这是因为它们已经被用得太平常了，再也引不起我们的关注，同时也因为它们已经无法满足我们的实际愿望；然而到目前为止，却又没有能够代替它们的东西。人们曾经以基督之名劝诫奴隶主要人道地待其奴隶，但这些原则再也激发不起我们的热情了；而且，就另一方面而言，这种人类平等和博爱的观念，在我们今天看来，却为非正义和不平等留下了太多的余地。它对被遗弃者的怜悯，对我们来说显得太柏拉图化了；我们渴望的是另一种更加具有实践价值的宗教；然而目前，我们还不能看清它将会是什么，也不知道它如何会变成事实。总之，过去的神已经变得越来越老朽了，或者说已经寿终正寝了，而其他的神还没有降生。这就是对孔德的报答，孔德真是枉费心机，他试图想人为地挽回这份古老的历史遗存，但是只有生活本身而不是死亡了的过去才有可能产生活生生的膜拜。然而，这种茫然无措、焦躁不安的状态不可能永远持续下去。总有一天，我们的社会将会产生巨大的创造热情，那时候，新的观念将会涌现出来，人们也将会发现新的程式来引导人性。而当这个时代再次消逝的时候，人们便会自然而然地感到，他们需要在思想中一次又一次地再现这个时代，也就是说，他们需要往复有常地举行庆典，使这个时代的累累硕果永远活在我们的记忆之中。我们已经看到，法国大革命为了坚持使革命永葆青春的原则，创建了一系列假日。这个制度之所以很快就消亡了，是因为人们的革命信仰转瞬即逝，欺诈和消沉随着热情接踵而至。然而，尽管这项事业已经受挫，但它却可以引导我们去设想：倘若在其他条件下，究竟会发生什么样的情况呢？所有一切，都促使我们相信这种情况迟早是要再度发生的。任何信条都不是长生不老的，但我们也没有理由认为人性不再能创造新的信条。至于这种新的信仰会以什么样的符号来表达自己，它们是否会与过去的符号非常接近，它们是否更适于转达现实，所有这些问题，都超出了人类的

预见能力,也不属于我们要讨论的基本问题。

然而,节日和仪式,即膜拜,并不是全部宗教。因为宗教不仅是一个仪轨体系,还是一个观念体系,其目的是要解释世界;我们已经看到,即使是最粗陋的宗教,也有它们自己的宇宙观。不论宗教生活这两大要素之间可能会有什么样的联系,它们的差别还是十分明显的。第一种要素面向行动,宗教要求并调整着这些行动;第二种要素则被转换为思想,宗教丰富和组织着这些思想。它们所依赖的条件不同,因此恐怕第二种要素并不必然像第一种要素那样普遍、那样永久。

如果人们认为宗教思想具有特殊性质,如果人们相信宗教思想的功能就是用自己独特的方式来表达现实的某个侧面,而这个方面是普通的知识和科学所不及的,那么人们自然拒绝承认宗教会放弃它的思辨作用。然而,通过分析事实,我们似乎并没有发现宗教具有这种独特的品质。我们所研究的宗教,其符号与理性之间的关系是所有宗教中最唐突的。在那里,一切都是神秘的。那些事物同时属于相互之间差别最大的不同群体,它们不断倍增却又不失为一体,不断分解却又没有减少。乍眼看来,它们都好像属于一个与我们生活的世界完全不同的世界;有人甚至认为,当心灵构想它们的时候,完全忽视了逻辑准则的存在。也许理性与信仰之间的对立莫过于此。在历史中,如果真的存在过理性与信仰的异质性截然对立的时期的话,那就要数这个时期了。然而,正如我们所指出的那样,与所有表象相反,宗教思辨所针对的实在恰恰也就是后来哲学家们所反思的主题:即自然、人和社会。宗教周围的神秘气氛完全是表面的,只要我们经过长期艰苦的观察,这种气氛

就会烟消云散:只要把神话想象给它蒙上的面纱揭开,就足以使它原形毕露。宗教总是试图用理智的语言来转述现实,它在本质上与科学所采用的方式并无不同之处;两者都力图将事物联系起来,建立它们的内部关系,将它们分类,使它们系统化。我们甚至已经看到科学逻辑的基本观念是起源于宗教的。确实,为了使用这些基本观念,科学对它们进行了重新阐释,排除了所有的偶然因素;又以具有普遍意义的方式将批判精神引入其中,而这正是宗教所忽视的因素;而且,科学还在自身周围建立了预防措施,要"避免盲动和偏见",它摒弃了狂热、偏执和一切主观影响。但是,对方法的不断完善,并不足以使它与宗教泾渭分明。由此看来,宗教和科学所追求的是相同的目的,科学思想仅仅是宗教思想更完善的形式。因此,后者将逐渐让位给前者是十分自然的事情,因为科学思想能够更好地完成任务。

毋庸置疑,在历史进程中,宗教思想的这种退让已经发生了。科学在脱离了宗教以后,便在认识和智识等方面替代了宗教的所有职能。在物质事物中,基督教就已经明确地将这种替代过程神圣化了。宗教在认识到事物的世俗性质之后,就把知识让给了科学,"它把这个世界丢给人们去争论了"(tradiditmundum hominum disputationi);于是自然科学才能够确立起来,而且没遇到多大困难就使自己的权威得到了承认。但是,对于灵魂世界,宗教是不会这样轻易放弃的,因为基督教的神最关心的就是对灵魂的主宰。长期以来,认为精神生活应该服从科学的观念,始终被人们当作是亵渎神灵的后果;甚至在今天,还有许多人对此感到厌恶,其原因就在于此。当然,实验心理学和比较心理学已经建立起来了,我们今天必须对它们予以重视。但是，宗教生活和道德生活的世界还仍旧是个禁区。绝大多数的人还继续相信，这里，存在着一种除非采取某些非常特别的方式，否则我们的心灵无法进入的事物的秩序。因此，只要有人试图用科学的方法来处理宗教现象和道德现象，他就会遇到顽强的阻力。不过，尽管有这些对抗，这些尝试还是在持续不断地进行着，这种坚持不懈的精神甚至可以使我们预见，最后的障碍终究会被清除，甚至在宗教为自己保留的领地中，科学也将成为主人。

这就是科学与宗教相互冲突的真实情况。有人说科学在原则上是否定宗教的。然而，宗教仍然存在着；它还是既定的事实体系；简言之，它仍是一种实在。科学如何能够否定这个实在呢？而且，既然宗教是一种行动，是人类得以生存的手段，科学就是无法替代它的。即使科学能够表达生活，它也不能创造生活；科学会很好地去解释信仰，但是这种做法本身就是以信仰为前提的。因此，除了某个有限的方面，科学与宗教之间是不存在冲突的。在宗教原有的两个功能中，有一个功能，而且只有一个功能目前正越来越远离宗教本身：这就是宗教的思维功能。科学并不是不承认宗教存在的权利，而是不承认它教条地决定事物性质的权利，不承认它声称自己具备认识人类和世界的特殊能力的权利。事实上，它连自己都没有认识到。宗教甚至不知道自己是由什么构成的，也不知道自己能满足人们什么需要。宗教本身就是科学研究的题目，如果说它能够为科学制定规则，那就扯得太远了。从另一角度来说，既然在科学反思的实在中已经没有合适的题目留给宗教去思考，那么未来的宗教显然再也不能扮演它过去曾扮演过的角色。

然而，宗教并没有注定要消亡，它只是要改变自己罢了。

我们已经说过，宗教中存在着某些永恒的东西，这就是膜拜和信仰。人们不会毫无理由地举行仪典，也不会在毫无理解的情况下接受信仰。为了发展自身，或者仅仅为了维持自身，宗教必须证实自身，换言之，它必须形成一种理论。无疑，这种理论从存在的那一刻起，就必须以各种不同的科学为基础。首先是各种社会科学，因为宗教信仰起源于社会；其次是心理学，因为社会是人类意识的综合；最后是自然科学，因为人和社会是宇宙的一部分，而且仅仅是人为地从宇宙中抽取出来的部分。然而，不管这些从科学中得到的事实有多么重要，它们始终是很不够的；因为信仰首先是对行动的激发；而科学，不论它能够把事物推进多远，都无法与信仰相提并论。科学是片段的、不完整的；它虽然在不断进步，却很缓慢，而且永无止境；可是生活却等不及了。因此，注定要用来维持人类的生存和行动的理论总是要超出科学，过早地完成。只要我们模模糊糊地感受到迫切的现实和紧要的生活，便有可能将思维向前推进一步，越过科学所能确定的范围。因而，哪怕是最合理、最世俗的宗教，也不能而且永远不能不以特定的形式进行思考。尽管宗教所思考的主题与科学是相同的，其思维也不可能是真正的科学思维，因为感觉和情感这些模糊的直觉往往会取代逻辑理性。一方面，这种思辨与我们在以往宗教中所遇到的那种思辨相类似；但另一方面，它又不同于过去的思辨。它在声明和实践着超越科学的权利的时候，必定从一开始就认识到了这一点，并受到了它的鼓舞。当科学的权威树立起来后，科学肯定会引起重视；在迫切需求的压力下，人们可以比科学走得更远，但必须从科学那

里得到自己的方向。凡是科学否定的，他就不能肯定；凡是科学肯定的，他就不能否定。如果他没有直接或间接地以科学原理为基础，那么他将毫无建树。从此，信仰不再像从前那样对观念体系拥有领导权了，尽管我们可以继续把这个观念体系称之为宗教。在它面前，崛起了一股反抗力量，尽管这种力量来源于宗教，然而后来它却迫使宗教屈从于它的批判和控制。所有情况都使我们可以预见：这种控制将会继续变得更加广泛、更为有效，它对未来的影响不可限量。

3

不过，如果说科学的基本观念起源于宗教，那么宗教怎样才会产生这些观念呢？乍眼看来，人们不会发现宗教与逻辑之间会有什么关系。既然宗教思想所要表达的实在就是社会，那么这个问题或许可以换个说法，以使人们更清楚地看到全部难题：使社会生活成为逻辑生活的如此重要的源泉的究竟是什么呢？好像并没有什么东西非得要求它来发挥这个作用，因为人们联合起来并不是为了满足自己思考问题的需要啊。

也许我们会发现，倘若要解决这么复杂的问题，我们的把握并不大。要用适当的办法来处理这个问题，人们对知识的社会学条件的了解就应该比现在多得多；然而，我们现在却刚刚接触到它的皮毛。不过，这个问题实在是太重要了，我们的上述讨论已经直接涉及了这个问题，所以我们要竭尽全力，以免这一问题总是悬而未决。也许现在，我们有可能提出某些一般原理，至少会对这个问题的解决提供某些帮助。

逻辑思维是由概念构成的。这样一来,有关社会在逻辑思维的形成过程中如何起作用的问题,就可以简化为社会在概念的形成过程中如何起作用的问题了。

如果我们还是像往常那样把概念仅仅当成是一般观念的话,这个问题就很难解决了。个体依靠自己的力量,就能够对他的那些概念和意象进行比较,从中分离出共同的东西,也就是说,概括出共同的东西。那么,我们就很难看出这样的概括工作为何非得在社会中并且通过社会才能进行。但是,首先,如果认为逻辑思维的特征就是构成它的那些概念具有更大的外延,那么这种观点是让人难以接受的。如果特定观念与逻辑无关,那么为什么一般观念就与之不同了呢?一般仅仅存在于特殊之中,它是简化的、枯竭的特殊;后者不具备的性质和特点,前者也不会具备。反过来说,如果概念思维可以适用于纲、种或亚种,那么即使它会受到限制,它为什么就不可以适用于个体呢?换言之,倘若概念的外延相应地缩小,概念为什么就不能适用于作为概念的极限的个体呢?事实上,有许多概念都仅仅是以个体为对象的。在每种宗教中,神都是互有差异的个体;而它们是被构想出来的,是不能被感觉到的。各个民族用以表现历史英雄或传说英雄的方式都是随着时代的变化而变化的。再者,我们每个人都会对他所接触过的个体产生看法,对他们的性格、外表、特征以及精神和身体的气质形成观念:这些观念也都是真实的概念。确实,一般而言,这些概念都是相当粗糙的;但即使在科学概念中,又有多少概念能够完美表现其对象呢?在这一方面,这些概念与科学概念之间只有程度上的不同。

因此,我们必须借助其他特征来定义概念。而鉴于以下特点,

概念又不同于感觉、知觉和意象等各类感觉表现。

感觉表现处在永远的流动中。它们像河流中的波浪滚滚而来，甚至在稍稍滞留的时候，也不能保持原样。每种感觉都只有在产生的瞬间才是完整的。我们从不确信能够再次感觉到最初感觉到的东西；即使被感觉的对象没有发生变化，但我们却不再是原来的自己了。而概念恰好相反，它是存在于时间和变化之外的，它始终处在所有动荡之底层的深处；可以说概念栖身在我们内心中的一个独特之处，那是个更平静、更稳定的地方。在我们的内在的和自发的发展变化中，它从不动摇，拒绝变化。概念是一种思维方式，在每时每刻它都是固定的和结晶化的。[8]只要它是其所应是，它便一成不变。如果它变了，那可不是出于它的本性，而是因为我们发现它有些不完善的地方，它不得不被修改。在日常生活中，我们借以思维的概念体系都是通过我们母语中的词汇表达出来的；每个词语转达一个概念。而语言是某种固定的东西，即使有所变化也相当缓慢，因之它与它所表达的概念体系是一致的。同样，学者在他所潜心从事的科学中，需要使用专门的术语，以及与这些术语相应的专门的概念图式。确实，他可以创新，但这些创新对已经确立的思维方式来说，总归是一种强行之事。

而且，概念既是相对不变的，同时也是普遍的，或者至少可以成为普遍的。概念不是我的概念；我只能与其他人共同拥有这个概念，或者说，无论如何，我能够与他人进行概念的沟通。对我来说，我不可能把我的感觉从我的意识中传送到别人的意识中去，因为它与我的机体、我的人格紧紧联系在一起，不能分离。我所能做的所有事情，就是请别人像我一样面对同样的对象，然后让他们自己去行动。另一方面,人们之间的交谈和所有知识沟通都是概念的交换。本质而言,概念是一种非个人的表现,人类的智识只能通过概念才能进行沟通。[9]

这样来定义概念的性质,就已经说明了概念的起源。如果对所有人来说都是共同的,那么它就是共同体的作品。既然它不带任何特殊心灵的标记,那它显然就是同一智慧所构筑出来的东西,人们在这里相遇,然后通过某种方式使自身得到滋养。概念之所以比感觉和意象更具稳定性,是因为集体表现要比个体表现更加稳定,因为个体在他所处的环境中可以感觉到细致入微的变化,而要想使一个社会的精神状态受到影响,非得借助重大的事件才行。每时每刻,我们都面对着一种思想或行动的类型[10],它们以同样方式作用于特定的意志和智力,这种施加在个体身上的压力,充分说明了集体的介入。而且我们已经说过,我们通常思维所使用的概念就是我们的词汇。而无可争议的是,语言及其所转达的概念体系乃是集体努力的成果。语言所表达的,即是社会作为一个整体借以表现经验事实的方式。因此,形形色色的语言要素所对应的观念就是集体表现。

甚至可以说,语言要素的内容也证明了同样的事实。实际上,在我们所使用的日常语词中,几乎所有语词的意义都或多或少地超出了我们个人经验的范围。我们经常会使用某些术语来表达我们从未感觉到的事情,表达我们从未有过的或从未见证的经验。即使我们能够了解到与之有关的某些对象,但它们也不过是用来说明观念的某些特殊例子,概念绝不可能靠这几个对象就能形成。由此可见,语词中浓缩了大量的知识,但这些知识并不是由我收集来的，它不是个体的知识；这些语词远远超出了我的范围，以至于我甚至完全无法预见到它们所产生的各种后果。在我们中间，有谁能够知晓他所说的所有语词呢？又有谁能够完全了解每个语词的全部意涵呢？

由此，我们可以确定我们所说的"概念即是集体表现"的含义了。概念是属于整个社会群体的，这不是因为它们代表着相应的个体表现的平均水平；如果是这样，它们在智力内容上就要比个体表现匮乏得多，而事实上，它们所包含的知识却远远超出了个体的平均水平。概念并不是仅仅存在于特殊意识中的实在的抽象，而是具体的表现，是如同个体在他自己的个人环境中所形成的表现一样的具体表现；概念所对应乃是社会这种特殊的存在依据其自身经验来看待事物的方式。事实上，如果概念几乎总是一般的观念，如果它们所表达的是范畴和类别，而不是特定的对象，那是因为社会对事物的特殊性和可变性很少感兴趣；正因为社会的范围非常广，所以只有事物一般的、永久的性质才能对它起作用。故而社会只注意事物的这些侧面，只从大的方面来观察事物，只看到事物普通的方面。但是，这种一般性对概念来说并不是必不可少的，在任何情况下，即使这表现往往带有一般的性质，概念也还是社会的作品，还要靠社会经验加以丰富。

这就是概念思维对我们具有如此重大的价值的原因所在。如果概念仅仅是一般的观念，它们就不会极大地丰富我们的知识。如上所述，在一般之中，不可能包含有超出特殊之外的东西。然而，如果概念首先是集体表现，它们就能够在我们的个人经验所得之上，再增添群体千百年来所累积起来的所有的智慧和科学。借助概念进行思考，不仅能够看到实在中最一般的方面，同时还可以把一束光投射在我们的感觉上，照亮、穿透、改变这些感觉。要理解某种东西，既包括更确切地了解它的基本要素，也包括确定它的位置；因为每一种文明都有其独特的概念组织体系。在这个观念图式面前，个体的处境就像柏拉图的“理性”（νοῦς）面对理念世界时一样。个体必须吸纳它们，因为他必须掌握这些概念才能与他人相互交往，但是，这种吸纳总是很不完美的。我们每一个人都是以自己的方式来看这些概念的。其中，有些概念根本不为我们所知，或者逃出我们的视野之外；还有一些概念，我们仅仅知道它的某些方面。甚至对大多数概念来说，我们竟然把它们误用了；因为它们的本性是集体的，所以在转化为个体概念的时候，它们不可能不被修正和更换，以致最后被窜改。于是我们的相互理解就存在着极大的麻烦，甚至使我们不自觉地相互欺骗：这是因为，尽管我们都在使用同样的语词，但对这些语词含义的理解却大相径庭。

现在，我们能够明白社会在逻辑思维的形成过程中究竟起到什么样的作用了。只有当人们在感官经验所形成的即兴的概念之上，成功地形成了作为所有智识之共同基础的、整个稳定的观念世界时，逻辑思维才成为可能。事实上，逻辑思维始终都不是个人的思维，在任何时代里，它都是一种“具有固定形式”（*sub species œternitatis*）的思想。真理的两大特征，就是非个人性和稳定性。那么很明显，逻辑生活的前提就应该是：人们知道，或至少有些模糊地知道，存在着有别于感觉表象的真理之类的东西。然而，人们是怎样产生这种想法的呢？一般而言，我们谈及真理时，好像人们在这个世界上一睁开眼，真理就已经自动地呈现在人们眼前了。

然而在切身体验中，并没有什么东西能够证明有真理存在；甚至有些东西与真理是相悖谬的。孩子和动物就不会想到这些问题。历史告诉我们，历经千百年，真理才得以显露和确立。在我们西方世界中，只有通过伟大的古希腊思想家，人们才能开始清楚地意识到真理的存在和它带来的结果；柏拉图在他的华美语言里已经转达了人们发现真理时的惊喜。既然只有到了这个时代，这种观念才表达为哲学的程式，那么在此之前，它肯定还处在朦朦胧胧的情感阶段。哲学家们曾经企图细致地阐明这种情感，但是他们没有获得成功。他们要想反思它、分析它，首先就必须得到它，努力去了解它的来源，也就是说，要了解究竟从什么样的经验中才能找到它。而这种经验就是集体经验。正是以集体思想的形式，非个人思想首次向人性显露出来；我们不知道这种显露还会采取什么其他方式。社会是存在的，我们仅从这个事实出发，就可以知道整个表现体系不仅超乎于个体的感觉和意象，而且还具有某些奇妙的属性。借助这个体系，人们才能相互理解，智慧才能相互领会。在这个体系中，存在着一种力，或者是道德的支配力，能够对个体心灵产生影响。这样一来，个体至少会模模糊糊地感受到这样一种事实：在私人观念之上，还存在着一个绝对观念的世界，他必须依据这种观念来塑造自己的观念。当他步入整个理智王国的时候，唯能有偶得之见而已，因为他要比这个王国渺小许多。这就是个体对真理领域的最初直觉。从他第一次意识到这些更高级的观念起，他就开始仔细考察它们的性质；他想要搞清楚这些卓越的表现为何会享有特权。只要他认为自己找到了其中的原因，他就会着手使这些原因为自己发挥作用，以便依靠自己的力量来获取这些

原因所造成的结果；也就是说，他认为自己有权制造概念了。这样，制造概念的能力就个体化了。不过，要理解这些概念的起源和功能，还必须把它们与其赖以生存的社会条件联系起来。

人们可以反驳说，我们仅仅说明了概念的一个方面，它的独特作用并不是保证心灵之间的协调，在更大程度上，其作用是要保证心灵与事物本质之间的协调。这似乎是说，概念的存在必须以真实性，也就是客观性为条件；它的非个人性似乎仅仅是客观性的结果。无论我们对事物的考虑何等充分，心灵也要进行沟通。但我们没有否认这并不是概念发展的全部方向。我们最初获得的概念肯定是真实的，因为当它从集体的形式变成不再是集体的时候，必须以真实性为条件；我们在相信它之前，要对它验明正身。不过，我们也不能无视这个事实：即使在今天，我们所使用的绝大多数概念也不是条理清晰地构成的；在我们从语言，即共同经验中获得概念时，并没有让它们经受任何批判。经过科学阐发和批判的概念总是极少的。此外，从科学中获得的概念与完全从集体中获得权威的概念只有程度上的差别。正因为集体表现是集体的，所以它才能保证它的客观性：如果没有充分的理由，它就不可能变得普遍化，也不可能长久地维持下去。如果它不符合事物的性质，就不可能在理智之上扩展并保持其威权。归根结底，科学概念之所以能够受到人们的信任，是因为它在方法上是可以控制的。不过，集体表现也必须受到无限期的核查；因为每个接受它的人，都在根据自己的经验来检验它。因此，集体表现不可能完全不符合它的对象。诚然，概念很有可能会通过不很完善的符号表达出来，但科学符号本身也总是近似的。我们研究宗教现象所采用的方法，也正是以

这个原则为基础的。我们作为公理的是:不管宗教信仰表面上如何奇异,其中必然包含着真理,而这真理正是我们应该去揭示的。[11]

另一方面,仅仅因为概念具有客观价值,就认为概念可以获得权威,也是不正确的,即使对那些根据科学法则而确立起来的概念而言,也是如此。只因为它们是真实的,就要让人们相信它,这是不够的。假如它们与其他信仰和观点不一致,也就是说,假如它们与其他大量集体表现不协调,它们就要受到人们的否定;心灵会将它们拒之门外,就像它们根本没有存在过一样。今天,概念只要贴上科学的标签,通常就足以赢得人们特殊的信任,这是因为我们信仰科学。但是,这种信仰与宗教信仰并没有什么本质上的不同。我们之所以认为科学有价值,是因为我们依据它的性质以及它在生活中的作用,集体地形成了这种观念;这就是说,它表达了一种舆论状态。事实上,在所有社会生活中,科学都是以舆论为基础的。毫无疑问,这种舆论既可以作为研究的对象,也被当作是构成科学的基础;原则上讲,社会学就是这样构成的。不过,有关舆论的科学并不会产生舆论;这种科学只是观察舆论,使之更清楚地被意识到。的确,通过这种方式,科学会使舆论产生变化,但就是在科学似乎正欲确立自己法则的时候,科学还得继续依赖舆论。正像我们已经指出的那样,科学作用于舆论的必备力量恰恰是在舆论中获得的。[12]

如果说概念表达了社会用以表现事物的方式,也就等于说概念思维是与人性相伴而生的。我们不认为概念思维是后来文化的产物。一个不用概念进行思想的人,不能算作人,因为他不是社会存在。如果人只剩下个人感觉的话,他与动物就没有什么区别了。如果有人会持有相反的论点,那是因为他们用非本质的特性界定了概念。概念曾经被等同于一般观念[13],被等同于具有明确界限和阈限的一般概念[14]。在这些条件下,低级社会里就显得好像没有真正称得上是概念的东西;因为那时候概念刚刚开始普遍化的粗陋进程,他们所使用的概念通常都没有完善地界定。但是,我们所使用的绝大多数概念也同样是不确定的;只有经过讨论,或者经过仔细的钻研,我们才会迫使自己给概念下定义。我们已经看到,构想的过程并不是普遍化的过程。用概念进行思考,也不是把某些对象的共同特征简单地加以分解组合,而是要把可变性与永久性、个体与社会联系起来。既然逻辑思维起始于概念,那么可知它是始终存在的。历史上并不存在着人们长期生活在混乱和矛盾中的时期。可以肯定,我们不能过分强调逻辑在不同历史时期所表现出来的不同特征。逻辑也像社会一样在不断发展;然而,不论其差别到底有多大,它们都不会使我们忽略它们的相似之处,因为相似性同样也是本质的。

4

现在,我们要讨论最后一个问题,这个问题其实在“导言”里就已经提出来了。[15]在本书以下的部分中,我们将设法解释这个问题。我们已经看到,至少有某些范畴是社会性的。然而问题是,这些范畴究竟是在哪儿获得这种性质的。

毫无疑问,我们很容易就能理解,既然范畴本身就是概念,那么它们就是集体的产物。甚至可以说,再也找不出其他概念能够像范畴这样明显地带有集体表现的迹象的了。实际上，它们的稳定性和非个人性很显著，以至于人们总认为它们是普遍的、永恒不变的。而且，范畴表达了心灵达成共识的基本条件，那么它们似乎显然是由社会精心构筑的。

然而，范畴所涉及的问题要复杂得多，因为只是在另一种意义上，或者说在次要方面，它们才是社会的。范畴不仅来自于社会，而且它们所表达事物也具有社会性质。它们不仅是社会建立的，其内容也包括了社会存在的各个不同方面。类别范畴起初与人类群体的概念就没有分别；时间范畴以社会生活的节奏为基础；社会所占据的地域为空间范畴提供了物质基础；而集体力不仅是有效力量的原型，而且也是因果范畴的基本要素。可是，范畴并非专供社会领域使用，它们牵涉到了所有的实在。那么，它们是如何从社会那里得到这些模型，并使自己建立在这些模型之上的呢？

这是因为，范畴是最高的概念，在我们的知识中起着举足轻重的作用。实际上，范畴的功能就是去支配和包容其他所有概念；它们是精神生活的永恒模式。为了能够包纳此类对象，它们必须建立在同样博大的实在之上。

毫无疑问，范畴所表达的关系隐藏在个体意识之中。个体总是生活在时间中，正如我们所说，他会对时间流向产生某种感觉。在空间中，他始终处在某个确切位置，并能够恰如其分地把持住所有与之相关的特殊感觉。[16]他会产生相似感：类似的表现被集中起来，通过这种表现的集合形成的新的表现具有某种一般性。从相继出现的现象中，我们还会产生出某种有序感：甚至连动物也有这种能力。但是，对于那些能够认识到这些关系的个体来说，所有这一切都肯定是个人的。于是乎，这种个体获得的观念根本无法超出他自己的狭窄视野。各种相似的意象融合起来，在我们的意识中就会形成通属的意象，但它却只能表达我直接感受到的对象；根本不会使我产生类别的概念，也就是说，不会产生作为某种模式，能将满足相同条件的所有可能的对象"整"体包括进去的那种概念。而且，首先必须要有群体的观念，仅仅对我们内心生活的观察不可能在我们心中引发群体的观念。另外，最重要的是，不管个体经验有多么广泛持久，都不可能猜度到整体类别的存在，这种类别能够包纳所有的单个存在，在它面前，其他类别不过是并行的或次级的种类。"全"这个观念是我们刚刚引述的分类的基础，它不可能来源于个体，在个体与全体的关系中，涉及个体的仅仅是一部分，个体只是实在中微不足道的一小点儿。也许，再也没有比类别范畴更加重要的范畴了；因为范畴的作用就是把所有其他概念包纳进来，这种至上的范畴看来就是总体的概念。知识理论家们通常都认为它源于自身，而实际上，它最大限度地超出了每个个体意识能够单独获得的内容。

同理，我通过感觉所了解到的空间，都是以我为中心的，其中各种事物的分布都与我有关。这种空间不可能是一般意义上的空间，后者包括所有的空间范围，只能用人所共知的标线画出坐标。同样，我通过自己并在自己内心感觉到的具体绵延，并不会向我提供一般的时间观念：前者所表达的仅仅是我个人的生活节奏，而与后者相应的节奏却不是个体特定的生活节奏，而是所有人都参与其中的生活节奏。[17]最后，根据同样道理，按照我的感觉依次出现的方式，我所能构想的有序状态对我个人来说可能是有价值的；

根据我所观察到的两个现象，这种有序状态可以解释为什么我在第一个现象出现以后，会预期第二个现象的出现。但是，这种个人的预期状态绝对不能与前后相续的普遍秩序概念相混淆，后者可以将自身强加在所有心灵和事件之上。

既然整个概念体系所表达的世界就是有关社会的世界，那么唯有社会才能提供表现这个世界的最一般的观念。只有包容了所有单个主体的主体才能领会这样的客体。倘若宇宙不被意识到，它就不可能存在，而且只有社会才能全面意识到宇宙的存在，因此，宇宙存在于社会之中；于是，宇宙就变成了社会内在生活的一部分，社会是一个总体，在此之外任何事物都不存在。总体概念就是社会概念的抽象形式：社会是包容一切的整体，是包容所有其他类别的最高类别。所有原始分类都建立在这个终极原则之上，据此，各个领域的事物都像人一样，按照社会形式被安置和分类。[18]但是，如果世界存在于社会之内，那么社会所占据的空间就会与一般的空间混同为一。实际上，我们已经看到，各种事物如何被指定在社会空间的各个位置上。这种定位完全是理想的，根本不像是由我们的感觉经验所单独决定的那样；这清楚地表明，社会空间所具有的一般性绝不是我们所能感受到的具体范围可以与之相提并论的。[19]同样，集体生活的节奏控制并包括了所有各种不同的基本生活节奏，它就来自于这些生活节奏；因而，集体生活所表达的时间也最终控制和包括了所有特定的绵延。这就是一般的时间。长期以来，世界历史仅仅是社会历史的另一面。它们是同时起步的；世界历史的不同阶段取决于社会历史的不同阶段。这种非个人的和总体的绵延是可以测量的，其分解与组合的相关线索，是由社会

集中与扩散的过程确定的；或者进一步说，是由集体复苏的周期必然性确定的。这些紧要时刻之所以往往与诸如斗转星移、季节交替等反复出现的物质现象联系起来，是因为它们本质上是由社会组织起来的，而客观记号必然会使之为全体社会成员所知晓。最后，因果关系也同样如此，从它由群体集体地表达出来之日起，就独立于任何个体意识，凌驾于所有特定的心灵和事件之上。这种规律所具有的价值不取决于任何人。我们已经清楚地表明了它的起源。

此外，还有个理由可以说明为什么范畴的构成要素应该来源于社会生活：这是因为，这些要素所表达的关系只有在社会中并通过社会才能被了解。从某种意义来说，如果它们内在于个体生命，他就没有理由，也没有办法去了解它们、反映它们，或者把它们塑造成为明确的观念。要从个人出发确定自己的空间位置，要知道究竟在什么时候去满足自己的各种生理需要，他根本没有必要毕其功于一役，去创造时间和空间的概念表现。许多动物都能找到通向它们所熟悉的地方的道路；在恰当的时候，它们就会回到这些地方，它们根本用不着任何范畴，单凭感觉就足以自然而然地引它们上路。如果人类的感觉只需满足个体需要，那么它们对人类来说已经足够了。只要知道我们接触过的事物有些是类似的，我们就根本没有必要去把它们归为一组或一类。相近的意象会彼此启发并结合起来，就足以产生相似感。所以，对我们曾经看到过或体验过的某种事物所产生的印象，并不意味着分类。如果仅仅为了个人方便，那么知道自己想要什么或不想要什么就行了，我们没有必要根据逻辑把这两种结果与它们的原因联系起来。纯粹的经验次序以及具体表现之间的紧固联系，已经足以引导意志了。其实，不仅动物只有感觉，我们人的活动也常常并不依靠其他什么东西。细心的人能够非常清楚地感觉到什么是必须做的，但他通常却不能将其表述为一种一般的规律。

对社会来说，情况就不同了。只有当构成社会的个体和事物都被划分成某些明确的群体，也就是说被分类以后，只有当这些群体按照其相互关系被分类以后，社会才有可能形成。社会要以自我意识的组织为条件，而自我意识的组织恰恰就是分类。这种社会组织自然而然地会在它所处的空间中扩展自身。为了避免发生冲突，社会必须为每个特定群体指定一部分空间：换句话说，就是对一般空间进行划分、区别和安排，而这些划分和安排必须让每个人都知道。另一方面，每次为庆典、狩猎或军事征战而进行的召集，都意味着固定的和被确认的日期；于是，就有了大家都能同样接受和感觉到的共同的时间。最后，很多人要想为同一个目的而合作，就必须就该目的与实现该目的的手段之间所存在的关系达成共识；也就是说，在这项事业中，所有合作者都必须承认同一种因果关系。因此，社会时间、社会空间、社会类别以及因果关系就应该是相应范畴的基础。这并不出乎意外，因为只有冠以社会形式，这些不同的关系才能为人类的智力所清晰地把握。

总之，我们必须指出，社会绝对不是无逻辑的或反逻辑的存在，也不是混乱的和虚幻的存在，尽管人们常常这样认为。恰恰相反，集体意识是精神生活的最高形式，因为它是各种意识的意识。既然集体意识超然于和凌驾于个体的和局部的偶然性之上，它就会从永恒和本质的方面来看待事物，并将此结晶化为可沟通的观念。与此同时，集体意识既站得高，又看得远；在任何时候，它都包容了所有已知的实在；正因为如此，唯有它才能为心灵提供可以适用于事物总体的模式，并使这些事物具有被理解的可能性。这些模式并不是人为创造出来的，而是从社会本身发现的；社会所做的只是逐渐意识到了它们。这些模式所转达的现实的存在方式见于现实的任何阶段，但只有当现实达到高潮时，它们才表现得最为明显，因为只有当精神生活经历过极度复杂的过程，才会迫切需要意识在更大程度上的发展。我们说逻辑思维起源于社会，并不是想去贬低它、降低它的价值，也不是想把它还原为人为合成的体系；恰恰相反，我们只是把它与它的产生原因自然而然地联系了起来。不过，这并不等于说，借此阐发的观念即刻就能与它们的对象环环相扣。虽然社会对个体来说是普遍的，但其本身也具有个体性，社会有自己独特的面貌和癖性；社会是一个特殊的主体，不论它在想些什么，都会带有特殊的性质。因此，集体表现也包含有主观因素，如果我们想更加接近现实，就必须逐步根除这些主观因素。然而，不论集体表现在刚刚形成的时候有多么粗陋，但事实上，正因为有了集体表现，全新的心态才开始萌发，而单靠个体的力量，无论如何也不可能把自身提高到如此程度：正是借助集体表现，人类才能够开辟出通向稳定的、非个人的和有组织的思想的道路，剩下的事情，就是任这种思想纵横驰骋了。

而且，决定这种发展的原因，似乎与它的原动力并没有什么特别的不同。如果说逻辑思维越来越倾向于摆脱其来源中所具有的主观因素和个别因素，这并不是因为某些超社会的因素的介入，而是因为一种新的社会生活在蓬勃开展。正是这种族际生活使宗教信仰普遍化了。随着这种生活的不断扩大,集体的视野变得日益广阔;社会也不再仅仅呈现为一个唯一的整体,它逐渐变成了规模更大的整体的一部分。这个新的整体没有明确的疆界,它可以永无止境地发展。于是,依据原始分类确立起来的社会模式,无法继续容纳各种事物;事物必须根据它们自己的原则被重新组织起来,从而逻辑组织渐渐与社会组织区别开来,变得更加自主。实事求是地说,人类的思想绝不是原始的事实;思想是历史的产物,是我们无限趋近却几乎永远不能达到的理想的极限。

因此,人们通常所认为的"科学独霸一方,道德和宗教独霸另一方,两者之间势不两立"的看法是极其荒谬的。实际上,这两种人类活动的方式同出一脉。康德对此颇为清醒,因而把思辨理性和实践理性看成是同一种能力的两个不同侧面。根据他的说法,两者之所以是统一的,是因为两者都是趋向普遍的。理性思维是根据统摄合理存在的法则而形成的思维;道德行为是依据与所有意志不相冲突的准则而从事的活动。换言之,科学与道德都意味着个体有能力超越自身特有的观点,过一种非个人的生活。事实上,这无疑是所有思想和行为之高级形式的共同特点。然而,康德的体系并没有解释人类下述矛盾的起源:为什么人类不得不竭力摆脱个体性而伤害自身呢?反过来说,为什么非个人法则一定要通过具体化为个体而消弭自身呢?这是不是说,我们同时参与到了两个截然对立的世界之中,一个是物质和感性的世界,另一个是纯粹的、非个人的理性的世界呢?但这种回答只不过是在用略有差别的说法来重复问题,因为我们试图发现的正是我们为何要同时过这样两种生活。尽管这两个世界表面上是相互龃龉的,但却

从来没有远离对方而存在，为什么它们在彼此对立的同时，却又必须互相渗透呢？对这种独特的必然性，以往只有一种解释，那就是“人类的堕落”。但这个答案却面临着各种难题，在此也无需赘述了。与之相反，如果我们一旦发觉非个人的理性只不过是集体思想的另一个名字，那么这个问题的所有神秘色彩也就荡然无存了。因为只有通过个体所组成的群体，这种理性才成为可能。群体必须以个体为前提，反之，个体也必须以群体为前提，因为个体只有组成群体，才能继续存在下去。唯有通过特殊意志的合作，目的王国和非个人真理才能得以实现。而特殊意志分享目的和非个人真理的理由，也就是它们进行合作的理由。概言之，在我们的心中，存在着某种非个人的因素，因为某种社会的因素内在于我们每一个人。既然社会生活既包括表现又包括实践，那么这种非个人性就自然而然地扩展到了观念和行为上面。

看到我们把最高形式的思想与社会联系了起来，也许有人会感到惊诧：相对于我们通常赋予结果的价值而言，原因显得过于卑贱。感觉和欲望的世界比起理性和道德的世界，实在是相差太远了，后者似乎应该能够通过一种创造性的行为，将其自身加诸前者。不过，我们说社会在人类本性的创生过程中发挥了决定性的作用，也并没有否定上述这种创造；因为社会的创造力是任何其他已知的事物都无法比拟的。事实上，所有创造，只要不是处在科学和知识的范围之外的神秘运作，就是综合的产物。而既然发生在每个个体意识中的各种特殊概念综合起来，就已经能够产生大量的新鲜事物，那么构成社会的全部意识的综合究竟会产生多么大的效力啊！社会是物质力量和精神力量的最强劲的组合,自然已经为我们提供了例证。在社会之外的其他地方,我们怎么能找到如此内容丰富、高度集中的物质啊!那么,从社会中分离出了一种更高的生活,它反作用于产生它的各种要素,使这些要素提高到更高的生存水平并且转变了它们,也就没有什么出乎意料的了。

由此可见,社会学注定要开辟一条通往人的科学的新途径。迄今为止,思想家们都面临着这种两难抉择:如果把人类高超的、特殊的能力与他们卑贱的存在方式联系起来,把理性和感觉联系起来,把精神和物质联系起来,去解释人类的这些能力,那么就等于是否认了人类的绝无仅有的性质;而如果把人类高超的、特殊的能力归结为假定的超验实在,那么又无法通过观察使之得以确立。他们之所以遇到了这样的难题,是因为这些思想家始终把个体看作是终极自然(*finis naturœ*);好像除了个体之外就不再有超越其上的存在了,或者至少没有科学能够触及的东西。然而,只要我们认识到在个体之上还有社会,而且社会不是理性创造出来的唯名存在,而是作用力的体系,那么我们就有可能通过一种新的方式来解释人类。我们在保留人类的独特之处时,也不必再将它们置于经验之外。至少,在我们踏上这条不归之路以前,应该好好审视一下:那种存在于个体之中,又超越于个体的存在是否来自于我们能够在社会中经验到的超个体实在。诚然,我们目前尚无法确定这种解释究竟能够达到怎样的程度,也无法肯定它在根本上是否可以解决所有问题。不过,我们同样也不可能预先标出这种解释所无法逾越的极限。我们的要务,就是要尝试这种假设,尽可能条理清楚地对证事实。这正是我们的探索。

注　释

[1] 威廉·詹姆士:《宗教体验种种》。

[2] 威廉·詹姆士:《宗教体验种种》中的引文,第 20 页。

[3] 参见本书,第 313 页及以下诸页。

[4] 只有一种社会活动与宗教活动没有明显的联系:它就是经济活动。有时候,某些导源于巫术的过程,就其事实本身而言,也只是间接地起源于宗教。但经济价值也是一种力量或效力,而且我们已经了解到力量的观念具有宗教起源。再者,富有可以带来曼纳,因此富有中也包含曼纳。这就说明经济价值的观念和宗教价值的观念是不无联系的。不过,这种联系的性质目前还没有人去研究。

[5] 因此,弗雷泽以至普罗伊斯都将非人格的宗教力排除在宗教之外,或至少认为它们只是处在宗教的入口处,都应该归结为巫术。

[6] 布特鲁:《科学与宗教》,第 206—207 页。

[7] 参见本书,第 521 页及以下诸页。关于同样的问题,还可参阅拙文:《个体表现与集体表现》,载于《形而上学评论》,1898 年 5 月。

[8] 威廉·詹姆士:《心理学原理》,第 1 卷,第 464 页。

[9] 不能将概念的普遍性与一般性相混淆,它们是截然不同的事情。我们所说的普遍性,是指概念能够在许多人的心灵中得到沟通的特性;而且在原则上,它能够在所有的心灵中得到沟通。但这种可沟通性却与其外延的程度毫不相关。如果概念仅仅适用于一个对象,那么它的外延就会因此变得很小,但这对每个人来说都是一样的;有关神祇的概念就是这种情况。

[10] 有人会反对说,思想方式和行动方式,作为反复重复的单纯结果,往往会在个体身上固定和结晶,成为抵制变化的各种习惯。然而,习惯只不过是在同样的情况下自动重复行动或思想的倾向;它绝不意味着,这种行动和思想是通过某种示范类型的形式施加或强加在心灵或意志之上的。只有当这种类型确立之后,即某项规则或标准建立之后,社会行动才能够并将会出现。

[11] 这样,我们会发现,仅仅因为概念来源于社会,就认为概念缺少客观性的观点是完全错误的。

[12] 参见本书,第 289 页。

[13] 列维—布吕尔:《低级社会中的精神功能》,第 131—138 页。

[14] 列维—布吕尔:《低级社会中的精神功能》,第 446 页。

[15] 参见本书,第 19 页。

[16] 威廉·詹姆士:《心理学原理》,第 1 卷,第 134 页。

[17] 人们通常在谈到空间和时间的时候,好像它们仅仅是具体的广袤和绵延,就像是个体意识所感受到的那样,只不过由于抽象作用而使其具体性比之个体感受有所弱化罢了。但实际上,它们是与之完全不同的表现,它们是由另外的要素,根据不同的安排,为了不同的目的而产生的。

[18] 归根结底,总体的概念、社会的概念以及神性的概念,都很有可能只是同一观念的不同方面。

[19] 参见拙著:《分类的几种原始形式》,第 40 页及以下诸页。

人名对照表

A

Achelis 阿塞利斯

B

Bachofen 巴霍芬
Barth 巴特
Basedow, H. 巴泽多
Mrs. Bates 贝特斯夫人
Bergainge 贝盖耶
Bishop, J. 毕肖普
Boas 博厄斯
Bogoras, W. 博格拉斯
Bourke 伯克
Boutroux 布特鲁
Bréal, M. Michel 布列尔，米歇尔
Bridgmann 布里奇曼
Brinton 布林顿
Bruno, Alessandro 布鲁诺
Burnouf 伯恩诺夫

C

Cameron, A. L. P. 卡梅伦
Casalis 卡萨利斯
Catlin 卡特林
Charlevoix 夏洛瓦
Cicero 西塞罗
Clement 克雷芒
Clodd 克劳德
Codrington 考德林顿
Collins 柯林斯
Comte 孔德
de Coulanges, Fustel 古朗治
Crawley 克劳利
Culin 库林
Curr 科尔
Cushing 库欣

D

Dall 达尔
Dawson 道森
Dodge 道奇
Dorsey 多尔西
Druijt 德鲁伊特

E

Eylmann 埃尔曼
Eyre 埃尔

F

Fewkes, J. W. 福沃克斯
Fison 菲松
Fletcher, Alice C. 弗莱彻
Frazer 弗雷泽

G

Gallatin, F. 加勒廷
Gason 加松

Gaza 加沙
Gennep 甘奈普
Gillen 吉兰
Grey 格雷
Grimm 格林
Gruppe 格鲁普

H

Hadden 哈登
Hagelstrange 哈格斯特兰格
Hamelin 哈梅林
Hartland,Sydney 哈特兰,西德尼
Hearne,Samuel 赫恩
Heckewelder 海克维尔德
Henderson 汉德森
Hertz 赫兹
Hodge 霍奇
Hoey 霍伊
Howitt 霍维特
Hubert 胡伯特

J

James,William 詹姆士,威廉
Jevons 杰文斯
Jones,Peter 琼斯

K

Kant 康德
Kemp 肯普
Kempe 肯佩
Kern 克恩
Klaatsch 克拉奇
Krauss 克劳斯
Krichauff 克里恰夫
Kruijt 克鲁伊特
Kuhn,Adalbert 库恩,阿达尔伯特
Kuhn,Ernst 库恩,恩斯特

L

Lacassagne 拉卡萨耶
Lafitau 拉菲杜
Lang,Andrew 兰,安德鲁
Liebniz 莱布尼茨
von Leonhardi 莱奥哈蒂
Lévy-Bruhl 列维一布吕尔
Lombroso 隆罗索
Long,J. 朗

M

MacLennan 麦克伦南
Mallery,Garrick 马莱利
Mannhardt 曼哈特
Marillier 马里利埃
Marrett 马瑞特
Mathews,John 马休,约翰
Mathiez,Albert 马蒂兹
Maudsley,H. 莫斯黎
Mauss 莫斯
Meillet 梅耶
Meyer 迈耶尔
Mindeleff 明德莱夫
Morgan,L. H. 摩尔根
Müller,Max 缪勒,马克斯

N

Negrioli 纳格瑞奥利

O

Oldenberg 奥登伯格
Oxley 奥克斯利

P

Palmer 帕尔默
Mrs. K. Langloh Parker 帕克夫人,或帕克
Parkinson 帕金森

Pascal　帕斯卡
Paul ex Fest　菲斯特的保罗
Perdrizet,P.　佩德里亚特
Petitot　贝蒂杜
Petrie　皮特里
Pickler,Julius　皮克勒
Pliny　普林尼
Powell,J. W.　鲍威尔
Preller　普莱勒
Preuss　普罗伊斯
Procopius　普罗科匹厄斯

R

Ratzel　拉策尔
Renan　勒南
Réville,M.　雷维尔
Richard　理查德
Ridley　里德雷
Riggs　里格斯
Rivarol　里瓦罗尔
Rivers,W. H. R.　里弗斯
Roth　罗斯
Rtael　阿提尔

S

Sabatier　萨巴蒂埃
Sagard　萨加德
Samter　萨姆特
Say　萨伊
Schmidt,Father　施密特教父
Schmidt,P. W.　施密特
Schoolcraft　斯库克拉夫特
Schultze　舒尔策
Schürmann　舒尔曼
Schwartz　施瓦茨
Seed　席德
von den Seinen　塞恩
Smith,Erminnie,A.　史密斯
Mrs. James Smith　史密斯夫人
Smith,Robertson　史密斯,罗伯逊
Smith,W. R.　史密斯
Smyth　史米斯
Spencer,B.　斯宾塞,鲍德温
Spencer,H.　斯宾塞,赫伯特
Squire　斯奎尔
Stanbridge,W. E.　斯坦布里奇
Steinen　施泰恩
Steinthal　施泰因沙尔
Mrs. Stevenson　斯蒂文森夫人
Stewart,D. S.　斯图尔特
Stirling　斯特林
Stoll　斯托尔
Strehlow　欺特莱罗
Swan,C.　斯旺
Swanton　斯万顿
Szomolo　佐莫罗

T

Taplin　泰普林
Teit　泰特
Tesa　泰沙
Theal,G. McCall　梯尔
Thévenot　泰弗诺
Thomas,N. W.　托马斯
Threlkeld　特雷基尔德
Tout,Hill　托特,希尔
Tregear,F.　特莱基尔
Turner　特纳
Tylor　泰勒

U

Usener　尤瑟纳尔

V

de Visser,V. W.　维塞

W

Waitz 瓦茨
Warneck 瓦奈克
Westermarck 韦斯特马克
Prinz zu Wied 维德亲王
Wilken 维尔肯
Windelbrand 文德布兰德
Withnal 韦斯纳尔
Wood 伍德
Woods 伍兹
Wundt 冯特
Wyatt 怀亚特

民族(部落)译名对照表
(含部分胞族)

国家和地区名代号(按音序排列)

澳	澳大利亚
巴西	巴西
加	加拿大
美	美国
缅	缅甸
南非	南非地区
伊里安	伊里安岛
印尼	印度尼西亚
中非	中非地区
太	太平洋地区

A

Algonquin 阿尔衮琴人[美,加]
Anula 阿努拉人[澳]
Arapah(Arapaho)阿拉帕霍人[美]
Arunda/Aranda 阿兰达人[澳]
Assiniboin 阿西内本人[美]
Atai 阿泰人[太]

B

Bantou(Bantu)班图人[中非,南非]
Barkinji 巴尔金吉人[澳]新南威尔士
Basouto 巴苏陀人[南非]
Batak 巴塔克人[印尼]苏门答腊
Batta 巴塔人[印尼]苏门答腊
Baundik 班迪克人[澳]新南威尔士
Bechuana 贝专纳人[南非]
Bengal 本加尔人[澳]
Binbinga 宾宾加人[澳]北部
Bororo 博博罗人[巴西]
Buntq-Murra 班克一穆拉人[澳]东南部
Bussel 布塞尔人

C

Choctaw 乔克托人[美]
Creek 克里克人[美]

D

Dakota 达科他人[美]苏人一支
Dallmannhafen 达尔曼哈芬人[太]
Delaware(s)德拉瓦尔人[美]
Dieri 迪埃里人[澳]

E

Euahlayi 埃瓦拉伊人[澳]

G

Geawe - Gal 格亚维一加尔人[澳]
Gnangi 格南吉人[澳]
Gourmditch 贡迪奇人[澳]
Gourmditch-mara 贡迪奇马拉人[澳]维多利亚
Guanji 关吉人[澳]北部

H

Haida 海达人[加,美]
Hidatsa 希达察人[美]
Hopi 霍皮人[美]
Hupa 乌帕人[美]
Huron 休伦人[美]易洛魁人的一支

I

Iowa 衣阿华人[美]
Iroquois 易洛魁人[美]

K

Kabi 卡比人[澳]昆士兰
Kaiabara 卡亚巴拉人[澳]昆士兰
Kaitish 凯蒂什人[澳]北部
Kamilaroi 卡米拉罗伊人[澳]
Kansas 堪萨斯人[美]
Karaya 卡拉亚人
Karingbool(Karingbal)卡林巴尔人
Katchin 克钦人[缅]
Kati 卡蒂人[伊里安]
Kindred 金得里人[澳]北部
· Kingilli 金吉利人,瓦拉蒙加人的两个胞族之一
· Kroki 克罗奇,甘比尔(Gambier)山部落的一个胞族
Kuinmurbura 库因穆尔布拉人[澳]昆士兰
Kulin 库林人[澳]
Kumite 库米特,甘比尔(Gambier)山部落的一个胞族
Kuringal 库林加尔人
Kurnai 库尔奈人[澳]维多利亚
Kurnandaburi 库尔南达布里人[澳]昆士兰
Kwakiutl 夸扣特尔人[北美]北部沿海

L

Larakia 拉拉基亚人[澳]
Loritja/Luritcha 洛里查人[澳]

M

Mandan 曼丹人[美]
Mara 马拉人[澳]北部
Milpulko 米尔普尔科人[澳]新南威尔士
Minnitaree 明尼塔里人[美]
Molonga 莫龙加人[澳]昆士兰
Moqui 莫基人[美]
Muruburra 穆鲁布拉人[澳]昆士兰

N

Narrinyeri 纳里涅里人[澳]
Ngarigo 纳里格人[澳]维多利亚
Ngeumba 恩格翁巴人[澳]
Ngrrigo 恩格里格人[澳]
Nimbaldi(Nimbalda)宁巴尔达人[澳]
Niol-niol 纽尔纽尔人[澳]
Nootka 努特卡人[加]

O

Ojibway 奥杰布韦人[加,美]
Omaha 奥马哈人[美]
Osage 奥塞奇人[美]

P

Parnkalla 潘卡拉人[澳]

Paruinji 帕鲁因吉人[澳]新南威尔士
Pitta-Pitta 皮塔一皮塔人[澳]
Ponka 蓬卡人[美]
Pueblo 普韦布洛人[墨、美]

S

Salish 萨利什人[美,加]
Samoa 萨摩亚人[太]波利尼西亚
Sauk 索克人[美]
Shawnee 沙瓦尼人[美]
Shoshone 肖肖尼人[美]
Shushwap 舒什瓦普人[加,美]
Sioux 苏人[美,加]
Skaulits 斯考里兹人
Statlumh 斯塔鲁姆人[澳]
Stseelis 斯奇里斯人

T

Tamaniu 塔马纽人[太]
Thompson Indians 汤普森印第安人[加]
Tinneh(Tinne)廷内人[加]
Tjingilli/Chingalee 津吉利人[澳]
Tlinkit 特林基特人[美,加]
Tobabatak 托巴巴塔人[印尼]
Tsimshian 钦西安人[加]
Tusayan 图萨扬人[北美]

U

· Uluuru 乌鲁鲁人[澳],瓦拉蒙加人的两个胞族之一
Umbaia 翁巴亚人[澳]北部
Umbara 翁巴拉人[澳]
Umbia 翁比亚人[澳]北部
Unmatjera 翁马杰拉人[澳]北部
Urabunna 乌拉本纳人[澳]

W

Wakelbura 瓦克尔布拉人[澳]昆士兰
Walpari 瓦尔帕里人[澳]北部
Warramunga/Wuaramongo 瓦拉蒙加人[澳]北部
Wartwurt 瓦特伍特人[澳]
Wengkgangaru 温克冈加鲁人
Wiimbaio 温巴约人[澳]维多利亚
Winnebago 温内巴戈人[美]
Wiradjuri 维拉朱里人[澳]新南威尔士
Woëworung 沃伊沃龙人[澳]维多利亚
Wogait 沃加特人[澳]
Wolgal 沃尔加尔人[澳]维多利亚
Wombya(Wombaia)温巴亚人[澳]北部
Wonghibon 温吉邦人[澳]新南威尔士
· Wootaroo 伍塔鲁昆士兰一些部落的两个胞族名中的一个
Worgaia 沃尔加亚人[澳]北部
Wotjobaluk 沃乔巴卢克人[澳]维多利亚
Wulmala 伍尔马拉人[澳]北部
Wurunjerri 伍龙杰里人[澳]
Wyandot 怀恩多特人[美]

Y

Yarraikanna 亚莱坎纳人[美]
Yerkla 耶克尔拉人[澳]
Yuin 尤因人[澳]新南威尔士
· Yungaroo 扬加鲁,昆士兰一些部落的两个胞族名中的一个

本书参考文献

Achelis: *Die Ekstase*, (Berlin, 1902).

Barth: *The Religions of India*, (tr. by Wood).

Basedow, H.: "Notes on the West Coastal Tribes of the Northern Territory of S. Australia", *Trans. of the Roy. Soc. of S. Aust.*, XXXI, 1907.

Bergaigne: *La religion vedique*.

Bishop, J.: "Die Niol-Niol", *Anthropos*, III.

Boas: "General Report on the Indians of British Columbia", *British Association for the Advancement of Science, Fifth Rep. of the Committee on the N. W. Tribes of the Dominion of Canada*.

Sixth Rep., of the Committee on the N. W. Tribes of the Dominion of Canada., B. A. A. S..

The Social Organization and Secret societies of the Kwakiutl Indians.

Bourke: *The Snake Dance of the Moquis of Arizona*.

Boutroux: *Science et Religion*.

M. Michel Bréal: *Hercule et Cacus. Etude de mythologie comparée*.

Les Religions des peuples non civilisés.

Mélanges de mythologie et de linguistique.

Brinton: "Nagualism, a Study in Native American Folkelore and History", *Proceed. of the Am. Philos. Soc.*, XXXIII.

The Religions of Primitive Peoples.

Bruno, Alessandro: "Sui fenomeni magico-religiosi della communita primitive", *Rivista italiana di Sociologia*, XII Year, fasc. IV-V.

Burnouf: *Introduction à l'histoire du bouddhisme indien*, sec. edit.

Cameron, A. L. P.: "On Two Queensland Tribes", *Science of Man, Australasian Anthropological Journal*, 1904, VII.

Casalis: *Les Basoutos*.

Catlin: *Manners and Customs, etc.*, (London, 1876).

North American Indians.

Charlevoix: *Histoire et description de la Nouvelle France*.

Clement: "Ethnological Notes on the Western Australian Aborigines", *Internationales Archiv. f. Ethnographie*, XVI.

Clodd: "Preanimistic Stages of Religion" *Transactions of the third International Congress for the History of Religions*, I.

Codrington: *The Melanesians*.

Collins: *An Account of the English Colony in N. S. Wales*.

Fustel de Coulanges: *The Ancient City*.

Crawley: *The Mystic Rose*.

Culin: "Games of the North American Indians", *XXIVth Rep. of the Bureau of Am. Ethnol.*

Curr: *Australian Race*.

Cushing: "Zuñi Creation Myths", *13th rep. of the Bureau of Amer. Ethnol.*

"Zuñi Fetiches", *Annual Report of the Bureau of American ethnology*, II.

Dawson: *Australian Aborigines*.

Dodge: *Our Wild Indians*.

Dorsey: "A Study of Siouan Cults", *XIth Annual Report of the Bureau of American Ethnology*

"Omaha Sociology", IIIrd *Rep.*

"Siouan Sociology", *XVth Rep.*

Durkheim: "Définition du phénomène religieux", *Année Sociol.*, II.

Division du Travail social, (3rd ed.).

Règles de la Méthode sociologique.

"La Prohibition de l'inceste et ses origines", *Travaux de l'Année Sociologique*, I

Le Suicide, (Paris, F. Alcan).

"Le Totémisme", *Travaux de l'Année Sociologique*, Vol. V.

Les classifications primitives.

"L'Organisation matrimoniale des sociétés Australiennes", *Travaux de l'Année Sociologique*, III.

"Représentations individuelles et représentations collectives", *Revue de Métaphysique et de Morale*, May, 1898.

"Représentations individuelles et représentations collectives", *Revue de Métaphysique et de Morale*, May, 1898.

"Sur le totemisme", *Année soc.*, V.

Durkheim and Mauss: "De quelques formes primitives de classification", *Travaux de l'Année Sociologique*, VI.

Entwickelungsstufen des Mythus (Abhandl. d. Berl. Akad., 1873).

Eylmann: *Die Eingeborenen der Kolonie Südaustralien*.

Eyre: *Journals of Exped. into Central Aust.*

Fewkes, J. W.: "The Group of Tusayan Ceremonials Called Katcinas", *XVth. Rep*, 1897.

Fison and Howit: *kamilaroi and Kurnai*, 1880.

Fletcher, Alice C. (Miss Fletcher): "The Import of the Totem, a Study from the Omaha Tribe", *Smithsonian Report for 1897*.

Rep. Peabody Museum, *III*.

Frazer: "On Certain Burial Customs, as Illustrative of the Primitive Theory of the Soul", *J. A. I.*,

XV "On Some Ceremonies of the Central Australian Tribes", *Australian Association*

for the Advancement of Science, (1901).

"South African Totemism", *Man*, 1901, No. 111.

"The Beginnings of Religion and Totemism among the Australian Aborigines", *Fortnightly Review*, July, and Sept., 1905.

"The Origin of Totemism", *Fortnightly Review*, April, and May, 1899.

Lectures on the Early History of Kingship.

The Golden Bough, (London, 1890. A second edition in three volumes has since appeared (1900) and a thirdin five volumes is already in course of publication).

Totemism and Exogamy (4 vols., London, 1910).

Gallatin: "Synopsis of the Indian Tribes", *Archæologia Americana*, II.

Gason: *The Manners and Customs of the Dieyerie Tribe of Australian Aborigines*, in Curr, II.

Gennep, M. Van: "Totémisme et méthode comparative", *Revue de l'histoire des religions*, Vol. LVIII, July, 1908.

Tabou et Totemisme à Madagascar.

Grey: *Journals of Two Expeditions in North-West and Western Australia.*

Gruppe: *Die Griechischen Kulte und Mythen.*

Haddon: "Address to the Anthropological section", (B. A. A. S.), 1902.

Head Hunters.

Hagelstrange: *Süddeutsches Bauernleben im Mittelalter.*

Hamelin: *Essai sur les éléments principaux de la représentation.*

Hartland, Sidney: "Totemism and Some recent Discoveries", *Folk-Lore*, XI.

"Presidential Address", *Folk-Lore*, XI.

the Legend of Perseus (3 Vols., 1894—1896).

Hearne: *Journey to the Northern Ocean.*

Heckewelder: "An Account of the History, Manners and Customs of the Indian Nations who once Inhabited Pennsylvania", *Transactions of the Historical and Literary Committee of the American Philosophical Society*, I.

Henderson: *Observations on the Colonies of N. S. Wales and Van Diemen's*

Land.

Hertz: "La préminence de la main droite. Etude de polarité religieuse", *Revue Philosophique*, Dec., 1909.

"La Représentation collective de la mort", *Année Sociol.*, X.

Hodge: "Pueblo Indian Clans", *American Anthropologist*, 1st series, Vol. IX.

Howitt: "Further Notes on the Australian Class Systems", *J. A. I.*, XVIII.

"Legends of the Dieri and Kindred Tribes of Central Australia", *J. A. I.*, XXIV.

"Notes on Australian Message-Sticks and Messengers", *J. A. I.*, XVIII, 1889.

"On Australian Medicine Men", *J. A. I.*, XVI.

"On Some Australian beliefs", *J. A. I.*, XIII; XIV.

"Orenda and a Definition of Religion", *American Anthropologist*, 1902.

The Native Tribes of South-Eastern Australia (London, 1904).

Hubert and Mauss: "Essai sur le Sacrifice", *Travaux de l'Année Sociologique.*

"Mélanges d'Histoire des Religions", *Travaux de l'Année Sociologique.*

"Théorie générale de la Magie", *Année Sociol.*, VII.

James, William: *Principles of Psychology.*

The Varieties of Religious Experience.

Jevons: *Introduction to the History of Religions.*

Jones, Peter: *History of the Ojibway Indians.*

Kempe: "Vocabulary of the Tribes Inhabiting Macdonell Ranges", *Transactions of the R. society of Victoria*, Vol. XIII.

Kern: *Histoire du bouddhisme dans l'Inde.*

Klaatsch: "Schlussbericht über meine Reise nach Australien", *Zeitschrift f. Ethnologie*, 1907.

Krause: *Die Tlinkit-Indianer.*

Kruijt: *Het Animisme in den indischen Archipel.*

Kuhn, Adalbert: "Der Schuss des Wilden Jagers auf den Sonnenhirsch", *Zeitschrift f. d. Phil.*, I, 1869.

The Origin of Fire and the Drink of the Gods (*Herakunft des Feuers und Göttertranks*, Berlin, 1859, a new edition was given by Ernst Kuhn in 1886).

Lacassagne: *Les Tatouages.*

Lafitau: *Moeurs des Sauvages Amériquains.*

Lang, Andrew: "A Theory of Arunta Totemism", *Man*, 1904, No. 44. "Conceptional Totemism and Exogamy", *Man*, 1907, No. 55.

Magic and Religion. Myth, Ritual and Religions. Social Origins (London, 1903).

"The 'High Gods' of Australia", *Folk-Lore*, Vol. IX.

The Making of Religion.

The Secret of the Totem (London, 1905).

von Leonhardi: "Ueber einige religiöse unde totemistische Vorstellungen der Aranda und Loritja in Zentral Australien", *Globus*, *XCI.*

Lévy-Bruhl: *Les Fonctions mentales dans les sociétés inférieures.*

Lombroso: *L'homme criminel.*

Long, J.: *Voyages and Travels of an Indian Interpreter.*

MacLennan: "The Worship of Animals and Plants", *Fortnightly Review*, 1869.

"Totems and Totemism", *Fortnightly Review*, 1870.

Mallery, Garrick: "Picture Writing of the American Indians", *Tenth Report*, 1893.

Marillier: *La survivance de l' âme et l' idée de justice chez les peuples noncivilisés*, *Rapport de l'Ecole des Hautes Etudes*, 1893.

Marrett: "Preanimistic Religion", *Folk-Lore*, 1900.

"The Conception of Mana", *Transactions of the third International Congress for the History of Religions*, II.

Mathews, John: "Divisions of some West Australian Tribes", *American Anthropologist*, New series, Vol. II.

"Ethnological Notes on the Aboriginal Tribes of N. S. Wales and Victoria", *Journal and Proceedings of the Royal Society of N. S. Wales*, XXXVIII, 1904.

Eaglehawk and Crow, a study of Auxtralian Aborigines.

Two Representative Tribes of Queensland.

"Wombya organization of the Australian Aborigines", *American Anthropologist*, New series, Vol. II.

Mathiez, Albert: *Les origines des cultes révolutionnaires (1789—1792).*

La Théophilanthropie et la Culte décadaire.

Mauss: "Essai sur les variations saisonnières des sociétés eskimos", *Année Sociol.*, IX.

Meillet: "Le dieu lranien Mythra", *Journal Asiatique*, X, Nc. 1, July-August, 1907.

Introduction a l'etude comparative des langues indo-europeennes.

Meyer: "Manners and Customs of the Aborigines of the Encounter Bay Tribe", in Woods.

Morgan, Lewis H.: *Ancient Society.*

Systems of Consanguinity and Affinity of the Human Family, 1871.

The League of the Iroquois, 1851.

Mrs. Bates: "The Marriage Laws and Customs of the West Austalian Aborigines", *Victorian Geographical Journal*, XXIII-XXIV.

Mrs. James S. Smith: *The Baundik Tribes of S. Australian Aborigines.*

Müller, Max: *Anthropological Religion* (1892).

"Comparative Mythology", *Oxford Essays.*

Contributions to the Science of Mythology (1897).

Geschichte der Amerikanischen Urreligionen.

Lectures on the Science of Language.

Natural Religion(1889).

Physical Religion(1890).

Theosophy, or Psychological Religion(1893).

"The Origin and Development of Religion", *Hibbert Lectures* (1878).

The Science of Thought.

Negriole: *Dei Genii presso i Romani*.

Oldenberg: *Buddha*(tr. by Hoey).

Die Religion des Vedas.

Perdriaet, P.: *Bulletin de correspondance hellénique*(1899).

Palmer: "Notes on some Australian Tribes", *J. A. I.*, XIII.

(Mrs.) Parker, K. Langloh: *More Austr. Leg. Tales*.

The Euahlayi Tribe.

Paul ex Fest.: *Piacularia auspicia appellabant quæ sacrificantibus tristia portendebant*(ed. Müller).

Petitot: *Monographie des Dénè-Dindjié*.

Petrie: *Tom Petrie's Reminiscences of Early Queensland*.

Pickler and Szomolo: *Der Ursprung des Totemismus. Ein Beitrag zur materialistirchen Geschichtstheorie*(Belin, in 8vo).

Powell, J. W.: "An American View of Totemism", *Man*, 1902, No. 84. "Wyandot Government", *Annual Report of the Bureau of American ethnology*, I, 1881.

Preller: *Romische Mythologie*.

Preuss: "Der Ursprung der Religion und Kunst", *Globus*, 1904, Vol. LXXXVI; 1905, Vol. LXXXVII; LXXXVIII.

Prinz zu Wied: *Reise in das innere Nord-Amerika*.

Procopius of Gaza: *Commentarii in Isaiam*.

Réville, M.: *Prolegomena to the History of Religions*(tr. by Squire). *Religion des peuples primitifs*.

Ratzel: *Politische Geographie*.

Renan: *Nouvelles études d'histoire religieuse*(1884).

Richard: *La Femme dans l'histoire*.

Ridley: *Kamilaroi*.

Riggs and Dorsey: "Dakota Grammar, Texts and Ethnol.", *Contributions N. Amer. Ethn.*, 1893.

"Dakota-English Dictionary", *Contrib. N. Amer. Ethnol.*, VII.

Riggs: *Tah-Koo Wah-Kon*.

Rivers, W. H. R.: "Totemism in Polynesia and Melanesia", *J. A. I.*, XXXIX.

Roth: "Burial Customs and disposal of the Dead", *North Queensland Ethnog.*, Bulletin No. 10, in *Records of the Australian Museum*, Vol. VI, No. 5.

Ethnological Studies among the North-West-Central Queensland Aborigines.

"North Queensland Ethnography", Bull. 9, *Records of the Australian Museum*, VI, No. 5; Bull. 10, *Records of the Australian Museum*, Vol. VII, No. 2.

"Superstition, Magic and Medicine", *North Queensland Ethnog.*, Bulletin No. 5.

Sabatier: *Outlines of a Philosophy of Religion, based on Psychology and History* (tr. by Seed).

Sagard: *Le grand voyage au pays des Hurons*.

Samter: "Der Ursprung der Larencultus", *Arhcivf. Religions-wisenschaft*, 1907.

Say: *James's Account of Long's Expedition in the Rocky Mountains*.

Schmidt(Father Schmidt): "The Origin of the Idea of God", *Anthropos*, 1908, 1909.

Schmidt, P. W.: "Die Stellung der Aranda unter der Australischen Stämmen", *Zeitschrift für Ethnologie*, 1908.

Schürmann: "*The Aboriginal Tribes of Port Lincoln*", in Woods.

Schoolcraft: *Indian Tribes of the United states.*

Schultze: *Fetichismus.*

"The Aborigines of the Upper and Middle Finke River", *Transactions of the Royal Society of South Australia*. Vol, XIV, fasc. 2.

Schwartz: *The origin of Mythology* (*Der Ursprung der Mythologie*, Belin, 1860).

Smith, Erminnie A.: "The Myths of the Iroquois", *Annual Report of the Bureau of American ethnology*, II.

Smith, Robertson: *Kinship and Marriage in Early Arabia* (Cambridge, 1885).

The Religion of the Semites, (2 edit.) (First edition, 1889).

Smyth, Brough: *The Aborigines of Victoria.*

Spencer and Gillen: *Native Tribes of Central Australia* (London, 1899).

Northern Tribes of Central Australia (London, 1904).

"Some Remarks on Totemism as Applied to Australian tribes", *J. A. I.*, 1899.

Spencer: *Ecclesiastical Institutions.*

First Principles.

Introduction to the Science of Religions.

Origin and Development of Religion.

Principles of Sociology.

Stanbridge, W. E.: "Trans. Ethnological Society of London", *N. S.*, Vol, I.

Steinen, K. von den: *Unter den Naturvölkern Zentral-Bräsiliens*, 1894.

Stirling (the first second part), Gillen (the second part):

the Report on the Work of the Horn Scientific Expedition to Central Australia, (1896, Spencer direc.).

Stoll: *Suggestion und Hypnotismus in de Völkerpsychologie* (2nd ed.).

Strehlow, Carl: *Dis Aranda-und Loritja-Stämme in Zentral Australien.*

Swanton: *Contributions to the Ethnology of the Haida.*

"Social Condition, Beliefs and Linguistic Relationship of the Tlingit Indians", in *XXXVIth Rep.*, 1905.

"The Development of the Clan System", *Amer. Anthrop.*, N. S. VI, 1904.

Taplin: *Folk-Lore, Customs, Manners, etc., of the South Australian Aborigines.*

"The Narrinyeri Tribe", in Curr. II.

Teit: *The Shuswap.*

The Thompson Indians of British Columbia.

Tesa: *Studi del Thavenet.*

Theal, G. M.: *Records of South-Eastern Africa.*

Thévenot: *Voyage au Levant* (Paris, 1689).

Thomas, N. W.: "An American View of Totemism", *Man*, 1902, No. 85.

"Arunta Totemism", *Man*, 1904, No. 68.

"Baiame and Bell-bird — A Note on Australian Religion", *Man*, 1905, No. 28.

"Further Remarks on Mr. Hill Tout's Views on Totemism", *Man*, 1904.

Kinship and marriage in Australia.

Tout, Hill: "Ethn. Rep. on the Stseelis and Skaulits Tribes", *J. A. I.*, XXXIV.

"Roport on the Ethnology of the Statlumh of British Columbia", *J. A. I.*, 1905, XXXV.

"The Origin of the Totemism of the Aborigines of British Columbia", *Proc. and Transact of the Roy. Soc. of Canada*, 2nd series, VII.

Tregear, F.: *The Maori-Polynesian Comparative Dictionary.*

Turner: *Samoa.*

Tylor: "Remarks on Totemism, with especial reference to some modern theories concerning it", *J. A. I.*, XXVIII, and I, New Series.

"Totem Post of the Haida Village of Masset", *J. A. I.*, New Series I.

Primitive Culture (Fourth edition, 1903).

Usener: *Götternamen*.

de Visser, V. W.: *De Graecorum diis non referentibus speciem humanam*.

Waitz: *Anthropologie d. Naturrvölker*.

Warneck: "Der batauksche Ahnen und Geistercult", *Allg. Missi-onszeitschrift*, Berlin, 1904.

Westermarck: *Origins of Human Marriage*.

Wilken: "De Betrekking tusschen Menschen-Dieren en Plantenleven", *Indische Gids*, 1884, 1888.

"De Simsonsage", *De Gids*, 1890.

"Ueber das Haaropfer", *Revue Coloniale Internationale*, 1886—1887.

Het Animisme bij den Volken van den indischen Archipel.

Windelbrand: "Die Erkenntnisslehre unter dem Völkerpsychologischen Gesichtspunke", *Zeitsch. f. Völkerpsychologie*, viii.

Withnal: "Marriage Rites and Relationship", *Man*, 1903.

Wundt: *Mythus und Religion*.

Wyatt: "Adelaide and Encounter Bay Tribes", in Woods.

* * *

Encyclopédie des sciences religieuses.

Dictionnaire des Antiquités.

Encyclopoedia Britannica, 9th edition.

Handbook of American Indians North of Mexico (*Smithsonian Inst. Bur. of Ethnol.*).

Maori Comparative Dictionary.

* * *

no author:

Lettres édifiantes et curieuses, new edition, VI.

Rep. Peabody Museum.

图书在版编目(CIP)数据

宗教生活的基本形式/(法)涂尔干著;渠敬东,汲喆译.—北京:商务印书馆,2017
(汉译世界学术名著丛书:120 年纪念版:珍藏本)
ISBN 978-7-100-14574-9

Ⅰ.①宗… Ⅱ.①涂… ②渠… ③汲… Ⅲ.①宗教社会学 Ⅳ.①B920

中国版本图书馆 CIP 数据核字(2017)第 152356 号

汉译世界学术名著丛书
(120 年纪念版·珍藏本)
宗教生活的基本形式
〔法〕涂尔干 著
渠敬东 汲喆 译

商 务 印 书 馆 出 版
(北京王府井大街 36 号 邮政编码 100710)
商 务 印 书 馆 发 行
北京市十月印刷有限公司印刷
ISBN 978-7-100-14574-9

2017 年 12 月第 1 版　　开本 710×1000 1/16
2017 年 12 月北京第 1 次印刷　　印张 40½
定价:198.00 元